38

Heimatkunde Rothenfluh

Heimatkunde Rothenfluh

 2001

Redaktion
Erich Erny-Hofstetter
Hansjakob Lüthi
Matthias Manz
Alfred Otth

Bisher erschienene Heimatkunden

Gelterkinden	1966
Eptingen	1967
Muttenz	1968
Maisprach	1968
Pratteln	1968
Liestal	1970
Rünenberg	1971
Buus	1972
Ziefen	1973
Reinach	1975
Birsfelden	1976
Binningen	1978
Bretzwil	1980
Ormalingen	1980
Allschwil	1981
Augst	1983
Zeglingen	1983
Aesch	1985
Lupsingen	1985
Frenkendorf	1986
Tecknau	1987
Reigoldswil	1987
Hemmiken	1989
Oberwil	1989
Pfeffingen	1966/71/89
Känerkinden	1991
Langenbruck	1992
Arlesheim	1993
Biel-Benken	1993
Ettingen	1993
Füllinsdorf	1993
Oberdorf	1993
Schönenbuch	1994
Seltisberg	1994
Münchenstein	1995
Diegten	1996
Wintersingen	1996
Bottmingen	1996
Lausen	1997
Hölstein	1998
Sissach	1984/98
Wenslingen	1998
Therwil	1999
Grellingen	1999
Zunzgen	2000
Anwil	1967/2000

Arbeitsgemeinschaft zur Herausgabe von Baselbieter Heimatkunden

Dr. René Salathé, Präsident, Reinach
Otto Buser, Therwil
Andreas Cueni, Reinach
Jürg Gohl, Lausen
Christa Gysin-Scholer, Seltisberg
Heiner Joray, Ramlinsburg
Kurt Klaus, Gelterkinden
Dr. Matthias Manz, Sissach
Peter Stöcklin, Diegten
Dr. Peter Suter, Arboldswil
Dr. Regula Waldner Hilfiker, Wenslingen
Kurt Wirz, Gelterkinden
Max Zoller, Schönenbuch

Herausgegeben von der Einwohnergemeinde Rothenfluh, 2001

Verlag des Kantons Basel-Landschaft, Liestal
ISBN 3-85673-535-6
In neuer Rechtschreibung

© 2001 Einwohnergemeinde Rothenfluh
Alle Rechte der Verbreitung und des Nachdrucks sind vorbehalten.

Korrektur — Adelheid Döbeli, Sissach
Hansjakob Lüthi, Gelterkinden

Gestaltung/Satz/Druck — Schaub Medien AG, Sissach

Ausrüstung — Buchbinderei Grollimund AG

LOTTERIEFONDS BASEL-LANDSCHAFT

Diese Publikation wurde mit Mitteln aus dem Lotteriefonds ermöglicht.

Geleitwort und Dank

Ich freue mich, dass Sie sich für das Geschehen in Rothenfluh interessieren. Die Heimatkunde soll Erinnerungen wecken, aber gleichzeitig dazu anregen, sich auch mit der Zukunft auseinander zu setzen.

Die Zeit läuft, wir laufen mit! Sei es als Schnellläufer, Mitläufer oder als Vorläufer. Oft realisieren wir im Moment des Geschehens gar nicht, in welcher Rolle wir uns befinden und stellen erst später fest, was überhaupt abgelaufen ist. Wie gut ist es dann, einen Wegweiser in Anspruch nehmen zu können, der uns zeigt, woher wir kommen, wo wir stehen und der uns gleichzeitig mögliche Perspektiven für die Zukunft aufzeigt. Die vorliegende Heimatkunde kann in diesem Sinne als eine Standortbestimmung für unser Dorf verstanden werden. Sie lädt uns zum Nachforschen und Nachschlagen ein und darf ruhig auch Mut machen, wieder vermehrt Projekte als Dorfgemeinschaft anzugehen, ohne den persönlichen Nutzen in den Vordergrund zu stellen. Paul Manz hat es in einem im Jahre 1966 verfassten Schreiben an die Behörden von Rothenfluh treffend formuliert:

«Es wäre zu bedauern, wenn ob dem unerlässlichen Blick in die Zukunft und ob der grossen gegenwärtigen Beanspruchung das Wissen um die Geschichte unserer Gemeinschaft verloren gehen würde.» Gerade heute im Herbst 2001 kommt dieser Aussage – nach den Ereignissen der letzten Wochen (Terroranschläge in New York und Washington, Amoklauf im Kantonsrat Zug, Krieg der USA gegen Afghanistan, Swissair-Krise, Brand-Katastrophe im Gotthard-Tunnel) und der weltweit herrschenden Verunsicherung – grosse Bedeutung zu.

Mit seinem Schreiben hat der damalige Rothenflüher Pfarrer und Gemeindeschreiber den Startschuss für eine neue Heimatkunde gegeben. Wie der Schilderung im letzten Kapitel und dem Verzeichnis der Autorinnen und Autoren entnommen werden kann, haben während der Jahre dauernden Ideen-, Planungs- und Realisierungsphase viele Leute daran mitgearbeitet. Ihnen allen gebührt herzlicher Dank, namentlich dem Trio Erich Erny-Hofstetter, Hansjakob Lüthi und Matthias Manz. Ohne den grossen, unermüdlichen Einsatz dieser Kerngruppe müssten wir Rothenflüherinnen und Rothenflüher wohl noch längere Zeit auf unsere Heimatkunde warten.

Ich wünsche mir, dass das wertvolle Nachschlagewerk einerseits Mut macht, zu unseren Wurzeln zu stehen, und andererseits auch Impulse für die Zukunft gibt. Oder – wer weiss – uns Rothenfluh einmal von einem neuen Blickwinkel aus betrachten lässt.

Im Oktober 2001
Kurt Schaub, Gemeindepräsident

Inhaltsverzeichnis

Wenn bei einem Hauptkapitel ein **Hauptautor** angegeben ist, dann hat dieser alle Texte des Hauptkapitels verfasst mit Ausnahme jener Unterkapitel, welche mit anderen Autorinnen und Autoren bezeichnet sind.

	Geleitwort und Dank	Kurt Schaub	5
1	**Zuhause im Dorf**	Erich Erny	17
1.1	Was Kindern in Rothenfluh besonders gut gefällt		17
	Nette Leute! – Schöne Wald- und Wiesenwege!		
1.2	Zeitlebens hier – zugezogen – zurückgekehrt: fünf Gespräche		19
2	**Name, Wappen, Bann**	Matthias Manz	23
2.1	Name		23
2.2	Gemeindewappen		24
2.3	Gemeindebann		25
2.3.1	Lage		25
2.3.2	Grenzen und Grenzzeichen		26
3	**Geschichte**	Matthias Manz	29
3.1	Mittelalter	Dorothee Rippmann	29
3.2	Reformation, Revolution und Kantonstrennung		33
3.3	Rothenfluh vor 200 Jahren: wirtschaftlich und gesellschaftlich		36
3.4	Sagen		38
3.4.1	Übersinnliches		39
3.4.2	Historische Begebenheiten		43
4	**Natur und Umwelt**		45
4.1	Geologie	Willi Mohler	45
4.1.1	Schichtfolge (Stratigraphie)		45
4.1.2	Gebirgsbildung, Talbildung, Rutschungen		47
4.1.3	Öffentliche Trinkwasserquellen		49
	Holingenquellen. – Häftliquelle. – Grundwasserfassung Gries. – Hornquelle. – Die Quellen der Gemeinde Gelterkinden in Rothenfluh		
4.2	Klima	Karl Senn	51

Inhalt

4.3	Gewässer	Karl Senn	52
4.4	Landschaftsstrukturen und Lebensräume	Bruno Erny	55
4.4.1	Einleitung		55
4.4.2	Wald		56
4.4.3	Waldränder		57
4.4.4	Felsfluren und Schutthalden		58
4.4.5	Wiesen und Weiden		59
4.4.6	Hecken		61
4.4.7	Hochstamm-Obstgärten		62
4.4.8	Einzelbäume		62
4.4.9	Acker- und Unkrautfluren		63
4.4.10	Gruben		63
4.4.11	Mergelwege		64
4.4.12	Steinbrüche		65
4.4.13	Trockensteinmauern		66
4.4.14	Lesesteinhaufen		66
4.4.15	Gewässer		67
4.5	Pflanzen	Karl Senn	69
4.5.1	Einleitung		69
4.5.2	Botanische Wanderung am Südhang		69
4.5.3	Giftpflanzen		76
4.5.4	Wildwachsende Orchideen	Bruno und Tina Erny-Rodmann	76
4.5.5	Pilze	Gianni Mazzucchelli	79
	Pilzvorkommen. – Die Pilzkontrollstelle		
4.5.6	Die Flechten (Lichenes)	Gianni Mazzucchelli	84
4.6	Der Wald	Paul Rieder	86
4.6.1	Der Waldboden		86
4.6.2	Waldnutzung und Waldbewirtschaftung in früheren Zeiten		87
4.6.3	Forstpersonal und Reviere	Erich Erny	90
	Kreisförster. – Förster und Waldarbeiter. – Forstrevier Ergolzquelle		
4.6.4	Die heutigen Waldungen	Erich Erny	92
	Lage und Besitzverhältnisse. – Waldgesellschaften und Baumarten. – Bewirtschaftung. – Wirtschaftliche Bedeutung. – Hangwälder		
4.6.5	Binding-Preis für vorbildliche Waldpflege	Matthias Manz	96
4.6.6	Interview mit Revierförster Markus Lüdin	Erich Erny	97
4.7	Tierwelt	Felix Basler	101
4.7.1	Kleinsäuger, Amphibien, Reptilien		101

4.7.2	Wasserbewohner		103
4.7.3	Insekten und andere Kleinlebewesen		103
4.7.4	Bestandesaufnahme der Brutvögel 1991–1993	Werner Schaffner	104
4.8	Jagd	Markus Weber, Jürgen Sabienski	110
4.8.1	Geschichtliches		110
4.8.2	Das Wild		113
	Das Rehwild. – Das Schwarzwild. – Das Gamswild. – Der Dachs. – Der Fuchs. – Weitere dem Jagdrecht unterstehende Tierarten		
4.8.3	Gesetzliche Bestimmungen		117
4.8.4	Wie wird man Jäger?		118
4.8.5	Die Jagdgesellschaft Rothenfluh: über 50 Jahre Tradition		118
	Ein Jagdjahr in kurzen Zügen. – Der Ablauf einer Gemeinschaftsjagd		
4.9	Fischfang	Karl Senn, Erich Erny	122
5.	**Siedlung**		
5.1	Dorfrundgang	Christoph Hindermann, Hansjakob Lüthi	123
5.2	Siedlungsentwicklung	Martin Furter	128
5.2.1	Topografie und Grundanlage der Siedlung		128
5.2.2	Entwicklung und Verdichtung der Siedlung		128
5.3	Höfe	Emil Gysin, Gianni Mazzucchelli, Matthias Manz	136
5.3.1	Asp		136
5.3.2	Bad		137
5.3.3	Dübach		138
5.3.4	Holingen		138
5.3.5	Chälen		139
5.3.6	Säge		140
5.3.7	Heuelschür		144
5.3.8	Rütschen		145
5.4	Zonenplan Siedlung	Horst Frömcke	145
5.5	Zonenplan Landschaft	Matthias Manz	148
5.6	Flurnamen	Karin Goy	149
5.6.1	Einleitung		149
5.6.2	Geländeform und Relief		149
5.6.3	Bodenbeschaffenheit		149
5.6.4	Grösse, Form und Lage		149

Inhalt

5.6.5	Die Flurnamen im Zeichen des Kulturlandschaftswandels		150
5.6.6	Übrige Flurnamen		151
5.6.7	Verzeichnis der heute gebräuchlichen Flurnamen		151
6.	**Bevölkerung**	**Paul und Matthias Manz**	**169**
6.1	Bevölkerungsstatistik		169
6.2	Die Bürgerfamilien		171
6.3	Die Dorfnamen		175
6.4	Müschterli	Gianni Mazzucchelli	180
7.	**Die politische Gemeinde**		**181**
7.1	Die Bürgergemeinde	Otto Graf	181
7.1.1	Entstehung und Bedeutung der Bürgergemeinde		181
7.1.2	Die Bürgergemeindeversammlung		182
7.1.3	Aus alten Protokollen		182
7.1.4	Einbürgerungen		183
7.1.5	Ehrenbürger		183
7.1.6	Forstwesen		183
7.1.7	Forstfahrzeug und Waldhütte		184
7.1.8	Waldwege		184
7.1.9	Gebäude		185
7.1.10	Bürgerkassierer und Bürgerkassiererin		187
7.2	Die Einwohnergemeinde	Otto Graf	187
7.2.1	Die Gemeindeversammlung		187
7.2.2	Aus alten Protokollen		188
7.2.3	Bauliches (bis 1985)		192
	Schulbauten und andere Anlagen. – Wasserversorgung. – Kanalisation und übriger Tiefbau. – Chronik 1988–2000		
7.2.4	Behörden	Bruno Heinzelmann	198
	Gemeindepräsidenten. – Gemeindeschreiber. – Gemeindekassierer. – Fürsorgebehörde		
7.2.5	Finanzen	Bruno Heinzelmann	201
7.3	Fronsteuer und Fronarbeit	Erich Erny	203
7.4	Wasserversorgung und Brunnen	Maja Bracher-Oberer	206
7.4.1	Einleitung		206
7.4.2	Die Quellen Holingen und Horn		206

7.4.3	Neue Wasserleitungen, neues Reservoir (1950/51)		207
7.4.4	Wasseruhren		207
7.4.5	Arbeit für den Brunnmeister nach Feuerwehrübungen		208
7.4.6	Hochzonenreservoir		208
7.4.7	Wasserqualität		209
7.4.8	Wasserversorgung der Aussenhöfe		209
7.4.9	Wasserlecksuchgerät		209
7.4.10	Brunnmeister		209
7.4.11	Brunnenleitungssystem		210
7.4.12	Quellenverkauf an Gelterkinden		210
7.4.13	Kanalisation		211
7.4.14	Ein Überblick über Quellen, Reservoire und Pumpwerke		211
7.5	Strassen, Wege und Brücken	Werner Erny	212
7.5.1	Geschichtliches		212
7.5.2	Heutige Verbindungsstrassen		213
7.5.3	Strassen und Gassen im Dorf		213
7.5.4	Feld- und Waldwege		213
7.5.5	Unterhalt der Strassen		214
7.5.6	Brücken		214
7.6	Die Feuerwehr	Thomas Nyffeler	215
7.6.1	Geschichtliches		215
7.6.2	Die Feuerwehr in der 2. Hälfte des 20. Jahrhunderts		217
7.6.3	Die Feuerwehr im 21. Jahrhundert		218
7.6.4	Verzeichnis der Kommandanten der Feuerwehr Rothenfluh		219
7.7	Abfallentsorgung	Kurt Schaub	219
7.7.1	Anfänge der Kehrichtabfuhr		219
7.7.2	Rund um die Deponieorte		220
7.7.3	Die Abfallentsorgung mit dem Glöggeliwagen		220
7.8	Zivilschutz	Bruno Heinzelmann	222
8.	**Wirtschaft und Beschäftigung**	**Hansjakob Lüthi**	**225**
8.1	Erwerbstätigkeit und Strukturwandel		225
8.1.1	Arbeit und Mobilität		225
8.1.2	Wirtschaftliche Struktur der Bevölkerung		226
8.2	Die Landwirtschaft		227
8.2.1	Arealverhältnisse und Bodennutzungsarten		227
8.2.2	Zwischen Feld- und Fabrikarbeit:		

Inhalt

	Die Situation der Kleinbauern 1930 bis 1960	234
8.2.3	Bäuerliche Tätigkeit im Wandel	236
	Heuet. – Ernte. – Dreschen	
8.2.4	Viehzucht und Milchwirtschaft	242
8.2.5	Die Milchgenossenschaft	246
8.2.6	Eine Felderregulierung, die (noch) nicht stattfand	249
8.3	Handwerk und Gewerbe	251
8.3.1	Die Heimposamenterei	251
8.3.2	Verschwundenes Handwerk	254
	Schmiede. – Wagner. – Sattler. – Bandstuhlschreiner. – Drechsler. – Korber. – Schuhmacher. – Schneider. – Coiffeure	
8.3.3	Störhandwerker, Händler und Hausierer	258
8.3.4	Aufgegebene Gewerbebetriebe	261
8.3.5	Bestehende Gewerbe- und Fabrikbetriebe	266
	Hans Rieder, Autotransporte. – Zimmerli Holzbau AG. – Rieder & Co. AG. – Graf Fruttasan AG. – Ernst Schneider, Transportgeräte- und Anhängerbau. – Küng Metallbau. – Jörg Rieder, Leghennen-Aufzuchtbetrieb	
8.4	Dienstleistungsbetriebe	273
8.4.1	Gasthäuser	273
	Bad. – Rössli. – Ergolz. – Säge. – Asp	
8.4.2	Bäcker und Metzger	282
8.4.3	Läden	284
8.4.4	Post und Telefon	285
8.4.5	Öffentlicher Verkehr	288
8.4.6	Elektrizität: eine neue Energieform hält Einzug	289
9	**Lebensweise** **Gianni Mazzucchelli**	**293**
9.1	Das Haus	293
9.2	Die Heizung	294
9.3	Garten und Pflanzplätz	296
	Anpflanzen. – Konservieren	
9.4	Haus- und Nutztiere	297
9.5	Kleidung	299
9.6	Essen und Trinken	299
9.7	Hygiene und Schönheitspflege	301
9.8	Krankenpflege und Hausmittel	302
9.9	Spielsachen, Spiele und Unterhaltung	302

10.	**Schule und Kindergarten**	**Erich Erny**	**305**
10.1	Schule und Schulmeister im 18. und 19. Jahrhundert	Emil Gysin	305
10.1.1	Von den Anfängen des Schulunterrichts		305
10.1.2	Der erste ausgebildete Lehrer		308
10.1.3	Es braucht einen zweiten Lehrer		310
10.2	Schulverhältnisse von 1910 bis 1920		312
10.2.1	Schulzimmer (Schulhaus Etzmatt 52)		312
10.2.2	Unterricht, Schulreisen, Ferien		312
10.2.3	Noten		313
10.2.4	Schulbesuche, Examen		315
10.3	Die Schulverhältnisse von 1938 bis 1954	Karl Senn	318
10.3.1	Schulhäuser und Schulzimmer		318
10.3.2	Ferien		320
10.3.3	Schulreisen der Oberschule		321
10.3.4	Examen und Besuchstag		322
10.3.5	Fortbildungsschulen und weiterführende Schulen		322
10.3.6	Lohnverhältnisse		323
10.3.7	Stellung des Lehrers		325
10.4	Schulverhältnisse seit 1967		325
10.4.1	Bauliche Veränderungen		325
10.4.2	Klassenaufteilungen		327
10.4.3	Schulzimmer		331
10.4.4	Ferien und Schuljahresanfang		331
10.4.5	Schulreisen, Schullager, Monatswanderungen und Projektwochen		332
10.4.6	Examen, Besuchstag und Schüleraufführungen		333
10.4.7	Schülerzahlen seit 1936		334
10.4.8	Verzeichnisse der Lehrkräfte an den Schulen		334
10.5	Der Kindergarten		337
10.5.1	Geschichtliches		337
10.5.2	Verzeichnis der Kindergärtnerinnen		341
10.6	Die Schulpflege		343
11.	**Die Kirche**	**Kurt Giertz, Dominique Guenin**	**345**
11.1	Die Kirche und das Pfarrhaus		345
11.1.1	Die Stephanskirche		345
11.1.2	Die Glocken		348
	Die Läuteordnung		

Inhalt

11.1.3	Das Sigristenamt		351
11.1.4	Die Orgel, die Organistinnen und Organisten		352
11.1.5	Der Friedhof		353
11.1.6	Das Pfarrhaus und die Pfarrer		354
11.1.7	Scheune, Bude und Garten des Pfarrhauses		358
11.2	Aus dem Leben der Kirchgemeinde		360
11.2.1	Gottesdienst und Kirchenbesuch		360
11.2.2	Die kirchlichen Amtshandlungen		360
	Die Taufe. – Die Konfirmation. – Die Trauung. – Die Abdankung		
11.2.3	Jugendgottesdienste und kirchlicher Unterricht		363
	Religiöse Erziehung im Elternhaus. – Die Sonntagsschule. – Die Kinderstunde. – Die Kinderlehre. – Der Religionsunterricht. – Der Konfirmandenunterricht		
11.2.4	Verschiedene Anlässe in der Kirchgemeinde		366
	Konzerte in der Kirche. – Ferienwochen/Gemeindereise 1992. – Für die ältere Generation. – Gesprächsabende/Bibelkreis. – Frauenabend. – Jugendgruppen. – Jungschar		
11.2.5	Besuchsdienst des Gemeindepfarrers		371
11.3	Rechtliche Organisation und Finanzen der Kirchgemeinde		372
11.3.1	Entstehung der heutigen Reformierten Kirchgemeinde		372
11.3.2	Die Kirchgemeindeversammlung		372
11.3.3	Die Kirchenpflege		373
11.3.4	Die Finanzen		374
11.4	Die Reformierten in Kienberg		375
11.4.1	Entstehung einer Diasporagemeinde		375
11.4.2	Aus dem Gemeindeleben		375
11.4.3	Der Reformierte Kirchgemeindeverein		376
11.4.4	Diaspora-Situation heute		377
11.5	Zur Situation der Religion heute		377
11.5.1	Statistik der Religionen		377
11.5.2	Denominationen, Konfessionen und Religionen		378
	Evangelische Freikirchen. – Römisch-katholische Kirche. – Islam. – Buddhisten. – Religiöse Sondergruppen		
11.5.3	Religion und Glaube heute		379
12.	**Künstlerinnen und Künstler**		**381**
12.1	Alfred Gass	Gianni Mazzucchelli	381
12.2	Emil Schreiber	Dora Schreiber	383

12.3	Elisabeth Stalder-Zimmerli	Elisabeth Stalder-Zimmerli, Hanni Zimmerli-Schürch	385
12.4	Thomas Guth – der Bildhauer im Dorf	Robert Th. Stoll	389
12.5	Martha Mumenthaler – Fotografin aus Leidenschaft	Dominique Hinden	390
12.6	Erhard-Harry Roth	Matthias Manz, Erhard-Harry Roth	393
12.7	Sigrid Graf-Erny	Peter Degen	394
12.8	Gereimtes und Ungereimtes	Matthias Manz, Fritz Häuselmann, Martha Heiniger-Wüthrich, Hans Curti	396
13.	**Rothenflüher Persönlichkeiten**	**Matthias Manz**	**399**
13.1	Johann Jakob Lützelmann, Gemeindepräsident		399
13.2	Christian Rippmann, Arzt		400
13.3	Johann Georg Schwarz, Tierarzt, Johann Georg Schwarz, Fürsprech		401
13.4	Wilhelm Koch, Lehrer		402
13.5	Ernst Erny, Regierungsrat		403
13.6	Paul Manz, Pfarrer und Regierungsrat	Felix Auer	404
14.	**Freizeit**	**Gianni Mazzucchelli**	**409**
14.1	Vereinsleben		409
14.1.1	Dorfvereine		409
	Frauenverein. – Feldschützengesellschaft. – Turnverein. – Sparverein. – Gemeinnütziger Verein für Alterswohnungen. – Cherzezieh-Gruppe. – Feuerwehrverein. – Inline-Hockey-Club «Red Rocks»		
14.1.2	Überkommunale Vereine		422
	Samariterverein. – Reitverein Schafmatt. – Spitex-Verein Oberes Ergolztal. – Natur- und Vogelschutzverein Rothenfluh-Anwil NUVRA		
14.1.3	Ehemalige Vereine		427
	Gemischter Chor. – Blasmusik, Volksmusik		
14.2	Freizeit im Wandel		429
14.2.1	Vor dem Medienzeitalter		429
14.2.2	Bibliothek		430
14.2.3	Theater		430
14.2.4	Tanz		431

Inhalt

14.2.5	Hobbies		431
14.2.6	Ferien, Tourismus		434
15	**Feste und Bräuche**		**435**
15.1	In der Familie	Regula Manz-Keller	435
15.1.1	Im Lebenslauf		435
	Geburt. – Taufe. – Konfirmation. – Geburtstage. – Heirat. – Alter und Tod		
15.1.2	Im Jahreslauf		440
	Dreikönigstag. – Ostern. – 6. Dezember. – Weihnachten. – Silvester		
15.2	Im Dorf	Daniela Zurflüh, Christian Horisberger	442
15.2.1	Brennholzgant		442
15.2.2	Das Hutzgüri und seine Auferstehung		443
15.2.3	Fasnacht		445
	Geschichtliches. – Fasnachtsfeuer und Umzüge. – Heute: Techno und Dominos. – Schnitzelbänke. – Maskenball und andere Fasnachtsveranstaltungen		
15.2.4	Das Bobfest – eine Rothenflüher Spezialität		447
15.2.5	Eierläset		448
15.2.6	Maibräuche		450
	Maibaum. – Maifest		
15.2.7	Der Banntag		451
15.2.8	Jungbürgeraufnahme		454
15.2.9	1. August		454
15.2.10	Dorffeste		455
15.2.11	Rothenfluh zeigt sich		457
15.2.12	Waldbegehung		459
15.2.13	Kindergartenbazar		459
15.2.14	Kerzenziehen		460
15.2.15	Kaffeestube		461
15.2.16	Dorf-Adventskalender	Susi Bürgi	461
	Was lange währt …		**465**
	Anhang		
	Bildnachweis		467
	Verzeichnis der Autorinnen und Autoren		469

Zuhause im Dorf

1.1 Was Kindern in Rothenfluh besonders gut gefällt

Die Fünftklässlerinnen und Fünftklässler erhalten den Auftrag, in Worte zu fassen, was ihnen hier im Dorf *besonders gut* gefällt. Sie wissen, dass einige ihrer Gedanken dazu in die Heimatkunde aufgenommen werden sollen. Das motiviert die Kinder und sie machen sich ans Schreiben. Aber das scheint gar nicht so einfach zu sein. Es gefällt allen in unserem Dorf, das weiss ich, und das ist wohl auch überall so auf dem Land bei Kindern dieses Alters. Aber was einem *besonders gut* gefällt… da muss genau überlegt werden, innere Bilder müssen herangeholt werden, bis sich schliesslich zu dieser Fragestellung Antworten finden lassen.

Nette Leute!
Klar und einfach bringt es Stefanie Bösiger auf den Punkt: *Besonders gut gefällt mir, dass man fast alle Leute kennt und dass man nicht allen «Sie» sagen muss.* Genau das wird auch Martin Surer, der von Lausen hierher gezogen ist und noch nicht einmal ein Jahr hier im Dorf wohnt, veranlasst haben zu schreiben: *Ich habe viele Freunde. Nicht zu gross und nicht zu klein ist unser Dorf,* findet Debora Röhm. Dominik Buess gefällt es unter anderem deshalb so gut, *weil es hier viele nette Leute gibt.* Noch konkreter wird Vanessa Fuhrer: *Hier haben wir eben auch sehr nette Nachbarn.*
Von den 15 Kindern meiner Klasse haben neun Kinder eine Grossmutter und/oder einen Grossvater, die im Dorf wohnen. Anja Brönnimann weiss das besonders zu schätzen: *Ich gehe gerne zur Grossmutter und löse Kreuzworträtsel.*
Besondere Erwähnung finden auch einige Male Dorfanlässe. *Es ist wirklich sehr viel los in Rothenfluh,* meint Oliver Wyss und zählt dann auf: *Der Banntag, die Fasnacht, der Turnerabend, das Examen, u.s.w.* Auch Anja gefallen diese Anlässe besonders gut: *Ich habe immer Freude, wenn ein Turnerabend oder der «Eierläset» oder das Theater stattfindet. Der Turnverein ist mir ans Herz gewachsen.* Eine Rollhockeymannschaft hat nicht jedes Dorf, nicht einmal jedes grössere. Darauf spricht Samuel Wyss an, wenn er schreibt: *Ich finde es super, dass wir eine Rollhockeymannschaft haben.* Ihm gefällt vor allem, dass der *rote Fussballplatz fast immer frei ist.* Von der 3. Primarklasse an können die Kinder in die «Jungschi» gehen (Jugendgruppe der Chrischona). Jan Rüegsegger macht das sehr gerne: *Mir gefällt die Jungschar besonders gut, weil viele Kinder dabei sind und wir immer tolle Unterhaltung haben.*

Schöne Wald- und Wiesenwege!
Mehrheitlich erwähnen die Mädchen und Knaben auch die Umgebung und die Naturnähe. Martin beschreibt das kurz und klar: *Es hat eine sehr schöne Landschaft.* Louis Zimmerli gibt dazu folgende Erklärung: *Es ist nicht alles mit Häusern «überwuchert», darum gibt es mehr Land.* Auf

Zuhause im Dorf

Hier fühlt man sich geborgen.

das, was auf unserem Wappen dargestellt ist – Wald und Fluh – kommen die Kinder selbstverständlich auch zu sprechen. Flavia Schaub schreibt: *Besonders gut gefällt mir, dass Rothenfluh 617 ha Wald hat. Ich mache nämlich sehr gerne Waldspaziergänge.* Alexandra Graf erklärt auch gleich, warum es ihr auf der Fluh so gut gefällt: *Besonders gut gefällt mir die Fluh. Bei den Wällen dort (Erdwälle) haben wir mit der Familie schon früher mal eine Feuerstelle gebaut und wir gehen oft dorthin, auch mit Freunden.*

Andreas Brandenberger gefällt der kleine Fussweg nach Wenslingen besonders: *Das Mühlifluewegli finde ich sehr schön.* Geradezu aus einem Werbeprospekt könnte der Satz von Tanja Häuselmann sein: *Es hat viele schöne Waldwege und Wiesenwege.* Debora meint: *Es hat viele Wiesen und Wald, es gibt so viele Möglichkeiten zu spielen und auszuruhen.* Das Spielen im Freien erwähnt auch Andreas: *In der Rütschen durfte ich eine Hütte bauen.* Nicht zu vergessen ist der Winter. *Es hat auch schöne Hügel und gute Strassen zum Schlitteln,* beschreibt Alexandra. *Besonders schön finde ich die vielen Tiere,* sagt Dominik. Auch Tanja erwähnt die Tiere: *Man hört auch die Stimmen der Tiere. Sie werden nicht einfach von Motoren übertönt.* Das gefällt auch Dominik: *Zum Glück ist es im Dorf nicht lärmig.* Stefanie zieht sogar einen Vergleich: *Mir gefällt aber auch besonders gut, dass mich am Morgen kein Autolärm weckt wie bei meiner Grossmutter in Sissach.*

1.2 Zeitlebens hier – zugezogen – zurückgekehrt: fünf Gespräche (1995/2000)

Heidi Spiess

Der Wohnort von Heidi Spiess war immer Rothenfluh. Geboren wurde sie am Rankweg 108 (heutige Gemeindewohnung neben dem Schulhausneubau). Später wohnte die Familie Spiess an der Hirschengasse im Haus Zimmerli, einige Jahre auch im Haus Brandenberger, bevor sie dann endgültig in das von Lehrer Emil Gysin-Erny erworbene Haus an der Rössligasse 26 zog. Seit mehr als 55 Jahren wohnt Heidi Spiess nun dort.

Sie arbeiteten immer auswärts, wohnten aber zeitlebens in Rothenfluh; aus welchem Grund?
Ich arbeitete während 36 Jahren in der Hanro in Liestal. Ich hatte aber nie daran gedacht, deswegen nach Liestal oder in die Nähe von Liestal zu ziehen. Ganz bewusst wollte ich auch äussere Distanz zu meinem Arbeitsort haben.

Was bedeutet Ihnen Rothenfluh?
Hier fühle ich mich daheim, es ist meine Heimat, ich gehöre hierher. Viele Leute wohnen noch hier, mit denen ich aufgewachsen bin. Aus der gleichen Klasse wohnt allerdings nur noch eine Person in Rothenfluh, nämlich Irene Erny-Gerber. Hier lebt man nicht anonym, man kennt sich. Ich habe früher auch am Vereinsleben teilgenommen als Mitglied im Gemischten Chor und in der Frauenriege. Ich spielte auch Theater.
Mir gefällt aber auch die abwechslungsreiche Landschaft. Die Umgebung hier liebe ich, man ist sehr rasch im Wald. Darum spaziere und wandere ich hier und in der weiteren Umgebung so gerne.

André und Lotti Mumenthaler-Rieder

Beide sind grösstenteils hier aufgewachsen. Sie kennen also Rothenfluh und Rothenfluh kennt sie.

Ist Rothenfluh immer euer Wohnort gewesen?
Lotti:
Ich wuchs hier auf und erlebte eine glückliche, schöne Jugendzeit. Nach der Konfirmation war ich ein Jahr im Welschland und nach zwei weiteren Jahren – nach dem Lehrabschluss – wohnte ich nicht mehr in Rothenfluh. Regelmässig besuchte ich aber meine Eltern und suchte auch Orte auf, die mir seit meiner Kindheit lieb geworden waren.
Mit 23 Jahren kam ich dann wieder nach Rothenfluh zurück, allerdings eher unfreiwillig. Immer hier zu leben, schien mir doch sehr eng und mit einem eigenen Haus würde ich mich ja noch mehr binden. Mit der Rückkehr in unser Dorf tat ich mich sehr schwer.

André:
Verwandtschaftliche Beziehungen zu Rothenfluh hatte ich schon immer.
Die ersten zehn Jahre meines Lebens verbrachte ich jedoch in verschiedenen Gemeinden im Oberbaselbiet, nämlich immer dort, wo mein Vater Arbeit fand. Ich war froh, dass dieses Umherziehen dann ein Ende fand und ich hier endlich Wurzeln schlagen konnte. Trotz manchen Entbehrungen erlebte ich eine glückliche Jugend-

Zuhause im Dorf

zeit. Ich arbeitete immer sehr gerne, darum freute es mich besonders, dass ich immer irgendwo im Dorf mithelfen konnte und diese Hilfe sehr geschätzt wurde.
Nach der Lehre arbeitete ich während eines Jahres im Tessin. Später wohnte ich dann wieder in Rothenfluh.

Nach der Heirat wohnten Lotti und ich in Buckten. Aber es zog mich nach Rothenfluh. Ich hatte Gelegenheit, günstiges Bauland zu kaufen und zusammen mit meinem Schwager und meiner Schwester ein einfaches Doppeleinfamilienhaus zu bauen. Eine feste eigene Bleibe zu haben, war für mich, der in der Kindheit oft herumgezogen ist, ein Traum, der jetzt verwirklicht werden konnte.

Was bedeutet euch Rothenfluh heute?
Lotti:
Mir gefällt es jetzt gut hier. Vor allem bin ich froh, dass unsere drei Kinder hier aufwachsen konnten. Es gibt viele Spielmöglichkeiten im Freien (im Grünen, im Wald, am Bach), alles ist überblickbar. Es gibt auf dem Land in gewissem Sinn noch eine «heile Welt».

Ganz besonders gefällt mir, dass man sich hier kennt, dass alleinstehende Menschen deshalb nicht so allein sind wie in einer Stadt. Wenn ich in der Chesi aushelfe, erlebe ich oft, wie froh manche Menschen sind, wenn ihnen jemand zuhört. Ein Dorfladen erfüllt auch eine wichtige soziale Funktion.

André:
Ich bin hier daheim und habe auch von früher und von Vereinstätigkeiten her viele gute Kollegen. Diese gute Dorfkameradschaft besteht einfach, auch wenn wir in gemeinde-politischen Sachfragen oft völlig gegensätzliche Meinungen vertreten. Das finde ich gut. Heute turne ich noch regelmässig in der Männerriege und spiele manchmal Theater. Ich schätze es auch, dass ich hier so viele Leute kenne, und mit den älteren Leuten verstehe ich mich besonders gut.

Mario und Elvira Profico

Im November 1966 zogen Mario und Elvira Profico aus Barbarano in der Nähe von Lecce (Apulien) mit fünf ihrer sieben Kinder nach Rothenfluh.
Ein Sohn und eine Tochter folgten ein halbes Jahr später, nachdem sie ihre obligatorische Schulzeit in Italien beendet hatten. Der älteste Sohn kehrte bald wieder nach Italien zurück und auch die Familie plante, nach ein paar Jahren wieder in ihre Heimat zurückzukehren. Doch dazu kam es nicht. Herr und Frau Profico wohnen immer noch im Dorf, ein Sohn wohnt mit seiner Familie in Mailand, eine Tochter mit ihrer Familie in Paris und alle andern Kinder mit ihren Familien in der näheren Umgebung von Rothenfluh. Die jüngste Tochter kam 1968 zur Welt, wuchs also ganz in der Schweiz auf.
Beim nachfolgenden Interview übersetzte der Sohn Lorenzo.

Aus welchem Grund zogen Sie nach Rothenfluh?
Mario Profico:
Es waren wirtschaftliche Gründe, die mich zwangen, meine Heimat zu verlassen. Als selbständiger Unternehmer hatte ich mit Fischen und Oliven gehandelt, aber mein Geschäft lief schlecht, ich musste es aufgeben. Doch ich hatte eine grosse Familie zu ernähren.
So kam ich – dank der Hilfe eines Kollegen, der bereits dort arbeitete – 1960 nach Liestal in ein Elektrikergeschäft. Für kurze Zeit arbeitete ich 1963 dann nochmals in Italien, in Mailand, als Securitaswächter, aber das war nicht befriedigend. Bald arbeitete ich wieder im Elektrikergeschäft in Liestal.

Elvira Profico:
Als dann 1966 meine Mutter starb, wollte ich nicht mehr alleine mit den Kindern im Haus wohnen. Es machte mir auch Angst. Ein italienischer Berufskollege meines Mannes, der bereits mit seiner Familie in Rothenfluh wohnte, wusste, dass hier eine Wohnung zu mieten sei. So kam es, dass wir in die Alte Schule einzogen. Das ehe-

malige Schulzimmer war durch dünne Trennwände in verschiedene Zimmer unterteilt worden. Die Trennwände führten jedoch nicht bis zur Decke, kein Raum war also ganz in sich geschlossen. Drei Jahre später zogen wir an die Niederhofgasse 63 und seit 1990 wohnen wir hier im Grendel in der Zweizimmerwohnung von Familie Wyss.

Sie haben beide kaum deutsch gelernt, warum nicht?
Mario Profico:
Am Anfang war sowieso der Gedanke da, dass wir bald wieder nach Italien zurückkehren werden.
Im Geschäft kannte ich die notwendigen deutschen Ausdrücke für bestimmtes Arbeitsmaterial. Das reichte – vor allem auch deshalb, weil einige Arbeitskollegen ebenfalls Italiener waren.

Elvira Profico:
Ein paar Brocken lernte ich schon, ich putzte ja im Dorf bei einigen Familien und bügelte auch. Die Mehrheit der Frauen, in deren Haushalt ich arbeitete, hatten einmal italienisch gelernt. Weil es ihnen Freude machte, italienisch zu sprechen, nutzten sie die Gelegenheit und sprachen mit mir italienisch. Durch sie lernte ich also kaum deutsch, sie jedoch besser italienisch.

Wie gefällt es Ihnen in Rothenfluh?
Elvira Profico:
Es gefällt uns gut, die Leute, die uns hier kennen, sind freundlich zu uns.

Ein wenig Kontakt haben wir zu den Nachbarn. Von meiner Arbeit her sind auch noch einige Kontakte geblieben. Früher, als die Kinder noch im Dorf wohnten, besuchten wir auch etwa noch Aufführungen wie den Turnerabend, das Schulexamen oder das Weihnachtsspiel in der Kirche.

Mario Profico:
Obwohl es uns hier gut geht und wir gut aufgehoben sind, bleibt das Heimweh. Hier in der Schweiz sind wir Ausländer, eben Italiener, und in meiner Heimat in Süditalien gelten wir als «Schweizer». Irgendwie sind wir entwurzelt.

Ich freue mich immer, wenn ich für ein paar Wochen in mein Heimatdorf zurückgehe. Dort besitzen wir das Haus meiner Eltern. Seit meiner Pensionierung im Jahr 1978 verbringe ich alljährlich einige Wochen in Barbarano. Dort fühle ich mich auch jünger. Dort fahre ich mit meinen 80 Jahren sogar noch Vespa. Ich könnte ohne weiteres auch wieder dorthin ziehen, doch würde meine Frau nicht mitkommen.

Elvira Profico:
Nein, ich würde nicht mitgehen, denn die meisten Angehörigen wohnen mit ihren Familien hier in der Umgebung. Wäre ich in Italien, würde mein Mann die meiste Zeit mit Kollegen verbringen und ich sässe allein zuhause fern von meinen Kindern, Grosskindern und Urgrosskindern. Zudem sind hier auch die Spitäler besser als in Süditalien.

Markus und Monica Fahrni-Müller

Im März 1987 zog die Familie Fahrni mit den beiden Kindern Nadine (vierjährig) und Pascal (zweijährig) in unser Dorf an die Rössligasse 47. Später wohnte sie in der Hegmatt 5b, heute im Eigenheim an der oberen Vogtsmatten. 1994 kam das dritte Kind zur Welt, Patricia.

Aus welchem Grund zogen Sie nach Rothenfluh?
Wir wohnten in Basel und suchten eine grössere Wohnung. Der beiden Kinder wegen wollten wir aufs Land ziehen, obwohl wir beide in Stadtnähe aufgewachsen sind. Zufällig entdeckten wir in der Zeitung ein Wohnungsinserat von Rothenfluh. Wir fuhren einmal in dieses für uns unbekannte Oberbaselbieter Dorf und schauten uns um. Wir dachten bald einmal: Doch, da wollen wir hinziehen.

Fanden Sie zu den Leuten im Dorf rasch Kontakt?
Wir sind beide keine Vereinsmenschen. Dadurch fiel eine Kontaktmöglichkeit von vornherein weg. Sobald aber unsere Kinder

in den Kindergarten und in die Schule eintraten, entstand Kontakt zu anderen Eltern.

Was gefällt Ihnen in Rothenfluh?
Uns gefällt der Ort von der Grösse her. Dann gefällt uns die Landschaft gut. Wir erleben viele herzliche, freundliche Leute. Besonders beeindruckt hat uns Folgendes: Am ersten Sonntag, als wir in Rothenfluh wohnten, kam vom Bauernbetrieb nebenan die Nachbarsfrau und schenkte uns einen wundervollen Zopf, einfach so.

Markus Fahrni:
Es gefällt uns prima hier, und ich nehme deshalb meinen einstündigen Arbeitsweg mit den öffentlichen Verkehrsmitteln nach Basel gerne in Kauf.

(Nach kurzer Krankheit verstarb Markus Fahrni im Juni 1996, ein Jahr nach diesem Gespräch.)

Georges und Margrit Fuhrer-Erny

Margrit Fuhrer-Erny wuchs in Rothenfluh auf. Mit 19 Jahren zog sie aus beruflichen Gründen weg. Nach weiteren 19 Jahren, nämlich 1993, kehrte sie wieder zurück ins Dorf mit ihrem Ehemann Georges und den drei Kindern Manuel (zehnjährig), Fabienne (achtjährig), Vanessa (fünfjährig).

Welche Beziehung hattest du, Margrit, während der Jahre der Abwesenheit zu Rothenfluh?
Obwohl ich in Bern arbeitete und wohnte, kam ich oft nachhause zu meinen Eltern. Ich hing sehr am Dorf und fühlte mich eigentlich nur hier ganz zuhause. Darum heirateten Georges und ich auch hier und liessen später unsere Kinder in der Dorfkirche taufen. Auch mit meiner Familie weilte ich oft zu Besuch in Rothenfluh.

War diese Verbundenheit der eigentliche Grund, dass eure Familie hierher zog?
Ja, ganz bestimmt. Wir wohnten in einer Mietwohnung einer Überbauung in Schliern bei Köniz, also in einer Berner Vorortsgemeinde. Es gefiel uns dort, wir Erwachsenen hatten gute nachbarschaftliche Kontakte und die Kinder ihre Spielkameraden und Spielkameradinnen.
Bei einem unserer Verwandtenbesuche in Rothenfluh vernahmen wir, dass an der Anwilerstrasse der eine Teil eines Doppeleinfamilienhauses zu kaufen wäre. Ein eigenes Haus, wieder in Rothenfluh zuhause – das war ein verlockender Gedanke, der dann rasch in die Wirklichkeit umgesetzt wurde.
Die Kinder zogen nicht gerne aus ihrer vertrauten Umgebung weg ins Baselbiet. Mittlerweile haben sie sich aber gut eingelebt, fühlen sich wohl hier und möchten nicht mehr weg von Rothenfluh.

Und wie wohl fühlst du dich als Berner hier in Rothenfluh, Georges?
Mir gefällt es sehr gut hier. Da ich ja wusste und spürte, wie stark es Margrit wieder heim nach Rothenfluh zog, fiel mir der Entscheid leicht, gerade hier ein Eigenheim zu kaufen. Durch die vielen Besuche kannte ich ja auch schon einige Leute im Dorf. Da ich als Instruktor ohnehin an verschiedenen Orten arbeite (manchmal auch mehrere Tage abwesend bin), spielt es keine Rolle, wo ich wohne. Ich lebe gerne hier und habe schon in kurzer Zeit viele gute Kontakte knüpfen können.

Nachtrag Oktober 2000:
Margrit:
Je länger ich nun in Rothenfluh wohne, umso mehr merke ich auch, dass ich die Nähe zur Stadt Bern mit ihren schönen Lauben halt doch ein wenig vermisse. Bern ist doch so etwas wie eine zweite Heimat für mich geworden.

Name, Wappen, Bann

2.1 Name

Die Fluh, das Wahrzeichen des Dorfes; links die als Ausflugsziel weitherum bekannte Roti Flue, 2001

Bei der ersten, heute noch fassbaren schriftlichen Erwähnung von Rothenfluh heisst der Ort «Rotenfluo». In dieser lateinisch geschriebenen Urkunde vom 1. Februar 1196 bestätigte Papst Coelestin III. dem Basler Domstift seine Besitzungen, u. a. in Rothenfluh. Dieses pergamentene Schriftstück wurde in Rom ausgestellt und befindet sich heute im Generallandesarchiv in Karlsruhe (siehe Kap. 3.1).

Die Siedlung leitet ihren Namen von dem weithin sichtbaren Felsband, der Flue ab, die sich nördlich des Dorfes schroff erhebt. Obschon alle Rothenflüherinnen und Rothenflüher wohl überzeugt sind, unter einer roten Fluh zu wohnen, scheint die Flue aber – ausser im Abendrot – durchaus nicht rot, sondern gelblich. Weshalb das so ist, versucht die Geologie zu erklären.

■ *Wie entstand die Roti Flue?*
Während der grössten Vergletscherung in der zweitletzten Eiszeit vor 240 000 bis 170 000 Jahren drang der Rhonegletscher über die Jurapässe auf den Tafeljura vor. Die Oberfläche des Eises lag auf dem Tafeljura ca. 700 m ü. M.

Als Folge der Klima-Erwärmung, die vor etwa 170 000 Jahren begann und rund 50 000 Jahre dauerte, schmolzen die Eismassen und es folgte die Hauptphase der

Name, Wappen, Bann

Roter Mergel an der Strasse nach Wittnau, 2001

Talbildung. Das Wasser grub sich in den harten Hauptrogenstein ein, vertiefte das Tal durch den unteren Dogger und in den Opalinuston. Die Talhänge kamen in Bewegung und die Wassermassen schwemmten das Material talwärts. Der harte Kalk blieb als steile Wand bestehen. Als unsere Gegend noch nicht bewaldet war, setzte eine intensive Verwitterung ein und es bildeten sich die Grienlager, die unter der Roten Flue heute weitgehend abgebaut sind. Der untere Teil der Flue besteht aus den weicheren Kalk- und Mergelbänken des unteren Doggers, während früher nur der harte Hauptrogenstein als Fluh hervortrat.

Warum aber heisst das Dorf «Rothenfluh», wo die namengebende Fluh doch offensichtlich eine gelbliche Färbung aufweist? Der Name rührt wohl von den eisenhaltigen und deshalb rot gefärbten Mergeln her, die vor rund 20 Mio. Jahren abgelagert wurden. Sie füllten die Spalten und Risse des Hauptrogenstein-Kalkes. Während diese roten Mergel an der Flue weitgehend ausgewaschen sind, ist das rötliche Füllmaterial an der Strasse nach Wittnau im Gebiet Wellholden noch sichtbar.

Willy Mohler ■

Literatur
Bruckner Wilhelm: Schweizerische Ortsnamenkunde. Basel 1945.
Suter Paul: Gemeindewappen von Baselland. Liestal (4. Auflage) 1984.
Urkundenbuch der Landschaft Basel, 1. Teil. Hg. von Heinrich Boos. Basel 1881.

2.2 Gemeindewappen

In seiner Sitzung vom 27. Juni 1946 beschloss der Gemeinderat, das heute gültige Wappen als offizielles Gemeindewappen zu übernehmen. Die korrekte Beschreibung lautet:

In Gold rote Fluh auf grünem Dreiberg, beseitet von zwei grünen Tannen mit roten Stämmen.

Die Farben gold/rot/grün entstammen dem Wappen der Grafen von Thierstein bzw. der baslerischen Herrschaft Farnsburg, zu welchen Rothenfluh nacheinander gehört hatte. Die Tannen weisen auf den grossen Waldbestand der Gemeinde hin.

Wappenentwürfe Nr. 1–4   Entwurf Nr. 5

Bis dieses schöne Wappen ausgeklügelt war, brauchte es allerdings einige Zeit! Im Gefolge der Landesausstellung von 1939, an deren Höhenweg die Fahnen von 29 der

Name, Wappen, Bann

Wappen

74 Baselbieter Einwohnergemeinden geflattert haben, schuf die kantonale Kommission zur Erhaltung von Altertümern auch für die übrigen Gemeinden Vorschläge für ein Gemeindewappen.

Bei Rothenfluh stand von Anfang an die markante und namengebende Roti Flue als Wappensymbol im Vordergrund.

Im Februar 1946 unterbreitete die Kommission dem Gemeinderat vier Vorschläge und empfahl die Variante 4. Doch die stark stilisierte Fluh wollte den Gemeindevätern nicht gefallen. Der Kommissionspräsident Paul Suter (Reigoldswil) legte daraufhin eine fünfte Variante mit zwei grünen Tannen dem anerkannten Wappenexperten Paul Ganz (Oberhofen) zur Begutachtung vor. Nach kleineren Retouchen stand das definitive Rothenflüher Wappen fest.

Heute wird das Wappen im Briefkopf der Gemeindebehörden und auf ihren Publikationen geführt. Es ziert auch die Fahnen verschiedener Vereine.

Quellen und Literatur
StABL, Handschriftensammlung, Gemeindewappen (Dossier Rothenfluh).
Suter Paul: Gemeindewappen von Baselland. Liestal (4. Auflage) 1984.

2.3 Gemeindebann

2.3.1 Lage

Rothenfluh ist eine Oberbaselbieter Gemeinde. Das Dorf liegt auf einer Höhe von 467 m ü. M., rund 25 km südöstlich von Basel am oberen Ende des Ergolztals. Mit rund 670 Einwohnerinnen und Einwohnern zählt Rothenfluh zu den kleinen der 87 Gemeinden des Kantons Basel-Landschaft, im Rahmen der 29 Gemeinden des Bezirks Sissach zu den mittelgrossen.

Von der Ausdehnung her ist Rothenfluh vergleichsweise gross: Mit seinen 1093 ha wird es nur noch von den Gemeinden Eptingen (1119), Laufen (1137), Liesberg (1249), Langenbruck (1559), Muttenz (1664) und Liestal (1821) übertroffen. Im Jahre 1994 waren gemäss Arealstatistik 617 ha Wald (nach Liestal, Liesberg und Muttenz ist dies der viertgrösste Waldbestand einer Gemeinde im Kanton), 420 ha landwirtschaftliche Nutzfläche, 50 ha Siedlungsfläche und 1 ha unproduktiv. Das Dorf liegt an einer Talgabelung beim Zusammenfluss von Ergolz und Dübach. Nach allen vier Himmelsrichtungen schwingt sich der Gemeindebann auf die Ebenen des Tafeljuras. An den Abbrüchen zu den Tälern liegen schroffe Felsen bloss: im Süden die Ringelflue, im Nordosten das Mülflüeli und im Norden die mächtige namengebende Roti Flue (im Volksmund einfach d Flue genannt). Diese liegt auf 658 m.

2.3.2 Grenzen und Grenzzeichen

Die Rothenflüher Grenze misst 14 580 m und stösst an die sechs Gemeinden Anwil, Wittnau AG, Wegenstetten AG, Hemmiken, Ormalingen und Wenslingen. Die Grenzen zu den beiden aargauischen Gemeinden sind zugleich Kantonsgrenzen.

Die längste gemeinsame Grenze teilt Rothenfluh mit Wegenstetten (3258 m), die kürzeste mit Hemmiken (1170 m). Der weitaus grösste Teil unserer Gemeindegrenzen verläuft im Wald (68 %), die Grenze zu Wenslingen vollumfänglich. Dieser Teil der Grenze sowie ein Stück gegen Ormalingen auf dem Wischberg verlaufen entlang einer Geländekante.

Streitigkeiten um Grenzen waren vor 200 und mehr Jahren gang und gäbe – nicht etwa, weil unsere Vorfahren streitsüchtiger gewesen wären als wir. Vielmehr waren die Grenzen – namentlich in abgelegenen Gebieten – noch nicht klar definiert wie heute.

Dabei gab es drei Schwachstellen:

- Gemeindegrenzen und Staatsgrenzen waren noch nicht überall deckungsgleich. Es kam oft vor, dass Grund und Boden von Baselbieter Gemeinden auf fremdem, z. B. (damals) österreichischem Territorium lagen und umgekehrt. Solche Überschneidungen waren Anlass zu vielen Misshelligkeiten.
- Grenzen waren dort nur unklar bestimmt, wo sie in einem von beiden Seiten genutzten Weidegebiet lagen. Auch der Wald wurde früher als Weide benutzt.
- Grenzsteine lagen oft weit auseinander, weshalb der Grenzverlauf dazwischen unklar sein konnte. Ob ein in Grenznähe befindlicher Hag als Bannhag zum Schutz von Aufforstungen und Äckern oder als Grenzhag anzusehen sei, war hie und da ein Streitpunkt.

So stritten sich zum Beispiel 1702 die Rothenflüher mit den Wegenstettern, weil diese ein altes Wegerecht durch ein Grundstück auf Kei geltend machten, welches die Rothenflüher nach einem Holzschlag für den Getreideanbau eingehagt hatten.

Oder im selben Jahr setzten die Bewohner von Wittnau auf Anraten eines Geistlichen zwei Kreuze an die höchsten Punkte in ihrem Bann, um «den erzürnten Gott», der ihnen Jahr um Jahr das Getreide hatte verhageln lassen, «wider zu versühnen». Weil die Kreuze dabei um einige Meter auf Rothenflüher Boden zu stehen kamen, mussten sie versetzt werden.

Einige Jahre später stritten sich die beiden Gemeinden um den Verlauf der Grenze, wobei man sich in Rothenfluh beklagte, dass die Wittnauer ihre Felder gen Rothenfluh ausdehnten und – wie schon die Wegenstetter – die Wildzäune der Rothenflüher umhieben.

Die älteste Grenzbeschreibung aus der Gegend von Rothenfluh ist die Beschreibung der Landgrafschaft Sisgau in einer Urkunde vom 11. März 1363. Diese Herrschaftsgrenze war nicht ausgesteint. Vielmehr orientierte sie sich an Flussläufen, Geländeformationen und sogar an markanten Bäumen. Ein solcher Grenzverlauf war natürlich sehr ungenau – aber Genauigkeit war meist nicht vonnöten, weil unser Land schwach bevölkert war, die Menschen und ihre bewirtschafteten Flächen noch nicht so eng aufeinanderstiessen wie heute. Die damaligen Grafschaftsgrenzen gingen von Norden her das Länenbächli hinunter bis zur Ergolz und diese hinauf bis zur Schafmatt – folglich lag unser Dorf teils im Sisgau, zum grössten Teil aber im Frickgau! Im Laufe des 15. Jahrhunderts klärten sich die komplizierten Herrschaftsverhältnisse in Rothenfluh immer mehr, bis die Stadt Basel schliesslich 1534 und 1545 durch Käufe von Adligen sämtliche Hoheitsrechte über Rothenfluh errungen hatte (siehe Kapitel 3.1).

Seit dieser Zeit haben die Rothenflüher Grenzen etwa den heutigen Verlauf, auch wenn sich die Gemeindegrenzen zu Wegenstetten und Wittnau noch nicht ganz mit der Landesgrenze zu Österreich bzw. (ab 1803) zum Kanton Aargau deckten. Erst im Jahre 1911 schlossen die Kantone Baselland und Aargau, mit Einverständnis der beteiligten Gemeinden, einen Vertrag, welcher die Gemeindegrenzen mit der Kantonsgrenze zur Übereinstimmung brachte.

Die *Grenzsteine,* welche Rothenfluh von Hemmiken, Ormalingen, Wenslingen und Anwil abgrenzen, sind wenig spektakulär. Die ältesten dürften aus dem Anfang des

Name, Wappen, Bann

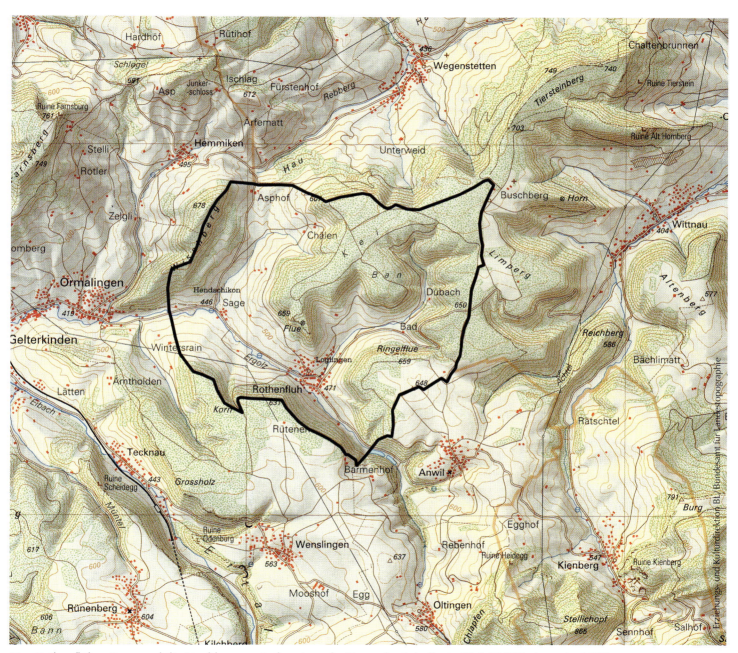

Der Rothenflüher Bann und die Nachbargemeinden; Ausschnitt aus der Schulkarte BL 1:50 000, Ausgabe 1995

Bemerkenswerte Staats- und Kantonsgrenzsteine aus dem 18. und 19. Jahrhundert

Stein	Jahrgang	Gravur	Standort
1001, Kalkstein	1706	Oe/BS	Vornünig. Drei-Gemeinde-Stein Rothenfluh-Anwil-Wittnau
1003, Muschelkalk verwittert	ohne Jahrzahl	Oe/BS	Bifang/Mülistätt
1004, Sandstein	1810	AG/BS	Rottannen
1007, Kalkstein	1734	verwittert	Wolfgarten
1008, Kalkstein verwittert	ohne Jahrzahl (Heitz: 1761)	Oe/BS	Wolfgarten
1010, Kalkstein	1734	Oe/BS	Kei/Eigenacher
1011, Muschelkalk	ohne Jahrzahl	Oe/BS	Solchopf/Ruebholden
1012, Muschelkalk	1724 (Heitz: 1729)	Oe/BS (Heitz: Wappen von Schönau statt BS)	Erfenmatt/Usseri Weid
1013, Muschelkalk	ohne Jahrzahl (Heitz: 1589)	Oe/BS	Asp. Drei-Gemeinde-Stein Rothenfluh-Wegenstetten-Hemmiken

19. Jahrhunderts stammen und tragen – wenn überhaupt – die Anfangsbuchstaben der angrenzenden Gemeinden. Die älteren Grenzsteine zu Hemmiken sind aus Sandstein und stammen aus dem früher weitherum bekannten Hemmiker Steinbruch. Im Unterschied zu diesen Gemeindegrenzen waren die Grenzen zu Wittnau und Wegenstetten während Jahrhunderten Staatsgrenzen. Rothenfluh stiess bis 1803, solange das Fricktal österreichisch war, ans Ausland.
Vom Asp zog sich bis ins 19. Jahrhundert über den Berg ein Grenzhag (Lebhag) entlang der Grenze zwischen dem Kanton Basel und der Eidgenossenschaft zu Österreich hin. Ein Grenzgatter beim Asp bildete den Durchlass für die Fuhrwerke.

Grenzstein von 1706. Vornünig/Ischlag, links das österreichische, rechts das baslerische Hoheitszeichen

Literatur
Furter Martin: Gemeindegrenzen im Kanton Basel-Landschaft. Zur Entwicklung und Bedeutung von Grenzen der Kulturlandschaft. Eine geographische Analyse. Sissach 1993.
Heitz August: Grenzen und Grenzzeichen der Kantone Baselstadt und Baselland. Liestal 1964.

Geschichte

3.1 Mittelalter

Die Geschichte Rothenfluhs mit seinem flächenmässig ausgedehnten Bann ist geprägt durch seine Lage im Grenzgebiet zwischen Sisgau und Frickgau, unweit der Weggabelung der Strassen über Oltingen zur Schafmatt einerseits, über Anwil zum Passübergang der Salhöchi andererseits. In dem am Rande des Altsiedellandes gelegenen Bann ist bis heute – ausser einer am Rennweg nach Anwil gefundenen keltischen Potinmünze und wenigen anderen Einzelfunden wie der bronzezeitlichen Keramik vom Nübel – keine Fundstelle aus prähistorischer oder römischer Zeit bekannt, und für ein vor- oder frühgeschichtliches Befestigungswerk auf der Fluh sprechen lediglich die Gräben, aber die Stelle ist bis heute archäologisch unerforscht. Ebenso wenig sicher ist die Annahme einer Burg am hinteren Ende des Dübachtals. Hingegen liegen in nächster Nähe die drei Burgen Alt-Thierstein, Alt-Homberg und die Ödenburg. Die nach dem gleichen, grosszügigen

Papst Coelestin bestätigt 1196 dem Basler Domstift den Besitz des Hofes und der Kirche zu Rotenfluo.

Geschichte

Der Flurname Ängsten (westlich der Säge) weist auf die abgegangene Siedlung Hendschikon hin. 2001

nimmt die Zahl überlieferter schriftlicher Zeugnisse erst seit dem Ende des 14. Jahrhunderts, nach der grossen Pest, zu. Zu erwähnen sind insbesondere die Beraine (Güterbeschreibungen) des zum Unterhalt von Pfarrer und Kirche bestimmten Widumsguts von 1397 im Staatsarchiv Liestal und des Besitzes des Ritters Hans Friedrich Münch von Löwenberg aus dem Jahre 1498 im Staatsarchiv Basel. Seit 1559 geben Tauf- und Eheregister über die Bevölkerung Rothenfluhs Auskunft.

Mit den in den erwähnten Berainen festgehaltenen Flurnamen verfügen wir über Anhaltspunkte für die siedlungstopographische Entwicklung. So lagen die Anfänge nicht nur im heutigen Ortskern, sondern das Sied-

Grundriss-Schema konstruierten Burgen Alt-Homberg und Ödenburg gehören neben Burghalden bei Liestal, Altenberg bei Füllinsdorf und dem Vorderen Wartenberg ob Muttenz zu den ältesten Burganlagen der Region. Sie wurden um die Mitte des 11. Jahrhunderts gegründet.

In einer Papsturkunde des Jahres 1196 wurde der Ort Rothenfluh *(Rotenfluo)* erstmals erwähnt, als sich das Basler Domstift den Besitz einiger Kirchen bestätigen liess. Die hochmittelalterliche Urkunde fällt in die Zeit der gesamteuropäischen Vorgänge des intensivierten Landesausbaus, des Bevölkerungswachstums und der Entstehung des mittelalterlichen Dorfes. Während aus den Anfängen lediglich eine Urkunde von 1274 und eine weitere von 1318 erhalten sind,

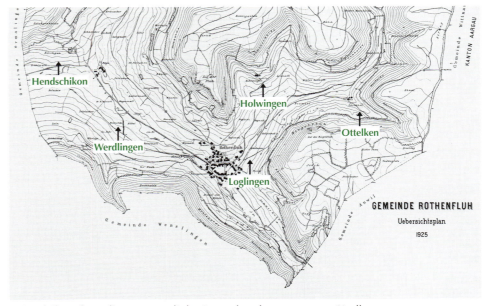

Die Pfeile geben die mutmassliche Lage der abgegangenen Siedlungen an.

Geschichte

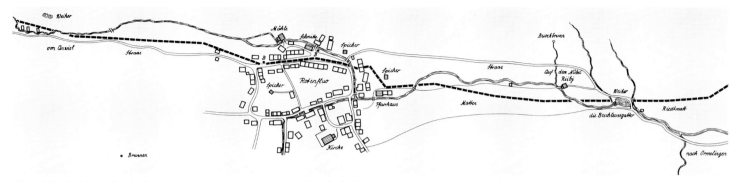

Gestrichelt: Hypothetische Grenze zwischen den Landgrafschaften Sisgau (oben) und Frickgau (unten)

lungsbild war geprägt durch fluktuierende, verstreute Einzelhöfe und Hofgruppen. Rodungen schufen an den sanften Abhängen der Talränder einige Siedlungskammern, die im Abstand von etwa 1,5 bis 2 km voneinander entfernt lagen: Es handelt sich in der Reihenfolge von West nach Ost um die Siedlungsnamen Hendschikon (in der Nähe der heutigen Säge), Werdlingen, Loglingen, Holingen und das nicht lokalisierbare Gastwingen. Aus Werdlingen, nahe der heutigen Reithalle, liegen seit kurzer Zeit archäologische Funde, Keramik aus dem 7./8. und dem 13./14. Jahrhundert, vor, ein seltener Glücksfall, der es erlaubt, eine aufgrund des Flurnamens angenommene abgegangene Siedlung zu datieren. Für die Entdeckung weiterer archäologischer Spuren ist die Geschichtsforschung auf die Argusaugen der Dorfbevölkerung angewiesen.

In einem langfristigen Prozess, der sich vom 12. bis ins 15. Jahrhundert hinzog, entstanden die Grundlagen des heutigen Dorfs: Das bedeutet die Entwicklung eines räumlich geschlossenen Siedlungsverbands, die Herausbildung der gerodeten Ackerflur und ihre Einteilung in Grossfelder, die so genannten Zelgen, den Übergang zur Dreizelgenbrachwirtschaft und schliesslich die Ablösung der alten Siedlungsnamen durch den neuen Dorfnamen Rothenfluh.

Anders als viele Baselbieter Dörfer besass Rothenfluh keine Burgen, jedoch zwei Kirchen: In Nieder-Rothenfluh, bei Hendschikon, die heute nicht mehr genau lokalisierbare Kirche St. Georg (1534 abgebrochen) und in Loglingen/Ober-Rothenfluh die Kirche St. Stephan. Die Gemeindeglieder beider Kirchen wurden seelsorgerisch von nur einem Priester betreut. Wie schon erwähnt, waren Kirche, Meierhof (noch heute «Im Hof» genannt) und Mühle ursprünglich im Besitz des Basler Domkapitels. Erst im 14. Jahrhundert verlieh es je den halben Kirchensatz an die Grafen von Thierstein und an die Adelsfamilie der Münch. Diese beiden mächtigen Familien besetzten seither abwechslungsweise die freiwerdende Priesterstelle. Die Grafen von Thierstein konnten ihre Herrschaftsaufgaben von ihrer ob Frick gelegenen Burg Alt-Thierstein (Gde. Gipf-Oberfrick, AG, nachweislich bis ins 15. Jahrhundert bewohnt) aus wahrnehmen. Von der um die Mitte des 11. Jahrhunderts errichteten nahen Burg Alt-Homberg (Gde. Wittnau, AG) sind Funde aus dem 11. bis späten 13. Jahrhundert bekannt, ob sie allerdings noch länger bewohnt war, lässt sich wegen der mangelhaften archäologischen Ausräumungsarbeiten der Jahre 1882–1884 nicht sagen.

Die Familien der Thiersteiner und der Münch waren die wichtigsten Grundherren im Dorf und teilten sich die Dorfherrschaft (so genanntes Kondominium). Ihre Unterbeamten, der Meier und der Vogt, sprachen in ihrem Namen Recht; sie urteilten in Frevelsachen und Sühnegerichtsfällen. Die höchste Gerichtsbarkeit über schwere Verbrechen, die Blutgerichtsbarkeit (Körperstrafen, Todesstrafe), lag – je nach dem

Geschichte

Tatort – in der Kompetenz des Landgrafen im Sisgau oder des frickgauischen Landgrafen. Die Richtstätte befand sich auf der Erfenmatte, nördlich des Asphofs, unweit von Hemmiken. Bis ins 12. Jahrhundert hinein hatten die Grafen von Thierstein-Alt-Homberg beide Grafschaften inne; später waren ihre Erben, die Grafen von Frohburg, Träger des bischöflichen Lehens der Landgrafschaft im Sisgau. Seit 1323 hatten sie es gemeinsam mit den Grafen von Habsburg inne, teilten sich also mit bischöflicher Erlaubnis die landgräflichen Befugnisse und Rechte. Da die Habsburger auch die Grafenwürde im Frickgau innehatten, spielte es faktisch keine wesentliche Rolle, dass die Grafschaftsgrenzen mitten im Bann Rothenfluh verliefen: Beiderseits der Grenzen nahmen die Habsburger die höchste Gerichtsbarkeit und andere mit der Landgrafschaft verbundene Rechte wahr. Nachfolger des letzten männlichen Vertreters der Frohburger Grafen waren Sigmund von Thierstein, der Begründer der Herrschaft Thierstein-Farnsburg, und später die Falkensteiner. Seit 1461 war die Stadt Basel Besitzerin der Herrschaft Farnsburg und der Landgrafschaft im Sisgau. Zu Kompetenzstreitigkeiten zwischen den Inhabern der sisgauischen und der frickgauischen Landgrafschaft kam es im Laufe des 15. Jahrhunderts zwar mehrmals; doch ist bis heute kein Fall bekannt, bei dem die Streitigkeit durch ein Delikt auf Rothenflüher Boden ausgelöst worden wäre. Mit einem Vertrag zwischen der Stadt Basel und der Herrschaft Österreich, d. h. den Habsburgern, änderten sich 1534 die Verhältnisse grundlegend, worauf wir weiter unten zurückkommen werden.

Aus wirtschaftlichen Gründen sahen sich die Grafen von Thierstein am Ende des 15. Jahrhunderts veranlasst, ihre Rechte an der halben Dorfherrschaft zu verpfänden, an Hans Ulrich von Luternow, dann an die aus einem hegauischen Adelsgeschlecht stammenden Brüder Ytelhans und Hans Thüring von Fridingen. Ihrerseits waren die von Fridingen gezwungen, die Herrschaft an einen Bürger von Waldshut (Werner von Gelterkinden) zu versetzen. Nach dessen Tod erwarb mit dem Einverständnis Graf Heinrichs von Thierstein der angesehene Basler Bürger Hans Irmi das halbe Dorf. Nach dem Tode des letzten Grafen von Thierstein liess sich Matthias Münch von Münchenstein von dessen Witwe mit der thiersteinischen Dorfhälfte belehnen. Es gelang seiner Familie aber nicht, die ganze Dorfherrschaft zu behaupten. Denn Basel trat entschieden als Rechtsnachfolgerin der Thiersteiner auf und behauptete die Oberherrschaft über das Dorf. 1545 verkaufte Jakob Münch von Münchenstein die Vogtei mit ihren Rechten, d. h. die Dorfherrschaft, für 200 Gulden an die Stadt Basel und blieb lediglich im Besitz von Zinsen und Zehnteneinnahmen. Er behielt sich auch den halben Bergzins vor und sicherte der Stadt eine Beteiligung zu, falls die unter seinen Vorfahren betriebenen bergbaulichen Tätigkeiten wieder aufgenommen würden.

Der hier geschilderte, in jener Zeit häufige Umstand der Verpfändung von Herrschaftsrechten kann nicht ohne Auswirkungen auf die bäuerlichen Untertanen geblieben sein. Im Dorf waren die Dorfherren seltene «Gäste», ihre Rechte liessen sie durch die örtlichen Amtsleute, den Meier und den Vogt, wahrnehmen. Die Hinterbliebenen eines Meiers, als Repräsentationsfigur der dörflichen Oberschicht, traten schon im 14. Jahrhundert selbstbewusst auf, indem sie die Erblichkeit des Meieramtes durchzusetzen suchten. Die schwache herrschaftliche Präsenz stärkte das bäuerliche Selbstbewusstsein. Im Laufe des Spätmittelalters hatte sich die Gemeinde als von der Herrschaft anerkannte, rechtliche und politische Körperschaft formiert. Die in der Gemeindeversammlung durch den männlichen Vorstand oder die Witwe vertretenen Haushalte waren in entscheidendem Ausmass an der «Herrschaft» im Dorf beteiligt: Sie nahmen die Wahl der niederen dörflichen Ämter, des Bannwarts, der Scheidleute, des Hirten vor, ebenso die Wahl der Gerichtsleute. Die Organe der Dorfgemeinde bewältigten die komplexen Aufgaben der Flurordnung, der Regelung von Viehtrieb auf Brach- und Stoppelweiden, der Wiesenbewässerung, der Allmendbenützung wie auch die Aufsicht über Wege und Stege, die in Fronarbeit unterhalten wurden. Ohne den sozialen und institutionalisierten Zusammenhalt der Gemeindegenossen wäre die landwirtschaftliche Innovation der Dreizelgenbrachwirtschaft nicht durchführbar gewesen.

Mit der Formierung der Dorfgemeinde gingen die niedergerichtlichen Kompetenzen vom alten Hofgericht auf das Dorfgericht über, das mit Urteilssprechern aller Dorfteile besetzt war. Das bedeutete, dass die einzelnen Dorfgenossen nicht mehr der Gerichtsbarkeit ihres jeweiligen Grundherrn unterstanden, sondern dass gewissermassen das Territorialprinzip galt. Eine allmähliche Lösung der Bauern aus der Abhängigkeit ihres Grundherrn zeigt sich auch darin, dass ihnen bessere Leihebedingungen zugestanden wurden. D. h. die Güter wurden erblich oder wenigstens auf Lebenszeit verliehen.

Auf der wirtschaftlichen Ebene wirkte sich die Abhängigkeit von Grund- und Gerichtsherren vor allem in der Abgabe- und Steuerpflicht aus. Um ihre Güter zu unterhalten und ihre Zinsen bezahlen zu können, haben bäuerliche Produzenten schon früh Parzellen in Unterleihe verliehen oder ihre Güter durch Verkauf von so genannten Renten belastet: Gegen Gewährung einer Kapitalsumme, des «Hauptguts» (Hypothek), haben sie sich gegenüber dem Rentenkäufer zur Leistung eines jährlichen Zinses (meist eines Naturalzinses in Form von Getreide) verpflichtet. Häufig traten Bürger umliegender Städte wie Rheinfelden und Basel als Rentenkäufer auf.

Andere Probleme ergaben sich für die Dorfleute aus der Leibherrschaft, was sich besonders deutlich seit der zweiten Hälfte des 15. Jahrhunderts zeigte, nachdem Basel 1461 die Herrschaft Farnsburg gekauft hatte. Als ehrmindernd und besonders stossend erwiesen sich die sozialen und rechtlichen Beschränkungen, denen Leibeigene unterworfen waren: Sie waren in ihrer Freizügigkeit beschränkt und durften allenfalls gegen Bezahlung eines Abzugsgeldes aus der Herrschaft wegziehen. Sie durften keine ungenossame Ehe eingehen, das heisst keinen Ehepartner aus einem anderen Amt heiraten. Ungenossame Ehen wurden mit einer Geldbusse bestraft. In Rothenfluh lebten am Ende des Mittelalters Leibeigene sowohl Basels wie auch Österreichs. 1534 tauschten Basel und Österreich ihre Leibeigenen aus. Das betraf 70 österreichische Eigenleute im Basler Herrschaftsgebiet und 470 baslerische Eigenleute, die in der österreichischen Grafschaft Rheinfelden sassen. Zudem verzichtete Österreich auf die Hochgerichtsbarkeit in den Dörfern Rothenfluh und Anwil. Das bedeutete, dass nun die ganze Gemarkung Rothenfluhs einheitlich nur noch zum Hoheitsgebiet der Landgrafschaft Sisgau gehörte. Als Gegenleistung trat Basel seine Rechte am Spital zu Frick (einem der wenigen ländlichen Spitäler, die aus dem Spätmittelalter bekannt sind) und in Wittnau ab. Damit kam es 1534 zu einer Vereinfachung der Verhältnisse, was dem Bestreben der Stadt nach Territorialisierung ihrer Herrschaftsrechte entsprach. Als sichtbares Zeichen ihrer Grenzbereinigung beschlossen die Vertragspartner, Marksteine zu setzen: Verordnete beider Seiten sollten die Grenzen Anwils und Rothenfluhs gegen die fricktalischen Nachbargemeinden hin mit «stein mit beyder herschafften eeren wappen» bezeichnen.

3.2 Reformation, Revolution und Kantonstrennung

Rothenfluh war auf der Basler Landschaft eine der ersten Kirchgemeinden, in welcher das reformatorische Gedankengut Eingang fand. 1525, vier Jahre vor der offiziellen Einführung der neuen Konfession durch die Basler Räte, entfachte der Rothenflüher Pfarrer Johannes Stucky einen kleinen «Bildersturm» und entfernte in der Stephans-Kirche die Heiligenfiguren und den Altar. Stucky, der vermutlich ein gebürtiger Zürcher war, könnte vom dortigen Reformator Huldrych Zwingli beeinflusst worden sein. Obwohl vom Basler Rat zunächst zurückgepfiffen, blieb Stucky bei der neuen Konfession.

Geschichte

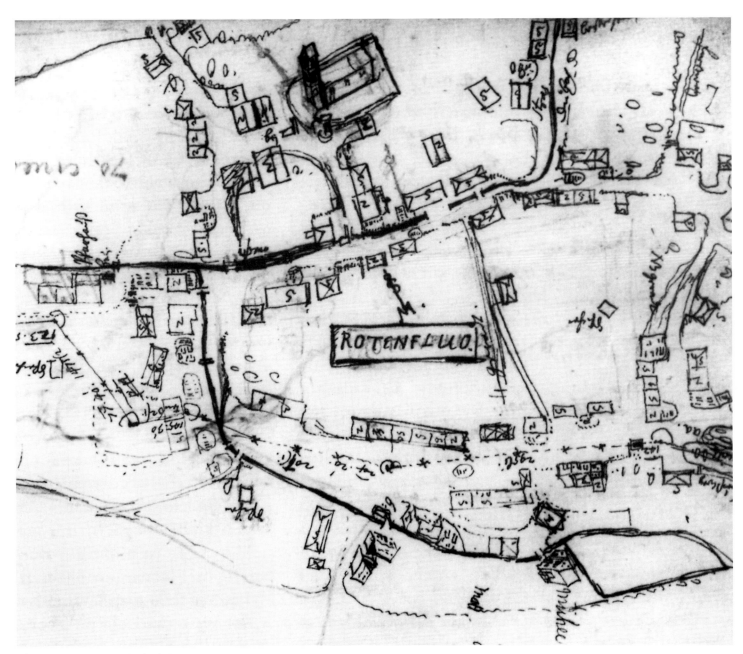

Skizze von Georg Friedrich Meyer, 1680

In den Jahren nach der Reformation war Rothenfluh eine Hochburg der Täufer auf der Landschaft. Diese waren eine radikale reformierte Bewegung, die von den Obrigkeiten hart verfolgt wurde, u. a. weil sie die staatliche Einmischung in kirchliche Angelegenheiten strikte ablehnte. Dies bekamen auch die Täufer, die sich in Rothenfluh aufhielten, zu spüren: 1530 wurden hier 40 Männer verhaftet, in Basel ins Gefängnis gesteckt und erst nach einem Monat mit hohen Bussen wieder freigelassen. Dabei muss allerdings bedacht werden, dass die Mehrheit eher Sympathisanten waren, welche die Antipathie gegen die Basler Obrigkeit mit den wirklichen Täufern verband. Namentlich bekannt ist z. B. ein Moritz Häfelfinger, Ueli Mercklin, Lorenz Rickenbach, Ueli und Anna Schnider sowie Anna Gysin aus Wintersingen, Dienstmagd in Rothenfluh. Noch Jahrzehnte später sind in Rothenfluh Täufer nachgewiesen.

In der Reformationszeit änderten sich auch die Herrschaftsrechte über Rothenfluh: Im Zuge der Reformation brachte die Stadt 1529 vom Domkapitel die Patronatsrechte (kirchliche Hoheit) an sich; von 1526 bis 1545 erwarb Basel – wie oben dargestellt – Zug um Zug auch sämtliche weltliche Rechte über Land und Leute. Seither, bis zur Kantonstrennung 1832, war Rothenfluh vollständig baslerisch.

1534 war für Rothenfluh auch sonst ein bemerkenswertes Jahr. Zum einen brannte infolge eines Blitzschlags das wohl noch grösstenteils aus Holz gebaute Pfarrhaus nieder. Der im gleichen Jahr neu erstellte Bau hatte im grossen Ganzen die heutige Gestalt. Zum anderen wurde die Georgs-Kirche in Nieder-Rothenfluh abgerissen; der Altar und der Taufstein wurden in der Ober-Rothenflüher Stephans-Kirche neu gesetzt.

Politisch war Rothenfluh mit 27 anderen Gemeinden im Amt Farnsburg zusammengefasst, das von einem Landvogt im Auftrag der Basler Räte verwaltet wurde. Die Landbevölkerung war leibeigen bis 1790 und untertan bis 1798. Man darf sich darunter nicht vorstellen, dass die Leute einfach der Willkür der «Herren» in Basel ausgeliefert gewesen wären. Auch wenn diese in aller Regel das erste und das letzte Wort behielten, gewährten die obrigkeitlichen «Ordnungen» und die Gewohnheitsrechte einen stabilen Rahmen, innerhalb dessen sich das tägliche Leben abspielte. Doch die Konsequenzen der untertänigen Rechtsstellung waren trotzdem einschneidend: keine Niederlassungsfreiheit, keine politischen Rechte ausserhalb der Gemeinde (und innerhalb nur eingeschränkt), kein Zugang zu höherer Bildung, zu Beamtenstellen oder zu Offizierschargen in der Miliz. Die Gemeinde wurde von einem Untervogt, der vom Basler Kleinen Rat gewählt wurde, und einigen «Geschworenen» (Gemeinderäten) geleitet. Eine Art Sittengericht («Bann») unter dem Vorsitz des Pfarrers wachte über die Einhaltung von moralischen Geboten im Dorf. Der Untervogt präsidierte zudem das Zivilgericht Rothenfluh, welches vor allem Handänderungen fertigte und Schuldforderungen beurteilte, bis es nach der Kantonstrennung durch die Schaffung des Bezirksgerichts Gelterkinden aufgehoben wurde.

Die Stellung der Personen und der Gemeinden begann sich nach der Basler und der helvetischen Revolution 1798 zu ändern. Im Gefolge der Französischen Revolution hatte sich auch die Schweiz eine Verfassungsgrundlage gegeben, die auf den Prinzipien der persönlichen Freiheit und der Gleichheit der Bürger aufgebaut war. Die Untertänigkeit war abgeschafft. Das Gefälle im Kanton Basel zwischen der bestimmenden städtischen Elite und der Landbevölkerung hinsichtlich Bildung, politischer Erfahrung und Teilhabe an der Macht blieb jedoch für lange Zeit prägend. Nach der auf Ausgleich bedachten Mediationsverfassung (1803) schrieb die Restaurationsverfassung von 1814 diese politische Unterlegenheit der Landschaft wieder fest. Bis zur Kantonstrennung hatte die Landbevölkerung an Selbstbewusstsein gewonnen und war zudem 1815 durch die Aufnahme des katholischen Birsecks um einen neuen Bezirk vergrössert worden, der sich alsbald von der Stadt zurückgesetzt fühlte. Rothenfluh gehörte zu jenen 46 Gemeinden, welche im Februar 1832 von der Basler Regierung verstossen wurden und daraufhin im März den neuen Kanton Basel-Landschaft gründeten.

Geschichte

3.3 Rothenfluh vor 200 Jahren: wirtschaftlich und gesellschaftlich

Wie hat man sich unser Dorf im 18. Jahrhundert vorzustellen, und wie haben sich die einzelnen Lebensbereiche seither entwickelt?

1798 lebten in Rothenfluh 521 Personen in etwa 45 Häusern. Als 1770 wegen einer existenzbedrohenden Teuerungswelle eine Volkszählung durchgeführt wurde, um den Stand der Vorräte an Brotgetreide zu erheben, wurden in Rothenfluh 23,6 % der Haushaltungen als «reich», 42,9 % als «mittel» und 33,5 % als «arm» bezeichnet. Bei unseren Nachbargemeinden wurden in Wenslingen 32,9 % und in Anwil gar 51,5 % als reich registriert, wogegen Ormalingen nur 8,1 % reiche und dafür 41,6 % arme Haushaltungen hatte.

Vor 200 Jahren war die Landwirtschaft die wichtigste Lebensgrundlage. Jede Familie besass Land, das sie bebaute. Vorherrschend war der Getreidebau nach dem Prinzip der Dreifelderwirtschaft: Die Äcker waren in die drei Zelgen «Ob der Kirche», «Vor Buech» und «Vor Loglingen» gruppiert (siehe Karte) und wurden rotierend angebaut. Im ersten Jahr mit Wintergetreide (Dinkel; der Weizen verbreitete sich bei uns erst vor etwa 150 Jahren) und im zweiten Jahr mit Sommergetreide (v. a. Hafer). Im dritten Jahr lag der Boden brach; mit der Zeit wurden in der Brache Hackpflanzen gezogen oder für die Gründüngung Klee angesät. Weil es noch sehr wenig Feldwege gab, mussten die Landwirte ihre Grundstücke gleichzeitig bearbeiten. Nach der Getreideernte wurde das Grossvieh auf die Stoppelweide getrieben; die Ziegen, Schafe und Schweine weideten auf der Allmend und im lichten Wald (was dessen Pflege natürlich nicht zuträglich war). Der sonnige Südhang Under der Flue war, wie man auf alten Ansichten gut erkennen kann, bis weit ins 19. Jahrhundert hinein mit Reben bestückt. Wie mag der «Rothenflüher» wohl geschmeckt haben? Lehrer Koch zumindest hielt 1863 den Roten für einen «recht guten, angenehmen» Wein. Die Reblaus-Epidemie im ausgehenden 19. Jahrhundert machte dem Baselbieter Weinbau den Garaus. Der Kartoffel- und Rübenanbau sowie der gepflegte Obstbau bekamen erst im Verlauf des 19. Jahrhunderts ein nennenswertes wirtschaftliches Gewicht.

Im Verlauf des 18. Jahrhunderts wurde die «Getreidemonokultur» immer mehr durch den Futteranbau in einzelnen eingehagten Parzellen (Einschlag, «Ischlag») aufgelöst. Bis dahin war nur eine begrenzte Viehwirtschaft möglich gewesen, weil das Stallfutter für den Winter nur ausserhalb der Zelgen, auf den Wässermatten entlang der Bäche, gewonnen werden konnte. Immerhin wurden in Rothenfluh 1774 folgende Nutztiere gezählt: 66 Stiere, 100 Kühe, 81 Stück Gustvieh, 28 Pferde, 83 Schafe, 32 Ziegen und 138 Schweine. Erst mit der zunehmenden «Vergrünlandung» im 18. und 19. Jahrhundert wurde die Vieh- und Milchwirtschaft zu einem gleichgewichtigen Pfeiler der Landwirtschaft neben dem Ackerbau. Jene gedieh so gut, dass in Rothenfluh 1862 eine Dorfkäserei eingerichtet werden konnte.

Neben der Landwirtschaft kam der Seidenbandweberei in Heimarbeit (Posamenterei) eine wachsende Bedeutung zu (siehe auch Kap. 8.3.1). Basler Unternehmer lieferten das Seidengarn, welches in den Dörfern zu «Bändeln» verarbeitet und vom «Bott» (Spediteur mit Ross und Wagen) wieder in die Stadt gebracht wurde. Dadurch floss vermehrt Bargeld in die Haushaltskassen. Viele Familien, eben die «Basimänter», spezialisierten sich auf diesen Erwerbszweig und betrieben die Landwirtschaft nur nebenbei. War diese von der Witterung und seit etwa 100 Jahren von der Konkurrenz eines weltweiten Agrarmarktes abhängig, so wurden die Einkommen der Posamenter von der Konjunktur, vom Wandel in der Mode, von der Entwicklung in der Technik (Fabriken!) oder ebenfalls von der internationalen Konkurrenz beeinflusst. Seidenbänder waren in erster Linie ein Exportgut. Liefen in Rothenfluh im Jahr 1770 erst 21 Bandstühle, so waren es 1856 (bei einer Bevölkerungszahl von etwa 850) nicht weniger als 150! Wilhelm Koch sprach 1863 vom «Haupterwerb» in unserer Gemeinde.

Nach diesem Höhepunkt nahm die Posamenterei kontinuierlich ab, 1908 waren

Aufteilung der Flur in drei Zelgen, 18. Jahrhundert

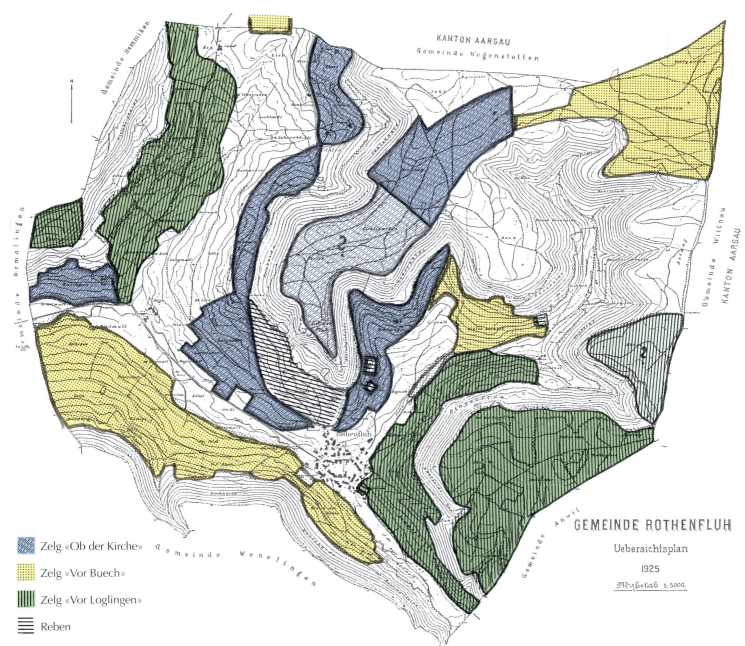

Geschichte

noch 79 Bandstühle in Betrieb; den Niedergang in der Zwischenkriegszeit überlebten nur wenige. Das letzte dieser nunmehr elektrifizierten, lärmigen Ungetüme wurde in Rothenfluh 1974 abgestellt. Arbeitsersatz konnte, aus Mangel an einer ansässigen Industrie, nur auswärts gefunden werden. Seit dieser Krise pendeln viele in die gewerblich-industriellen Zentren weiter unten im Ergolztal oder nach Basel.

Vom Handwerk und Gewerbe lebte in Rothenfluh nur ein kleiner Teil der Bevölkerung, obschon die Liste der vorhandenen Betriebe (siehe unten) – verglichen mit heute – eine beeindruckende Vielfalt aufweist. Schon vor 200 Jahren hatten Gelterkinden, Sissach und Liestal Zentrumsfunktion für die Versorgung ihrer Umgebung mit gewerblichen Erzeugnissen. 1774 waren in Rothenfluh neben 29 Bauern, 31 Tauern und 22 Seidenbandwebern nicht weniger als 33 Handwerker ansässig: je 3 Schuhmacher, Schneider, Maurer, Wagner und Seidenweber; je 2 Strumpfweber, Schmiede, Küfer, Kaminfeger und Metzger sowie je 1 Wirt, Zimmermann, Tischmacher, Weber (vermutlich Leinenweber), Tierarzt, Bäcker, Nagler und Wundarzt. Die meisten Handwerker übten ihren Beruf als Nebenerwerb aus.

Was diese Liste nicht zeigt: Auch damals waren nicht alle Leute gleich wohlhabend oder gleich arm, die Bevölkerung wies wie heute eine Schichtung auf. Zuoberst auf der Wohlstandsskala standen die «Bauern»; dieser Begriff bezeichnete in der damaligen Statistik Landwirte, welche mindestens einen «Zug» mit vier Zugtieren (Ochsen oder Pferden) besassen, um einen Pflug zu ziehen (Halbbauern besassen zwei Zugtiere). In der Mitte der Skala kann man einige, aber längst nicht alle Handwerker ansiedeln. Die Posamenter und die Tauner (Kleinbauern und Taglöhner ohne eigene Zugtiere) machten etwa zwei Drittel der Bevölkerung aus und bildeten die Unterschicht. Wer keine Zugtiere besass, musste seine Äcker von den Bauern pflügen lassen; diesen Dienst konnten sie als ärmere Leute nicht mit Geld entschädigen, sondern mussten mit ihrer Arbeitskraft den Bauern zur Hand gehen. Dass diese wirtschaftlichen Gegebenheiten auch ein Machtgefälle innerhalb des Dorfes bewirkten, versteht sich von selbst.

Literatur
Gschwind Franz: Bevölkerungsentwicklung und Wirtschaftsstruktur der Landschaft Basel im 18. Jahrhundert. Ein historisch-demographischer Beitrag zur Sozial- und Wirtschaftsgeschichte mit besonderer Berücksichtigung der langfristigen Bevölkerungsentwicklung von Stadt (seit 1100) und Landschaft (seit 1500) Basel. Liestal 1977.
Jecker Hanspeter: Ketzer – Rebellen – Heilige. Das Basler Täufertum von 1580–1700. Liestal 1998.
Manz Matthias: Die Basler Landschaft in der Helvetik (1798–1803). Über die materiellen Ursachen von Revolution und Konterrevolution. Liestal 1991.
Othenin-Girard Mireille: Ländliche Lebensweise und Lebensformen im Spätmittelalter. Eine wirtschafts- und sozialgeschichtliche Untersuchung der nordwestschweizerischen Herrschaft Farnsburg. Liestal 1994.
Rippmann Dorothee: Bauern und Herren. Rothenfluh im Mittelalter. Ein Beitrag zur Geschichte der ländlichen Gesellschaft im Mittelalter, mit einem Beitrag von Jürg Tauber. Liestal 1996.

3.4 Sagen

«Sagenhaft», lautet oftmals unser Kommentar auf eine besonders spannende oder ausgefallene Neuigkeit. Oder wir rufen aus: «Unwahrscheinlich!», womit wir aber nicht die Glaubwürdigkeit unseres Gesprächspartners in Zweifel ziehen, sondern unserer Überraschung Ausdruck verleihen. In einem anderen Sinn setzen wir Sage in Gegensatz zu Fakten.

Die erste Verwendungsart kommt dem näher, was allgemein unter Sagen, Volkssagen verstanden wird. Es sind ursprünglich mündlich überlieferte Berichte, welche geschichtliche und örtliche Gegebenheiten oder mythische Erklärungen zum Inhalt haben. Letztere grenzen an den Typ Märchen, jene sind von Geschichtskunde und Schwänken bisweilen kaum zu unterscheiden. Gemeinsam ist den verschiedenen Gruppen von Volkssagen, dass sie Ungewisses zu erklären und örtlich zuzuordnen versuchen.

Heute werden Volkssagen kaum mehr mündlich weitergegeben, sondern sind zumeist als Schulstoff noch präsent. Die erste systematische Sammlung von Sagen aus unserem Kanton publizierte der Ormalinger Pfarrer Hans Georg Lenggenhager (1805–1874). Die heute gültige umfassende Sammlung verdanken wir Paul Suter und Eduard Strübin, welcher die nachfolgenden 21 Sagen über Rothenfluh entnommen sind. Dabei werden die Herkunft der jeweiligen Sage und allfällige Erläuterungen nachgestellt.

3.4.1 Übersinnliches

Der Talhund

In früheren Zeiten hörte man nach dem Einnachten oberhalb des Dorfes gegen Anwil oft das unheimliche Brüllen eines Tieres. Als ein Bürger von Rothenfluh um Mitternacht nach Hause ging, rannte ein Tier auf ihn zu, das wie ein Kalb aussah. Er ergriff es, nahm es mit heim und stellte es in den Stall zum übrigen Vieh. Als er am Morgen erwachte, waren seine Hände so geschwollen, dass er lange nicht mehr arbeiten konnte, und im Stall war kein Kalb mehr zu finden. Sein Nachbar sagte ihm, das sei der Talhund gewesen.

Ein andermal kam in einem Haus, das ob dem Dorf am Bache steht, ein Knabe zur Zeit des Betzeitläutens in die Stube und sagte zum Vater, es sei noch ein Kalb draussen; er höre es durch den Bach waten, er wolle es fangen und herbringen. Der Vater hatte von dem unheimlichen Nachttier schon viel reden hören und warnte ihn, aber vergeblich. Der Bube lief hinaus, fand aber kein Kalb mehr und kam mit einem geschwollenen Kopf zurück. Auch stellte sich starkes Regenwetter ein.

Suter/Strübin, Nr. 550. Nach Lenggenhager, Volkssagen, S. 57 f.

Reiter auf dreibeinigem Schimmel

Eine Bäuerin schnitt ausserhalb des Dorfes das Getreide. Sie richtete sich auf, und wie sie umherschaute, sah sie einen Ritter auf einem weissen Pferde vorbeireiten. Der Schimmel war dreibeinig, das hinderte ihn aber im Traben nicht.

Auch ein Bürger, der frühmorgens nach Basel unterwegs war, sah einen Ritter auf einem dreibeinigen Schimmel. Als er ihn grüsste, verschwand er, aber der Mann trug einen geschwollenen Kopf davon und musste mehrere Tage das Bett hüten. Die Leute sagten, der Ritter sei ehemals Untervogt auf Farnsburg gewesen.

Zwei Mädchen, die im Spätsommer in der Frühe Hafer schnitten und eben unter einem Birnbaum frühstückten, sahen ebenfalls einen Ritter auf dem dreibeinigen Schimmel.

Suter/Strübin, Nr. 553. Nach Lenggenhager, Volkssagen, S. 58f.

Vom Wischberg-Joggeli

a) Der Wischberg-Joggeli ist ein Unhold, der am Wischberg zwischen Ormalingen und Rothenfluh sein Wesen treibt. Dort wurde er schon oft gesehen, wie er als dunkle Gestalt nach Mitternacht am Waldrand steht, neben ihm ein mächtiger, schwarzer Hund.

b) Einmal ging ein Mann aus Wegenstetten nachts spät von Gelterkinden heim. Als er am Wischberg vorbei kam, hörte er aus dem Wald eine heisere Stimme rufen: «Chumm! Chumm!» Der Mann aber war nicht erschrocken und rief zurück: «Chumm umme dohäre, i will ders scho zeige!» Da rauschte es durch den Wald, und der Mann bekam ein paar Schläge links und rechts um den Kopf, und die Gestalt war verschwunden. Mit geschwollenem Kopf kam der Mann heim und musste viele Tage das Bett hüten.

c) Zwei junge Burschen gingen nach Gelterkinden, um allerlei Einkäufe zu besorgen. Ziemlich spät und ein wenig angeheitert traten sie mit Paketen beladen den Heimweg an. Als sie von der Säge Rothenfluh aufwärts zum Asp kamen, fingen die Lasten an sie zu drücken, und der eine meinte zum anderen: «Rüef doch em Wischberg-Joggeli, er söll der hälfe.» Ohne Bedenken schrie dieser: «Wischberg-Joggeli! Wischberg-Joggeli!» Da stand plötzlich eine schwarze Gestalt vor ihm und fragte: «Was witt?» Da ihm aber der Bursche vor Schreck keine Antwort gab, versetzte ihm das Gespenst eine Ohrfeige, dass er in den Strassengraben torkelte und sich dort überkugelte. Der andere Bursche aber hatte von der Erscheinung nichts gesehen.

d) Ein Mann und eine Frau kehrten einst von Gelterkinden heim nach Wegenstetten. Als sie neben dem Wischberg hinaufgingen, rief die Frau immer: «Wischberg-Joggeli, chumm! Wischberg-Joggeli, chumm!» Plötzlich konnte sie nicht mehr gehen. Der Mann wollte schon um Hilfe rufen. Die Frau mahnte ab und bat um ein wenig Brot; sie wusste, dass sie ihm daheim Agathabrot in die Tasche gesteckt hatte. Sie ass davon, und siehe, sie konnte wieder gehen. Den Wischberg-Joggeli hat sie aber nicht mehr gerufen.

e) Im Winter fuhr einmal ein Mann aus Wegenstetten in die Rothenflüher Säge. Wie er nachts gemächlich heimwärts lenkte, hatte er an der Wischbergstrasse plötzlich eine Erscheinung. Als er rückwärts sah, bemerkte er eine schwarze Kutsche in vollem Trab lautlos heranfahren. Darin sass ein vornehm gekleideter Herr. Rasch wich er mit seinem Wagen aus. Als er die Kutsche vorbei glaubte, war alles spurlos verschwunden.

f) Ein Mann, der in später Nachtzeit von Gelterkinden her kam, sah auf einmal eine weisse Kutsche mit zwei Schimmeln bespannt auf sich zukommen. Deutlich gewahrte er darin eine schwarze Gestalt; das war der Wischberg-Joggeli. Immer näher rollte das Fuhrwerk, bis auf etwa zwanzig Schritte. Dann hob es sich in die Luft und verschwand.

g) Die Bauern, welche in die Rothenflüher Mühle fuhren, wurden oft von dem Gespenst belästigt. Wippend und grinsend sass es hinten auf der Lankwyd. Und die, welche hinsahen, trugen immer einen geschwollenen Kopf davon.

Suter/Strübin, Nr. 555.
Varianten a) bis c) und e) bis g) nach Traugott Fricker: Volkssagen aus dem Fricktal (2. Auflage), in: Vom Jura zum Schwarzwald, Neue Folge, Frick 1960, S. 104 f. Erzähler: Dr. K. Fuchs, Bezirkslehrer, Rheinfelden. Variante d) aus Müller/Suter, S. 121. Erzähler: J. Ackermann, Lehrer, Wegenstetten.
Das am Agatha-Tag (5. Februar) gesegnete Brot ist Heil- und Schutzmittel.
Lankwyd, in Hemmiken Landwyd, in Wenslingen Lankwyd: den Wagen durchziehender Baum, der das hintere mit dem vorderen Gestell verbindet (vgl. Seiler, Mundart, S. 187; und Baselbieter Heimatblätter 1. Jahrgang, 1938, S. 154, mit Bild).

Der versperrte Weg
Zwei Freunde brachen frühmorgens nach Basel auf und schlugen den kürzeren Weg, den Rybiweg, ein. Sie kamen zur Stelle, wo in jüngster Zeit die Rybi wegen ihrer Baufälligkeit abgebrochen worden ist, und überschritten den Bach, über den bis heute ein schmaler und baufälliger Steg führt. Da sah der eine plötzlich vor sich bis zu mehr als Mannshöhe Flecklinge und Sägehölzer aufgetürmt, so dass der Weg wie verrammelt war. Der Kamerad wollte nichts davon wissen und sah den Weg offen daliegen. Da hängte sich der andere an seinen Rücken, und sie kamen glücklich über das vermeintliche Holzwerk. Vom Kirchturm von Rothenfluh schlug es drei Uhr. Sie wandten sich um und gingen dann der Strasse nach Basel zu. Auf dem Heimweg dagegen schlugen sie wieder den Fussweg ein, aber keiner der beiden sah mehr Holz am Wege liegen.

Suter/Strübin, Nr. 556. Nach Lenggenhager, Volkssagen, S. 62.
Flecklinge = grob behauene Baumstämme.

E bösi Züglede
Das het d Frau N. N. myner Mueter verzellt: Mir sy vo Rotheflue uf Gälterchinde zoge. Wo mer züglet hai, sy dörten am Rank bi der Rotheflüejer Sagi d Ross verschüücht und mit em Leiterwage samt im Huusrot in Bach yne. D Chacheli sy der Bach ab gschwumme. Niemert het öppis gseh, was die Ross gha hai. I ha vorane nüt eso glaubt, aber das glaub i, dass dört öppis isch… (Si isch e frommi Frau gsi.)

Suter/Strübin, Nr. 1066. Erzählerin: Frau B. Wiedmer-Pümpin, geb. 1908, Gelterkinden. Sammler: E. Strübin 1978.
Die «unghüüri» Örtlichkeit dürfte sich in der Nähe des ehemaligen Friedhofs der abgegangenen Siedlung Niederrothenfluh befinden, vgl. die Sage «Der nächtliche Leichenzug».

Der klappernde Absatz
Ein Rothenflüher ging einst nach Oltingen z Chilt. Als er in einer Sonntagnacht spät den schmalen, steilen Fussweg hinab ins Tal stieg, wo heute die Ammeler Talweiher liegen, erschrak er ob einem klappernden Geräusch hinter ihm. Er glaubte sich vom

Bösen verfolgt und fing an zu rennen, was er vermochte. Das Geklapper aber wurde immer lauter, je ärger der arme Teufel rannte. In Schweiss gebadet kam er zu Hause in Rothenfluh an. Aber beim Ausziehen der Schuhe stellte er fest, dass sich eine Schuhsohle vom Oberleder gelöst und das Geklapper zustande gebracht hatte.

Suter/Strübin, Nr. 557. Aus Müller/Suter, S. 149 f. Erzähler und Sammler: Hans Schaffner, Anwil, 1934.

Es zeigt si ein

Der Grossvatter (geb. 1832) het verzellt: Wenn d Rotheflüejer hai welle go Säu chaufe, sy si über Waislige und über e Bärg uf Olte. Öppenemol, bim erschte Huus z Waislige, wenn si näbedure sy, isch ein under der Tür gstande mit eme rote Gilet. Dä isch scho lang gstorbe gsi.

Suter/Strübin, Nr. 1067. Erzähler: Fritz Rickenbacher-Dürig, geb. 1903, Gelterkinden, aufgewachsen in Rothenfluh. Sammler: E. Strübin 1978.

S Liecht uf em Baanstei

Der Pfaffeheiri, e Taglöhner – i han en no gchennt –, het öppis vo sym Unggle gwüsst. Dä het einisch znacht vo Waislige heim uf Rotheflue müese. Es isch furchtbar feischter gsi; do het er z Waislige zum e Vetter gsait, öb er em e Latärne chönn gee. Do het dä gsait: «Gang nume bis zum Holz uuse, dört gsehsch es Liecht.» Und won er dört uuse chunnt, gseht er uf eme Baanstei e Cherze, die haig schuurig häll die halbi Mühliholden ab zündet. D Hoor sygen em z Bärg gstande.

Suter/Strübin, Nr. 1068. Gleiche Quelle wie die vorhergehende Sage.

Der stumme Gesellschafter

In einer hellen Sommernacht wollte ein Arzt in seinem Chaischen von Rothenfluh über Ormalingen nach Hause fahren. Unterhalb der Säge sah er einen Mann mitten auf der Strasse am Boden liegen. «He, du, steh auf und fahr mit!» rief er ihm zu. Der Mann erhob sich sogleich, setzte sich neben ihn und schien behaglich ein Pfeifchen zu rauchen. Aber sonderbarerweise blieb er stumm und gab auch auf keine Fragen Antwort. Dieser Bursche dürfte jetzt bald absteigen, dachte der Arzt, als sie sich Ormalingen näherten – und siehe da, der merkwürdige Gesellschafter war von seiner Seite verschwunden, er wusste nicht, wie.

Suter/Strübin, Nr. 554. Nach Lenggenhager, Volkssagen, S. 60.

Allerhand Mitteli

Der N. N., das isch euse Nochber gsi, dä het vill so Züüg gmacht. Wenn ein oder eini im Veh zleid tüeg, het er gsait, söll men es Schnitzerli (Küchenmesserchen) neh und ins Cheemi stecke, derno chönn dain oder daini nit s Cheemi durabcho. Und vo der Chue, wo muuderet, cha me der Seich neh und in es Gütterli tue und das ins Cheemi hänke – derno chunnt dä oder daini gly cho z renne und cho z hüüle: I söll das Gütterli obenabe neh, süscht sygs nümm zum Uushalte.

Suter/Strübin, Nr. 559. Erzählerin: Frau Graf-Schaub, geb. 1896, von Rünenberg. Sammler: E. Strübin 1975.

E schlimme Nascht

Zwee olt Buure – i ha se sälber gchennt, woni Bezirksschüeler gsi bi – sy nooch hinderenand gstorbe, und me het nit gwüsst, wora. Do hai si gsait, der eint haig der ander welle undere Bode bringe. Er haig e Nascht is Cheemi ghänkt, dass der ander hätt müese verdore. Richtig isch dain au gly gstorbe. Aber dummerwys het är sälber vergässe, der Nascht abezneh; do het er au afo särble und isch gstorbe.

Suter/Strübin, Nr. 558. Erzähler: Hans Schaffner, geb. 1896, Anwil. Sammler: E. Strübin 1965.

Der nächtliche Leichenzug

Bei der Säge, wo in alten Zeiten das Dorf Niederrothenfluh oder Hendschikon stand, war einst bei einem mächtigen Birnbaum ein Baumstrunk, der den Mähdern beim Dengeln der Sensen diente. Eines Abends kam ein alter Mann von seinem Gang nach Basel zurück und setzte sich auf den Strunk, um auszuruhen. Plötzlich fühlte er sich von einer unsichtbaren Hand gefasst, und eine Stimme sprach leise zu ihm: «Geh weg von hier!» Der Mann machte sich sogleich auf und ging über den Bach, das Feld aufwärts. Er sah hinüber gegen den alten Friedhof; über diesen ist in jüngster Zeit eine Strecke

Geschichte

weit eine neue Strasse erstellt worden, wobei viele Totengerippe zutage gefördert worden sind. Und was sah er? Vom Friedhof her bewegte sich feierlich ein grosser Leichenzug. Vier Männer trugen eine Totenbahre, und viel Volk mit Laternen und Fackeln folgte nach. Auf einmal war der Zug verschwunden. Seither haben viele an dieser Stelle eine Gestalt aufsteigen sehen, die über den Bach geht und dann plötzlich verschwindet.

Suter/Strübin, Nr. 551. Nach Lenggenhager, Volkssagen, S. 59 f.

S Gspängscht im Pfarstall

Z Rotheflue isch emol e Pfarheer gsi, dä het mehr Freud gha a syne Chüe as am Predige und z Chille goh. Derfür het er im Grab au kei Rue gfunde. Allemol öbs Wätter gänderet het, isch er as es Gspängscht wider in Stall cho und vo einer Chue zue der andere. My Vatter, wo Pfarpächter gsi isch, het derno abe gsait: «Es git ander Wätter, der olt Heer isch wider in Stall cho.»

Suter/Strübin, Nr. 552. Aus Müller/Suter, S. 48. Erzählerin: Maria Schaffner-Wirz, 60-jährig. Sammler: Hans Schaffner, Lehrer, Anwil, 1933.

E Pfarer goht um

My Grosmueter (geb. 1837) het abe gsait: My Brüeder het s Pfarlääche gha. Wenn er isch go über Nacht zünde, het er dört zu gwüse Zyte e Pfarer im Chillerock gseh stoh, und dä het em en Opferseckli anegha. Dä Pfarer haig synerzyt au mit Stiere ghandlet. Der Brüeder isch das gwohnt gsi. Do het er emol nit sälber chönne go und het der Suhn gschickt. Aber er het vergässe, ihm öppis derwäge z säge. Dä syg chrydewyss zruggcho.

Suter/Strübin, Nr. 1065. Erzähler: Fritz Rickenbacher-Dürig, geb. 1903, Gelterkinden, aufgewachsen in Rothenfluh. Sammler: E. Strübin 1978.
Nach dem Erzähler würde es sich um Pfr. Friedrich Nüsperli von Aarau handeln, 1832–1837 Pfarrer von Rothenfluh, weggewählt, 1837–1854 Bezirkslehrer in Waldenburg, 1854–1861 Bezirkslehrer in Böckten, dann Sekretär der Finanzdirektion und Initiant der Baselbieter Heimatkunden von 1863 ff. (Gauss, Basilea reformata, S. 117. – Siehe auch obige Sage «S Gspängscht im Pfarstall»).
Pfarlääche: Pfarrlehen.
über Nacht zünde: abends mit der Laterne im Stall nachsehen, ob alles in Ordnung ist.

Vom Grossätti-Gespenst

Rothenfluh. Ein sonderbarer Prozess zwischen hiesigen Einwohnern schwebt gegenwärtig vor dem Bezirksgericht Gelterkinden. Im letzten Frühling besorgte ein Capuciner die Pfarrgeschäfte in der Gemeinde Chiemberg. Dieser besuchte den Senn auf dem Farnsburger Hof und wanderte zu wiederholten Malen durch unser Dorf. «Dä het wieder e mol der Grossätti müssen undere thue!» meinte beim Schöppli ein gewisser Bürgi von hier zum jungen Senn auf der Säge, der ein Enkel ist eines frühern Farnsburger Lehenmannes, von dem es heisst, dass er umgehe. Der Jüngling glaubte seine, seines Grossvaters und der Familie Ehre gekränkt, und klagte vor dem Bezirksgericht. Der Beleidiger, da er merkte, dass ihm seine Äusserung theuer möchte zu stehen kommen, zeigte sich schon bereitwillig zur Nachgiebigkeit, als sich ihm ein Dritter anerbietet, vor Gericht zu zeugen: dass der Grossätti wirklich umgehe und unter anderm auch ihm erschienen sei. Man sieht dem Ausgang dieses Hexenmeisterprocesses mit gespannter Erwartung entgegen und hofft, es werde dem Bezirksgericht besser gelingen, den Geist des Alten zu bannen, als dem Capuciner von Chiemberg. So einfältig diese Aussage auch ist, wer will dem Zeugen beweisen, ihn sogar selbst überzeugen, dass der Grossätti ihm nicht erschienen sei! Am besten wär's, die Gerichte verpflichteten beide, ein Jahr lang, wöchentlich zweimal, einem vernünftigen Unterricht beizuwohnen, und sie bis zur bessern Überzeugung im Activbürgerrecht einzustellen.

Suter/Strübin, Nr. 1104. Aus der Liestaler Zeitung «Der wahrhafte und unerschrockene Rauracher», 9. und 30. September 1835. Siehe Paul Felix Mangold: Das Grossättigespenst. Ein Fall von Wiedergängerei im obern Baselbiet, in: Baselbieter Heimatbuch Bd. 13, 1977, S. 411 und 413.

Der Tod voruusgwüsst

D Grosmueter (geb. 1837) het verzellt, der Pfarer Rauczka, won er emol in sy Studierstube cho isch, haig er sich sälber gseh am Schrybtisch sitze. Do haig er gwüsst, dass er stärbe mues, und er het sy Abschidspredig gschribe. Vierzäh Tag druufabe isch er gstorbe.

Suter/Strübin, Nr. 1063. Quelle wie obige Sage «E Pfarer goht um».
Franz Joseph Rauczka, 1808–1871, von Nikolsburg (Mähren), war fürstbischöflicher Kanzler in Klagenfurt und Canonicus am Kollegialstift Strasburg (Kärnten). 1857 in Liestal konvertiert, 1859–1871 Pfarrer in Rothenfluh (Gauss, Basilea reformata, S. 126).

E Pfarer gseht sy Vorgänger

I ha im Pfarer Wildi, wo ei Zyt z Rotheflue Pfarer gsi isch, emol verzellt, wien is s Rybihündli bigegnet isch. Do het er gsait, är glaub mer das. Är syg emol spot no an der Predig gsi, es syg zwölfi worde. «Do, woni uufgluegt ha, isch mer gsi, der vorhärig Pfarer sitz gegenüber vo mer. Er het gluegt, was i mach.»

Suter/Strübin, Nr. 1064. Erzählerin: Elsy Völlmin, geb. 1882, alt Hauswirtschaftslehrerin, Ormalingen. Sammler: E. Strübin 1975.
Wilhelm Wildi, geb. 1867, 1902–1903 Pfarrverweser in Rothenfluh, seit 1913 Pfarrer von Buus/Maisprach. Sein Vorgänger: Hans Rudolf Lieb, 1859–1901, 1884–1901 Pfarrer von Rothenfluh (Gauss, Basilea reformata, S. 32, 164 und 102). Über das Rybihündli in Ormalingen: Suter/Strübin, Nr. 508 (gleiche Erzählerin).

3.4.2 Historische Begebenheiten

Der Ursprung des Namens Rothenfluh

a) Zur Zeit, als das Fricktal noch österreichisch war, lag in Wegenstetten ein Reiterregiment. Da sollte ein Reiter eiligst eine Botschaft über den Berg nach Rothenfluh bringen. Als er durch die schwarze Gewitternacht ritt, sah er in der Ferne ein Licht schimmern. Voll Hoffnung hielt er schnurstracks darauf zu und befand sich plötzlich am Rand der Fluh. Das Pferd stutzte, aber sein Herr gab ihm die Sporen, und sie stürzten über den Felsen hinaus. Sie wurden zerschmettert, und von ihrem Blut wurde die Felswand rot gefärbt. Noch heute sind Spuren zu sehen. Von der roten Fluh hat das Dorf seinen Namen. Nach anderen war der Reiter ein Fahnenflüchtiger. Als man den Ausreisser vermisste, wurde ihm nachgesetzt. Um sich den Verfolgern zu entziehen, soll er am Rand der Fluh seinem Ross die Sporen gegeben haben.

b) Me het gsait, über die roti Flue syg ein drüberabe. Er haig si welle s Läbe neh. Dorum isch si so rot.

Suter/Strübin, Nr. 560. Variante a): Nach Lenggenhager, Volkssagen, S. 64. Ähnlich erzählt von Traugott Fricker (vgl. obige Sage «Vom Wischberg-Joggeli»), S. 106.
Variante b): Erzählerin: Rosa Freivogel, geb. 1897, Gelterkinden. Sammler: E. Strübin 1964.
Während noch 1976 in Rothenfluh der erste Abschnitt von Variante a) in verkürzter Form erzählt wurde, handelt es sich bei Variante b) um eine Schwundstufe.

Heilquellen im Rothenflüher Bann

In alten Zeiten war eine Quelle allhier bekannt unter dem Namen eines Augenbrünnleins; von solcher weiss man nichts mehr; hingegen ligt im Tahle eine Quelle, das Furzbrünnlein betitelt, weil das Wasser die Winde wegtreibt; und denn in den Matten das sogenannte Gehörbrünnlein, dessen Wasser von sehr guter Würkung seyn solle.

Suter/Strübin, Nr. 561. Aus Bruckner, Merkwürdigkeiten, 21. Stück, S. 2444.

Der Landhag

Zur Zeit, als das Fricktal noch zu den österreichischen Vorlanden gehörte, ging die Landesgrenze über den Tiersteinberg. Der Teil, der auf Baslerboden lag, wurde von den umliegenden österreichischen Gemeinden als Schweizerberg bezeichnet. In Kriegszeiten flüchteten oft die Bewohner von Schupfart, Wittnau und Wegenstetten ins Baselbiet hinüber, und viele Verfolgte fanden da sicheren Schutz.

Die Grenzmarken waren gut bekannt. Von dem Buschbergchrüz bis zur Strasse Rothenfluh–Wittnau führte auf Baselbieterboden ein schöner Grenzweg, der gegen die Wittnauer Bergmatten von einem Hag, dem Langhag, flankiert war. Dies ist die mundartliche Form für Landhag.

Nicht nur ehrbare Leute flüchteten dem Grenzhag zu; bis weit in das 19. Jahrhundert hinein haben an dieser Stelle Zigeuner und Landstreicher die Polizei gefoppt. Das fahrende Volk kannte alle Schliche; das Dickicht des Landhages bot gute Gelegenheit zum Verstecken. Deshalb war auch die Furcht bei vielen Leuten gross, und die Gegend galt als unghüürig.

Suter/Strübin, Nr. 562. Erzähler: J. Ackermann, Lehrer, Wegenstetten. Sammler: Gustav Müller 1934.

Das wandernde Christusbild

a) Zur Zeit der Reformation wurden die Heiligenbilder aus den Kirchen entfernt, so auch in Rothenfluh. Neben anderen

Heiligtümern, die sich in der Kirche befanden, stand auf dem Altar ein Kreuz mit dem Christusbild. Als auch dieses Heiligtum entfernt und zertrümmert werden sollte, soll es in der Nacht vorher auf wunderbare Weise von Engeln ins benachbarte Wegenstetten getragen worden sein. Bis auf den heutigen Tag ist es in der dortigen Kirche den Andächtigen zur Verehrung aufgestellt.

b) In der alten Pfarrkirche zu Wegenstetten hängt ein grosses hölzernes Kreuz. Es soll vor der Reformation in der Kirche zu Rothenfluh gewesen sein. Beim Bildersturm wurde dieses Kreuz entfernt. Ein Mann aus Rothenfluh trug es bis zur Landesgrenze auf Asp und legte es dort im Grase nieder. Am anderen Morgen stand es vor dem Portal der Kirche zu Wegenstetten. Man trug es ins Beinhaus hinter dem alten Pfarrspeicher. Als dieser abgebrochen wurde, bekam das Kreuz einen Ehrenplatz in der alten, heute christkatholischen Kirche.

Suter/Strübin, Nr. 563. Variante a) nach Lenggenhager, Volkssagen, S. 63.
Quelle von Variante b) wie bei obiger Sage «Der Landhag».

Warum die Wegenstetter in der Engstigen ein Vaterunser beten

Die Fricktaler waren von jeher mit den Baselbietern gut befreundet.
Ein besonders freundnachbarliches Verhältnis bestand zwischen den Wegenstettern und Rothenflühern, wozu der gegenseitige Grenzschmuggel viel beigetragen haben mag.
Einst forderte die Pest in beiden Dörfern zahlreiche Opfer. Man einigte sich – aus welchem Grunde weiss man heute nicht mehr –, die Pestleichen in der Engstigen, unterhalb der Säge an der alten Strasse nach Ormalingen, zu bestatten. Dies geschah. Kam nun in früheren Jahren ein Wegenstetter an jenem Begräbnisplatz vorbei, entblösste er sein Haupt und sprach still für seine Vorfahren ein Vaterunser.

Suter/Strübin, Nr. 564. Aus Müller/Suter, S. 31.
Erzähler: J. Ackermann, Lehrer, Wegenstetten.
Sammler: Gustav Müller 1934.
Engstigen: Auf dem Topographischen Atlas 1:25 000, Blatt 31, Entschgen; auf der Landeskarte 1:25 000, Blatt 1068, Angsten. In der mündlichen Überlieferung auch «uf em Chillhof»; Ort, wo die Kirche St. Georg von Niederrothenfluh oder Hendschikon (1534 abgebrochen) stand (Gauss, Geschichte, Bd. 1, S. 461).

Literatur
Gauss Karl: Basilea reformata. Die Gemeinden der Kirche Basel Stadt und Land und ihre Pfarrer seit der Reformation. Basel 1930.
Gauss Karl u. a.: Geschichte der Landschaft Basel und des Kantons Basellandschaft, 2 Bände. Liestal 1932.
Lenggenhager Hans Georg: Volkssagen aus dem Kanton Baselland. Basel 1874.
Müller Gustav, Suter Paul: Sagen aus Baselland. Liestal 1937.
Seiler Gustav: Die Basler Mundart. Basel 1879.
Suter Paul, Strübin Eduard: Baselbieter Sagen. Liestal (3. erweiterte Auflage) 1990.

Natur und Umwelt

4.1 Geologie

Der Gemeindebann Rothenfluh liegt im leicht nach Süden einfallenden Tafeljura. In diese Platte aus Juragesteinen sind die Täler eingeschnitten. Wie hat diese Landschaft ihre heutige Gestalt erhalten?

4.1.1 Schichtfolge (Stratigraphie)

Die ältesten zutage tretenden Schichten gehören dem Opalinuston an, einer dunkelgrauen, feine Glimmerplättchen führenden Tonfolge von 50 bis 60 m Mächtigkeit. Der Name ist von einem Ammoniten abgeleitet, der in unserer Gegend äusserst selten ist. Die Tone wurden vor etwa 175 Mio. Jahren in einem flachen Randmeer abgelagert, ähnlich der heutigen Nordsee. Alle Talhänge sind von diesen Schichten unterlagert, die zu Rutschungen neigen. Die Tone wurden früher zu Ziegeln verarbeitet und auch zum Verbessern des Bodens verwendet.

Über dem Opalinuston folgt eine Wechsellagerung von grauen bis bräunlichen Kalken und Mergeln, die man als unterer Dogger zusammenfasst. Die weitere Unterteilung erfolgt mittels Ammoniten, deren Artnamen die Zonen bezeichnen. So ist z. B. der Stephanoceras humphriesi das Leitfossil der Humphriesischichten und der Teloceras blagdeni der Blagdenischichten. Ein sehr

Trigonia denticulata, Fundort: Hühnersädel, Rickenbach; kommt auch im Chälen vor.

Lopha spec., Fundort: ehemalige Mergelgrube Under der Flue

Stephanoceras humphriesi (Ammonit), Fundort: Vorder Leimet. An der beschädigten Stelle ist die Kammerung des Gehäuses zu erkennen.

Natur und Umwelt

Rhynchonella varians (Armfüsser), Fundort: Ramlinsburg

Zwei Ammoniten, links Ludwigia murchisonae, Fundort: Ängsten; rechts Ludwigia obtusa, Fundort: Gelterkinden

«Tüüfelsfinger» kommen im Rothenflüher Bann an vielen Stellen vor. Es sind die Überreste von Belemniten, mit den Tintenfischen verwandte Kopffüsser.

schöner Aufschluss dieser Schichten ist die ehemalige Griengrube unter der Fluh. Der untere Dogger hat eine Mächtigkeit von 50 bis 60 m. Die im Allgemeinen schwer durchlässigen Schichten bilden wichtige Quellhorizonte.

Über dem unteren Dogger folgt der Hauptrogenstein, der 70 bis 80 m mächtig ist und der mit den Flühen und Steilhängen unserer Landschaft das Gepräge gibt. Diese gut geschichteten Kalke bestehen aus Körnern, sogenannten Ooiden, deren Durchmesser unter einen Millimeter liegt. Die Ablagerung dieser Körner erfolgte als Kalksand vor rund 165 bis 170 Mio. Jahren in einem tropischen Flachmeer, wie wir dies heute auf den Bahamas und im Persischen Golf kennen. Die Ähnlichkeit dieser Körner mit Fischeiern (Rogen) hat zum Namen Rogenstein geführt. Gut erhaltene Versteinerungen sind im Allgemeinen selten, da die Schalen im stark bewegten Wasser zertrümmert wurden. Der Hauptrogensteinkalk war früher der wichtigste Baustein in unserer Gegend. Die Klüfte, Höhlen und Ritzen des Kalkes sind für unsere Wasserversorgung der wichtigste Wasserspeicher. Wegen der starken Durchlässigkeit sind die Einzugsgebiete der Quellen aus dem Hauptrogenstein äusserst anfällig auf Verunreinigungen. Im Gebiet von Rothenfluh sind die obersten Schichten des Hauptrogensteins weitgehend erodiert, da während einer Zeitspanne von über 100 Mio. Jahren die jüngeren Schichten des Jurasystems abgetragen wurden.

Die versteinerungsreichen Variansschichten, so benannt nach der Brachiopodenart Rhynchonella varians, sind bei uns die jüngsten (also die obersten) Juraschichten. Sie kommen im Gebiet Chapf, an der Banngrenze zu Anwil, und auf der gegenüberliegenden Talseite im Gebiet Chörber in einem Grabenbruch vor. Eine kleine Scholle liegt am Südost-Hang des Wischbergs an einer Verwerfung, die vom Gebiet Brüel ungefähr parallel zur Banngrenze verläuft. In diesen Schichten findet man grosse Ammoniten, Belemniten, Seeigel und Brachiopoden. Sie wurden vor etwa 162 Mio. Jahren in einem untiefen Meer abgelagert.

Der oberste oder weisse Jura wurde völlig abgetragen, man findet davon nur noch Gerölle in viel jüngeren Ablagerungen.

Aufschlüsse von Schichten, die dem Tertiär zugerechnet werden, sind recht spärlich. In den Spalten des Hauptrogensteins kommen auffallend rot gefärbte, mergelige Tone vor, die der Fluh und dem Dorf den Namen gegeben haben. Beim Wegbau östlich der Chälenhöfe wurden solche Spaltenfüllungen angeschnitten, und am Waldweg Ruebholden an der Banngrenze zu Wegenstetten kommen in den roten Mergeln Konglomerate aus gut gerundeten Kalken der Effingerschichten (weisser Jura) vor.

Es handelt sich um Überreste der Helizidenmergel, einer Süsswasserablagerung, die dem Miozän zugerechnet wird und etwa 20 Mio. Jahre alt ist. Die Helizidenmergel sind im südlichen Tafeljura weit verbreitet. Sie sind aber bei uns weitgehend abgetragen.

Im Gebiet zwischen Sol und der Wallfahrtskapelle im Banne Wittnau findet man in einem gelbbraunen Lehm Quarzit- und Buntsandsteingerölle, die bis zu 30 cm Durchmesser aufweisen. Der Buntsandstein stammt eindeutig aus dem Randgebiet des Schwarzwaldes; vermutlich handelt es sich um ein Relikt der sogenannten Wanderblockformation, die dem Pliozän zugerechnet wird. Es ist dies die jüngste Flussablagerung aus dem Norden vor der Auffaltung des Juragebirges vor 5 Mio. Jahren. Im Gebiet Limberg findet man aber auch alpine Geschiebe, die in der zweitletzten Eiszeit vom Rhonegletscher abgelagert wurden. Eine dritte Kategorie von ortsfremden Gesteinen sind die von prähistorischen Menschen bearbeiteten Klopf- und Mühlsteine aus Quarzit, Schwarzwaldgranit und Buntsandstein, die man an alten Siedlungsplätzen findet, z. B. im Refugium auf der Fluh und vor allem auf dem 1935 ausgegrabenen Wittnauer Horn.

Die jüngsten Ablagerungen sind die Verwitterungsprodukte des Hauptrogensteins an den Talhängen, das Grien. In grossen Gruben wurde dieses Material früher abgebaut und als Wegschotter verwendet. Auch die Quellentuffe im Dübach wurden früher zu Bausteinen verarbeitet.

Die Bachschotter enthalten ab und zu schwarze, glasartige Gebilde, die 1967 bei der Anlegung der Talweiher bis drei Meter unter dem heutigen Wasserspiegel des unteren Talweihers gefunden wurden. Sie enthalten nach einer Untersuchung von Ladislaus Rybach, ETH Zürich, 15 % Eisen und sind Eisenschlacken von frühmittelalterlichen Verhüttungsstellen. Die Schlackenstücke sind meistens etwas abgerundet und gelangten bei Überschwemmungen in die Schotter unserer Bäche.

4.1.2 Gebirgsbildung, Talbildung, Rutschungen

Gegen Ende der Jurazeit vor etwa 140 Mio. Jahren zog sich das Meer aus unserer Gegend zurück und es folgte eine lange Zeit der Abtragung, Einebnung und Verkarstung, die bis vor etwa 20 Mio. Jahren andauerte. Als sich der Oberrheingraben vor rund 40 Mio. Jahren abzusenken begann, wurde am südöstlichen Ende des Grabens die Dinkelbergscholle mit dem Tafeljura in Horste und Schollen zerlegt. Es entstanden die von Verwerfungen begrenzten Grabenbrüche, von denen einige unser Gebiet durchziehen. Der Barmengraben verläuft vom Gebiet Chapf in Richtung Süd-Südwest durch das Tal nach Wenslingen und zum Eital. Eine Verwerfung zieht sich vom Chapf in westnordwestlicher Richtung über Dell zum Dorf. Die Scholle nördlich dieser Verwerfung ist um ca. 30 bis 40 m abgesunken. Eine kleinere Verwerfung liegt westlich der Fluh, durchquert das Tal und verliert sich Richtung Isleten. Im westlichen Teil des Bannes an Wischbergholden verläuft eine Störung ungefähr der Banngrenze entlang und schneidet das Tal im Gebiet Ängsten. Der östliche Teil des Tafeljuras, zu dem die Hauptrogensteintafel des Gebietes Kei-Sol-Bann gehört, ist frei von Störungen.

In der zweitletzten Eiszeit vor 240 000 bis 170 000 Jahren drang der Rhonegletscher über die Jurapässe in unser Gebiet und lagerte auf den Anhöhen Moränenmaterial ab. Mit dem Einsetzen der Erwärmung in der Zwischeneiszeit, die etwa 50 000 Jahre dauerte, schmolzen die Eismassen ab und es entstanden die Täler, so auch das Ergolz- und das Dübachtal. Die aus Opalinuston bestehenden Talhänge gerieten an verschiedenen Stellen ins Rutschen und die darüberliegenden Schichten glitten talwärts. Solche Rutschschollen liegen am Osthang des Wischberges und im Gebiet Wannen-Seuler-Lör. Die aus Hauptrogenstein bestehende Scholle Ängsten wurde als Steinbruch ausgebeutet und später mit Abfallmaterial aufgefüllt. Die ursprünglich etwa 100 m lange Kalkmasse ist vom Wischberg abgerutscht und im anstehenden Opalinuston eingebettet.

Vor etwa 120 000 Jahren bewirkte eine weitere Abkühlung die bis jetzt letzte Eiszeit. Sie dauerte etwa 110 000 Jahre. Es gab bei uns keine Vergletscherung mehr; aber die

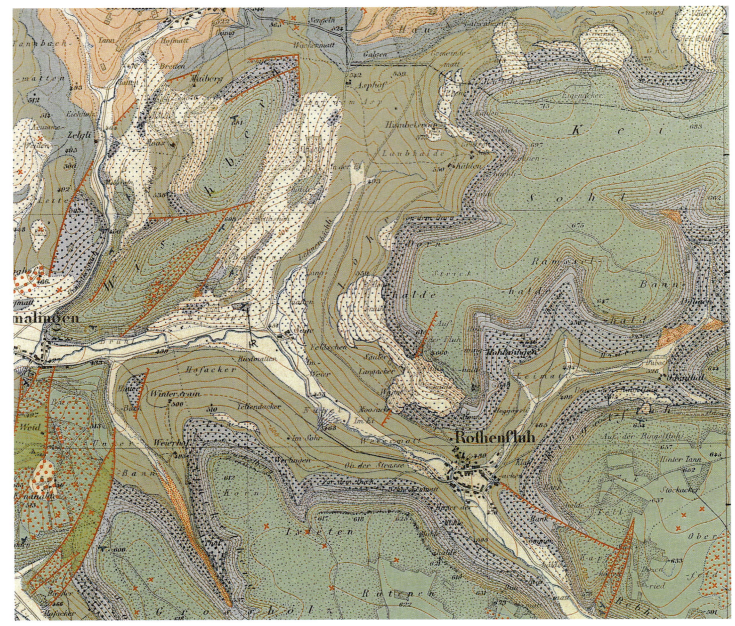

Geologische Karte von A. Buxtorf, 1900, 1:25 000

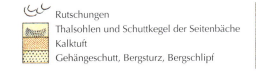
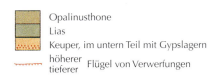

Natur und Umwelt

Vegetation war spärlich. Der Hauptrogenstein an den oberen Talhängen verwitterte und es bildeten sich an den kahlen Hängen die mächtigen Grienlager, die unter der Fluh und unter Buechholden abgebaut und als Schottermaterial verwendet wurden. Seit 10 000 Jahren dauert nun die Nacheiszeit; aber es ist auch möglich, dass wir in einer Zwischeneiszeit leben.

4.1.3 Öffentliche Trinkwasserquellen

Holingenquellen

Die Fassung der am Hang gelegenen Quellen liegen im untern Dogger, die topographisch tiefste Quelle liegt im Opalinuston. Das Einzugsgebiet umfasst das Gebiet des Eichligartens. Das Niederschlagswasser versickert im zerklüfteten und porösen Hauptrogenstein und tritt auf den schwerdurchlässigen mergeligen Schichten des unteren Doggers und dem undurchlässigen Opalinuston aus.

Häftliquelle

Der untere Damm des Talweihers liegt in einem Grabenbruch, der von zwei Verwerfungen begrenzt ist. Der stark zerbrochene und zerklüftete Hauptrogenstein führt Felsgrundwasser. Am nördlichen Bachbord der Ergolz trat das Wasser ursprünglich als Häftliquelle aus. 1930 wurde es in eine Fischzuchtanstalt abgeleitet. 1964 liess die Gemeinde Rothenfluh das Grundwasser in einem ca. 20 m langen Graben erschliessen, um es als Trinkwasser zu benützen. Das Wasser war aber schon mit Kolibakterien verunreinigt, bevor die Talweiher gefüllt waren. Vom Amt für Umweltschutz und Energie wurde die Häftliquelle 1974 aus der Bilanz der Wasserregion 1V gestrichen. Das Wasser fliesst nun auf der linken Bachseite ca. 180 m unterhalb des Häftlischachtes in die Ergolz.

■ *Die Häftliquelle wurde im Jahre 1964 in einem ca. 20 m langen Graben gefasst. An den Arbeiten waren ein Traxfahrer der Firma Ruepp, Hans Schaffner, Anwil, Paul Urben, Rothenfluh, und Heinrich Bracher als Brunnmeister beteiligt. Der Auftrag für die Grabungen erteilte damals der Gemeinderat. Heinrich Bracher erinnert sich:*
Mit Sprengarbeiten machte man die Felsen locker und mit dem Trax räumte man die Steine weg. Auf diese Quelle wurde man aufmerksam, weil schon seit langer Zeit eine Gussleitung von zehn Zentimetern Durchmesser über den Bach zu der in der Nähe liegenden früheren Fischzucht führte. Als das Wasser in der Fischzucht nicht mehr gebraucht wurde, trennte man das Gussrohr entzwei und kontrollierte die Wassermengen. Man stellte fest, dass diese Quelle auch in trockenen Zeiten immer mindestens 90 l/min spendete.
Die Gemeindeversammlung beschloss dann einen Kredit von Fr. 150 000.– für die Fassung dieser Quelle.
Danach begannen die Grabarbeiten, es wurde gegraben und gegraben, bis eine Länge von zehn Metern und eine Tiefe von fünf Metern erreicht wurde. Eines Tages kam ein Inspektor der SUVA und liess die Grabarbeiten einstellen, bis die Baustelle SUVA-gerecht eingerichtet war. Der Graben musste nämlich gespriesst werden, weil das Arbeiten darin sonst lebensgefährlich geworden wäre. Zur damaligen Zeit wurden noch keine Helme getragen, obwohl manchmal grössere Steine herunter kollerten. Nachdem gespriesst worden war und auch vorschriftsgemäss Helme getragen wurden, durften die Grabarbeiten weitergeführt werden. Zweimal passierte es, dass beim Sprengen ein grosser Stein die Stromleitung zerschlug, welche 100 m vom Graben entfernt nach Anwil und Oltingen führt. Beide Male hatten Anwil und Oltingen jeweils für ca. zwei Stunden keinen Strom mehr. Bei solchen Ereignissen wurde einem die Gewalt einer Sprengung besonders bewusst. Die Grabarbeiten dauerten ca. vier Wochen, bis man auf das gesuchte Wasser stiess. Nun wurde ein Schacht gesetzt und das Wasser gefasst. Leider war es für die Wasserversorgung nicht brauchbar.

Maja Bracher ■

Grundwasserfassung Gries

Der Brunnenschacht liegt im groben Blockschutt aus Hauptrogensteinkalk, vermischt mit Grien. Eine dünne, gelbbraune Lehmschicht wurde in 9 m Tiefe festgestellt. Darunter folgen grober Kalkschutt und feinkörniges Grien bis in eine Tiefe von 13,60 m. In der 15,80 m tiefen Bohrung, die rund 18 m vom Brunnenschacht entfernt vorgenom-

Natur und Umwelt

men wurde, herrschen ganz andere Verhältnisse. Bis in 8 m Tiefe wurde eine Wechsellagerung von feinkörnigem Grien, vermischt mit lehmigem Material, festgestellt. Darunter folgt mit Grien vermischter Lehm. Der anstehende Felsuntergrund wurde nicht erreicht. Die Schwankungen des Grundwasserspiegels im Brunnenschacht und in der Bohrung stimmen überein und betragen einige Meter.

Hornquelle
Im September 1988 wurde die Hornquelle neu gefasst. Unter einer Humusschicht von 30–40 cm liegt eine drei Meter mächtige Grienschicht, vermischt mit lehmigem Material. Darunter folgt grauer, verrutschter Opalinuston, der mit Kalkbrocken durchsetzt ist. Ab und zu kommt in dieser 1 bis 1,5 m mächtigen Rutschscholle auch verkohltes Holz vor. Die wasserführende Schicht besteht aus verwaschenen Brocken von Hauptrogensteinkalk und Kalken des unteren Doggers.

Die Quellen der Gemeinde Gelterkinden in Rothenfluh
Seit 1905 bezieht die Gemeinde Gelterkinden Trinkwasser aus dem Dübachgebiet und im Jahre 1938 wurde zusätzlich noch die Rütimattquelle, nach ihrem früheren Eigentümer auch Pfaffquelle genannt, im Tal erworben.
Die Ödentalquelle ist eine Stollenfassung im Hauptrogenstein unter der Kantonsstrasse. Das Wasser tritt auf den sogenannten Blagdenischichten aus. Die Fassungen

Gallorömischer Mahlstein aus Rothenfluh

im Dübachtal liegen in der Munimatt, an der Sandgrubenhalde. Die am höchsten gelegene Fassung heisst Hübelheiniquelle, weil dort die Überreste des ehemaligen Badwirts gefunden wurden. Eine weitere Fassung befindet sich an der Bannhalde, auch Bockrüti genannt. Die Quelle Hinter Leimet ist eine Stollenfassung. Die Quellhorizonte all dieser Fassungen liegen im unteren Dogger und im Opalinuston. Die Hauptrogensteintafel des Rothenflüher- und Wittnauerberges bildet das Einzugsgebiet der vielen gefassten und ungefassten Quellen im Dübachgraben und im Ödental. Die Quellen Hinter Leimet und Bannholden haben ihre Einzugsgebiete im Bann und auf Hintere Bannholden. Die Rütimattquelle tritt an der Grenze Murchisonaeschichten/Opalinuston aus. Ihr Einzugsgebiet liegt im Gebiet Rütenen-Chörber im nördlichen Teil der Wenslinger Hochebene, wo sich das Wasser im Hauptrogenstein sammelt.
Das Quellgebiet im Dübachgraben mit rund zehn Trinkwasserfassungen lieferte seit 1905 während vieler Jahre einwandfreies Trinkwasser. Leider sind seit einigen Jahren zeitweise Verunreinigungen durch Fäkalbakterien vorgekommen und im Juli 1986 stellte das Kantonale Laboratorium fest, dass je nach Witterung und Jahreszeit Verunreinigungen in verschiedenen Quellen auftreten. Da sich das Wasser aller Quellen in der Sammelbrunnstube mischt, bedeutet die Verunreinigung auch nur einer

Quelle, dass das Gesamtwasser verunreinigt wird. An die Dübachwasserversorgung der Gemeinde Gelterkinden sind auch der Hof Dübach, die Höfe Rütschen und Heuelschür sowie einige Liegenschaften der Säge angeschlossen. Bei Wassermangel könnte auch das Dorfnetz von Rothenfluh angeschlossen werden.

Die Hauptursache der gelegentlichen Verunreinigung ist der oberhalb des Quellgebietes verlaufende Waldweg, da dessen Abwasser bei starken Niederschlägen direkt in den Fassungsbereich der Quellen abfliesst, mit allem Unrat, der sich im Wegwasser befindet.

Der Dübachgraben ist heute noch ein romantisches, kaum erschlossenes und wenig begangenes Waldgebiet, ideal für Fassungsanlagen von Trinkwasser.

■ Gallorömischer Mahlstein aus Rothenfluh

Am 31. Oktober 1967 fuhr ich mit dem Brunnmeister Willi Moser, Schmied, nach Rothenfluh, um die Quellen der Gemeinde Gelterkinden im Gebiet Dübach zu messen. Beim Pfarrhaus war man damit beschäftigt, den Zuleitungskanal zur Kläranlage zu erstellen. Als wir langsam an der Baustelle vorbeifuhren, brachte der Löffel des Baggers mit dem Aushubmaterial einen roten Mahlstein zum Vorschein. Ich sprang aus dem Auto, um das Stück zu bergen. Der Graben war 1,20 m tief. Es fanden sich keine weiteren Gegenstände; der Mahlstein lag auf Bachschotter der Ergolz.

Die gallorömische Mühle besteht aus dem Bodenstein (unten) und dem Läufer (oben). Der in Rothenfluh gefundene Mahlstein ist ein Läufer, also das bewegliche Stück der Mühle. Material: Buntsandstein, vermutlich aus Degerfelden bei Badisch Rheinfelden. Masse: oberer Durchmesser 34 cm, unterer Durchmesser 38 cm, Höhe 16,5 cm. Die gallorömischen Mahlsteine waren genormt; die Masse solcher Steine sind alle sehr ähnlich, ob sie aus der gallischen Ansiedlung Gasfabrik Basel oder vom Magdalensberg in Kärnten stammen.

Willy Mohler ■

4.2 Klima

Das Klima einer Gegend wird durch das Zusammenwirken verschiedener Faktoren (kontinentale Lage, Höhenlage, Temperatur, Niederschläge, Winde, Sonnenscheindauer) bestimmt. Da Rothenfluh keine klimatische Messstation besitzt, müssen die Messdaten in der Nähe liegender Stationen zu Hilfe genommen werden, wenn man sich nicht mit der gefühlsmässigen Einschätzung der einzelnen Faktoren begnügen will. Solche Messstationen befinden oder befanden sich in Oltingen, Kilchberg und Rünenberg. Aus den verschiedenen Messungen ergibt sich folgendes Bild:

Die durchschnittliche Jahrestemperatur von Rothenfluh beträgt in den tieferen Lagen (Täler) 8° C bis 8,5° C, und darf als mild eingestuft werden, während in den höheren Lagen (auf dem Berg) die durchschnittliche Jahrestemperatur mit 7,5° C bis 8° C als kühl bezeichnet werden kann. Die Vegetationsperiode (jährliche Wachstumsdauer der Pflanzen) umfasst in den tieferen Lagen 200 bis 205 Tage, in den höheren 190 bis 200 Tage.

Die Niederschläge (Regen, Schnee) dürften zwischen den gemessenen Werten von Oltingen und Kilchberg liegen. Der Durchschnitt aus den Jahren 1961 bis 1986 beträgt ca. 1100 mm jährlich.

Gemäss der Lage unserer Täler sind die West- und Ostwinde (Bise) vorherrschend, wobei die Westwinde deutlich überwiegen.

Unser Gebiet gilt als sonnig. Flugzeugpiloten bestätigen, dass unsere Gegend vor allem im Herbst oft als sonnige Insel in einem grauen Nebelmeer erscheint.

Natur und Umwelt

4.3 Gewässer

Alle oberirdischen Gewässer, die dauernd oder periodisch Wasser führen, gelten als öffentliche Gewässer. Das Wichtigste ist die Ergolz, die von der Schafmatt herkommend in 490 m ü. M. beim unteren Staudamm der Talweiher auf das Gebiet der Gemeinde gelangt und es nach einem Lauf von 3,4 km Länge in 430 m ü. M. etwas oberhalb der Ergolzbrücke zwischen der Säge und Ormalingen wieder verlässt. Hier liegt zugleich der tiefste Punkt unseres Gemeindegebietes.

Fliessgewässer

Gewässer Nr.	Gewässername	Gewässerlänge (m)		
		gesamt	offen	eingedolt
56.04	Ergolz	3 710	3 710	0
56.153	Chörberbächli	560	550	10
56.201	Dübach	3 600	3 220	380
56.202	Üeblisgrundbächli	270	260	10
56.203	Handlauberbächli	290	280	10
56.204	Isletenbächli	850	250	600
56.205	Länenbächli	2 730	2 140	590
56.206	Mülistättbächli	460	450	10
56.207	Odentalbächli	670	260	410
	Gesamtlänge	13 140	11 120	2 020
	% - Anteil		84,6	15,4

Weiheranlagen

56.403	Im Häftli
56.404	Im Häftli
56.442	Wannenreben

Ergolz, 2001

Der Höchste befindet sich mit 718 m ü. M. auf dem Solchopf.
Von südlicher Seite münden nur kleine, zum Teil eingedolte Bächlein in die Ergolz: das Chörberbächli und das Isletenbächli. Wichtiger sind die Nebenbäche von nordöstlicher Seite, der Dübach mit seinen Quellbächen und das Länenbächli. Der Dübach mündet nach 3,2 km Länge in 460 m Höhe unmittelbar unterhalb des Dorfes, das Länenbächli nach 2 km in 440 m Höhe unterhalb der Säge in die Ergolz. In der Nähe der beiden Mündungen ist der Talboden am breitesten, darum entstanden hier auch die Siedlungen Loglingen (heutiges Rothenfluh) und Hendschikon oder Niederrothenfluh (Gebiet der heutigen Säge).
Bei den übrigen Fliessgewässern handelt es sich um kleine Nebenbäche des Dübachs,

Natur und Umwelt

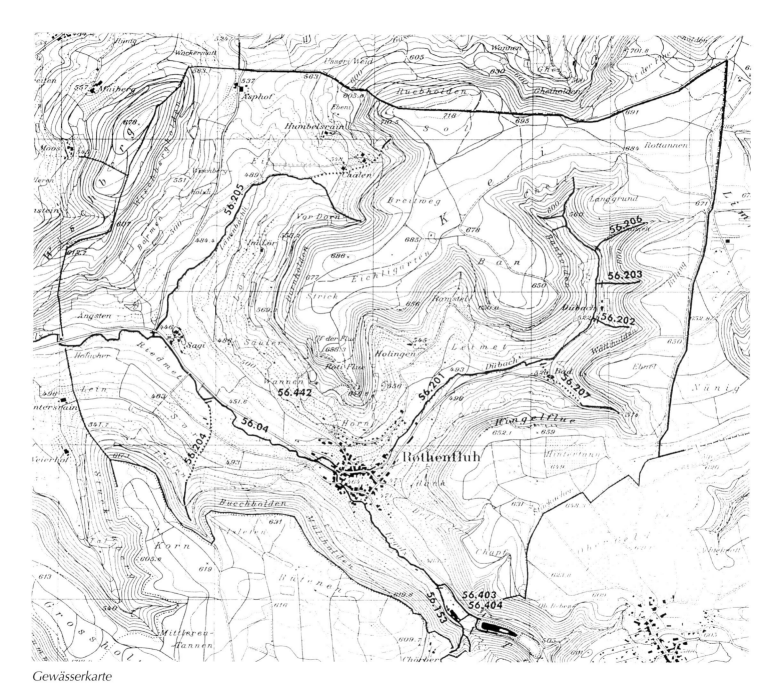

Gewässerkarte

Natur und Umwelt

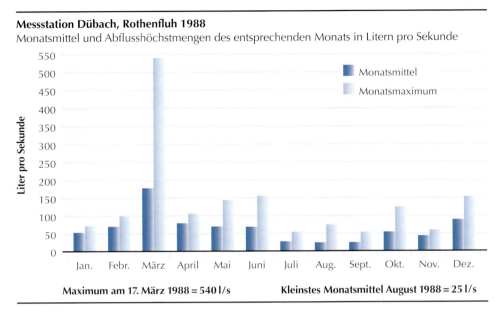

Messstation Dübach, Rothenfluh 1988
Monatsmittel und Abflusshöchstmengen des entsprechenden Monats in Litern pro Sekunde

Maximum am 17. März 1988 = 540 l/s Kleinstes Monatsmittel August 1988 = 25 l/s

Die folgende Aufstellung gibt einen Überblick über die Abfluss-Spitzen in den Jahren 1977 bis 1988 in Litern pro Sekunde:

Jahr	Menge	Messdatum
1977	820 l/s	30. April
1978	278 l/s	27. Februar
1979	490 l/s	12. März
1980	240 l/s	29. Juli
1981	330 l/s	31. Oktober
1982	340 l/s	31. Januar
1983	390 l/s	26. Mai
1984	220 l/s	31. Mai
1985	660 l/s	10. Mai
1986	306 l/s	04. Juni
1987	440 l/s	16. Juni
1988	540 l/s	17. März

von denen das Odentalbächli nur im Oberlauf neben der Wittnauerstrasse sichtbar ist, während der grössere Teil bis zur Mündung in den Dübach unterirdisch liegt. Das Mülistättbächli, das Handlauberbächli und das Üeblisgrundbächli dürfte den meisten Leuten kaum dem Namen nach bekannt sein. Die Wasserführung des Dübachs hat das kantonale Amt für Umweltschutz und Energie in einer Messstation über Jahre hinweg gemessen. Die Messergebnisse bestätigen die Erfahrungen der Bevölkerung: Aus dem harmlosen Dübach kann gelegentlich ein wilder Geselle werden. Bei einem Einzugsgebiet von 2,660 km² Fläche ergaben sich für das Jahr 1988 folgende Monatsmittel und Abflusshöchstmengen des entsprechenden Monats in Litern pro Sekunde (siehe Grafik).

Länenbächli, 2001

Dübach mit glasklarem Wasser, 2001

Bei den beiden auf der Gewässerkarte eingezeichneten Weihern handelt es sich um Überbleibsel einer früheren Fischzuchtanstalt.

In der Heimatkunde von 1863 wird erwähnt, dass der Zusammenfluss von Ergolz und Dübach bei der sogenannten «Rosswoog» erfolgte. Diese lag ungefähr bei der Abzweigung der heutigen Niederhofgasse von der Hirschengasse. Dieser Name deutet darauf hin, dass beim Zusammenfluss der beiden Bäche das Wasser ziemlich tief war und als Pferdeschwemme diente. Beim Bau der Strasse Ormalingen–Rothenfluh wurde die Ergolz umgeleitet und damit die Mündung des Dübachs an ihre jetzige Stelle verlegt.

Das 1863 erwähnte Griesbächlein und das Moosbächlein sind heute nicht mehr sichtbar, sie sind in der Zwischenzeit eingedolt worden.

4.4 Landschaftsstrukturen und Lebensräume

4.4.1 Einleitung

Die folgenden Betrachtungen sollen den Aspekt des Naturschutzes in den Vordergrund stellen. Der geschichtliche Rückblick kann uns dabei aufzeigen, wie Landschaftsstrukturen und Lebensräume durch das Wirken des Menschen langfristig entstanden sind und in den letzten Jahrzehnten durch den technologischen Fortschritt wieder verändert oder zerstört wurden. Dabei ist anzumerken, dass dem Bann Rothenfluh im Vergleich zu anderen Gemeinden des Baselbietes bis heute noch viel an schützenswerten Naturobjekten erhalten geblieben ist. Ein wichtiger Grund für den relativ grossen Naturreichtum liegt in der Art des Reliefs. Die kleinräumigen, stark wechselnden Flach- und Hanglagen, die unterschiedlichen Expositionen – von schattig bis extrem südlagig – und die geologisch verschiedenen Bodenbeschaffenheiten schufen spezifische Standortstrukturen für eine Vielzahl von Pflanzen- und Tiergemeinschaften. Dass Rothenfluh zu den landschaftlich intakteren, wenig ausgeräumten Gemeinden des Baselbiets gehört, liegt auch daran, dass es in den 1950er und 1960er Jahren von der vielerorts vorgenommenen Feldereinigung verschont geblieben ist. Die andere Bezeichnung für diese Art von Landschaftseingriff, die Flurbereinigung, besagt deutlich, was dabei passiert wäre!

Auf dem Gemeindebann von Rothenfluh gibt es nur noch wenige Quadratmeter – etwa in den Fluhfelsen –, die noch nie vom Menschen direkt beeinflusst worden sind. Denn schon seit keltischen Zeiten ist die Landschaft verändert und sind Teile des ursprünglichen Waldes gerodet worden. Damit die Landbevölkerung ihren kargen Lebensunterhalt bestreiten konnte, musste sie alle verfügbaren Ressourcen der Natur ausschöpfen. Dies geschah einerseits durch die direkte Nutzung der Böden für den Ackerbau, zur Gewinnung von Baumaterialien aus Steinbrüchen, Lehm- und Mergelgruben sowie durch Waldnutzung (Bau-, Werk- und Brennholzgewinnung, Sammeln von Wildfrüchten und Jagd). Andererseits konnte die natürliche Vegetation indirekt über die Haustiere genutzt werden (Beweidung der Allmend und der Waldflächen, Schweinemast mit Eicheln und Bucheckern, Heu- und Laubheugewinnung u.s.w.). In der Folge wurde die natürliche Pflanzendecke, die meist aus Wald bestand, grundlegend verändert und somit auch die Tierwelt. Es entstand eine mit Feldern, Weiden und Triften, Hecken, Obstgärten, Wäldern und Niederwäldern reich strukturierte Kulturlandschaft, welche den Lebensraum für eine Vielfalt an Pflanzen- und Tierarten ermöglicht hat.

Durch die Mechanisierung und Intensivierung der Landwirtschaft und durch die Änderung der Waldbewirtschaftungsweisen wurde das in Jahrhunderten gewachsene Gefüge dieser Kulturlandschaft in wenigen Jahrzehnten weitgehend verändert.

Um historisch bedeutsame Bauten kümmert sich im Sinne der Erhaltung von Kulturerbe die Denkmalpflege. Auch Naturobjekte in der Landschaft stellen ein kulturelles Erbe dar, denn sie sind wichtig für das Verständnis früherer Lebensweise und daher genau so erhaltenswert.

4.4.2 Wald

Über die Hälfte des Gemeindebannes ist mit Wald bedeckt, er bildet ein prägendes Landschaftselement. Der ansehnlichen Fläche kommt in vielerlei Hinsicht grosse Bedeutung zu: Die wichtigsten Funktionen des Waldes sind Schutz vor Bodenerosion und Steinschlag, Bildung von Quellreservoiren sowie der Ausgleich des Kleinklimas und die Luftreinigung. Der Wald liefert Sauerstoff und Holz, bietet einer mannigfaltigen Fauna und Flora Lebensraum und ist Erholungsraum für die Bevölkerung.
Botanisch gesehen ist der Wald kein einförmiges Gebilde. In Rothenfluh werden über ein Dutzend verschiedene natürliche Waldgesellschaften gezählt. Baumarten, Strauch- und Krautunterwuchs dieser Gesellschaften unterscheiden sich in ihrer Zusammensetzung aufgrund der Bodenart,

Nadel-Laubmischwald im Kei

Feuchtigkeit, Exposition und Höhenlage. Flächenmässig tritt die Gruppe der Buchenwälder am deutlichsten in Erscheinung. Sie bilden die Klimax, d. h. die geografisch-klimatisch bedingte Endvegetation, die sich seit der letzten Eiszeit im Laufe des Holozäns langsam neu entwickelt hat. Daneben ist das Erscheinungsbild der Wälder zweifellos auch durch Nutzung stark geprägt worden.
Wer oft im Rothenflüher Wald spazieren geht, kennt vielleicht die kleinen Inseln nur sporadisch vorkommender Gehölzarten wie z. B. jene Eiben im Dübach oder auch die Stechpalmenbestände auf Bann und an anderen Orten, die in den vorherrschenden Buchenwald eingestreut sind. Im Waldbann der Nachbargemeinde Ormalingen finden sich ferner grössere Buchsbestände. Es sind dies Relikte aus jener Zeit, in der bis ins ausgehende 19. Jahrhundert Waldweide betrieben wurde. Da das Vieh diese Pflanzen wegen der Inhaltsstoffe oder ihrer stachligen Blätter wegen verschmähte, haben diese Bestände bis in die heutige Zeit überdauert.
Eine Waldnutzung vom 17. bis ins 19. Jahrhundert könnte etwa so ausgesehen haben: Neben dem Weidegang mit Rindern, Schafen und Ziegen, die sich vor allem am grünen Laub gütlich taten und den Gehölzen dementsprechend schadeten, wurden auch Schweine in den Wald getrieben, um sie mit Eicheln und Bucheckern zu mästen. Grosse Eichen und Buchen wurden daher als Fruchtbäume und später wertvolle Bauholzlieferanten jahrzehntelang geschont, schliesslich gefällt und nachgepflanzt. Selbst Obstbäume pflanzte man in die parkartig aufgelockerten Baumbestände, unter denen sich, bedingt durch den hohen Lichtungsgrad, ein ansehnlicher Gras- und Krautbewuchs entwickeln konnte. Durch das Schneiteln (Beschneiden) der Bäume wurde Laubheu für die Winterfütterung des Viehs gewonnen, das auf den Lauben der Bauernhäuser getrocknet wurde.
Auch rasch nachwachsende Sträucher, wie wir sie von den Waldmantelgebüschen her kennen, profitierten von dem durch Wald-

beweidung erhöhten Lichtangebot: Hasel, Brombeere, Holunder, Kornelkirsche, Himbeere, Schlehe, Heckenrose und andere Straucharten erfuhren damals vermutlich eine weit grössere Flächenausdehnung. Nebst diesem Wildobst, das der Dorfbevölkerung als willkommene Zusatznahrung diente, wurde auch dürres Laub gesammelt und als Einstreu in den Ställen verwendet. Damit konnten die tierischen Ausscheidungen gebunden und als Mist im Frühjahr auf die dorfnahen Äcker und Pflanzgärten gebracht werden.

Der Bedarf an Brenn- und Nutzholz war sehr gross. Die Wälder wurden vielerorts übernutzt. An den Hängen wurden Niederwälder bewirtschaftet, die ca. alle 20 bis 40 Jahre kahlgeschlagen wurden. Nur bestimmte Laubbaumarten wie z. B. Hagebuchen schlugen aus ihren Baumstümpfen wieder aus. Solche Stockausschläge bildeten dann den Aufwuchs des neuen Niederwaldes. An der Rankhalde sind aus solchen Stöcken aufgewachsene mehrstämmige Bäume noch gut zu sehen. Diese währschaften Bäume weisen heute ein Alter von 100–150 Jahren auf. Auch die vielstämmigen Eschen in der Rütschen und im Tal, die auf uralten, mächtigen Eschenstrünken stocken, lassen die damalige Situation noch erahnen.

Solche, aus forstlicher Sicht übernutzten Wälder mit nährstoffverarmten Böden, besonnten Kahlschlägen, Jungwuchsflächen, parkartigen Baumbeständen, Eichen- und Buchenmastbäumen sowie dem allgemein fliessenden Übergang vom Wies- und Weideland zum schattigen Waldesgrund boten für Tausende von Pflanzen und Tieren ideale Lebensbedingungen.

Heute kennen wir die geschlossenen, gepflegten Hochwälder mit ihren hart angrenzenden Grünlandflächen. Die Artenzusammensetzung von Flora und Fauna hat sich in den letzten 100 Jahren stark verändert. Tiere der halboffenen Landschaft oder solche, die ausgedehnte, alte Baumbestände oder Dickichte benötigen, sind ausgestorben. Auch speziell wärme- und lichtbedürftige Pflanzen und Tiere sind im Rückzug begriffen oder ganz verschwunden. Ein Beispiel stellt die Juraviper dar, die noch bis 1960 in den Fluhhängen lebte, durch die zunehmende Beschattung ihres Lebensraumes infolge fehlenden Holzschlages jedoch nicht mehr vorkommt.

Die grosse Bedeutung des Waldes für den gesamten Lebensraum wird in jüngster Zeit auch von der Forstwirtschaft in ihre Pflege- und Nutzungskonzeption einbezogen. Ein wichtiges Element bildet dabei die Schonung seltener Waldgesellschaften, die sich besonders in den Felspartien und Geröllfeldern befinden, wie der Flaumeichenwald an der Flue oder der Hirschzungen-Ahornwald an den schattigen Felsen Müliholden und Ringelflue. Es wurden daher Waldreservate und Naturschutzzonen (z. B. Dübach, Flue, Ramstel) vorgesehen, in welchen Bäume mit natürlichen Höhlen (sog. Spechtbäume) oder ganze Altholzinseln stehen gelassen, Niederwaldareale ausgeschieden und seltene Gehölzarten gefördert werden. Weitere Schutzmassnahmen fördern eine naturnahe Waldrandpflege und den Verzicht auf eine zusätzliche Erschliessung der Hänge mit befestigten Waldwegen.

4.4.3 Waldränder

Der Waldrand im Bann Rothenfluh hat eine Länge von über 20 km. Der Verlaufe durch Waldinseln und stark ausgebuchtete Waldareale ist für die Ästhetik eines Landschaftsbildes von grosser Bedeutung. Waldränder bilden artenreiche Kontaktzonen zwischen

Stufiger Waldrand mit vorgelagertem Strauchmantel, Holingen, 1990

Wald und Feldflur. Besonders die warmen, südexponierten Ränder des Flue-, Holingen-, Ramstel- und Dübachgebietes, die an Halbtrockenrasen grenzen, weisen eine hohe Anzahl an Pflanzen und Tieren auf, darunter viele seltene und geschützte Arten. Es liegt in der Natur eines Waldrandes, sich nach dem Kulturland hin auszudehnen. Grenzertragsflächen wie hanglagige Halbtrockenrasen oder waldschattige Kohldistelwiesen verwalden bei fehlender Mahd schnell und gehen als vielfältige Nischen verloren.

Bei schlechten Waldrändern stehen grosse Bäume direkt am Feld oder am Weidezaun und beschatten das Kulturland mit ausladenden Ästen. Der Strauchmantel ist, sofern vorhanden, sehr schmal oder durch Weidetiere abgefressen. Dieser Waldrandtyp ist besonders an den schattigen Hängen und angrenzenden Weiden häufig. Die biologisch wertvollsten Waldränder hingegen weisen einen zwei bis fünf Meter breiten Saum aus Kräutern und Hochstauden auf, der alle zwei bis drei Jahre gemäht oder entbuscht wird. Anschliessend folgt ein etwa zehn Meter breiter Streifen aus Sträuchern und jungen Bäumen. Dieses Mantelgebüsch wird alle fünf bis acht Jahre partiell durchforstet, indem starkwachsende Büsche zurückgeschnitten oder auf den Stock gesetzt und dominante Baumarten (besonders Eschen) gerodet werden. Darin können auch einzelne Bäume wie Eiche, Kirsche oder Mehlbeere freigestellt werden. Stein- und Asthaufen schaffen Unterschlupfmöglichkeiten für Tiere. Hinter dem Mantel folgen die eigentlichen Baumarten des Waldes. Auch hier werden alle 10 bis 15 Jahre lückenartige Inseln geschlagen. Ein solch idealer Waldrand besteht im Schutzgebiet Holingen auf kleinerer Fläche. Heute ist durch Pflegemassnahmen des NUVRA (Natur- und Vogelschutzverein Rothenfluh-Anwil) aus der ehemaligen übernutzten Pferdeweide innerhalb von 20 Jahren ein reichhaltiger Naturraum entstanden.

4.4.4 Felsfluren und Schutthalden

Vom Aussichtspunkt der Roten Fluh aus geniesst man einen herrlichen Rundblick vom Kettenjura über das Dorf Rothenfluh hinunter zum Ergolztal und über den Tafeljura. An den Abbrüchen der Tafeljura-Hochflächen zum Ergolz- und Dübachtal hin treten Felsschichten des harten Hauptrogensteins zutage. Das südwestlich ausgerichtete Felsband des Fluhgebietes ragt markant aus dem Wald und wurde für das Dorf namengebend. Andere, kleinere Felsfluren treten nur wenig in Erscheinung (Ramstelflüeli) oder sind ganz hinter Bäumen versteckt wie die Ringelflue und die Felsnasen ob der Müliholden.

Pflanzen und Tiere dieser fast unberührten Felsfluren fristen infolge Wasser- und Nährstoffarmut ein eher karges Dasein. Zudem treten an sonnenexponierten Stellen sehr hohe Temperaturen auf. Gerade diese Bedingungen aber schufen für vielerlei Pflanzen und Lebewesen einen idealen Lebens-

Felswand des Fluhgebietes, darunter die stillgelegte Mergelgrube, 2001

raum, in welchem der sonst dominante Buchenwald mit seiner relativ monotonen Artenzusammensetzung nicht gedeihen kann.

An den Felsen der Nordhänge wachsen viele Moos-, Flechten- und Farnarten, da durch die Beschattung der Bäume die Luftfeuchtigkeit hoch ist. Die Felswände und Abhänge des Fluhgebietes hingegen sind reich an seltenen, wärmeliebenden Blütenpflanzen wie Berglauch, schmalblättriger Lein, Felsenmispel, astlose Graslilie, gewimpertes Perlgras und viele andere. Tiere finden hier Refugien, die kaum von Menschen gestört werden. Man vernimmt das Rascheln der Mauereidechse und den surrenden Ruf des Berglaubsängers. Der Wanderfalke ruht neuerdings öfters in den Felsen, und ein Kolkrabenpaar brütet regelmässig in der Wand.

In den Feinschuttrieselhalden unterhalb der abwitternden Felsen trifft man auf die Schmerzwurz oder den seltenen Schildampfer. Auf gefestigtem Boden mit höherem Feinerdeanteil wächst ein lichter Laubmischwald, bestehend aus Sommerlinde, Berg- und Feldahorn, Mehlbeere, Föhre und bisweilen knorrigen Traubeneichen. Maiglöckchen-Haselgebüsche schliessen die durch Felsstürze entstandenen Waldlücken.

4.4.5 Wiesen und Weiden

Im April erfreuen uns die blühenden Kirschbäume und die mit Löwenzahn dottergelb leuchtenden Wiesen. Die nur zwei Wochen dauernde Blumenpracht der überdüngten *Fettwiesen* kann jedoch nicht über die Eintönigkeit dieses Lebensraumes hinwegtäuschen. Der intensiven Nutzung mit mehrmaligem Schnitt bereits ab Mai und

Artenreiche Blumenwiese, Ramstel, 1980

eine überreiche Nährstofffracht mit Mist, Jauche, Kunstdünger sind nur wenige Pflanzen und Tiere gewachsen. Diese Hochertragswiesen sind in den letzten 50 Jahren zum vorherrschende Wiesentyp des Grünlandes geworden, und zwar auf Kosten der Blumenwiesen, deren Rückgang ca. 80 % beträgt. Als Blumenwiesen werden die mageren Glatthaferwiesen und Halbtrockenrasen bezeichnet.

In der *Glatthafer-* oder *Fromentalwiese* wachsen bis zu 17 verschiedene Grasarten sowie viele Kräuter wie Wiesenkerbel, Habermarch, Pippau, Klappertopf, Margerite, Wiesenknopf, Witwenblume, Esparsette, Bärenklau und verschiedene Kleearten. Sie ist vorwiegend in mittleren Hanglagen zu finden, die erst Ende Mai bis Anfang Juni gemäht werden. Dieser Termin ist nicht allzu früh angesetzt und gestattet dadurch einigen Kräutern die Samenreife oder eine zweite, schwächere Blüte. Durch finanzielle Beiträge von Bund und Kanton zur Extensivierung solcher mässig gedüngten Fettwiesen haben sich erfreulicherweise viele dieser Pflanzenarten wieder etwas ausgebreitet.

Zu trauriger Berühmtheit haben es die *Trespen-Halbtrockenrasen* wegen ihres starken Rückganges gebracht. Die Magerwiesen weisen mit 70 und mehr Pflanzenarten den grössten Artenreichtum auf, wobei mehrere Dutzend Arten auf einem einzigen Quadratmeter vorkommen können. Aus der langen Liste seien die Hauptgrasart, die Aufrechte Trespe sowie Schlüsselblume, Wundklee, Akelei, Wiesensalbei, Hufeisenklee, Herbstaster, Sonnenröschen, Skabiose, Glockenblume, Enzian- und Orchideenarten erwähnt. Viele Kleintiere, darunter Schmetterlinge, Käfer, Spinnen, Bienen- und Hummelarten, Heuschrecken und Grillen bilden mit diesen Pflanzen zum Teil engste Lebensgemeinschaften. Mit Bewirtschaftungsbeiträgen konnte auch hier das rapide Verschwinden der Magerwiesen gestoppt werden. An den schlecht zugänglichen, sonnigen Hängen Uf Gries, Holingen, Ramstel, Hinter Leimet und Dübach sind diese letzten Halbtrockenrasen zu finden, die mittlerweile nationale Bedeutung erlangt haben! Im Hinter Leimet ist ferner 1997 das noch einzige Vorkommen der Grossen Turmschnecke im Kanton Baselland entdeckt worden.

Von Natur aus nährstoffreich und vor allem mit hohem Wasserangebot versorgt sind die *Feuchtwiesen,* deren Charakterpflanze unter anderem die Kohldistel ist. Früher wurden diese Wiesen zu Streuegewinnung einmalig im Spätsommer gemäht, zu einem Zeitpunkt also, an dem die ständig vernässten Böden gut befahren werden konnten. Positive Begleiterscheinung dieses späten Schnittes ist der Umstand, dass Insekten, Amphibien und Vögel während der Frühsommerphase ungestört ihren Brutgeschäften nachgehen können. Durch Drainagen wurden die meisten Feuchtwiesen jedoch entwässert und sind jetzt Fettwiesen. Im Tal befinden sich die letzten Feuchtwiesen, die sich besonders im Frühjahr, wenn Sumpfdotterblume, Lichtnelke und die Hohe Schlüsselblume blühen, in einen farbenprächtigen Blütenteppich verwandeln.

Wässermatten waren schwach gedüngte Mähwiesen, die wiederholt bewässert wurden. Diese ertragssteigernde Nutzungsform bachnaher Wiesen, die ohnehin regelmässig überschwemmt wurden, kennen wir besonders vom Leimental im Sundgauer Hügelland. Bis etwa 1830 wurden auch in Rothenfluh die flachen, ergolznahen Wiesen Im Tal, in der Ei, Im Weier und in der Riedmet so bewirtschaftet. Nebenbei sei bemerkt, dass in den schriftlichen Quellen keine Angaben über die Existenz eines Weihers im Gebiet Im Weier zu finden ist. Es ist anzunehmen, dass der Flurname auf den Umstand zurückgeht, dass sich durch das Bewässern jeweils ein flacher Tümpel bildete.

Das Wasser der Ergolz wurde mit sogenannten Wuhren gestaut und in Kanälen auf die Wiesen geleitet. Trübstoffe, die besonders bei Hochwasser mitgeführt wurden, düngten die Wiesen zusätzlich. Dank dieser Förderung des Gras- und Krautwachstums konnten nach dem ersten Heuschnitt in den trockeneren Sommermonaten noch ein bis zwei Schnitte getätigt werden. In den Kanälen lebten der Laubfrosch und viele andere Tiere und Pflanzen, die an nur zeitweise wasserführende Gräben und Mulden angepasst sind.

Zwenkenrasen oder *Brachborde* entstehen, wenn eine Wiese oder ein Wiesenbord nicht mehr gemäht wird. In wenigen Jahren verändert sich die Pflanzengesellschaft grundlegend. Kräuter und Gräser der Mähwiese werden vom dichten Grasfilz der Fiederzwenke verdrängt. Im Winterhalbjahr erkennt man diese Brachborde an ihrem bleichen, dürren Laub, an welchem der Schnee bald abrutscht und das erst im Folgejahr verrottet.

Brachborde sind weniger einförmig als sie erscheinen, kommen in ihnen doch auch etliche spezielle Pflanzenarten vor wie der Weidenalant oder die klebrige Salbei sowie viele Kleintiere (z. B. Zebraspinne) und deren Überwinterungsstadien, Organismen also, die das Abmähen der Vegetation in der benachbarten Wiese nicht ertragen. Doch auch der Zwenkenrasen verschwindet in wenigen Jahren, wenn nicht ab und zu gemäht wird, da aufkommende Gehölze, besonders der Schwarzdorn, bald Hecken bilden.

4.4.6 Hecken

Hecken gehören seit jeher zu den auffälligen und charakteristischen Bestandteilen der Feld- und Wiesenlandschaft. Sie stocken auf Hangkanten, Steilhängen, an Bächen, in aufgelassenen Lehmlöchern oder den Äckern entlang auf Lesesteinhaufen. Dort,

Hecke, Langenacher, 2001

auf dem schlecht nutzbaren Gelände, wo sie der Landwirtschaft nicht im Weg waren, liess man die Sträucher in der Regel auch stehen. Häufig wurden Hecken auch zur Grenzmarkierung verwendet. Zudem waren sie gar nicht so nutzlos, wie es scheinen mag. Frauen sammelten Nüsse, Hagebutten und Beeren. Die Feldgehölze lieferten Holz und Ruten als Flechtmaterial für Gebinde.

Obwohl Hecken heute keine wirtschaftliche Bedeutung mehr haben, kommt ihnen im Naturhaushalt und in der Landschaftsästhetik eine grosse Bedeutung zu. Sie dienen als Erosions-, Wind- und Austrocknungsschutz, als Bienenweide und als Refugium für unzählige Pflanzen und Tiere. Es bleibt zu hoffen, dass unsere Hecken, Lebhäge und Feldgehölze ihre gefährdetsten Zeiten hinter sich haben. Seit Anfang des Jahrhunderts bis Anfang der 1980er Jahre sind Hunderte von Metern Hecken im Zuge von Rationalisierungsmassnahmen auf Wiesen, Äckern und Weiden oder aus reinem Ordnungssinn ausgemerzt worden. Heutzutage sind sie geschützt. Doch dies sagt nichts über die Qualität für den Naturhaushalt aus. Durch fehlende Nutzung sind die meisten Hecken von Bäumen (v. a. Eschen und Ahorn) dominiert. Dadurch sind sie innen kahl und haben nur einen schmalen, lockeren Strauchmantel. Auf Weiden wird dieser zudem von den Tieren abgefressen. Für heckenbewohnende Pflanzen und Tiere bieten stufige, zwei bis fünf Meter hohe Nieder- und Mittelhecken mit dichtem Gebüsch (viele Dornensträucher) und einem vorgelagerten Kräutersaum die idealsten Lebensräume.

Auf Heckenlandschaften angewiesene Vögel wie Raubwürger und Dorngrasmücke sind schon seit vielen Jahrzehnten ausgestorben. Neben den fehlenden Heckenkilometern fehlt ihnen extensiv genutztes Kulturland mit einer reichen Insektenfauna.

Nach Schätzungen gab es in Zeiten der Dreifelderwirtschaft pro km² Kulturland 2 bis 3 km Hecken. Heute sind es 0,5 bis 1 km pro km², ohne Waldrand und Bachbestockung.

Im Inventar der Naturobjekte des Natur- und Vogelschutzvereins sind 1984 über 120 Hecken kartiert und beschrieben worden. Seither sind rund zehn neue Hecken mit einer Gesamtlänge von ca. 300 m gepflanzt worden.

Natur und Umwelt

4.4.7 Hochstamm-Obstgärten

Weitläufige Streuobstbestände sind ein typisches Landschaftselement des Baselbietes. Da sich die landwirtschaftspolitische Lage für den Hochstammobstbau in den vergangenen vierzig Jahren verschlechtert hat, (Fällaktionen der Alkoholverwaltung, tiefer Obstpreis, mühselige Ernte und Unterhalt, geringe Subventionen usw.) wurden mehr als zwei Drittel der Bäume gefällt, wobei ein Ende dieser Entwicklung nicht abzusehen ist. Dies ist aus zwei Gründen sehr bedauerlich: Einerseits beleben Obstbäume unsere Kulturlandschaft. Zu jeder Jahreszeit, am auffälligsten jedoch im Frühling, bilden sie einen landschaftlichen Schmuck besonderer Art. Andererseits bieten alte Hochstammkulturen verschiedenen Vogelarten und anderen Geschöpfen Unterschlupf, Nahrung und Nistgelegenheit. Die in Baumgärten lebenden typischen Arten wie Steinkauz, Rotkopfwürger, Wendehals und Wiedehopf sind in den letzten Jahrzehnten ausgestorben. Der Rückgang der Obstgartenvögel wird nicht nur durch die fehlenden Hochstammbäume verursacht, sondern auch durch die intensive Nutzung des Grünlandes (häufige und frühe Mahd, Düngung, Pestizide) und das damit verbundene ungenügende Nahrungsangebot an Grossinsekten. Von 1991 bis 1996 haben auf Initiative des Naturschutzes die Einwohner und Einwohnerinnen von Rothenfluh über 400 junge Hochstammobstbäume, darunter viele alte Sorten, gepflanzt. Es wird Jahrzehnte dauern, bis sie, bei guter Pflege, zu schönen Obstbäumen herangewachsen sind und die Abholzungen teilweise kompensieren können. Auch hier gilt: Rasch ist zerstört, was langsam entstand.

Kirschbaum, Sorte «Schauenburger», Langenacher, 2001

4.4.8 Einzelbäume

Dieser Begriff bezeichnet einheimische Laub- und Nadelbäume, die als Einzelbäume im Kulturland stehen und deren oft mächtige Kronen sich von jung auf frei entfalten konnten. Da solche Bäume heutzutage keinen Nutzen in Franken abwerfen, sind viele entfernt worden oder abgestorben. Durch fehlende Nachpflanzung sind nur noch wenige auf dem Bann zu finden. 1984 wurden 28 Exemplare gezählt (8 Birken, 6 Weiden, 6 Eschen, 1 Fichte, 4 Linden, 2 Eichen, 1 Pappel). Flurnamen wie Asp (Zitterpappel), Im Eich, Im Erli, Eschacher können noch auf ehemalige Standorte solcher Bäume oder Baumgruppen hinweisen. Einzelbäume stellen für das Landschaftsbild markante Punkte dar, so z. B. die Linde im Lauber. Oft sind sie auch sagenumwoben oder stehen an Grenzpunkten, wie die beiden Linden am alten Grenzstein Im Ischlag oder die Eiche Uf Ebni. Ein grosser Weissdorn-Baum mit einem Stammumfang von 185 cm und einer Höhe von ca. 9 m steht als botanische Seltenheit auf z Allengraben. Die kopfartigen Wülste an den Ästen freistehender Birken sind durch den regelmässigen Schnitt von Birkenreisig entstanden, das man zur Herstellung von Besen nutzte. Im Weier und Vor Buech sind noch solche Birken zu sehen. Da niemand mehr dieses Handwerk betreibt, wachsen die Triebe zu stark aus und die Bäume brechen frühzeitig in sich zusammen. Auch die eindrücklichen Kopfweiden entlang der Wasserläufe, deren Formen durch das wiederkehrende Abschneiden von Weidenruten für die Korberei wuchsen, sind aus unserem Landschaftsbild verschwunden.

Ein solitär stehender Baum beherbergt eine arttypische Fauna sowie verschiedene Pilze und Flechten. Er ist sozusagen eine Insel im Kulturland. Die Vielfalt ist abhängig von der Baumart, vom Alter und vom Reichtum an Dürrholz und Baumhöhlen. So können sich auf einer einzigen alten Eiche über 280 Insektenarten aufhalten.

Unter den freistehenden Bäumen nimmt der Walnussbaum eine Sonderstellung ein. Er liefert ohne Schnitt und Pflanzenschutzmittel schmackhafte Baumnüsse, daher könnte man ihn ebenso gut zu den Obstbäumen zählen. Erfreulich, dass sich die Anzahl Nussbäume – 130 an der Zahl im Jahre 1984 – in den letzten 120 Jahren nur unwesentlich verringert hat; 1863 zählte man 150 Stück.

4.4.9 Acker- und Unkrautfluren

Von der früheren Vielfalt an Ackerunkräutern und Ackerblumen ist heute nichts mehr vorhanden. Die modernen Landwirtschaftsmethoden der verbesserten Saatgutreinigung, des Herbizideinsatzes, der übermässigen Düngung und der dichtstehenden Getreidesaat haben viele Segnungen gebracht. Sie haben jedoch in ihrer radikalen Anwendung der Kornblume, dem Venusspiegel, der Rankenplatterbse, dem Erdrauch sowie Dutzenden anderer Arten keine Chance gelassen. Selbst Klatschmohn und Kamille sind heute in den Getreidefeldern kaum mehr zu finden.

Angesäte Buntbrache mit Kornblume, Klatschmohn, Margerite; Lehnacher, 2001

Einzigartiger, wohl grösster Weissdornbaum im Baselbiet, z Allengraben, 1998

4.4.10 Gruben

Lettlöcher sind kleinere Gruben in den Gebieten mit Opalinus-Tonunterlage, aus denen Lehm (Lett) entnommen wurde. Dieser diente einerseits zur Düngung des Kulturlandes mit Tonmineralien. Mit dem Aufkommen von Kunstdünger auf den Bauernhöfen entfiel die mühselige Grabarbeit und die Lettlöcher wurden im Laufe der Zeit mit dem Unrat aus dem Dorf aufgefüllt. Lehm fand andererseits auch Ver-

Natur und Umwelt

Mergelgrube, Vor Buech, 2001

4.4.11 Mergelwege

Das in Mergelgruben gewonnene Material heisst im Baselbiet auch «Grien» und eignet sich gut als oberste Schicht beim Bau von Feld- und Waldwegen und Plätzen. Es lässt sich gut verdichten, ist günstig (gemeindeeigene Gruben, kurze Transportwege), aber relativ aufwändig im Unterhalt.

Auf einem Mergelweg entsteht in der Regel zwischen den Radspuren ein mit Pflanzen bewachsener Mittelstreifen. Wird der Weg von einem extensiv genutzten Wegrand

Mergelweg mit bewachsenem Mittelstreifen, Uf Gries, 2001

wendung als Bodenbelag in Scheunen. Das noch feuchte Material wurde festgestampft und ergab nach der Trocknung eine dauerhafte, gut wischbare Bodenfläche. Im Lein, Under der Ringelflue und Uf Ebni finden sich noch sichtbare, teilweise aufgefüllte Lehmlöcher. Sie sind gänzlich mit Bäumen und Sträuchern überwachsen. Im Naturhaushalt sind sie so wertvoll wie die Hecken. Auch als kulturhistorische Objekte kommt ihnen eine gewisse Bedeutung zu. Rothenfluh besitzt auch *Mergelgruben*. Der aus ihnen gewonnene Mergel entstand nacheiszeitlich an der Unterkante der Doggerschicht durch erodierenden Fels, der sich mit Ton und Lehm vermischte. Die beiden grossen Mergelgruben sind markante menschliche Eingriffe im Landschaftsbild. Die Grube Under der Flue wird nicht mehr ausgebeutet und ist fast vollständig mit Aushub gefüllt. Gleichwohl ist die anhaltende Erosion des oberen Grubenrandes bis hoch zu den Felsen hinauf fortgeschritten. Vermutlich wird es noch Jahrzehnte dauern, bis Gehölze das Gebiet festigen werden. In der Grube Vor Buech wird heute immer noch Mergel abgebaut. Kleinere, aufgelassene Gruben gibt es beim Holzschopf Hinter Leimet und am Stelli-Weg.

In teilweise oder ganz stillgelegten Gruben finden zahlreiche Lebewesen, die unbewachsene Rohböden benötigen, ihren Lebensraum. Beispiele sind Huflattich und Sandlaufkäfer.

flankiert, kann eine erstaunliche Vielzahl an strapazierfähigen, trockenheitstoleranten Pflanzen wie Wegwarte, Fingerkraut oder Breitwegerich gedeihen. Dort sind auch Vögel, Insekten und andere Kleintiere wegen der Blüten und Sämereien anzutreffen – nach dem Heuen der Wiesen oft die einzigen ungemähten Stellen. Unsere Mehlschwalben benötigen zum Nestbau den Mergel, den sie von den Plätzen vor den Bauernhäusern holen. Leider ist die Verwendung dieses wasserdurchlässigen Belags zugunsten von versiegelndem Asphalt oder Verbundstein immer seltener geworden.

Ein Feldweg mit bewachsenem Mittelstreifen ist der Inbegriff eines schönen Wanderweges. Wer spaziert schon gerne auf Asphalt! Auch auf Landschaftsfotos und Postkarten sind aus ästhetischen Gründen meist Feldwege abgebildet.
Wegzufahrten zu Gehöften (Dübach, Chälen, Hof Rieder und Buess) und steile Wegpartien (z. B. beim alten Reservoir, Leimet) sind hingegen sinnvollerweise asphaltiert. Obwohl Mergelwege auf dem Rothenflüher Bann noch üblich sind, gibt es nur noch wenige mit einem schön bewachsenen Mittelstreifen und extensiv genutztem Wegrand (z. B. Verbindungsweg Hinter Leimet–Dübach, Weg zum Schafstall Bossert im Lör, Griesweg oberhalb des alten Reservoirs). Der rationalisierte Wegunterhalt mit Maschinen (Planierhobel) erschwert den Bewuchs des Mittelstreifens. Auch die intensive Feldnutzung bis an den Wegkoffer – früher wurde der Pflug auf dem Anthaupt (= Grasstreifen zwischen Acker und Weg) gewendet und nicht auf dem Weg – lässt nur noch Raum für einige gewöhnliche Arten.

4.4.12 Steinbrüche

Der Kalkstein von Rothenfluh ist nicht besonders dauerhaft und verwittert im Laufe der Jahre. Das Steingefüge gefriert bei tieferen Temperaturen und birst. Trotzdem fand der Stein für den Hausbau Verwendung. Steinbrüche bilden Ersatzlebensraum für wärmeliebende, felsbewohnende Tiere und Pflanzen wie Mauereidechse und Mörtelbiene oder Berg-Gamander und Rundblättrige Glockenblume. Falls Steinbrüche wichtige Biotope für seltene Arten darstellen, sollten sie hie und da von aufkommenden Bäumen und grösseren Sträuchern befreit werden.
Der Steinbruch Under der Flue wurde im Zuge von Wegarbeiten Anfang der 1970er Jahre aufgefüllt. An der Badstrasse in der Wellholden und im Wischberghölzli befinden sich weitere stillgelegte Steinbrüche. An der Hauptstrasse nach Anwil liegt, grösstenteils auf Anwiler Boden, ein Steinbruch, in dem Schottermaterial für den Wegebau abgebaut wurde.
Wussten Sie, dass es in Rothenfluh einen nachwachsenden Stein gibt? Tuffstein (Dugstein) findet man im Dübachtal an den zahlreichen Quellaustritten. Das sehr kalkhaltige Wasser fliesst über kleine Terrassen, die von speziellen Tuffmoosen gebildet wurden. An der Basis dieser Moosstengel wird kontinuierlich Kalk ausgefällt, welcher zu einem porösen Kalkskelett verkrustet und sich im Laufe der Sedimentation verdichtet. Das Moos stirbt wohl nach unten ab, wächst jedoch nach oben weiter. Standorte mit meterdicken Tuffsteinlagern sind im Zeitraum von mehreren hundert Jahren entstanden. Im hinteren Dübachtal,

Stillgelegter Steinbruch für Schottermaterial, Tal, auf Anwiler-Grenze, 1980

unterhalb des Stelli-Weges ist die schönste Quellflur unseres Kantons mit Tuffsteinmooskaskaden zu bestaunen.
Tuffsteine wurden für den Mauerbau im Freien und für den Grundmauerbau der Häuser sehr geschätzt. Im Gegensatz zum Kalkstein kann er mit einer Axt behauen, ja mit einer Holzsäge genau zugesägt werden. Ein weiterer Vorteil liegt in der porösen Struktur des Tuffs, durch welche die

Sprengwirkung gefrierenden Wassers unwirksam bleibt. Bei guter, dichter Qualität des Steines und einer handwerklich guten Verarbeitung können Bauwerke aus Tuffstein Jahrhunderte überdauern wie beispielsweise die Friedhofmauer oder das Römerbrüggli (auch Hohlegassbrüggli genannt).

4.4.13 Trockensteinmauern

Die Besonderheit der Trockensteinmauer besteht darin, dass mit handwerklichem Geschick und ohne die Verwendung von Mörtel oder Beton die Steine zu einer recht stabilen Mauer geschichtet werden (trocken = ohne Mörtel). In früherer Zeit benutzten die Leute dazu die Steine aus der nächsten Umgebung. Durch den Mauerbau konnten Terrassierungen vorgenommen und Böschungen abgestützt werden. Diese Massnahme war besonders im Rebbau angebracht, da sich damit an den steilen Hängen die Bodenerosion verringern liess.

In Rothenfluh wurde während fast 900 Jahren (!) Rebbau betrieben. Um 1880 hat die aus Amerika eingeschleppte Reblaus auch hier sämtliche Weinstöcke vernichtet. Heute findet man an den besonnten Hängen vom Gries bis zum Holingen keine Trockensteinmauern mehr, die auf die einstigen Weinberge hindeuten könnten. Einzig in der Schafweide Moosacker steht ein zerfallendes Steinmäuerchen. Als botanische Relikte weisen der Weinberglauch in den dortigen Matten, die Traubige Bisamhyazinthe im Holingen und im Rank sowie verwilderte Rebpflanzen an der Oberen Vogtsmatten auf den einstigen Rebbau hin. Die Trockensteinmauern, in deren Spalten allerlei sonnenhungrige Pionierpflanzen wachsen und verschiedene Reptilien und andere wärmeliebende Tiere ihr Versteck finden, sind auch an anderer Stelle verschwunden. Teilweise hat der Hangdruck ganze Mauerpartien umgestossen. Man hat sie auch weggeräumt, weil der aufwändige Unterhalt ohne die Kultur der Rebe keinen Sinn macht.

Heutzutage werden auf Gebäudegrundstücken vermehrt Mauern neu erstellt, die als Gestaltungs- und Böschungselement für den Garten dienen. Obwohl die oft aus tonnenschweren Gesteinsbrocken bestehenden Mauern (Zyklopenmauern) immer noch natürlicher wirken als eine Betonmauer, geht ihnen der Nischenreichtum einer typischen Trockensteinmauer ab.

4.4.14 Lesesteinhaufen

Beim Pflügen der Äcker gelangten immer wieder grössere und kleinere Steine aus dem Untergrund an die Bodenoberfläche. Die Bauersleute sammelten sie mit «Steichrätte» ein und schütteten sie am Rande der Äcker zu Lesesteinhaufen (= Steine zusammenlesen) auf, womit sie entsorgt waren. Denn das Aufladen und der

Mauer beim Schützenhaus, Dübach, 2000

Steinhaufen, Holingen, 1984

Abtransport mit dem Pferdewagen wären viel zu aufwändig und unnötige Schwerarbeit gewesen. Mit den Jahrzehnten wurden diese Steinhaufen von Pflanzen besiedelt. Es bildete sich eine Humusschicht, auf der schliesslich Hecken aufwuchsen. Bestehende alte Hecken stehen oft auf ehemaligen Lesesteinhaufen. Zu Beginn unseres Jahrhunderts wurde damit begonnen, diese Kleinbiotope wegzuräumen, teils aus übertriebenem Ordnungssinn, teils mit der Begründung, dass sie die maschinelle Befahrung der Felder erschwerten. In den Krisenjahren vor Ausbruch des Zweiten Weltkrieges hat man mit Arbeitsloseneinsätzen die meisten Lesesteinhaufen entfernt und für Drainagen im Kulturland, den sogenannten Stein-Agden, verwendet. Ein Relikt bildet der Steinwall, der sich im Ischlag befindet und auf dem eine Hecke stockt.

Ein gewöhnlicher Steinhaufen bedeutet für Eidechsen, Blindschleichen, Kröten, Molche, Wiesel, Mäuse und Kleingetier im unterschlupfarmen Acker- und Wiesland Versteckmöglichkeit und wertvollen Lebensraum. In letzter Zeit wurden neue Steinhaufen als Tierunterschlupf aufgeschüttet. Sie befinden sich auf dem Presismätteli (1988), im Dübach (1992), im Holingen (1994) und am Hornweglein (1996).

4.4.15 Gewässer

Mit unregelmässigem Schwung winden sich die *Bäche* Ergolz, Dübach und Länenbächli durch die Talsohlen. Sie bilden, zusammen mit ihrem Ufergehölz und streckenweise von Birken- oder Zwetschgenbaumreihen gesäumt, einen äusserst reizvollen Anblick im Landschaftsbild.
Für den Artenschutz sind Bäche sehr wichtig. Sie schaffen Lebensräume für Tierarten, die an fliessendes Wasser angepasst sind wie Eisvogel, Wasseramsel, Steinfliege, Bachkrebs (Dolenkrebs); natürlich auch für Fische, so Forellen, Groppen und andere. In Gehölzen und Stauden der Uferbestockung hausen Rotkehlchen, Zaunkönig, Weidenlaubsänger, Wasserspitzmaus, Schmetterlinge und viele andere Arten. Die drei Bachläufe bilden zudem Wanderkorridore für Tiere und Pflanzen hin zu andern Bachsystemen und Landstrichen, die entlang dem ganzen Ergolztal miteinander verbunden sind. Bachbett, Bachlauf und Uferzone sind durch den Menschen schon früh verändert worden. Dabei wird bis heute angestrebt, die Wucht des fliessenden Wassers mit Uferbefestigungen und dem Einbau von Schwellen im Bachbett zu vermindern. Dies ist vor allem dann nötig, wenn man Bachlauf und Uferstreifen eingeengt hat und ihn von der Talsohle an die Talflanken verlegt, um möglichst viel flaches Kulturland wie beispielsweise die Wässermatten im Tal, In der Ei und der Riedmet, zu gewinnen.

Als *Quellfluren* werden natürliche Quellaustritte an Hanglagen bezeichnet, bei denen ein mehr oder weniger ausgedehntes, sumpfiges Gelände entstanden ist. Im Waldschatten bilden sich in dieser Situation

Wiesenbächlein, Lör, 1985

Natur und Umwelt

die schon erwähnten Tuffstein-Quellfluren, wohingegen auf freiem Feld und im vollen Sonnenlicht ein *Hangried* mit Pfeifengras, verschiedenen Seggen, dem Teufelsabbisskraut und andern seltenen Pflanzen entsteht. Ein kleines Hangried ist übrigens oberhalb des Tümpels im Dübach zu sehen.

Einst wurden solche Sumpfstellen im Hochsommer zur Streuegewinnung gemäht, was auch das Aufkommen von Weiden und Erlen verhinderte. Durch die Mahd im August/September fanden viele spätblühende Pflanzen wie z. B. Enzian-Arten ein Auskommen. Aus den Riedwiesen erklangen die Rufe von Rebhühnern, Wachteln, Braunkehlchen und Wachtelkönig. Um weiteres Kulturland zu gewinnen, wurden bereits in früheren Jahrhunderten Wiesenbächlein oder Agden angelegt, um das Wasser der breiten Hangriede zusammenzuführen und dem Bach zuzuleiten.

Im 20. Jahrhundert entstanden grossflächigere Entwässerungssysteme. Zuerst in ergolznahen Gebieten wie in der Riedmet; in den 1930er und 1940er Jahren wurden auch die Hangriede an den weiten Talflanken in den Gebieten Sommerhalde, Asp-Chälen, Holingen, Vor Buech, Sor, Weiermatt usw. trocken gelegt. Als Drainagesystem baute man sogenannte *Agden* aus Kalkschotter und Feldsteinen. Bei der Stein-Agde wurde ein spatenbreiter, 50–80 cm tiefer Graben halb mit grobem Steinschotter gefüllt und mit Erde bedeckt. Dies reichte für geringe Wassermengen aus. Bei grösserem Wasserandrang musste man Deckel-Agden erstellen, deren Wände und Oberseiten (= Deckel) aus Kalksteinplatten gefertigt wurden. Ton- oder Betonröhren waren noch nicht erhältlich oder zu teuer.

Eine Vorstellung über die einstigen Ausmasse dieser Fluren lässt sich beim Spaziergang entlang den Hauptbächen gewinnen, wenn man die vielen links und rechts einmündenden Entwässerungsröhren beachtet, die recht viel Wasser führen. Auch die Hangriede und Wiesenbächlein haben das Landschaftsbild noch vor rund 100 Jahren geprägt.

Fast alle kleineren *Wiesenbächlein*, welche die maschinelle Bewirtschaftung der Felder behindern sowie die Rinnsale der Feldweggräben wurden in den letzten 50 Jahren eingedohlt. Zwei dieser Bächlein speisen die Weiher bei der ehemaligen Fischzucht Im Tal, wovon das eine, parallel zur Ergolz verlaufende, erst 1997 neu gestaltet wurde. Ein weiteres Bächlein fliesst im Strassengraben entlang des Dübach-Weges. Im Lör, in der Nähe der beiden Bienenhäuser, verlaufen zwei offene Teilstücke einer ergiebigen Quelle, deren Wasser vom Horain zum Länenbächli fliesst.

Spezielle Insekten- und Amphibienarten wie z. B. die Quelljungfer-Libelle oder der Feuersalamander sind für ihre Larvenentwicklung auf diese kleinen, sauberes Wasser führenden Bäche und Rinnsale angewiesen. In grösseren Bächen wären sie der reissenden Strömung und den räuberischen Fischen ausgesetzt.

Als *Dyg* bezeichnete man einen Kanal, der durch ein Wehr gestautes Wasser einem Wasserrad zuleitete. Die beiden Kanäle, deren Wasser die Wasserräder der Mühle und Säge speisten, sind zugeschüttet worden, da sie nicht mehr gebraucht wurden. Der Verlauf der Kanäle ist heute noch im Gelände zu erkennen, so auf der linken Ergolzseite südwestlich der Mülimatt gegen die alte Mühle hin. Der zweite Dyg Im Weier zweigte unterhalb der Kantonsstrasse ab zur rechten Seite der Strasse Richtung Säge. Drei Zwetschgenbäume stehen noch dort, eine Baumart, die oft entlang von Dyg-Anlagen gepflanzt wurde.

In den letzten zwanzig Jahren sind im Zuge der Naturschutzbewegung einige *Weiher* oder *Tümpel* angelegt worden. Sie bereichern nicht nur die Landschaft, die von Natur aus arm an stehenden Gewässern ist, sondern bieten vielen Amphibien und anderen, auf stehendes Wasser angewiesenen Tieren und Pflanzen Lebensraum. Diese Biotope innerhalb des Siedlungsgebietes sind wichtige Erlebnisplätze für Kinder.

Drei grössere Teiche sind auf dem Areal der ehemaligen Fischzucht Im Tal gebaut worden. Kleinere Tümpel befinden sich im Lör, im Moosacher, im Ramstel, im Dübach und im Nebli.

Literatur
Amstutz, M., 1997. Waldrandkonzept Rothenfluh/Anwil. Archiv Gemeindekanzlei, Rothenfluh.
Burnand, J., Hasspacher, B. & Stocker, R., 1990. Waldgesellschaften und Waldstandorte im Kanton Basel-Landschaft. Verlag des Kantons Basel-Landschaft, Liestal.
Erny-Rodmann, B. & Küng, M., 1984. Inventar der Naturobjekte Teil I. Natur und Vogelschutzverein Rothenfluh/Anwil. Archiv Gemeindekanzlei Rothenfluh.
Erny-Rodmann, B., 1985. Inventar der Naturobjekte Teil II, Ergänzungen und Erläuterungen. Archiv Gemeindekanzlei Rothenfluh.
Erny-Rodmann, B., 1995. Vögel der Region in ihrem Lebensraum. Ausstellungsführer. Heimatmuseum Oltingen.
Goy, K., 1993. Die Flurnamen der Gemeinde Rothenfluh. Helbing & Lichtenhahn, Basel.
Imbeck-Löffler, P., u. a., 1989. Natur aktuell. Verlag des Kantons Basel-Landschaft, Liestal.
Koch, W., 1980. Heimatkunde von Rothenfluh aus dem Jahre 1863. Gemeinde Rothenfluh.
Lauber, K. & Wagner, G., 1996. Flora Helvetica. Verlag Paul Haupt, Bern.
Wildermuth, H., 1978. Natur als Aufgabe. Pro Natura, Basel.
Zonenplan Landschaft. Archiv Gemeindekanzlei, Rothenfluh.

Deutsche Pflanzennamen nach Konrad Lauber. Schreibweise der Flurnamen nach Karin Goy.

4.5 Pflanzen

4.5.1. Einleitung

Rothenfluh weist eine reiche Pflanzenwelt auf, wie sie nur noch an wenigen Orten in unserem Kanton besteht.

Die Vegetation (= Pflanzendecke eines Gebietes) verteilt sich auf ganz verschiedene Gebiete mit entsprechend verschiedenen Voraussetzungen an Klima und Boden. 56 %, also mehr als die Hälfte des Bodens, sind mit Wald bedeckt. Felsen, Schutthalden, Magerwiesen, schattige Täler und Feuchtstellen bilden die Lebensgrundlage für die verschiedenen Pflanzengesellschaften. Reichhaltige Standorte sind die Rote Fluh und ihre nähere Umgebung, die trockenen Magerwiesen oberhalb Holingen und im Ramstel, das Gebiet Hinter Leimet (Rütenen), das Dübachtal, die Ringelflue.

4.5.2 Botanische Wanderung am Südhang

Bei der nachfolgenden botanischen Wanderung werden neben verbreiteten und bekannten vor allem seltene und vom Aussterben bedrohte Pflanzenarten aufgeführt. Dies soll spätere Vergleiche ermöglichen. Das Gebiet der Roten Fluh ist zur Hauptsache mit Buchenwald bedeckt. Die Buche ist mit verschiedenen, typischen Begleitpflanzen vergesellschaftet. So lassen sich von unten nach oben folgende Waldgesellschaften unterscheiden: Weisseggen-

Gemeine Akelei

Natur und Umwelt

Wiesensalbei

Buchenwald, Lungenkraut-Buchenwald, Zahnwurz-Buchenwald. Wo der Boden zur Hauptsache aus Hangschutt besteht, finden wir den Ahorn-Lindenwald. Der oberste Kranz der Felsen wird von einem schmalen Streifen des Flaumeichenwaldes bedeckt, während die Hochebene hinter der Fluh wieder vom Buchenwald beherrscht wird.

Beginnen wir unsere Wanderung durch das Fluhgebiet bei einer Waldwiese am Weg, der vom Challofen gegen die Dornholden führt, sie wird im Dorf als Presismätteli bezeichnet. Vor mehr als 100 Jahren befand sich hier eine grössere Wiese von etwa einer Hektare Fläche. Um die Jahrhundertwende forstete der Grossvater des jetzigen Besitzers den grössten Teil der Wiese mit Föhren auf. Nur etwa zehn Aren blieben als Wiese bestehen und wurden als solche bewirtschaftet. Als der Besitzer um 1962 die Landwirtschaft aufgab, wurde die Wiese sich selbst überlassen, worauf sie nach kurzer Zeit von Wald bedeckt war. Im Winter 1985/86 schlugen Mitglieder des Natur- und Vogelschutzvereins Rothenfluh-Anwil im Einverständnis mit dem Besitzer den vorhandenen Jungwuchs kahl. Heute finden wir hier eine prächtige, artenreiche Naturwiese. Die wichtigsten Pflanzenarten sind:

die *Gewöhnliche Margerite*, der *Gewöhnliche Löwenzahn*, weniger gern gesehen sind die *Acker-Kratzdistel*, das *Gewöhnliche Tausendgüldenkraut* (geschützt, selten), die fälschlicherweise oft als Glockenblume bezeichnete *Gewöhnliche Akelei* (geschützt), die *Wilde Karde*, der *Gewöhnliche Wundklee* (selten), die *Gewöhnliche* und die *Bittere Kreuzblume* (beide selten), die *Walderdbeere*, die *Wiesensalbei*, die *Bergdistel* (selten), der *Purgier-Lein* (selten), der *Gefranste Enzian* (geschützt, selten). Das *Weidenblättrige Rindsauge* (selten, geschützt) wurde hier eingesät und scheint sich gut zu entwickeln, während die ebenfalls eingesäte, sehr seltene *Weisse Brunelle* wieder zu verschwinden scheint. Am untern Rand der Wiese, dem Weg entlang erscheinen an feuchten Stellen jedes Jahr die braunen Sporenträger und später die grossen, weissgrünen Stauden des *Riesen-Schachtelhalms* («Chatzewadel»).

Nun kehren wir zu der Waldecke zurück, wo früher das Fluhweglein begann. Hier erscheint seit Jahrzehnten fast alljährlich der *Purpurrote Mauerpfeffer* (selten), weiter dem Weg unter der Fluh entlang wächst die rotblühende *Frühlings-Platterbse*, das weissblühende *Berg-Täschelkraut* (selten), vereinzelt die *Zweiblättrige Schattenblume* (geschützt, selten), ein kleines, zierliches Pflänzchen mit einem weissen Blütenköpfchen. Meistens wächst sie in Gesellschaft des *Maiglöckchens* auch in der Umgebung des Ramstelflüeli. Sehr selten ist das *Birngrün* oder *Einseitswendige Wintergrün*. Nun folgen wir dem Waldrand gegen den Grieshügel und finden hier den *Scharfen* und den *Milden Mauerpfeffer*. Bevor wir zur grossen Griengrube kommen, steigen wir im Wald den Abhang hinauf. Hier wächst die seltene, gelblich behaarte *Fichtenspargel*. Sie entwickelt

Silberdistel

keine grünen Blätter und ist, wie die *Vogel-Nestwurz*, auf faulende Pflanzenteile angewiesen (Fäulnisbewohner). Vereinzelt wächst hier auch der seltene *Gewöhnliche Wacholder* («Räckholder»). Weiter oben

Deutscher Enzian

Traubige Bisamhyazinthe

Wiesen-Bocksbart

gelangen wir in den Ahorn-Lindenwald. Hier wachsen der *Schmalblättrige Hohlzahn* (selten), die *Graufilzige Schlüsselblume* (selten), die *Schwalbenwurz,* die *Turm-Gänsekresse,* der *Rosskümmel* (selten), das *Breitblättrige Laserkraut* (selten), das *Gewöhnliche Salomonssiegel,* die *Schmerzwurz,* eine bei uns häufige Schlingpflanze mit grossen, langgestielten, herzförmigen Blättern und kleinen weissen Blüten in lockeren Trauben. Sie trägt im Herbst viele zuerst grüne, dann rote, giftige Beeren. Wegen der auffälligen Blätter wird sie oft mit einer Winde verwechselt. Der *Schildampfer* mit schildförmigen, blaugrünen Blättern ist sehr selten. Er galt in unserem Kanton als ausgestorben.

Nun steigen wir wieder zum Weg hinunter und folgen ihm weiter an der grossen Grube vorbei in Richtung Chatzestäge. Hier wächst die *Ährige Rapunzel* (Chalberchärne), das *Wald-Habichtskraut,* das *Ausdauernde Bingelkraut,* der *Sanikel,* der *Gewöhnliche Bergflachs* (selten), die *Pfirsichblättrige Glockenblume* (geschützt, selten), das *Ovalblättrige Sonnenröschen* (selten). In den Felsen der Roten Fluh wachsen die *Astlose Graslilie* (geschützt, selten), das *Nickende* und das *Gewimperte Perlgras* (selten), an schwer erreichbaren Stellen der Fluh der sehr seltene *Dickblättrige Mauerpfeffer.* An Sträuchern ist zu nennen die *Strauchwicke,* der *Gewöhnliche Kreuzdorn,* die *Felsenmispel* und der *Weissdorn.* Nun gelangen wir auf die Hochebene und folgen dem Weglein, das oft recht nahe dem Felsabbruch entlangführt. Ein Felsturm, vollständig von der Fluh abgetrennt, ist dicht von einem dunkelgrünen Farngewächs bedeckt. Es ist der seltene *Gewöhnliche Tüpfelfarn* oder *Engelsüss.* Auf der ganzen Hochebene fehlt dieser Farn. Im Frühling blüht hier oben die *Fiederblättrige Zahnwurz,* oft begleitet vom *Stattlichen Knabenkraut,* dem immergrünen *Lorbeer-*

Natur und Umwelt

Gemeiner Natterkopf

Gewöhnlicher Hornklee

seidelbast, dem *Gewöhnlichen Seidelbast* oder *Ziland*, der *Haselwurz* mit den unter den Blättern versteckten, unscheinbaren Blüten.

Im Gebiet der eigentlichen Fluh fällt vor allem der rötlichblühende *Berglauch* auf. Er scheint ein Einzelgänger zu sein, der gar nicht dahin gehört und daher im Verzeichnis der Pflanzen unseres Kantons fehlt, obschon er schon mindestens ein halbes Jahrhundert hier zu finden ist. In seiner Gesellschaft wächst die *Reichstachlige Rose* (selten), ein kleiner Strauch mit gelblichweissen Blüten und vielen geraden, nadelförmigen Stacheln und die *Gewöhnliche* oder *Langstänglige Kugelblume* (selten). Während der Blütezeit misst der Stängel nur 4 bis 5 cm, nachher wächst er zu einer Höhe von 30 bis 40 cm. Weiter wächst hier der *Hufeisenklee*, der *Weisse Mauerpfeffer*, der *Berg-Gamander*, der *Feldthymian*, die *Gebräuchliche Betonie* (selten), das *Bittersüss* (selten), das *Nickende Leimkraut*, die *Niedrige Segge* (selten), auf einem Felsband der Fluh der sehr seltene *Feinblättrige Lein*. Dieser Standort wird in einem Bericht des Botanikers Fritz Heinis schon um 1923 genannt.

Die Hochebene Kei ist zwar botanisch nicht so reichhaltig wie das Fluhgebiet, doch weist sie ebenfalls einige Seltenheiten auf: den schon genannten *Gefransten Enzian*, das sehr seltene *Kleine Wintergrün*, ein Pflänzchen mit rundlichen Blättern und, ähnlich dem Maiglöcklein, einem Stängel mit einigen kugeligen, weissen Glöcklein. An feuchten Stellen finden sich der seltene *Wald-Gilbweiderich*, die *Wald-Schlüsselblume*, das seltene *Wald-Springkraut* oder *Rührmichnichtan* mit hakig gebogenem Sporn und das ebenfalls gelbblühende *Kleine Springkraut* mit geradem Blütensporn. Die Heimat dieser heute häufigen Pflanze ist das südliche Sibirien und die Mongolei. Erst in der zweiten Hälfte des letzten Jahrhunderts gelangte sie nach Europa und hat sich bis heute weit verbreitet. Weiter finden wir den *Gewöhnlichen Sauerklee* («Hasechlee»), die *Wald-Platterbse*, das *Wald-Veilchen*, die seltene *Quirlblättrige Weisswurz*, die normalerweise in höheren Berglagen daheim ist. An eher trockenen Stellen wachsen die *Vielblütige Weisswurz*, das *Gewöhnliche* und

Astlose Graslilie

das seltene *Vierflüglige Johanniskraut*, das *Fuchs-Kreuzkraut*, das *Jakobs-Kreuzkraut* und das *Raukenblättrige Kreuzkraut*, der *Hasenlattich*, der *Mauerlattich*, der *Gebräuchliche Baldrian*, das seltene *Christophskraut*, der *Gelbe Eisenhut*. Auf Waldlichtungen und an Waldwegen wachsen

Gemeine Kugelblume

einige typische Gräser: Das *Gewöhnliche Reitgras*, die *Haargerste*, das *Hain-Rispengras*, die *Ästige Trespe*.

Nebst verschiedenen Orchideen, von denen später die Rede sein wird, finden wir in den Magerwiesen oberhalb Holingen, im Ramstel und Hinter Leimet folgende Gräser: die *Aufrechte Trespe*, das *Wollige Honiggras*, das *Zittergras*, an feuchten Stellen das *Blaue Pfeifengras* oder *Besenried*. Die Halmknoten bei diesem oft mehr als meterhohen Gras sind auf den untersten Teil des Halmes beschränkt, so dass der lange Halmteil unter der Rispe glatt und knotenlos ist. Die getrockneten Halme wurden deshalb früher zum Reinigen der langen Tabakpfeifenrohre benutzt, daher der Name. Anzeiger von Trockenheit sind die *Ästige Graslilie*, der *Gewöhnliche Odermennig*, die *Gewöhnliche Weisswurz* oder *Salomonssiegel*, der *Hufeisenklee*, die seltene *Gelbe Resede*, der *Weisse* und der *Gebräuchliche Honigklee*, die seltene *Klebrige Salbei*, die *Frühlings-Schlüsselblume*, das *Melissenblättrige Immenblatt*, das *Orientalische Zackenschötchen*. Dieser Kreuzblütler wird vom Botaniker Fritz Heinis schon Anfang dieses Jahrhunderts in Rothenfluh erwähnt, scheint sein Verbreitungsgebiet aber bei uns unterdessen nicht ausgedehnt zu haben. Weiter kommen vor:

Bunte Kronwicke
Berg-Kronwicke,
Deutscher Enzian (geschützt)
Behaarter Klappertopf
Gelbes Labkraut
Gewöhnliches Labkraut
Rostkovs Augentrost
Weinberglauch
Spitzwegerich
Hügelwaldmeister
Kleiner Wiesenknopf
Gewöhnliche Skabiose
Feld-Witwenblume
Sichelklee,
Weidenalant (geschützt)
Bergaster («Bättagsblüemli») (teilweise geschützt)
Gewöhnliche Flockenblume
Skabiosen-Flockenblume
Gewöhnliche Brunelle
Grossblütige Brunelle
Silberdistel oder Stengellose Eberwurz (teilweise geschützt)
Gewöhnlicher Günsel
Genfer Günsel (sehr selten)
Gewöhnliche Bisamhyazinthe
Trauben-Pippau
Aufrechter Ziest

Doldengewächse:
Hirschheil
Hirschwurz
Kleine Bibernelle
Rosskümmel
Sichelblättriges Hasenohr
Möhre.

Während die Abhänge ob Holingen und im Ramstel immer als Magerwiesen genutzt wurden, sind bei den Rütenen im Hinter Leimet die Verhältnisse anders: Zwar sind die Bodenverhältnisse weitgehend die gleichen, während Jahrzehnten aber wurden die Rüttenen als Ackerland genutzt. Durch das Bearbeiten des Bodens wurde der Hangschutt, der bei den Magerwiesen unter einer dünnen Humusschicht liegt, hier immer wieder an die Oberfläche befördert und ist heute noch an vielen Stellen der jetzigen Wiese sichtbar. So finden wir hier wieder den Schmalblättrigen Hohlzahn, der unter der Fluh im Hangschutt gedeiht. Weiter kommen vor:

Natur und Umwelt

Echtes Salomonssiegel

Ästige Graslilie
Rauhaarige Gänsekresse
Nickendes Leimkraut
Gewöhnliches Leimkraut
Knolliger und Kriechender Hahnenfuss
Hufeisenklee
Bunte Kronwicke
Gewöhnlicher Wundklee
Hopfenklee
Kriechender Hauhechel
Pyrenäen-Storchschnabel
Zypressen-Wolfsmilch
Sichelblättriges Hasenohr
Gewöhnlicher Dost

Salbeiblättriger Gamander
Edel-Gamander
Trauben-Gamander (sehr selten)
Gewöhnlicher Natternkopf
Ackerwinde
Gelber Fingerhut
Lampen-Wollkraut
Wirbeldost
Echte Bergminze
Dichtblütiges oder Grossblütiges Wollkraut («Wullebluemli»)
Gewöhnlicher Alant oder Dürrwurz
Gewöhnliches Kreuzkraut.

Seit 1980 blüht hier auch die seltene *Sprossende Felsennelke,* eine kleine, lilafarbige Nelke mit aufgeblasener Kelchhülle.

Oberhalb der Rütenen, in der früheren Griengrube, wo sich jetzt der Holzschopf

Türkenbund

Venusspiegel

der Bürgergemeinde befindet, finden wir neben einem grossen Bestand der geschützten *Berg-Kronwicke,* den *Zwerg-Holunder* oder *Attich,* die *Gewöhnliche Goldrute* und das seltene *Savoyer Habichtskraut.*

Das Dübachtal ist eine kleine vielfältige Welt für sich. Trocken- und Feuchtgebiete wechseln sich ab. Dementsprechend finden wir hier andere Waldgesellschaften. Zwar herrscht auch hier die Buche vor, ist aber teilweise mit andern Waldgesellschaften durchsetzt. Die Wichtigsten sind: Lungenkraut-Buchenwald, Weissseggen-Buchenwald, Aronstab-Buchenwald, Zahnwurz-Buchenwald, Ahorn-Eschenwald,

Seggen-Bacheschenwald, Orchideen-Föhrenwald.

Im ganzen Tal gedeiht eine grosse Zahl von Sporenpflanzen:

Laubmoose, Lebermoose, Schachtelhalme, Farne. Unter diesen der *Echte Wurmfarn*, der *Dornige Wurmfarn*, der *Gewöhnliche Waldfarn*, der *Zerbrechliche Blasenfarn*, die *Hirschzunge* (in der ganzen Schweiz geschützt), der *Gelappte Schildfarn*, der seltene, geschützte *Lanzenfarn*, der *Storchschnabelfarn*, der *Braunstielige Streifenfarn*, der seltene *Grünstielige Streifenfarn*, die *Mauerraute*, der *Adlerfarn*.

Weiter wachsen:

Seggen- oder Riedgrasarten (sehr zahlreich)

Waldbinse

Bärlauch

Rote Waldnelke

Dotterblume

Gewöhnliche Akelei

Knoblauchhederich

Gewöhnliches Helmkraut (wahrscheinlich vor wenigen Jahren mit Wasserpflanzen in ein Biotop gelangt)

Wechselblättriges Milzkraut

Tormentill oder Blutwurz

Heckenwicke

Grosses Flohkraut oder Ruhrwurz

Stinkender Storchschnabel oder Ruprechtskraut

Ausdauerndes Bingelkraut

Gewöhnliches Hexenkraut

Mandel-Wolfsmilch

Schuppenwurz

Gemeiner Schneeball

Wald-Engelwurz

Wald-Schlüsselblume

Bach-Minze

Rossminze

Waldmeister

Bergbaldrian

Sumpfbaldrian

Gebräuchlicher Baldrian

Weisse Pestwurz

Wasserdost

Abbisskraut

Kohldistel

Stengellose Kratzdistel

Mit einem kurzen Abstecher zum Hang der Ringelflue schliessen wir unseren Bericht. Es ist vor allem eine Waldgesellschaft, die diesen Hang vom übrigen Dübachgebiet unterscheidet: der Hirschzungen-Ahornwald. Es gibt im ganzen Gemeindegebiet wohl kaum eine andere Stelle, wo die *Hirschzunge* so zahlreich und in so üppiger Form zu finden ist. Weiter kommen hier vor die *Moos-Nabelmiere*, die *Alpen-Gänsekresse*, der *Wald-Geissbart*, das *Berg-Weidenröschen*, das seltene *Wald-Labkraut*, die *Rundblättrige* und die *Nesselblättrige Glockenblume*.

Pflanzen, die in den letzten Jahren verschwunden sind oder deren Vorkommen in unserer Gemeinde heute zweifelhaft ist:

Wegwarte

	Letzter Fundort
Wollgras	Dübach
Doldiger Milchstern	zwischen Dorf und Säge neben der Strasse
Schwärzlicher Orchis	Wischberg
Hopfen	Dübach
Kornrade	Getreideacker an der Badstrasse
Nachtviole	Rütschen
Herzblatt oder Studentenröschen	Dübach
Spargelerbse	Dübach
Süsser Tragant oder Bärenschote	Chälenholden

Gebräuchlicher Steinsame	Gries
Heidelbeere	Wolfgarten
Scharfes Berufskraut	Steinbruch Under der Flue
Alpenmasslieb	zwischen Hinter Leimet und Dübach
Straussblütige Margerite	Chälenholden
Gewöhnliche Eberwurz oder Golddistel	Dübach, Horain
Kornblume	Getreideacker in der Weiermatt

4.5.3 Giftpflanzen

Im ganzen Gemeindegebiet kommen zahlreiche mehr oder weniger giftige Pflanzen vor. Eine der häufigsten und gefährlichsten ist die *Tollkirsche*. Alle Teile sind giftig, vor allem die Wurzel. 10 bis 20 Beeren gelten als tödliche Dosis für Erwachsene, 3 bis 5 für Kinder, je nach Alter. In der Heimatkunde von Rothenfluh aus dem Jahre 1863 wird über einen Vergiftungsfall berichtet, der sich im Jahre 1835 zugetragen hat. Betroffen waren ein Knabe und ein Mann mit dem Dorfnamen Luxemarti. Die Tollkirsche soll damals den Namen *Luxemartibeeri* erhalten haben. Diese Bezeichnung ist heute auch bei den ältesten Personen nicht mehr bekannt. Nach dem Bericht einer alten Frau (geb. 1905) soll in ihrer Jugendzeit ein Knabe durch den Genuss von Tollkirschen tödlich vergiftet worden sein. Näheres darüber lässt sich nicht feststellen, weder durch andere Personen noch durch schriftliche Unterlagen.

Weitere Giftpflanzen sind:
Stechpalme, Herbstzeitlose, Seidelbast (Zyland), Heckenkirsche (Steiwidli), Liguster, Pfaffenhütchen, Schneeball (Hulftere, Wysshulftere), Faulbaum, Eisenhut, Einbeere, Aronstab (Ronechrut). Die *Eibe*, die bei uns recht häufig ist, ist besonders gefährlich für Pferde. Man hat festgestellt, dass 500 g Nadeln oder junge Zweige ein Pferd zu töten vermögen. Schon der Verfasser des Buches «Giftpflanzen der Schweiz», das um 1833 erschienen ist, berichtet in einer besonderen Warnung, dass im Jahre 1828 in der Gemeinde Turbenthal mehrere Pferde, 1831 in Wülflingen zwei Pferde, nachdem sie Eibenzweige gefressen hatten, innert kurzer Zeit eingingen. Viele dieser pflanzlichen Giftstoffe dienen zur Herstellung von Heilmitteln, denn nach Paracelsus (Arzt im 16. Jahrhundert) gilt:
«Allein die Dosis macht, dass ein Ding kein Gift ist.»

Tollkirsche

Herbstzeitlose

Um 1950 sammelten die Schüler unseres Dorfes Blätter und Samenkapseln der sehr giftigen Herbstzeitlose («Chüehpuppe»). Eine chemische Fabrik in Basel holte dann regelmässig das Sammelgut zur Weiterverarbeitung zentnerweise ab.

4.5.4 Wildwachsende Orchideen

Auf dem Gemeindebann von Rothenfluh wurden bei einer Bestandesaufnahme im Jahre 1985 neunzehn verschiedene Orchideenarten entdeckt (im Rahmen einer Diplomarbeit von Bruno Erny, Rothenfluh). Diese Anzahl entspricht etwa einem Drittel der in der Schweiz heimischen Orchideenarten, was für eine solch kleine Fläche erstaunen mag.

Natur und Umwelt

Die Vielfalt an Orchideen und anderen Pflanzen verdankt Rothenfluh seiner reichstrukturierten Landschaft. Je nach Exposition wechseln trockenwarme Hänge mit lichten Wäldern und blumenreiche Wiesen mit schattigen, eher feuchten Matten.

Man kann die Palette der hiesigen Orchideen grob in drei Standortgruppen einteilen:

Orchideen der sonnigen, blumenreichen Magerwiesen
Diese Orchideen sind seit den 1950er Jahren in der ganzen Schweiz stark zurückgegangen. Die Gründe dafür liegen in der intensiven Nutzung des Grünlandes. Häufiger Schnitt und regelmässige Düngung verdrängen die reiche Flora zugunsten einiger weniger ertragreicher Pflanzen. Auch in Rothenfluh sind die einst ausgedehnten Magerwiesen auf wenige Prozent der Grünlandflächen zurückgegangen. Sie liegen meist an steilen Böschungen in Waldrandnähe. Einzig im Gebiet Holingen/Ramstel gibt es noch eine grössere zusammenhängende Wiese, einzigartig im Kanton Baselland.
Sehr selten ist die *Hummelragwurz*. 1985 wurde nur gerade ein blühendes Exemplar gefunden (Hinter Leimet).
Das *Kleine Knabenkraut* wächst an drei Stellen in den Weiden im Dübach und im Chälen (je drei blühende Pflanzen).
Eine Rarität ist die *Fliegenragwurz,* die man leicht übersieht. Vereinzelt kommt sie auf Magerwiesen im Ramstel und im Holingen vor.

Breitblättrige Sumpfwurz

Die *Spitzorchis* ist ebenfalls sehr selten und nur in wenigen blühenden Exemplaren zu finden (Ramstel).
Etwas besser steht es in Rothenfluh mit der *Bienenragwurz,* die an einigen Orten im Holingen und Ramstel wächst.
Die *Langspornige Handwurz* bildet zwei grössere, prächtige Bestände im Holingen und im Ramstel und ein kleineres Vorkommen am Strickweg.
Auch das *Helm-Knabenkraut* ist mit einer grösseren Anzahl im Holingen vertreten; kleinere Bestände trifft man im Dübach, Horain und Chälen an.

Orchideen der nährstoffarmen, eher feuchten Wiesen und Weiden
Das *Grosse Zweiblatt*, das *Stattliche Knabenkraut* und das *Fuchs Knabenkraut* treten sowohl einzeln als auch in grösseren Beständen an etlichen Orten im Gemeindebann auf. Oft findet man sie auf der gleichen Matte beieinander. Auch bei diesen drei Arten sind die Vorkommen auf extensiv genutzte, selten gedüngte Standorte in Waldrandnähe begrenzt. Nebst Einzelvorkommen gibt es grössere und kleinere Bestände unterhalb der Isletenholden, Buechholden, Ringelflue, Bannholden, Länenbächlihol-

Braunrote Sumpfwurz

Spitzorchis

Rotes Waldvögelein

Helm-Knabenkraut

Männliches Knabenkraut

Geflecktes Knabenkraut

Langspornige Handwurz

Natur und Umwelt

Bienen-Ragwurz

Orchideen faszinieren den Menschen durch die Schönheit ihrer Blüten, ihre eigenartige Lebensweise und nicht zuletzt durch ihre Seltenheit.

Diese geschützten Pflanzen sind Spezialisten, die nur unter besonderen Boden- und Klimabedingungen gedeihen. Sie sind Teil von Lebensgemeinschaften, die aus Dutzenden anderer Pflanzen und einer Vielzahl von Tieren (vor allem Insekten) bestehen, welche für den Betrachter nicht weniger faszinierend sind.

4.5.5 Pilze

Pilzvorkommen

Auf Wiesen und in Wäldern wächst eine Vielzahl von Pilzen. Sie spielen im Haushalt der Natur eine wichtige Rolle.
Die Natur kann problemlos mit den Pilzen umgehen, der Mensch weniger. Nur durch riskante und aufwändige Versuche wurde es dem Menschen möglich, Pilze wissenschaftlich und kulinarisch zu nutzen.
Für viele Pilzinteressierte steht vor allem die Frage: essbar oder giftig? im Vordergrund.

Sobald im Frühjahr der Schnee verschwunden ist, begeben sich die ersten Pilzliebhaber in die Wälder und suchen die *Graue Morchel* (Morchella esculenta) sowie die *Spitzmorchel* (Morchella conica), Sommer und Herbst lassen viele weitere Pilzarten erscheinen. Der Pilzkenner durchstreift Wälder und Fluren aber auch im Winter und betrachtet die hochinteressante winterliche Pilzflora, welche im Rothenflüher Bann anzutreffen ist: *Samtfüssige Rüblinge* (Flammulina velutipes) wachsen um die Weihnachtszeit auf abgestorbenen Bäumen am Bachrand, während der *Zinnoberrote Kelchbecherling* (Sarcoscypha coccinea) seine rote Pracht im Januar an feuchten Hängen entfaltet. Auch der *Austern-Seitling* (Pleurotus ostreatus) und der *Taubenblaue Seitling* (Pleurotus columbinus) sind in den Wintermonaten anzutreffen. Holzpilze wie der *Zunderschwamm* (Fomes

den, Dornholden und Chälenholden. Das *Stattliche Knabenkraut* gedeiht zudem im lichten Wald Uf der Flue in grösserer Anzahl.

Orchideen im Wald

In der Nähe des Waldrandes, einer Lichtung oder neben Waldwegen findet man die *Braunrote* und die *Breitblättrige Sumpfwurz*, das *Grünliche* und das *Weisse Breitkölbchen*, das *Rote*, *Weisse* und *Langblättrige Waldvögelein*. In eher schattigen Waldbeständen wächst die *Nestwurz* und die *Violettrote Sumpfwurz*.
Orchideen können im Wald überall vorkommen, lichte Wälder werden jedoch bevorzugt.

Der Kirschrote Speitäubling (Russula emetica) ist wegen seiner unerträglichen Schärfe unbekömmlich und schwach giftig.

Natur und Umwelt

Kleine Morchelsammlung (Morchella conica) vom 21. März 2000.

fomentarius), der *Rotrandige Porling* (Ungulina marginata) und der *Eichenwirrling* (Daedalea quercina) sind ebenfalls in der blätterlosen Winterzeit zu finden.

Den Pilzsammler interessieren hauptsächlich essbare Pilzarten wie der *Riesenschirmling* (Macrolepiota procera), der *Zitzen-Schirmling* (Lepiota umbonata), der *Feldchampignon* (Agaricus campestris), der *Waldchampignon* (Agaricus silvaticus), der *Gebuckelte Trichterling* (Clitocybe gibba), der *Mönchskopf* (Clitocybe geotropa), der *Echte Reizker* (Lactarius deliciosus) und der *Fichten-Reizker* (Lactarius deterrimus), viele *Täublingsarten* (Gattung: Russula), der *Mehlpilz* (Clitopilus prunulus), der *Hallimasch* (Armillaria mellea), das *Stockschwämmchen* (Kuehneromyces mutabilis), der *Schopf-Tintling* (Coprinus comatus), verschiedene *Bovistarten* (Gattung: Lycoperdon). Selten sind der *Grosse Schmierling* oder *Kuhmaul* (Gomphidius glutinosus), der *Kupferrote Schmierling* (Gomphidius viscidus), der *Gold-Röhrling* (Suillus grevillei), der *Körnchen-Röhrling* (Suillus granulatus), der *Steinpilz* (Boletus edulis und Boletus reticulatus), die *Krause Glucke* (Sparassis crispa), die *Herbsttrompete* (Craterellus cornucopioides), der *Pfifferling* oder *Eierschwamm* (Cantharellus cibarius) sowie der schmackhafte *Maronenröhrling* (Xerocomus badius).

Die Artenvielfalt in den Rothenflüher Wäldern ist beachtlich. Im Jahr 1995 gelang dem hiesigen Pilzkontrolleur die Zusammenstellung von über 500 Arten.

Zunderschwamm. Der echte Zunderschwamm (Fomes fomentarius) wächst auf kranken Bäumen und vernichtet sie durch Weissfäule. Der Fruchtkern dieses Pilzes wurde vor der Erfindung der Streichhölzer im Jahre 1835 zum Entfachen eines Feuers benutzt. Seine Fähigkeit, schwache Funken aufzufangen und in Glut zu verwandeln, machte ihn zu einer begehrten Pflanze.

■ **Das grünschimmernde Waldgespenst**
In warmen Sommernächten kann man im Wald eine sonderbare Erscheinung beobachten. Grünlicher Lichtschimmer ist im Wurzelbereich und manchmal sogar dem Baumstamm entlang sichtbar. Das hochkletternde Mycel des Hallimasch-Pilzes (Armillariella mellea) ist Verursacher dieser Erscheinung. Dieses Mycel zersetzt die Rinde von kranken Bäumen. Aus der heftigen chemischen Aktion seines Wachstums entspringt Energie in Form von bläulichgrünem Licht. Manches Waldgespenst verdankt seine Existenz diesem Pilz. ■

Ein Pilzbuch aus dem 16. Jahrhundert zitiert: «Es giebt unter den Pilzen auch giftige Arten, welche man aber daran erkennt, dass ihr

Natur und Umwelt

Der wohlschmeckende Eierschwamm oder Pfifferling (Cantharellus cibarius) ist im Bann Rothenfluh selten zu finden.

Huth ganz schwarzbraun von Farbe, und fett oder klebrig anzufühlen; und ihr Geruch unangenehm und widrig ist.»

Aber ausgerechnet die Vertreter der giftigsten Pilzart, der *Grüne* und der *Weisse Knollenblätterpilz* (Amanita phalloides und Amanita virosa) besitzen keinerlei dieser im 16. Jahrhundert aufgelisteten Merkmale. Der *Grüne Knollenblätterpilz* (Amanita phalloides) kommt auch im Rothenflüher Wald vor. Der Genuss dieses Pilzes kann tödliche Vergiftungen verursachen. Der *Orangefuchsige Haarschleierling* (Cortinarius orellanus) wirkt ebenfalls tödlich. Der *Panther-Pilz* (Amanita pantherina), der *Fliegenpilz* (Amanita muscaria), der *Karbol-Champignon* (Agaricus xanthoderma), der *Satans-Röhrling,* (Boletus satanas), verschiedene *Haarschleierlinge* (Gattung: Cortinarius) und viele *Täublingsarten* (Gattung: Russula) können heftige, gesundheitsschädigende und unangenehme Wirkungen verursachen.

■ Giftpilze, die alle Pilze im Sammelkorb vergiften?

Der geschulte Pilzkontrolleur leert den Sammelkorb ganz aus, so dass keine Pilzreste und Gegenstände im Korb zurückbleiben. Nur einwandfrei erkannte und ganze Pilze werden in den Korb zurück gelegt. Der unbrauchbare Rest wird auf Wunsch des Sammlers identifiziert und auf dem Komposthaufen des Pilzkontrolleurs oder im Wald entsorgt. Eine Vergiftung durch Bruchstücke von Giftpilzen ist somit ausgeschlossen. ■

Die Pilzkontrollstelle

Seit 1973 gibt es im Dorf eine Pilzkontrollstelle. Diese begrüssenswerte Einrichtung

Der giftige Satansröhrling (Boletus satanas) ist im Herbst in den Waldungen von Rothenfluh häufig anzutreffen. Er kann aufdringlich stinken.

Natur und Umwelt

dient der Prävention von Pilzvergiftungen. Den Pilzkontrolleur Gianni Mazzucchelli suchen wenige Pilzsammler auf. Sie kommen aus Rothenfluh, aus der benachbarten Region und aus dem Fricktal (teilweise sogar aus der Region Basel). Es sind meistens Sammler, die gerne ihre Freizeit in der Natur verbringen. Ihr Sammelgut ist eher bescheiden. Zwar besitzt die Gegend um Rothenfluh eine reichhaltige Pilzflora. Die geologischen Verhältnisse der Region (Kalkplatten mit spärlicher Humusschicht) bieten der Pilzflora sehr wechselhafte Wachstumsbedingungen. Bestimmte Pilzarten sind somit nur dann anzutreffen, wenn die Bodenfeuchtigkeit und die Luft-

Der Hallimasch (Armillaria mellea) kann massenweise auftreten. Durch Abbrühen wird der hohe Gehalt der Gerbsäure gemindert, so kann er in kleinen Mengen gegessen werden.

Der Schwefel-Porling (Laetiporus sulphureus) wächst meistens an Stämmen von Obstbäumen.

temperatur mit den Wachstumsbedürfnissen der Pilze übereinstimmen. Die dünne Humusschicht in unseren Wäldern trocknet meistens sehr schnell aus. Die Pilzvegetation ist kurzlebig. Das hat den Vorteil, dass in den Wäldern um Rothenfluh keine ausgesprochenen Fundplätze vorhanden sind, welche die Sammler periodisch anlocken würden. Eine Ausnahme bilden die Sammelplätze für die standorttreue *Frühlings-* oder *Spitzmorchel* (Morchella conica). Diese Fundplätze sind aber klein und selten ergiebig.

Die kontrollierte Menge aus Rothenfluh und Umgebung beträgt in guten Pilzjahren ca. 150 kg pro Jahr. Ein Drittel dieser Ware ist giftig oder ungeniessbar. Selten erscheinen Pilze, die für den Verkauf bestimmt sind. Im Laufe der Jahre 1980 bis 1995 hat der Pilzkontrolleur eine Anzahl gut besuchter Pilzkurse in Rothenfluh und in der Umgebung abgehalten. So besuchten z. B. im Oktober 1994 32 Frauen und Männer den «Kleinen Pilzkurs für Naturfreunde» im Gemeindesaal.

Schwerpunkt dieser Kurse war das Erkennen der Pilzmerkmale und das Erlernen der biologischen Funktion und Wichtigkeit der Pilzflora.

Der Pilzkontrolleur Gianni Mazzucchelli-Mumenthaler wird von den Gemeinden

Gelterkinden, Ormalingen und Rothenfluh gewählt und entschädigt. Pilzkontrolleure dürfen nur dann amtlich wirken, wenn sie bei der VAPKO (Vereinigung Amtlicher Pilzkontrolleure) die strenge eidgenössische Prüfung erfolgreich bestanden haben. Sie erhalten dann ein Zertifikat. Jährliche Wiederholungskurse werden vom Kanton durchgeführt.

Seit 1999 ist es durch die Änderung des Lebensmittelgesetzes den Kantonen und den Gemeinden überlassen, ob sie diese Kontrollstelle beibehalten möchten.

Zum Glück ist die Abschaffung der Pilzkontrollstelle für Rothenfluh kein Thema, die Einsparung würde nur Fr. 300.– ausmachen.

Einige Besonderheiten der Jahre 1986–99:
1986: Steinpilzjahr im Oberbaselbiet. Sogar Anfänger bringen wunderschöne Exemplare in die Kontrolle.
17 hochgiftige *Grüne Knollenblätterpilze* (Amanita phalloides) wurden aus den Sammelkörben entfernt.

Der giftige *Karbol-Champignon* (Agaricus xanthoderma) war stark vertreten.
Am 7. Dezember erschien ein Sammler mit zwei Dutzend essbaren *Mönchsköpfen* (Clitocybe geotropa).

1987: Bis Oktober gab es kaum Pilze, vier Wochen später hingegen massenweise. Fast jeder Sammler brachte giftige und schwer erkennbare *Riesenrötlinge* (Entoloma pividum) vermischt mit *Nebelgrauen Trichterlingen* (Clitocybe nebularis). Der essbare *Riesenschirmling* (Macrolepiota procera) war in diesem Jahr häufig zu finden.

1989: Unbedeutendes Pilzjahr.
Die Wirtin des Restaurants Hirschen wollte acht Kilo geschenkte Pilze für ihre Gäste zubereiten. In der Kontrolle stellte sich heraus, dass es sich um den giftverdächtigen *Lepiota rhacodes,* Variation: *hortensis* handelte. Der Pilz ähnelt sehr stark dem essbaren *Safran-Schirmling* (Macrolepiota rhacodes), wächst aber ausschliesslich auf humusreichem Boden. In diesem Falle in einer Gärtnerei. Der Verzehr dieses Pilzes ist problematisch. Die vom Pilz aufgenommene Düngemittelmenge kann zu gesundheitlichen Störungen führen.

1990: Es werden sehr viele *Stockschwämmchen* (Kuehneromyces mutabilis) in die Kontrolle gebracht, die mit dem sehr giftigen *Gifthäubling* (Galerina marginata) vermischt sind.
Sechs *Grüne Knollenblätterpilze* (Amanita phalloides) sind in einem einzigen Sammelkorb zu finden!

1992: Der *Fliegenpilz* (Amanita muscaria) tritt in seiner grossen farbigen Pracht hervor.

1994: Grossartiges Pilzjahr. Jahr der *Herbsttrompeten* (Craterellus cornucopioides).

1999: Schlechtes Pilzjahr. Der überaus warme Herbst und die mangelhafte Beregnung sorgten für eine späte, kurzzeitige und spärliche Pilzflora. Die Pilzkontrollstelle verzeichnete 42 Besucher. Unter ihnen waren Sammler aus Basel und Liestal, da in Basel-Stadt sonntags keine Kontrollen durchgeführt werden und in Liestal die Kontrollstelle im Jahr 1999 abgeschafft wurde.

Der *Hirschtrüffel* (Choiromyces meandriformis) und der *Sommer-Trüffel* (Tuber aestivum) treten gelegentlich in Erscheinung. Sie sind eindeutig weniger wertvoll als die berühmten Trüffeln aus dem Piemont oder aus Süd-Frankreich (Tuber melanosporum), sorgten aber dennoch für grosse Freude bei den Findern.

Auszug aus den Pilzberichten des Pilzkontrolleurs

	1994	1995	1996	1997	1998	1999
1. Marktfähige Arten						
a) für den Verkauf bestimmt	40	2	4	2	2	0
b) für privaten Gebrauch bestimmt	60	40	30	40	30	25
2. Nicht marktfähige Arten, essbare	30	30	50	35	40	35
3. Ungeniessbare und giftige Arten	45	40	35	25	18	15
Anzahl kontrollierte Arten	175	112	119	102	90	75
Kontrollierte Menge in kg (ca.)	235	300	115	95	120	35

■ *1. April-Scherz: Trüffeln in Wenslingen*
Im Jahr 1996 wurde in der «Volksstimme» die Nachricht verbreitet, dass ein Bauer aus Wenslingen beobachtet habe, wie seine Schweine immer an der gleichen Stelle den Boden aufwühlten. Die genaue Untersuchung habe ergeben, dass an dieser Stelle kartoffelgrosse schwarze Trüffeln zu finden seien. Es wurde eine Exkursion zu dieser Fundstelle organisiert und zwar für den Mittwoch, 1. April 1996, unter meiner Leitung.
Am besagten Tag erwartete eine Handvoll Sammellustiger, mit Korb und Spazierstock ausgerüstet, den Exkursionsleiter. Der Wirt des Restaurants Rössli witterte ein gutes Geschäft und öffnete die Wirtschaft, die sonst am Mittwoch Ruhetag hat. Noch Monate später wurde ich auf der Strasse oder telefonisch gefragt, ob in Wenslingen immer noch Trüffeln zu finden seien…!
Gianni Mazzucchelli ■

4.5.6 Die Flechten (Lichenes)

Die Flechten nehmen unter den Pflanzen eine bemerkenswerte Sonderstellung ein. Jede Flechte besteht aus zwei Organismen, einem Pilz und einer Alge, die ein aufeinander abgestimmtes Dasein führen: Man nennt das eine Symbiose. Den Pilzpartner nennt man Mykobiont, den Algenpartner hingegen Phycobiont.

Die Leistungen, die eine Flechte vollbringt, sind von den getrennten Partnern nicht realisierbar. Form und Farben sind die sichtbaren Merkmale, welche uns erlauben, die Flechten zu erfassen.

Flechten spielen eine noch weitgehend unbekannte Rolle in der Natur. Kleinlebewesen wie Schnecken und Insekten beziehen aus Flechten einen Teil ihrer Nahrung.

Der Mensch versuchte bis heute nur sporadisch die Flechten zu nutzen. Die antroposophische Medizin z. B. benützt die Cetraria islandica (Isländisches Moos). In der Farben- und Parfümfabrikation werden teilweise Flechten verarbeitet.
Die Cladonia stellaris findet man in Blumenarrangements. Sie wird aus Nordeuropa importiert, wo sie als Tierfutter geerntet wird. Sie kommt bei uns nicht vor.
Früher sah der Bauer die Flechten, die auf der Rinde seiner Obstbäume lebten, als Krankheit oder als krankheitförderndes Gebilde an. Mit Flechtenbesen entfernte er sie. Die Flechten sind keine Schmarotzer. Da sie sich nur nur auf rissiger Baumrinde halten und vermehren können, bieten sie hingegen für viele Schädlinge ideale Lebensraum und Unterschlupf.

Flechten als biologische Indikatoren

Flechten ertragen Temperaturschwankungen von -20° bis +80°C. Die gleiche Flechtenart kann auf unterschiedlichen Unterlagen wachsen. Die Ausscheidung von Flechtensäure dient dazu, ihre Verankerung an harten Gesteinen zu verbessern.
Da Flechten sich ausschliesslich von Licht, Luft und Wasser ernähren, sind sie biologische Indikatoren, d.h. sie zeigen den Zustand von Luft, Boden und Wasser an.

Vorkommen in Rothenfluh

Im Rothenflüher Bann sind viele Flechten anzutreffen. Ihre Bestimmung ist sehr schwierig. Die Wissenschaft der Flechtenkunde ist jung. Die Klassierung dieser Pflanzen bedarf komplizierter technischer Mittel.

Die *Bartflechten* (Usnea) sind in Rothenfluh nicht zu finden. Sie wachsen nur in höheren Lagen und beanspruchen eine hohe Luftreinheit. Die Photosynthese dieser Flechten braucht wahrscheinlich eine höhere ultraviolette Lichtdosis, als sie bei uns vorhanden ist. Sie gedeihen im alpinen Gebiet auf Ästen von Nadelbäumen.

Die grössten aller *Blattflechtenarten*, die *Hundsflechten* (Peltigera canina und Peltigera horizontalis) sind im Wald an Ost-, Süd- und Nordhängen anzutreffen. Sie gedeihen meistens dort, wo ein Moospolster für Standfestigkeit und Feuchtigkeit sorgt, z. B. am Fusse eines alten Baumes oder auf moosbedeckten Felsen.
Zur Gattung der *Blätterflechten* (Physcia) gehören mehrere Arten. Sie besiedeln rissige Baumrinden und Äste. Ganze Tannenstämme und -äste können mit Physcia grisei bedeckt sein.

An sonnenexponierten Dachziegeln und Mauern können wir die *Krustenflechten* (Xantoria parietina) als orangegelbes Wun-

Grossblättrige Flechte. Die Hundsflechte ist die grösste Flechte in unserer Region.

Die gelbe Blattflechte schmückt Ziegel, Fenstersimse, Steine und Baumäste.

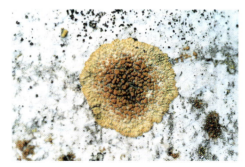

Krustenflechte auf einem Grabstein in Rothenfluh. Das radiale Wachstum ist typisch und wird vom Pilzpartner gestaltet.

der betrachten. Die gelbe Färbung wird durch carotinoide Substanzen hervorgerufen und dient als Sonnenschutz.

Eine weitere Krustenflechtenart (Lecanora) gedeiht ebenfalls auf Mauern und Dachziegeln. Sie ist hell- oder dunkelsilbergrau. Die sichtbaren kleinen Kelche sind sporentragende Organe des Pilzpartners.

Strauchflechten (Ramalina) sind selten und meistens an Nussbaumrinden zu finden. Die Cladonia gehört zu dieser Gattung. Sie zeigt aber nicht die typische Bauart der Strauchflechten und beansprucht den Boden als Lebensraum. Sie ist im Rothenflüher Bann verbreitet. Sie bevorzugt trockene Hangpartien. Kleine, grüne, becherförmige, pilzartige Gebilde wachsen aus dem grünen Flechtenkörper (Thallus) empor. Bei diesem Flechtentypus gehört der Pilzpartner (Mykobiont) zur Klasse der Basidiomyceten, ist also verwandt mit dem Fliegenpilz. Die meisten mykobiontischen Flechtenpilze sind Ascomyceten und mit der Morchel verwandt.

Veränderung der Flechtenflora

Obstbäume werden meistens mit Schädlingsbekämpfungsmitteln behandelt. Apfelbaumstämme, die weniger oder kaum behandelt werden, weisen eine höhere Flechtenflora auf als Kirschbaumstämme, die eine intensive Behandlung benötigen.

An der heute z.T. abgebrochenen Panzersperre waren früher viele Krustenflechten zu beobachten. Im unteren Abschnitt verschwanden sie, kurz nachdem die Kläranlage in Betrieb genommen worden war. Die Flechten wurden regelmässig mit verschmutztem Wasser aus dem Luftanreicherungs-Rotor bespritzt. Die restliche Panzersperrmauer zeigte bis ca. 1990 eine reichhaltige Flechtenflora, die jedoch in den folgenden Jahren stark zurückging. Der Grund dafür könnte die Einwirkung von Jauche oder die Verwitterung der Maueroberfläche sein.

Ob die zunehmende Luftverschmutzung oder die Flechtensäure diese Verwitterung beschleunigte, wissen wir nicht.

Grünalgen benötigen nur Licht, Sauerstoff und Wasser.

Natur und Umwelt

Mögliche Zunahme der Flechtenflora
Weil sich beim hiesigen Jurastein die Oberflächenstruktur durch die Verwitterung immer wieder verändert, können sich Flechten darauf nicht lange halten. In den letzten 15 Jahren hat man jedoch viele Steinblöcke aus wintersicherem Kalk importiert. Trockenmauern bei den Wasserreservoirs und bei der oberen Vogtsmatten sind entstanden. Sie bieten den Flechten eine gute Ansiedlungsmöglichkeit, deshalb darf mit einer Zunahme der Flechtenflora gerechnet werden.
Sehr gut gedeihen die Flechten auf den Granit- und Marmorgrabsteinen auf dem Friedhof.

Algen sind nicht nur im Wasser zuhause
Die Grün- und Blaualgen sowie die Pilzsporen sind mit blossem Auge kaum sichtbar und doch überall anwesend. Im Winter, wenn das blätterlose Walddach viel Licht durchlässt, können wir auf rauhen Buchenstämmen eine starke grüne Bepuderung feststellen. Hier vermehren sich, durch Photosynthese, Grünalgen, die auf den Pilzpartner warten.

4.6 Wald

4.6.1 Der Waldboden

Der Wald ist eine Lebensgemeinschaft, bei der ein Glied auf das andere abgestimmt ist.

Der Boden ist Träger allen Lebens. Wenn der Boden versteppt oder betoniert ist, dann hört auch das oberirdische Leben auf. Das, was der Bodenkundler Boden nennt, ist nicht eine tote Gesteinsmasse, sondern ein Lebensraum für Pflanzen und Tiere. Ohne Chemie und ohne Düngung ist der Waldboden ewig in bester Verfassung; er liefert Holz und ist befähigt, das Dreifache seines eigenen Gewichts an Wasser aufzunehmen und damit Überschwemmungen zu verhindern, anderseits als Wasserreservoir zu wirken.
Am Aufbau von Boden beteiligen sich gemeinsam der geologische Untergrund, die Luft mit ihren Komponenten, das Wasser mit den Einschlüssen, die Sonnenwärme, das Sonnenlicht mit den Spektralfarben und eine Myriadenzahl von Pflanzen und Tieren. Der geologische Untergrund besteht bei uns aus Hauptrogenstein und unteren Doggerschichten. Auf dem Berg liegen noch schwache tertiäre Überlagerungen.
Die Düngung des Bodens liefert nicht etwa eine chemische Fabrik, sondern der Wald selber in Form von Laub- und Nadelstreue. Die absterbenden Wurzeln von Kräutern, Stauden, Sträuchern und Bäumen hinterlassen ein reichverzweigtes Drainagesystem. Eine Hektare 70-jähriger Buchenwald liefert pro Jahr 6 t Blätter, der Wald von Rothenfluh 7500 t. Diese Blättermasse wird von einer Unzahl von Kleinlebewesen, dem sogenannten Edaphon umgelagert, zersetzt und aufbereitet für die Aufnahme durch die Wurzeln. An dieser Arbeit beteiligen sich Myriaden von Bodenbakterien und Einzellern, ferner Fadenwürmer, Milben, Springschwänze, Rädertierchen, Spinnen, Tausendfüssler, Borstenwürmer und pro Liter Walderde zwei Regenwürmer. In unsern Waldungen leben in den obersten zehn Zentimetern Boden eine Milliarde Regenwürmer. Diese produzieren jährlich 40 000 t Wurmkot. Das ergibt einen biologisch aktiven, gut durchlüfteten Boden mit grosser Wasseraufnahmefähigkeit.
Das grosse Heer von Kleinlebewesen fabriziert bei der Humuszersetzung im Boden Kohlensäure und zwar pro Jahr und ha 5 t. Eine grosse Leistung, wenn man bedenkt, dass in einem Kubikmeter Luft 0,3 g enthalten sind.
Kohlensäure besteht aus einem Teil Kohlenstoff und zwei Teilen Sauerstoff. Die im Boden entstehende Kohlensäure besorgt die nachschaffende Verwitterung des Grund-

gesteins und geht teilweise zurück in die Atmosphäre.

Jetzt geschieht im Boden ein neues Wunder: Die Stoffe, die entstehen, die Eisen- und Aluminiumhydroxide, Kalium-, Calcium-, Magnesium- und noch viele andere Verbindungen sind positiv geladen; Kohlensäure, Kieselsäure, Phosphate und Chlorverbindungen sind negativ. Alle Verbindungen sind in Solform und wären löslich und auswaschbar. Im Moment, da sie entstehen, verbinden sich die positiven und die negativen Stoffe und bilden ein Gemenge, das nicht mehr auswaschbar ist. So bleiben alle Nährstoffe im Boden erhalten und reserviert für die Aufnahme durch die Wurzeln. Diese chemische Fabrik im Boden, die weder stinkt noch die Luft verschmutzt und auch nicht lärmt, stellt allen Pflanzen genau die Nahrungsmittel zur Verfügung, die sie brauchen. Die feinen Wurzelhärchen zuvorderst am Wurzelnetz nehmen mit dem Wasser von jedem Stoff nur so viel auf, wie die Pflanze zur vollen Entfaltung braucht. Mit der Sonnenwärme wird der Transpirationsstrom in Bewegung gesetzt und das Wasser samt Beilagen in neue chemische Laboratorien geleitet, in die Blätter und Nadeln, wo die Assimilation stattfindet: Das Wasser mit den Nährstoffen aus den Wurzeln, zusammen mit den Bestandteilen der Luft, der Kohlensäure, wird mit Blattgrün, der Sonnenwärme und den Spektralfarben des Lichts gerührt, geknetet und gemischt. Es entstehen Zellen und Körperglieder, die der Assimilation (Blätter und Nadeln), der Fortpflanzung (Blüten und Früchte) oder der Wasserleitung und Stützung (Wurzel, Holz und Halm) dienen. Der Wald benötigt für diesen Prozess pro Tag und Hektare 20 m^3 Wasser, der Wald von Rothenfluh also 12 000 m^3.

Eine Hektare 70-jähriger Buchenwald entzieht der Waldluft innert acht Stunden 440 kg Kohlensäure (CO_2). Beim Assimilationsprozess wird CO_2 verarbeitet; der Sauerstoff, geht in die Atmosphäre zurück, der Kohlenstoff, der bisher in der Luft schwebte, wird zu pflanzlichem Stoff verarbeitet. Aus diesen 440 kg Kohlensäure entstehen pro Hektare innert acht Stunden 60 kg Holzstoff, d. h. in den Waldungen von Rothenfluh werden während eines einzigen Tages 24 t Holz fabriziert in Form von Wurzeln, Stamm und Ästen. Das geschieht immer in der Vegetationszeit, ohne menschliches Einwirken. Jeder Mensch spürt, dass die Luft im Wald reiner und wegen des Sauerstoffgehaltes auch belebender ist. Daher das Hohe Lied auf den Wald.

4.6.2 Waldnutzung und Waldbewirtschaftung in früheren Zeiten

In der zweiten Hälfte des 17. Jahrhunderts herrschte die Dreifelderwirtschaft mit der Fruchtfolge Winterfrucht/Sommerfrucht/Brache vor.

Die Wälder gehörten damals zum grossen Teil der Obrigkeit, d. h. dem Staat. Der Rat der Stadt Basel erliess am 21. August 1667 eine Waldordnung, die 1684 und 1697 erneuert wurde.

Den Landleuten von Rothenfluh wurde das Brenn-, Bau- und Schnefelholz durch die «Unterbeamten und Bannwarten» zugeteilt. Die Ortsansässigen schlugen das zugewiesene Holz selber.

Die Waldordnung von 1781 enthielt vernünftige Weisungen, beispielsweise über die Schlagführung (man solle keine zu hohen Stümpfe machen). Über Waldpflege (zuerst solle man Windfälle und Abgehendes nutzen), über den Weidegang (die Geissen, für den jungen Aufwuchs höchst schädlich, sollen abgeschafft werden und nur bei armen Leuten, die keine Kuh zu halten vermögen, geduldet werden, jedoch nicht mehr als eine pro Haushaltung). Über Aufforstung heisst es in der Waldordnung: «Die Gemeinde muss jährlich eine Anzahl schöne, gerade junge Eichen, sodann jeder junge Mann, so erstmals in die Ehe trittet, wie der so den Eintritt in dem einen oder

Waldordnung von 1781

Natur und Umwelt

andern Ort erlanget, absonderlich eine junge Eiche bei Straff zehen Pfund setzen und gebührendermassen schirmen.»

Die beiden Zelgen im Dorfetter genügten als Weideland auf die Dauer für die Ernährung nicht mehr; man griff auf die Brachzelge. Und da nie gedüngt wurde, war der Boden bald erschöpft. Die letzte Rettung versprach der Rothenflüher Berg.
Am 1. Mai 1762 stand Daniel Bruckner auf Kei-Sol. Er schritt gemächlich über den Berg, Richtung Flue und notierte in sein Buch: «Ebnet, Bifang und Cholholz sind Weitweiden. Hinten im Berg hat es Buchen, Fiechten [=Föhren] und Eichbäume. Auf Strick ist ein schöner Fichtenwald.»

Anno 1805 hat der Chronist Markus Lutz auf dem Berg fast keinen Wald mehr vorgefunden. Auf Strick war auch der Föhrenwald weg.
Zur Zeit der Helvetik, am 9. März 1802, war «wegen mutwilliger Holzverschwendung» eine neue Waldordnung fällig, die einschneidende Sparmassnahmen vorschrieb, beispielsweise: «Es müssen die neuen Häuser wenigstens ein Stockwerk hoch aus Stein gemauert sein (statt aus Holz) und die Back- und Stubenöfen und die Feuerherde sollen von geschickten Handwerkern gut eingerichtet sein, statt nur auf platter Feuerstätte unter hängenden Häfen zu feuern.»

Die Trennung von Stadt und Land 1833 hat veränderte Besitzverhältnisse geschaffen. Die eidgenössische Tagsatzung hat am 26. August 1833 aufgrund des Schiedsgerichtsberichtes beschlossen: «Es seien sieben Achtel der Waldungen den Gemeinden zuzusprechen und ein Achtel als freies Staatsvermögen auf das Teilungsinventar zu tragen.» Die Experten des Schiedsgerichts haben folgende Schätzung des Rothenflüher Waldes vorgenommen:

Gesamtwert	Fr. 141 220.—
der Staatsachtel beträgt	Fr. 17 652.50
minus die Belastungen für Beholzungen & Wasserbau	Fr. 3 825.—
Loskaufsumme (inkl. 4% Zins ab 15.3.1832 bis zum April 1841)	Fr. 16 793.—

Flüssige Geldmittel für eine so hohe Summe besass die Gemeinde Rothenfluh damals nicht, weshalb sie den Wald im Wischberg wie auch Gebiete im Wolfgarten parzellierte und an Private verkaufte.
Der Gemeinde wurden folgende Aufgaben übertragen:

1. Die Versorgung des Pfarrers, Lehrers und Bannwarts mit Brennholz.
2. Der Bau und Unterhalt des Schulhauses (1881 aufgehoben).
3. Der Bau der Brücken, über welche keine Landstrassen führen (1867 aufgehoben).
4. Die Wasserbauten zur Herstellung von Bachufern und Schirmprütschen (ab 1856 vom Staat entschädigt).

Jetzt gehörte der Wald der Gemeinde, seit der Aufteilung in Einwohner- und Bürgergemeinde 1881 der Letzteren. Eine Waldordnung gab es nicht mehr. Der Kanton Basel Landschaft hat sich zwar in der ersten Verfassung 1832 das Recht der Oberaufsicht über das Forstwesen gewahrt, wo es heisst, der Gesetzgeber werde ein Reglement aufstellen, nach welchem die Gemeinden das Forstwesen zu besorgen haben. Auch im Loskaufsgesetz vom 18. August 1836 ist das Recht der Oberaufsicht über die ehemaligen Staatswaldungen vorbehalten. Die Forderung, dass unverzüglich ein Forstgesetz erlassen werden soll, blieb unerfüllt.
Die Basellandschaftliche Regierung liess die Gemeinden nach eigenem Gutdünken schalten und walten. Und da der Hunger nach Bau- und Brennholz zunahm, wurden sowohl die Holzbestände auf dem Berg wie auch die Hänge durch fortgesetzte Kahlschläge zünftig ausgebeutet.
Es fehlte in dieser Zeit nicht an warnenden Stimmen. So hat der landwirtschaftliche Verein Baselland am 19. April 1868 in Rothenfluh beschlossen, eine Petition an den Landrat zu richten, es sei ein Forstgesetz zu erlassen und ein Fachmann anzustellen. Das Volk hat jedoch das Gesetz von 1870 und das abgeänderte Gesetz von 1871 verworfen. Ab 1876 hat Regierungsrat Gustav Adolf Rebmann als Direktor des Innern sich intensiv mit den Waldungen unseres Kantons befasst. Er kann als Retter unseres Waldes bezeichnet werden. Seine Schrift «Die forstlichen Verhältnisse im Kanton Baselland» aus dem Jahr 1898 bildet den Grundstein für die Gesundung der Wälder des Kantons.

Gobholz- oder Gratistag von 1904

Stehend v. l.: J. J. Bürgin-Wirz, Förster; J. Gysin-Schreiber, Waldchef; Hch. Gass-Degen, Müllerheiri; Arn. Schwarz-Erny; Fried. Gysin-Wirz, Chrusfrieds; E. Erny-Erny, Talernst; Ad. Nussbaum, von Densbüren; Tr. Rieder-Erny, Roberts Traugott; Emil Erny, Gersters; Samuel Erny-Gisin, Sämmiarnold. Sitzend v. l.: Hs. Gass-Rieder, Agänte; Ad. Schwarz-Graf, Schwarzdolfi; K. Graf-Loesch, Chüeferkarl; Hch. Gass-Bürgin, Hübelheini; Hermann Bürgin, Martimänni.

Zusammen mit seinem Gewährsmann, Forstmeister Balsiger, Bern, hat er die Waldungen von Rothenfluh 1880, 1886, 1892 und 1897 besichtigt. Die Inspektionsberichte rügen die Kahlschläge und die fortgesetzte Übernutzung. Die kahlen Flächen seien nur unvollkommen und grösstenteils mit untauglichen Baumarten bepflanzt und es würden fast keine Durchforstungen gemacht.

Dank seiner Initiative erliess der Landrat aufgrund des Bundesforstpolizeigesetzes von 1876, das gemäss Bundesbeschluss vom 15. April 1898 auf das ganze Gebiet der Schweiz erweitert wurde, am 17. Oktober 1898 die erste kantonale Verordnung betr. die Aufsicht über die Forstwirtschaft. Sämtliche Waldungen wurden nun der staatlichen Aufsicht unterstellt. Zum ersten Mal wurde ein Kantonsoberförster angestellt: Jakob Müller (*1862).

Durch den Schirmschlag (einzelne Bäume bleiben als Samen- und Schattenspender stehen) forcierte Jakob Müller auch in

Natur und Umwelt

Rothenfluh die Naturverjüngung der einheimischen Baumarten.

Sein Nachfolger war Alfred Bachmann. Er arbeitete 1911 den ersten Wirtschaftsplan über die Waldungen von Rothenfluh aus. Aus dem Wirtschaftskontrollbuch 1911/12 bis 1930/31 geht hervor, dass die Kahlschläge aufhörten und an ihre Stelle Durchforstungen traten.

Nach dem Ersten Weltkrieg (1914–1918), der für Rothenfluh ca. 2400 m³ Übernutzung gefordert hat, unterbreitete 1922 Kreisförster Stöckle dem Regierungsrat folgende Sanierungsvorschläge:

- Sämtliche Nutzungen sind durch das obere Forstpersonal in Verbindung mit dem Gemeindeförster anzuzeichnen.
- Umstellung vom Schirmschlag auf den Femelschlag, der einen ungleichaltrigen, gemischten Bestand gewährleistet.
- Baumarten: Nebst der Buche als Hauptbaumart müssen den übrigen Laubbaumarten Fortkommen und Gedeihen garantiert werden. Erfreulicherweise sei die Weisstannenverjüngung in starkem Vorrücken begriffen und der anspruchslosen Föhre sowie der Lärche sei der notwendige Platz einzuräumen.
- Das wichtigste Ziel heisst: Wiederherstellung der Standortbonitäten, Wiederherstellung der Böden.

4.6.3 Forstpersonal und Reviere

Kreisförster

Von 1932 bis 1965 war Paul Rieder, Sissach, zuständiger Kreisförster. Das bereitete ihm als Bürger von Rothenfluh ganz besondere Freude. Während seiner Studienzeit an der ETH Zürich erarbeitete er 1931 als Facharbeit einen Wirtschaftsplan für den Rothenflüher Wald. 1947 und 1958 folgten weitere Wirtschaftspläne. Auf Rieder folgten als Kreisförster 1965 Robert Kunz und 1988 Ernst Spahr.

Förster und Waldarbeiter

Seit dem 1. Juni 1951 hat Rothenfluh einen Gemeindeförster im Vollamt. Erster vollamtlicher Gemeindeförster wird Willy Erny. Seit ungefähr 1955 wird der Förster von einem vollamtlichen Waldarbeiter (Adolf Gass-Capra) unterstützt, 1960 kommt ein weiterer vollamtlicher Waldarbeiter dazu (Hans Frech-Sutter).

Das alles hat zur Folge, dass nun der Pflegebetrieb in Jungwüchsen und Dickungen neu unter der Aufsicht des Gemeinde-

Jakob Rieder-Bürgin, der Vorgänger des ersten vollamtlichen Gemeindeförsters; um 1950

Die grosse Tanne auf Isleten ist gefällt; ihr Durchmesser beträgt 1,5 m; um 1950

försters durch die ständigen Waldarbeiter erfolgt. Diese erwerben sich die Fachkenntnisse für diese Arbeiten in kantonalen Kursen. Zwecks Verbesserung des Holzhauereibetriebes und der Unfallverhütung führt das Kantonsforstamt auch Werkzeug- und Sägefeilkurse durch, die von den Waldarbeitern besucht werden.

1962 löst Paul Gysin-Gerber Willy Erny als Gemeindeförster ab.

Seit 1987 ist Markus Lüdin (Gelterkinden) Förster von Rothenfluh.

Ende 1999 beschäftigt die Bürgergemeinde ausser dem Förster noch zwei Waldarbeiter (Martin Küng, Rothenfluh, und Roland Bieri, Wenslingen), sowie zwei Lehrlinge (Markus Bürgin, Rothenfluh, und Matthieu Buser, Basel).

Förster und Waldarbeiter beim Znüni, 1984; v.l. Hans Frech, Urs Weber, Paul Gysin, Hugo Spiess

Forstrevier Ergolzquelle

Durch Verträge zwischen den Gemeinden ist unser Gemeindeförster Markus Lüdin seit 1992 auch zuständig für die Waldungen von Anwil, seit 1996 auch für diejenigen von Oltingen. 1999 stösst Hemmiken dazu. Im Oktober 2000 wird die Bildung des Forstreviers «Ergolzquelle» durch den Beitritt von Wenslingen und Ormalingen abgeschlossen.

Wachstum der grössten Tanne im Bann Rothenfluh

Jahr	Umfang in cm	Durchmesser in cm	Inhalt in Kubikmeter
1931	257	82,0	7,2
1947	295	94,0	9,7
1952	357	105,0	12,3
1958	361	115,0	14,5
1968	374	119,0	15,5
1970	375	119,5	15,5
1982	396	126,0	16,5
1989	402	128,0	17,0
1995	411	131,0	19,4

Wieviele Kinder braucht es, um die grösste Tanne zu umfassen?

Natur und Umwelt

Die grösste Tanne im Bann Rothenfluh. Sie steht im Gebiet Rottannnen.
Ihr Wachstum wurde immer wieder gemessen (siehe Tabelle vorherige Seite).

4.6.4. Die heutigen Waldungen

Lage und Besitzverhältnisse
Die Waldungen von Rothenfluh liegen im Gebiet des Tafeljuras auf einer Höhe zwischen 490 und 718 m ü. M. Die mittlere Jahrestemperatur beträgt 8,3°C, und die Niederschlagsmenge liegt leicht über 1000 mm/Jahr. Von der Gesamtfläche von 1093 ha macht der Wald mit 611 ha Fläche gut die Hälfte aus.
Von den 611 ha Wald beträgt der Privatwaldanteil mit 177 ha 29%. Die Bürgergemeinde besitzt mit 434 ha 71%.

Grobübersicht der vorhandenen Waldgesellschaften (inkl. Privatwald)

Waldgesellschaften	ha	%
Produktive Waldstandorte		
▪ wüchsige Buchenwälder der submontanen Stufe und der unteren Montanstufe	299	52
▪ Buchenwälder auf trockenen und wechseltrockenen Standorten	129	22
▪ wüchsige Buchenwälder der unteren Submontanstufe	128	22
Seltene Waldgesellschaften		
▪ Hangschuttwälder	13	2
▪ Eschen-/Erlenwälder und trockene Eichen- und Föhrenwälder	6	1

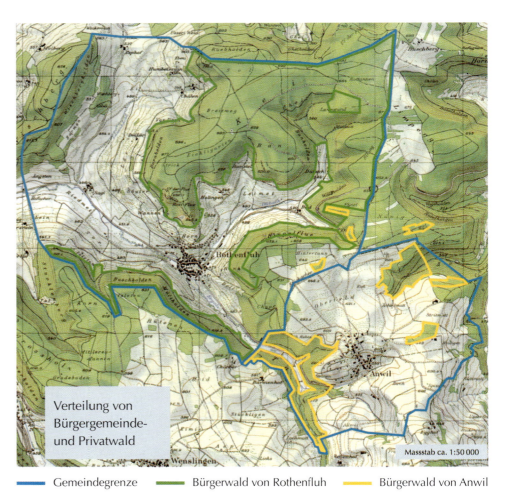

Verteilung von Bürgergemeinde- und Privatwald

Massstab ca. 1:50 000

▬▬ Gemeindegrenze   ▬▬ Bürgerwald von Rothenfluh   ▬▬ Bürgerwald von Anwil

Waldgesellschaften und Baumarten
Seit 1988 ist Rothenfluh im Besitz einer flächendeckenden Waldgesellschaftskarte mit einem entsprechenden Kommentarband. Wir wissen daher gut Bescheid über die Standortverhältnisse. Diese Karte ist für den Förster ein wertvolles Hilfsmittel, um die natürlichen Abläufe im Wald zu verstehen und zu berücksichtigen. Sie dient als Grundlage für die Bestandesgründung und Waldpflege und unterstützt das Ziel des Försters, naturnahe, stabile, widerstandsfähige und qualitativ hochwertige Waldbestände heranzuziehen.

Hauptbaumart ist die Buche. Die Baumartenmischung entspricht in den Hanglagen weitgehend der natürlichen Zusammensetzung der Wälder. Hingegen wäre auf dem Plateau das Laubholz stärker vertreten; der Laubholzanteil soll hier längerfristig auf etwa 60 % erhöht werden.

Der Wald ist vornehmlich in öfffentlichem Besitz; in Rothenfluh beträgt der Privatwaldanteil 29 %, während er in der Nachbargemeinde Anwil 43 % beträgt. die übrigen Waldungen gehören den Bürgergemeinden.

Baumartenanteile in Vorratsprozenten

Baumart	Plateau	Hänge	ganzer Wald
Buche	18	58	36
Eiche	1	5	2
Übriges Laubholz	5	17	11
Total Laubholz	24	80	49
Tanne	42	10	28
Föhre	20	6	13
Fichte	14	3	9
Übriges Nadelholz	–	1	1
Total Nadelholz	76	20	51

Eigentumsverhältnisse in den Waldungen von Rothenfluh

Bürgergemeinde	Privatwald	Total
434 ha	177 ha	611 ha

Die Holzvorräte betragen in Rothenfluh 360 m³ pro ha, wobei der Vorrat der Plateauwälder bei über 400 m³ pro ha liegt. Der jährliche Holzzuwachs beträgt zwischen 6 und 7 m³ pro ha. Der Holzvorrat hat in den letzten Jahrzehnten stetig zugenommen, das heisst, dass nicht alles nachwachsende Holz genutzt wurde. Dieser Trend konnte jedoch in den letzten Jahren etwas abgeschwächt werden.

Bewirtschaftung

Die Zielsetzungen für eine moderne Waldbewirtschaftung haben sich in den letzten Jahrzehnten deutlich verändert. Nach dem Zweiten Weltkrieg stand verständlicherweise in erster Linie die Produktion von Nutz- und Industrieholz und damit die Geldeinnahme im Vordergrund. Die Anlage von Fichtenmonokulturen und die Intensivierung des Waldwegbaues waren die auffälligsten Manifestationen dieser Wirtschaftsweise. Seit den 1970er Jahren haben sich die Rahmenbedingungen verändert und zu einem Umdenken geführt. Diese äusserten sich einerseits in längerfristigen Absatzschwierigkeiten auf dem Holzmarkt und dem damit verbundenen Zerfall des Holzpreises, anderseits drang die ganze Umweltproblematik mit saurem Regen, Schädlings- und Krankheitsbefall und

Entwicklung des Holzvorrates in m³ pro ha im 20. Jahrhundert

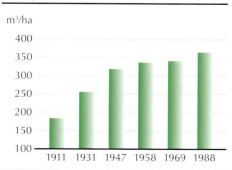

Altersklassenverteilung der Wälder

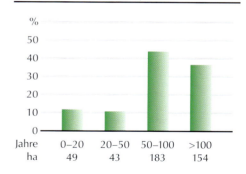

Die Baumholzbestände überwiegen stark, während die jungen Bestände untervertreten sind. Die Grafik zeigt, dass die Weiterführung der Verjüngungstätigkeit nötig ist, um einer Überalterung des Waldes entgegenzuwirken.

Natur und Umwelt

Waldsterben ins Bewusstsein weiter Bevölkerungskreise. Auf Druck von Naturschutzseite gewann schliesslich die Erhaltung artenreicher und naturnaher Waldungen gegenüber groben Eingriffen in das Ökosystem Wald, z. B. durch weitere Erschliessungen der Hangwälder mit befestigten Wegen, die Oberhand. Auch kantonale Stellen, z. B. das Forstamt oder die Abteilung Naturschutz, folgten den neueren gesamtheitlichen Denkansätzen. Dazu gehörte auch die schon erwähnte botanische Kartierung der Waldgesellschaften, die dem Forstpersonal wichtige Informationen für eine standortgerechte Wahl der Baumarten gab. Bei erschwerter Bewirtschaftung oder bei Nutzungsverzicht in Naturschutzzonen kann mit Kantonsbeiträgen gerechnet werden.

Naturschutzzonen in Rothenfluh

Talweiher	ca. 11 ha
Dübach	ca. 99 ha
Flue	ca. 15 ha
Ringelflue	ca. 5 ha
Bannholden	ca. 5 ha

Wirtschaftliche Bedeutung

Die Erkenntnis, dass dem Wald als landschaftsprägendem Element sowie als Erlebnis- und Erholungsraum eine grosse Bedeutung zukommt, ist heute gesichert. Trotzdem ist sein wirtschaftlicher Faktor nicht zu übersehen. Nebst dem Nutzholz dient heute das Holz auch immer mehr als wertvoller, nachhaltig nutzbarer und CO_2-neutraler Energieträger. Auch in Rothenfluh

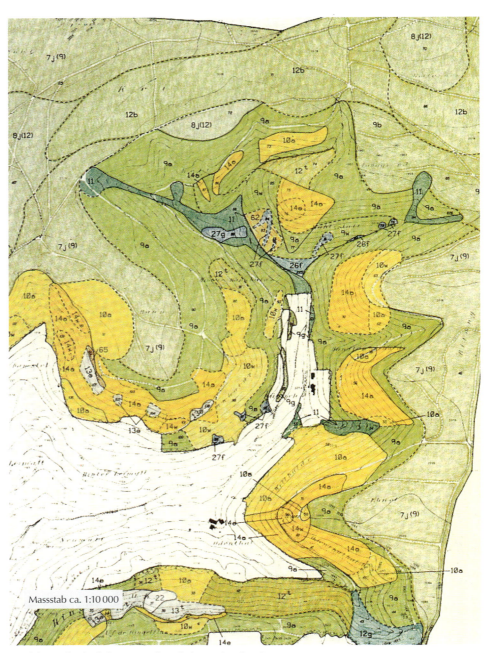

Waldgesellschaftskarte Rothenfluh (Dübachgebiet), 1988

7as	Typischer Waldmeister-Buchenwald, Ausbildung mit Waldziest
7e	Waldmeister-Buchenwald mit Hornstrauch
7j	Waldmeister-Buchenwald, Ausbildung auf Jurahochflächen
7j(9)	Waldmeister-Buchenwald, Ausbildung auf Jurahochflächen, Übergang zum Lungenkraut-Buchenwald
8j(12)	Waldhirsen-Buchenwald, Ausbildung auf Jurahochflächen, Übergang zum Zahnwurz-Buchenwald
9a	Typischer Lungenkraut-Buchenwald
9b	Lungenkraut-Buchenwald mit Hexenkraut
9g	Lungenkraut-Buchenwald mit Goldhahnenfuss
9w	Lungenkraut-Buchenwald mit «kriechendem» Liguster
10a	Lungenkraut-Buchenwald mit Immenblatt
10w	Lungenkraut-Buchenwald mit Immenblatt, Ausbildung mit «kriechendem» Liguster
11	Aronstab-Buchenwald
12b	Zahnwurz-Buchenwald mit Hexenkraut
12g	Zahnwurz-Buchenwald mit Bärlauch
12t	Typischer Zahnwurz-Buchenwald, artenarme Ausbildung
13a	Linden-Zahnwurz-Buchenwald
13e	Linden-Zahnwurz-Buchenwald, Ausbildung mit Immenblatt
13g	Linden-Zahnwurz-Buchenwald, Ausbildung mit Bärlauch
13t	Linden-Zahnwurz-Buchenwald, artenarme Ausbildung
14a	Typischer Weissseggen-Buchenwald
14e	Weissseggen-Buchenwald, Ausbildung mit Blaugras
14w	Weissseggen-Buchenwald, Ausbildung mit «kriechendem» Liguster
22	Hirschzungen-Ahornwald
25*	Ahorn-Lindenwald
25*(38)	Ahorn-Lindenwald, Übergang zu Flaumeichenwald
26f	Ahorn-Eschenwald mit Lungenkraut
26g	Ahorn-Eschenwald mit Bärlauch
27f	Seggen-Bacheschenwald mit Riesenschatelhalm
27g	Seggen-Bacheschenwald mit Bärlauch
38	Flaumeichenwald
62	Orchideen-Föhrenwald
65	Schneeheiden-Föhrenwald
99	Wald auf aufgeschüttetem Boden

hat das Holz als Heizmaterial wieder an Bedeutung gewonnen. Die traditionelle Holzgant oder die Gabholzverlosung als Dorfereignisse zeigen deutlich die Verbundenheit der Leute mit ihrem Wald. Zentraler Bestandteil des heutigen Waldwirtschaftskonzepts ist der Betrieb zweier moderner Grünschnitzelfeuerungen, die in einem Wärmeverbundnetz zusammengelegt sind. Die erste Anlage ist 1989 in Betrieb genommen worden. Durch die nachwachsende Energie aus dem eigenen Wald können beträchtliche Mengen Heizöl eingespart werden. Zur Verwertung gelangt hauptsächlich Stangenholz aus Hangwäldern und die Kronen der Nadel- und Laubbäume, die einen geringen Marktwert haben. Dank der Nutzung dieses Zweitklassholzes wird auch die Forstkasse entlastet.

Hangwälder
Hangwälder unterscheiden sich wesentlich von den Wäldern, die auf den Plateaus stocken. Die Unterschiede liegen in den Standortverhältnissen, der Zusammensetzung der Baumbestände sowie in den Bewirtschaftungsmöglichkeiten. Gemäss heutigem Konzept soll der Charakter dieser Hangwälder erhalten bleiben. Im Laufe der nächsten Jahrzehnte sollen sie, abgesehen von einigen wenigen Waldreservaten innerhalb der Naturschutzzonen, kontinuierlich verjüngt werden. Dies soll nach Plänen geschehen, die mosaikartig über die Hänge verteilte Rodungsflächen vorsehen. Bei dieser Bewirtschaftungsart wird die Erhal-

Natur und Umwelt

Durchschnittliche jährliche Nutzung der Gemeinde Rothenfluh (1990–1994)

Sortimente	Nadelholz in m³	Laubholz in m³	Total in m³
Nutzholz	1474	488	1962
Industrieholz	69	37	106
Brennholz	249	538	787
Total	1792	1063	2854
Anteil Schnitzel	249	107	356

Dank den Schnitzelfeuerungen wird seit 1993 das defizitäre Industrieholz nicht mehr bereitgestellt. Der Schnitzelbedarf nimmt momentan noch zu, da weitere Liegenschaften angeschlossen werden.

tung und die Förderung seltener Waldgesellschaften mit ihren besonderen Pflanzen- und Tierarten besonders berücksichtigt. Das Konzept sieht ferner keinen generellen Verzicht auf die Holznutzung vor. Dies wäre auch ökologisch gesehen nicht sinnvoll, da die Vielfalt dieser Waldungen auf die forstliche Nutzung durch den Menschen zurückzuführen ist.

Da für die Holzentnahme aus den Hangwäldern Erschliessungen notwendig sind, gibt es ein dichtes Netz von Waldwegen. Gebiete, in die noch keine Wege führen, sollen aus Gründen des Landschafts- und Naturschutzes auch in Zukunft nicht mit befestigten Waldwegen erschlossen werden. Im Erschliessungskonzept für die Hänge ist daher der Einsatz einer Mobilseilkrananlage vorgesehen. Nur dort, wo Zufahrten an die Hangkanten nötig sind, werden Maschinenwege gebaut, die nur mit dem Forsttraktor befahrbar sind. Der dieselbetriebene Mobilseilkran weist einen Einachsenanhänger mit einem neun Meter hohen Kippmast und einer Seilwinde auf. Dieser wird in der Regel an der oberen Hangkante postiert, von wo auch das hochgezogene Holz leicht abtransportiert werden kann. Bestehende Bäume entlang der Arbeitsschneise dienen als Endmasten sowie als Zwischenstützen des Stahlseils. Eine solche Anlage ermöglicht eine Bewirtschaftung steiler Hänge bis zu 500 m Tiefe mit relativ wenig Aufwand.

4.6.5 Binding-Preis für vorbildliche Waldpflege

1995 wurde den Gemeinden Rothenfluh und Anwil durch die Sophie-und-Karl-Binding-Stiftung, Basel, der Binding-Preis für

Baumartenzusammensetzung (in Vorratsprozenten)
Bürgergemeinde Rothenfluh, Betriebsteil Hänge (aus Wirtschaftsplan 1988)

Buche	58	Fichte	3
Eiche	5	Tanne	10
Ahorn/Esche	12	Waldföhre	6
Übrige Laubhölzer	5	Übrige Nadelhölzer	1
Total Laubholz	80	Total Nadelholz	20

Mischungsgrad der Bestände nach Entwicklungsstufen (in Flächenprozenten)
Bürgergemeinde Rothenfluh, Betriebsteil Hänge (aus Wirtschaftsplan 1988)

Entwicklungsstufe	Laubholz 90–100 %	Laubholz 50–90 %	Nadelholz 50–90 %	Nadelholz 90–100 %	Total
Jungwuchs, Dickung	1	–	6	7	14
Stangenholz	5	2	2	1	10
Schwaches Baumholz	8	4	3	–	15
Mittleres Baumholz	20	10	2	–	32
Starkes Baumholz	20	5	3	1	29
Total	54	21	16	9	100

vorbildliche Waldpflege zuerkannt. Damit wurden die «erfolgreichen Bemühungen um eine den heutigen gesellschaftlichen und wirtschaftlichen Bedingungen angemessene Pflege und Bewirtschaftung ihrer Waldungen» gewürdigt, wie es in der Laudatio heisst.

Beide Gemeinden erhielten je Fr. 25 000.– zur freien Verfügung. Gemeinsam erhielten sie weitere Fr. 150 000.– für die Planung von Projekten, welche wiederum die Bereitstellung weiterer finanzieller Mittel auslösen sollten:

- Nutzungs- und Schutzkonzept für das Dübachtal (Plan für abgestufte Nutzungen), an welches der Kanton Fr. 200 000.– beisteuerte,
- Erschliessungs- und Holzerntekonzept für die Steilhänge in Rothenfluh und Anwil (u. a. Mobilseilkran),
- Waldrandkonzept für beide Gemeinden (Mehraufwendungen für Pflege ökologisch wertvoller Waldränder),
- Ersatz der Kranbahnanlage im Werkhof der Bürgergemeinde Rothenfluh (grösseres Lagervolumen für Holz).

Mit der Preissumme wurde zudem in Anwil die Erstellung einer Sonnenenergieanlage auf dem Schulhaus- und dem Turnhallendach gefördert.

Der Binding-Preis wurde den Gemeinden am 16. September 1995 im Rahmen einer schlichten Feier in der Turnhalle Rothenfluh übergeben. Zu diesem Anlass wurde die informative Broschüre über die Waldungen der Bürgergemeinden Rothenfluh und Anwil verfasst.

Karten, Tabellen und Grafiken von Kapitel 4.6.5 stammen aus: «Die Waldungen der Bürgergemeinden Rothenfluh und Anwil» (verschiedene Autoren). Hg. Sophie-und-Karl-Binding-Stiftung. Sissach 1995.

4.6.6 Interview mit Revierförster Markus Lüdin

Markus Lüdin, aufgewachsen und heute wiederum wohnhaft in Gelterkinden, kennt den Rothenflüher Wald seit seiner Lehrzeit, denn von 1977 bis 1980 absolvierte er hier

Revierförster Markus Lüdin beim Holzeinmessen. Das mobile Datenerfassungsgerät erleichtert die Arbeit.

die Forstwartlehre. 1983 besuchte er die Eidgenössische Försterschule in Lyss. Am 1. August 1987 löste er seinen ehemaligen Lehrmeister Paul Gysin-Gerber als Gemeindeförster ab.

Heute ist Markus Lüdin als Revierförster für die Wälder in Rothenfluh, Anwil, Oltingen, Hemmiken, Wenslingen und Ormalingen zuständig.

Was läuft heute bei den Waldarbeiten anders als zu deiner Lehrzeit?

Während meiner Lehrzeit wurde fast ausschliesslich von Hand gearbeitet: Das Entrinden der Baumstämme war Handarbeit. Mit Keil und Axt wurden die Holzspältern hergerichtet.

Heute erledigen diese Arbeiten Spezialfirmen, die mit grossen Maschinen auffahren und für uns ein paar Tage im Jahr arbeiten. Der riesige Entrindungsprozessor arbeitet ca. 1½ Tage pro Jahr in unserem Wald. In dieser Zeit werden 800–1200 m³ Holz entrindet.

Das Herrichten von Brennholz ist nur noch teilweise Handarbeit. Hier arbeitet ein Unternehmer mit seiner Zusäge-/Spaltmaschine für uns. Zunächst werden die vier bis sieben Meter langen Baumstämme auf die gewünschte Länge (meistens ein Meter) zugesägt und anschliessend aufgespalten und sterweise gebündelt.

Seit 1989 rüsten wir auch kein Industrieholz mehr zu. Es wird zu Holzschnitzeln verarbeitet. Vom Oktober 1998 bis September 1999 waren es nicht weniger als 2530 m³! Die Maschine Ruppermat säubert die

Schema der Montage einer Mobilseilkrananlage

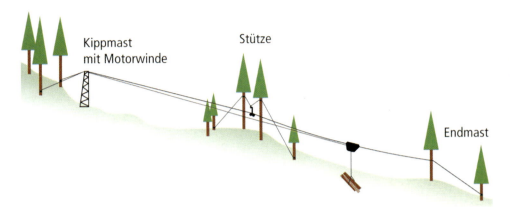

Waldwege von Laub und Dreck. Mit der Aufastsäge werden die links und rechts den Waldweg einengenden Äste maschinell zurückgeschnitten.

Seit 1994 wird für ein bis zwei Holzschläge in Hangwäldern eine Firma mit einem mobilen Seilkran eingemietet.

Vom Arbeitsvorgang her betrachtet verläuft das Fällen der Bäume noch immer gleich. Nur haben wir heute leichtere und leistungsfähigere Motorsägen. Die persönliche Ausrüstung das Waldarbeiters ist auch besser und vor allem sicherer geworden. Eine heutige Schnittschutzhose besteht aus 50 feinen Nylonschichten, darin verheddert sich eine laufende Motorsägekette sofort!

Das heutige Forstfahrzeug ist ebenfalls leistungsfähiger als dasjenige, das vor 20 Jahren im Einsatz stand. Die Seilwinde kann per Funk bedient werden. Das erlaubt dem Arbeiter in der Nähe des angehängten Baumes zu stehen und den Schleifvorgang besser zu überwachen.

Welches sind heute die Hauptarbeiten?
Im Sommer sind es Pflegearbeiten:

Jungwuchspflege	bis mannshohe Bäumchen
Dickungspflege	Bäumchen bis acht Zentimeter Durchmesser auf Brusthöhe
Stangenholzpflege	junge Bäume mit astfreiem Stammraum bis 20 cm Durchmesser auf Brusthöhe

Dabei geht es in erster Linie darum, dass gut gewachsene Jungbäume begünstigt werden, d.h. durch das Schlagen ihrer direkten Konkurrenten erhalten sie mehr Platz und Licht. Bei der Stangenholzpflege bei Fichten werden die Stämme teilweise bis auf sechs Meter Höhe entastet, damit der Stamm wertvoller wird.

Auch das Anzeichnen der Bäume für den Winterschlag muss im Sommer geschehen. Im Winter ist nach wie vor die Holzernte die Hauptarbeit. Daneben gibt es auch Wegunterhaltsarbeiten: Nach dem Einsatz des Ruppermats und der Aufastmaschine müssen die Wege von Ästen und anderem Kleinholz gesäubert werden. Ebenso müssen von Zeit zu Zeit – vor allem nach einem Gewitter – Schächte und Ablaufrinnen gesäubert werden.

Seit etwa drei Jahren hilft zeitweise das ganze Forstpersonal dem Gemeindewegmacher bei seiner Arbeit, z. B. beim Ausbessern von Gemeindewegen oder bei der Pflege der Schulhausumgebung. Werden dadurch nicht wichtige Arbeiten im Wald vernachlässigt?

Nein, das kann man nicht sagen. Früher hat man den Wald eher zu gut geputzt. Heute betreibt man ein bisschen weniger, dafür gezieltere Pflege. Diese Arbeit wird vom Kanton nur noch begrenzt finanziell unterstützt. Aber wir haben trotzdem eine gute Waldbewirtschaftung. Durch den Einsatz von Fremdunternehmern hat – wie bereits erklärt – unsere Forstequipe wieder mehr Zeit für andere Aufgaben. Zum Beispiel betreiben wir für die Gemeinden Anwil, Oltingen und Hemmiken für rund Fr. 23 000.– die gesamte Jungwaldpflege. Im Kantonswald beim

Talweiher führen wir sogar sämtliche anfallenden Arbeiten aus, also auch die Holzernte.

Im Jahre 1998 halfen uns bei Schlagräumungen während fünf Wochen vier Männer. Diese sogenannten «Ökojobleute» arbeiten im Rahmen eines kantonalen Arbeitslosenprojekts und verursachen uns kaum Kosten.

Wie steht es mit der Ertragslage?
Diese war in den letzten Jahren immer positiv und stimmte darum mit dem in den Budgets vorausgesagten Defizit nicht überein.

Aus der Rechnung der Bürgergemeinde 1988

	Aufwand	Ertrag
Voranschlag	Fr. 484 200.—	Fr. 441 000.—
Aufwandüberschuss		Fr. 43 200.—
Rechnungsabschluss	Fr. 518 085.65	Fr. 533 733.90
Ertragsüberschuss	Fr. 15 648.25	

Wellholden nach dem Sturm Lothar, Februar 2000

Wie steht es mit deiner Arbeit? Trifft man dich mehr im Büro oder mehr im Wald an?
Im Moment macht die Büroarbeit etwa 40% aus, Tendenz zunehmend. Aber im Wald bin ich nur noch selten in der Produktion tätig. Holz messen, Holz verkaufen, Holz anzeichnen, Privatwaldberatung, Kontrollgänge - das sind meine häufigsten Arbeiten im Freien.

Sturmschäden auf Ebnet, Februar 2000

Natur und Umwelt

Welche Auswirkungen hatte der verheerende Sturm «Lothar» vom 26. Dezember 1999 auf unseren Wald?
Der orkanartige Sturm «Lothar» hat in den Waldungen der Bürgergemeinde Rothenfluh ungefähr 14 000 m³ Holz geworfen oder gebrochen. Das entspricht der Menge einer fünffachen Jahresnutzung.
Für das Jahr 2000 ist für das Forstrevier Rothenfluh der Waldentwicklungsplan (WEP) vorgesehen. Die notwendigen Flugaufnahmen sind bereits gemacht worden. Da gegenwärtig aber im ganzen Revier viel Holz liegt, können die wichtigen Feldaufnahmen zurzeit nicht gemacht werden.

Das Forstpersonal bei der Übergabe des neuen Forstfahrzeuges im März 2001:
Markus Bürgin (Lehrling), Markus Lüdin (Revierförster), Martin Küng (Forstwart), von Rotz (Fahrzeuglieferant), Roland Bieri (Forstwart), Werner Erny (Waldchef), Alex Schneider und Mathieu Buser (Forstwartlehrlinge)

Deshalb wird es eine Verzögerung geben. Wegen des Sturms können in den kommenden Jahren nicht mehr so viele Bäume wie bis anhin geschlagen werden, weil sonst die sogenannte Nachhaltigkeit (soviel Holz wie in einem Jahr geschlagen wird, muss in der gleichen Zeit nachwachsen) nicht mehr gewährleistet ist.
Es gibt aber noch weitere Auswirkungen:
- Durch den Sturm sind grosse, neue Verjüngungsflächen entstanden, die in den nächsten Jahren aufgeforstet und gepflegt werden müssen. Teilweise geschieht das durch Naturverjüngung.
- Wegen der grossen Brennholzmenge werden in diesem Jahr die Gabholzmengen für die Rothenflüher Bürger verdoppelt: ganze Gabe vier Ster/halbe Gabe zwei Ster.
- Die Schatzungspreise für das Gantholz sind nach unten korrigiert worden. Um einem Preiszerfall entgegenzuwirken, wird die Bürgergemeinde in diesem Jahr nicht alles Windfallholz verkaufen. Das Nadelnutzholz soll unter Folien oder «in Nass» zwischengelagert und dann in den Jahren 2001/2002 möglichst zu den üblichen Preisen abgesetzt werden.
- Wegen der vom Kanton verfügten (sehr sinnvollen!) Schlagsperre kann die Bürgergemeinde die geplante Lastwagenstrasse im Gebiet Auf Bann in diesem Jahr nicht bauen, da das Trasse jetzt nicht ausgeholzt werden darf.

(Das Interview fand Anfang 2000 statt).

Natur und Umwelt

4.7 Tierwelt

4.7.1 Kleinsäuger, Amphibien, Reptilien

Folgende Arten hat der Autor von 1983– 1991 im Rothenflüher Bann beobachtet:

Dachs (Meles meles), Juni 1986, Flueholden an Mutterbau, Alttier mit zwei Jungen.

Baummarder (Martes martes), 11.5.1986, Mülistättholden, ein ausgewachsenes Exemplar.

Iltis (Putorius putorius), Juli 1983, Handlauberholden, zwei fast ausgewachsene Exemplare in eingezäunter Aufforstung.

Grosses Wiesel (Mustela erminea), 31.12.1988, Riedmet an der Ergolz, ein jagendes weisses Exemplar.

Kleines Wiesel (Mustela nivalis), August 1984, Kei, ein Exemplar in Kahlschlag.

Igel (Elinaceus europaeus), Juni 1990, Horain, ein ausgewachsenes Exemplar.

Maulwurf (Talpa europaeus), September 1984, Horain, ein Exemplar, Fängling in Feldmausfalle.

Waldspitzmaus (Sorex araneus), August 1983, Holingen, ein Exemplar in Mausefalle.

Wasserspitzmaus (Neomys fodiens), Juni 1986, Hegmatt, ein Exemplar in Mausefalle, am Dübach beim Geräteschopf.

Feldspitzmaus (Crocidura leucodon), Juli 1986, Holingen, ein Exemplar in Feldmausfalle.

Igel

Eichhörnchen (Sciurus vulgaris), 24.12.1990, Dornholden, ein Exemplar.

Haselmaus (Muscardinus avellanarius), September 1985, Kahlschlag, Dübach, Hintere Bannholden, ein Exemplar in Nistkasten für Baumläufer.

Siebenschläfer (Glis glis), 13.10.1990, Hinter Leimet, Dübach, ein Exemplar in Nistkasten für Meisen.

Wanderratte (Rattus norvegicus), 15.10.1988, Riedmet, ein Exemplar an der Ergolz überrascht.

Hausratte (Rattus rattus), Juli 1985, im Dorf über Nacht an der Ergolz in Abwasserleitung gefangen, junges Exemplar.

Schermaus, Grosse Wühlmaus (Arvicola terrestris), 24.11.1989, Horain, ein Exemplar bei Erdarbeiten getötet.

Feldmaus (Microtus arvalis), 5.8.1989, Holingen, zwei Exemplare gefangen in Mausefallen.

Rötelmaus oder *Waldwühlmaus* (Evotomy glareolus), Juli 1985, Holingen, mehrere Exemplare gefangen in Mausefallen.

Hermelin oder Grosses Wiesel

Feldhase

Schermaus (gross), zwei Feldmäuse

Natur und Umwelt

Gelbhalsmaus oder *Grosse Waldmaus* (Apodemus flavicollis), Juli 1985, Holingen, mehrere Exemplare gefangen.

Waldmaus, Kleine Waldmaus (Apodemus silvaticus), 19.1.1991, Gries, ein totes Exemplar in Nistkasten.

Erdkröte (Bufo bufo), 15.7.1989, Flueholden, ein Exemplar beim Mähen gesehen.

Geburtshelferkröte oder *Glockenfrosch* (Alytes obstetricans), 31.3.1990, Horain, fünf bis sechs rufende Männchen

Grasfrosch (Rana temporaria), 1.9.90, Dübach, ein junges Exemplar bei Quelle.

Wasserfrosch (Rana exculenta), Juni 1990, Talweiher, mehrere rufende Männchen.

Bergmolch (Triturus alpestris), Mai 1989, Dübach, ein Exemplar in Weiher.

Fadenmolch (Triturus helveticus), Juni 1985, Dübachgraben, ein Weibchen im Wassergraben.

Feuersalamander (Salamandra salamandra), 7.7.1990, Horain, ein kleines Exemplar beim Mähen verletzt.

Zauneidechse (Lacerta agilis), 18.3.1990, Horain, drei Exemplare schon aktiv in Böschung

Mauereidechse (Lacerta muralis), 23.12.1989, Hinter Leimet, mehrere Exemplare schon aktiv.

Blindschleiche (Anguis fragilis), 21.4.1990, Holingen, ein ausgewachsenes Exemplar.

Grasfrosch

Mauereidechse

Feuersalamander

Blindschleiche

Vergleichen wir den heutigen Zustand mit den Angaben in der Heimatkunde von 1863. Dort wird neben den schon genannten Tieren noch das *Reh*, der *Fuchs* und der *Fischotter* genannt. Heute ist der Fischotter ganz verschwunden, der *Baummarder*, die beiden *Wieselarten* und der *Iltis* sind selten geworden, während der *Stein*- oder *Hausmarder* so häufig ist, dass er sich da und dort durch Beschädigung von Autobestandteilen und Verwüstung von Blumenbeeten sich unliebsam bemerkbar macht. Stark zurückgegangen ist die Zahl der *Fledermäuse*. Noch um 1950 benutzten Hunderte dieser Tiere das Unterloch in der Fluh als Schlafplatz. Im Gegensatz zu 1863 spielt heute das *Wildschwein* eine wichtige Rolle. Sogar den *Waschbären* haben die Jäger in unserem Gebiet festgestellt.

Unter den Reptilien wird 1863 neben den *Blindschleichen* und *Eidechsen* noch die *Viper* genannt. Sicher gab es damals neben der Viper noch andere Schlangen in unserem Gebiet. Louis Braun, von 1906 bis 1911 Lehrer in Rothenfluh, fand Under der Flue als zweite giftige Schlangenart die *Kreuzotter*.

Zwischen 1940 und 1950 wurden folgende Schlangen gefunden: eine grosse *Ringel-*

natter oberhalb der Säge am Sägekanal, Länge 110 cm, ein kleineres Exemplar Under der Flue, ein totes Tier (beim Heuen getötet), Fundort unbekannt, eine *Glattnatter* im Ramstel, eine kleine *Viper* in der Hinter Leimet. Seitdem sind noch zweimal Beobachtungen von Schlangen in der Gegend der Flue gemeldet worden, Art unbekannt. Ob heute bei uns noch Schlangen vorkommen, ist ungewiss, aber nicht ausgeschlossen.

Leider ist die *Zauneidechse* selten geworden. Noch um 1950 wurden im Garten des unteren Schulhauses beim Umgraben regelmässig Eigelege dieses schönen und nützlichen Tiers gefunden. Die *Mauereidechse* bevölkert vor allem die Felsen der Flue.

Unter den Amphibien ist der *Feuersalamander* («Gmool») bei Regenwetter noch ziemlich oft anzutreffen. Seine Larven leben in kleinen Bächen mit regelmässig kühlem und sauerstoffreichem, sauberem Wasser, z. B. im Dübach.

4.7.2 Wasserbewohner

Fische sind die bekanntesten Wasserbewohner. Heute leben in unsern Bächen fast nur noch *Forellen*.

In der Heimatkunde von 1863 sind dazu noch *Groppen* und *Krebse* genannt. Diese Tiere sind heute fast vollständig verschwunden. Noch um 1960 konnte man im Dübach auf 50m Bachlänge mehr als ein Dutzend Groppen finden.

4.7.3 Insekten und andere Kleinlebewesen

Zahlreich sind die Insekten, am auffälligsten die Schmetterlinge. Auf blumenreichen Wiesen und in lichten Wäldern sind sie zu beobachten. Viele unter ihnen sind wieder häufiger als vor wenigen Jahren: das *Tagpfauenauge*, der *Kleine Fuchs*, der *Schwalbenschwanz*, der *Zitronenfalter*, der *Trauermantel*, das *Schach-* oder *Damenbrett*, die *Weisslinge*, die *Bläulinge*, der *Kaisermantel*, das *Widderchen*, der *Taubenschwanz*, der *C-Falter*, der *Russische Bär*, der *Windenschwärmer*, früher, als die Kartoffelfelder nicht gespritzt wurden, der *Totenkopfschwärmer*. Die kleine *Federmotte* findet man, wenn sie ihre eigenartige Tarnstellung anstatt im Geäst einer Pflanze z. B. an einer Zimmerdecke einnimmt.

Wenig beliebt sind die *Hornisse*, die *Deutsche Wespe* und die *Feldwespe*.

Seitdem die Bauten der *Roten Waldameise* durch Drahtgeflechte geschützt werden, ist sie wieder häufiger anzutreffen. Mit etwas Glück kann man in einem morschen Baumstamm ihren fast doppelt so grossen Vetter, die *Rossameise* entdecken. An sonnigen Wegborden finden wir die trichterförmigen Löcher der *Ameisenlöwen*. Er ist die Larvenform der geflügelten *Ameisenjungfer*.

In Wiese und Feld lebt die *Laubheuschrecke* oder das *Heupferd*, die *Feldheuschrecke*, die *Feldgrille*, der *Goldlaufkäfer*.

Im Gartenkompost finden wir oft die harmlosen Engerlinge des *Rosenkäfers*. Der *Maikäfer*, dessen Engerlinge früher oft katastrophale Schäden verursachten, ist selten geworden. Selten ist auch der im Dübach beobachtete Maiwurm oder Ölkäfer. Kaum mehr zu finden ist der zierliche Leuchtkäfer, dessen Lichtlein an warmen Sommerabenden am Wegrand leuchtete.

Spinnen sind nicht überall beliebt. Neben dem *Weberknecht* und der *Kreuzspinne*, die unsere Häuser bewohnen, leben auf trockenen Wiesen ausserordentlich zierli-

Distelfalter

Tagpfauenauge

Natur und Umwelt

Zitronenfalter-Männchen auf Kratzdistel

Grosse Turmschnecke

Ameisenlöwe (ca. 1 cm lang)

Widderchen auf Wiesen-Wittwenblume

Veränderliche Krabbenspinne mit Beute

che Tierchen, die gelb-schwarz gestreifte *Wespen-* oder *Zebraspinne* oder die *Gelbe Krabbenspinne*, die auf den Bau eines Fangnetzes verzichtet und auf Blüten Jagd auf Insekten macht.

Unbeliebt ist die braune *Beerenwanze* («Gauch»), doch auch sie hat hübsche, bunte Verwandte: die auf Doldenblüten häufige *Streifenwanze*, schwarz und rot längsgestreift oder an Stämmen alter Linden, z. B. auf der Rütschen, die ebenfalls schwarz-rot gefleckte *Feuerwanze*.

Viele Insekten leben im und am Wasser: *Gelbrandkäfer, Rückenschwimmer, Wasserläufer, Gross-* und *Kleinlibellen,* darunter die *Gestreifte Quellenjungfer* mit einem schwarzen, gelb gestreiften Hinterleib, eine der grössten Libellen unseres Landes. Vom Dübachgebiet, wo sie regelmässig zu sehen ist und wo im Grund der Bäche ihre Larve lebt, verirrt sie sich oft in Dorfnähe. Libellen sind unter den Insekten die besten Flieger. Als harmlose Insektenjäger – sie können nicht stechen – verdienen sie unseren Schutz.

Die Larven vieler anderer fliegender Insekten leben im Wasser, z. B. die *Eintagsfliegenlarven* (mit drei Schwanzfäden), die *Köcherfliegenlarven,* die aus allen möglichen Materialien kunstvolle Gehäuse bauen.

In den Quellbächen des Dübachs lebt auf der Unterseite der Steine der *Gehörnte Strudelwurm*. Er sieht zwar eher aus wie ein kleines Schnecklein. Auch er ist nur in sauberem Wasser zu finden.

4.7.4 Bestandesaufnahme der Brutvögel 1991–1993

Betrachten wir die Vogelwelt in unserer Gemeinde, so stellen wir fest, dass unser

Banngebiet eine erstaunliche Vielzahl an Vögeln beherbergt. Viele dieser Vögel halten sich aber nicht immer in unserer Gegend auf, diejenigen, welche ganzjährig bei uns anzutreffen sind, nennt man *Standvögel*. Andere verbringen die kalte Jahreszeit in südlichen Gebieten und verbringen nur die Brutzeit und Jungenaufzucht bei uns, sie werden als die eigentlichen *Zugvögel* bezeichnet. *Teilzieher* nennt man Arten, bei welchen nur ein Teil der gesamten Population eine mehr oder weniger grosse Reise zwischen den Brutzeiten unternimmt. Die vierte Gruppe umfasst die *Wintergäste,* diese Arten sind nur während der Wintermonate bei uns anzutreffen. Ihr Brutgebiet liegt weit im Norden und sie halten sich meistens auch nur für kurze Zeit bei uns auf.

Alle unsere Vögel leben zur Brutzeit als Paare in einzelnen Revieren, an welche sie je nach Art ganz spezielle Biotopansprüche stellen. Die beiden häufigsten Lebensräume, das offene Kulturland sowie der Wald, wurden in den letzten Jahrzehnten kontinuierlich durch die Bewirtschaftung und andere Ansprüche der Menschen zu Ungunsten der Vögel verändert. Als Folge davon sind viele Arten verschwunden. Seit 1980 wurden der Rotkopfwürger, der Wendehals, der Baumpieper und der Pirol im Rothenflüher Bann nicht mehr beobachtet. Andere Arten sind auf so kleine Bestände zusammengeschrumpft, dass sie ohne Lebensraumverbesserung in den nächsten Jahren ebenfalls verschwinden werden.

Nachfolgend sind alle zwischen 1991 und 1993 im Bann Rothenfluh beobachteten Arten aufgelistet; hinter dem deutschen steht der lateinische, international gebräuchliche Artname. Die Grossbuchstaben im ersten Feld bedeuten:

S = Standvogel
T = Teilzieher
Z = Zugvogel

Im zweiten Feld ist der Gefährdungsgrad vermerkt, je höher die Zahl, umso grösser die Gefährdung:

1 Diese Art ist in ihrem Bestand nicht gefährdet.

2 Die Lebensräume dieser Art sind in der Gemeinde Rothenfluh gegenwärtig noch vorhanden.

3 Arten, die durch die konstante Lebensraumveränderung auf eine kritische Bestandesgrösse zusammengeschrumpft sind.

4 Arten, die nie sehr häufig vorkamen, da ihre Biotope spärlich vorhanden sind.

5 Arten, die in ihrem Bestand sehr gefährdet sind und zeitweilig ganz fehlen. Die Ursachen liegen aber zum Teil im Verlust der Rastplätze auf dem Zug ins Winterquartier sowie im Winterquartier selbst.

In der dritten Spalte steht ein R, falls die Art in der Roten Liste der gefährdeten und seltenen Vogelarten der Schweiz enthalten ist.

Reiher Ardeidae

Graureiher Ardea cinerea   S 1

Der Graureiher brütet seit dem Bau der Talweiher mit durchschnittlich etwa drei Paaren auf den höchsten Fichten des linken Talhanges entlang den Weihern. Die Nahrungsgebiete der Reiher liegen zur Hauptsache an den Weihern sowie an der Ergolz, erstrecken sich aber weit über unsere Gemeindegrenzen hinaus.

Entenvögel Anatidae

Stockente Anas platyrhynchos   S 1

Ihr Hauptbrutgebiet liegt an den Weihern und an der Ergolz. Sicherlich brüten einzelne Enten auch an den kleinen Bächen Dübach und Länenbächli.

Mandarinente Aix gelericulata

Seit dem Bau der Weiher wird die Art sporadisch festgestellt, ihr Auftreten ist auf Volierenflüchtlinge zurückzuführen. 1993 erste Brut; ein Weibchen führt zwei wenige Tage alte Junge. Sie wurden jedoch nach kurzer Zeit nicht mehr gesehen.

Greifvögel Accipitridae

Schwarzmilan Milvus migrans   Z 1

Seit einigen Jahren regelmässig mit ein bis zwei Paaren in der Gemeinde anzutreffen. Diese Art bevorzugt Flüsse und Seen, hat aber die Tendenz, sich in die Kulturlandgegenden auszubreiten.

Rotmilan Milvus milvus   T 1 R

Da die Gemeinde Rothenfluh im Hauptverbreitungsgebiet (Jura) des Rotmilans liegt, ist er ein allgegenwärtiger Greifvogel mit zwei bis drei Brutpaaren.

Natur und Umwelt

Rotmilan

Sperber Accipiter nisus T 2 R

Seine heimliche Lebensweise lässt eine Bestandesschätzung kaum zu, doch die regelmässige Beobachtung der Art lässt einen guten Bestand vermuten.

Habicht Accipiter gentilis S 2 R

Der Habicht oder Hühnervogel lässt sich in letzter Zeit auch bei uns sogar in Dorfnähe beobachten. Schäden in Hühnerhöfen lassen die Vermutung zu, dass ein bis zwei Paare vorhanden sein könnten. Ihre Reviere dehnen sich jedoch bis in die Nachbargemeinden aus.

Habicht und Sperber haben sich seit dem Verbot des Insektizids DDT auch bei uns wieder erfreulich erholt.

Wespenbussard Pernis apivorus Z 2

Mit seiner schwierigen Bestimmung im Flug und seiner heimlichen Lebensweise ist er ein Vogel, der nicht regelmässig beobachtet wird, jedoch ab und zu mit ein bis zwei Paaren in der Gemeinde und deren Randgebieten anzutreffen ist.

Mäusebussard Buteo buteo S 1

Häufigste Greifvogelart, bei uns überall anzutreffen.

Turmfalke Falco tinnunculus S 2

Leider sieht man diesen gewandten Mäusejäger in unserer Gemeinde nicht sehr oft, denn in letzter Zeit wurde keine Brut bekannt. Durch Aufhängen von Nistkästen an den verschiedenen Feldscheunen oder bei den Höfen könnte diese Art vermehrt werden.

Rallen Rallidae

Wasserralle Rallus aquaticus T 4 R

Diese Art wurde erst 1992 einmal am Talweiher beobachtet, aufgrund ihrer Heimlichkeit als Brutvogel dort nicht ausgeschlossen.

Blässhuhn Fulica atra S 1

In den 1980er Jahren plötzliches Auftreten an den Weihern und starke Vermehrung, regelmässig vier bis fünf Brutpaare in den letzten fünf Jahren.

Teichhuhn Gallinula chloropus S 4

Nach dem Weiherbau in den folgenden Jahren mit dem zunehmenden Schilfbewuchs sehr guter Bestand, der aber laufend und vor allem seit der Besiedlung durch das Blässhuhn stark zurückgegangen ist. Die dominierende Haltung des Blässhuhns bei der Revierbesetzung könnte ein Grund dafür sein.

Schnepfenvögel Scolopacidae

Waldschnepfe Scolopax rusticola Z 2 R

Von Jägern und Waldarbeitern regelmässig beobachtet, jedoch selten während der Brutperiode. 1993, 1994 und 1995 konnten durch gezieltes Ansitzen in der Dämmerung (Balzflug) zwei sichere Reviere festgestellt werden (Eichligarten und Bifang).

Tauben Columbidae

Ringeltaube Columba palumbus Z 2

Regelmässig locker verbreiteter Brutvogel in den Laub-Mischwäldern.

Hohltaube Columba oenas Z 3 R

Sie ist auf das Angebot von Altholzbeständen mit Schwarzspechthöhlen als Bruthöhlen angewiesen. Die vom Natur- und Vogelschutzverein aufgehängten Nistkästen wurden nicht angenommen.

Eine kleine Population an der Grenze zu Wegenstetten hält sich seit einigen Jahren. Ein Grund dafür ist das reichliche Angebot natürlicher Baumhöhlen (Schwarzspechthöhlen).

Kuckucke Cuculidae

Kuckuck Cuculus canorus Z 3 R

War vor 1990 an den Hängen sowie auf dem Plateau noch regelmässig ein rufender Vogel zu

Junge Waldkäuze

hören, so gehörte Anfang der 90er Jahre schon etwas Glück dazu.
Ungenügendes Nahrungsangebot führte zu starkem Rückgang in den letzten Jahren.

Eulen Strigidae

Waldohreule Asio otus   S 0 R

Seltene, heimliche Eulenart, über die eine Bestandesangabe nicht möglich ist. 1993 eine rufende Eule im Raum Bifang.

Waldkauz Strix aluco   S 1

Die Kauzart, die allgemein verbreitet ist und mit Nistkästen gefördert werden kann, ist jedoch als anpassungsfähigste Art nicht unbedingt auf unsere Hilfe angewiesen, denn das Nahrungsangebot (Mäuse) bestimmt den Bestand.

Eisvögel Alcedinidae

Eisvogel Alcedo atthis   T 4 R

In der Gegend der Talweiher hat er einen sicheren Brutplatz, aber auch an der Ergolz sowie am Dübach wurde die Art vereinzelt beobachtet.

Seit sich die Wasserqualität der Bäche wieder etwas erholt hat (Kläranlagen), trifft man den Vogel nach jahrelanger Abwesenheit wieder vermehrt an.

Spechte Picidae

Schwarzspecht Dryocopus martius   S 2

Schätzungsweise drei bis vier Paare in den Wäldern um Rothenfluh. Regelmässig verteilte Altholzinseln in den Wäldern können seinen Bestand sichern oder fördern.

Grauspecht Picus canus   S 3 R

Ca. drei Paare sind auf unserem Gebiet vorhanden. Ihre Nahrung, Feldameisen und deren Puppen, könnte durch die jetzt anlaufende Extensivierung der Hanglagen im Kulturland gefördert werden, was auch eine Erholung des kleinen Grauspechtbestandes zur Folge hätte.

Grünspecht Picus viridis   S 3 R

Als Baumgartenspecht noch spärlicher vertreten als der Grauspecht; ein bis zwei Brutpaare. Sein Vorkommen hängt von den alten Hochstammobstbäumen und Altholzbeständen in Waldrandnähe als Brutplätze ab sowie von der Bodenbewirtschaftung der Baumgärten, denn seine Nahrung (Feldameisen) sucht er in der Umgebung seines Brutplatzes.

Buntspecht Dendrocopos major   S 1

Sehr guter Bestand, im Wald überall anzutreffen, auch im und um das Dorf regelmässig.

Kleinspecht Dendrocopos minor   S 2 R

In den letzten Jahren immer wieder Beobachtungen in den Gebieten Horain, Under der Flue, Holingen und Rütschen. 1993 eine sichere Brut auf Horn, sowie drei weitere rufende Männchen an verschiedenen Orten.

Schwalben Hirundinidae

Rauchschwalbe Hirundo rustica   Z 2

Brütet in allen Landwirtschaftsbetrieben, nur ganz vereinzelt auf Estrichen in nicht landwirtschaftlich genutzten Gebäuden.

Eisvogel

Buntspecht

Junge Rauchschwalben

Mehlschwalbe Delichon urbica   Z 3

Keine Kolonie mehr von mehr als zehn Paaren im Dorf. Praktisch nur noch in Kunstnestern, Bautätigkeit mangels Baumaterial sehr schwach, denn fast alle Strassen und Hausplätze sind geteert oder mit Steinen belegt. Der Bestand nimmt stark ab, durch Aufhängen von Kunstnestern kann die Art gefördert werden.

Stelzen Motacilidae

Bachstelze Motacilla alba   Z 1

Sie ist überall anzutreffen, ausser im Wald.

Bergstelze Motacilla cinerea   S 1

An allen Bächen. War sie früher nur an den schattigen kühlen Quellbächen, so ist sie heute nicht sehr häufig, aber regelmässig im Dorf anzutreffen.

Wasseramseln Cinclidae

Wasseramsel Cinclus cinclus   S 1

An der Ergolz drei bis vier Brutpaare. An den Nebenbächen ist sie ebenfalls zu sehen, jedoch ist nicht sicher, ob sie dort brütet.
Die verbesserte Wasserqualität hat ihrem Bestand sehr geholfen. Zudem werden künstliche Nisthilfen angenommen.

Zaunkönige Troglodytidae

Zaunkönig Troglodytes troglodytes   S 1

Regelmässig in den Waldungen, Feldgehölzen und Bachuferbestockungen. Er kann auch ab und zu im Dorf gesehen werden.

Braunellen Prunellidae

Heckenbraunelle Prunella modularis   T 2

Hauptsächlich in den Jungwuchsflächen im Wald anzutreffen.

Rotkehlchen

Drosseln Turdidae

Rotkehlchen Erithacus rubecula   T 1

Zur Hauptsache im Wald, auch in den Feldgehölzen und an den Bächen, tritt aber auch in Dorfgärten auf.

Gartenrotschwanz
Phoenicurus phoenicurus   Z 5 R

Relativ seltener Baumgartenvogel, nistet in ein bis fünf Paaren in den Hochstammobstgärten rund ums Dorf. Auf Höhlen in alten Obstbäumen angewiesen, sein Bestand schwankt.

Hausrotschwanz Phoenicurus ochruros   Z 1

Überall, wo ein Gebäude vorhanden ist, ist er ein sicherer Brutvogel, brütet aber auch an den Felsen der Roten Fluh.

Amsel Turdus merula   T 1

Sehr verbreitet im Dorf, in Feld und Wald.

Wacholderdrossel Turdus pilaris   T 2

Brütet in lockeren Kolonien in den Baumgärten um das Dorf herum sowie im Dübach und im Chälen.

Singdrossel Turdus philomelos   Z 1

Kam sie noch vor ca. zehn Jahren ausschliesslich in den Waldungen auf dem Plateau vor, so hat sie sich in den letzten Jahren langsam über die Hänge ins Tal ausgebreitet und ist in geringer Zahl bereits am Dorfrand zu sehen und zu hören.

Misteldrossel Turdus viscivorus   Z 1

In den Mischwäldern auf dem Plateau recht häufig.

Grasmücken Sylviidae

Teichrohrsänger
Acrocephalus scirpaceus   Z 2

Nach langer Wartezeit hat er sich in den letzten fünf Jahren doch mit drei bis vier Paaren an den Talweihern angesiedelt.

Gartengrasmücke Sylvia borin   Z 2

Regelmässig, aber nicht häufig in den Bachuferbestockungen, den Waldrändern, am Weiher und ab und zu in den Jungwuchsflächen.

Mönchsgrasmücke Sylvia atricapilla   Z 1

Sehr häufig, ist überall anzutreffen.

Berglaubsänger Phylloscopus bonelli   Z 2

An den südexponierten Wäldern Under der Flue in einigen Paaren vorhanden, auch ein bis zwei Paare bei der Grube Hinter Leimet.

Zilpzalp Phylloscopus collybita   Z 1

Mehr oder weniger überall anzutreffen.

Natur und Umwelt

Waldlaubsänger Phylloscopus sibilatrix Z 2

In allen Buchenwäldern mit wenig Unterwuchs vorhanden. Nach meinen Schätzungen geringeres Vorkommen als vor Jahren.

Wintergoldhähnchen Regulus regulus T 2

Unregelmässig, nur in reinen, älteren Koniferenbeständen vertreten. Weniger häufig als Sommergoldhähnchen.

Sommergoldhähnchen
Regulus ignicapillus Z 1

Fast überall in von Koniferen durchsetzten Mischwäldern, sogar im Dorf, wo sich einige Nadelbäume befinden.

Fliegenschnäpper Muscicapidae

Trauerschnäpper Ficedula hypoleuca Z 2

Locker verteilte Art, ist in den Wäldern und Obstgärten vertreten. Sein Vorkommen ist starken Schwankungen unterworfen.

Grauschnäpper Muscicapa striata Z 2

Im Dorf und dessen Rand etwas häufiger als im Wald. In diesen beiden Lebensräumen locker verteilt. Wird durch seine unscheinbare Lebensweise im Wald vielfach übersehen.

Meisen Paridae

Haubenmeise Parus cristatus S 1

Sie ist nur in den Wäldern auf dem Plateau anzutreffen.

Sumpfmeise Parus palustris S 1
Blaumeise Parus caeruleus S 1
Kohlmeise Parus major S 1

Diese drei Arten sind mit geringen Unterschieden überall anzutreffen.

Tannenmeise Parus ater S 1

Überall in den mit Nadelholz durchsetzten Laubwäldern.

Schwanzmeisen Aegithalidae

Schwanzmeise Aegithalos caudatus S 2

Im Herbst und Winter recht häufig in kleineren Trupps zu beobachten, während der Brutzeit eher selten und heimlich. Ihr Bestand nimmt vermutlich ab.

Kleiber Sittidae

Kleiber Sitta europaea S 1

Im Wald häufig, im Kulturland mit Baumbestand und im Dorf weniger anzutreffen.

Baumläufer Certhidae

Gartenbaumläufer Certhia brachydactyla S 1

Ganz locker in allen Biotopen.

Waldbaumläufer Certhia familiaris S 2

Sehr locker nur auf die Wälder verteilt.

Feldsperling

Würger Laniidae

Neuntöter Lanius collurio Z 3

Etwa sechs Paare, zur Hauptsache in extensiv genutzten Weiden mit einem einige Quadratmeter grossen Rosen-, Schwarzdorn-, Weissdorn- oder Brombeerbusch. Er könnte mit einigen gezielt angelegten Dornhecken gefördert werden.

Stare Sturnidae

Star Sturnus vulgaris T 1

Sehr häufig, ist überall anzutreffen.

Rabenvögel Corvidae

Eichelhäher Garrulus glandarius S 1

Diese Art ist im Wald und in den Feldgehölzen bis an den Dorfrand, oft sogar auch mitten im Dorf zu sehen.

Elster Pica pica S 1

Ihre Verbreitung ist derjenigen des Eichelhähers ähnlich, jedoch fehlt sie im Wald und sie ist weniger häufig.

Rabenkrähe Corvus corone S 1

Locker verteilt auf dem Kulturland; in Feldgehölzen und an Waldrändern brütend. Der Bestand ist in einem natürlichen Gleichgewicht.

Kolkrabe Corvus corax S 2

Ab und zu brütet er in den Felsen der Roten Fluh. Wenn er dort zur Brutzeit nicht anwesend ist, brütet er vermutlich in verlassenen Horsten des Mäusebussards.

Sperlinge Passeridae

Feldsperling Passer montanus S 3

Früher im Kulturland ein häufiger Vogel, durch das Fällen vieler alter Obstbäume wurde er seiner Brutplätze (Astlöcher) beraubt. Der Einsatz von Pestiziden hat ebenfalls auf seinen Bestand negativ eingewirkt, so dass er heute ein relativ seltener Kulturlandvogel ist.

Haussperling Passer domesticus — S 1

Überall im Dorf und bei den Höfen, fehlt allerdings völlig im freien Feld und im Wald.

Fink Fringillidae

Buchfink Fringilla coelebs — T 1

Der verbreitetste und sicher häufigste Vogel.

Kernbeisser Coccothraustes coccothraustes — T 2

Sehr locker verteilt trifft man ihn in den Buchenmischwäldern mit einem grossen Eschenanteil. Durch seine Lebensweise hoch in den Baumkronen wird er sehr oft übersehen.

Girlitz Serinus serinus — Z 2

Sporadisch waren in den letzten Jahren einzelne Paare anzutreffen. Ab 1993 zunehmende Besiedelung.

Grünling Carduelis chloris — S 2

Ein Vogel, der im Dorf und am Dorfrand häufig, im Kulturland und an den Waldrändern seltener vorkommt.

Distelfink Carduelis carduelis — Z 2

Seine Verbreitung ist ähnlich der des Grünfinken, jedoch ist er nicht an den Waldrändern anzutreffen und kommt im Dorf und in den Baumgärten etwas häufiger vor als der Grünfink.

Gimpel Pyrrhula pyrrhula — S 2

Heute ein seltener Brutvogel im Wald, vor Jahren häufiger.

Bluthänfling Carduelis cannabina — Z 3

Seltener Vogel, kommt ab und zu in frischen Jungwuchsflächen sowie in den Neubauquartieren Ob der Kirche und Obere Vogtsmatten vor.

Fichtenkreuzschnabel Loxia curvirostra — S 1

Die Art tritt je nach Futterangebot (Fichtensamen) in den Fichtenwäldern auf dem Plateau sporadisch häufig bis sehr häufig auf, kann aber auch völlig fehlen.

Distelfink

Ammern Emberizidae

Goldammer Emberiza citrinella — S 2

Als einzige Ammer praktisch überall im Kulturland gut vertreten, ist aber auf die kleinen extensiven Flächen den Wegen entlang angewiesen. Hecken und Gebüschgrüppchen im Kulturland werden als Brutplatz bevorzugt.

4.8 Jagd

4.8.1 Geschichtliches

Eidgenossenschaft und Kantone sorgen mit einer Fülle von Gesetzen und Verordnungen und einer anspruchsvollen Prüfung angehender Jäger für einen geregelten Jagdbetrieb.

Um die Gegenwart mit dem inzwischen wohlgeordneten Jagd-Bewirtschaftungssystem zu verstehen, blenden wir zunächst in die Vergangenheit zurück.

Nachdem Baselland sich von der Stadt losgelöst hatte, wurden Jagd und Fischerei in vollem Umfange der Zuständigkeit der Gemeinden anvertraut. 27 Jahre lang blieb der junge Staat ohne Jagdgesetz, dieses kam erst 1859, worin den Gemeinden die Wahl des Jagdsystems überlassen wurde. Schon damals hatten in Baselland von damals 74 Gemeinden 63 ihre Jagden verpachtet, nur 12 überliessen sie Patent-

jägern. 1879 waren es nur noch vier. Anno 1892 wartete auch Baselland auf die Bundesgesetzesrevision; und als diese wegen der Systemfrage am 20. Januar 1892 im Nationalrat zu Fall gekommen war, überlegte die Landschäftler Regierung, ob «der Bundesrat eine bezügliche Vorlage den Räten zu geeigneter Zeit wieder bringen könne (...) Hiezu wird es voraussichtlich nicht so bald kommen, indem die Ansichten darüber, ob das Gesetz (...) mittelbar auf Annahme des Pachtsystems hinwirken solle, noch zu weit auseinandergehen.» Nun erliess man eben die beabsichtigte kantonale Vollzugsverordnung, worin in Basel-Land auf bessere Vorschriften betreffend die Verpachtung Bedacht genommen wurde. «Denn bei den Neuverpachtungen machten sich immer noch Einflüsse geltend, die mehr den Vorteil des Jagdpächters als den der Gemeinde im Auge haben.»
Immer wieder umgingen die Gemeinden die öffentliche Versteigerung und schlugen unter der Hand die Jagd irgendeinem Interessenten um billiges Geld zu. Schliesslich anerkannte die Direktion des Innern in Liestal (heute: Volkswirtschafts- und Sanitätsdirektion) diese Zuschläge nicht mehr und bestand auf der Steigerung. 1893 hatte z. B. Ramlinsburg seine Jagd um Fr. 40.– unter der Hand zugeschlagen; als aber die Steigerung erzwungen wurde, erzielte das Revier Fr. 100.–. Die Jagden in Baselland hatten damals überhaupt ungemein niedrige Pachtpreise, meist unter Fr. 100.–, hin und wieder Fr. 200.– bis Fr. 300.–, selten und nur in ganz grossen, guten Jagden wur-

Jagdgesellschaft Rothenfluh um 1910

den Fr. 500.– gelöst. In Zunzgen versuchte der Gemeinderat, die Jagd nicht auszuschreiben, sondern diese an einen Einwohner von Zunzgen in interner Steigerung zu vergeben. Auch dieser Modus wurde von der Direktion nicht akzeptiert, was zur Folge hatte, dass Zunzgen statt nur Fr. 30.– Fr. 133.– für seine Pacht kassieren konnte. Die Patentgemeinde Arlesheim beschloss, nur Gemeindeglieder als Patentbewerber zuzulassen, wurde aber gezwungen, Patente auch an andere Kantonsbürger abzugeben. Das alles hatte für den Wildbestand nicht unwesentliche Folgen. Denn die rein bäuerlichen Gemeinden, in denen die Industrie nur in Form schlechtbezahlter Heimarbeit (Seidenbandweberei) eingedrungen war und bloss Nebenverdienst bedeutete, achteten darauf, dass das Gemeinderevier von ihren eigenen Leuten bejagt wurde, die dafür sorgten, dass das Wild dezimiert und keine grossen Bestände gehegt wurden.
Viele Gemeinden gingen vom Reviersystem zum Patentsystem über und dann wieder zum Revier. Ganz richtig vermutete die Direktion: «Es scheint dies mit Wildreichtum und Wildschaden zusammenzuhängen,

Natur und Umwelt

vielleicht aber auch mit der allgemeinen Stimmung oder mit Entgegenkommen für gewisse Gemeindeglieder (...) Für die Jagden ist dieses Hin- und Herschwanken im Jagd-System wegen der damit verbundenen Verschiebung der Jagdzeiten und der Abschüsse gewiss nicht von Vorteil.» Aber das kümmerte die Bauern wenig.

Erst nach dem Weltkrieg 1914/18 kümmerte sich der Kanton intensiver um seinen Wildbestand. Er war allgemein schwach und ging noch immer zurück. Aus den meisten Revieren kamen Klagen über Wildfrevel, wildernde Katzen und Hunde, aber auch über das Ausschiessen der Reviere durch zurücktretende Pächter. In den 1920er Jahren fand man, dass die Jagderträgnisse in Basel-Land im Vergleich mit anderen Kantonen bescheiden seien, vielfach geradezu kläglich. Rundfragen gaben stets die gewohnten Gründe hiefür an, aber die Direktion wusste wohl und sprach es aus: «Dem Wilde wird in den meisten Revieren allzu intensiv nachgestellt und der Abschuss wahllos ausgeübt.» Die immer noch betriebene Jagd auf Rehe mit weitjagenden Laufhunden hemmte an sich schon die Hebung des Wildbestandes.

Lange nicht alle Reviere hatten einen Jagdaufseher. Eine Gemeinde, deren Revier vollkommen ausgeschossen war, fragte 1925 an, ob dieses nicht mit Bundesunterstützung in ein Schongebiet umgewandelt werden könnte. Den Gemeinderatsherren war offenbar eingefallen, dass es so etwas in anderen Kantonen gab. Da dachten sie, wenn in ihrer Gemeinde ohnehin nichts mehr zu holen sei, könne man so etwas schon einfädeln. Später, wenn eingewechseltes Wild sich hier wieder vermehrt hätte, könne man dann weiter sehen. Leider konnte der Anregung nicht stattgegeben werden, da das im Gesetz nicht vorgesehen war. Und die Moral von der Geschichte? Das Reviersystem allein gibt noch keine Gewähr für pfleglichen Jagdbetrieb.

Jagdgesellschaft Rothenfluh um 1930

Trotz schlechter Hasenjahre auferlegten die wenigsten Pächter sich und den Jagdgästen die nötige Zurückhaltung. Auch der Fuchs wurde fast in allen Revieren viel zu schonungslos verfolgt, nicht allein durch die Jäger, sondern zudem durch zahlreiche nichtberechtigte Fallensteller. So kam es generell zu einem drastischen Rückgang der Pachterträge.

Da ging es den Jagdschädlingen an den Kragen: Krähen und Hähern mit Abschuss oder Gift. Aber die Hasen nahmen deswegen nicht zu. Wildkaninchen drohten in Grenzgebieten die Myxomatose einzuschleppen. Bisamratten wanderten ein, dann kam nach dem Zweiten Weltkrieg die Autoplage. Die Verkehrsopfer unter dem Wild nahmen zu. 1959 waren es in Baselland 70 Rehe, 61 Hasen und viel anderes Wild. Lange Jahre plagten Wurmkrankheiten, die Strongylose, das Rehwild. Dazu kamen die Mähmaschinen. Im Jahr 1959 wurden 207 Rehe und 165 Hasen beim Mähen getötet. In der Futterkrippe fand man oft dürre, mumifizierte Häschen. Wildschweine wanderten aus Deutschland ein und verursachten Schäden, kurz, der Kanton erlebte wenig Freude mit seinem Jagdwesen.

Die Industrialisierung und die Bevölkerungszunahme brachten erneute Schwierigkeiten. 1953 stellten 95 Einwohner der Gemeinde Bottmingen das Begehren, es sei die Jagd im ganzen Gemeindebann zu untersagen, weil sie eine Gefahr für die Einwohnerschaft und die vielen Spaziergänger bilde. Dem wurde teilweise entsprochen, die Jagd wurde auf die landwirtschaftliche Zone beschränkt. Ein ähnliches Begehren hatte 1955 auch in Binningen Erfolg.

Das Wild hatte in den mit Villen und Einfamilienhäusern überbauten Vorortsgemeinden von Basel kein leichtes Leben. Hunde verfolgten oft Wildtiere, die Wälder waren überlaufen, nicht nur sonntags. Dabei kam die Direktion des Innern den Natur-, Vogel- und Tierschutzbestrebungen der vielen Vereine in vorbildlicher Weise entgegen. Förster und Gemeindevereine standen in bestem Einvernehmen.

Unser Kanton hat ein vorbildliches Jagdgesetz. Die darin vorgeschriebenen statistischen Erhebungen dienen der Pflege des Wildbestandes. Die Jagden leiden aber zunehmend an Entwicklungen, die ihre Ursache in der sich hemmungslos ausbreitenden Lebensraumnutzung durch den modernen Menschen haben. Die Erträge aus den Jagdpässen verwendet der Kanton für den Wildschutz.

4.8.2 Das Wild

Das Rehwild (Capreolus capreolus)
Das Rehwild, die wichtigste Wildart im Kanton, ist am Anfang des 19. Jahrhunderts nur für Baselland, Aargau, Bern, Solothurn und Zürich als Standwild von einiger Bedeutung bezeugt. Das Reh war dem jagdlichen Chaos der bewegten Zeit um die Wende zum 19. Jahrhundert weitgehend zum Opfer gefallen. Die heutigen generell guten oder wenigstens mittleren Rehbestände der meisten schweizerischen Kantone sind der Hegetätigkeit und der organisierten Überwachung der Jagdverwaltungen zu verdanken.

Zu keiner Zeit aber war es so, dass sich die Nutzung der freilebenden Tiere nach deren Vorkommen, Überhandnahme oder Rückgang gerichtet hätte. Die Jagd ging von jeher ihren eigenen Weg; keine Wildart wurde von der Jagd befreit, weil sie zu verschwinden drohte. Zeitweise Schonung war das Höchste, was zu ihrer Erhaltung versucht wurde. Daneben richtete sich das Jagdwesen nach den Staatstheorien und den Sozialideologien der Zeit, also nach sachfernen Gesichtspunkten, die mit der Gestaltung des freien Tierlebens in keiner Beziehung standen.

Noch um die Wende zum 20. Jahrhundert kaum vorhanden, hat das Rehwild heute im

Rehbock

ganzen Kanton Populationen entwickelt, die jährliche Abgänge von über 1700 Stück (Abschuss und Fallwild) erlauben, ohne den Bestand zu gefährden. Im Detail sind das 1292 auf der Jagd erlegte Rehe und 449 Stück Fallwild. Wobei das Auto mit 234 Opfern die traurige Bilanz anführt. Dies lässt gemäss kantonaler Jagdstatistik vom März 1999 auf einen geschätzten Rehbestand im Kanton von rund 4000 Stück schliessen, wobei der Einfluss des Rehwildes auf Baum- und Krautartenzusammensetzung problematisch ist.

Der Verbiss bestimmter Lieblingsbaumarten (Tanne, Eibe, Edellaubhölzer) gefährdet die natürliche Verjüngung und kann zur Entmischung der Baumarten führen. Die Folge ist eine Baumartenzusammensetzung, die von der angestrebten Vorgabe der vegetationskundlichen Standortskartierung abweicht. Der Schutz von Naturverjüngungen erfordert daher zum Teil aufwändige Schutzmassnahmen.

Das Reh ist ein reiner Pflanzenfresser, der selektiv Gräser und Kräuter sowie junge Triebe und Knospen aufnimmt. Die jahreszeitlich wechselnde Kapazität des Magens weist das Reh als Wiederkäuer vom Typ des Konzentrationsselektierers aus. Ehemals und in ruhigen Revieren tagaktiv bewegt sich das Reh wegen der vielen Waldnutzer zunehmend in der Dämmerung und nachts. Man unterscheidet Böcke, Geissen und Kitze beiderlei Geschlechts. Die Gewichte schwanken zwischen 15–23 kg für Böcke und 14–20 kg für Geissen. Der Winterhaarwechsel (grau bis dunkelgrau) beginnt im September und das rote Sommerhaar wird Ende April-Mai sichtbar.

Das Brunftzeremoniell findet witterungsbedingt – das Rehwild bevorzugt für seine Hochzeit heisse schwüle Tage – von Mitte Juli bis Mitte August statt. Eine Eigenart dieses Wildes ist, dass nach dem Beschlag das befruchtete Ei in der sogenannten Eiruhe verharrt und der Fötus erst im Januar weiterwächst und sich entwickelt. Das ergibt eine Tragzeit von vier bis fünf Monaten. Das Setzen der Kitze geschieht, auch witterungsbedingt, Anfang bis Ende Mai. Bei anhaltend nasskaltem Wetter sind die Verluste an Jungtieren durch Lungenentzündung sehr hoch. Im Normalfall setzt eine gesunde, kräftige Geiss Zwillinge (Bock und Geiss), es sind auch Drillingsgeburten möglich. Die Säugezeit endet meist im September.

Das Schwarzwild (Sus scrofa)

Sauen sind Allesfresser. Auf ihrer Speisekarte kommen vor: Eicheln, Buchnüsschen, frisches Gras, Wurzeln, wilde Beeren, Hafer, Gerste und vor allem Mais.

Die tierische Kost umfasst Insekten, deren Larven und Puppen, speziell aber Borkenkäferlarven und Engerlinge von Mai- und Junikäfern. Auch Würmer, Blindschleichen, Mäuse, Gelege von am Boden brütenden Vögeln und Aas werden gerne verzehrt. Selbst Junghasen und Rehkitze sind vor Wildschweinen nicht sicher. Sauen sind im Wald nützlich, da sie bei der Nahrungssuche den Boden auflockern und Schädlingsbekämpfung betreiben.

Männliche Tiere nennt der Jäger Keiler, weibliche Bachen, Jungtiere Frischlinge. Die Begattungszeit (Rauschzeit) wäre normalerweise November/Dezember, bei dem üppigen Nahrungsangebot und den milden Wintern hat man aber eine Rausche über das ganze Jahr festgestellt, worauf auch die zu jeder Jahreszeit anzutreffenden Frischlinge hinweisen. Nach einer Tragzeit von knapp vier Monaten setzt die Bache drei bis neun Frischlinge. Diese sind gelb gestreift. Frischlinge verlieren ihre Streifen nach vier Monaten.

Das Wildschwein hat eine Schulterhöhe von 60 bis 100 cm und eine Körperlänge von 100 bis 150 cm und kann in unseren Breiten bis gegen 200 kg schwer werden. Im Sommer sind Wildschweine graubraun und kurz behaart und wirken deshalb hochbeinig. Das Winterhaar dagegen ist schwarzbraun, lang und dicht.

Im Baselbiet kommen Wildschweine mittlerweile überall vor, lokal allerdings in unterschiedlich grosser Anzahl. Wir wissen dies hauptsächlich aufgrund von Wildschäden (z. B. im Maisfeld), Fährten, Kot, Ruhestätten und Schlammbädern. Schwieriger ist die direkte Beobachtung.

Tagsüber stecken Wildschweine am liebsten im dichten Unterwuchs im Wald. Nach dem Eindunkeln streifen sie auf Nahrungs-

Bache mit Frischlingen

Natur und Umwelt

Wildsau, Keiler

suche durch Wälder, Wiesen und Felder. Sie besuchen auch gerne Tränken und Schlammbäder. Gegen Morgen ziehen sie sich wieder an windstille, ungestörte Orte zurück. Ihre Schlafstellen richten sie jeden Tag neu und immer wieder an anderer Stelle ein. Im Sommer verbleiben Wildschweine tagsüber auch in Getreidefeldern. Dieses Verhalten ist ein Grund dafür, dass Sie als Spaziergänger tagsüber kaum je Wildschweine zu Gesicht bekommen.

Im Vergleich zu uns Menschen können Wildschweine ziemlich schlecht sehen. Gehör- und Geruchssinn sind jedoch hervorragend entwickelt. Darin sind uns die Wildschweine bei weitem überlegen. Sie sind in der Lage, uns Menschen mit ihrem empfindlichen Geruchssinn auf eine Distanz von mehreren hundert Metern wahrzunehmen.

Diese urchigen Tiere sind überdies ausgesprochen anpassungsfähig und gelehrig. Beispielsweise wird ihnen eine Vogel- oder Wildscheuche auf einem Feld bereits nach kurzer Zeit keinen Eindruck mehr machen. Das Wildschwein ist die intelligenteste im Baselbiet verbreitete Tierart. Selbst wenn Sie gezielt nach ihnen suchen, werden Sie kaum Wildschweine zu sehen bekommen. Die hochentwickelten Tiere sind längst weg, wenn Sie kommen. Oder aber, die Sauen harren regungslos im Dickicht aus, bis Sie an ihnen vorübergegangen sind. Übrigens geht es uns Jägern ganz ähnlich…

Das Gamswild (Rupicapra rupicapra)
Gelegentlich und nur vereinzelt ist auch diese Wildart im Bann Rothenfluh anzutreffen. Spaziergängern und Jägern verursacht der Anblick freudiges Herzklopfen. Weil aber die Jagd auf Gämsen bei uns verboten ist, wird auf eine detaillierte Darstellung dieser Tierart verzichtet.

Interessant bleibt die Tatsache, dass ein Inselvorkommen im Bezirk Waldenburg mit einem geschätzten Frühjahrs-Bestand 1999 von 180 Tieren seit 40 Jahren dort heimisch ist. Der Jäger und Gämsen-Heger Max Wälchli, Liestal, hat im Sommer 1959 in seiner Eigenschaft als Kantonsoberförster im Gemeindebann von Waldenburg 13 Gämsen, darunter trächtige Geissen, ausgesetzt. Die Tiere stammten aus dem Berner Oberland, wo sie in freier Wildbahn eingefangen worden waren.

Von Waldenburg aus haben sich die Gämsen Richtung Belchen ausgebreitet. Schon im ersten Jahr waren Jungtiere zu beobachten. In der Folge wuchs die Kolonie sehr rasch an. Im Jahr 1968 schätzte man einen Bestand von 140 Tieren im Gebiet zwischen Waldenburg und Eptingen.

Die Jagd auf Gämsen ist im Kanton Basel-Land vom 1. August bis 31. Dezember offen. Nicht jede Gämse, die den Jägern vor die Büchse kommt, darf erlegt werden, weil nur sogenannte Hegeabschüsse von alten, kranken, verletzten, schlecht entwickelten oder schwachen Tieren gestattet sind. Untersagt ist der Abschuss von gesunden, starken, jungen und mittelalten, unter zehnjährigen Gämsen.

Der Dachs (Meles meles)
Meister Grimbart, wie er in der Fabel heisst, ist an Bauten gebunden, die er an verschiedenen Stellen in unserem Revier zu regelrechten Burgen ausgebaut hat. Nacht- oder dämmerungsaktiv wie er ist, wird ihn kaum ein Spaziergänger zu Gesicht bekommen. Schon das Gebiss weist ihn als Allesfresser aus. Vom heimischen Raubwild hat er das breiteste Nahrungsspektrum mit dem höchsten Pflanzenanteil (je nach Jahreszeit bis 75%), wobei er unter Umständen im Getreide (Hafer, Mais) Schaden anrichtet. Neben Beeren, Obst, Eicheln und anderen Früchten nimmt er auch Pilze und Wurzeln, nach denen er gräbt, er «sticht» oder «pflügt» nach Würmern, Engerlingen, Hummel-, Wespen- und Mäusenestern. Am Boden erbeutet er Insekten, Schnecken, Amphibien, Schlangen, Gelege und Junge von Bodenbrütern, Kleinsäuger (z. B. Igel), junge Kaninchen und Hasen; auch Fall-

Natur und Umwelt

Dachs

wild und Aas nimmt er auf. Wegen seiner spezifischen Ernährungsweise muss er sich für die Winterruhe Körperfett-Depots (bis zu 6,5 kg) zulegen.
Typisch ist seine schwarz/weisse Kopfzeichnung und sein weiches Fell mit langen Grannenhaaren, aus denen früher Rasierpinsel hergestellt wurden. Mit einer Kopf-Rumpflänge von 70–80 cm und einem Gewicht von 8–17 kg ist er unser grösster Marder. Für seine Grabtätigkeit ist er hervorragend ausgerüstet. An den Vorderbranten besitzt er besonders lang ausgebildete starke Krallen.

Der Dachs lebt wahrscheinlich in einer Dauerehe. Das Weibchen (Fähe) wird vom Männchen (Rüde) in der Hauptranzzeit (Juli/August) begattet. Nach einer Tragzeit mit Eiruhe (ähnlich wie beim Rehwild) von acht Monaten setzt die Fähe im Februar/März zwei bis drei blinde Junge im Bau. Nach 28–35 Tagen öffnen diese ihre Augen und erscheinen nach weiteren vier bis fünf Wochen erstmals an der Oberfläche. Von diesem Zeitpunkt an unternimmt die Fähe mit ihrer Jungmannschaft Ausflüge in die nähere Umgebung zur Futtersuche. Es ist putzig anzusehen, wie die Dachsfamilie im Gänsemarsch die Unterwelt verlässt. Ab fünf Monaten gehen die jungen Dachse selbständig auf Nahrungssuche, überwintern aber noch im Mutterbau. Im folgenden Frühjahr müssen sie den Platz für den weiteren Nachwuchs räumen und sich ein eigenes Revier suchen.

Der Fuchs (Vulpes vulpes)
Mit einer Kopf-Rumpflänge von 65–75 cm und einer Luntenlänge von 40–45 cm ist der Fuchs, unsere häufigste Raubwildart, ein eleganter Räuber im roten Gewand. Das Männchen (Rüde) erreicht ein Gewicht von fünf bis neun Kilo und das Weibchen (Fähe) liegt etwa zwei Kilo darunter.
Rüden und Fähen sind mit neun bis zehn Monaten, also schon in der ersten, auf die Geburt folgende Hauptranzzeit, die meist Mitte Januar–Mitte Februar liegt, geschlechtsreif. Nach etwa zehn Tagen

Fuchs

Vorranz ist die Fähe zwei bis drei Tage paarungsbereit. Zwei bis drei Tage nach der 15–25 Minuten dauernden Begattung, die oft mit dem «Hängen» der Partner endet, erfolgt die Ovulation. Nach der Tragzeit von 51–54 Tagen werden im März/April 1–13 Junge gewölft. Der Wurfkessel wird mit Bauchhaaren der Fähe gepolstert.

Das Geburtsgewicht ist durchschnittlich 100 g (85–150 g). Die 12–14 Tage lang blinden Welpen werden die ersten drei Wochen nur gesäugt (vier bis fünf Paar Milchdrüsen). Mit 20–24 Tagen werden sie mit Fleisch zugefüttert und erscheinen auf dem Bau. Mit drei bis vier Monaten beginnen die meist tagaktiven Jungen selbständig umherzustreifen, die Familie löst sich Ende Juli/August auf.

Der Fuchs ist Allesfresser, wenn auch die tierische Nahrung überwiegt. Von Insekten, Schnecken und Würmern bis zu Rehkitzen, Schaflämmern, Bodenbrütern bis Auerhuhngrösse und deren Gelegen, Aas, Beeren, Früchten, Gras und Kartoffeln wird alles aufgenommen. In Siedlungsnähe werden Müllplätze regelmässig aufgesucht. Die Nahrungswahl ist saison- und angebotsbedingt, meist wird einzeln gejagt. Bei Überfluss wird die Beute verscharrt. Gelegentlich wird schwächeren Beutegreifern der Fang abgejagt. Hausgeflügel wird besonders während der Jungenaufzucht erbeutet.

Die sprichwörtliche Schlauheit verdankt der Fuchs besonderen Sinnesleistungen, seiner Lernfähigkeit und Geschicklichkeit. Beispiele sind das Überlisten zusammengerollter Igel durch Benässen oder Ins-Wasser-Rollen, das Rollen schleimiger Kröten im Sand, das Anlegen von Vorratskammern. Zur Erlangung begehrter Nahrung vollführt der Fuchs manchmal erstaunliche Kletterkunststücke. Selbst grössere Gewässer bilden für ihn kein Hindernis: im Sommer wurden Schwimmstrecken von zwei Kilometern nachgewiesen.

Der Fuchs hat sich als Überträger der Tollwut und des berüchtigten Fuchsbandwurms äusserst unbeliebt gemacht.

Weitere dem Jagdrecht unterstehende Tierarten

Der *Feldhase* (Lepus europaeus): Er wird in Rothenfluh wegen seines geringen Vorkommens seit 1995 nicht mehr bejagt. Der freiwillige Verzicht auf eine Bejagung betrifft inzwischen das gesamte Kantonsgebiet. Vielleicht kommen bessere Zeiten, die eine Bejagung wieder zulassen. Auf eidgenössischer Ebene laufen verschiedene Studien, die die Ursachen für den Rückgang des Feldhasen untersuchen.

Der *Steinmarder* (Martes foina) hat sich inzwischen als «Automarder» einen zweifelhaften Ruhm erworben. In Rothenfluh leben mehr Steinmarder im Dorf als im Wald. Jagdzeit: 1. September bis 15. Februar.

Der *Stockente* (Anas platyrhynchos) fehlt es an geeigneten Gewässern. Sie ist jagdlich für Rothenfluh ohne Bedeutung. Jagdzeit: 1. September bis 31. Januar.

Die *Ringeltaube* (Columba palumbus): Jagdzeit: 1. August bis 15. Februar.

Die *Rabenkrähe* (Corvus corone corone), der *Eichelhäher* (Garrulus glandarius) und die *Elster* (Pica pica) haben keine festgelegte Jagdzeit, werden aber während der Nistzeit und Jungenaufzucht geschont.

4.8.3 Gesetzliche Bestimmungen

Vorschriften Mitte des 19. Jahrhunderts

Wie jede öffentliche Tätigkeit, ist auch die Ausübung der Jagd per Gesetz geregelt. Im Jagdreglement der Gemeinde Rothenfluh vom 23. September 1857 steht unter anderem

in Artikel 1:
Die Gemeinde Rothenfluh verpachtet die Jagd in ihrem ganzen Gemeindebann auf die Dauer von zehn Jahren an den Meistbietenden.

in Artikel 6:
Das Fangen, Verfolgen und Erlegen von Gewild (Rehe, Füchse, Dachse, Schnepfen, Auer- und Rebhühner) und was sonst noch unter jenem Begriffe verstanden wird, ist jedem Andern, der nicht Pächter, oder nicht durch diesen durch schriftliche Bewilligung dazu ermächtigt ist, verboten. Zur geschlossenen Jagdzeit ist dieses Verbot für Jedermann gültig.

in Artikel 7:
Ebenso ist Jedermann das Ausnehmen der Eier und Erbeuten von Jagdgeflügel und das Fangen von jungem Wild verboten.

Natur und Umwelt

in Artikel 8:
Die Jagd auf das vierfüssige Wild ist offen vom 1. Oktober bis und mit 15. Februar. Die Jagd auf Vögel ist dem Beständer (Pächter) freigegeben, selbstverständlich mit Stellhund. Auch ist dem Beständer erlaubt, während der geschlossenen Jagdzeit, aber ohne Hund, Raubthiere, als: Füchse, Marder, Eulen, Habichte etc. zu schiessen.

in Artikel 9:
Bis nach beendigter Weinlese ist auch dem Beständer verboten, in den Reben, oder deren Umgebung zu jagen. Ebenso ist die Jagd an Sonn- und Festtagen bei der nämlichen Strafe verboten.

in Artikel 10:
Jedermann ist untersagt, in dem Banne Jagdhunde ohne Bengel, oder nicht an der Leine geführt laufen zu lassen. Selbstverständlich gilt dieses Verbot nicht für den Pächter, während der offenen Jagdzeit.

in Artikel 13:
Von allen diesen Strafen fällt die eine Hälfte in die Schulkasse von Rothenfluh, die andere dem Verleider (Anzeige-Erstatter) zu.

Bei der Pachtversteigerung von 1857 ging die Pacht an Jäger Spiess vom Restaurant Schlüssel, Ormalingen. Er hatte die Summe von Fr. 81.– geboten.

Heutiges Gesetz
Jedem Jagdpassinhaber wird mit dem jährlich zu lösenden Jagdpass ein Auszug aus dem Gesetz ausgehändigt. In diesem sind unter anderem die geschützten Tiere aufgeführt:

4 Geschützte Tiere
Im Kanton Basel-Landschaft sind gemäss den einschlägigen Gesetzen des Bundes und des Kantons geschützt:
41 Gämsen ausserhalb der vom Regierungsrat umschriebenen Reviere;
42 Wiesel, Hermeline, Edelmarder, Iltisse, Eichhörnchen, Igel, Luchs, Birkhuhn, Rebhuhn, Kolkrabe, Waldschnepfe, Haubentaucher, Blässhuhn, Kormoran, alle übrigen Wildenten, ausser Stockente;
43 sämtliche Vögel mit Ausnahme der Haus- und der Feldsperlinge, der Rabenkrähen, der Elstern, der Eichelhäher und der unter Ziffer 3 als jagdbar bezeichneten Vogelarten.

Von den Allgemeinen Bestimmungen sind zwei besonders interessant:

51 Der Basellandschaftliche Jagdschutzverein führt über die vom 1. Mai bis 31. Dezember erlegten Rehböcke eine Gehörnschau durch, diese ist für das ganze Kantonsgebiet obligatorisch.
5 Gemäss Artikel 28 der eidgenössischen Fleischschauverordnung vom 1. März 1995 müssen erlegte Wildschweine in allen Fällen – auch bei Verwendung zum Selbstgebrauch – von einem tierärztlichen Fleischschauer auf Trichinen untersucht werden. Erlegte Wildschweine sind deshalb vor einer Zerwirkung oder vor dem Verkauf einem Tierarzt vorzuweisen.

4.8.4 Wie wird man Jäger?

Ein Jungjäger (hat mit dem Alter nichts zu tun), der volljährig sein und in Ehren stehen muss, hat ein Jagdlehrjahr zu absolvieren. Er wird in den Bereichen Waldpflege, Beobachten, Hundeführung, Teilnahme an Treibjagden, Versorgen von erlegtem Wild, Brauchtum und Jägersprache, Ballistik, Waffenkunde und Gesetz ausgebildet. Mindestens 100 Stunden praktisches Arbeiten und Erfahrung im Revier müssen quittiert sein, bevor er sich auf die Prüfung vorbereiten kann. Ist diese glücklich bestanden, ist er Jäger ohne Revier und kann sich als Gast bei Kameraden beliebt machen. Möchte er Pächter werden, gilt es, die wohl grösste Hürde zu überwinden: Er muss einer Jagdgesellschaft beitreten. Die Schwierigkeit besteht darin, einen freien Platz zu finden und das Aufnahmekriterium zu erfüllen, nämlich die Gunst aller Mitglieder.

4.8.5 Jagdgesellschaft Rothenfluh: über 50 Jahre Tradition

In der Jagdgesellschaft Rothenfluh wird Kontinuität grossgeschrieben, selbstverständlich mit wechselnder Besetzung. Austritte altershalber oder wegen Krankheit und Tod waren bisher die Gründe für Neubesetzungen. Eine Jagdgesellschaft ist – so verlangt es das Gesetz – als einfacher Verein mit einem Vorstand, bestehend aus Präsident, Kassier, Jagdleitung und Aktuar, zu bestellen, der dem Kanton (Volkswirtschafts- und Sanitätsdirektion, Kantonale Jagd- und Fischereiverwaltung) rechenschaftspflichtig ist. Die Gesellschaft muss Statuten aufstellen, deren Inhalt von der Direktion vorgeschrieben ist und die der Genehmigung durch die Direktion bedürfen. Die Jagdgesellschaft ist verpflichtet, eine Jagdstatistik zu führen und dem Kanton jederzeit Einblick in diese zu gewähren.

Ein Revier wie es Rothenfluh aufzuweisen hat mit rund 1100 ha jagdbarer Fläche benötigt mindestens zwei Jagdaufseher. Deren Aufgaben sind vielseitig. Einerseits müssen sie intern im Ablauf des normalen Jagdbetriebs und extern für Wildunfälle zu jeder Tages- und Nachtzeit sowie gemäss den Bedürfnissen der Bevölkerung zur Verfügung stehen.

Eine Pachtperiode dauert acht Jahre, bevor es wieder zu einer Vergabe kommt. Die Vergabe erfolgt durch die Gemeinde. Änderungen in der Zusammensetzung der Jagdgesellschaft müssen der Gemeinde gemeldet werden. In der jetzigen Periode beträgt der Pachtzins Fr. 11 900.– pro Jahr.

Ein Jagdjahr in kurzen Zügen
Ein Jagdjahr beginnt am 1. April und endet am 31. März des darauffolgenden Jahres. Alle für ein Revier zu erfassenden Daten, Abrechnungen, Statistiken usw. gelten immer für diesen Zeitraum.

Die wichtigste Sitzung innerhalb eines Jagdjahres ist die Generalversammlung der Jagdgesellschaft. Sie findet immer in einer der beiden ersten Wochen im April statt.

Zuhanden aller Mitglieder wird Protokoll geführt über

Jagdstatistik
Darin wird minutiös aufgeführt, was an jagdbaren Tieren wo geschossen oder aber als Fallwild geborgen wurde, getrennt nach Art und Geschlecht.

Schätzung des Rehwildbestandes
Nach Besprechung mit dem Förster wird eine Eingabe an den Kanton gemacht, der dann die Abschusszahlen festlegt.

Kasse und Revision
Zahlungen der Jagdpacht, Erlöse aus dem Wildbretverkauf und Beträge für die Wildschadenverhütung sind hier festgehalten.

Arbeiten im Revier
Aushagen: Abbrechen und Entfernen von alten Wildschutzzäunen im Wald, Salzleckstellen, sogenannte Salzlecken, bestücken. Als Salzlecken dienen abgestorbene Bäume, die in etwa 1,5 Metern Höhe abgeschnitten und mit einer Kunststoffröhre versehen werden. Diese mit Viehsalz gefüllten Röhren geben kontinuierlich Salz an das darunterliegende Holz ab. Hier wird es von Sauen und Rehwild abgeleckt und von Vögeln aufgenommen. Strassenverblendungen: An den wichtigsten Wildwechseln und vielbefahrenen Strassen werden reflektierende Folienstreifen angebracht, die das Wild stoppen und abhalten sollen, gefährliche Stellen schnell zu überqueren.

Hochsitze und andere Jagdeinrichtungen kontrollieren. Im Bedarfsfall Neubau von Kanzeln für den Nachtansitz auf Sauen. Tägliche Bestückung der Wildsausuhlen. Damit die Wildschweine im Wald gehalten

Salzleckstelle

werden können, wo sie keinen Schaden anrichten, werden sie mit kleinen Portionen Körnermais geködert (Verbrauch pro Jahr eine Tonne, finanziert durch die Jagdkasse). Rehkitzrettung durch Verblenden von Setzwiesen: Die Bauern melden der Jagdgesellschaft, welche Wiese anderntags gemäht

Natur und Umwelt

werden soll. Nun werden Blinklampen aufgestellt, die die Rehgeiss veranlassen, dieses gefährdete Gebiet mit ihren Kitzen zu verlassen.

Herbstjagden
Festlegung der Gemeinschaftsjagden mit Gästen. Meldung dieser Daten an die Gemeinde, den Polizeiposten und den Kanton.

Wildhut
Die Bergung von Fallwild ist zu jeder Tageszeit garantiert und von der Jagdgesellschaft organisiert.

Reviereinteilung
Für die Sommerbockjagd (Selektionsjagd) teilen sich zwei bis drei Pächter einen bestimmten Revierteil. Hier können auch Beobachtungen über die Bestandesstärke aller vorkommenden Wildarten gemacht werden.

Jungjägerausbildung
Für das Hegejahr, das jeder Jagdprüfung vorausgeht, bieten wir Kandidaten die Möglichkeit einer praxisgerechten Starthilfe.

Gemeinsame Anlässe
Alternierend lädt die Jagdgesellschaft alle zwei Jahre entweder den Gemeinderat oder die Bauern zu einem Wildschmaus ein.

Gemeinsamer Hock
Einmal im Monat trifft sich die Jagdgesellschaft in der Jagdhütte (Mülistätt), um über anstehende Probleme zu sprechen.

Hock bei der Jagdhütte (Mülistätt), 2001

Aktiv wird die Jagd am 1. Mai aufgenommen. Es gilt jetzt, auf der Einzeljagd in allen Revierteilen das Rehwild selektiv unter die Lupe zu nehmen und hauptsächlich schwache Böcke zu erlegen. Nach der Brunft, um Mitte August, werden alte reife Böcke erlegt – wenn man sie erwischt. Für die Herbstjagd werden Freunde eingeladen. Ansitz und Pirschgänge beleben den jagdlichen Alltag. Zur Vermeidung grösserer Wildschäden durch die Sauen bestücken wir sogenannte Ablenkfütterungen mit kleinen Mengen Mais, den wir eingraben und unter Steinen verstecken, um die Sauen im Wald zu beschäftigen. Hie und da bringen Nachtansitze auf die Schwarzkittel auch Jagdglück.

Jagdstatistik 2000/2001 für das Revier Rothenfluh

Erlegtes Wild	Fallwild	Geschätzter Wildbestand
40 Rehe	7 Rehe	110 Rehe
33 Füchse	9 Füchse	
4 Dachse	1 Dachs	
8 Wildschweine		
	1 Hase	20 Hasen

Der Ablauf einer Gemeinschaftsjagd

Jagen ist eine Leidenschaft, kein Sport. Es geht um Lebewesen. Dabei schützt sich der Mensch vor dem Verdacht auf Frevel durch kultische Handlungen, Riten und Zeremonien.

Der Jagdtag unter Gleichgesinnten beginnt am vereinbarten Sammelplatz mit dem gegenseitigen Wunsch nach «Weidmannsheil» und dem Jagdhornsignal «Begrüssung», dann orientiert der Jagdleiter über den Verlauf des Jagdtages. Danach werden die Schützen auf die Stände verteilt und der Trieb wird angeblasen. Um die Mittagszeit wird die Jagd unterbrochen vom «Aser» (Pause mit Verpflegung aus dem Rucksack) und frisch gestärkt fortgesetzt.

Vor dem Eindunkeln wird endgültig abgeblasen. Die Jäger kommen nun mit «gebrochener» Waffe zum Sammelplatz, wo «die Strecke verblasen wird»: Der Reihe nach

Orientierung durch den Jagdleiter über den Verlauf des bevorstehenden Jagdtages im Eichligarten, Anfang 1990er Jahre

werden (je nach Ergebnis der Jagd) Sau, Rehbock, Rehgeiss, Fuchs auf den Boden gelegt und jedes Tier mit dem ihm eigenen Hornsignal bedacht.

Dem Schalenwild (bei uns Schwarzwild und Reh) wird nach altem Brauch der «letzte Bissen» gereicht. Das ist ein frisch gebrochenes Ästchen einer Tanne, Fichte, Eiche oder Erle, das in den Äser oder das Gebrech gesteckt wird. Beim Inbesitznahmebrauch wird ein zusätzliches Zweiglein derselben Baumart auf dem Wildkörper platziert: beim männlichen Wild mit der gebrochenen Spitze, beim weiblichen Wild mit der gewachsenen Spitze gegen das Haupt. Das gestreckte Wild wird immer auf die rechte Seite gelegt, das heisst, das Herz zeigt zum Himmel.

Nach den Signalen «Jagd vorbei, Halali und auf Wiedersehn» werden die Waffen verstaut und man geht dann zum gemütlich-gesellschaftlichen Teil über.

Brauchtum: Jagdhornbläser

Literatur
Schmidt, Philipp: Das Wild der Schweiz. Bern 1976.
Auszüge aus «Erlasse des Kantons Basel-Landschaft»
Hofmann, Reinhold, Müller, Franz: Wildbiologische Informationen für den Jäger. St. Gallen 1978.

Natur und Umwelt

4.9 Fischfang

Die Fischweid umfasst die öffentlichen Gewässer, in denen Fische gefangen werden können. Dazu gehören die Ergolz, der Dübach und das Länenbächli. Diese Gewässer werden für eine gewisse Zeit an Interessenten gegen einen jährlichen Pachtzins für den Fischfang verpachtet. Seit 1988 bestehen zwei solche Verträge. Der eine betrifft die in drei Abschnitte eingeteilte Ergolz, der zweite Vertrag umfasst den Dübach und das Länenbächli.

Für die Pachtperiode 1988 bis 1993 bezog die Gemeinde als Verpächterin für die Ergolz jährlich Fr. 2500.– Pachtzins. Um den Fischbestand zu sichern, musste sie jährlich 1200 Jungfische aussetzen. Die sechs Pächter erhielten für ihr Gebiet zehn Fischerkarten. (Wer fischen will, braucht eine solche Karte, als Ausweis bei einer Kontrolle.) Die zwei Pächter für den Dübach und das Länenbächli hatten jährlich Fr. 1100.– zu bezahlen. Sie hatten ein Anrecht auf sechs Fischerkarten und die Gemeinde musste jährlich 350 Jungfische aussetzen.

Das Einhalten der Verträge überwacht ein kantonaler Fischereiaufseher.

Die kantonale Fischereikommission beurteilt vor jeder Pachtperiode den Wert einer Fischweid je nach Qualität des Wassers und Zustand des Gewässers. Aufgrund der Untersuchungen wird ein mutmasslicher Fischertrag pro Hektare Wasserfläche errechnet und daraus der Wert der betreffenden Fischweid abgeleitet.

Im Jahr 2000 wurde die Pachtdauer derjenigen der Jagdpacht angeglichen und auf acht Jahre angehoben. Für die neue Pachtperiode (2000–2007) vergab die Gemeinde die Pacht für Ergolz, Dübach und Länenbächli zum kantonalen Schätzungswert von Fr. 1320.– bzw. Fr. 600.– Der Schätzungswert hätte auch um 30 % erhöht oder herabgesetzt werden können. Die vier Pächter erhielten für die beiden Gebiete insgesamt zehn Fischerkarten.

Siedlung 5

5.1 Dorfrundgang

Kennen Sie Rothenfluh? Nein? Dann lade ich Sie ein zu einem Dorfrundgang. Wir beginnen auf dem Dorfplatz. Natürlich ist die Wacht weniger eindrucksvoll als das Basler Rathaus, aber die Beschlüsse, die vom Gemeinderat darin gefasst werden, sind genau so gültig wie diejenigen des Basler Grossen Rats. Im Erdgeschoss befindet sich das Stimm- und Wahllokal. Das Wandgemälde stellt einen Wächter dar, der sich auf eine Hellebarde stützt. Es stammt von Adolf Gass (siehe Kapitel 12.1). Seine Bilder mit Rothenflüher Motiven schmücken viele Wohnungen im Dorf. Gegenüber lebte bis vor wenigen Jahren Emil Erny-Gerster, besser bekannt als Grändelimiggel. Als er mit 104 Jahren starb, war er der älteste Einwohner des Kantons. Der Türsturz des Hauses, in dem er wohnte, trägt die Jahrzahl 1578. Westwärts erblicken wir zwischen zwei Häusern das stattliche Pfarrhaus. Es besitzt gegen die Strasse hin zwei Reihen schöner gotischer Fenster.

Blick vom Dorfplatz Richtung Niederhofgasse, 1998

Siedlung

Zwei markante Bauernhäuser an der Rössligasse, 2001

Mahlsteine bei der ehemaligen Mühle, 1998

Wir wollen das ringförmig angelegte Dorfzentrum umrunden und folgen zu diesem Zweck der Rössligasse. Auf der andern Seite der Ergolz liegen nebeneinander zwei stattliche Bauernhäuser. Vor dem einen, dessen Frontseite zur Strasse schaut, steht eine Linde. Das andere Anwesen grenzt mit der Giebelseite an den Bach. Die originelle Vorderseite wird erst sichtbar, wenn man das Brücklein überschreitet. Die Nordseite der Rössligasse bietet sich als abwechslungsreiche, fast geschlossene Häuserzeile dar. Die Fenster unterscheiden sich von Haus zu Haus in Grösse, Anzahl und Anordnung. Auch Höhe und Breite und die Neigung der Dächer sind nicht einheitlich. Da Brandmauern zwischen ältern Häusern oft fehlen, sind einige Estriche offen miteinander verbunden: ein Freiraum für wilde Kinderspiele.

Gegenüber der Metallbauwerkstatt Küng überqueren wir die Ergolz und erreichen schon nach wenigen Schritten die ehemalige Mühle. Altes Räderwerk rostet still vor sich hin. An einem Schuppen lehnen verloren zwei Mühlsteine, gewichtige Zeugen der Vergangenheit. Hinter dem Haus steigt ein holpriger Fahrweg zur Müliholde hinauf. Der Aufstieg lohnt sich, geniesst man doch von dort oben einen der schönsten Ausblicke aufs Dorf. Zwischen dem Restaurant Rössli und dem Haus Nr. 26 betreten wir das Gässli, welches den Häuserring in Nord-Süd-Richtung durchquert. Wir bemerken jetzt, dass Rothenfluh keinen eigentlichen Dorfkern besitzt. Im Innern des Häuserrings liegen gut versteckt sorgfältig gepflegte Gemüse- und Blumengärten. Die Hausdächer sind auf ihrer Rückseite – also zu den Gärten hin – tief heruntergezogen. Vor der Zimmerei Zimmerli drehen wir um und kehren zur Rössligasse zurück.

Dort, wo die Eisengasse in die Rössligasse mündet, beginnt die Anwilerstrasse. Das Eckhaus wirkt wie abgesägt. Tatsächlich wurde hier ein Haus abgebrochen, als die Dorfausfahrt Richtung Anwil verbreitert wurde. Vom erhöhten Pausenplatz vor dem Schulhaus blicken wir durch die Ruebgasse hinunter zur Hirschengasse. «Wohnte da drüben am Hang nicht Paul Manz?» «Ja, er war 16 Jahre unser Pfarrer. Das Dorf hat ihm und seiner Frau viel zu verdanken. Die Ära Manz ist heute noch ein Begriff!» (siehe Kapitel 13.6)

Die Ruebgasse hinunter wandernd kommen wir am Dorfladen, der Chesi, vorbei. Dort, wo von links der Dübachweg einmündet, beginnt die Hirschengasse. Mit der Post, der Postautohaltestelle, der Gemeindekanzlei und einigen markanten Bauernhäusern bildet die Hirschengasse so etwas wie die Hauptstrasse des Dorfes. Hier, wie im ganzen Dorf, fällt die Blumenpracht vor den Fenstern und auf den Simsen ins Auge. Geranien und Hängenelken wetteifern in Farbe und Fülle miteinander. Durch die Oberhofgasse steigen wir zur Kirche hinauf. Vom Friedhof aus eröffnet sich uns ein neuer Blick auf die vielfältige Dachlandschaft. Eine Häusergruppe neben der Kirche bildet

Blick vom Schulhaus Richtung Ruebgasse/Hirschengasse, 2001

An der Hirschengasse, 1996

Siedlung

Alt- und Neu-Rothenfluh, 2001

den Hof. Einige Gebäude stossen mit einer Ecke an die Strasse, andere engen sie mit ihrer Breit- oder Längsseite ein. Die Grendelgasse führt uns zu den auf der Sonnenseite gelegenen neuen Wohnquartieren hinauf. In den letzten Jahren herrschte an der Oberen Vogtsmatte eine rege Bautätigkeit. Hier gibt es keinen einheitlichen Baustil. Jedes Haus zeugt vom Geschmack und Wesen seines Erbauers.

Vergessen wir die Höfe nicht! Wenn wir sie alle aufsuchen wollen, müssen wir uns allerdings auf eine längere Wanderung gefasst machen. Die Säge liegt halbwegs zwischen Rothenfluh und Ormalingen. Vor Nordwinden geschützt in einer Mulde liegen die Chälenhöfe und der benachbarte Humbelsrain. Am weitesten vom Dorf entfernt, am Strassenübergang nach Wegenstetten, liegt der Asphof. Von hier aus lassen wir unsern Blick nordwärts zu den Höhen des Schwarzwalds schweifen. Nördlich des Dorfs, an einer sonnigen Halde, liegt der Holingen. Gegenüber, auf der Schattenseite, an der Strasse nach Wittnau liegt das «Bad». Im Winter scheint dort die Sonne nur spärlich, dafür lädt an heissen Sommertagen die kühle Gartenwirtschaft zum Verweilen ein. Noch weiter hinten versteckt sich der Dübach, darüber ragt die quellreiche Wellholde auf.

Westlich des Dorfes befinden sich zwei Siedlungen, die erst im 20. Jahrhundert erbaut wurden: Der Heuelschürehof und der Hof Rütschen.

Wir wollen unsern Rundgang mit einem Aufstieg zu Rothenfluhs weithin sichtbarem Wahrzeichen, der Flue, beschliessen. Von der Oberen Vogtsmatten aus nehmen wir den steilen Hornweg unter die Füsse. Bald erreichen wir eine Waldkuppe, die den Namen Götzenbühl trägt. In dieser Gegend schlummern noch andere merkwürdige, z. T. vergessene Flurnamen, wie Trutenloch, Holwingenmatt, An der langen Jucharten. Nach einer Spitzkehre verengt sich der Pfad und zwingt uns zum Gänsemarsch. Nach kurzem Aufstieg erreichen wir die Hochebene Uf der Flue. Knorrige Eichen und Föhren säumen den felsigen Rand. Von der Flue selber, einer mächtigen vorspringenden Felsplatte, bietet sich das zu unsern Füssen liegende Dorf reizvoll dar. Seit einigen Jahren grenzt ein Metallzaun den freien Platz gegen die senkrecht abfallende Felswand ab. Ein Bild taucht vor mir auf:

Blick von der Flue Richtung Südosten, 1993

Während einer Turnstunde, zur Zeit als ich noch im Schuldienst stand, hatten sich unbemerkt ein paar Knaben und Mädchen auf die Felskante gesetzt und liessen die Beine baumeln. Behutsam, doch innerlich erregt, befahl ich ihnen, nach hinten zu rutschen und aufzustehen. Mir graust heute noch, wenn ich daran denke. Von der Flue aus bietet sich uns ein weites Panorama. Wir erkennen im Südwesten die flache Pyramide des Wisenbergs, den Bölchen, den Rehhag und noch weiter westlich die Schauenburgfluh. Verweilen wir noch ein wenig hier oben. Unser Blick ruht auf dem vertrauten Bild des Dorfes im Talgrund und wandert dann zu den blauen Fernen des Juras.

5.2 Siedlungsentwicklung

5.2.1 Topografie und Grundanlage der Siedlung

Im Tafeljura, an der Schnittstelle zweier Bruchlinien, welche durch das Dübachtal und das Ergolztal erkennbar werden, hat sich Rothenfluh als ringartige Siedlung in einem günstig gelegenen Dreieck entwickelt. Zwischen den drei Tafeln (Horsten) – dem Kei mit der Rothenflüher Flue im Norden, der Wenslinger Tafel mit Müli- und Buechholden im Süden sowie der Anwiler Tafel mit der Ringelflue im Osten – weitet sich bei Rothenfluh die Landschaft zum sanfteren und weiter geöffneten Ergolztal hin.

Auf die Lage im relativ weiten Raum zwischen Ergolz und Dübach vor deren Zusammenfluss bei der heutigen Abzweigung in die Etzmatten ist demnach der grosszügig bemessene Innenraum des Dorfkerns zurückzuführen. Erst im Jahre 1900 wurde der Lauf der Ergolz am westlichen Dorfausgang gegen Ormalingen hin in seinen heutigen Lauf südlich der Kantonsstrasse verlegt. Nur deswegen ist die Anlage des Dorfes nun nicht mehr auf den ersten Blick im ursprünglichen Zusammenhang erkennbar.

Die Anlage der Siedlung entspricht insbesondere im nördlichen und westlichen Teil entlang dem Dübach und an der Ergolz einem Bachzeilendorf. Die Lage der Häuser im südlichen und östlichen Teil orientiert sich weitgehend am Verlauf der alten Talwege nach Anwil. Dieser Dorfteil kann demnach als Strassenzeilendorf bezeichnet werden. Direkt am Ergolzlauf stand bereits um 1680 die Mühle, die bis 1978 betrieben worden ist. Das Wasser wurde oberhalb des Dorfes von der Ergolz in einen Kanal abgeleitet, welcher auf das oberschlächtige Mühlrad führte. Nach geleisteter Arbeit erfolgte die Ableitung des Wassers direkt bei der Mühle zurück in die Ergolz.

5.2.2 Entwicklung und Verdichtung der Siedlung

Um 1680 hat der Geometer Georg Friedrich Meyer die Baselbieter Dörfer mit Häusern, Wegen, Baum- und Gemüsegärten in Federskizzen detailliert festgehalten. Seine Zeichnung von Rothenfluh lässt erkennen, dass der grösste Teil der damals vorhandenen Häuser mit Strohdächern bedeckt war. Häuser mit harter Dachhaut, d. h. Ziegeldeckung, hat er lediglich im Dorfteil um die Kirche, den Hof, und beim Pfarrhaus gekennzeichnet. Im übrigen Dorf besassen um 1680 nur an der Anwilerstrasse fünf Häuser sowie die Mühle und die Schmitte mit Ziegeln bedeckte Dächer.

Wir dürfen davon ausgehen, dass etliche der um 1680 vorhandenen, einfachen Bauernhäuser schon im 16. Jahrhundert vorhanden waren, ist doch der Sitz des obrigkeitlichen Verwalters, das Haus des Untervogts (Im Hof Nr. 75), bereits um 1558 erstellt worden,

Siedlung

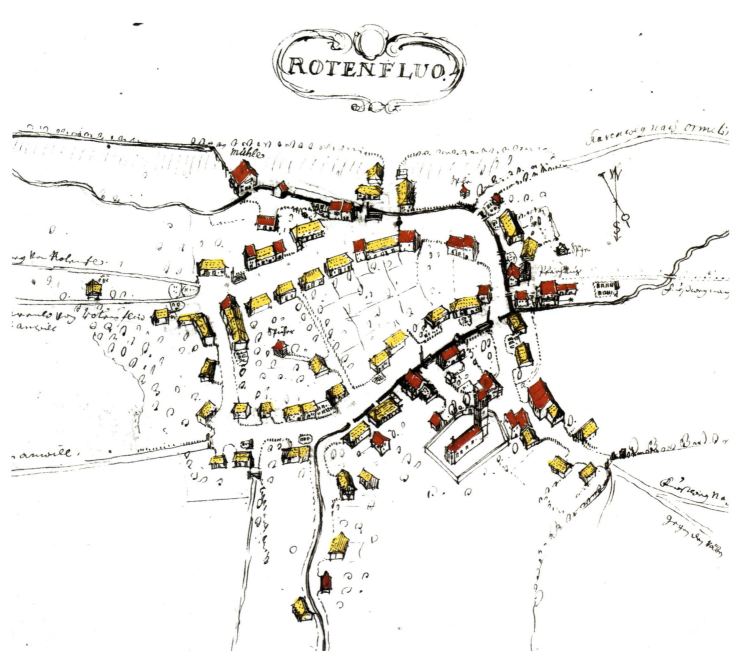

Georg Friedrich Meyer: Rothenfluh um 1680; rot: Ziegeldächer, gelb: Strohdächer

Siedlung

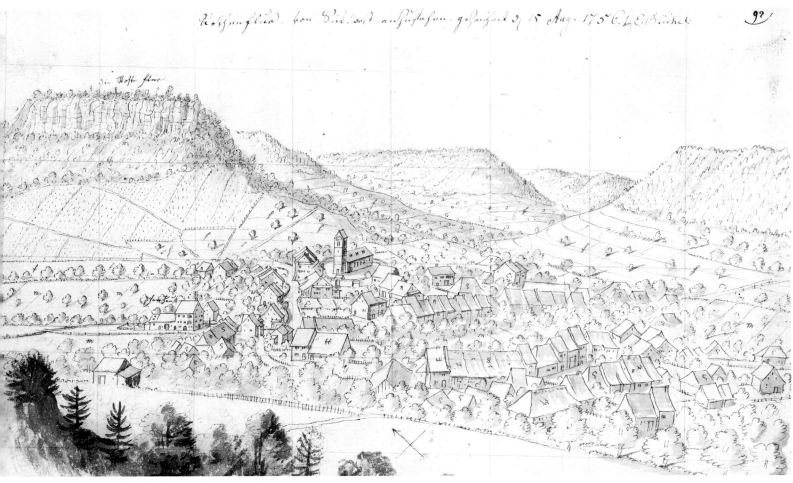

Emanuel Büchel: Ansicht von Südwesten, 1756

wie der im Sturz des gotischen Fensters im Erdgeschoss eingravierten Jahrzahl zu entnehmen ist.

Damals standen die meisten Häuser frei am Weg, d. h. es waren zwischen allen Häusern Lücken. Zur Zeit der Zeichnung von G. F. Meyer gab es lediglich an der Süd- und der Nordseite der heutigen Anwilerstrasse sowie an der Einmündung der Eisengasse in die Anwilerstrasse kurze Reihen. Diese kurzen Häuserzeilen bestanden aus einem oder zwei strohgedeckten Häusern und als Kopfbauten je einem Haus mit Ziegeldach. Die strohgedeckten Bauten entsprachen dem Stall und Tenn, die ziegelbedeckten Bauten den Wohnhäusern der Bauernbetriebe.

Wie die Bauernhäuser im 16. Jahrhundert ausgesehen haben, kann heute noch am letzten, bis zum Beginn des 20. Jahrhunderts strohgedeckten Haus am Dübach 97

Siedlung

Ansicht von Süden, vor 1912

Ansicht von Süden, Anfang 1970er Jahre

erkannt werden. Dieses Haus ist in der ursprünglichen Konstruktion des Ständerbaus mit Hochstud, der bis zum Dachfirst hinaufreicht, errichtet worden und ist in wesentlichen Teilen so erhalten. Einen weiteren Rest der damaligen Ständerbauten birgt die Scheune des Hauses Hirschengasse 58. Dort ist allerdings nur die innere Stallwand mit zwei Zwischenständern erhalten. Die übrigen Konstruktionsmerkmale stammen aus Renovationen und Umbauten des 19. Jahrhunderts.

Um 1756, auf den Zeichnungen von Emanuel Büchel, hat Rothenfluh bereits eine starke bauliche Verdichtung erfahren: Der «innere Ring» und die Reihen südlich der Anwilerstrasse bestehen schon durchwegs aus Häuserzeilen mit hohen, steilen Giebeln, welche fast alle mit Ziegeln bedeckt sind. Die Lücken zwischen den Häusern haben sich bis auf die auch heute noch vorhandenen wenigen Durchgänge geschlossen.

Grössere Renovations- und Umbauaktivitäten haben viele der traufseitigen Fassaden in der ersten Hälfte des 19. Jahrhunderts verändert. Neue Gebäude entstanden kaum. Seit jener Zeit der Renovationen hat es im Dorf wenig grundlegende Veränderungen bis in die 70er Jahre des 20. Jahrhunderts gegeben. Umso tiefgreifender ist die seither vollzogene Anpassung der Bausubstanz an die gewandelten Bedürfnisse unserer Zeit. Kaum ein Dachstock, der noch als Estrichraum für die Lagerung der Vorräte gebraucht wird: Die hohen Dachräume der steilen Giebel sind zu zusätzlichem Wohnraum

Siedlung

Luftaufnahme von Nordwesten, 13. Juli 1950

Rothenfluh vor dem Wachstumsschub: Am Nordabhang steht noch kein einziges neues Einfamilienhaus. Die Häuser an der Ecke Rössligasse/Eisengasse werden später bei der Strassenkorrektion abgerissen. Auf dem späteren Sportplatz beim Pfarrhaus stehen noch Bäume, es gibt keine Hecke der Strasse entlang. Erst die Hauptstrassen sind geteert. Das Dorf ist von einem dichten Obstbaumbestand umgeben. Im Gebiet Rank, das heute als Weide genutzt wird, wird Getreide angebaut.

Luftaufnahme von Süden, 30. Mai 1979

Die Siedlung hat sich innert 30 Jahren stark ausgedehnt. Am Nordabhang steht ein erster Gürtel von Neubauten (Hegmatt, Untere Vogtsmatten, Ob der Kirche), die zweite «Etage» Obere Vogtsmatten ist noch nicht erschlossen. An der Wittnauerstrasse sind nun die Fabrikationsgebäude der Rieder & Co. (1958 erbaut) und die Turnhalle (1972), am Westausgang des Dorfes das Produktionsgebäude der Graf Fruttasan AG (1976) zu sehen. Der Baumbestand ums Dorf herum hat sich gelichtet.

Siedlung

ausgebaut worden. Ähnlich ergeht es in den 1990er Jahren den alten Scheunen: Sie werden zu Wohnungen umgebaut. Zu diesem neugewonnenen Wohnraum kommen die neuen Einfamilienhäuser am südostexponierten Abhang gegen die Rote Fluh und das Dübachtal. Nach etwa 250 Jahren erfolgt damit wiederum eine grundlegende Veränderung des Dorfbildes.

Die Siedlungsgeschichte des Dorfes seit 400 Jahren ist eine Geschichte der Verdichtung in zwei grossen Schritten:

1. Schritt: zwischen 1680 und 1756 vom lockeren Bestand zu dichten Häuserzeilen
2. Schritt: seit den 1970er Jahren intensivierte Nutzung der grossen, freien Estrichräume und Scheunen und Ausdehnung der besiedelten Fläche über den Dorfkern hinaus.

Trotz den Veränderungen der Bausubstanz strahlt das Ortsbild nach wie vor eine wohltuende Harmonie aus, wurde doch bis

Eines der letzten Strohdachhäuser musste um 1900 der Korrektion der Ergolz weichen.

heute weitgehend auf fremd wirkende Baukörper und störende Elemente an den Bauten im Ortskern verzichtet. Besonders positiv für die Wohn- bzw. Lebensqualität ist der für alle Einwohnerinnen und Einwohner direkte Bezug zu nicht überbauten, bewachsenen Freiflächen. Dies ist einerseits der von der Landschaft vorgezeichnete und seit je von den Menschen übernommene Raum im inneren Häuserring. Andererseits besitzen auch die Häuser des äusseren Ringes Baum- oder Pflanzgärten hinter dem Haus. Es lohnt sich, diese Freiflächen zu erhalten.

Quellen und Literatur
StA BL, Handschriftensammlung 0052/01 (Skizzen G. F. Meyer).

Hirschengasse, 1939

Siedlungsplan 1:5000, 2001

Siedlung

5.3 Höfe

Die heute existierenden Nebenhöfe in den Gebieten Asp, Säge, Chälen, Dübachtal, Heuelschür und Rütschen sind im Vergleich zum Dorfkern jüngeren Datums, sie wurden mehrheitlich erst im 19. und 20. Jahrhundert gebaut.

5.3.1 Asp

Der Asphof liegt an der Strasse nach Wegenstetten, nahe der Kantonsgrenze Baselland/Aargau. Der Flurname Asp kann mit dem Vorhandensein von Espen oder Zitterpappeln zusammenhängen, welche man gerne als Grenzbäume benützte.
Der erste bekannte Besitzer des Asphofs ist Hans Märklin (1715–1797). Seine Tochter Anna Maria heiratete 1777 den aus Wintersingen kommenden und von Buus gebürtigen Friedli Graf, der zwei Jahre später in Rothenfluh eingebürgert wurde.
Im ersten Brandlagerbuch (1807–1830), welches alle Gebäude für die obligatorische Gebäudeversicherung registriert, ist Jakob Gass als Eigentümer vermerkt. Nach seinem Tod im Jahre 1815 wurde sein Schwiegersohn Heinrich Thommen von Zeglingen Besitzer dieses Gebäudes. 1827 war es beinahe unbrauchbar und dem Einsturz nahe. Der Besitzer musste eine Bau- und Bauholzbewilligung vom Kleinen Rat (Regierung) in Basel einholen. Der damalige

Asphof um 1915, im Hintergrund Wilhelm und Mina Eglin-Grollimund mit den Kindern Mina, Frieda und Willy.

Asphof, 2001

Gemeindepräsident Johann Jakob Lützelmann und die Waldkommission unterstützten das Bauvorhaben.

Das Gebäude wurde neu aufgestellt. «Da die Stelle, worauf das alte Gebäude steht, sehr sumpfig ist, so finden wir es ganz den Umständen angemessen, dass das neue Gebäude auf einem trockeneren Platz errichtet wird», ist aus einem Brief vom 7. Mai 1827 zu entnehmen. 1828 wurde das Gebäude fertiggestellt.

1863 verkauften die Erben des Heinrich Thommen-Gass den Hof an den Rothenflüher Bürger Albrecht Rieder-Rieder, 1891 wurde dessen Sohn Johannes Rieder-Ruefli Eigentümer des Asphofs.

1911 erwarb Wilhelm Eglin-Grollimund den Hof, seit 1932 besass Mina Eglin-Grollimund das kantonale Wirtepatent für alkoholfreie und seit 1945 auch für alkoholische Getränke (siehe Kapitel 8.4.1).

1959 übernahmen die Kinder Willy, Walter und Martha Hof und Gastwirtschaft. Das Restaurant hat regionale Bekanntheit erlangt. Seit 2000 ist die nächste Generation im Besitz, Matthias Eglin-Krupiak.

Von 1923 bis 1970 waren im Asp Ferienkolonien untergebracht. Die Kinder stammten aus dem unteren Baselbiet, aus Mülhausen und der Stadt Zürich.

Bad, 2000

5.3.2 Bad

Der Badhof liegt an der Strasse nach Wittnau–Frick. Zu Beginn des 19. Jahrhunderts war Johann Jakob Lützelmann-Erny, der damalige Gemeindepräsident, Eigentümer der Odletenmatt, d. h. der Gegend, wo der heutige Gasthof Bad Rothenfluh steht (siehe Kapitel 8.4.1).

1830 erwarb Johann Erny, Wagner, das Grundstück. Er baute aus dem «Heuscheurlein» ein Wohnhaus mit Scheune und Stall.

In der Folge wechselten die Besitzer während Jahrzehnten häufig: Johannes Gass Vater und Sohn (1849, danach Ausbau), Johann Rieder, Baselbote (1852), Jakob Sept und Johann Dietschin-Fäsch aus Basel (1859), Heinrich Gass-Gass (1868, nennt sich als Erster «Badwirt», 1870 grosser Brandschaden im Wohnhaus), Adolf Rodel, Schreiner aus Fahrwangen (1879), Sebastian Schaffner-Wendelspiess (1888), Jos. Anton Vogel-Meier von Oberfrick (1897), Joseph Zeller-Merkt von Hausen im damaligen Grossherzogtum Baden (1898).

1918 wurde die Liegenschaft von den Geschwistern Zimmerli erworben und zwei Jahre später renoviert und ausgebaut: Das «Bad» umfasste nun ein Wohnhaus mit Wirtschaft, ein Ökonomiegebäude und ein Badhaus mit sieben Badezimmern, Heiz- und Brennraum. Der Badbetrieb wurde 1939 aufgegeben.

1953 wurde Oskar Morf-Gyr neuer Eigentümer und ab 1961 führt die Familie Rüegsegger-Doppler den Badhof.

Siedlung

5.3.3 Dübach

Der Dübachhof liegt zuhinterst im Dübachtal, ungefähr zwei Kilometer vom Dorf entfernt.
1830 war Albrecht Gass, alt Müller, Besitzer dieses Hofs, welcher zuerst aus einem steinernen Heuhäuslein mit strohbedecktem Dach bestand. Im darauffolgenden Jahr erbte sein Schwiegersohn Albert Rieder-Gass die Landparzelle im Dübach. Er baute aus dem Heuhäuslein eine Wohnung mit Stall und Heubühne.
1851 verkaufte der Nachbesitzer Johann Schaffner aus Anwil den Dübachhof an Ferdinand Vogt, Schäfer aus dem damaligen Königreich Württemberg. 1858 wurde Jakob Hort-Schaffner, Posamenter, 1866 Johann Bürgin-Schaffner Eigentümer. Von 1903 bis 1942 gehörte der Hof Emil Bürgin-Rieder und seinen Erben. Der neue Besitzer Fritz Müller-Lauber starb im Jahre 1986 und seine Witwe Martha Müller-Lauber vererbte den Hof 1992 an Martin Müller-Bärtschi.

5.3.4 Holingen

Der Holingenhof liegt ungefähr einen Kilometer vom Dorf entfernt östlich der Roten Fluh im Gebiet mit dem gleichen Flurnamen.
Zu Beginn des 19. Jahrhunderts stand auch im Holingen zunächst nur ein Heuhäuslein. 1826 baute Hans Jakob Fryburger-Grieder das erste Wohnhaus mit Scheune und Stall. 1837 verkaufte er eine Hälfte der Behausung an Elisabeth Grieder-Kyburtz.
1838 verkauften die Vögte (Vormünder) der Witwe des Samuel Grieder-Kyburtz die Hälfte des Hofes wieder dem Erbauer. Nach dieser Zeit wechselten Besitzer und Bewohner rasch.

Nr. 125:
1919 erwarb Robert Rüegsegger-von Känel den Hausteil und ab 1946 nahm Hans Kammermann-Burkhalter von ihm Besitz.
1964 erwarb die Kantonalbank das Gut, 1973 ging es an Werner Grunder-Holzer, Besitzer des angebauten Teils Nr. 126.
1994 wurde Nr. 125 umgebaut und von den Familien Anderegg und Herzog erworben und bezogen.

Dübach, 2000

Holingen, 2001

Nr. 126:
Ab 1907 war Fritz Mühlemann aus der Säge Besitzer.
1918 Paul Wagner-Bussinger.
1924 Fritz Grunder-Nitz. Heute ist der Hofteil im Besitz seines Sohnes Werner Grunder-Holzer, der seit seiner Geburt auf dem Hof wohnhaft ist.

5.3.5 Chälen

Die Chälen-Höfe liegen nördlich ungefähr 3,2 km vom Dorf entfernt. Mit Chäle wird ein natürlicher kleiner Einschnitt, ein Tälchen bezeichnet. Bei den Höfen im Chälen handelt es sich eigentlich um drei Höfe:

Humbelsrain

Der älteste uns bekannte Bewohner dieses Hofes ist der 1819 verstorbene Johannes Märklin, der auf dem Grütsch, so hiess der Hof damals, wohnte. Im Brandlagerbuch von 1830 sind als Eigentümer dieses Guts, das jetzt Humbolsrain hiess, als Erben Johannes Märklin, Leinenweber, und Hans Jakob Märklin, Landarbeiter, angegeben. Nach 1852 taucht als einziger Besitzer des Hofs Homburgrain (!) Sebastian Gerster auf. Ab 1872 besass Jakob Wirz-Belser, Schneider, ab 1890 Conrad Schlienger die Liegenschaft, welche in jener Zeit Im Chälen oder Humbelsrain genannt wird.

Die Eigentümer des Hofes Humbelsrain nach 1890 sind:
1898 Wilhelm Schlienger-Meier
1923 Jakob Waldmeyer-Schlienger
seit 1960 Edgar Waldmeyer-Erb.

Die eigentlichen, noch heute so genannten Chälen-Höfe bestehen aus einem oberen und einem unteren Hofkomplex, welche aber nie diese präzisierende Bezeichnung erhielten. Die Höfe wurden von der Familie Gass gegründet.

Oberer Chälen

Die beiden ersten uns bekannten Chälenbesitzer sind Martin Gass-Gass und Heini Gass-Gass. Bei Ersterem steht beim Eintrag seines Todes im Kirchenbuch «Schuhmacher im Kälet», und beim Todeseintrag von Heini Gass-Gass «Schrinerheini im Kälet». Martin Gass-Gass starb 1796 38-jährig, sein 1783 erstgeborener Sohn Hans Jakob zog 1803 nach Amerika. Die verwitwete Mutter, wahrscheinlich aufgrund guter Nachrichten aus Amerika, wanderte mit drei von neun noch lebenden Kindern ebenfalls nach Amerika aus.

Da ausser dem Sohn von Martin auch dessen Bruder Johannes Gass-Gass und dessen Cousin Hans Georg Gass-Thommen im Jahre 1817 nach Amerika ausgewandert sind, hört der Bürgerstamm des Martin Gass, Winkelmartin, zu Beginn des 19. Jahrhunderts in Rothenfluh auf.

■ *Aus der ersten Hälfte des 19. Jahrhunderts stammt ein Kachelofen, welcher mit Sprüchen reich verziert ist, mit allgemeinen Lebensweisheiten und politischen Aussagen aus jener Zeit:*
- *Mit Gott fang jede Arbeit an, glücklich wird sie dann getan.*
- *Glücklich ist man und wohl daran, der vieles mit Geduld ertragen kann.*
- *Aus Ämtlisucht und Unverstand verachten viele sogar den Bauernstand.*

Oberer Chälen, links im Hintergrund Humbelsrain, 2000

Siedlung

Ofenkachel der Chouscht im oberen Chälen von 1840

■ *Von Religionsgefahr kann man viel hören,
wo man das Volk gern will bethören!* ■

Von Heini Gass-Gass, dem Schrinerheini, lebt heute mit Urs Gass und Familie bereits die sechste Generation im Chälenhof! Doch der Reihe nach:
Seit dem Anfang des 19. Jahrhunderts besteht der obere Chälen aus zwei Betrieben, Nr. 112 und 113. 1807 gehören beide noch Friedrich Gass.
Auf dem Hof Nr. 112 wohnten ab 1820 zwei Gass-Familien, denen je die Hälfte gehörte. 1965 wurde von Heinrich Gass-Mangold ein neues Wohnhaus Nr. 112 C dazugebaut. Viele Rothenflüherinnen und Rothenflüher erinnern sich daran, dass 1970 die grosse Scheune dieses Bauernhofes niederbrannte. Der andere Teil des oberen Chälen, Nr. 113, wurde nur von einer Familie, ebenfalls aus dem Gass-Stamm, bewohnt. 1930 wurde er von Albert Zimmerli-Rieder erworben. Seit 1973 gehörte er Dr. med. Zeno Meier-Hofstetter († 2000).

Unterer Chälen

Im unteren Chälen baute Jakob Gass, ein Sohn des obigen Friedrich Gass, 1815 eine Scheune und im Jahr danach ein Wohnhaus. Auch auf diesem Hof wohnten über Jahrzehnte Generationen von Gass-Familien. Seit der zweiten Hälfte des 19. Jahrhunderts teilten sie den Besitz mit einer zweiten Familie: Besitzer dieses Hausteils

Unterer und oberer Chälen, 1993

war zunächst Jakob Obrist, dann Albrecht Rieder, Bäcker, darauf Johannes Rieder und ab 1901 Albert Rieder-Mangold. Seit 1946 war Helene Spycher-Rieder alleinige Besitzerin des unteren Chälen, heute besitzen und bewirtschaften ihn Hugo und Annemarie Spycher-Pfaff.

5.3.6 Säge

Die Säge liegt an der Strasse Rothenfluh–Ormalingen ungefähr 1,5 km unterhalb des Dorfes. Ihr Name verrät, dass dort ein Holzsägewerk bestand. Doch das erste Gewerbe hätte eine Mühle sein sollen.
Johannes Buxtorf, Obervogt auf Schloss Farnsburg, sandte am 23. Mai 1679 folgendes Schreiben an die Regierung in Basel:
«Hans Gass, Kilchmeyers Sohn, hat sich schon öfters bei mir gemeldet, dass er gesinnet wäre, in Rothenfluh eine Mahlmühle aufzurichten. Er ersucht daher von Eurem Ehrenwerten und Wohlweisen Rath die hohe Gnad zu erlangen, dass ihm dies bewilligt werde. Anlässlich eines Augenscheins hat er bewiesen, dass dieses Vorhaben betreffend des Wasserlaufes für niemand schädlich sei.»
Die Müller von Rothenfluh, Ormalingen und Oltingen wehrten sich aber gegen die Erstellung eines neuen Konkurrenzbetriebs. Dem Wunsch, einen solchen zu bauen, wurde von der Obrigkeit nicht entsprochen. Gut zwanzig Jahre später, am 2. Januar 1700, begehrte Heinrich Gass, ein 1666 geborener Schreiner, gemäss Schreiben

des Landvogts, «auf seinem eigenen Guth zwischen Rothenfluh und Ormalingen ohne einigen Eintrag und Schmälerung des Wassers, so auf beide Mühlen Rothenfluh und Ormalingen fliesset, ganz füglich und zum besten des Landmanns eine Saagen-Mühlin, sosehr solches mit Euer Ehrenwerten Consens geschehen könnte, aufzurichten und zu bauen.» Der Müller zu Ormalingen, der nebenher ebenfalls eine Säge betrieb, hatte offenbar nichts dagegen, denn Gass «werde als Holz-Verständiger das Holz weit besser zu ehren ziehen, als die Sager in dieser Gegend, die bald nicht wüssten einen Baum in gleicher Dicke zu sägen, wodurch viel Holz verdorben werde. Heinrich Gass würde sich höchst angelegen sein lassen, auf seiner Sage sogar Holz aus dem Österreichischen, nämlich aus dem Wittnauer Limperg oder Wegenstetter Wald, die beide gar nicht weit entlegen seien, zu verarbeiten.» Die Müller von Ormalingen und Rothenfluh wollten aber sicher sein, dass nach der Säge nicht auch noch eine Mühle errichtet werde. Auch die Gemeinden als Ganzes, welche vom Landvogt «von Mann zu Mann angehört» wurden, hatten nichts gegen das Baubegehren. Bei Baubeginn des Wuhrs («Wüeri») zur bewilligten Säge meldeten Albrecht Rieder, Schmied, Hansjoggi Märklin (als Vormund des Sohnes des verstorbenen Hans Buess in Wenslingen) und Martin Gass, Müller, Bedenken wegen Überschwemmungen bei Hochwasser ihrer unter diesem Wuhr gelegenen Matten an. Durch Vermittlung des Landvogts – der nicht nur ein strenger Vertreter der Obrigkeit, sondern auch Vermittler zwischen den Untertanen war – fanden die Parteien zu einer gütlichen Einigung hinsichtlich des etwa 180 m langen Gewerbekanals.

Dem Bau der Säge stand jetzt nichts mehr im Weg. So entstand im Jahre 1700 das erste Gebäude in der heutigen Säge.

1732 liess der Basler Johann Conrad Wieland am östlichen Hang, ungefähr 50 m vom Sägewerk entfernt, einen Landsitz erstellen. Dieser bestand aus dem Herrschaftshaus, dem Pächterhaus und dem Ökonomiegebäude. Diese Häusergruppe war ungefähr ein Jahrhundert lang Eigentum von vier Generationen der Familie Wieland aus Basel:

1. Johann Conrad Wieland-Gernler (1688–1760), Salzschreiber und Ratsherr,
2. Hieronymus Wieland-Keller (1722–1794), Seidenfabrikant, Meister der Zunft zum Schlüssel, Ratsherr, Dreierherr (Finanzvorstand),
3. Johann Conrad Wieland-Wenk (1748–1818), Handelsmann, Stadtrat, Dreierherr, 1774 Sechser der Rebleuten-Zunft, 1784 Gerichtsherr der mehreren Stadt (Grossbasel), 1794 Appellationsrat, Offizier bei den Dragonern, dann Major und Oberstleutnant im Zweiten Regiment der Basler Landmiliz und ab 1789 Zeugherr;
4. Witwe Maria Wieland-Wenk mit Urenkel Hieronymus Wieland, Pfarrer.

Etwas über 50 Jahre waren Heini Gass, Schreiner, und seine Nachkommen Eigentümer des Sägewerks. Von seinem Neffen Abraham Weber und Jakob Schwarz, Ehemann der Nichte Barbel Weber, gelangte das Sägegebäude im September 1756 durch Versteigerung für 10 000.– Pfund Geld an

Emanuel Büchel: Säge, 1766

Siedlung

den Nachbarn Johann Conrad Wieland. Der Gantverlauf führte zu Missstimmungen. Es wurde behauptet, es sei zu lange zur Gant geläutet worden und zudem habe man «dem Amtspfleger von Gelterkinden als Gantmeister anbefohlen, nur gemach zu verfahren, um Zeit zu lassen, sich besinnen zu können.» Erst nach dem «Bott» Wielands von 10 000.– Pfund habe Hans Weber, Untervogt (Gemeinde- und Gerichtspräsident) von Rothenfluh und Bruder des Verganters, sich vernehmen lassen, jetzt sei es genug. Der Gantmeister habe aber dessen ungeachtet noch eine gute Weile gerufen, ehe er «zum 3ten mal» ausgefahren sei. Zudem sei ja die Gant eine ordentliche gewesen und sogar durch das Basler Wochenblatt «Haus, Stadt und Land» kund gemacht worden. Es stand also jedem frei, nach Belieben zu bieten.

Um die Behauptungen, bei der Gant habe nicht alles den ordentlichen Lauf genommen, zu entkräften, war J. C. Wieland bereit, den Kauf rückgängig zu machen. Von diesem Angebot wurde aber kein Gebrauch gemacht. Salzschreiber Wieland war damit Besitzer aller vier in der Säge bestehenden Gebäude.

Der Weg von der Talsohle zu den drei oberen Gebäuden führte über das Säge-Dyg. Das entsprechende hölzerne Brücklein wurde mit der Zeit reparaturbedürftig. Zwischen dem damaligen Besitzer des Sägewerks, Pfarrer Hieronymus Wieland, Sohn des Salzschreibers Joh. Conrad Wieland und der Gemeinde Rothenfluh entstand ein langwieriger Streit wegen der Instandstellungskosten. Die Basler Regierung entschied schliesslich, dass für eine neue Brücke die Gemeinde Rothenfluh das Baumaterial liefern und der Sägereibesitzer die Arbeitskosten tragen solle. Von den weiteren Unterhaltskosten hatte die Gemeinde 2/3, Wieland 1/3 zu übernehmen.

1821/22 wurde das ganze Gut in der Säge im Auftrag der Basler Landkommission durch den Mülhauser Geometer Hofer vermessen und vom Basler Ingenieur Merian verifiziert. Der schön kolorierte Plan ist im Besitz von Paul Furrer-Moosmann, wohnhaft in der Säge, erhalten geblieben.

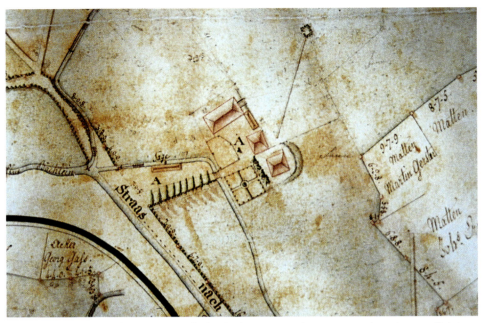

Ausschnitt aus dem Plan von 1821: links das langgestreckte Sägereigebäude, parallel dazu das Dyg, oben das Pächterhaus, in der Mitte das Wirtschaftsgebäude, rechts das Herrschaftshaus und davor die Gartenanlage.

In der Nacht vom 10. auf den 11. Januar 1822 vernichtete ein Brand das Sägewerk vollständig. Dem Sissacher Statthalter Forcard rapportierte der Sägepächter Jakob Schaub von Ormalingen, dass er «Nachts halb zwölf Uhr noch einen Sagbaum angeschlagen (habe) und darauf zu Bett gegangen sei. Ca. 6 Uhr sei er wieder erwacht, wo denn die Sage schon in hellen Flammen gestanden. Die Ormalinger, welche das Feuer zuerst gesehen, seien sogleich zur Hülfe da gewesen. Schaub versicherte, mit dem Licht vorsichtig umgegangen zu sein und solches nicht aus der Laterne genommen, auch nicht geraucht zu haben.» Nach dem Urteil von Sachverständigen, die Forcart beizog, sei es schon oft geschehen, dass sich Sägegewerbe selbst entzünden, und es bestehe kein Zweifel, dass dies auch hier der Fall gewesen sei.

Witwe Wieland liess das Gebäude nicht nur umgehend wieder aufbauen, sondern veranlasste zudem den Anbau einer Öltrotte, einer Gipsmühle mit zwei Brennöfen und einer Schleife. Solche Gewerbe gab es zu jener Zeit weder in Rothenfluh noch in Ormalingen, weshalb dagegen keine Opposition entstand.

An dem neu erbauten «Gewerbepark» konnten sich die Wielands nicht lange erfreuen. Es kam die Zeit der Trennungswirren. Die Streitigkeiten zwischen der Stadt Basel und den Rebellen in Liestal wurden immer heftiger. Es herrschten bürgerkriegsähnliche Zustände, die im August 1833 zur Trennung in die Kantone Basel-Stadt und Basel-Landschaft führten.

Zufolge dieser politischen Wende wurde der Landsitz in der Säge von der Familie Wieland aufgegeben. Die Häuser, Gewerbe und Grundstücke, die bisher nur einem Besitzer gehörten, wurden aufgeteilt und vergantet. Neue Eigentümer der Liegenschaften in der Säge wurden:

a) *Gewerbebauten («Wasserwerke»)*
Heinrich Häring, von Arisdorf, Einsasse in Zeglingen, und Friedrich Schönenberger, von Zeglingen;
Gebrüder Hans Jakob und Sebastian Rickenbacher, von Ormalingen.

Säge, 1920er Jahre

Säge, 1996

Siedlung

Heuelschürenhof, 2001

1850 wurde an Stelle der Gipsreibe eine Mahlmühle errichtet.
1871 verkauften die Erben des Sebastian Rickenbacher an Hans Jakob Erny ihren Teil, die Mahlmühle, Säge und Öltrotte nebst dazugehörendem Platz.
1903 wurden die Gebrüder Jakob und Eduard Erny Eigentümer von Mühle und Säge.
1919 vernichtete ein weiterer Grossbrand das Mühlen- und Sägereigebäude. Jakob Erny-Erny liess es als Wohnhaus mit fünf Zimmern, einer Küche, Mühle und angebautem Sägereigebäude wieder aufbauen.
1960/61 wurden im Gebäude Nr. 118 Mühle und Säge abgebrochen und von Paul Furrer-Moosmann durch ein zweistöckiges Wohnhaus mit sechs Zimmern, drei Küchen und drei Dachzimmern ersetzt.

b) Gasthaus
1917 liess der erwähnte Jakob Erny-Erny, Sagerschaggi, das Gasthaus erbauen (siehe Kapitel 8.4.1).
1933 wurde dessen Schwiegersohn Paul Furrer-Erny und ab
1938 die Witwe Anna Furrer-Erny Besitzerin,
1946 hiess die Eigentümerin Anna Wirz-Erny.
1986 ging der Gasthof durch Kauf an Ralph Knöpfli-Elbreder über,
1998 an das Bau- und Gipsergeschäft Itin, ehemals Ormalingen (Gastbetrieb verpachtet).

c) Landwirtschaftsbetriebe
Ca. 1835 war Johann Jakob Lützelmann, Gemeindepräsident, Bauer in der Säge (siehe Kapitel 13.1).
Hier befinden sich zwei Betriebe.

Nr. 115 gehörte in der zweiten Hälfte des 19. Jahrhunderts Sebastian und Jakob Rickenbacher, aus Ormalingen gebürtig. 1893 ging der Hof an Gottlieb Mühlemann-Wegmüller über. Seit 1928 ist er im Besitz der Familie Mumenthaler.
Nr. 117 wurde um 1850 von Jakob Schneider bewirtschaftet. 1865 übernahmen die Familien Sütterlin und Meyer den Hof, 1870 Jakob Erny-Gass, alt Gemeindepräsident. Nach dem Ersten Weltkrieg gehörte der Betrieb für einige Zeit Johann Graf-Buser und wurde 1935 von William Gerber-Fiechter übernommen. Diese Familie besitzt den Hof noch heute.

5.3.7 Heuelschür

Der Heuelschürenhof liegt im Gebiet Heuelschür–Wärlige–Nübel an der Kreuzung zwischen der alten Landstrasse und dem alten Karrenweg nach Wenslingen. Dem Namen nach muss hier schon lange vor der Ersterwähnung von 1634 ein Heuelschürli (Heuscheune) gestanden haben, auf den genauen Federzeichnungen von Georg Friedrich Meyer von 1680 ist die Scheune aber nicht enthalten.
Erbauer des Hofs war der Landwirt Max Rieder-Superina im Jahre 1974. Auf diesem Hof wurde einige Zeit eine Schweinemästerei beim Hof selber und eine Junghennenaufzucht an der Wittnauerstrasse betrieben.
Jörg Rieder, der Sohn des inzwischen verstorbenen Erbauers, übernahm 1995 den

Hof Rütschen, 2000

Betrieb. Er baute den Aufzuchtstall in eine Leghennenanlage mit Freilandgehege um. (siehe Kapitel 8.3.5).

5.3.8 Rütschen

Der Hof Rütschen liegt ca. 500 Meter westlich ausserhalb des Dorfes in der Nähe des Gebiets Rütsche. Der Erbauer, Bernhard Buess-Maurer, übernahm das elterliche Anwesen an der Anwilerstrasse und siedelte im Jahre 1989 ins Gebiet Vor Buech aus. Der Besitzer, mit seiner Frau Vreni und drei Söhnen, bewirtschaftet eine Fläche von 25 ha und betreibt die sogenannte Integrierte Produktion (IP), eine moderne Produktionsmethode, deren Richtlinien den Einsatz von möglichst wenigen Hilfsstoffen vorschreiben. Der Hof besteht aus einem Ökonomiegebäude mit eingebauten Siliertürmen und einem Wohnhaus.

5.4 Zonenplan Siedlung

In der «guten, alten Zeit» konnten Bauvorhaben innerhalb des gesamten Gemeindegebiets ausgeführt werden. Voraussetzung dafür war, dass sämtliche Infrastrukturen durch den Bauherrn erstellt wurden.
Mit Inkraftsetzung des Bundesgetzes zur Erhaltung des bäuerlichen Grundbesitzes vom 12. Juni 1951 mussten die Gemeinden gegenüber den kantonalen Behörden eine Erklärung abgeben, ob das gesamte Gemeindegebiet diesem Gesetz unterstellt werden oder ob ein Teil als Bauland ausgeschieden werden sollte. Am 24. April 1953 wurde durch die Gemeindeversammlung die Ausscheidung einer Bauzone abgelehnt.
Das kantonale Gesetz über die Abwasseranlagen vom 30. Oktober 1952, welches

Siedlung

die Gemeinden verpflichtete, die Gebäude an die Schmutzwasserkanalisation anzuschliessen, schuf eine gewisse Zwangssituation, denn die Gemeinde konnte Kanalisationen ja nicht im ganzen Gebiet verwirklichen, sondern musste sich auf bestimmte Teile beschränken.

Ein weiterer Druck, eine Zonenplanung zu realisieren, ergab sich dadurch, dass die Bevölkerungszahl der Gemeinde erstmals nach 100 Jahren wieder stieg.

Am 2. Juli 1959 wurde daher der grundsätzliche Beschluss gefasst, die Zonenplanung in Angriff zu nehmen. In Zusammenarbeit mit dem Planer, Architekt Georg Schwörer, Liestal, wurden die Arbeiten durch eine Kommission vorangetrieben. In zehn Sitzungen wurden die Entwürfe ausgearbeitet und der Kantonalen Baudirektion zur Vorprüfung eingereicht. In mehreren Gesprächen konnten die Wünsche der kantonalen Verwaltung teilweise erfüllt werden.

Mit Regierungsratsbeschluss Nr. 2082 vom 20. Juni 1967 wurde die erste Zonenplanung der Gemeinde Rothenfluh genehmigt.

Mit den zur Verfügung stehenden Planungsgrundlagen konnte in den nächsten Jahrzehnten gebaut werden. Die notwendigen Mutationen betrafen hauptsächlich Baugebietserweiterungen in den Gebieten Ob der Kirche und Obere Vogtsmatten.

1993 befasste sich der Gemeinderat mit einer Überarbeitung der gesamten Zonenplanung, bei welcher eine bessere Nutzung des Baulandes und die Anpassung an Auflagen des Kantons im Mittelpunkt standen. Er holte entsprechende Offerten ein und vergab die Arbeiten an das Ingenieurbüro Dettwiler AG Gelterkinden. Die anschliessend gebildete Kommission setzte sich aus den fünf Gemeinderäten und den zwei gewählten Mitgliedern Beat Bracher und Martin Erny zusammen. Aktuar war der Gemeindeverwalter.

Die Bevölkerung wurde orientiert und um Mitarbeit gebeten, worauf auch mehrere Begehren eingereicht wurden. In ca. 30 Kommissionssitzungen, zum Teil mit kantonalen Vertretern, wurden die Ziele der verschiedenen Revisionsarbeiten beraten und entsprechende Unterlagen ausgearbeitet. Im Juli 1996 wurden diese dem damaligen Amt für Orts- und Regionalplanung (heute: Amt für Raumplanung) zur Vorprüfung eingereicht. Der Vorprüfungsbericht vom Dezember 1996 verlangte die Erfüllung der folgenden Auflagen:

- Reduzierung des Baugebiets
- Dimensionierung der Bauzonen
- Kernzonenplanung
- Waldgrenzenkarte

Dieser Vorprüfungsbericht wurde innerhalb der Kommission beraten und anschliessend mit den betroffenen Landeigentümern besprochen. Darauf fand eine weitere Besprechung mit den kantonalen Vertretern statt, nach der sich eine Lösung für verschiedene kantonale Auflagen ergab. An einer Orientierungsversammlung wurden die gesamten Revisionsarbeiten der Einwohnerschaft vorgestellt und am 15. Juni 1998 durch die Gemeindeversammlung genehmigt.

Gegen die Revisionsarbeiten erfolgten verschiedene Einsprachen. Nach Gesprächen oder Entscheiden des Kantons genehmigte der Regierungsrat die gesamten Revisionsarbeiten am 27. Juli 1999.

Nach der Revision von Zonenplan und Zonenreglement Siedlung, Strassennetzplan Siedlung und Lärm-Empfindlichkeitsstufen-Plan kann die Gemeinde Rothenfluh die bauliche Zukunft, vor allen Dingen im Wohnungsbau, beruhigt in Angriff nehmen. Mehrere neue oder abgeänderte Artikel erleichtern durch eine grosszügigere Auslegung der Zonenvorschriften die Verwirklichung eines Bauvorhabens.

Legende zum Zonenplan

K	Kernzone
W	Wohnzone
G	Gewerbezone
WG	Wohn- und Gewerbezone
OeWA	Zone für öffentliche Werke und Anlagen
Graue Punkte	zukünftige Strassen
Rote Punkte	Bauten unter Kantonalem Denkmalschutz

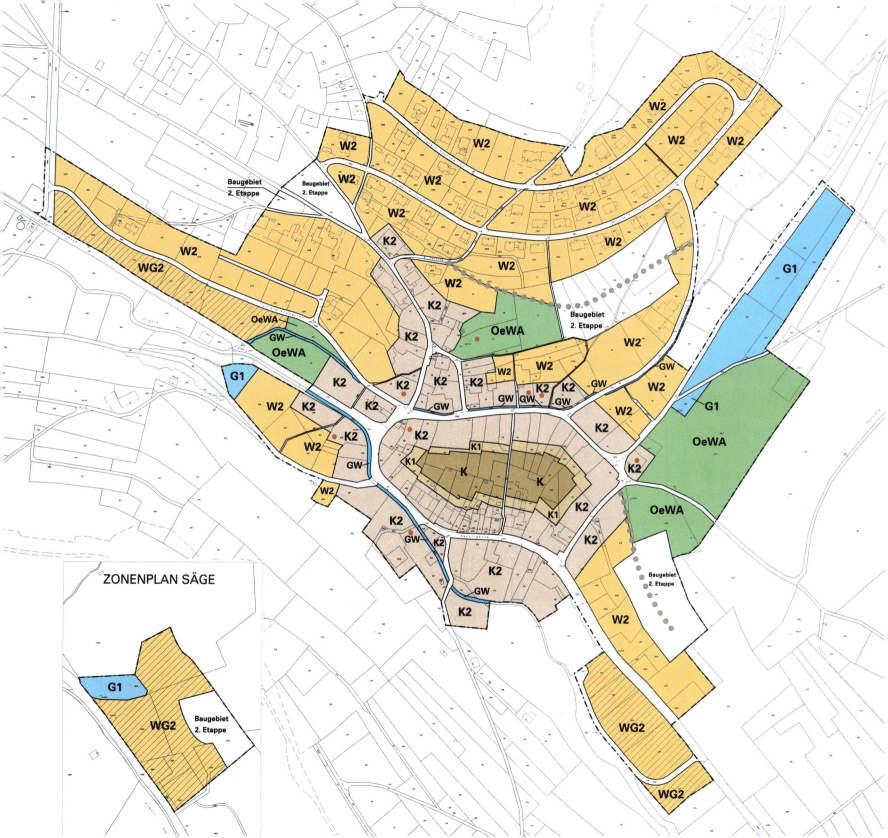

Siedlung

5.5 Zonenplan Landschaft

Die Zonenvorschriften Landschaft bestehen aus einem Zonenplan und einem Zonenreglement. In diesen Dokumenten sind die Bestimmungen über das Gemeindegebiet ausserhalb der Bauzone enthalten. Plan und Reglement sind für die Grundeigentümer verbindlich. Dazu gibt es ergänzende Richtlinien über verschiedene Schutzzonen, die für die Tätigkeit der Behörden verbindlich sind.

Die Grundzonen sind:
- Landwirtschaftszone, Waldareal und Zone für öffentliche Werke
- Spezialzone Reitsportanlage
- Sammelparkplätze
- Ausflugsziele

Die Schutzzonen sind aufgeteilt in:
- Naturschutzzonen (mit genauen Vorschriften)
- Landschaftsschutzzonen (mit Schutzzielen, z. B. bezüglich der 27 Magerwiesen, Feuchtstandorte und Weiher sowie der fünf Waldstandorte)
- Landschaftsschonzonen (zusammenhängende Landschaften)
- Naturschutz-Einzelobjekte (z. B. zwei Deckelgruben von der früheren Gewinnung von Plattensteinen)
- Archäologische Einzelobjekte (Hendschiken bei der Säge, Gräben Uf der Flue, Unterloch in der Flueholde)
- Aussichtspunkte, die nicht verbaut werden dürfen (Uf der Flue, Lauber/Moosacher)
- Historische Brücken (Heuelschür, Hinter Leimet)

Die Zonenvorschriften Landschaft sind in gründlicher Arbeit entstanden. 1983 wurde eine Kommission Kommunale Landschaftsplanung unter dem Präsidium des Gemeindepräsidenten eingesetzt. Neben dem Gemeinderat waren der Förster, die Naturschutzinteressierten und der Reitverein vertreten. Von 1984 bis 1991 begleitete die Kommission in 18 Sitzungen den gesamten Planungsprozess. Die Planung wurde von einem privaten Ingenieurbüro durchgeführt. Einen wichtigen Beitrag leistete der Natur- und Vogelschutzverein Rothenfluh-Anwil NUVRA, welcher 1984 die Inventaraufnahme der vorkommenden Pflanzen und Tiere besorgte. 1988 konnte die Bevölkerung an einer Orientierungsversammlung über die konkret geplanten Massnahmen informiert werden. 1992 verabschiedete die Gemeindeversammlung die Planungsdokumente. Nach der Planauflage und der Behandlung von fünf Einsprachen genehmigte der Regierungsrat die Zonenvorschriften Landschaft am 17. August 1993.

Die Einhaltung der Zonenvorschriften Landschaft wird informell durch die Bevölkerung sichergestellt, vor allem durch die interessierten Mitglieder des Natur- und Vogelschutzvereins Rothenfluh-Anwil NUVRA.

Brücke an der Alten Landstrasse beim Heuelschürenhof, 2001

5.6 Flurnamen

5.6.1 Einleitung

Die Betrachtung der Flurnamen von Rothenfluh gibt uns viele Hinweise auf die Siedlungs- und Wirtschaftsgeschichte, denn es waren die ortsansässigen, naturverbundenen Bewohner der Gemeinde, die ihre Umgebung mit einem dichten Netz von Namen ausstatteten. Dabei wurden die Flurnamen vor allem nach markanten, dauernden Merkmalen (Relief, Bodenbeschaffenheit, Bebauungsart, Besitzer), nicht nach zufälligen Ereignissen gewählt. Erst später, wenn ein Name wegen des Sprachwandels nicht mehr verstanden wurde, begannen die Leute, zufällige Kennzeichen einzudeuten, um dem Namen wieder einen allgemein verständlichen Sinn zu geben (= volksetymologische Umdeutungen).

5.6.2 Geländeform und Relief

Überall im Gemeindegebiet finden sich Flurnamen, die auf markante, das Gemeindegebiet prägende Geländeformen verweisen.

An erster Stelle steht dabei die dem Dorf den Namen gebende Rote Fluh, im Dorf nur d Flue genannt. Fluh bedeutet Felswand und bezeichnet die an mehreren Stellen sichtbaren Felsen an den Übergängen vom Plateau zu den Hängen (Müliflüeli, Ramstelflüeli, Ringelflue). Das heute zu einem grossen Teil bewaldete Plateau wird Berg genannt, die steilen Hänge tragen Namen mit Halde (Summerholden, Mühliholden) oder Rain (Wintersrain). Mit dem heute nicht mehr verstandenen Namen Barmen wurden jeweils lange, schmale Terrassen an einem Hang bezeichnet.

Einschnitte im Gelände führten je nach Grösse und Lage zu unterschiedlichen Namenbildungen: der östlich des Dorfes gegen Anwil gelegene grosse Einschnitt heisst Im Tal, während kleinere Einschnitte Chälen (von mittelhochdeutsch kel = Kehle, Hals), Dell (von mhd. telle = kleines Tal) und Wannen genannt werden. Künstliche Ausbeutungsstellen tragen häufig Namen mit Loch oder Gruben (im Lättloch, Deckelgrueben).

Neben den Einschnitten werden auch die Erhöhungen im Gelände bezeichnet und zwar mit Chapf, Büel (ältere Flurnamen), Hübel (jüngere Flurnamen), Horn.

5.6.3 Bodenbeschaffenheit

Etliche Flurnamen weisen darauf hin, dass in Rothenfluh grosse Gebiete aus tonigmergeligen Gesteinen bestehen (Leimen, Lein, Lättloch), die bei langanhaltenden Niederschlägen rutschen können und vor allem früher die darunter liegenden Felder mit Schutt und Geröll übersäten (Grütsch, Rütschen, Lör, Brockhübel, Fäldschen). Andere Stellen weisen wasserundurchlässigen Opalinuston (Lehm, Ton) auf, was zu Vernässungen des Bodens führen kann: im Sor, Sol, Weiermatt.

Die Gemeinde ist reich an fliessenden Gewässern, welche für das heutige Relief verantwortlich sind. So haben (heute kaum vorstellbar) die Ergolz, das Dübachbächli, das Länenbächli und alle übrigen Bächlein die verschiedenen Täler und Tälchen gebildet. Im Gegensatz zu den Tälern ist das Plateau bis auf wenige Ausnahmen (Sol) sehr trocken, da es vorwiegend aus zerklüftetem Gestein besteht, welches das Wasser schnell versickern lässt. Auf etwa 600 m ü. M. trifft das versickerte Wasser auf eine wasserundurchlässige Gesteinsschicht, so dass es seitwärts aus dem Berg herausgepresst wird und unter anderem die Quellen des Dübachbächlis, des Fröschmattbächlis und des Länenbächlis bildet.

Früher existierten im Gemeindebann von Rothenfluh 21 Flurnamen mit -brunnen (Furzbrunnen, Isletenbrunnen, Z'Wallenbrunnen, Hörbrünnli, Wannenbrunnen). Dabei handelte es sich nicht um Brunnen im heutigen Sinn mit Brunnenstock und Trog, sondern um Quellen, denn ursprünglich wurde das aus dem Boden vordringende Wasser mit dem Wort Brunnen bezeichnet.

5.6.4 Grösse, Form und Lage

Lage, Form und Grösse der Grundstücke führten zu vielen Flurnamenbildungen.

Am häufigsten treten dabei Zusammensetzungen mit Lang- oder Kurz- auf: Langgrund, Langenacher, Churzboden. Daneben existieren aber auch figürliche Bezeichnungen wie Nadelband oder Häftli. Ein Häftli ist ein Häkchen zum Verschliessen von Kleidungsstücken. Als Name bezeichnet es auch ein Landstück, das von einem Bach bogenförmig umflossen wird. Ortsbestimmungen wie Under der Flue, Ob Feldschen, Vor Dorn treten häufig auf und können im Laufe der Zeit mit dem Hauptwort verschmelzen (z. B. Hindermur). Daneben existieren Namen, die auf die Exposition eines Grundstückes schliessen lassen. Der Wintersrain und die Schnäggenmatt liegen nordexponiert, die Summerholden der Sonne zugekehrt, südwestexponiert.

5.6.5 Die Flurnamen im Zeichen des Kulturlandschaftswandels

Bereits im Frühmittelalter, nach dem 5. Jahrhundert, haben sich die Alemannen in unserer Region angesiedelt und vermutlich auch die beiden im heutigen Gemeindebann gelegenen Siedlungen Loglingen und Hendschikon (heute: Ängsten) gegründet. Diese Namen auf -ingen und -ikon, wie sie im oberen Ergolztal häufig anzutreffen sind, gelten als Kennzeichen für diese frühe Siedlungszeit. Der erste Teil dieser Namen enthält jeweils einen Personennamen, der die Zugehörigkeit einer Siedlungsgruppe zu ihrem Anführer zeigt.

Da der Wald die Landschaft prägte, mussten die neuen Siedler zuerst roden, um die Nutzungsfläche zu vergrössern. Anhand der Flurnamen ist heute zu erkennen, auf welche Weise damals gerodet wurde. Flurnamen mit dem Bestandteil -rüt- zeigen, dass in diesem Gebiet die Bäume gehauen und verbrannt wurden (Rütimatt). Später wurden Rodungsflächen im Allgemeinen den Bürgern, vor allem den Armen, zur Verfügung gestellt (Armenrüten). Eine bestimmte Rodungsart lässt sich am Flurnamen Stöckacker erkennen. In diesem Gebiet wurden nach der Rodung einzelne Baumstrünke (= Stöcke) stehengelassen.

Im 10. Jahrhundert entwickelte sich die Dreifelderwirtschaft, bei der ein Feld zwei Jahre bebaut wurde und das dritte Jahr ruhte. Diese Wirtschaftsform konnte von einem einzelnen Bauern oder von einem ganzen Dorf betrieben werden.

Im 12. Jahrhundert entstand daraus zwecks Intensivierung der Landwirtschaft die Dreizelgenwirtschaft. Das für den Ackerbau geeignete Land wurde in drei Zelgen eingeteilt: Zelg Ob der Kirche, Zelg Vor Buech und Zelg Vor Loglingen. In den Zelgen war die Fruchtfolge genau geregelt (vgl. Kapitel 3.3). Heute geben viele Flurnamen Auskunft, wie der Boden zu jener Zeit genutzt wurde: Zusammengesetzte Namen mit -acker (1397 zum langen acker, am eschacker), -matt (1397 an hellers matte), -garten (1397 vor dem rebgarten).

Die beiden Flurnamen Im Länenbächli und Im Lehnacher weisen auf das mittelalterliche Eigentumsrecht zurück, als Landwirte ihre Güter in der Regel noch nicht im freien Eigentum besassen, sondern von Grundherren als Lehen erhielten. Diese Güter konnten vererbt werden und ihre Zinsen (Bodenzinsen) waren immer gleich hoch.

Bis ins 18. Jahrhundert veränderte sich die Landwirtschaft kaum, es herrschten mittelalterliche Verhältnisse. Das Dorf war in die drei Teile Hortus – Ager – Saltus gegliedert. Das Dorf mit seiner unmittelbaren Umgebung gehörte dem Hortus an, der meistens mit einem hölzernen Zaun, dem Etter, vom übrigen Gemeindegebiet getrennt war. An mehreren Stellen waren die Ausgänge mit Schlagbäumen ausgestattet, worauf auch der Flurname im Grendel (1723 beym Grendel) verweist (grendel = Riegel, Balken).

Der Ager nahm den grössten Teil des Gemeindebannes ein und umfasste neben den drei Zelgen die Reben (1702 im Seüler, Dornrütti, 1680 Götzenbül), die Wässermatten sowie die Bünten (Büntenmattwegli, früher auch Büntenmatt). Die meistens in der Nähe des Dorfes gelegenen Bünten (von mhd. biunt = ein dem besonderen Anbau vorbehaltenes Grundstück) dienten dem Anbau von Hanf und Flachs, die vermutlich infolge Platzmangels aus den Gärten innerhalb des Dorfes ausgesiedelt worden waren. Der unmittelbar an die ehemalige Büntenmatt anschliessende Flurname Hegmatt erinnert ebenfalls an diese eingezäunten Grundstücke.

Der Saltus bestand aus Wald, Mooren, Sandarealen und Weiden. Da der Wald nur genutzt, aber nicht gepflegt wurde, befand er sich am Ende des 17. Jahrhunderts in einem sehr schlechten Zustand, weshalb Waldordnungen erlassen werden mussten. Dabei wurden sogenannte Bannwälder ausgeschieden, wovon die Flurnamen uf Bann (1680) und die Banhalden (1680) zeugen. In diesen Gebieten durfte man weder holzen noch das Vieh weiden lassen.

Eine wichtige Neuerung erfolgte im 18. Jahrhundert, denn zum ersten Mal wurde der Landbevölkerung gestattet, vom Flurzwang der Dreizelgenwirtschaft abzuweichen. An den Zelgrändern durften gewisse Parzellen eingeschlagen (= umzäunt) und anschliessend nach eigenem Gutdünken bebaut werden (siehe die Flurnamen Ischlag, Bifang, Ihegi). Die starke Zunahme der Einschläge begann die Zelgenordnung in Frage zu stellen.

Als Folge der Französischen bzw. der Helvetischen Revolution kam es im 19. Jahrhundert zu einer Umgestaltung der Eigentumsverhältnisse an Grund und Boden. 1804 wurde ein Gesetz über den Bodenzins- und Zehntenloskauf erlassen. Es erlaubte den Bauern, sich durch eine namhafte Entschädigung an die Grundherren der Feudallasten zu entledigen.

Mit der Auflösung der Dreizelgenwirtschaft wurden viele der an den steilen Hängen gelegenen Äcker in Wiesen umgewandelt (hinder der Müli), um vermehrt Milch- und Viehwirtschaft betreiben zu können. Kulturpflanzen wie Hanf, Flachs und Ölraps verschwanden. Der für eine intensive Nutzung ungünstig gelegene Rothenflüher Berg wurde aufgeforstet, wodurch sich die Waldfläche beinahe verdoppelte.

Ebenfalls im 19. Jahrhundert wurde erlaubt, auch ausserhalb des Dorfkerns Häuser zu bauen, was zum Entstehen verschiedener Einzelhöfe führte (z. B. Humbelsrain, Dübach).

Im Verlauf des letzten Jahrhunderts verloren viele Flurnamen ihren direkten Bezug zum Gelände, da die Landschaft durch die Aufgabe des Rebbaus um 1880, die Drainagen in den 1930er und 1940er Jahren (Sor, Weiermatt) sowie durch den Übergang vom Ackerbau zum Wiesland verändert wurde. Weil die mit den Flurnamen vertraute bäuerliche Bevölkerung abnahm, sind bereits viele Flurnamen ausgestorben oder vom Aussterben bedroht. Einige werden bei der Entstehung neuer Quartiere wieder belebt, indem für die Bezeichnung der Strassen Flurnamen verwendet werden (z. B. Hegmatt, Vogtsmatten, Ob der Chille, Horn).

5.6.6 Übrige Flurnamen

Neben den bisher erwähnten Flurnamen gibt es auch in Rothenfluh etliche Flurnamen, die auf einen früheren Besitzer eines Grundstückes verweisen (Schmids Hübel, Pfaffenboden, Jennyshöldeli). Andere Namen erinnern an selten gewordene oder ausgestorbene Pflanzen, Bäume und Tiere (Chostetzacher, Rebgarten, bim Ankenöpfelbaum, Wolfgarten, Munimatt). Daneben gibt es in jeder Gemeinde Namenformen, die nicht erklärt werden können, sei es mangels urkundlicher Belege oder wegen Verschreibungen in den Belegen (Babisloch, Üeblisgrundgraben, Wischberg).

5.6.7 Verzeichnis der heute gebräuchlichen Flurnamen

Die Flurnamen werden in zwei verschiedenen Formen wiedergegeben: in der ersten Spalte so, wie sie gemäss den Weisungen für die Erhebung und Schreibweise der Lokalnamen bei Grundbuchvermessungen in der deutschsprachigen Schweiz geschrieben werden sollten, in der zweiten Spalte möglichst lautgetreu. Namen, die nur in der Spalte «Erläuterungen» erwähnt sind, werden dort ebenfalls in beiden Formen aufgeführt, sofern sich diese voneinander unterscheiden.

Abkürzungen:
ahd. = althochdeutsch
mhd. = mittelhochdeutsch
mdt. = mundartlich

Flurnamenkarte

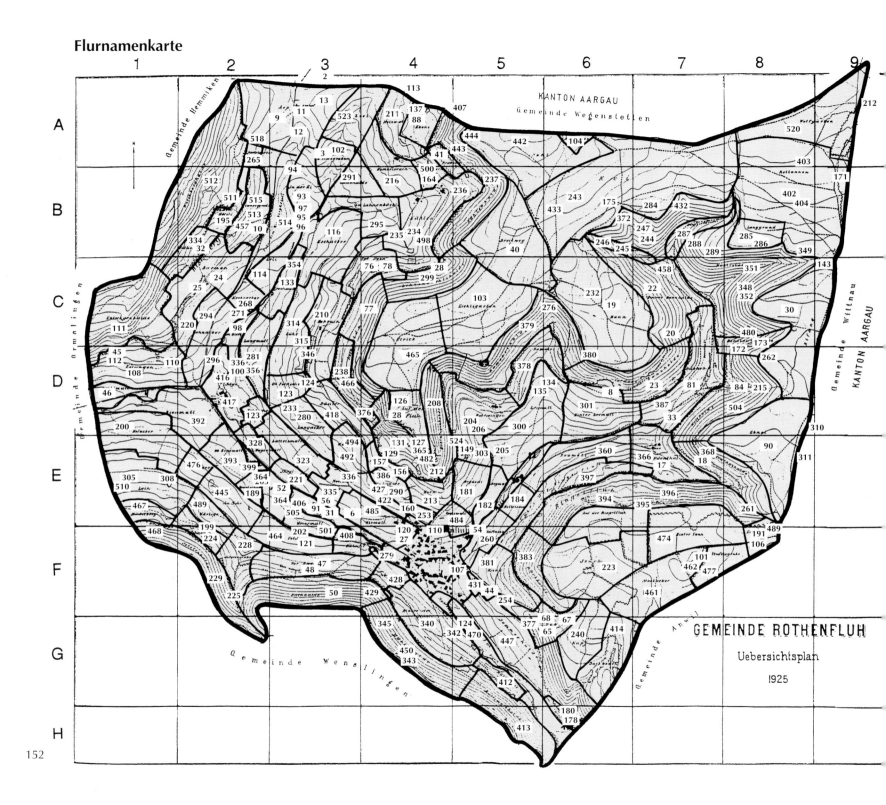

Schreibweise	**Sprechweise**	**Erläuterungen**
		Bei Flurnamen ausserhalb des Dorfkerns wird auf die Flurnamen-Karte verwiesen. Anhand der Quadranten (z. B. D1) und der Nummer des Flurnamens (z. B. 108) kann die Flur lokalisiert werden.
Änergasse	Äänergass	Bezeichnung für den jeweils jenseits gelegenen Dorfteil.
Ängsten	im Ängschde	1397 ze hentschken, 1926 Entschgen. Der erste Beleg lässt den Namen auf Hendschikon zurückführen. Die -ikon-Namen verweisen auf die erste Siedlungsphase der Alemannen (ab 5. Jh.). Der erste Teil dieser Namen enthält jeweils einen Personennamen, der die Zugehörigkeit einer Siedlungsgruppe zu ihrem Grundherrn zeigt. – Auch: Ängstenhöldeli/Ängschdehöldeli (bis in die 1970er Jahre als Kehrichtdeponie der Gemeinde benütztes kleines Waldstück), Ängstenholden/Ängschdeholde, Ängstenhübel/Ängschdehüübel (auch Brüelhübel genannte Örtlichkeit an der Grenze zu Ormalingen). – D1/108.
Albesten	Albeschde	1643 uff Albesten, 1768 im Albesten. Das Gebiet dieses Namens liegt heute, nach Grenzkorrekturen, vollständig auf Wegenstetter Boden. Zusammengesetzter Name aus Albere (= Pappel, Feldahorn) und Tal. Früher mit Feldahorn bewachsenes Tal. – A3/2.
Ammelermatt	Ammelermatt	1802 Ammeler Matt, 1907 Amelermatt. Nur eine Parzelle umfassender Flurname innerhalb des Geltungsbereichs des Namens Freslismatt. Die Parzelle gehörte einem Anwiler. – C3/5.
Anwilerstrasse	Ammelerschdrooss	1919 Anwilerstrasse. Amtliche Strassenbezeichnung, deren Geltungsbereich unklar ist (zum Teil gleich wie Rössligasse, zum Teil östlich an diese ab Einmündung Eisengasse anschliessend).
Bim Ankenöpfelbaum	bim Ankchenöpfelbaum	Erinnert an einen grossen Baum mit süssen Äpfeln, der zwischen 1938 und 1942 gefällt wurde. Der Baum war sehr bekannt, da der Besitzer jedermann erlaubte, hier Äpfel zu pflücken. – E3/6.
	Aschacher	siehe Eschacher
Auf dem Asp	uffem Aschb	1583 uff dem Asp, 1926 Asp. Häufig auftretender Flurname, der jeweils einen Ort bezeichnet, an dem früher eine Gruppe Espen (auch Aspen genannt) stand. – Auch: Asphölzli/Aschbhölzli (östlicher Teil des Mischberghölzlis), Asphof/Aschbhoof, Asphübel/am Aschbhüübel us (heute im Geltungsbereich der Aspmatt liegende Erhöhung im Gelände), Aspmatt/Aschbmatt (an der Grenze zu Wegenstetten gelegenes Acker- und Wiesland). – A3/9.
Babisloch	Baabisloch	Unklare Herkunft des Namens. Eventuell handelt es sich um eine Abkürzung des Personennamens Barbara. – D4/15.
Am Bach	am Bach	Bezeichnung der Wohnlage der Familie Erny, mit Dorfname Seilerbaschi; Hans Erny-Sutter wird auch Hans am Bach genannt. Siehe auch Uf dr Insle. – F4/16.
Im Bad	im Baad	1897 Bad Oedental, 1986 Bad. Bezeichnung für einen Bauernhof mit Restaurant, der ca. 1870 erbaut und in den folgenden Jahrzehnten zu einem Gasthof mit Badstuben erweitert wurde (vgl. Kapitel 5.2.2). Hat sich im Lauf der Zeit auf Kosten des Namens Ödetal, Odlete auf das umliegende Land ausgedehnt. – E7/17.
Auf Bann	uf Bann	1680 ban, 1926 Bann. Gebiet, das früher gebannt war, das heisst, in dem man weder holzen noch das Vieh weiden lassen durfte. – Auch: Bannboden/Bannboode (Bezeichnung für ein kleines Tal innerhalb des Geltungsbereichs Hintere Bannholden), vordere bzw. hintere Bannholden/vorderi bzw. hinderi Bannholde (steiler Abhang westlich bzw. südlich Uf Bann). – C6/19.
Barmen	im Baarme	1583 uff Barmen, 1926 Barmen. Häufig in Orts- und Flurnamen auftretende Bezeichnung für

Siedlung

		eine lange, schmale Terrasse an einem Hang. – Auch: Barmenrain/Baarmeräi (steilster Teil des Gebiets Barmen). – C2/24.
Baumgärtli	Baumgäärdli	1802 Baumgärtli, 1986 Baumgärtli. Erinnert an den Baumgarten der alten Schule. – F4/27.
Auf dem Berg	ufm Bäärg	1397 uff dem Berg, 1760 auf dem Berg. Bezeichnung für den Rothenflüher Berg, das nördlich der Kantonsstrasse Rothenfluh–Wittnau liegende Plateau und die steilen Hänge mit insgesamt 350 ha Wald. – C5/28.
Bifang	Bifang	1680 im Biffang, 1926 Bifang. Bezeichnung für Äcker, die zur Zeit der Dreizelgenwirtschaft des Flurzwangs enthoben waren und separat bewirtschaftet wurden. Ein Zaun schützte diesen Einschlag vor dem weidenden Vieh. – C8/30.
Beim Birnbaum unten	bim Biirbaum unde	An dieser Stelle stand bis ca. 1935 ein riesiger Birnbaum mit Kühbirnen. – E3/31.
Blüemlisalp	Blüemlisalb	Unklare Herkunft des Namens. Vermutlich Vergleich mit der im Berner Oberland liegenden Blüemlisalp. – B3/32.
Bockrüti	Bokchrüti	1877 in der Bockrütti, 1900 auf Bockrütti. Aus Bock und Rütti zusammengesetzter Name. Bezeichnet das nach der Rodung dem Geissbockhalter zur Verfügung gestellte Land. – D7/33.
Am breiten Weg	am bräite Wääg	1911 am Breitenweg, 1926 Breitweg. Weg, der zur Entstehungszeit breiter als die übrigen des Gebietes war. Der Name hat sich auf ein beidseits des Weges gelegenes Waldstück von 16 ha ausgedehnt. – B5/40.
Brockhübel	im Brokchhüübel	1802 Brodkübel, 1926 Brockhübel. Ahd. broccho = abgebrochenes, abgeschnittenes Stück. Der Name bezieht sich auf Erdbrocken, die entstehen, wenn das Gelände rutscht. – A4/41.
Brüel	im Brüel	1397 an dem bül, 1913 im Brüehl. Ursprüngliche Form lautete Bühl, womit häufig ein länglicher, fast horizontal fortlaufender Hügel bezeichnet wird. – F5/44.
Brüelhübel	Brüelhüübel	Mhd. brüel = bewässerte, verbuschte Wiese. Bezeichnung für häufig feuchte, an Bächen oder Flüssen gelegene Wiesen. Als Hübel wird eine kleine Erhöhung im Gelände bezeichnet. – Auch: Brüelmatt (direkt an der Ergolz gelegenes Wiesland). – D1/45.
Beim hohlen Brunnen	bim hoole Brunne	1702 Z'Holenbronnen, 1880 beim Hohlenbrunnen. Brunnen mit Brunnenstock und Trog. Hohl bezieht sich auf die Beschaffenheit des Brunnens. – F3/202.
Vor Buech	vor Buech	1397 vor dem buch, 1926 vor Buch. Grosses Gebiet, bestehend aus Äckern, zwei Gruben und steilem Wiesland. Namengebend wirkte die Buche, ein in Orts- und Flurnamen häufig auftretender Baum. Verweist nicht auf einen einzelnen Baum, sondern auf ein Buchengehölz. – Auch: Buechbächli (bei den Drainagen der 1940er Jahre in den Boden verlegtes Bächlein), Buechholden/Buechholde (steiler, bewaldeter Abhang). – F3/47.
Büntenmattwegli	Büntemattwäägli	Bünten bezeichnen Grundstücke zumeist in Dorfnähe, die zur Zeit der Dreizelgenwirtschaft privat genutzt werden konnten und durch Umzäunung vom allgemeinen Weidgang ausgenommen waren. – Weglein entlang des Dübachs, zweigt vom Dübachweg ab, wo dieser zur Hegmatt hin ansteigt.
Am Bütschli unten	am Bütschli unde	Ursprünglich Bezeichnung für eine Steigung der Kantonsstrasse kurz vor dem Dorf. Heute gilt der Name auch für ein Stück Wiesland nördlich der Strasse. – E4/56.
Chälen	Chääle	1704 im Kählen, 1926 Kählen. Tal, das im Grenzgebiet zu Wegenstetten liegt. Mit Chälen wird jeweils ein natürlicher Einschnitt im Boden oder ein kleines Tal bezeichnet. – Auch: Ob Chälen/ob Chääle (andere Bezeichnung für die Chälenholden), Chälenbach/Chääläbach (andere Bezeichnung für das Länenbächli), Chälenboden/Chääleboode (kleines Tal, an anderen Orten

Siedlung

		wurde «Boden» durch «Graben» ersetzt, z. B. wurde 1680 müllstettboden später zu Mülistättgraben), Chälenholden/Chääleholde (steiler, bewaldeter Hang). – B4/234.
Challofen	im Challoofe/Challhoofe	1680 im Kalchoffen, 1926 Kalkofen. Der in unserer Region häufig auftretende Name erinnert an ein altes Handwerk, das Kalkbrennen. – D3/238.
Chapf	ufm Chapf	1680 auff dem Kapff, 1926 Kapf. Heute nur noch in Flurnamen vorkommendes Wort, das einen Hügel oder Bergvorsprung bezeichnet, der meistens, wie auch in Rothenfluh, Aussichtspunkt ist. – G6/240.
Chatzenstägen	Chatzestääge	1863 Katzenstiege. Der Name verweist auf die Steilheit des Wegleins. Man müsste wohl eine Katze sein, um ohne Probleme vom Plateau hinunter ins Tal zu kommen. – E4/242.
Cheibacher	Im Chäibacher	1768 im Keyb-Acker. Wiesland westlich des Dorfes. Mit Cheib wird in der Region Basel ein totes Tier bezeichnet. An diesem Ort wurden bis ca. 1935 Tierkadaver verscharrt. – F5/251.
Chell	Chell	1860 im Kell, 1926 Kell. Häufig in Flurnamen anzutreffender bildhafter Vergleich des Geländes mit einem Küchengerät, hier der Kelle. – Auch: Chellboden/Chellboode (Bezeichnung für ein kleines Tal), Chellgässli (gleiche Örtlichkeit wie Chellboden), Chellholden/Chellholde (steiler, bewaldeter Hang). – B7/244.
Chesiwägli	Cheesiwäägli	Name für einen kleinen Verbindungsweg zwischen dem Dübachbächli und der Wittnauerstrasse. Erinnert an die bis 1960 bestehende Milchannahmestelle.
Ob der Chillen	ob dr Chille	1634 ob der Kilchen, 1926 ob der Kirche. Nördlich der Kirche gelegenes Wiesland, heute teilweise überbaut. – E4/253.
Chillengässli	Chillegässli	1859 Kirchgässle, 1890 im Kirchgässli. Anderer Name für s Gängli, wird aber nur selten verwendet.
Bim alte Chillhof	bim alte Chillhoof	1702 am Alten Kilchhooff, 1908 im Altkirchhof. Ehemaliger Kirchhof (Friedhof) westlich der Säge zwischen Kantonsstrasse und Ergolz, auf dem während einer Epidemie am Ende des 17. Jahrhunderts Pesttote aus Rothenfluh und Wegenstetten beigesetzt wurden. – D1/46.
Chlaffacher	Chlaffacher	1634 im Klaffacher, 1926 Klaffacker. Mhd. klaf bedeutet Spalte, Riss. Bezeichnung für Gebiet, das häufig rutscht und deshalb Risse aufweist. – F5/260.
Cholgrueben	Choolgruebe	Bezieht sich auf eine ehemalige Köhlerei an diesem Ort. – E8/261.
Cholholz	Choolholz	1680 Kohlholtz, 1881 auf Kohlholz. Waldgebiet, in dem geköhlt wurde. – D8/262.
Chostetzacher	im Choschdedsacher	1702 Kostentzackher, 1926 Kostetsacker. Mit Cost oder Costenz wurde im Baselbiet der Feldthymian bezeichnet, der als Heilmittel bedeutend war. Name erinnert an die dort wachsenden Pflanzen. – A2/265.
Chräbsacher	Chräbsacher	1634 im Krebsacker, 1926 Krebsacker. Erinnert an die Krebse, die hier früher vorkamen. – Auch: Chräbsbrüggli (Übergang über das Länenbächli), Chräbsmatt (nur noch selten verwendeter Name. Gebiet gehört heute in den Geltungsbereich von Chräbsacher). – C2/268.
Churzbödeli	Churzbödeli	1802 Kurtzboden. Graben, durch den ein Weglein vom Ramstel hinauf auf das Plateau führt. – C6/276.
Deckelgrueben	Dekchelgruebe	Kleine Grube nördlich des Hofs Holingen, in der sich geschichtetes Gestein befand, woraus man 5–6 cm dicke Steinplatten verfertigte. Diese dienten als Deckel für die aus Steinen bestehenden Kanäle (Agden), welche das Wasser von den Feldern führten. – D5/63.

Siedlung

Dell	Dell	1583 uff Tell, 1926 Dell. Eine Delle, Dell in Flurnamen bezeichnet jeweils eine kleine Vertiefung im Gelände oder ein kleines Tal. – Auch: Dellboden/Dellboode (Bezeichnung für einen Graben innerhalb des Gebietes Dell), Dellgässli (kleiner Weg vom Tal auf das Plateau hinauf). – G6/65.
Delletacher	Delledacher	1583 im Delletackher, 1926 Telletacker. Aus den beiden Wörtern Delle und Acker zusammengesetzter Name. Mhd. Delle ist die Verkleinerungsform zu Tal. Der Delletacher bezeichnet Acker- und Wiesland mit leicht konkaver Wölbung. – E2/476.
Dorf	im Dorf	1634 im Dorff, 1802 im Dorf. Als Dorf wird eine ziemlich geschlossene, zusammenhängende Gruppe von ländlichen Bauten bezeichnet.
Dorfplatz	Dorfblatz	1986 Dorfplatz. Der wichtigste Platz am Westeingang des Dorfes.
Vor Dorn	vor Doorn	1397 vor dem torn, 1926 vor Dorn. Bezeichnung für ein mit Dornbüschen bewachsenes Gebiet. Auch: Dornholden/Dornholde (steiler, bewaldeter Abhang), Dornrüti (Name, der Ende des 18. Jahrhunderts seinen Bezug zum Gelände verloren hat, da in der Waldordnung von 1781 verlangt wurde, dass alle Rüttenen wieder aufgeforstet werden mussten). – C4/76.
Dreckgasse	Dräckgass	Früher verwendeter Name für die Rössligasse, da hier ärmlichere Häuser gestanden haben sollen als in der Herrengasse (Hirschengasse).
Dübachbächli/Dübach	Düübechbächli/Düübech	1560 Düffenbach, 1926 Dübachbächli. Wie der Beleg von 1560 zeigt, stellt der heutige Name eine Verkürzung von Düffenbach dar. Damit ist kaum gemeint, dass das Bächlein besonders tief ist, sondern eher, dass es besonders tief eingeschnitten im Tal liegt. Da der Name nach der Verkürzung nicht mehr verstanden wurde, hängte man wieder das Wort Bach an, um dem Namen einen neuen Sinn zu geben. – Auch: Im Dübach/im Düübech hinde (1702 im Dübech, 1926 Dübach: Mattland um den 1838 erbauten Hof herum), Dübachgraben/Düübechgraabe (anderer Name für den Hübelheinisgraben). – E5/82.
Ebni	uf dr Eebni	1702 auf der Ebne, 1926 Ebene. In vielen Gemeinden auftretender Name, der jeweils eine ebene Fläche bezeichnet, hier eine Terrasse innerhalb des Hanges. – A4/88.
Ebnet	Eebnet	1534 uff dem Ebnet, 1926 Ebnet. 11,7 ha grosses, flaches Waldgebiet auf dem Plateau an der Grenze zu Wittnau. – E8/90.
Im Ei	im Äi	1397 vor dem ey, 1926 im Ei. Zwischen der Hauptstrasse nach Ormalingen und der Ergolz gelegenes ehemaliges Mattland, das durch Entwässerungen zu fruchtbarem Ackerland wurde. Speziell schweizerische, in vielen Orts- und Flurnamen enthaltene Nebenform zu Au (= eine am Wasser gelegene Wiese). – E3/91.
In der Ei	in dr Äi	1583 in der Ey, 1926 in der Ei. Entlang des Länenbächli gelegenes Acker- und Mattland, das entwässert wurde. – Auch: ob dr Ei/ob der Äi (heute nur noch selten verwendeter Flurname. Fällt in den Geltungsbereich von In der Ei), Eibächli/Äibächli (Bächlein, das während der Drainagen der 1940er Jahre in den Boden verlegt wurde; war wegen seines besonders kalten Wassers bekannt), Eibrünnli/Äibrünndli (Brunnen im Gebiet In der Ei), Eiloch/Äiloch (ehemals mit kaltem Wasser gefülltes Loch von ca. einem Meter Durchmesser, in welchem die Bauern bei der Erntearbeit den Most kaltgestellt haben sollen). – B3/93.
Im Eich	im Eich	1397 an dem eych, 1926 im Eich. Verweist auf einen heute verschwundenen, aber 1680 in den Meyer-Skizzen bezeugten kleinen Eichenwald. – Auch: Eichmatt/in dr Äichmatt (vom Aussterben bedrohter Name, da für dieses Gebiet heute im Allgemeinen der Name Sagi verwendet wird). – C2/98.

Siedlung

Eichhölzli	Äichhölzli	1634 hinderm Eichholtz, 1908 im Eichhölzli. Ältere Bezeichnung für das Stöckacherwäldeli. – F7/101.
Eichli	Äichli	Kleine, ca. 30 a umfassende Parzelle mit einer einzigen Eiche. – A3/102.
Eichligarten	Äichligaarde	1861 im Eichelgarten, 1926 Eichligarten. Erinnert an die in einem Pflanzgarten stehenden Eichen. – C5/103.
In den Eigenenacher	in de Äigeneacher	1802 Eygenacker, 1926 Eigenacker. Aus den Bestandteilen eigen und Acker bestehender Name, der heute ein Waldstück an der Grenze zu Wegenstetten bezeichnet. Eigen bedeutet uneingeschränkter Grundbesitz im Gegensatz zum Lehen (Erblehen). Bezeichnung für Äcker, die schon früh Eigentum von Privaten waren. – A6/104.
Eisengasse	Yysegass	1919 Eisengasse, 1986 Eisengasse. Unklare Herkunft des relativ neuen Namens, der teilweise den Namen «bis Gottliebs» ersetzte. Vermutlich handelt es sich um eine willkürliche Bezeichnung. – F5/107.
Erfenmatt	Erfematt	1397 ob erfen matt, 1768 auf Erfenmatt. Name mit unklarer Herkunft. Das mit diesem Flurnamen bezeichnete Wiesland liegt heute vollständig auf Hemmiker Boden. – A4/113.
Im Erli	im Eerli	1397 in dem erly, 1926 Erli. Bezeichnung für Ackerland, das zwischen dem Länenbächli und der Strasse in den Chälen liegt. Häufig auftretender Flurname, der sich jeweils auf ein Erlengebüsch oder einen Erlenwald bezieht, hier auf das Gehölz entlang des Länenbächlis. – C2/114.
Eschacher	Eschacher/Öschacher/Aschacher	1397 am ösch acker/esch acker, 1926 Eschacker. Aus Esch und Acher zusammengesetzter Name. Das heute nur noch in Orts- und Flurnamen enthaltene Wort esch (von mhd. ezzesch = Saatfeld, Flur) bezeichnete ein Saatfeld, das vom allgemeinen Weiderecht ausgeschlossen war. – B3/116.
Etzmatt	Etzmatt	1397 in der etz matten, 1926 Etzmatt. Matte, auf der das Vieh weidete. Der Name kann auf mhd. etze (= Weideplatz) zurückgeführt werden. – Auch: Ob der Etzmatt/ob dr Etzmatt (früher Ackerland oberhalb der Etzmatt). – E4/119.
Im Feld	im Fäld	1897 auf dem Feld, 1926 im Feld. Im Verhältnis zur Umgebung extrem flaches Gebiet. Entstand eventuell durch Verkürzung aus dem Namen Buechfeld, denn im Allgemeinen wird dieses Gebiet heute Vor Buech genannt. – F3/121.
Feldschen	im Fäldsche	1397 uff den felschen, 1926 Feldschen. Name, der häufig für Rutschhalden steht. Der Untergrund besteht hier aus Opalinuston, der bei Nässe rutschen kann. – Auch: Ob Feldschen/ob Fäldsche (Acker- und Wiesland; die Unterscheidung zwischen Im und Ob Fäldsche wird heute nur noch selten gemacht), Feldschenhöldeli/Fäldschehöldeli (kleines Waldgebiet an der steilsten Stelle des Gebietes Im Fäldsche). – D2/122.
Uf der Flue	uf dr Flue	1860 auf der Fluh, 1926 auf der Fluh. Die dem Dorf namengebende Fluh. – Auch: alti Flue (südlich der Neui Flue gelegener Felsvorsprung), neui Flue/nöi Flue (anderer Name für die heute als beliebtes Ausflugsziel bekannte Roti Flue). – D4/126.
Under der Flue	under dr Flue	1397 under der flu, 1862 unter der Fluh. Oberbegriff für das gesamte unterhalb der Flue gelegene Land. – Auch: Flueholden/Fluehölde (steiler, bewaldeter Hang). – E4/129.
Freslismatt	Freeslismatt	1583 Fräsis Matt, 1926 Freslismatt. Gelände mit leichter Wölbung. Der Name stellt vermutlich einen Vergleich mit Fräsli, Fresli dar, was Halskrause, rund schliessender Kragen bedeutet. – C3/133.
Fröschmatt	i dr Frööschmet	1687 in Fröschmatt, 1907 in Fröschmatt. Gebiet, in dem viele Frösche lebten, was auf Feuchtig-

Siedlung

		keit schliessen lässt. – Auch: Fröschmattbächli/Frööschmetbächli (den Drainagen der 1940er Jahre zum Opfer gefallenes Bächlein). – D5/135.
Gängli	Gängli	1919 im Gängli, 1986 im Gängli. Im Kanton Baselland verwendete Verkleinerungsform für eine Gasse zwischen Gebäuden. Führt von der Friedhofmauer zur Hirschengasse.
Gässli	Gässli	1706 im Gässlin, 1802 im Gässlein. Verbindungsweg zwischen den beiden Dorfteilen.
In der hohlen Gasse	in dr hohle Gass	1634 an der Holen Gassen, 1904 in der Hohlengasse. Bezeichnete früher eine Örtlichkeit, bei der sich die Landstrasse Rothenfluh–Ormalingen zu einem ungefähr drei Meter tiefen und zwei Meter breiten Hohlweg verengte. – E2/203.
Gedistännli	Geedistänndli	Nur mündlich belegter Flurname, der ein kleines Waldstück im Geltungsbereich des Flurnamens Bifang bezeichnet. Verweist auf den Dorfnamen s Gedis. Der Name entstand, als im 19. Jahrhundert nach einem Brand des Hauses dieser Familie in diesem Gebiet für den Wiederaufbau Holz geholt wurde. – C9/143.
Götzenbüel	Götzebüel	1397 an götzli bül, 1863 im Götzenbüel. Der erste Teil des Namens verweist auf die im Mittelalter häufige Kurzform des Personennamens Gottlieb. – E5/149.
Bis Gottliebs	bis Gottliebs ue	Der Name bezieht sich auf die Familie Erny mit dem Dorfnamen s Gottliebs, die an der Eisengasse bis ca. 1930 einen Kolonialwarenladen führte.
Grendel	im Grändel	1723 beym Grendel. Häufig auftretender Flurname, der sich auf mhd. grendel = Riegel, Balken zurückführen lässt. Bezieht sich auf einen ehemaligen Schlagbaum, der das Dorf vom übrigen Gemeindegebiet trennte. Die ganze Dorfumzäunung nannte man Etter. – Auch: Grendelgasse/Grändelgass (Strassenbezeichnung).
Gries	im Gries	1680 im Gries, 1926 Gries. Aus mhd. griez = Sandkorn, Sand, Kiessand entstandener Name. Bezeichnet ein Gebiet, das mit Schutt der steinigen Flueholde übersät ist. – Auch: Uf Gries (Name, der sich auf Kosten von «im Gries» immer mehr durchsetzt), Griesgässli (Feldweg). – E4/156.
Grütsch	Grütsch	1702 auffem Grütsch, 1926 Grütsch. In der Region Basel mehrmals auftauchender Name, der jeweils einen Ort bezeichnet, an dem die Erde häufig rutscht. – B4/164.
Häftli	Häftli	1687 zum Häfftlin, 1926 Heftli. Dieser Flurname bezeichnet jeweils ein Landstück, das von einem Fluss oder einem Bach bogenförmig umflossen wird. – Auch: Häftliquelle (Quellaufstoss in der Nähe der Ergolz), Häftlistich/Häftlischdich (die alte Strasse nach Anwil stieg an dieser Stelle steil an, so dass schwerbeladene Gespanne nicht ohne fremde Hilfe weiterfahren konnten). – H6/178.
Am Hag	im Haag noo uuse	Verkürzung des Namens Limberghag. – B9/171.
Handlauber	Handlauber	Relativ neuer Name für einen der Dübachgräben, der im Allgemeinen als Üeblisgrundgraben bezeichnet wird. – Auch: Handlauberholden/Handlauberholde (steiler, bewaldeter Abhang). – D8/172.
Haslenhag	Haaslehag	1680 Haselhag, 1911 Haslenhag. Bezieht sich auf den Haselstrauch, einen in Europa heimischen Strauch, der häufig in Flurnamen auftritt. – B6/175.
Hegässli	im Heegässli	1634 im Hegesslin, 1926 Hegässli. Aus den Wörtern Hägi und der Verkleinerungsform von Gasse (hier in der Bedeutung von eingehagtem Weg) bestehender Name. – E5/181.
Hegmatt	Heegmet/Heegmatt	1680 Hegmatt, 1926 Hegmatt. Ehemals eingezäuntes Grundstück, das von den Dorfbewohnern zum Anbau von Hanf, Flachs und anderen Pflanzen privat genutzt werden durfte. – E5/182.

Siedlung

Helletsmatt	in dr Helletsmatt	1397 an hellers matte, 1926 Helletsmatt. Sehr alter Flurname, dessen erster Teil einen Personennamen beinhaltet. – E5/184.
Herrengasse	Heeregass	In der Hirschengasse sollen früher die reicheren Leute gewohnt haben, die von den Bewohnern der Dräckgass – der Gegenbildung zu Herrengasse – als Herren bezeichnet wurden.
Heuelschür	Höielschüür	1634 ob der Heüwelscheüren, 1926 Heuelschür. Der Name bezieht sich auf eine ehemalige Heuscheune in diesem Gebiet. – E2/189.
Hindermur	Hindermuur	1919 Hintermur. Auf dem Plateau gegen Anwil gelegenes Gebiet. Der Name bezieht sich auf einen Hag, der früher die Flurgrenze bildete. – F9/191.
Hirschengasse	Hirschegass	1986 Hirschengasse. Strassenabschnitt, der diesen Namen wegen eines Restaurants erhielt.
Hirzenbrunnen	Hiirzebrunne	1742 beym Hirtzenbronnen, 1835 beim Hirzenbrunnen/Hirschbrunnen. Bezieht sich auf eine Quelle, die ihren Namen von den sich häufig in dieser Umgebung aufhaltenden Hirschen (mhd. Hirze) erhielt. – F3/193.
Ob dem Hölzli	obim Hölzli	1802 ob dem Hölzli, 1926 ob dem Hölzli. Acker- und Wiesland oberhalb des Mischberghölzlis. – B2/195.
Im Hof	im Hoof	1702 im Hooff, 1986 im Hof. Verweist auf den bereits im 13. Jahrhundert für Rothenfluh bezeugten Meierhof. – Auch: im oberen Hof, im unteren Hof/im oobere Hoof, im undere Hoof (mundartliche Lautung des Namens Oberhofgasse bzw. Niederhofgasse).
Hofacher	im Hoofacher	1397 am hoff acker, 1926 Hofacker. Das jeweils zum Herrenhof gehörende Ackerland trug den Namen Hofacher. – D1/200.
Holingen	im Hoolinge	1687 in Hollwingen, 1986 Hohlwingen. Wegen der unterschiedlichen Schreibweisen keine Deutung des Namens möglich. Alter Name, der schon früh nicht mehr verstanden wurde. Eventuell bezieht er sich auf eine alte Kirschensorte. – Auch: Holingebächli (1680 Halwingen Bächli; bei den Drainagen der 1940er Jahre in den Boden verlegtes Bächlein, dessen Verlauf an den Parzellengrenzen heute noch erkennbar ist), Holingenboden/Hoolingeboode (beinahe erloschener Flurname, bei dem das Wort Boden noch stellvertetend für das heutige Graben steht), Holingenholden/Hoolingeholde (steiler, bewaldeter Abhang). – D5/204.
Holzmatt	i dr Holzmatt	1634 inn der Holtzmatt, 1926 Holtzmatt. Acker- und Wiesland an der Grenze zu Wegenstetten. Mit diesem Namen wird eine an den Wald grenzende Wiese bezeichnet, hier ein Wäldchen. – A4/211.
Auf dem Homberg	ufm Hombrg us	1534 uff dem Homberg, 1768 auf dem Homberg. Heute nur noch für Wittnauer Gebiet verwendeter Flurname. Die ursprüngliche Form lautete Auf dem hohen Berg. – A9/212.
Horain	Horäi	1583 uff Hochenn Rein, 1926 Hohrain. Wiesland, das auf einer kleinen Terrasse unterhalb des Waldes, vom Dorf aus aber hoch oben liegt. – C3/210.
Horn	Horn	1680 Horn, 1926 Horn. Bildhaft verwendeter Name für die nördlich des Dorfes steil ansteigenden Wiesen, die bis zum Ende des vorigen Jahrhunderts für den Rebbau genutzt wurden. – E4/213.
Auf dem Hübel	ufm Hüübel	1919 auf dem Hübel. Hof und Wiesland am östlichen Ausgang des Dorfes.
Hübelheinisgraben	Hüübelhäinisgraabe	Anderer Name für den Dübachgraben. Der Name erinnert an Hübelheini, einen Rothenflüher, der von seiner Frau umgebracht und hier verscharrt wurde. – D8/215.
Humbelsrain	Humbelsräi	1680 in Humpels Rein, 1926 Humbelsrain. Die heutige Namensform entstand vermutlich durch Zusammenzug von Hohen Büel zu Humbel. Da der Name nicht mehr verstanden wurde, hängte

Siedlung

		man die Bezeichnung Rain (ähnliche Bedeutung wie Büel) daran, um dem Namen wieder einen Bezug zum Gelände zu geben. Mundartlich wird teilweise nur Im Humbel gesagt. – B4/216.
Igelloch	Iigelloch	1673 im Igelloch, 1907 Igelloch. Ungeklärte Herkunft des Namens; denkbar wäre, dass sich der Name auf den früher für die Medizin unentbehrlichen Blutegel bezieht. Diese Tiere lebten in Weihern oder Pfützen. – C2/220.
Ihegi	Yyheegi	1680 Einhegi, 1926 Ihegi. Entspricht dem Namen Bifang und verweist ebenfalls auf ein eingezäuntes Stück Land. – E3/221.
Auf der Insel	uf dr Insle	Name, der nach der Korrektur der Ergolz und dem Neubau der Strasse nach Ormalingen entstand. Bezeichnung für ein Haus, das seit dieser Korrektur wie auf einer Halbinsel steht. Mitglieder der dort wohnenden Familie Erny haben teilweise den Dorfnamen Inseli.
Isack	im Yysakch	1802 im Isack, 1926 Isach. Nicht mehr verstandener Name, der vermutlich ursprünglich Im Sack lautete und in Zusammenhang mit dem Namen Sackboden gesehen werden muss. – F6/223.
Ischlag	im Yyschlaag	1835 Einschlag, 1926 Einschlag. Ursprünglich Bezeichnung für ein Gebiet, das mit einem Zaun umgeben und dem allgemeinen Flurzwang entzogen war. – F8/106.
Isleten	Yyslete	1397 vor isental, 1802 Isleten. Name, für den zwei Deutungen zutreffen können. Erstens kann sich der Name auf mhd. îs (= Eis) beziehen, weil das Gelände dieses Namens nordexponiert und somit sehr schattig ist. Zweitens kann sich der Name auch auf mhd. Îsen (= Eisen) beziehen, da das in diesem Gebiet vorkommende Gestein eisenhaltig ist. – Auch: Isletenbächli/Yysletebächli (ehemaliges Bächlein, das bei Drainagen in den Boden verlegt wurde), Isletengraben/Yysletegraabe (aus Wald und Wiesland bestehendes Tal), Isletenholden/Yysleteholde (steiler, bewaldeter Hang mit Nordexposition). – F2/224.
Jämpferlisegge	Jämpferlisegge	Unklare Herkunft des Namens. Bezieht sich eventuell auf einen früheren Besitzer. – C6/232.
Jennishöldeli	Jännishöldeli	Im Geltungsbereich des Langachers gelegene kleine, bewaldete Halde. Name geht auf einen früheren Besitzer zurück. – D3/233.
Kei	Käi	1835 auf Käi, 1926 Kei. Umfasst ungefähr einen Viertel des Rothenflüher Berges. Der Name entstand aus mhd. gehei durch Ausfall des -e- und bezeichnet ein Gebiet, das durch Umzäunung vor den weidenden Tieren geschützt wurde. – B6/243.
Im Länenbach	im Läänebach	1583 im Lenenbach, 1926 am Lehnenbächli. Name, der aus mhd. lêhen (= geliehenes Gut, Lehen = mdt. Läche, Pacht) entstand. Bezeichnet Grundstücke, die von einem Grundherrn den Bauern gegen Zinsen abgegeben wurden. – B4/295.
Länenbächli	Läänebächli	1514 Lenenbächli, 1926 Lehnenbächli. Bach, der aus dem Chälen kommt und bei der Sagi in die Ergolz fliesst. Wird teilweise auch Chälenbach genannt. Auch: Länenbächliholden/Läänebächliholde (steiler, bewaldeter Abhang oberhalb Chälen). – D2–B4.
Lättloch	im Lättloch	1836 bei der Lettgruben. Frühere Lehmausbeutungsstelle. Als Lett wird tonartiger, meist relativ grober Mergel bezeichnet. – Nicht lokalisierbar.
Alte Landstrasse	alti Landschdrooss	1986 Alte Landstrasse. Bezeichnung für die bis Anfang des 20. Jahrhunderts entlang Vor Buech führende Hauptstrasse nach Ormalingen. – F4/279.
Im Langenacher	im Langenacher	1397 zum langen acker, 1926 Langacker. Name, der sich auf die Form des betreffenden Grundstücks bezieht. – D3/280.

Langgrund	Langgrund	1634 im Langengrundt, 1926 Langgrund. Früher Ackerland, heute Waldgebiet auf dem «Berg». Da im Geltungsbereich des Namens keine Vertiefungen vorkommen, muss das Wort Grund hier in der Bedeutung von Ebene gesehen werden. Lang bezieht sich auf die Form des Gebiets. – Auch: ob Langgrund (nur noch selten verwendeter Name, der heute im Geltungsbereich des Langgrund liegt), Langgrundboden/Langgrundboode (alter Name, bei dem noch das alte Wort Boden für das heutige Graben vorhanden ist; bezeichnet einen der Dübachgräben), Langgrundholden/Langgrundholde (steiler, bewaldeter Abhang), Langgrundchopf (Übergang vom Plateau zum steilen Abhang). – B8/285.
Langmatt	Langmatt	1700 in der langen Matt, 1926 Langmatt. Zusammen mit dem Langenacher ein schmales, langes Grundstück. Zwischen dem Langenacher und der Langmatt lag ehemals die Zelggrenze. – D2/281.
In den langen Tannen	in de lange Danne	1680 Langetanen, 1884 ob Langentannen. Während der grösste Teil des «Bergs» um 1680 als Ackerland genutzt wurde, war das Gebiet Lange Tannen bereits bewaldet und zeichnete sich vermutlich durch besonders hohe Bäume aus. – B7/284.
Lauber	Lauber	1703 im Lauber, 1926 Lauber. Name kann nicht eindeutig erklärt werden. Im Allgemeinen verweist er auf einen Ort, an dem viele Laubbäume stehen. In unserem Fall handelt es sich jedoch um ehemaliges Rebgelände und Wiesland. Da das Gebiet mit diesem Namen sehr steil ist, war es jedoch früher eventuell bewaldet. – E4/290.
Laubholden	in dr Läbholde	1583 in Laubholden, 1926 Laubhalde. Name, der auf mhd. loup (= Laubwald) zurückgeführt werden kann. Der Name bedeutet: Halde, die mit Laubbäumen bewachsen ist. – B3/291.
Lehnacher	im Leenacher	1583 im Lähnackher, 1926 Lehnacker. Grundstücke dieses Namens gehörten einem geistlichen oder weltlichen Grundherrn und wurden jeweils an Bauern abgegeben, die dafür persönliche Dienstleistungen erbringen mussten. Später konnten die Zinsen auch in Geld oder Sachleistungen erbracht werden. – C2/294.
Leimet	im Läimet	1397 im leimat, 1926 Leimatt. War während der Dreizelgenwirtschaft Wiesland. Der Name geht auf ahd. leimo (= Lehm) zurück und gibt die Bodenbeschaffenheit wieder. – Auch: Hinter Leimet/hinder Läimet (bezeichnete während der Dreizelgenwirtschaft Ackerland, das zur Zelg Vor Buech gehörte), vorder Leimet/vorder Läimet (gehörte ehemals zur Zelg Ob der Kirche; Name, der heute nur noch selten verwendet wird). – D5/300.
Lein	im Läin	1397 an dem leim/am leimen, 1926 Lein. An der Grenze zu Ormalingen liegendes Gebiet, dessen Name auf die Bodenbeschaffenheit verweist. Siehe Leimet. – E1/305.
Limberg	im Limbrg/Lindbärg	1534 Lymperg, 1877 Lindberg. Grosses Waldgebiet, das heute vollständig auf Wittnauer Boden liegt. Da das Gebiet früher nicht bewaldet war, wirkten einzelne, vielleicht besonders grosse Linden namengebend. – Auch: Limberghag/Limbrghaag (Gemeindegrenze zu Wittnau, die mit einem Hag gekennzeichnet wurde). – D9/310.
Lör	Löör	1397 am Ler, 1926 Löhr. Namengebend war der Gehängeschutt im Bereich dieses Namens. Lör bezeichnet jeweils eine Waldung oder eine Halde mit viel Geröll. – Auch: Im oberen Lör/im obere Löör (früher Ackerland, heute Wiesland im oberen Bereich des Namens Lör), Lörhöldeli/Löörhöldeli (kleines Waldstück, das an der steilsten Stelle des Gebietes mit dem Namen Lör steht). – C3/314.
Lüttetsmatt	Lüttetsmatt	1397 vor lürützmat, 1926 Lüttetsmatt. Unklare Herkunft des Namens. Die vielen verschiedenen Schreibweisen (1687 in Leüters Matt, 1698 ob Leitersmatt, 1704 Lüterts Matt, 1802 Lützelmatt)

Siedlung

		zeigen, dass der Name schon früh nicht mehr verstanden wurde. Acker- und Wiesland nördlich der Hauptstrasse nach Ormalingen. – E3/323.
Magenmatt	Maagematt	1397 in magenmatt, 1926 Magenmatt. Unsichere Herkunft des Namens. Kann entweder eine Wiese mit sehr kräftigem Wuchs bezeichnen (mhd. magen = Kraft, Menge) oder aber auf Mohnpflanzungen (ahd. mâgo, für unser Gebiet bezeugt) verweisen. – E2/328.
In den Matten	i de Matte us	Sammelbezeichnung für das ausgedehnte Wiesland östlich der Kantonsstrasse Säge–Asp. – D2/330.
	im Mischbrg	siehe unter Wischberg.
Mischberghölzli	Mischbrghölzli	1699 vor dem Misperg Höltzlin, 1926 Wischberghölzli. Waldgebiet westlich der Hauptstrasse nach Wegenstetten. – Auch: Unter dem Mischberghölzli/underem Mischbrghölzli (Acker- und Wiesland am Fuss des Wischbergs). – B2/513.
Mischbergjoggelisloch	Mischbrg-Joggelis-Loch	Der Mischberg-Joggeli war eine bekannte Sagengestalt, die hier in einem tiefen Loch, aus dem es im Winter dampft, gehaust haben soll. – B2/515.
Mittlishöh	Mittlishöö, Mittlisee	1397 in wiczlise, 1926 Mittlishöh. Um 1560 lautete der Name Wittlissee, ab 1680 Mittlissee und 1859 taucht die Schreibweise mit -höh erstmals auf. Die Herkunft des Namens ist unklar. Eventuell verweist er auf einen kleinen See in diesem Gebiet. Der erste Teil gäbe in diesem Fall den Besitzer an. – B2/334.
Moosacher	Moosacher	1687 im Moosackher, 1926 Moosacker. Im Allgemeinen Bezeichnung für ein feuchtes Landstück. – Auch: Moosacherreben/Moosacherrääbe (ehemaliges Rebgebiet, heute als Weide genutzt. An den steilsten Abschnitten des Hanges sind Überreste alter Mäuerchen zu sehen). – E3/335.
Müli	Müüli	1634 hinder der Müllin. Verweist auf die 1335 erstmals urkundlich belegte Mühle von Rothenfluh. – Auch: Hinter der Müli/hinder dr Müüli (früher Ackerland, heute Wiesland am steilen Hang unterhalb der Müliholden), Ob der Müli/ob dr Müüli (Teil des Gebiets Hinter der Müli), im Müliacher/Müüliacher (südöstlicher Teil des Namens Hinter der Müli), Müliflüeli/Müüliflüeli (anderer Name für das Spitzenflüeli), Müligasse/Müüligass (das zur Mühle führende Strässchen), Müliholden/Müüliholde (Abschnitt des steilen, bewaldeten Hanges in Richtung Wenslingen), Mülimatt/Müülimatt (kleine Wiese östlich der Mühle, an der Ergolz gelegen).
Mülistätt	Müülistätt	1397 ze müllenstat, 1926 Mühlistätt. Heute Wald, früher Mattland. Gebiet, in welchem nach einem Beleg von 1768 früher eine Reibe stand. Mhd. Müllen, müln bedeutet zermalmen. Mit dem Flurnamen wurde derjenige Ort bezeichnet, bei dem etwas (z. B. Hanf) zermalmt oder zerrieben wurde. – Auch: ob Mülistätt/ob Müülistätt (Waldgebiet oberhalb Mülistätt), Mülistättgraben/Müülistättgraben (Bezeichnung für einen der Dübachgräben), Mülistättholden/Müülistättholde (steiler, bewaldeter Abhang). – C8/348.
Munimatt	Muunimatt	1673 Muhnimatt. Muni ist ein spezifisch schweizerisches Wort für den Zuchtstier. Bezeichnet eine Wiese, die dem Zuchtstierhalter von der Gemeinde zur Verfügung gestellt wurde. – C3/354.
Nagelfels	Naagelfels	Im Geltungsbereich dieses Namens am Fusse der Schnäggenmatt ist das Gestein besonders hart. Nagelfels bedeutet das Gleiche wie Nagelfluh.
Nebli	Neebli	1687 im Näblin, 1926 Nebli. Verkleinerungsform von Nebel. Bezieht sich auf die in der Nähe von Gewässern häufig auftretenden Bodennebel. – E5/359.
Neumatt	i dr Nöimatt	1680 in Neümatt, 1926 Neumatt. Name, der auf neu gewonnenes Mattland verweist, sei es aus Wald oder aus Ackerland. – E6/360.

Siedlung

Nidermatt	Niidermatt	1397 an nider mat, 1907 Niedermatt. Die am tiefsten gelegene Wiese des Dorfes. – Gleicher Geltungsbereich wie Brühlmatt.
Nodleband	Noodleband	1802 Nadlenband, 1907 Nadelband. Der Name bezieht sich auf die Form des Grundstückes. – D2/356.
Nübel	im Nüübel	1634 uffm Nübel, 1926 Nübel. Unklare Herkunft des Namens. Bezeichnet das zwischen der Ergolz und der alten Landstrasse nach Ormalingen gelegene Mattland in der Umgebung der ehemaligen Reibe. – E3/364.
Oberdorf	im Ooberdorf	1895 im Oberdorf. Nur noch selten verwendeter Name, da heute Strassenbezeichnungen vorherrschen.
Oberloch	Ooberloch	Höhle im Gebiet der Flueholden. – E4/365.
Ödental/Odleten	Öödedaal, Oodlete	1583 ob Ottelten, 1926 Ödental. Name, der in Rothenfluh Öödedaal, in Anwil jedoch Oodlete ausgesprochen wird. Wird immer mehr durch den Flurnamen Im Bad verdrängt. Eventuell ist im ersten Teil des Flurnamens der Personenname Otto enthalten (= Tal des Otto). – Auch: Ödentalholden/Öödedaalholde (steiler, bewaldeter Hang). – E7/366.
	Öschacher	siehe Eschacher
Pfaffenboden	Pfaffeboode	1680 Pfaffenboden. Im Geltungsbereich von «Chell» liegender Flurname, der auf einen früheren Besitzer namens Pfaff verweist. Eine Familie Pfaff wurde 1751 eingebürgert, war aber schon lange vorher in der Gemeinde wohnhaft. – B6/372.
Presismätteli	Preesismätteli	Eine auf drei Seiten von Wald umgebene kleine Wiese. Gehört seit Generationen der Familie Erny Poscht, welche mehrere Male den Gemeindepräsidenten stellte. – D4/376.
Räuber und Poli Wäldeli	Röiber und Poli Wäldeli	Vor dem Bau der Turnhalle (1974) hielt Lehrer Lutz viele Turnstunden in diesem Wäldchen ab, in dem «Räuber und Polizei» gespielt wurde. – G5/377.
In den Reben	i de Rääbe	Oberbegriff für das früher ausgedehnte Rebgelände westlich des Dorfes. – E4/386.
Rebetsmatt	Rääbetsmatt	1802 Rebetsmatt, 1902 Rebetsmatt. Sehr selten gebrauchter Name, der als Weide genutztes Mattland bezeichnet. Im ersten Teil des Namens ist vermutlich ein Personenname enthalten. – D7/387.
Rebgarten	Räbgaarte	1397 vor dem rebgarten, 1877 im Rebgarten. Sehr alter Name, der an ehemaliges Rebland erinnert. – Östlich der Eisengasse gegen die Flur Schönenwasen hin.
Ramstel	Rambschdel	1583 zu Ramstell, 1926 Ramstel. Aus den Wörtern Rams und Tal zusammengesetzter Name. Der erste Teil des Namens bezieht sich auf Rams/Ramsle, womit der Bärlauch gemeint ist. – Auch: Ramstelholden/Rambschdelholde (steiler, bewaldeter Hang nördlich des Ramstels), Ramstelflüeli/Rambschdelflüeli (kleiner Felsvorsprung in der Ramstelholden). – D5/378.
Rank	Rankch	1680 im Ranckh, 1926 Rank. Mit Rank wird jeweils eine Biegung in einer Strasse bezeichnet, hier eine enge Kurve des Fussweges nach Anwil. – Auch Rankholden/Rankchholde (steiler, bewaldeter Hang oberhalb des Gebietes Rank). – F5/381.
Ribi Wüeri	Ryybi Wüeri	1687 zum Wührlin, 1733 obem Rübin Wüeri. Name, der an die 1857 abgebrochene Hanfreibe erinnert. Das kleine Wuhr (= künstlicher Wasserlauf) soll bis ca. 1960 bestanden haben. – E3/406.
Riedmet	im Riemet	1583 zu der Rüedtmatt, 1926 Riedmatt. Aus den Wörtern Riet und Matt zusammengesetzter Name. Riet bedeutet Schilfrohr, Sumpf und bezeichnet oft in der Nähe von Gewässern (hier

Siedlung

		Ergolz) gelegene Grundstücke. – Auch: Ob Riedmet/ob Riemet (1397 vor der oberen Rietmatte; anderer Name für «Delletacher»). – D2/392.
Uf der Ringelflue	uf dr Ringelflue/ uf dr Ringeflue	1634 uff der Ingelfluo, 1926 auf der Ringelfluh. Die häufig geänderte Schreibweise (Ingelflue, Engelflue, Ringenfluh) zeigt, dass der Name schon früh nicht mehr verstanden wurde. Seine Herkunft ist unklar. – Auch: ufim Ringelflüeli (kleiner Felsvorsprung), Ringelflueholden/Ringelflueholde (steiler, bewaldeter Abhang); im Ringelflue hinde/under dr Ringelflue (heute häufig verwendete Bezeichnung für sämtliches unterhalb der Ringelflue gelegene Waldgebiet und Mattland). – E6/394.
Under der Ringsmur	under dr Ringsmuur	Anderer Name für die Friedhofmauer.
Römerbrüggli	Röömerbrüggli	Name für ein kleines, schön gebautes Brücklein, dessen Alter unbekannt ist. – E2/399.
Rössligasse	Rössligass	1919 Rössligasse. Ca. 100-jährige Bezeichnung für einen Teil der Anwilerstrasse, an welchem sich das Restaurant Rössli befindet.
Rottannen	Rooddanne	1877 in den Rottannen, 1926 Rottannen. Ein rund 30 ha grosses, vorwiegend aus Tannen bestehendes Stück Wald. – Auch: In den oberen, in den unteren Rottännli/i de obere, undere Rottänndli (genauere Bezeichnungen für Rottanne). – B8/402.
Ruebgasse	Ruebgass	1802 Ruepgasse. Der erste Teil der Strassenbezeichnung bezieht sich auf den Familiennamen Ruep (schon vor 1550 in Rothenfluh eingebürgert).
Ruebholden	Ruebholde	1680 auff Ruobhalden, 1802 Ruephalde. Waldgebiet an der Grenze zu Wegenstetten. Der Name verweist auf einen früheren Besitzer namens Ruop (= Ruep/Rueb). – A5/407.
In den Rütenen	i de Rütene	1863 Armenrütten. Bezeichnet ein der Bürgergemeinde gehörendes Landstück, das früher den armen Leuten des Dorfes zur Bewirtschaftung abgegeben wurde. – D6/8.
Rütimatt	Rütimatt	1680 Rüti matt, 1926 Rüttimatt. Aus den beiden Teilen Rütti und Matt zusammengesetzter Name. Mit Rütti werden Grundstücke bezeichnet, die durch Ausgraben der Wurzelstöcke urbarisiert wurden. – Auch: Rütimattholden/Rütimattholde (steiler, bewaldeter Abhang an der Grenze zu Anwil und Wenslingen). – G5/412.
Rütschen	i dr Rütsche	1397 uff ruchschen/Ritschen, 1926 Rütsche. Häufiger Name für Rutschgebiete. – F3/408.
Sackboden	Sakchboode	1634 im Sackhboden, 1926 Sackboden. Figürliche Bezeichnung für ein Gebiet, das eine Senkung aufweist. – G6/414.
Sagi	i dr Saagi	1739 ob der Sagen, 1926 Säge. Name, der nach dem Bau einer Sägerei im Jahr 1700 entstand. Im Lauf der Zeit entwickelte sich ein Weiler, der mehr als 10 Häuser umfasst. – Auch: In der Sagimatt/i dr Saagimatt (sehr selten verwendeter Name, der innerhalb des Geltungsbereichs Sagi liegt). – D2/416.
Sallengraben	Sallegraabe	1634 Zallengraben, 1926 Z'Allengraben. Die vielen verschiedenen Schreibweisen (Z'Alengraben, Z'Olengraben, Zahlengraben, Sellagraben) zeigen, dass er schon früh nicht mehr verstanden wurde. Z'Allengraben ist aus der Präposition «zu», dem Adjektiv «all» im Dativ und dem Substantiv «Graben» zusammengesetzt. All bedeutet ganz, Mitte, Graben bezeichnet eine langgestreckte Vertiefung im Boden. Somit bedeutet der Flurname: «zum mittleren Graben». Die Geländebegehung bestätigt diese Annahme. Den westlichen Graben bildete das Eibächli, den östlichen das Länenbächli. – A3/3.
Sandgrube	i dr Sandgruebe	1898 in der Sandgrube. Bezeichnung für Mergelgruben. Der Name kann nicht lokalisiert werden, da in der Gemeinde mehrere Gruben bestehen.

Siedlung

Schafhüttenchärnel	Schoofhüttechäärnel	Flurname, der an einen Unterstand für die Schafe am Rand des Plateaus erinnert. Ersetzt den bis 1857 schriftlich belegten Namen Im Kernel (= rinnenförmige Vertiefung). – B7/432.
Scheibenstand	im Schyybeschtand	Der Name verweist auf die in diesem Gebiet stehenden Scheiben des früheren Schiessstandes. – E4/422.
Schliffi	Schlyyfi	1687 in der Schleüffin, 1850 in der Schleife. Abschliessende Erklärung des Namens nicht möglich, da weder Gewährsleute noch die 1680 von Meyer erstellten Skizzen Auskunft geben, ob in diesem Gebiet eine Schleiferei gestanden hat. – G5/424.
Schmids Hübel	Schmids Hüübel	1750 an Schmidts Hübel, 1877 auf Schmieds Hübel. Name, der sich auf einen früheren Besitzer bezieht. Schmid als Familienname ist von 1481 bis ins 17. Jahrhundert für Rothenfluh bezeugt. – E4/427.
Schnäggenmatt	Schnäggematt	1634 under der Schneckhenmatt, 1926 Schneggenmatt. Nordnordostexponierter, relativ feuchter Wiesenhang. Der Name bezieht sich auf die in diesem Gebiet häufig vorkommenden Schnecken. – Auch: Schnäggenmattholden/Schnäggemattholde (bewaldeter Abhang oberhalb der Schnäggenmatt). – F4/428.
Schönenwasen	im Schöönewaase	1706 auffem Schönenwaasen, 1926 Schönenwasen. Östlich des Schulhauses gelegenes Wiesland. Das Wort schön ist häufig in Flurnamen enthalten und bezeichnet jeweils Grundstücke, die von weitem sichtbar sind. Das heute noch verwendete Wort Wase bezeichnet feuchte Rasenflächen. – F5/431.
Schregwäg	Schreegwääg	Weg, der einer einfachen Fahrspur gleicht und mehrere vernässte Stellen aufweist. Das Wort schräg bezeichnet die Abweichung vom rechten Winkel. – B6/433.
Seuler	im Söiler	1583 inn Suwler, 1926 Säuler. Name mit unklarer Herkunft, der früher Ackerland und Rebgebiet, heute Wiesland bezeichnet. – D3/418.
Sigristenacher	im Sigeschtenacher	1634 im Sigristen Ackher, 1702 Sigristackher. Mhd. sigriste = Mesmer, Kirchendiener. Acker, der von einem Sigristen bebaut wurde. – A4/437.
	Sollegrabe	siehe Sallengraben
Sol	Sool	1680 im Sool, 1926 Sohl. Mit dem nur in Orts- und Flurnamen vorkommenden Wort werden feuchte Stellen bezeichnet, in denen sich das Wild suhlt (= wälzt). – Auch: Solchopf/Soolchopf (höchstgelegener Punkt Rothenfluhs mit 707 m ü. M.), Solholden/Soolholde (anderer Name für die im Allgemeinen Brockhübel genannte Halde). – A5/442.
Im Sor	im Soor	1397 under dem sar, 1926 im Sohr. Name, der auf ahd. sahar = Sumpfgras zurückgeführt werden kann. Im Gebiet Im Sor besteht der Untergrund aus Lehmboden, wodurch der Oberboden zu Vernässungen neigt. – E2/445.
Spitzenflüeli	Spitzeflüeli	1680 Spittzeflüehli. Von den Wenslingern verwendeter Name für das Müliflüeli. Der erste Teil des Namens bezieht sich auf die Form des Felsens. – G4/450.
Steingruebenhölzli	Steigruebehölzli	1846 im Steingrubenhölzli, 1893 Steingrubnhölzli. Bezeichnung für einen Teil des Mischberghölzlis, in dem Steine abgebaut wurden. – B2/457.
Stelli	d Stelli uf	1680 Stelli, 1862 in der Stelle. Mit Stelli wurden Orte benannt, bei welchen das Vieh bei Hitze unterstehen konnte oder sich abends versammelte. – C7/458.
Stöckacher	Stökchacher	1802 Stockacker, 1926 Stöckacker. Das Wort Stöck weist darauf hin, dass hier nach der Rodung nicht alle Baumstrünke (= Stöcke) entfernt wurden. – Auch: Stöckacherwäldeli (kleines Waldgebiet an der Grenze zu Anwil). – F7/461.

Siedlung

Ob der Strasse	ob dr Schdrooss	1397 ob der stross, 1926 ob der Strasse. Ältere Bezeichnung für die heutige Alte Landstrasse. – F3/464.
Strick	Strikch	1862 auf Strick, 1926 Strick. Name für ein heute 21 ha umfassendes Waldstück, das an den Strickweg grenzt. – Auch: Strickweg/Strikchwääg (1583 am Strickhweeg, Weg mit mehreren sehr steilen Abschnitten. Der Name kann von Strick = steile Stelle, besonders an einem Weg, hergeleitet werden). – D4/465.
Stuckenberg	im Stukcheberg	1583 im Stuckhlenberg, 1926 Stückelberg. Name, der auf diejenige Rodungsart verweist, bei der die Baumstrünke teilweise stehen gelassen werden. – Auch: Stuckebrgholde (anderer Name für die Isletenholden). – E1/467.
Summerholden	Summerholde	1397 in somerhalden, 1926 Sommerhalde. Südwestexponiertes, der Sonne zugekehrtes Wiesland und Wald. Das Gegenstück existiert in Rothenfluh ebenfalls im Wintersrain. – G5/447.
Im Tal	im Daal	1702 im Taal, 1926 im Tal. Bezeichnung für das entlang der Ergolz in Richtung Anwil gelegene Mattland. – G5/470.
Hinder Tann	Hinder Dann	1397 vor dem hindren Tann, 1926 Hinter Tann. Der Name bezieht sich nicht auf eine einzelne Tanne, sondern allgemein auf den Wald, wobei es sich nicht einmal um einen Tannenwald handeln muss. Im Geltungsbereich des Namens steht heute eine grosse Niederstamm-Obstanlage. – F7/474.
Teufelsgruebe	Töifelsgruebe	1397 in tüffen gruben, 1926 Teufelsgrube. Nicht mehr verstandener Name, der umgedeutet wurde (= volksetymologische Umdeutung). Ursprünglich bezeichnete der Name eine tiefe Grube; eventuell handelte es sich um eine Lehmausbeutungsstelle. – F7/477.
Üeblisgrundgraben	Üeblisgrundgraabe	1680 Üblisgrundboden, 1863 Üeblisgrundgraben. Bezeichnung für einen der Dübachgräben. Ungeklärte Herkunft des Namens. – C8/480.
Unterdorf	im Underdorf	1899 im Unterdorf. Kaum noch verwendeter Name, da heute Strassenbezeichnungen vorherrschen.
Unterloch	Underloch	Eine Höhle bei der Alte Flue. – E4/482.
Vogtsmatten	Vogtsmatte	1702 an Vogtsmatten, 1926 Vogtsmatt. Wiesland, das der Untervogt (bis 1798 Gemeindepräsident und Gerichtsvorsitzender) nutzte. – Auch: Untere Vogtsmatten/underi Vogtsmatte (unterhalb Vogtsmatten gelegenes Wiesland). – E5/484.
Vornünig	Vornüünig	1919 Vornünig. Gebiet an der Grenze zu Anwil. Vermutlich hatte die Gemeindegrenze hier viele Ecken, denn in Flurnamen drückt neun als Zahl die Fülle aus. – F8/487.
Wacht	Wacht	1859 Wacht. Gebäude beim Dorfplatz.
Wärligen	Wäärlige	1583 in Wärligen, 1926 Wärlige. Sehr alter Name, der auf die Besiedlung durch die Alemannen verweist. Der erste Teil des Namens enthält einen Personennamen, der den Grundherrn der Siedlungsgruppe nennt. – E2/489.
Wannen	i dr Wanne	1397 under Wannen, 1926 Wannen. Bezeichnung für eine wannenförmige Vertiefung im Gelände. Mhd. wanne bedeutet Getreide-, Futterschwinge. Erst im 14. Jahrhundert soll dieses Wort auf das wie eine Getreideschwinge geformte Gefäss zum Baden übertragen worden sein. – Auch: Wannenreben/Wannerääbe (Name ohne Bezug zum Gelände, der aber an den bis etwa 1880 betriebenen Weinanbau in Rothenfluh erinnert). – E3/492.
Weid	i dr Weid	1728 in der Wäyd. Gebiet, das schon immer als Weide genutzt wurde. – B4/498.

Siedlung

Weier	im Weier	1702 im Weyer, 1926 im Weier. Ursprünglich Wiesland, heute Ackerland direkt an der Ergolz. Wurde früher häufig überschwemmt. – E2/499.
Weierli	im Weierli	Andere, beinahe verschwundene Bezeichnung für das Grütsch. Vermutlich existierte hier früher ein kleiner Weiher. – B4/500.
Weiermatt	i dr Weiermatt	1634 in der Weyermatt, 1926 Weiermatt. Acker- und Wiesland südlich der Ergolz, das häufig überschwemmt wurde. – F3/501.
Wellholden	Wellholde	1680 Wellholden, 1926 Wellhalde. Bezeichnung für ein kleines quellenreiches Waldgebiet. Somit kann der Name von ahd. wella = Quelle, Wasseransammlung hergeleitet werden. – D8/504.
Welschenmatten	i dr Wäldschematte	1802 Wältschematten, 1919 Welschmatten. Im Geltungsbereich von Nübel liegendes Wiesland, das früher einer einem fremden Kulturbereich entstammenden Person gehörte. – E3/505.
Winkel	im Winkchel	1904 im Winkel. Von ahd. winkel = Ecke. Bezeichnung für abgewinkelt stehende Häuser. Häusergruppe südlich der Kreuzung Anwilerstrasse–Eisengasse.
Wintersrain	Wintersräi	1397 an wintersrain, 1802 Wintersrein. Nordexponierter, schattiger Hang mit Wiesland an der Grenze zu Ormalingen. – E1/510.
Wischberg	im Wischberg	1450 Wischberg, 1926 Wischberg. Unklarer Name mit vielen verschiedenen Schreibformen, was darauf hindeutet, dass er schon früh nicht mehr verstanden wurde (Wisperg, Wyschberg, Misperg, Mistberg, Wischberg). – Auch: d Wischbrg-Lucke (nicht zu lokalisierender Name, eventuell identisch mit dem Namen Z'Lucken), Wischbergholden/Wischbrgholde (steiler, bewaldeter Hang des Wischbergs). – B2/511.
Wissenweg	am wisse Wääg	1583 zu Wissenweg, in Wissenweg. Unklare Herkunft des Namens, da in seinem Geltungsbereich nicht wie erwartet weisses, sondern tonartiges Gestein vorherrscht. – A2/518.
Wittnauerstrasse	Wittnauerschdrooss	1919 Wittnauerstrasse. Bezeichnung für die nach Wittnau führende Hauptstrasse.
Wolfgarten	Wolfgaarte	1534 hindern Wolffgarten, 1926 Wolfgarten. Abgelegenes Waldgebiet an der Grenze zu Wegenstetten und Wittnau. Kann sowohl auf einen Personennamen als auch auf den Wolf als Wildtier zurückgehen. – A8/520.
Wüeri	Wüeri	1687 im Mühlinwuhr, 1857 ob dem Mühlinwuhr. Heute noch bestehendes Wuhr, das zur Mühle gehörte.
Zällerjoggelisbrüggli	Zällerjoggelisbrüggli	1945 erstelltes Brücklein, das den Namen seines Erbauers trägt. – E3/522.
Zil	Zyyl	1397 am zil, 1926 Ziel. Von mhd. zîl = Ziel, Gebüsch, Hecke, Grenze. Es handelt sich hier um Wiesland an der Grenze zu Wegenstetten, welches früher mit einem Hag gekennzeichnet war. – A3/523.

Bevölkerung 6

6.1 Bevölkerungsstatistik

Gesicherte Angaben über die Bevölkerungsentwicklung liegen seit 1680 vor. Damals lebten 351 Personen in Rothenfluh. Danach nahm die Bevölkerung stetig zu – im Durchschnitt um 30 Personen pro Jahrzehnt – bis zu einem Maximum von 844 Einwohnerinnen und Einwohnern im Jahre 1850. Dies war angesichts des zur Verfügung stehenden Wohnraums und der damaligen Beschäftigungsmöglichkeiten offenbar zu viel, denn in den folgenden 50 Jahren sank die Bevölkerungszahl um etwa einen Viertel und bis nach dem Zweiten Weltkrieg weiter auf 574 Personen (1950). In den letzten Jahrzehnten stieg die Bevölkerungszahl um über 100 Personen an (2000: 690).

Die Zahl der Geburten und Todesfälle bzw. der Zu- und Wegziehenden schwankt naturgemäss von Jahr zu Jahr beträchtlich. In den Jahren 1970–1990 wurden jährlich zwischen 7 und 14 Kinder geboren, 3 bis 9 Personen starben. Die Wanderungsbilanz war im Jahr 1994 beispielsweise negativ: 37 Zugezogenen (davon 11 mit ausländischer und 26 mit schweizerischer Herkunft) standen 52 Weggezogene gegenüber. Bei diesen waren 17 ausländischer und 35 schweizerischer Herkunft.

Diese Schwankungen schlagen sich auch auf die Zusammensetzung der Rothenflüher Bevölkerung nach ihrer Herkunft nieder: Waren 1994 9,1% der Einwohnerschaft Ausländerinnen und Ausländer (Bezirk Sissach: 12,3%, Kanton BL 16,4%), so waren es sechs Jahre später nur noch 6,2% (zum Vergleich: 12,9% bzw. 17,6%).

■ *Die Auswertung der Familiennamen bei Schülerinnen und Schülern, die 1965/66 bis 1999/2000 die Primarschule besuchten, ergibt:*

Tab. I Wohnbevölkerung und Haushaltsgrösse 1680/1860–1990

Jahr	1680	1798	1815	1833	1850	1860	1870
Wohnbevölkerung	351	521	613	726	844	812	776
Haushalte						150	154
Personen/Haushalt						5,4	4,6

Jahr	1900	1910	1930	1950	1970	1980	1990
Wohnbevölkerung	647	585	572	574	607	597	620
Haushalte	142	139	141	133	164	182	225
Personen/Haushalt	4,6	4,2	4,1	4,3	3,7	3,3	2,8

Bevölkerung

Die 379 Viertklässler trugen 117 verschiedene Familiennamen. 49 hiessen Erny, 15 Rieder und je 9 Mumenthaler und Gerber. Von den 379 Personen sind im Jahre 1999 263 älter als 20 Jahre. Rund 40% der 146 Männer wohnen nach wie vor in Rothenfluh, bei den 117 Frauen sind es nur 20%. ■

Nach Altersgruppen lassen sich die 690 Einwohnerinnen und Einwohner im Jahre 2000 folgendermassen aufschlüsseln:

Tab. II Bevölkerung nach Altersgruppen 2000

	0–14	15–64	64–
Rothenfluh	157	422	111
Gemäss kantonalem Durchschnitt wären es	111	471	108

In Rothenfluh ist das «Mittelalter» also unterdurchschnittlich vertreten, dafür leben hier viele Kinder. Rothenfluh hat nach Anwil, Häfelfingen und Bubendorf den vierthöchsten Kinderanteil im Kanton.
Gemäss Eidgenössischer Volkszählung von 1990 waren in Rothenfluh 295 Personen erwerbstätig. Verglichen mit dem Kanton zeigen sich bei den Selbständigerwerbenden (Bauern!) und bei den oberen Kadern Unterschiede (siehe Tab. III).

Rund 70% der Rothenflüher Erwerbstätigen arbeiteten auswärts. Rothenfluh bietet 104 Erwerbstätigen Arbeit: 89 hier Wohnhaften, 13 Auswärtigen und 2 Grenzgängern. Mehr Informationen zur Erwerbstätigkeit liefert Kapitel 8.

Tab. III Erwerbstätige nach Berufsgruppen 1990

	Selbständigerwerbend	Obere Kader	Untere und mittlere Kader	Qualifizierte Berufe	Arbeiter, Ungelernte	Übrige
Rothenfluh	37	22	66	108	53	9
Gemäss kantonalem Durchschnitt wären es	22	37	61	109	57	9

Über die Lebensweise macht schliesslich die Entwicklung der Haushaltsziffer (Personen pro Haushalt) eine eindrückliche Aussage:

Tab. IV Haushaltsziffer 1900–1990

	Bevölkerung	Anzahl Haushalte	Personen pro Haushalt
1900	647	142	4,6
1950	574	133	4,3
1970	607	164	3,7
1980	597	182	3,3
1990	620	225	2,8

Obschon die Bevölkerung 1900 und 1990 etwa gleich gross war, sank die Zahl der Personen, welche in einem Haushalt zusammenleben, um 35%, die Zahl der Haushalte nahm um fast 60% zu. Der den Familien zur Verfügung stehende Wohnraum nahm folglich erheblich zu. Dieser gestiegene Wohlstand der vergangenen 50 Jahre ist am Ortsbild erkennbar: Innerhalb des Ortskerns wurden seit 1970 viele Dachstöcke und Scheunen zu Wohnzwecken umgebaut, und am Südhang breitete sich ein zusammenhängendes grosses Einfamilienhaus-Quartier aus – doch die Wohnbevölkerung wuchs nur unwesentlich (siehe Kapitel 5.2). Man kann sagen, dass in diesem Zeitraum in Rothenfluh vor allem ein «Binnenausbau» der ansässigen Bevölkerung stattfand.

Erst seit 1990 schlug sich die rege Bautätigkeit in einem markanten Bevölkerungswachstum von über 10% innert 10 Jahren nieder. Diese Entwicklung hatten andere Oberbaselbieter Dörfer wie Rünenberg oder Wenslingen schon ein Jahrzehnt früher durchgemacht.

Von den im Jahre 2000 gezählten 305 Wohneinheiten waren 108 Einfamilienhäuser. 1990 waren es noch 223 Wohneinheiten gewesen, davon 76 Einfamilienhäuser. Wurden in den 1980er Jahren meistens ein bis zwei EFH pro Jahr erstellt, waren es in den Jahren 1991 bis 1993 zusammen 12.

Die Bevölkerungsentwicklung wird stark von den herrschenden wirtschaftlichen und sozialen Verhältnissen beeinflusst. So steht die Zunahme der Bevölkerung bis 1850 zweifellos mit dem Aufschwung der Heimposamenterei in Verbindung (siehe

Kapitel 8.3.1). Aber auch Verbesserungen im Bereich der Landwirtschaft – Aufhebung des Flurzwangs, höhere Erträge dank natürlicher und künstlicher Düngung – mögen das Ihrige zum Bevölkerungswachstum beigetragen haben. Der Bevölkerungsrückgang ist auf die Krisen und schliesslich den völligen Zusammenbruch der Seidenbandindustrie zurückzuführen. Gleichzeitig gingen in der Landwirtschaft – als Folge der rasch fortschreitenden Mechanisierung – Arbeitsplätze verloren. Überschuldung und wirtschaftliche Not trieben viele Posamenter, Kleinbauern und landlose Tauner zur Abwanderung in die Agglomeration Basel mit ihren Arbeitsplätzen in der Industrie («Landflucht») oder zur Auswanderung. In den 1880er und 1890er Jahren und in den 1920er Jahren wurden im Baselbiet eigentliche Auswanderungswellen registriert. Auch zahlreiche Rothenflüher sahen sich gezwungen, als «Wirtschaftsflüchtlinge» – wie man sie heute bezeichnen würde – in Übersee, vor allem in den USA, ihr Glück zu suchen.

■ *Ein Auswanderer aus jüngerer Zeit war Adolf Bürgin (1874–1947). Wegen persönlicher Probleme nahm er, mit dem Dienstbüchlein seiner Bruders als Ausweis, als junger Mann Reissaus. Bis zum Ersten Weltkrieg diente er in der Königlich-Niederländischen Armee in Bandung, heute Hauptstadt der indonesischen Provinz West-Java. Nach seinem Rücktritt aus der Armee war Bürgin viele Jahre Angestellter beim Bahnhof Bandung.*
Mitgeteilt von Willy Mohler. ■

Quellen und Literatur
StABL, NA, Auswanderung C.
Statistische Jahrbücher des Kantons Basel-Landschaft. (Die Resultate der Volkszählung 2000

Adolf Bürgin, ein Rothenflüher in Niederländisch-Indien, Bandung, 1946

standen bei Redaktionsschluss noch nicht zur Verfügung.)
Gschwind Franz: Bevölkerungsentwicklung und Wirtschaftsstruktur der Landschaft Basel im 18. Jahrhundert. Ein historisch-demographischer Beitrag zur Sozial- und Wirtschaftsgeschichte mit besonderer Berücksichtigung der langfristigen Bevölkerungsentwicklung von Stadt (seit 1100) und Landschaft (seit 1500) Basel. Liestal 1977.

6.2 Die Bürgerfamilien

Die Familien, welche seit Jahrhunderten vorherrschend und auch heute noch zahlreich sind, heissen: Erny, Gass und Rieder. Sodann Bürgin, Frech, Graf, Gisin, Hediger, Keller, Pfaff, Schwarz. Grössere ausgestorbene Familien waren Märklin und Ruepp. Dank den umfassenden Forschungen von Emil Gysin-Lehmann (1905–1995) und den Angaben der Gemeindeverwaltung wissen wir, wann sich die noch bestehenden Rothenflüher Familien eingebürgert haben.

Emil Gysin-Lehmann bei der Übergabe seiner Forschungsarbeit über die Stammbäume der Bürgergeschlechter von Rothenfluh an den Gemeindepräsidenten Oskar Rieder in der Waldhütte, 1986

Bevölkerung

Liste der Familien mit Bürgerrecht von Rothenfluh (Stand 2000)

Name	Jahr der Einbürg.	Ehemaliger Heimatort/ Herkunft	Bemerkung
Alt	1835	Maisprach	
Andrist	1997	Erlenbach BE	
Anto	1993		
Anto	1999	Ghana	
Augat	1993	Deutschland	
Bahtiyaroglu	1998	Türkei	
Barel	1978	Italien	
Bauer	1988	Deutschland	
Beitscher/Bitscher	1613	Genf	
Bertschin	1761	Dürrenäsch AG	ausgestorben
Blom	1993		
Bracher	1997	Rüegsau BE, Sissach	
Brandenberger	1975	Volketswil ZH	
Brise	1980	Deutschland	
Brod	1995		
Brüderlin	1978		
Brünker	1761	First/Illnau ZH	ausgestorben
Bürgi	1668	Oltingen	ausgestorben
Bürgi	1990	Olsberg AG	
Bürgin	ca. 1665	Buckten	
Buser	1750	Buckten	ausgestorben
Buser	1831	Rümlingen	
Cao	1974	Italien	
Cecotka	1988	Kanada	
Cusino	1979		
Cucino	1995	Italien	
Danzeisen	1906		
Dennler	1997	Untersteckholz BE	
Dettwiler	1968	Reigoldswil	ausgestorben
Dörflinger	1985/1993	Deutschland	
Eglin	1968/ 1997/2000	Muttenz	
Erb	1774		
Erbarlas	1993	Türkei	
Ercolani	1992		
Erol	1994	Türkei	
Erny	1681	Wenslingen	
Frank	1995		
Frech	ca. 1624	Ormalingen	
Gass	vor 1559		
Gass	1794/1812		
Gerster	ca. 1760	Gelterkinden	ausgestorben
Gerum	1965	Frankreich (St. Amarin)	
Gisin (Chruuse)	ca. 1698	Sissach	
Gisin (Michelis)	ca. 1799	Anwil	
Gisin	1997	Italien	
Glatt	1906		
Graf	1779	Buus	
Grieder	1779	Rünenberg	ausgestorben
Gunzenhauser	2000	Kroatien	
Gysin	1740	Oltingen	ausgestorben
Gysin-Eckerle	1968	Oltingen	
Handschin	1781	Rickenbach	ausgestorben
Hanks	1998	Kanada	
Hansche	1987	Österreich	
Harwege	1925		
Hasler	1746	Gelterkinden	ausgestorben
Heckendorn	1997	Waldenburg	
Hediger	1705	Reinach AG	ausgestorben
Hediger	1842	Reinach AG	
Heinzelmann	1997	Liestal, Buus	

Hemmig	1765	Bennwil	
Hess	1597	Zürichgebiet	ausgestorben
Hönger	1997	Wynau BE	
Huber	1754	Wintersingen	ausgestorben
Huber	1999	Österreich	
Jäger	1980	Deutschland	
Karadadji	1984	Türkei	
Karli	1776	Villigen AG	ausgestorben
Keller	vor 1559		
Kiburz	1779	Niedererlinsbach SO	ausgestorben
Killing	1621	Wilchingen SH	ausgestorben
Knill	1925		
Koch	1879	Ziefen	Bürgerrecht geschenkt an Wilhelm Koch; ausgestorben
Krebs	1967	Deutschland	
Kreil	1956		
Kumbler	1630	Hemmiken	ausgestorben
Küng	1986	Aristau AG	
Kymisis	1986/2000	Zypern	
Lanz	1997	Münchnstein, Rohrbach BE	
Lehmann	1997	Deutschland	
Leuenberger	1968	Ursenbach BE	
Ley	1923/1941		
Maccarrone	1978/1996	Italien	
Macina	1978	San Marino	
Manenti	1978	Italien	
Manz	1967	Wila ZH	Ehrenbürgerrecht an Paul Manz-Keller
Märklin			
Mazzucchelli	1972	Italien	
Meyer	1757	Kilchberg	ausgestorben
Miracco	1981	Italien	
Müller	1708	Deutschland (Zerbst)	ausgestorben
Müller	1997	Reichenbach BE	
Mumenthaler	1968	Trachselwald BE	
Mumentahler	1971	Trachselwald BE	
Nägelin	1794	Deutschland (Maulburg)	ausgestorben
Nogués	1985	Spanien	
Nyfeler	1968	Gondiswil BE	
Oberer	1727	Eptingen	ausgestorben
Oluoma	1992		
Oluoma	2000	Nigeria	

Witwe Emilie Gisin-Gass (1870–1957) mit ihren Söhnen (v. l.) Emil (1892–1967), Walter (1905–1968) und Ernst (1898–1985). Nach dem frühen Tod des Vaters Emil Gisin (1869–1906) übernahm zuerst die Mutter, dann die beiden jüngeren Söhne den bäuerlichen Betrieb. Emil wurde Verwalter der Siedlung Neudorf bei Muttenz. Um 1911.

Bevölkerung

Otto	1765	Auenstein BE	ausgestorben
Paulig	1985	Deutschland	
Peter	1921		
Pfaff	1751	Liestal	ausgestorben
Pfaff	1805		
Pfaff	1999	Santo Domingo	
Plapp	1756	Sissach	ausgestorben
Profico	1980	Italien	
Rauzka	1872		Bürgerrecht geschenkt an Frau Pfr. Rauzka; ausgestorben
Rickenbacher	1968	Oltingen	ausgestorben
Rieder	ca. 1665	Utzigen BE	
Rieder	1989		Ehrenbürgerrecht an Oskar Rieder-Eglin
Rieder	1998	Russland	
Rinast	1991		
Rippmann	1835	Deutschland (Bietigheim)	
Roos	1754	Anwil	ausgestorben
Sansone	1981	Italien	
Sarubbi	1997	Italien	
Schaffner	1756	Anwil	ausgestorben
Schärer	1971	Wisen SO	
Schaub	1727	Liestal	
Schaub	1968	Ormalingen	
Scheiblechner	1994		
Schmiedhauser	1839	Zeglingen	ausgestorben
Schönenberger	1732	Gelterkinden	ausgestorben
Schreiber	1968	Wegenstetten AG	ausgestorben
Schwarz	1642	Deutschland (Hettlingen)	
Scoletta	1978		
Senn	1997	Buus	
Shafy	1983	Ägypten	
Sigl	1970	Österreich	
Sigl	1992	Österreich	
Spaniol	1971	Deutschland (Neunkirchen)	
Speiser	1755	Wintersingen	ausgestorben
Spiess	1612	Rönikon BE	ausgestorben
Spiess	1997	Anwil	
Spycher	1979	Oberwichtrach BE	
Strazza	1993	Italien	
Tamba	1991		
Tamba	1997	Senegal	
Tomberger	1991		
Tran	1994	Vietnam	
Tschudin	1757	Waldenburg	ausgestorben
Urben	1975	Zeiningen AG	
van Gogh	1981	Niederlande	
Vetterli	1765	Stein am Rhein SH	ausgestorben
Völlmy	1742	Ormalingen	ausgestorben
Wallser	1736	Altstätten SG	
Weber	ca. 1710	Ormalingen	ausgestorben
Weber	1975	Wetzikon ZH	
Weber	1997	Wetzikon ZH, Ormalingen	
Widmer	1975	Gränichen AG	
Wirz	ca. 1663	Wenslingen	
Wirz	1772	Diepflingen	ausgestorben
Wyss	1979	Ringgenberg BE	
Zimmer	1967	Deutschland	
Zimmerli	1968	Rothrist AG	
Zobrist	1671	Hendschiken BE	ausgestorben
Zulkifli	1979	Sarawak (Malaysia)	

6.3 Die Dorfnamen

Zur Unterscheidung von Familien mit dem gleichen Namen haben Familienzweige von grossen Sippen sogenannte Dorfnamen. Im Gegensatz zu den Übernamen beziehen sie sich nicht nur auf eine einzelne Person, sondern auf eine ganze Familie. Allerdings kann der Übername einer Person zum Dorfnamen einer ganzen Familie werden.

Während in den schriftlichen Unterlagen Einzelpersonen zumeist durch ihren Beruf oder ihr Amt (Männer), durch ihren Partner (Ehefrauen von) oder ihren familiären Status (alt/Vater, jung/Sohn, Witwe/Witwer, Jungfrau als Bezeichnung für unverheiratete Frauen) bezeichnet wurden, bediente und bedient sich der Volksmund vorwiegend der Dorfnamen.

Bei den Dorfnamen handelt es sich um Zusätze, welche eine Charakterisierung nach den unterschiedlichsten Kriterien beinhalten: Wohnstätte (Hausnummer; Quartier, z. B. Grändeli), Vorname eines Vorfahren (Gedi von Gedeon, Micheli von Michael), besondere Körpermerkmale (Chruus), Beruf (Seiler).

Vor hundert und mehr Jahren war der Gebrauch von Dorfnamen eine Notwendigkeit. Zum einen war die Zahl der Familiennamen viel kleiner als heute: Das Telefonbuch von 1994/95 verzeichnet unter Rothenfluh 154 verschiedene Familiennamen. Demgegenüber tauchen im ersten Brandlagerbuch der Gebäudeversicherung, welches die Hauseigentümer von 1807 bis 1830 enthält, lediglich 41 verschiedene Familiennamen auf. Kommt dazu, dass die Vielfalt der Vornamen früher unvergleichlich kleiner war. Vor 200 Jahren dürfte etwa die Hälfte der Männer Johannes oder Jakob geheissen haben, und wenn man den Heinrich dazunimmt, sogar zwei Drittel!

Emil Gysin-Lehmann erinnert sich: «Während meiner Jugendzeit hat meine Mutter im Haushalt ihrer Eltern mitgeholfen, daher war ich tagsüber in der Regel im Grosselternhaus auf der Post. Dort konnte ich dem Briefträger beim Sortieren der Briefe für seinen Rundgang zusehen. Die abgelesenen Namen waren mir fremd, mir waren die Dorfnamen geläufiger. Im damaligen Bauerndorf kannte jeder seine Mitbewohner. Man war per du, nur der Pfarrer und die Lehrer wurden mit 'Heer' angeredet.»

Bei grossen Rothenflüher Familien sind heute noch die Dorfnamen folgender Familienstämme gebräuchlich:

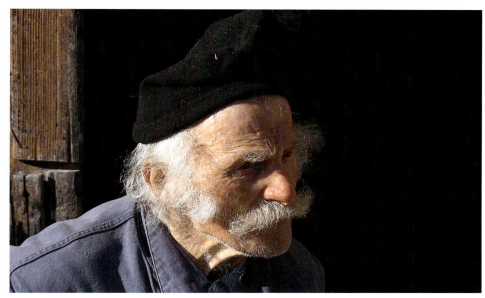

Emil Erny-Gerster (1886–1989), besser bekannt im Dorf als Grändelimiggel, 1979

Bevölkerung

Erny

Es gibt zwei grosse Familienzweige, Seilers und Grändeli, welche vom gleichen Urahn abstammen: Uli Erny-Guldenmann, der sich 1681 einbürgern liess.
Von seinem Sohn Hans Jakob stammen die Grändeli, vom Sohn Hans die Seilerbrächt und die Seilerbaschi. Zu den Seilerbaschi gehören auch die Gedis.

Nicht mehr gebräuchlich sind die Dorfnamen Seilerhansen (heute: Erny Poscht) und Seilermartis (heute: Sämminoldi) und Seilerjoggis.

Weitere Erny-Dorfnamen sind: Gottliebs, Hanselibrächt, Schmittehanse, Thebolds und Zimberhanse (diese sind verwandt mit den Hanselibrächt).

Gass

Bei dieser Familie kennen wir die Becke und die Müllers. Aber Achtung: Der legendäre Ammelerhans, Hans Gass (siehe die Müschterli am Schluss dieses Kapitels), war – wie sein Dorfname sagt – ein Gass von Anwil. Schon sein Grossvater hatte deshalb Ammelerhans geheissen.

Gisin

Bei den Rothenflüher Gisin (mit i statt y!) sind noch die Dorfnamen Chrusheinis (von ihnen trägt das Restaurant Ergolz den Namen Chrusi) und Micheli geläufig.
Die nachfolgende Tabelle ist gleichsam ein Lexikon der Dorfnamen, wie sie um 1936 geläufig waren und zu einem grossen Teil auch heute noch bekannt sind. Der Liste liegt eine Zusammenstellung von Walter Gisin, Chrusheinis, Pratteln, aus dem Jahre 1991 zugrunde. Die Autoren des Kapitels wurden auch von Oskar Rieder-Eglin, Beckenoski, unterstützt. Die Liste soll vor allem der jüngeren Generation und den neu Zugezogenen die Orientierung im Dorf erleichtern und zur Erhaltung der Dorfnamen beitragen. Das Zeichen > bezeichnet die Abstammung, also: die Ärnschtehanse > stammen von den Hirzenärnschte ab.

Rieder
- Becke
- Hirze (ehemalige Besitzer des Restaurants Hirschen)
  – Hirzenärnscht
  – Ärnschtehans
  – Stollen-Rieder

Dorfname	richtiger Name/Vertreter der Familien	Haus-Nr.	Strasse
Agänte Lini	Gass Pauline (1887–1968). Ihr Ururgrossvater Hans/Johannes Gass hatte 1798–1803 das Amt des Gemeindepräsidenten inne. In jener Zeit hiess der Preesi unter französischem Einfluss «Agent».	30	Anwilerstrasse
Ammelerhanse	Gass Hans (Dorfmetzger) und Walter, Gebrüder, Bürger von Anwil; Hans war der Vater von Ruth Böglin-Gass.	49	Anwilerstrasse
Ärnschtehanse (> Hirzenärnschte)	Rieder Hans, Vater und Sohn (Transportunternehmer). Der Dorfname stammt von *Ernst* Rieder-Graf, 1862–1917.	24	Anwilerstrasse
Bärnerfritz	Gysin Fritz	69	Im Grendel
Beckdölfis	Gass-Capra Giovanna, Witwe von Gass Adolf	20	Mühlegasse
Becke	Rieder Oskar (Landwirt, Gemeindepräsident, Bezirksrichter). Sein Ururgrossvater Albrecht Rieder-Gass, 1796–1876, war *Bäcker*.	89	Hirschengasse
Beckhans (der Chlai)	Schaffner Hans	35	Anwilerstrasse
Beckhanse	Gass Emil (Viehhändler)	72	Im Hof
Beckhanse	Gass Hans (Wirt und Obsthändler im «Rebstock», heutige Post)	85	Hirschengasse

Bevölkerung

Chemifägers	Frech Ernst (diente früher im Dorf reihum mit der Dreschmaschine und als Holzsäger, wurde nach Glattjoggi Ausrufer)	31	Anwilerstrasse
Chrusfrieds	Gass-Rieder Adolf, Chrusfrieds Dolfi (Sektionschef)	12	Anwilerstrasse
Chrusheinis	Gisin-Gass Emilie (Wirtin Rest. Ergolz, genannt Chrusi)	33	Anwilerstrasse
Chrusheinis	Gisin Walter	34	Anwilerstrasse
Chüeferkarlis	Graf-Lösch Karl (Coiffeur), Grossvater der Gebrüder Graf, Fruttasan	41	Anwilerstrasse
Förschters	Bürgin Fritz	66	Grendel
Förschters	Bürgin Traugott	65	Im Hof
Gängliwilli	Rieder Willi	90	Im Gängli
Gärschters	Erny Emil (Schreiner)	15	Anwilerstrasse
Gedis	Erny-Hufschmied Emil	99	Ecke Dübach/Ruebgasse
Glattjoggis	Bürgin Ernst	26	Anwilerstrasse
Glattjoggis	Bürgin Jakob (Dorfwächter und Ausrufer)	104	Ruebgasse
Gottliebs	Erny Gottlieb, Liebi, Nachkomme: Ruedi Erny, Vater von Sigrid Graf-Erny	8	Eisengasse
Grändelis	* Erny-Gerster Emil, Grändelimiggel, starb 1990 104-jährig als ältester Baselbieter. Ein Vorfahre besass im 19. Jahrhundert Haus Nr. 66 (heute Fritz Bürgin, Förschters), dessen Standort mit «Im Hof» oder «Im Grendel» bezeichnet wurde.	60	Etzmatten
	* Von Emils Bruder Heinrich Erny-Meier stammen ab: Hans Erny-Gass† (Im Hof, ein Sohn: Hanspeter, Höflig), Olga Graf-Erny (Fruttasan-Fabrikantin), Paul Erny-Gerber (Im Baumgärtli), Willy Erny-Schuch (in Winterthur), Karl Erny-Meier† (Wegmacher, Dorfplatz)	56	Dorfplatz
Grofeheinis	Erny Albert (Bärti)	10	Anwilerstrasse
Hanselibrächts	Erny-Leuzinger Elsa, Witwe von Albert Erny	103	Ruebgasse
Heir-Jokebs	Gass Albert (Wegmacher)	97	Im Dübach (neben Sämminoldi)
Heir-Jörge	Bürgin Albert (Geissebärti)	36	Anwilerstrasse
Hirzenärnschte	Rieder-Graf Ernst (Grossvater von Hans Rieder, Vater und Sohn, Ärnschtehans). Diese Rieder-Familie besass früher den «Hirschen».	40	Anwilerstrasse
Hübeliwilli	Rickenbacher Willi	2	Eisengasse
Hüblers	Gass Heinrich		Ecke Eisengasse/ Anwilerstrasse (abgerissen wegen Strassenverbreiterung)
Karliärnscht (> Chüeferkarlis)	Graf Ernst, Fischzüchter	26	Anwilerstrasse

Bevölkerung

Konsumsophie	Gass Sophie (führte den Konsum-Laden, wo heute die Gemeindekanzlei steht; Ehefrau von Michelhans)	84	Hirschengasse
Martifritze	Bürgin Arnold	107	Ruebgasse
Michelhanse	Gass Geschwister	38	Anwilerstrasse
Michelis	Gisin-Zurlinden Max, geb. 1923. Seine Urururgrossmutter war eine Schaffner von Anwil mit dem Dorfnamen Michelis!	44	Anwilerstrasse
Michelihans	Gisin Hans (Wirt und Viehhändler im «Hirschen»)	83	Hirschengasse
Müllerguschtis	Gass Gustav	4	Anwilerstrasse
Müllerheiris	Gass Heinrich (Mühle)	21	Mühlegasse
Poschts (Preesis)	Erny vom Stamm der Seilerhansen. Neuer Dorfname, weil Posthalter seit drei Generationen: Wilhelm Erny-Weber (Landwirt, Gemeindepräsident), Sohn Otto Erny-Schäfer (Gemeindepräsident, Oberrichter), Enkel Thomas. Der Bruder von Wilhelm war Regierungsrat Ernst Erny-Christen, 1884–1956. Die Poschts sind mit den Schmittehanse verwandt.	85	Hirschengasse (neben der heutigen Post)
Rick	Rickenbacher Emil (Schmied)	37	Anwilerstrasse
Robärts	Rieder (siehe unter Wagner)	68	Im Grendel
Sagerhansjoggis	Erny Ernst	67	Im Grendel
Sämminoldis	Erny vom Stamm Seilermarti: Erny Samuel, von dem ein Sohn und ein Enkel Arnold hiessen (ergibt zusammen Sämmi-Noldi), Urenkel Ruedi Erny-Grieder und Walter Erny-Albertani. Zum gleichen Stamm gehört Erich Erny-Hofstetter, Lehrer.	96	Im Dübach
Säubrächts	Rieder Ernst (Wirt und Metzger im «Rössli»). Nachkomme: Myrtha Heckendorn-Rieder. Der Dorfname dürfte vom Hirten-Beruf stammen: Die Schweine wurden früher in den Wald zur Mast geführt. Erster Namensträger: Hans Rieder-Schaffner, 1713–1775, Säuhans. Ein Urenkel hiess Albrecht, 1808–1865.	13	Anwilerstrasse
Schangi	Rickenbacher Jean	106	Ruebgasse
Schlossers	Rieder Walter	80	Im Hof
Schmiedgottliebs	Schaub Walter	23	Anwilerstrasse
Schmittehanse	Erny-Schwarz Johann und Sohn Erny-Rieder Albert waren Schmiede. Enkel Hans, Urenkel Erich (Velohandel). Der Bruder des Johann, Emil Erny-Rieder, war Vater von Regierungsrat Ernst Erny und von Wilhelm Erny, Poscht.	76	Hirschengasse
Seilerbaschis	Enkel eines Sebastian (Baschi) Erny ist Hans Erny-Sutter (ehem. Bürgerkassier), auch Hans am Bach genannt, sein Sohn Werner hat den Dorfnamen Inseli.	50	Dorfplatz
Seilerbrächts	Erny Albert, Sohn Ernst, Enkel Kurt und Fredy (Zwillinge)	95	Im Dübach
Seilerhanse (> Poscht)			

Selines	Frech Albert	28	Anwilerstrasse
Sörli	Pfaff Walter	8A	Eisengasse
Stolle-Rieder (> Hirzen)	Rieder Oskar † und Sohn Rieder-Lehnherr Roland (Fabrikanten, ursprünglich v. a. von Stollen)		ehem. Eisengasse
Tal-Ärnschte	Erny Ernst	5	Anwilerstrasse
Thebolde	Erny vom Stamm der Hansuli: Erny-Erni Theobald, 1848–1911. Kinder: Emil Erny-Eschbach, Gärtner in Wettingen, Albert Erny-Huerbin, Emilie Erny, 1883–1973 (s Emili)	92	Hirschengasse
Wagner Schaggi, Wagner Hans	Rieder Jakob und Hans (Robärts)	68	Im Grendel
Zimberhanse (> Hanselibrächts)	Erny-Bohrer Walter (Landwirt). Sein Vater Walter Erny-Graf (Landwirt und Dorfmetzger) war der Bruder von Albert Erny-Leuzinger in der Ruebgasse.	46	Alte Landstrasse
Zueschniders	Schaffner-Rickenbacher Emil und Marie	91	Hirschengasse (Maccarone)

Gianni Mazzucchelli hat die Dorfnamen nach ihrem Ursprung dargestellt:

a) Der Vorname des Vaters

In der Umgangssprache war der Geschlechtsname unüblich, weil man sich in der Regel duzte. Da früher die Zahl der Vornamen aber begrenzt war, mussten die verschiedenen Hans und Joggi durch Zusatznamen ergänzt werden.

Die zwei Söhne des Martin Bürgin hiessen:

	Dorfnamen
Friedrich	Martifritze
Hermann	Martimänni

b) Der Beruf des Vaters

Die fünf Söhne des Seilers Hans Erny hiessen:

	Dorfnamen
Johannes	Seilerhanse
Hans Jakob	Seilerjoggis
Martin	Seilermartis
Sebastian	Seilerbaschis
Albrecht	Seilerbrächts

c) Der Geschlechtsname der Mutter

Der Sohn Heinrich des Hans Gass-Schwarz war Maurer. Er hatte den Dorfnamen Schwarzmaurer. Diese Bezeichnung hatte aber nichts zu tun mit den heutigen Schwarzarbeitern… Seine Mutter, die ledigerweise Schwarz hiess, lieferte den Dorfnamen.

Oder: In Anwil hatte seinerzeit Martin Gisin-Schaffner den Dorfnamen Michelimarti. Dieser Dorfname kam von Frau Gisin-Schaffner. Deren Familie hatte in Anwil den Dorfnamen Micheliheinis. Die in Rothenfluh wohnhaften Urgrosssöhne hatten die entsprechenden Dorfnamen:

	Dorfnamen
Sebastian (Michelbaschi)	Michelibaschis
Johannes (Michelhans)	Michelihanse

d) Die Wohnadresse, das Haus

Die drei Söhne des Hans Heinrich Gisin, Pintenwirt (Kruse), hiessen:

Vorname	Dorfnamen
Martin (Chrusmartin)	Chrusmartis
Hans Heinrich (Chrusheini)	Chrusheinis
Friedrich (Chrusfried)	Chrusfrieds

Bevölkerung

e) Der Herkunftsort

Bitscher war ein Welscher von Genf. Sein Nachkomme in der sechsten Generation, mit dem Vornamen Jakob, hatte den Dorfnamen Genferjoggi und dessen Enkel Genferli.

Hans Gass-Erny, von Anwil, hatte den Dorfnamen Ammelerhans, seine Nachkommen hiessen Ammelerhanse.

f) Übernamen

Martin Märklin hatte den Dorfnamen Zittlima. Er war ein umherziehender Uhrenmacher. 1875 ist er im Gewerbekanal («Dyg») St. Jakob bei Basel ertrunken.

Adolf Gass-Handschin hatte den Dorfnamen Millionenbeck. Er hatte Bäcker gelernt, konnte aber aus gesundheitlichen Gründen diesen Beruf nicht ausüben. Seinen Dorfnamen hat er nicht erhalten, weil er Millionär gewesen wäre, sondern weil seine Antwort auf eine Neuigkeit immer «potz Millione» war.

6.4 Müschterli

Hans Gass-Erny, der obige Ammelerhans, hatte die Gewohnheit, alles viel grösser zu schildern, als es in Wirklichkeit war. So sagte er z. B., beim Heuen und Ernten habe es «Brämen» (Bremsen) gehabt so gross wie Spatzen.

Bei der Ernte habe es zufolge der Trockenheit im Ackerboden so grosse Spalten gehabt, dass ihm beim Zvieri ein Brotlaib in einen solchen Spalt gefallen sei. Man habe das Hinunterpoltern in die Tiefe noch lange gehört.

Beim Heimführen der «Durlipse» (Runkelrüben) fiel ihm einmal mitten im Dorf das grösste Exemplar vom Wagen. Ein Nachbar machte ihn auf den Verlust aufmerksam. Der Ammelerhans hob das verlorene Stück auf, wobei er erklärt haben soll: «Das isch eine vo de Chinere!» Nach einer anderen Version soll er gesagt haben: «Das isch keine vo eus, mir hei nit so chlini!»

Dieser Ammelerhans war ein eifriger Jäger. Als er einmal auf dem Rothenflüher Berg einem stattlichen Rehbock begegnete, schlug er seinen Jägerkameraden vor, sofort einen Jagdtag einzuschalten, indem er erklärte, dieser Rehbock sei der grösste, den er je gesehen habe: Er trage ein Geweih, das sogar in den Wolken Striemen hinterlasse.

Johannes Keller hatte den Dorfnamen Wäberheirijohannes. Er benutzte, wie damals vor der Einführung der elektrischen Beleuchtung in Rothenfluh üblich, bei der Arbeit in Stall und Scheune eine Petrollaterne. Eines Tages brachte er diese nach langem Probieren nicht zum Funktionieren. Im Ärger zerschlug er die Streikende an der Hausecke mit den Worten: «So, jetz pfupf, du Pfupfcheib!»

Als einmal zur Heuerntezeit der Wettergott mehrere Tage lang regnen liess, hängte Johannes Keller sein Wetterglas (Barometer) von der Stubenwand ab, ging damit vor das Haus, hielt es unter die Dachtraufe und sagte: «Do lueg, was d weisch!»

Die politische Gemeinde 7

7.1 Die Bürgergemeinde

7.1.1 Entstehung und Bedeutung der Bürgergemeinde

Unter dem Begriff «Gemeinde» verstand man früher, das heisst bis zum Untergang der Alten Eidgenossenschaft im Jahr 1798, ausschliesslich «Bürgergemeinde». Stimm- und wahlberechtigt in Gemeindeangelegenheiten waren nur die Bürger. In der Helvetik (1798 bis 1803) wurden nach französischem Vorbild nicht nur die bisherigen Bürger einer Gemeinde zu Schweizer Bürgern, sondern auch die Niedergelassenen.

Ein Jahr nach der Kantonstrennung, also 1833, wurde der neu entstandene Kanton Basel-Landschaft in Bezirke eingeteilt. Mit der Bundesverfassung von 1848 und erst recht nach deren Revision 1874 erhielten die aus anderen Orten zugewanderten Schweizer Bürger wesentlich mehr politische und wirtschaftliche Rechte und Möglichkeiten der Mitbestimmung. Ein kantonales Gesetz aus dem Jahr 1852 schuf dann die rechtliche Grundlage der Einwohner- und Bürgergemeinden, wobei aber faktisch die ortsansässigen Bürger das Sagen hatten. Die einsetzende Industrialisierung löste eine in ihrem Ausmass vorher nie beobachtete Wanderungsbewegung aus, die bis in die heutige Zeit andauert. Die Durchmischung der Bevölkerung änderte in vielen Gemeinden das zahlenmässige Verhältnis zwischen Ortsbürgern und Einsassen, wie die zugezogenen Bewohner genannt wurden, grundlegend. In praktisch allen Gemeinden nahm die Zahl der Einsassen stark zu und die Ortsbürger wurden zur Minderheit. In der Folge wurden aufgrund gesetzlicher Grundlagen wichtige Aufgaben von der Bürger- auf die Einwohnergemeinde übertragen; das Vormundschaftswesen im Jahr 1911 und das Fürsorgewesen, früher Armenwesen genannt, im Jahr 1969. Die Bürgergemeinde hat keine Gebietshoheit. Diese obliegt der Einwohnergemeinde.

Heute ist die Bewirtschaftung des Waldes und des übrigen Liegenschaftsbesitzes die Hauptaufgabe der Bürgergemeinde. Nach wie vor haben die im Ort oder im Kanton wohnhaften Bürger von Rothenfluh Anspruch auf das sogenannte Gabholz. Daneben verleiht die Bürgergemeinde das Gemeindebürgerrecht. Sie fördert auch die Heimatverbundenheit, indem sie die Pflege des Brauchtums fördert und die Durchführung kultureller Anlässe unterstützt. Zu nennen sind hier der Bannumgang, der in Rothenfluh seit den frühen 50er Jahren des 20. Jahrhunderts alle zwei Jahre durchgeführt wird, oder die jährlich stattfindende Brennholzgant. Auch die Jungbürgerfeier gehört zu den von der Bürgergemeinde durchgeführten Anlässen. Rothenfluh gehört wie fast alle andern Bürgergemeinden dem Verband Basellandschaftlicher Bürgergemeinden an, der wiederum Mitglied im schweizerischen Dachverband ist.

7.1.2 Die Bürgergemeindeversammlung

Die Bürgergemeindeversammlung ist das oberste Organ der Bürgergemeinde: Sie trifft die Entscheidungen, die ihr aufgrund der Gesetzgebung zustehen. Dazu gehören namentlich die Abnahme von Jahresrechnung und Voranschlag, Kauf und Veräusserung von Grundeigentum sowie grössere Sachgeschäfte mit den entsprechenden Kreditbegehren. In der Regel finden heute pro Jahr zwei oder drei Bürgergemeindeversammlungen statt. Bis 1950 waren reine Bürgergemeindeversammlungen selten in den Protokollen vermerkt. Von 1933 bis 1950 waren es lediglich sechs Versammlungen, von denen vier auf das Jahr 1937 entfallen. Die Zahl der Versammlungsteilnehmer wurde erst ab 1958 genau ermittelt. Bis 1970 folgten durchschnittlich 25 Bürger der Einladung. Seit 1963 finden die Rechnungsablage der Bürgergemeinde und die Beschlussfassung über Einbürgerungsgesuche regelmässig in der Waldhütte «Eichligarten» statt, wobei (ungeachtet des Reingewinns) die anwesende Bürgerschaft mit einem Zobe aus der Bürgerkasse oder zulasten der Eingebürgerten belohnt wird. So erstaunt es nicht, dass der Aufmarsch in der Waldhütte grösser ist als bei einer Versammlung im «trockenen» Gemeindesaal. Das 1971 eingeführte Frauenstimmrecht hatte auf den Besuch der Bürgergemeindeversammlung keinen grossen Einfluss. Im Jahrzehnt bis 1980 zählte man im Durchschnitt 38 Personen, darunter nur wenige Frauen. 1971 waren rund zehn Prozent der Anwesenden an einer Bürgergemeindeversammlung Frauen. Danach wurden die Frauen nur noch sporadisch separat gezählt. Ab und zu kam es vor, dass die Frauen einer Versammlung gänzlich fern blieben. Zwischen 1990 und 2000 besuchten durchschnittlich 29 Frauen und Männer die Versammlungen.

Der Gemeinderat amtet gleichzeitig als Bürgerrat. Seit 1996 führt die Gemeindeverwaltung das Rechnungswesen der Bürgergemeinde. Zuvor übten nebenamtliche Funktionäre das Amt des Bürgerkassiers aus. 1957 wurde die Einführung eines separaten Bürgerrates mit 11 gegen 47 Stimmen abgelehnt.

7.1.3 Aus alten Protokollen

Zwischen dem 20. Februar und dem 13. März 1937 tagten die Bürger gleich viermal hintereinander an einem Samstagabend. Einziges Traktandum:
Entschädigung für das Ausholzen einer Schneise in der Buechhalde für die geplante Hochspannungsleitung der Elektrizitätsgesellschaft ATEL. Der Bürgergemeinde als Waldeigentümerin wurden anfänglich rund Fr. 3000.– offeriert. Diese verlangte jedoch Fr. 10 000.–.
Schliesslich einigten sich die ATEL und die Bürgergemeinde nach zähen Verhandlungen auf eine Pauschale von Fr. 6200.–, fünf Franken pro Ster Holz und einen Beitrag von Fr. 300.– für den Kindergarten (!). Zudem verpflichtete sich die ATEL, die Instandstellungskosten der betroffenen Wege zu übernehmen, für den Holzschlag einheimische Hilfskräfte zuzuziehen und den Abtransport an ortsansässige Fuhrleute zu vergeben. Alle diese Leistungen in Franken umgerechnet, ergaben eine Summe, die weit über der ursprünglichen Forderung lag. Die schlauen Bürger hatten offenbar rasch gemerkt, dass bei der ATEL, die diese Leitung dringend benötigte, etwas zu holen war. Im Verlaufe der Zeit wurde die Kapazität der Leitung stufenweise erhöht. Die Strommasten sind heute höher als die Waldbäume, weshalb Schneisenaushiebe nicht mehr erforderlich sind.

Eine Diskussion im gleichen Jahr 1937, ob Einbürgerungen vorgenommen werden sollten, ergab eine ablehnende Haltung, «was für die Behörde bei einlaufenden Anfragen wegweisend sein soll.»

1940 erwirtschaftete die Bürgergemeinde einen Rechnungsüberschuss von fast Fr. 10 000.–. Für die Landesverteidigung – man befand sich im Zweiten Weltkrieg – wurden grosse Mengen Holz geschlagen, was sich auch in den Jahresrechnungen niederschlug. 1942 verdoppelte sich der Reingewinn auf Fr. 19 400.–. So konnten die Bürger- und Einwohnergemeinde gemeinsam eine Steinbrechmaschine für Fr. 8500.–. erwerben. Mit ihr liessen sich Schroppen (faustgrosse Steine) zerkleinern. Das feine Steinmaterial wurde für den Wegbau benötigt. Als man dann in der Schnäggenmatt-Grube feinen Mergel abbauen konnte, benötigte man diese Maschine, die nie zur vollen Zufriedenheit funktioniert und meistens nutzlos herumgestanden hatte, nicht mehr. Sie wurde 17 Jahre später für sage und schreibe Fr. 6000.– an die Gemeinde Wittnau verkauft. Die Abschreibung an der Maschine betrug pro Jahr ganze Fr. 132.–.

Die Armenrechnung musste 1942 ein zweites Mal erstellt werden, «weil sie verlegt wurde», was immer das heissen mag.

1949 lehnte die Bürgergemeindeversammlung den Ankauf einer «Liegenschaft für arme Leute» ab. Solche Leute seien in einer «billig zu beschaffenden Militärbaracke» unterzubringen, meinte ein Bürger.

Die Jahresrechnung 1952 wies dank umfangreicher Holzhauerarbeiten sowie stabiler Holzpreise einen gewaltigen Überschuss von Fr. 54 144.– aus.

Am 14. Juli 1953 beschloss die Versammlung, im zweijährigen Turnus einen Banntag durchzuführen, wobei «zur Belebung desselben die Bürgerkasse jeweils den Betrag von 400 Franken à fonds perdu zu kreditieren hätte.»

1954 beteiligte sich die Bürgergemeinde mit Fr. 10 000.– an den Baukosten des neuen Kindergartens im Schulhaus an der Eisengasse 1.

Zur Finanzierung der Schulreisen stellte die Bürgergemeinde ab 1958 jeweils eine Tanne zur Verfügung, deren Wert aber Fr. 200.– nicht übersteigen durfte.

Die Motorsäge gewann zunehmend an Bedeutung in der Holzhauerei. Das Gerät wurde für neun Franken in der Stunde an die Akkordanten vermietet.

7.1.4 Einbürgerungen

1962 wurden langjährige Einsassen in Rothenfluh eingebürgert (siehe Kapitel 6.2). Weltweit zählte man rund 1700 Bürgerinnen und Bürger, von denen damals 237 am Ort selbst wohnten. 1965 wurde ein Franzose gegen eine Gebühr von Fr. 5000.– eingebürgert. Trotz der hohen Gebühr offerierte er der Versammlung ein Zobe.

1968 wurde eine grössere Einbürgerungsaktion durchgeführt. 20 Familien mit 51 Personen wurden zu Ortsbürgerinnen und -bürgern.

1975 und 1978 wurde wiederum einigen langansässigen Familien und Einzelpersonen das Gemeindebürgerrecht verliehen.

1980 erwarben ein Deutscher und ein Italiener das Bürgerrecht von Rothenfluh.

1983 liess sich ein ägyptischer Staatsangehöriger und 1985 ein Spanier einbürgern.

Von 1991 bis 1999 liessen sich 36 Personen einbürgern. Die Einbürgerungsgebühren lagen zwischen Fr. 500.– und Fr. 2000.–.

Besonders erwähnenswert ist die Einbürgerung von vier jungen Vietnamesen (1994) sowie diejenige von zwei Kurdinnen (1997). Als Kinder sind sie mit ihrer asylsuchenden Familie nach Rothenfluh gekommen, haben hier die Schulen besucht und sind später wieder weggezogen.

Von der Einbürgerungsaktion «800 Jahre Rothenfluh» (für Schweizerinnen und Schweizer) machten 1996 28 Personen Gebrauch. Sie alle konnten gebührenfrei Rothenflüherin oder Rothenflüher werden.

7.1.5 Ehrenbürger

Nachdem der langjährige Pfarrer und Gemeindeschreiber Paul Manz-Keller 1967 in den Regierungsrat gewählt worden war und seine Ämter in der Gemeinde abgegeben hatte, verlieh ihm die Bürgergemeindeversammlung das Ehrenbürgerrecht von Rothenfluh. In der Ära Oskar Rieder-Eglin, der von 1960 bis 1988 Gemeindepräsident war und zuvor seit 1951 als Waldchef auch die Geschicke der Bürgergemeinde mit grosser Umsicht leitete, ist aus bescheidenen Anfängen ein moderner Forst- und Dienstleistungsbetrieb entstanden. In den Ausbau des Waldwegnetzes, die Erstellung betriebsnotwendiger Gebäulichkeiten und die Beschaffung von Fahrzeugen hat die Bürgergemeinde weit über eine Million Franken investiert. Daneben wurde der Personalbestand kontinuierlich erhöht. Diese Aufwendungen konnten ohne Aufnahme von Fremdkapital aus eigenen Mitteln bestritten werden. Für seine grossen Verdienste zugunsten der Öffentlichkeit verlieh die Bürgergemeinde Oskar Rieder-Eglin im Jahr 1989 das Ehrenbürgerrecht.

7.1.6 Forstwesen

1965 ging der langjährige Forstadjunkt Paul Rieder in Pension. Betrug der gesamte «lebende» Holzvorrat der Bürgergemeinde bei dessen Amtsantritt 1932 110 000 m^3, so stieg er innert 33 Jahren auf 145 000 m^3 an. 1988 betrug er 157 000 m^3.

Nach einem Sturm im Winter 1967, der im Bestand der Bürgergemeinde etwa 600 m³ Holz in Mitleidenschaft zog, sanken die Holzpreise drastisch. Besorgt erwarteten die Bürger inskünftig negative Rechnungsergebnisse. Die Barentschädigung für nicht bezogenes Gabholz wurde darauf von Fr. 18.– auf Fr. 10.– herabgesetzt. Die recht vermögende Bürgergemeinde beteiligte sich mit Fr. 10 000.– an der Renovation der Kirche und finanzierte mit dem Geld die Decke. Im Gegenzug erliess die Kirchgemeinde der Bürgergemeinde die Kirchensteuern um 90 Prozent. Nur ein Jahr nach dem Sturm verbesserten sich die Preise auf dem Nutzholzmarkt markant. 1972 wurde die Gabholzentschädigung gestrichen.

Im Zuge der Güterregulierung Anwil kaufte die Bürgergemeinde längs der Hangkante in der Ringelflue- und Rankholden für Fr. 10 400.– einen zehn Meter breiten Waldstreifen auf der Ebene. Dadurch ist die Bewirtschaftung der Hänge von oben her möglich.

Bei einer Erbschaftsklage um die Hinterlassenschaft des in Australien verstorbenen Oskar Erny, Bürger von Rothenfluh, einigten sich die Parteien im Jahr 1978 auf einen aussergerichtlichen Vergleich. Demzufolge wurden der Heimatgemeinde des Erblassers Fr. 10 000.– zugesprochen. Mit dem Geld kaufte die Bürgergemeinde Wald.

1987 erklärte sich die Bürgergemeinde bereit, das für den Neubau der regionalen Schiessanlage Im Dübach erforderliche Areal im Baurecht zur Verfügung zu stellen.

7.1.7 Forstfahrzeug und Waldhütte

Bereits 1959 setzte sich Waldarbeiter Traugott Bürgin für den Erwerb eines Forstfahrzeuges ein. Willy Erny-Schaffner, der damalige Förster, regte an, weitere Schutzhütten zu erstellen, unter anderem auch im Eichligarten.

1960 forderte ein Votant ein Fahrverbot für Motorfahrzeuge auf dem Berg, wie das Waldgebiet auf dem Plateau genannt wird.

Im gleichen Jahr wurde eine zweite vollamtliche Waldarbeiterstelle geschaffen, die gleich besoldet war wie die Wegmacherstelle. Erneut debattierte die Versammlung über die Beschaffung eines Fahrzeuges. Während der Förster einen 28 000 Franken teuren Traktor kaufen wollte, setzte der Gemeinderat weiterhin auf private Fuhrwerke. An der gleichen Versammlung verlangte ein Bürger den Kauf eines Volkswagens. «Damit könnten alle auf den Berg fahren, und man könnte erst noch auf den Bau einer Schutzhütte verzichten», meinte der Redner. Die Versammlungsteilnehmer vertraten mehrheitlich die Meinung, dass das vom Gemeinderat erlassene Fahrverbot auf dem Berg für Motorfahrzeuge nur für Auswärtige zu gelten habe und verlangten für die Einheimischen eine Ausnahmebewilligung. Der Gemeinderat willigte ein und liess kurzerhand «Fahrausweise für den Berg» drucken, die auf Verlangen gegen eine bescheidene Gebühr an Ortsansässige abgegeben wurden.

1966 wurde der Ruf nach einem Forstfahrzeug lauter. 1969 kaufte die Bürgergemeinde für Fr. 34 000.– ein Forstfahrzeug der Marke «Schilter». Dieses Fahrzeug bewährte sich. 1979 wurde es durch ein neues Spezialfahrzeug, Marke «Reform-Muli» ersetzt, was die Bürgerkasse Fr. 60 000.– kostete. Zehn Jahre später wurde erneut ein Ersatz fällig. Für den Ankauf eines HSM-Knickschleppers (Universalfahrzeug) bewilligte die Bürgergemeindeversammlung einen Kredit von Fr. 180 000.–.

7.1.8 Waldwege

Ab Mitte der 1950er Jahre wurde das Waldwegnetz kontinuierlich ausgebaut und den Bedürfnissen der Mechanisierung im Forstwesen angepasst. Die guten Rechnungsergebnisse erlaubten es, die Kosten des Waldwegbaus der laufenden Rechnung zu belasten.

1957 wurde das Waldwegprojekt Stelli, Kosten Fr. 130 000.–, abzüglich 40 Prozent Kantons- und Bundesbeitrag, beschlossen. 1961 beschlossen die Bürger den Bau des Waldweges Isletenholden–Rütimatt, Länge drei Kilometer, Kosten Fr. 133 000.–, abzüglich Fr. 47 000.– Subvention. Der 1966 beschlossene Weg Flue-Chälen kostete Fr. 170 000.–.

1971 folgten die Projekte Kei–Sol–Breitweg, Kosten Fr. 42 000.–, und Ebnet. Die Verbindung nach Anwil wurde während des Zweiten Weltkrieges von einer militärischen Einheit unter dem Kommando von

Hauptmann Emil Müller, dem späteren Ständerat aus Gelterkinden, als Fahrstrasse ausgebaut. Da die Strasse der Einwohnergemeinde gehört, beteiligte sich die Bürgergemeinde an den Kosten mit einem Beitrag von Fr. 10 000.–.

Im Jahr 1976 erstellte die Bürgergemeinde für Fr. 87 000.– den Verbindungsweg Bifang. Bis zu diesem Zeitpunkt waren genau 11 892 m des Generellen Waldwegprojekts gebaut worden. Ein Jahr später wurde der steile Weg im Mülistättgraben mit einem Kostenaufwand von Fr. 20 000.– instandgestellt und der 800 m messende Waldweg Bann, der Fr. 43 000.– kostete, ausgebaut. 1978 wurde im Waldgebiet Ebnet ein weiterer Erschliessungsweg gebaut und der Waldwegbau vorläufig abgeschlossen.

Die 1989 beschlossenen Wege in der Handlauberholden und in der Holingenholden scheiterten am Referendum, bzw. am Veto des Kantons. Beide Wege liegen im Bereich von Quellwasserzonen. Die Bauarbeiten, aber auch der zu erwartende Werkverkehr, bargen ein zu grosses Risiko für das Trinkwasser der Gemeinde Gelterkinden. Heute sind diese Gebiete als Quellwasserschutzzonen nachhaltig gegen Eingriffe geschützt. In jüngster Zeit wurden die Kriterien zur Erschliessung von Waldgebieten grundlegend geändert. Statt Strassen und Wege zu bauen, setzen die Forstbetriebe heute auf eine sanfte Erschliessung mit dem Einsatz mobiler Seilkrananlagen, allenfalls ergänzt mit sogenannten Maschinenwegen. Teilweise wird sogar gänzlich auf die Nutzung verzichtet. So befindet sich zuhinterst im Dübachtal eine 99 Hektaren umfassende Naturschutzzone, in der jegliche forstwirtschaftlichen Eingriffe und Unterhaltsarbeiten der Wege verboten sind.

Das 1999 in Kraft getretene kantonale Waldgesetz schützt den Wald nachhaltig. So ist beispielsweise das Befahren des Waldes mit Motorfahrzeugen generell verboten. Für den Ertragsausfall und für die Abgeltung gemeinwirtschaftlicher Leistungen wird die Bürgergemeinde durch die öffentliche Hand angemessen entschädigt.

7.1.9 Gebäude

1961 bewilligten die Bürger einen Kredit von Fr. 20 400.– für den Bau einer Waldhütte im Gebiet Eichligarten. Eine Minderheit fand den Betrag zu hoch. Unterstände im ganzen Waldgebiet verteilt seien günstiger, meinten sie. Am Banntag des folgenden Jahres wurde die Waldhütte eingeweiht. Aus verschiedenen Gründen erwies sich die Waldhütte als zu klein. Als Hauptargument im Baugesuchsverfahren für die Vergrösserung führte der Gemeinderat das 1971 eingeführte Frauenstimmrecht an, weil man im Versammlungslokal mehr Platz benötigte. Diese Begründung erwies sich als stichhaltig, und die Baubewilligung wurde speditiv erteilt. Wer wollte sich schon dem Vorwurf von Frauenfeindlichkeit aussetzen? Die Erweiterung kostete Fr. 30 000.–. In jüngster Vergangenheit fiel die Waldhütte Im Eichligarten zweimal

Waldhütte, 1995

Die politische Gemeinde

Der Werkhof der Bürgergemeinde wird im Juli 1997 ein Raub der Flammen.

Der neue Werkhof, Juli 1998

dem Feuer zum Opfer. War 1990 Brandstiftung die Ursache, so war es drei Jahre später Unachtsamkeit. Die Waldhütte wurde jeweils an gleicher Stelle wieder aufgebaut.

1981 kaufte die Bürgergemeinde in der Landwirtschaftszone im Hegässli für Fr. 27 000.– gut 25 a Kulturland, was einem Preis von Fr. 10.70 je m² entspricht. Nach einem langwierigen Umzonungs- und Baugesuchsverfahren baute die Eigentümerin unmittelbar am Dorfrand gegen den Holingen mit einem Kostenaufwand von Fr. 358 000.– einen modernen Werkhof mit Holzlagerschopf, der 1987 in Betrieb genommen wurde.

1997 wurde das Gebäude durch einen Brand, verursacht durch Unachtsamkeit von spielenden Kindern, fast vollständig zerstört. Beim Wiederaufbau wurde das Büro des Försters definitiv in einen Container ausserhalb des Baukörpers verlegt, wodurch die Holzlagerkapazität gesteigert werden konnte.

Nebst einiger Schutzhütten besass die Bürgergemeinde seit jeher im Dorf eine Altliegenschaft mit einer Wohnung und der ehemaligen Milchsammelstelle, «die alti Chesi», wie sie im Volksmund heisst. 1959 kaufte die Bürgergemeinde von Paul Schreiber 460 m² Land zu zehn Franken oberhalb dieses Gebäudes Dübachweg 98. Bis zu seinem Tod wohnte der damalige Milcheinnehmer, Camionneur und Gemeindeschreiber Paul Schreiber darin. Danach wurde die Wohnung mit einem Aufwand von Fr. 50 000.– renoviert und mehrheitlich an Asylsuchende vermietet. Dieses Objekt wurde 1999 an die Einwohnergemeinde verkauft, die es ein Jahr später unentgeltlich an den Gemeinnützigen Verein für Alterswohnungen veräusserte.

7.1.10 Bürgerkassierer und Bürgerkassiererin

Die administrativen Arbeiten der Bürgergemeinde wurden seit jeher vom Gemeindeschreiber, bzw. dem Gemeindeverwalter, wahrgenommen. Die Rechnungsführung wurde hingegen von einem Kassier oder einer Kassiererin betreut.

Amtszeit	Name
1912 bis 1923	Wilhelm Erny-Erny
1924 bis 1927	Ernst Rieder-Rieder
1928 bis 1934	Arnold Erny (Säminoldis)
1935 bis 1940	Emil Erny-Hufschmid
1941 bis 1950	Walter Wirz
1951 bis 1954	Ernst Bürgin
1954 bis 1956	Hanspeter Erny

Amtszeit	Name
1957 bis 1960	Karl Senn
1960 bis 1982	Adolf Schwarz-Sommer
1982 bis 1984	Maja Gfeller
1984 bis 1990	Theo Buess
1991 bis 1995	Heinz Erny-Gerber
seit 1996	Gemeindeverwalter Bruno Heinzelmann

7.2. Die Einwohnergemeinde

7.2.1 Die Gemeindeversammlung

Die Gemeindeversammlung ist das oberste Organ der Einwohnergemeinde. Sie wird einberufen, wenn wichtige und im Gemeindegesetz umschriebene Geschäfte anfallen. Im Spätherbst werden die Voranschläge für das darauffolgende Jahr vorgelegt, und im Frühjahr hat die Versammlung über die Jahresrechnung des Vorjahres zu befinden. Daneben finden, je nach Bedarf, weitere Versammlungen statt.

Bis 1954 fand die Gemeindeversammlung im Schulzimmer der damaligen Unteren Schule neben dem Pfarrhaus statt. Seit dem 18. November 1954 – nach dem Umbau des Schulhauses an der Eisengasse 1 – tagt die Versammlung im Gemeindesaal.

Früher war es gang und gäbe, eine Gemeindeversammlung an einem Sonntag, Beginn 12.00 Uhr, oder an einem Samstagabend durchzuführen. Gemäss den Gemeindeversammlungsprotokollen fand die letzte Sonntagsversammlung am 13. Februar 1944 statt. Bis 1940 war der Sonntag bervorzugter Wochentag, gefolgt vom Samstag. Vermutlich hatten damals die mehrheitlich in der Landwirtschaft tätigen Stimmbürger am Sonntag eher Zeit, der Gemeindeversammlung beizuwohnen als an einem Wochentag. Von 1941 bis 1950 war der Dienstag der bevorzugte Versammlungstag. In den beiden folgenden Jahrzehnten war es der Donnerstag, gefolgt vom Dienstag. Samstagsversammlungen gab es nur noch zwei. Zwischen 1970 und 1980 verschob sich der Schwerpunkt wiederum auf den Dienstag, gefolgt vom Freitag. Seit 1981 halten sich der Dienstag und der Donnerstag fast die Waage. Die Versammlung beginnt in der Regel um 20.15 Uhr oder 20.30 Uhr. Schliesst die Versammlung nach 23 Uhr, verlängert sich die Polizeistunde in den Gastwirtschaften des Ortes um eine Stunde. In der Praxis ist es so, dass der Gemeindepräsident am Ende der Versammlung feststellt, dass es «bald» elf Uhr sei, wobei das «bald» recht grosszügig ausgelegt wird.

Bis 1954 wurden an der gleichen Gemeindeversammlung meistens Geschäfte sowohl der Einwohner- wie auch der Bürgergemeinde behandelt. Doch gab es auch reine Einwohner- oder Bürgergemeindeversammlungen. Erst ab 1954 wurde strikt zwischen

Einwohner- und Bürgergemeindeversammlung unterschieden.

Über die zahlenmässige Beteiligung an der Gemeindeversammlung gibt es vor 1958 keine verlässlichen Angaben, weil die Anzahl der anwesenden Stimmberechtigten selten im Protokoll festgehalten ist. Gewisse Rückschlüsse über die Beteiligung ergeben sich zuweilen aus den Ergebnissen bei Abstimmungen. Erst ab 1958 wurden die Anwesenden zahlenmässig genau erfasst. Bis 1970 war die Gemeindeversammlung durchschnittlich von 47 Männern besucht. 1971 wurde das Frauenstimmrecht eingeführt. Doch machten die Frauen von den neu erworbenen politischen Rechten anfänglich nur zögernd Gebrauch. An der ersten Gemeindeversammlung mit Frauen am 15. Januar 1971 zählte man sechs Frauen nebst 72 Männern. An den fünf Versammlungen im Jahr 1971 betrug die Frauenquote bescheidene 11 %. Ein Jahr später brachten es die Frauen immerhin auf einen Anteil von 20 %. Danach wurden die Frauen nicht mehr separat gezählt. Lediglich wenn gar keine Frau an der Versammlung zugegen war, fand dies Eingang ins Protokoll. Im Jahrzehnt zwischen 1971 und 1980 besuchten durchschnittlich 56 Männer und Frauen eine Gemeindeversammlung. In der folgenden Dekade stieg die Zahl auf 64 Personen. Von 1991 bis 1999 liess das Interesse an den Gemeindeversammlungen nach. Die Beteiligung sank auf durchschnittlich 45 Personen pro Versammlung. Die Zahlen variierten jedoch stark. Standen auf der Traktandenliste Geschäfte, die ans eigene Portemonnaie gehen konnten, hatte das einen Grossaufmarsch zur Folge. So besuchten zum Beispiel am 15. Juni 1998 100 Personen die Gemeindeversammlung. Das heisse Geschäft war ein Strassenreglement, das für Anwohner an Kantonsstrassen Anwenderbeiträge vorsah. Von sich aus strich der Gemeinderat jedoch gleich zu Beginn der Versammlung dieses heikle Geschäft von der Traktandenliste, um weitere Abklärungen vornehmen zu können.

Den Beteiligungsrekord hält die Gemeindeversammlung vom 28. Juni 1988, die letzte unter dem langjährigen Gemeindepräsidenten Oskar Rieder-Eglin. Sie fand in der Mehrzweckhalle statt und wurde von 178 Stimmberechtigten besucht. Den Negativrekord mit 21 Stimmberechtigten hält die Versammlung vom 22. Juli 1963, mitten in den Sommerferien. Bei schwach besuchten Versammlungen suchte der Protokollverfasser manchmal nach einer Erklärung. So finden sich Vermerke wie «gutes Emdwetter» im Protokoll.

Zu Beginn des 20. Jahrhunderts wurden kommunale Behörden und Kommissionen, aber auch die Mitglieder des Nationalrats in offener Abstimmung an der GV gewählt.

7.2.2 Aus alten Protokollen

1933 beschloss die GV, die grossen Schäden, die nach einem schweren Gewitter an Wegen und Strassen entstanden waren, mit zusätzlichem «Gratisfrondienst» zu beheben. Die zu erbringenden Leistungen wurden dabei nach der Grösse des Viehbestandes abgestuft. Ohne Geld, das in jener Zeit äusserst knapp war, konnten die Schäden jedoch nicht behoben werden. So entschied die BGV ein paar Monate später, nur noch drei statt vier Ster Gabholz abzugeben, was der Bürgergemeinde immerhin Fr. 1000.– einbringen sollte. Zum Ausgleich erhielten die Bürger «Putzholz in guter Qualität».

Um zu sparen, wurde 1934 angeregt, die Gemeindetelefonstation wegen der «vielen privaten Telefone» aufzugeben; ausserdem wurde beschlossen, säumige Steuerzahler nach einer letzten Zahlungsfrist zu publizieren.

1935 sollte eine Lehrkraft gewählt werden. Dem Vorschlag, die Stelle mit einer Lehrerin zu besetzen, wurde entgegengehalten, eine Frau habe zu wenig Autorität. Im gleichen Jahr wurde ein Kredit von Fr. 500.– für die Renovation der Wacht zwecks Einrichtung der automatischen Telefonzentrale bewilligt. Der jährliche Mietzins des damaligen Telephonamtes betrug Fr. 200.–.

■ *Das Zuchtstierwesen, bzw. die Entschädigung der Munihalter zierte über Jahre regelmässig die Traktandenliste:*

1938 kam es erst im zweiten Anlauf zu einem Beschluss, den Viehbestand als Basis für die Entschädigung zu erfassen. Ein Antrag, die Anzahl Sprünge des Stiers für die Berechnung der Gebühr zu zählen, unterlag in der Abstimmung.

1946 bewilligte die Versammlung einen Kredit von Fr. 850.– für die Instandstellung

Die politische Gemeinde

des Ziegenbockstalls auf der Rütschen. Ein Jahr später lagen sich der Zuchtstier- und der Ziegenbockhalter in den Haaren; einmal mehr ging es um die Entschädigung und die Landzuteilung für ihre Tiere.

1952 wies Gemeindepräsident Otto Erny darauf hin, dass der dritte Zuchtstier auf dem Asphof zu wenig beansprucht werde und dafür die beiden Stiere im Dorf überbelastet seien. Er rief die Landwirte auf, «den Missstand zu beheben».

1958 wurde die Zuchtstierentschädigung von Fr. 1050.– auf Fr. 1200.– pro Jahr erhöht. Ein Landwirt bemerkte, dass neben den rund 200 Fleckvieheinheiten auch 70 braune Rinder im Dorf gehalten würden. Bei einem Wechsel des Stiers sei an diese Tatsache zu denken, ergänzte er. Am 1. Mai 1959, auf Beginn der neuen «fünfjährigen Amtsperiode der Zuchtstierhalter» wurde der Bestand mit einem braunen Muni aufgestockt. Gleichzeitig erhielten die Stierhalter anstelle des Munilandes (Asp, Riedmet, Nübel, Rütschen und Dübach) eine Barentschädigung.

Die Zuchtstiergebühr (Betrag, den ein Bauer für jedes Stück Vieh, das zum Stier geführt wurde, bezahlen musste) erhöhte sich 1965 von drei auf acht Franken, 1967 von acht auf 12 Franken.

Zum wiederholten Male musste 1973 das Zuchtstierwesen neu geregelt werden. Wenige Jahre später war die Angelegenheit kein kommunales Thema mehr, die Kosten für die nun meist praktizierte künstliche Besamung mussten die Bauern selber tragen.

1938 beschloss die Versammlung, mit der Gemeinde Gelterkinden über den Verkauf von zusätzlichen Quellwasserrechten zu verhandeln. Der Gemeinderat erhielt dabei die Direktive «mindestens Fr. 20 000.– zu fordern»; eine Riesensumme im Vergleich mit den Gehältern der Gemeindebeamten. Der Gemeindepräsident bezog damals Fr. 216.–, ein Gemeinderatsmitglied Fr. 72.– und der Gemeindeschreiber Fr. 432.– Entschädigung – pro Jahr, wohlverstanden.

Bei der Beratung der Voranschläge für das Jahr 1939 wurde seitens der Versammlung angeregt, das Gehalt des Gemeindeschreibers sei zu erhöhen, worauf der Amtsinhaber Paul Schreiber das Ansinnen mit der Begründung ablehnte, er wünsche keine Sonderbehandlung. Im gleichen Jahr musste eine Gemeindeversammlung wiederholt werden, weil der Regierungsrat eine Beschwerde wegen der zu spät erfolgten Einladung zur Versammlung gutgeheissen hatte. Durch «unglücklichen Zufall» sei es zur Verspätung gekommen, meinte der Gemeinderat. Bei der Rechnungsablage für das Jahr 1939 wurde der «Ankauf neuer Gläsli für die Strassenbeleuchtung» als «hohe Belastung» kritisiert. Die Armenrechnung wurde wegen der grossen Steuerausstände der auswärtigen Gemeindebürger nur unter Vorbehalt genehmigt. Die militärischen Bauten auf dem Berg zu Beginn des Zweiten Weltkrieges hatten eine Reduktion der jährlichen Jagdpacht um 400 Franken zur Folge.

1941 meinte ein Versammlungsteilnehmer, der schlechte Zustand der Feldwege hänge wohl mit den niedrigen Löhnen der Wegmacher zusammen. In Wirklichkeit lag der Grund im kriegswirtschaftlich bedingten Arbeitskräftemangel. Der Antrag auf Durchführung einer Felderregulierung wurde mit 13 gegen 6 Stimmen abgelehnt. Ein Jahr später wurde zum wiederholten Male die Streichung des Gemeindebeitrages von 400 Franken an den Kindergarten verlangt. Das Geld sei der Armenkasse oder der Ortswehr zuzuweisen, meinte der Votant. Dieses Ansinnen wurde als «Hindernis jeglichen Fortschritts» bezeichnet und von der Versammlung abgelehnt.

Gemeindeweibel Jakob Bürgin, Dorfname Glatt-Joggi, legte sein Mandat nach 57-jähriger (!) Tätigkeit am 1. Mai 1950 nieder.

1951 richteten Kanton, Gemeinde und Milchgenossenschaft an die Kosten der Maikäferbekämpfung zusammen einen Beitrag von 50 Rp. pro Kilogramm Käfer aus. Nachdem auf die ausgeschriebene Pfarrstelle zahlreiche Bewerbungen eingegangen waren, hatte der erweiterte Kirchgemeinderat (eine eigentliche Kirchgemeinde mit einer Kirchenpflege gab es damals noch nicht) drei Kandidaten zu einer Probepredigt eingeladen. An der Gemeindeversammlung vom 22. September 1951 wurde Paul Manz mit 55 Stimmen als neuer Pfarrer gewählt. Die anderen beiden Bewerber erhielten 18, bzw. 14 Stimmen. Das Protokoll dieser Versammlung befindet sich im Protokollbuch der Einwohner- und Bürgergemeindeversammlungen und wurde vom damaligen Gemeindeschreiber Paul Schreiber verfasst.

Die politische Gemeinde

1952 ersuchte Pfarrer Manz den Gemeinderat, die Stimmbürger vor der Gemeindeversammlung über Traktanden von grundlegender Bedeutung zu informieren. Die Behörde befolgte den Antrag und legte den Stimmbürgern das Budget ein paar Wochen später erstmals in vervielfältigter Form vor.

Ein Versammlungsteilnehmer forderte die Wiedereinführung einer Fangprämie für Feldmäuse.

Das neue Kirchengesetz, das am 1. Januar 1954 in Kraft trat, bedingte die Schaffung einer neunköpfigen Kirchenpflege und räumte den Frauen erstmals das Stimmrecht in öffentlichen Angelegenheiten ein. «Acht Mitglieder seien zu wählen, während der amtierende Pfarrherr von Amtes wegen Mitglied ist», steht im Protokoll der KGV vom Montag, 21. September 1953, in der Kirche. Drei Mitglieder müssen Frauen sein. Bei der offenen Abstimmung über einen Gemeindebeitrag von Fr. 1000.– an die Kosten der Maikäferbekämpfung gab der Gemeindepräsident den Stichentscheid für die Aktion. Gegen das Spritzverfahren mittels Flugzeug wurden Bedenken vorgebracht.

1955 drohte der Gemeindeweibel mit der Demission, falls seine Besoldung nicht erhöht werde. Die EGV erhöhte darauf den Ansatz um Fr. 100.– auf Fr. 750.–.

Die Wahl einer Katasterschätzungskommission scheiterte, da der Antrag des Gemeinderates, diese Aufgabe selbst in die Hand zu nehmen, abgewiesen wurde. Drei Wochen später klappte es. Nebst drei Vertretern aus der Versammlung gehörten der Kommission auch zwei Gemeinderäte an.

In der Jahresrechnung von 1955 wurde ein Betrag von Fr. 272.– für das Examenessen als übersetzt taxiert. Am Examenessen sollen nur noch die Schulpflege und die Lehrerschaft, nicht auch noch der Gemeinderat teilnehmen dürfen, wurde verlangt.

Ab 1. Januar 1958 amtete Pfarrer Paul Manz als Nachfolger von Paul Schreiber als Gemeindeschreiber. Dieser hatte sein Amt im Jahre 1920 als 23-Jähriger angetreten.

Im Budget des Jahres 1958 figurierte erstmals der Ankauf einer Rechnungsmaschine, die auch «der RPK (Rechnungsprüfungskommission) zur Verfügung stehen soll.»

Im Hinblick auf die 1. Augustfeier appellierte der Gemeinderat an die Väter, «ihre Buben einen halben Tag für das Rüsten des Feuers auf der Fluh abzukommandieren.»

Ein Stimmbürger, der neben dem Schulhaus wohnte, verlangte erfolglos ein Verbot für das Fussballspielen auf dem Schulhausplatz. Offenbar fühlte er sich in seiner Ruhe gestört. 1959 wurde die Mausfangprämie ab 50 Stück von 25 auf 30 Rp. erhöht.

Ende Jahr trat Otto Erny-Schäfer nach seiner Wahl ans Obergericht als Gemeindepräsident zurück und wurde von Oskar Rieder-Eglin abgelöst.

Von den 40 Pferden in der Gemeinde waren 11 dienstpflichtig.

1961 kaufte die Gemeinde für die Kanzlei die erste Adressiermaschine.

1963 trat die Gemeinde Rothenfluh dem BWK-Kreis Gelterkinden bei. Oberstufenlehrer Karl Senn wechselte nach 25-jähriger Tätigkeit an der Schule Rothenfluh nach Gelterkinden und übernahm dort die neu geschaffene Berufswahlklasse.

1965 stimmte die Gemeindeversammlung einer Erhöhung des Steuerfusses zu. Er betrug neu 3,5 % (seit 1958 2,6 %) vom Einkommen und 6‰ (seit 1958 5,2‰) vom Vermögen. Dafür verkaufte die Gemeinde Bauland für heute bescheidene Fr. 15.– je m². Die Hochkonjunktur der 1960er Jahre fand auch in den Gemeindefinanzen ihren Niederschlag. So erhöhten sich die Steuereinnahmen von 1958 bis 1966 von Fr. 48 000.– auf Fr. 91 000.–. Im gleichen Zeitraum stieg die Gemeindehilfe, heute Finanzausgleich genannt, dank des hohen Gemeindesteuerfusses um das Vierfache, von Fr. 25 000.– auf Fr. 102 000.–. Die Schulden in der Einwohnerkasse bezifferten sich auf Fr. 383 000.–. In der Rechnung machte der Personalaufwand 30 Prozent der Gesamtausgaben aus. Eine absolute Neuerung für eine kleine Gemeinde war das von Gemeindeschreiber Paul Manz angeregte Erstellen eines Finanzplanes.

Vergeblich forderte ein Redner – heute längst verwirklicht – ein Sammelverbot für Weinbergschnecken. Ein anderer bemerkte ziemlich frustriert, «die Bauern würden ihren Dreck auf dem Land anderer Leute abladen.»

Im Voranschlag für das Jahr 1968 waren Schuldentilgungen im Ausmass von Fr. 55 000.– vorgesehen, was damals eine Rekordsumme darstellte.

1971 erliess die EG aufgrund des neuen Gemeindegesetzes eine Gemeindeordnung.

Die Gemeinde verkaufte Bauland für Fr. 30.– pro Quadratmeter.

1974 wurde die Hundesteuer eingeführt. Die Marke kostete damals Fr. 20.– pro Vierbeiner.

In der Gemeinderechnung überstieg der Gesamtaufwand der Einwohnerkasse und der Regiebetriebe erstmals die Millionengrenze.

Der Baulandpreis stieg auf Fr. 50.–.

1982 erregte die Nagra, die Nationale Genossenschaft für die Lagerung radioaktiver Abfälle, die Gemüter, weil sie auf der Suche nach einem Endlager für schwach- und mittelradioaktive Abfälle unter anderem auch das Gebiet Limberg im Bereich der Gemeinden Rothenfluh, Wegenstetten und Wittnau einer Grobanalyse unterzog.

1986 verkaufte die Gemeinde Bauland zu einem Preis von Fr. 120.–.

Wegen eines Formfehlers hiess der Regierungsrat eine Beschwerde gegen den Gemeindeversammlungsbeschluss über die Schaffung einer Gemeindeverwalterstelle im Teilamt gut, so dass das Geschäft drei Monate später nochmals zum Beschluss vorgelegt werden musste. Erster Gemeindeverwalter wurde der bisherige Gemeindeschreiber Otto Graf.

1988 war für die Gemeinde ein ganz besonderes Jahr: Auf Ende der Amtsperiode am 20. Juni 1988 legte Oskar Rieder-Eglin sein Amt als Gemeindepräsident, das er 1960 angetreten hatte, nieder. Bereits 1951 wurde der Abtretende in den Gemeinderat gewählt. In seiner Amtszeit fanden etwa 2000 Sitzungen statt, wobei gut 20 000 Geschäfte behandelt wurden. Für seine grossen Verdienste verlieh ihm die Bürgergemeinde das Ehrenbürgerrecht.

Neuer Gemeindepräsident wurde der vier Jahre zuvor in die Behörde gewählte Alfred Otth.

Zum ersten Mal zog mit Elisabeth Erny-Hofstetter nun auch eine Frau in den Gemeinderat ein.

Die Gemeindeversammlung stimmte dem Antrag des Gemeinderates zur Schaffung einer Gemeindeverwalterstelle im Vollamt zu. Zum ersten vollamtlichen Gemeindeverwalter wurde Bruno Heinzelmann gewählt.

Oskar Rieder wird nach seiner letzten von ihm präsidierten Gemeindeversammlung 1988 gebührend verabschiedet.

■ Schweizer Radio DRS als Partnervermittlerin oder: ROThenfluh gegen BLAUen

Spielplatz hiess die Sendung, die Schweizer Radio DRS in den 1980er Jahren jeweils am Samstagnachmittag als Telefonspiel ausstrahlte. Teilnehmen konnten Orte, deren Bezeichnung sprachliche Gegensätze oder inhaltliche Ähnlichkeiten aufwiesen. Auch Rothenfluh wurde angefragt, ob die Gemeinde mitspielen möchte. Man sagte zu und nach einiger Zeit kam die Bestätigung: Rothenfluh hatte gegen Blauen anzutreten. Da das Datum mit der Olma zusammenfiel und Radio DRS an dieser Ausstellung ein Sendestudio betrieb, wurden die beiden Equipen nach St. Gallen eingeladen. Also reiste man an jenem 20. Oktober 1984 in die Ostschweiz. Beide Mannschaften benützten den gleichen Zug, wussten aber nichts voneinander, denn man kannte sich ja noch nicht. Die Blauener hätten die Rothenflüher am roten Hemd erkannt, aber erst im Radiostudio, sagte der Moderator. Während Rothenfluh mit einem sechsköpfigen Männerteam antrat, stieg Blauen mit sieben Ehepaaren ins Rennen.

Olmazeit – Bratwurstzeit

Zunächst wurde je ein Reporter aus beiden Teams mit dem Auftrag an die Olma geschickt, das Rezept der besten St. Galler-Bratwurst auf Tonband festzuhalten. Rothenfluh holte hier zwei Punkte. Ob das eingeholte Rezept die beste Spezialität ergeben hätte, blieb jedoch ungeklärt, denn der von Blauen angefragte Wurstver-

Die politische Gemeinde

Einige Wochen nach dem «Spielplatz» wurden die Blauener in die Waldhütte eingeladen. Zum Dank erhielt jeder Rothenflüher Spielteilnehmer dieses handgemalte Holzbrett.

käufer soll dermassen gestottert haben, dass das Tonband zu Ende war, bevor er sein Rezept preisgegeben hatte.
Weiter galt es, das Hobby je eines Mitgliedes der andern Mannschaft zu erraten. Dabei konnten die Radiohörerinnen und -hörer mithelfen und die richtige Antwort per Telefon an die Teams übermitteln. Diese Möglichkeit nutzte offenbar nur Rothenfluh etwas. Nachdem lange Zeit die falsche Fährte verfolgt wurde, kam völlig überraschend in letzter Sekunde dank eines

Anrufes aus Blauen die richtige Antwort doch noch. Andererseits wollte niemand aus Rothenfluh verraten, dass das gesuchte Hobby von Paul Schaub das Sammeln von Waffen ist. Die Telefonapparate der Blauener blieben stumm.
Bei den drei Fragen über die Gemeinde hingegen hatte Blauen die Nase vorn, ebenso beim Erraten einer geographischen Örtlichkeit mit den Buchstaben R, N, O und H in der letzten Silbe. Die richtige Antwort lautete hier MatterHORN.
Das Spiel endete schliesslich mit fünf zu drei Punkten zugunsten von Blauen. Die Heimfahrt in freundschaftlicher Atmosphäre ins Baselbiet erfolgte gemeinsam. Der Grundstein für eine Partnerschaft zwischen den beiden Gemeinden war gelegt. Bald kamen die Blauener nach Rothenfluh. Die Kontakte weiteten sich aus. Der Banntag, die Holzgant, der Schützenausmarsch und das Volkstheater waren und sind bis heute Anlass für gegenseitige Besuche. Unvergessen bleibt auch der 12. November 1989, das Datum des zweiten und endgültigen Volksentscheides der Laufentalerinnen und Laufentaler über den Beitritt des damals noch bernischen Amtsbezirkes zum Baselbiet. In der grossen Festhütte in Laufen war an jenem denkwürdigen Sonntagnachmittag, nachdem die Stimmen ausgezählt waren, auch Blauen gut vertreten. Dass sich insbesondere die Gemeinde Blauen klar für den Kantonswechsel ausgesprochen hat, ist auch auf Baselbieter Seite und in Rothenfluh mit Wohlwollen aufgenommen worden.

Als dann 1994 das Laufental fünfter Bezirk von Baselland wurde, war es eine logische Folge, dass Rothenfluh für die Gemeinde Blauen so etwas wie eine Patenfunktion übernahm. Der Rothenflüher Gemeindeverwalter half der Gemeindeverwalterin von Blauen, sich im Baselbieter Rechnungswesen zurechtzufinden, und in Schulfragen wandte sich die Rektorin von Blauen an den Rektor von Rothenfluh. Es entstanden auch Kontakte zwischen den beiden Schulen, die Rothenflüher Lehrkräfte reisten ins Laufental zu einem Schulbesuch, beim Gegenbesuch erfuhren die Blauener Lehrkräfte vieles über Rothenfluh. ■

7.2.3 Bauliches (bis 1985)

Schulbauten und andere Anlagen
Von 1930 bis 1952 hatte die Gemeinde Fr. 80 000.– in Schulbauten investiert.
1952 machten sich der Präsident der Baukommission Paul Manz sowie Gemeinderat Oskar Rieder für den Umbau des Schulhauses Eisengasse stark, da sie voraussahen, dass dies wesentlich mehr Vorteile für die Gemeinde bringen würde als die Renovation des alten Schulhauses neben dem Pfarrhaus. Bereits vier Monate später fasste die EGV mit grossem Mehr einen entsprechenden Beschluss und bewilligte einen Kredit von Fr. 125 000.–. Nebst einem zweiten Schulzimmer sollten auch ein Gemeindesaal und ein Kindergarten eingebaut werden. Das nicht mehr benötigte Schulhaus beim Pfarrhaus wurde öffent-

lich versteigert. Die Veräusserung brachte Fr. 23100.– ein.

1951 baute die Gemeinde für Fr. 42000.– oberhalb des Schulhauses an der Eisengasse ein Einfamilienhaus, das «Lehrerhaus», wie es heute noch heisst, obwohl es seit vielen Jahren anderweitig vermietet ist. Bei der Beratung der Voranschläge für das Jahr 1956 beantragte die Rechnungsprüfungskommission, einen Kredit von Fr. 11000.– für bauliche Veränderungen am Pfarrhaus zu streichen, das Gebäude zu verkaufen und mit dem Verkaufserlös ein neues Pfarrhaus zu bauen. Kirchenpflegepräsident Karl Senn und Pfarrer Paul Manz sprachen sich gegen diese Absicht aus und wiesen darauf hin, dass das Pfarrhaus nicht der Gemeinde, sondern der Stiftung Kirchen- und Schulgut gehöre. Trotzdem beschloss die Versammlung, die Angelegenheit der Eigentümerin zu unterbreiten. Diese sprach sich dann gegen einen Verkauf aus. Später bewilligte die EGV einen Kredit von Fr. 140000.– an die Totalrenovation des Pfarrhauses.

1960 diskutierte die Versammlung über die Veräusserung der Liegenschaft Ruebgasse 102 an die Milchgenossenschaft. Im Volksmund der älteren Generation heisst das Gebäude heute noch «Neubau» oder «im Neubou obe», obwohl es bereits 1920 erstellt wurde. Der Gemeinderat beantragte einen Verkaufspreis von Fr. 20000.–, während bäuerliche Kreise nicht ganz uneigennützig eine Schenkung forderten. Dies veranlasste einen Stimmbürger zur Bemerkung, dass die gleichen Leute, denen zuvor die Ortsplanung zu teuer war, jetzt das Gebäude verschenken möchten. «Wo bleibt da die Logik?», fragte sich der Votant. Schliesslich einigte man sich auf eine Summe von Fr. 10000.–. Die damalige Direktion des Innern genehmigte jedoch die Kaufurkunde nicht und verlangte einen Minimalpreis von Fr. 20000.–. Die neue Besitzerin richtete im Gebäude einen Verkaufsladen, eine öffentliche Tiefkühlanlage und eine Milchsammelstelle ein. Heute betreibt die Milchgenossenschaft dort den einzigen noch verbliebenen Dorfladen für Lebensmittel und Produkte für den täglichen Bedarf.

Nachdem 1963 die EGV den Ankauf der Liegenschaft Rankweg 108 zu einem Preis von Fr. 110000.– abgelehnt hatte, wurde nur eine Woche später auf Verlangen von 23 Stimmberechtigten eine ausserordentliche GV einberufen und der Liegenschaftskauf nochmals traktandiert. In geheimer Abstimmung wurde dann der Kauf mit 33 gegen 24 Stimmen doch noch beschlossen. Die steigenden Einwohnerzahlen bedingten 1967 die Schaffung einer dritten Lehrstelle an der Primar- und Realschule. Um entsprechenden Schulraum zu schaffen, entschied sich die Gemeinde für den Umbau des Ökonomieteiles der Liegenschaft Rankweg 108 in ein Schulhaus und bewilligte für diesen Zweck einen Kredit von Fr. 280000.–.

1969 sprachen sich die Vereine und die Lehrerschaft für den Bau einer Mehrzweckhalle aus, worauf eine neunköpfige Planungskommission gewählt wurde.

Für den Bau der MZH wurde 1971 ein Kredit von Fr. 1,1 Mio. gesprochen. Gebaut wurde die Halle im darauffolgenden Jahr.

Die 1972 erbaute und in den 1990er Jahren renovierte Turnhalle, 2001

Die politische Gemeinde

Turnhalleabwartin Anita Erny

1982 beschloss die EGV relativ knapp mit 35 gegen 24 Stimmen den Bau einer Zivilschutzanlage im Chlaffacher und bewilligte dazu einen Kredit von Fr. 1,7 Mio.

Weitere Fr. 800 000.– hiess der Souverän mit 64 gegen 12 Stimmen bei 42 Enthaltungen für die Erstellung eines Rasensportplatzes direkt über der Zivilschutzanlage gut. Mit der gleichzeitigen Realisierung beider Objekte konnten grosse Einsparungen erzielt werden.

Eine ausserordentlich gut besuchte EGV im Jahr 1984 entschied sich mit 88 gegen 46 Stimmen bei 22 Enthaltungen für den Bau einer Schiessanlage Im Ramstel. Die Vorlage scheiterte jedoch am Referendum.

1986 sprach sich die EGV in einem Grundsatzentscheid für eine Schiessanlage Im Dübach aus. Zwei Jahre später wurde das Projekt, das auch der Gemeinde Anwil dient, genehmigt und ein Baukredit von Fr. 870 000.– bewilligt.

Wasserversorgung

In den Jahren 1949 und 1950 investierte die Gemeinde in den Bau eines neuen Wasserversorgungsnetzes mit einem zusätzlichen Reservoir Auf Gries eine Summe von Fr. 196 000.–. Nach Abzug der Subventionen verblieb der Wasserkasse eine Nettobelastung von Fr. 145 000.–, denen lediglich Fr. 12 000.– an eigenen Mitteln gegenüberstanden. So mussten Fr. 133 000.– Fremdkapital aufgenommen werden. Aus Kostengründen lehnte die EGV den Einbau von Wassermessern ab.

1954 mussten die Wasserbezugsgebühren zur Deckung der Kosten des neuen Versorgungsnetzes massiv erhöht werden, wobei für die Gebührenberechnung weiterhin die Anzahl der Hahnen massgebend war. Der Küchenhahnen kostete Fr. 23.–, für Alleinstehende die Hälfte. Der Gartenhahnen, die WC-Spülung, das Badezimmer oder die Badewanne beliefen sich auf je zehn Franken. Erst 1963 entschied sich die EGV nach einer langen Debatte und mit dem Stichentscheid des Präsidenten für den Einbau von Wasseruhren. Die an der Versammlung geäusserte Befürchtung, nach dem Einbau von Wasseruhren würden die Leute das Wasser am Dorfbrunnen holen, erwies sich bald als grundlos. Obwohl das Wasser qualitativ schlecht war, beschloss die EGV 1963, die ergiebige Häftliquelle,

Seit 1980 steht am Rankweg der Werkhof der Einwohnergemeinde.

die nie weniger als 70 Liter Wasser pro Minute lieferte, durch einen Geologen auf eine mögliche Nutzung überprüfen zu lassen. Bis 1967 gab die Gemeinde für diese Untersuchungen und Abklärungen Fr. 26 000.– aus. Das Wasser wäre als Trinkwasser geeignet, müsste aber aufbereitet werden. Ein Votant meinte, man sollte mit dem Fassen des Wassers zuwarten und beobachten, wie sich das Aufstauen der Talweiher auf die Quelle auswirke. Trotz dieser Warnung bewilligte die EGV einen Kredit von Fr. 75 000.– für das Fassen des Wassers. An der gleichen Versammlung fassten die Stimmbürger einen vorsorglichen Beschluss über die Enteignung der Holingenquelle. 1912 hatte die EG diese Quelle erworben. Scheinbar aus Versehen unterblieb die Eintragung des Quellrechts im 1924 angelegten Grundbuch. Aufgrund eines Gutachtens erklärte sich der Gemeinderat bereit, für das nachträgliche Eintragen der Dienstbarkeit eine Entschädigung von Fr. 3000.– zu leisten. Nach langem Hin und Her endete die Wasserstreitsache 1972 mit einem aussergerichtlichen Vergleich. 1968 hiess die GV die Abrechnung für das Fassen der Häftliquelle zähneknirschend gut. Die gesamten Aufwendungen beliefen sich auf Fr. 132 600.–. Seither läuft das Wasser ungenutzt in die Ergolz. Seit Bestehen der Talweiher hat sich die Qualität des Wassers eher verschlechtert.

1977 wurde gegen die massive Erhöhung der Wasseranschlussgebühr erfolgreich das Referendum ergriffen. Auf Verlangen des Kantons musste die Gebührenerhöhung auf zwei Prozent des Gebäudeversicherungswertes drei Jahre später dennoch beschlossen werden. 1987 wurden in den Gebieten Hinter Leimet, Bannholden, Bifang, Handlauberholden, Wellholden, Ebnet, Ödental und Rütimatt auf Ersuchen der Gemeinde Gelterkinden (Besitzerin der Quellen im Gebiet Dübach) umfangreiche Quellwasserschutzzonen ausgeschieden.

Kanalisation und übriger Tiefbau

1953 beschlossen die Stimmbürger, «wegen minimer Bautätigkeit» auf die Ausscheidung einer Bauzone zu verzichten. Zur Vollendung des Sportplatzes beim Pfarrhaus erliess der Gemeinderat einen Aufruf für einen freiwilligen Arbeitseinsatz.

In geheimer Abstimmung stimmte die Versammlung einem Landabtausch mit der Stiftung Kirchen- und Schulgut zu. Die Einwohnergemeinde gelangte so in den Besitz von 92 Aren Bauland in der Etzmatt. Gegner der Vorlage befürchteten, wegen des Baulandes könnten die Wohnbausubventionen und die Schülerzahlen massiv ansteigen.

1958 orientierte der Gemeinderat über das Generelle Kanalisationsprojekt (GKP). Die Gesamtkosten waren mit Fr. 500 000.– veranschlagt. Als erste Teilprojekte sollten die Stränge Grendel und Gässli erstellt werden. Am 2. Juli 1959 beschloss die EGV die Schaffung einer Bauzone und wählte dafür eine neunköpfige Kommission.

Ein Versammlungsteilnehmer forderte an der gleichen Versammlung das Fällen der Linden auf der Rütschen, «damit nichts passiere.» Passiert ist nichts, die Linden stehen auch zu Beginn des 21. Jahrhunderts noch. Nachdem die Gemeinde die Ortsplanung 1960 generell beschlossen hatte, wurden Bedenken geäussert, dieser Beschluss könnte den Bau einer Kanalisation auslösen. Schon 1957 wurde die Einstellung eines vollamtlichen Wegmachers erwogen. Auf die Ausschreibung der Stelle drei Jahre später meldeten sich vier Bewerber. In geheimer Wahl entschied sich die EGV für Heinrich Bracher-Eglin. Bis zu diesem Zeitpunkt war es selbstverständlich, dass die Liegenschaftsbesitzer am Samstagabend den Besen nahmen und die Strasse im Bereich ihres Hauses kehrten. Kaum hatte der neue Wegmacher sein Amt angetreten, regte ein Gemeindeversammlungsbesucher an, die Wegmacherequipe könnte auch die Gemeindestrassen wischen. Sie hätten Besseres zu tun, meinte der angesprochene Bedienstete der Gemeinde, zudem könne man «den Anstössern zumuten, vor ihrer Liegenschaft selbst zu wischen.»

1964 traten der Zonen- und der Bebauungsplan im Dorf in Kraft. Zwei Jahre später wurde auch für das Gebiet Säge ein Zonenplan erstellt.

1966 musste zur Finanzierung der Abwasseranlage eine Kanalisationsgebühr eingeführt werden. Der Ansatz betrug 20 % des Wasserzinses.

1975 wurde ein Baukredit von Fr. 330 000.– für den Bau einer Grossgemeinschafts-Antennenanlage bewilligt. Die Anlage kostete jedoch Fr. 377 000.–, 13 % mehr als angenommen.

Die politische Gemeinde

1984 schuf die Gemeinde eine zweite vollamtliche Wegmacherstelle. Nach der Kündigung eines Stelleninhabers 1998 wurde sie jedoch nicht wieder besetzt. Seither hilft bei gewissen Arbeiten das Forstpersonal aus.

Chronik 1988–2000
Im Jahre 1988 wurde mit Alfred W. Otth-Wyss als Nachfolger von Oskar Rieder-Eglin zum ersten Mal ein Zugezogener zum Gemeindepräsidenten gewählt. Damit wurde auch zum ersten Mal ein Nicht-Bürger von Rothenfluh Bürgergemeindepräsident. Natürlich wurden anfänglich aus Bürgerkreisen Rufe nach einem eigenen Bürgerrat laut, aber alle diese Anstrengungen verliefen im Sand. In seinem Rückblick hält Alfred Otth die wichtigsten Geschäfte seiner Amtszeit kurz fest:

In der Bürgergemeindeversammlung vom 6. April 1990 wurde ein Kredit von Fr. 310 000.– für den Ausbau des Handlauberweges gesprochen. Dagegen wurde das Referendum ergriffen und in der Folge der Kredit an der Urne abgelehnt. Der Weg wurde nie gebaut. Heute gehört dieses Gebiet zum Naturschutzgebiet Dübach.

Am 1. November 1990 geriet die Waldhütte in Brand. Es sah nach Brandstiftung aus. Jedoch konnten die näheren Umstände nie geklärt, die Täter nie ermittelt werden. Auf dem beim Brand unversehrt gebliebenen Kellergeschoss wurde die Waldhütte neu aufgebaut. Die Kosten beliefen sich auf Fr. 260 000.– inkl. Möblierung. Der grösste Teil dieses Betrages wurde von den Versicherungen übernommen. So konnte im Sommer 1991 die neue Waldhütte eingeweiht werden. Das Glück dauerte nicht lange, denn schon zwei Jahre später, am 11. Dezember 1993, brannte die Waldhütte erneut nieder. Diesmal war eine Unachtsamkeit bei stürmischem Wetter die Brandursache. Die Waldhütte wurde noch schöner und besser wieder aufgebaut.

Ein weiteres Unglück ereilte die Bürgergemeinde im Jahre 1997. Zwei Schulkinder hantierten kurz vor dem 1. August mit Feuerwerk hinter dem Werkhof der Bürgergemeinde, was dann in der Nacht darauf zu einem Brand führte. Der Werkhof wurde wieder aufgebaut und gleichzeitig vergrössert.

Aber es gab auch schöne Ereignisse. Im Jahre 1995 wurde der Bürgergemeinde der Preis für vorbildliche Waldpflege der Sophie-und-Karl-Binding-Stiftung überreicht. (siehe Kap. 4.6.5, Natur und Umwelt)

Im Jahre 1992 schlossen die Bürgergemeinden von Anwil und Rothenfluh einen Vertrag über die gemeinsame Beförsterung durch den Förster von Rothenfluh. Vier Jahre später wurde auch Oltingen in diesen Vertrag aufgenommen. Im Zuge der Realisierung des neuen Waldgesetzes kamen noch die Gemeinden Ormalingen, Wenslingen und Hemmiken dazu. Diese sechs Gemeinden bilden seit dem 1. Oktober 2000 das Forstrevier «Ergolzquelle» mit einem neuen Reviervertrag, in dem Rothenfluh als Kopfgemeinde den Revierförster – zurzeit Markus Lüdin – stellt. Die gesamte Fläche des Forstreviers beträgt 988 ha.

1988
Umwandlung des bisherigen Halbamtes für den Gemeindeverwalter in ein Vollamt, was zur Kündigung des bisherigen Amtsinhabers Otto Graf führte. Neu wurde auf Frühjahr 1989 Bruno Heinzelmann gewählt.

1989
Bau der Strasse Im Tal. Damals war das Baugebiet im Tal als Gewerbeland ausgeschieden. Da sich aber in der Folge kein Gewerbetreibender für dieses Land interessierte, wurde es im Jahr 1999 zum Wohngebiet umgezont.
Genehmigung des provisorischen Kreisrealschulvertrages mit Ormalingen.
Erstellung der Schnitzelfeuerung in der Turnhalle. Diese Anlage dient zur Beheizung der Turnhalle, der Zivilschutzanlage und der beiden Schulhäuser sowie von vier Wohnhäusern.
Bau der Gemeinschaftsschiessanlage mit Anwil in Rothenfluh.

1990
Anschaffung der ersten EDV-Anlage für die Gemeindeverwaltung.
Aufstockung der Schulpflege auf sieben Mitglieder, weil die Schulpflege nun auch die Aufsicht über den Kindergarten übernehmen musste, die bis dahin von der

separaten Kindergartenkommission (Vorstand des Frauenvereins) wahrgenommen worden war.
Bildung der Stiftung für das «Alters- und Pflegeheim Ergolz», an der 14 Gemeinden im Oberen Baselbiet beteiligt sind. Im September erfolgt die Einweihung des Alters- und Pflegeheims Ergolz.

1991
Schaffung der 3. Lehrstelle für die Primarschule.

1992
Genehmigung des Zonenplanes Landschaft nach mehr als acht Jahren Vorarbeit. Der Plan erlebte danach einige Mutationen aufgrund verschiedener Einsprachen von Landeigentümern.
Auch Rothenfluh gab sich zum Vollzug des neuen Umweltschutzgesetzes ein Abfallreglement.

1993
Schaffung einer zusätzlichen Teilzeitstelle auf der Gemeindeverwaltung von 40%.
Erstellung der zweiten Schnitzelfeuerungsanlage in der Gemeindeverwaltung zur Beheizung der Verwaltung und 16 privaten Liegenschaften (2001: 21 Liegenschaften).
Ausführung der ersten Etappe der Turnhallensanierung (Fenster, Beleuchtung, Nordfassade).

1994
Turnhallensanierung zweite Etappe (restliche Fassaden).

Erweiterung der GGA (Gemeinschaftsantenne) auf 450 MHz.

1995
Die Gemeindeversammlung lehnte die Initiativen der Baselbieter Gemeinden, in denen es um Aufgabenteilung zwischen Kanton und Gemeinden ging, deutlich ab.

1996
Erweiterung des Naturschutzgebietes im Tal und Errichtung des Naturschutzgebietes im Quellgebiet des Dübach (Finanzierung durch Binding-Stiftung).

1997
Im März beschloss die Gemeindeversammlung das Projekt und den nötigen Kredit zum Ausbau und der Renovation des Kindergartens im alten Schulhaus. Dagegen wurde das Referendum ergriffen. An der Urne wurden Projekt und Kredit eindeutig gutgeheissen. Mit den Bauarbeiten konnte in diesem Jahr jedoch nicht mehr begonnen werden.
Die Gemeinde erhielt einige neue Reglemente, bestehende wurden den neuen Gegebenheiten angepasst: Gemeindeordnung, Verwaltungs- und Organisationsreglement, Dienst- und Besoldungsreglement sowie Abwasserreglement.

1998
Auch die Kinder- und Jugendzahnpflege erhielt ein neues Reglement.

Fertigstellung der Turnhallensanierung mit der vorgesehenen Erweiterung des Geräteraums sowie der Vergrösserung und Modernisierung der Küche.

1999
Ersatz der EDV-Anlage der Gemeindeverwaltung. Da gleichzeitig eine neue Software angeschafft wurde und der Kanton ein neues Rechnungsmodell einführte, ergaben sich einige Umstellungen.
Die Einwohnergemeinde kaufte die Parzelle 89 (alte Chesi) von der Bürgergemeinde und trat sie kostenlos an den Gemeinnützigen Verein für Alterswohnungen Rothenfluh ab mit der Auflage, dass der Verein darauf ein Gebäude mit Alterswohnungen erstellt.
Die Zivilschutzorganisationen der Gemeinden Ormalingen, Hemmiken und Rothenfluh schlossen sich ab dem 1. Januar zur Zivilschutzorganisation «Wischberg» zusammen.

2000
Das Personal- und Besoldungsreglement wurde vollständig überarbeitet, weil im Kanton der Beamtenstatus abgeschafft wurde (auch auf Gemeindeebene).
Beschluss über die Fusion der Feuerwehren der Gemeinden Ormalingen, Hemmiken und Rothenfluh zur Feuerwehr «Farnsburg» (Umsetzung ab 1. Januar 2001).
Bildung des «Oberbaselbieter Abfallverbundes» mit insgesamt 12 Gemeinden.
Beginn der Teilerschliessung des Wohngebietes Untere Etzmatten.

Die politische Gemeinde

7.2.4 Behörden

Gemeindepräsidenten

Amtszeit	Name
1807, 1809	Hans Gass
1810 bis 1814	Jakob Hediger
1815 bis 1817	Albrecht Gass
1818	Jakob Gass
1819 bis 1828	Johann Jakob Lützelmann
1830 bis 1832	Jakob Schwarz
1835	Albrecht Rieder
1837 bis 1839	Jakob Bürgin
1839 bis 1841	Johann Georg Schwarz
1842 bis 1845	Albrecht Rieder
1845 bis 1848	Dr. Christian Rippmann
1848 bis 1854	Johann Georg Schwarz
1854 bis 1857	Albrecht Rieder
1857 bis 1860	Johann Jakob Erny
1860 bis 1862	Albrecht Rieder
1863 bis 1869	Johann Jakob Erny
1869 bis 1888	Johannes Weber
1889 bis 1917	Emil Erny
1918 bis 1923	Arnold Schwarz
1924 bis 1950	Wilhelm Erny
1951 bis 1959	Otto Erny-Schäfer
1960 bis 1988	Oskar Rieder-Eglin
1988 bis 2000	Fredy Otth-Wyss
seit Juni 2000	Kurt Schaub-Bauer

Gemeindeschreiber

Amtszeit	Name
1839 bis 1848	Dr. Christian Rippmann
1848 bis 1849	?? Gass
1850 bis 1851	Mathias Rieder

Der Gemeinderat 2001: v.l. Heidi Dennler-Frech, Kurt Schaub (Gemeindepräsident), Werner Erny, Fredy Erny, Matthias Werthmüller, Gemeindeverwalter Bruno Heinzelmann

Die politische Gemeinde

Amtszeit	Name
1851 bis 1863	Wilhelm Koch
1863 bis 1868	Johannes Hediger
1869 bis 1881	Wilhelm Koch
1882 bis 1905	Johann Jakob Rieder
1906 bis 1910	Albert Graf
1910 bis 1918	Johann Wiedmer
1918 bis 1919	Gottlieb Schaub
1920 bis 1957	Paul Schreiber
1958 bis 1967	Paul Manz
1967 bis 1969	Willy Gysin
1970 bis 1989	Otto Graf-Moser
seit 1989	Bruno Heinzelmann

Gemeindekassierer

Amtszeit	Name
1910 bis 1917	Adolf Schwarz
1918	Gottlieb Schaub
1919 bis 1937	Ernst Gysin
1938 bis 1982	Hans Erny-Sutter
1983 bis 1986	Zol Zulkifli
1987 bis 1989	Otto Graf-Moser (als Gemeindeverwalter im Teilzeitpensum 50 %)
seit 1989	Bruno Heinzelmann (als vollamtlicher Gemeindeverwalter)

Fürsorgebehörde

Die noch vorhandenen Sitzungsprotokolle der Fürsorgebehörde reichen bis ins Jahr 1955 zurück. Zu jener Zeit waren die heutigen Sozialwerke nur ungenügend ausgebaut, so dass sich die damalige Armenpflege mit vielen unterstützungsbedürftigen Personen zu befassen hatte. Einen wesentlichen Teil der Arbeit stellte zusätzlich die Beantwortung von Gesuchen um Erlass der Armensteuer sämtlicher in Baselland wohnhafter Bürger von Rothenfluh dar. Daneben hatte sich die Armenpflege mit – aus heutiger Sicht – ungewöhnlichen Fragen zu beschäftigen, was aus den nachfolgenden Zitaten aus früheren Sitzungsprotokollen deutlich wird:

Protokoll vom 29. August 1955
«Frau W. X. ersucht um Intervention, damit ihr Mann aus der Strafanstalt Liestal entlassen werde. Auf das Gesuch können wir nicht eintreten, weil X. nicht auf unser Gesuch hin in die Strafanstalt Liestal eingewiesen worden ist.»

Protokoll vom 7. Januar 1957
«Y. Z. gleitet immer mehr einem liederlichen Lebenswandel entgegen. Wir erteilen ihm eine erste schriftliche Verwarnung und drohen ihm strengste Schritte an, wenn er sich nicht bessern wird. Die Unterstützung seiner Familie, Frau und Kind, vernachlässigt er vollkommen. Allem Anschein nach wird die Armenpflege Rothenfluh noch des öftern sich mit ihm zu beschäftigen haben.»

Die Gemeindeverwaltung als Auskunftsstelle: die Verwaltungsangestellte Manuela Hammer und der Gemeindeverwalter Bruno Heinzelmann

Die politische Gemeinde

Im Jahre 1969 wurde die Armenpflege in *Fürsorgebehörde* umbenannt. Vier Jahre später, am 1. Januar 1973, nahm in der Person von Elsbeth Gerber-Schneider erstmals eine Frau Einsitz in die Behörde. Im Protokoll vom 19. Januar 1973 wurde dazu Folgendes festgehalten:

«Somit ist ein lang gehegter Wunsch der Fürsorgebehörde in Erfüllung gegangen, eine Frau in unseren Reihen zu haben. Frau Gerber wird es bestimmt leichter fallen, mit älteren Frauen Kontakt aufzunehmen.»

Der Initiative einer privaten Gruppierung, dem sogenannten *Zyschtigs-Club,* ist es zu verdanken, dass 1979 erstmals eine Flüchtlingsfamilie in Rothenfluh einzog. Dabei handelte es sich um eine vietnamesische Grossfamilie, bestehend aus einem Ehepaar mit zehn Kindern, einer invaliden Grossmutter sowie einem Bruder der Ehefrau. Mitglieder des Zyschtigs-Clubs betreuten die Familie, während der Fürsorgebehörde damals lediglich die finanzielle Unterstützung in Vertretung des Hilfswerks Caritas oblag.

Die 1980er Jahre waren von einer steten Zunahme asylsuchender Personen in der Schweiz geprägt, was schliesslich dazu führte, dass der Regierungsrat des Kantons Basel-Landschaft eine Aufnahmequote für die Gemeinden einführen musste. Diese Quote verpflichtete die Gemeinden zur Aufnahme von Asylbewerbern im Rahmen von einem Prozent ihrer Wohnbevölkerung. Sie wurde der jeweiligen Anzahl Asylsuchender angepasst und fand ihre vorläufige Spitze von 1,8 % im Jahre 1999 aufgrund des Krieges in Kosovo. Seit dem 1. Oktober 2000 beläuft sich die Aufnahmequote auf 1,2 % der Wohnbevölkerung, was in der Gemeinde Rothenfluh einer Anzahl von ca. acht Personen entspricht.

Angesichts eines massiven Zustroms kurdischer Flüchtlinge aus der Türkei schloss sich im Jahre 1987 eine Gruppe von Privatpersonen zur *Asylantenhilfe Rothenfluh* zusammen. Diese Gruppe engagierter Frauen und Männer nahm die Interessen von Asylsuchenden wahr und kümmerte sich in uneigennütziger und unbürokratischer Weise um deren Wohlergehen. Fortan beherbergte die Gemeinde ununterbrochen asylsuchende Familien verschiedener Nationalitäten. Bis zum Jahre 1996 wurde deren Betreuung in enger Zusammenarbeit mit der Fürsorgebehörde hauptsächlich durch die Asylantenhilfe Rothenfluh übernommen, was zu einer wesentlichen Entlastung der Fürsorgearbeit beitrug.

Die heutige Fürsorgebehörde, welche sich derzeit aus vier Frauen und einem Mann zusammensetzt, hat sich mit vielfältigen Aufgaben zu beschäftigen. Die Begleitung der Asylsuchenden, die Unterstützung von Bedürftigen, die Betreuung suchtkranker oder in Not geratener Menschen, aber auch die Entlastung der stetig zunehmenden «Working Poor» (arbeitende Arme) stellt ein komplexes und anspruchsvolles, aber auch spannendes Tätigkeitsfeld dar.

Bei ihren Entscheiden hat sich die Fürsorgebehörde selbstverständlich an die entsprechenden Gesetze, Verordnungen und Richtlinien zu halten. Der verbleibende Ermessensspielraum ist unter Beachtung der verfassungsmässigen Rechte, insbesondere des Gleichbehandlungsgebotes und des Willkürverbotes, auszuüben. Die Fürsorgebehörde steht dabei im Spannungsfeld zwischen zwei grundlegenden Verpflichtungen: einerseits durch die Ergreifung entsprechender Massnahmen dem Wohl der Hilfesuchenden zu dienen, andererseits durch den sorgsamen Umgang mit Steuergeldern den Anliegen der steuerpflichtigen Wohnbevölkerung zu entsprechen.   *Regula Oliveira-Forster*

Seit 1. Januar 1955 besetzten die folgenden Personen das Präsidium der Armenpflege bzw. Fürsorgebehörde Rothenfluh

Januar	1955	bis	Dezember	1960	Oskar Rieder
Januar	1960	bis	März	1963	Adolf Schwarz
April	1963	bis	Dezember	1968	Emil Schaffner
Januar	1969	bis	Dezember	1972	Ernst Gass
Januar	1973	bis	Dezember	1988	Ernst Jenny
Januar	1989	bis	Dezember	1990	Ernst Nyfeler
Januar	1991	bis	Juni	1999	Raphael Ruckstuhl
seit Juli	1999				Regula Oliveira-Forster

7.2.5 Finanzen

Ergebnisse der Gemeindekasse 1940/1960/1980/2000

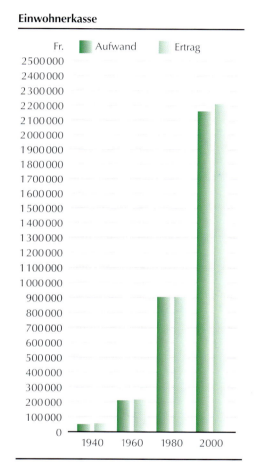

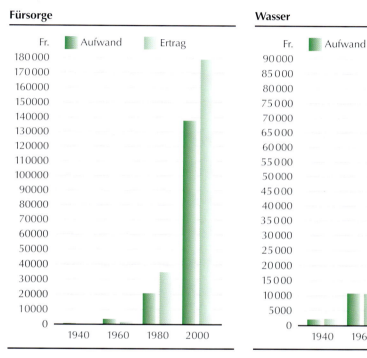

Steuern

Gemeindesteuer 1950	Armensteuer 1950
0,01 % vom steuerbaren Vermögen	0,04 % vom steuerbaren Vermögen
2,0 % vom steuerbaren Einkommen	0,5 % vom steuerbaren Einkommen

1975 erfolgte die Umstellung im Steuersystem (neu in % der Staatssteuer).

Gemeindesteuer 1980	Fürsorgesteuer 1980
66,0 % der Staatssteuer	5,0 % der Gemeindesteuer

Gemeindesteuer 2000	Fürsorgesteuer 2000
60,0 % der Staatssteuer	5,0 % der Gemeindesteuer

Zahlenmässig betrachtet stiegen Ein- und Ausgaben zwischen 1980 und 2000 am stärksten, nämlich um rund Fr. 1 300 000.–. Prozentual hingegen war der Anstieg von Aufwand und Ertrag zwischen 1960 und 1980 am stärksten, nämlich 450 %.

Die politische Gemeinde

1875. Recapitulation.

A. Einnahmen

Kassa Rezeptz Reh. — 4304.95

		Fr.	Rp.	Fr.	Rp.
I.	Aufgenommene Kapitalien				
II.	Kapitalzins	456	77		
III.	Eingegang. Lehenzins + Termine	193	10		
IV.	Verkaufte Fahrnisse	7023	15		
V.	Gebühren				
	a. Wachtlöhne	298.—			
	b. Wachtsitzgeld	82.80			
	c. Hundegeld	34.—			
	d. Strafgelder	79.50			
	e. Tag u. Sitzgeld	155.50		649	80
VI.	Forsteinnahmen				
	a. Für Bauholz	1083.10			
	b. Für Brenn- u. Nutzholz	127.70			
	c. Für Seitenstämmchen	109.50			
	d. Laaneten u. Schofgant	417.05			
	e. Erlös f. Nutzholz	910.—		2647	35
VII.	Verschiedenes			3008	16

Summa d. Einnahmen   ~~17283 28~~
                     18283 28

1875. Recapitulation.

Transport:
Summa d. Einnahmen — 18283 —

B. Ausgaben

I.	Neu angelegte Kapitalien		
II.	Zins u. Tennungsstellungen	1256	50
III.	Bauten	7920	64
IV.	Arbeitsamt	152	50
V.	Steuern + Unterstützg.	393	83
VI.	Gehalte + Taggelder	1698	55
VII.	Verschiedenes	4505	28

Summa d. Ausgaben — 15927 —

Cassa Rezess p. 1. Jan. 1876. — 2355 —

Gemeinderechnung von 1875

7.3 Fronsteuer und Fronarbeit

Für den Unterhalt der Gemeindestrassen und -wege ist die Gemeinde zuständig. Heute hilft dem festangestellten Wegmacher zeitweise auch das Forstpersonal, je nach anfallender Arbeit.

Bis ungefähr 1973 legten die Landeigentümer beim Unterhalt oder der Instandstellung der Wege oft selber Hand an, sie hatten dann gar keine oder nur wenig Fronsteuer zu bezahlen. Diese Steuer wurde 1973 abgeschafft.

«Gefront» wurde seit eh und je in Rothenfluh. Genau reglementiert war das Fronwesen im *Fronreglement*, das die Gemeindeversammlung am 19. November 1952 guthiess. In § 1 wird umschrieben, wer Fronsteuer zu entrichten hatte: *«Die Einwohnergemeinde Rothenfluh ist befugt, für den Unterhalt von Weg und Steg die Besitzer sämtlicher im Gemeindebann gelegenen Grundstücke, sowie alle Haushaltungen zu Fronsteuern heranzuziehen. Die Veranlagung der Steuer für die Grundstückeigentümer erfolgt nach Massgabe der Katasterschatzungen der Gebäude und Grundstücke.»* (Dies galt nur für ortsansässige Eigentümer.) Das Reglement hält im Weitern die Steueransätze fest und führt in § 3 – und das war wohl das Wichtigste des Reglementes – Folgendes aus: *«Jedem Steuerpflichtigen wird das Recht eingeräumt, die… zu entrichtende Fronsteuer ganz oder teilweise durch Fronarbeiten, welche die Einwohnergemeinde ausführt, abzuverdienen. Er kann zu jeder Arbeit (Hand oder Fuhre) aufgeboten werden. Der Vorsteher des Fronwesens hat gebührend darauf Rücksicht zu nehmen, dass alle Fronberechtigten in richtiger Reihenfolge zum Fronen herangezogen werden.»*

Diese *«richtige Reihenfolge»* ist im Reglement nicht umschrieben, aber der ehemalige Gemeindekassier Hans Erny-Sutter (geb. 1915) handhabte es so: Die Listenrangierung erfolgte nach der Höhe der zu entrichtenden Fronsteuer. Wer am meisten Fronsteuer zu bezahlen hatte, stand zuoberst auf der Liste. Waren alle, die Frondienst leisten wollten, einmal aufgeboten, wurden wieder die ersten der Liste berücksichtigt. Hans Erny-Sutter erntete mit diesem Vorgehen ab und zu auch Ärger: «Dasch ungrächt, dä hett zwöimol chönne go frone und ich numme eimol.» Ein Aufgebot konnte ausgeschlagen werden, nur musste der Betreffende lange warten bis zum zweiten Listendurchgang. Vielleicht kam er dann auch gar nicht mehr an die Reihe. Mit dieser Liste nahm der Gemeindekassier dem Fronverwalter grosse Arbeit ab, denn im Fronreglement war der organisatorische Ablauf wie folgt umschrieben:

Der Fronverwalter (Mitglied des Gemeinderats) *«…besorgt folgende Geschäfte:*
4 *Jeweils im November hat er bei den Steuerpflichtigen eine Liste umgehen zu lassen, in die sich jeder, der sein Steuerbetreffnis teilweise oder ganz abverdienen will, einzutragen hat.*
5 *Anfertigung der Bietrötel (Aufbietliste) und Ausführung der täglichen Kontrolle über die Fronleistungen. Er führt hierüber ein besonderes Buch.*
6 *Spezielle Aufsicht über den Wegmacher.*
7 *Er hat dafür besorgt zu sein, dass jeweils auf den 1. Dezember des Fronjahres der Rotel abgeschlossen wird.»*

Reichlich kompliziert gestaltete sich das Aufgebot zur Fronarbeit, wie folgender Passus zeigt: *«Das Bieten hat mindestens am vorgehenden Tag bis mittags 12 Uhr zu erfolgen, was unterschriftlich zu bescheinigen ist. Begründete Entschuldigungen, dem Aufgebot nicht Folge leisten zu können, sind dem bietenden Ortsweibel sofort zu melden. Nach Kenntnisgabe an den Fronverwalter wird der nachfolgende Fronpflichtige aufgeboten.*
Unentschuldigtes Ausbleiben wird bestraft und kann nicht mehr nachgeholt werden. Stellvertretung ist gestattet.
Strafe: Für Fuhrleute Fr. 5.–. , für Handfröner Fr. 2.–.»

Hans Erny-Sutter kann sich jedoch nicht erinnern, dass einmal jemand bestraft worden ist.

Heinrich Bracher-Eglin wurde 1960 zum vollamtlichen Gemeindewegmacher gewählt. Meistens bot er selber zur Fronarbeit auf, aber nicht «bis mittags 12 Uhr», sondern oft nach Feierabend. Dass er dabei mehrheitlich nicht gerade mit freundlichen Worten empfangen wurde, versteht sich. Eine undankbare Arbeit sei das gewesen, erinnert er sich heute. Das, was sich einige Bauern gewünscht hätten – nämlich bei schlechtem Wetter zu fronen und das gute Wetter für die eigene Feldarbeit zu nützen – war natürlich nicht möglich. Das Überführen der Wege mit Mergel konnte ebenfalls nur bei gutem Wetter geschehen.

Fronarbeiten fanden meistens im Frühjahr oder Herbst statt. Ein Frontag sah etwa folgendermassen aus: Um 8 Uhr hatten sich die Froner bei der Mergelgrube Under der Flue einzufinden. Nun wurde der Mergel aufgeladen und zur Stelle geführt, wo er benötigt wurde. Hier wurde der Mergel mit Karst und Schaufel abgeladen. Die Handfroner verteilten mit Schaufel, Karst und Rechen den Mergel und begannen den Weg auszubessern, während die Fuhrleute mit ihren Fuhrwerken erneut zur Grube fuhren. Eine «Zweispännerbänne» musste 0,8 m³ fassen können, eine «Einspännerbänne» 0,4 m³. (Eine «Bänne» war ein schmaler Wagen, dessen Seitenwände aus ca. 40 cm hohen Brettladen bestanden, die sich gegen unten verjüngten. Die beiden Bretter der Schmalseiten konnten aus einer Halterung herausgezogen werden, damit der Inhalt, eben zum Beispiel Mergel, ausgeladen werden konnte). Das Znüni und Zvieri hatten die Froner selber mitzunehmen. («Suure Moscht, Brot und Späck, villicht e Wurscht oder e Landjeger»). Nebst dem Überführen der Wege mit Mergel gab es noch eine zweite wichtige Arbeit, zu welcher der Gemeindewegmacher Fronarbeiter einsetzte: Die vom Wiesland in den Weg hineinwachsende Grasnarbe musste von Zeit zu Zeit weggehackt werden, damit der Weg seine ausgesteinte (ausgemessene) Breite behielt und nicht überwachsen wurde. Heute geschieht natürlich auch dieser nach wie vor notwendige Arbeitsvorgang maschinell. Heinrich Bracher-Eglin weiss Folgendes zu erzählen: «Als ich meine Arbeit 1960 begann, achteten die Landeigentümer geradezu pedantisch darauf, dass die von ihrem Grundstück am Wegrand losgehackte Erde auf ihrem Grundstück angehäuft wurde – zur weiteren Verwendung. Zehn Jahre später hiess es hingegen ab und zu: ‹Nähmet die Dräckhüffe numme grad sälber mit, die chönne mer nid bruuche.›»

Schon bevor das Fronreglement 1953 in Kraft trat, galten die vorgeschriebenen Mengen von 0,8 m³ für Zweispännerfuhrwerke bzw. die 0,4 m³ für Einspännerfuhrwerke. Damit nicht «bschisse» werden konnte, wurden die Fuhrwerke, deren Fassungsvermögen diesen Vorschriften entsprach, mit einem Brennstempel versehen. Der Fronverwalter brachte ihn eigenhändig an. Offenbar gab es aber immer wieder Bauern, die mit ungeeichten Wagen erschienen und dadurch Unmut bei andern auslösten: «Die Bänne isch jo mit drei Schuufle scho voll! Das isch doch nid in der Ornig!»

Durch das Fronen konnten die Landeigentümer ihre Fronsteuer ganz oder teilweise abverdienen. In den 1950er Jahren war es jedoch selten, dass die anfallende Fronsteuer ganz abverdient werden konnte. Dazu waren die berechneten Stundenansätze, vor allem bei den Handfrönern, zu klein.

Das Fronreglement von 1953 hielt folgende Ansätze fest: «Die Handfröner werden pro Stunde mit Fr. 1.80, die Fuhrleute mit Zweispännerfuhrwerk Fr. 4.– und mit Einspännerfuhrwerk mit Fr. 2.80 entschädigt.» Eine andere Angabe erhielt ich allerdings vom ehemaligen Gemeindekassier Hans Erny-Sutter: «Den Handfronern wurde pro Tag (acht Stunden) Fr. 9.– angerechnet, den Fuhrleuten mit Zweispännerfuhrwerk Fr. 34.–.» Rechnerisch entsprach das allerdings nicht den im Reglement angegebenen Stundenansätzen.

Die Ansätze für die Fronsteuer betrugen 1963 0,5 ‰ vom Gebäude-Katasterwert und 2,0 ‰ vom Grundstück-Katasterwert. So blieben sie neun Jahre lang. Danach wurde der Ansatz vom Grundstück-Katasterwert auf 3 ‰ erhöht.

Um 1970 herum war es vielen Bauern dank dem Einsatz von Traktoren möglich, ihre Fronsteuer ganz abzuverdienen.

Dank der Fronarbeit konnte das grosse Wegnetz in einer Zeit, als es noch gar keine oder nur wenig Maschinen gab, in unserer Gemeinde gut unterhalten werden. Der Unterhalt des Hinterleimetweges übernahm die Bürgergemeinde, sie wurde dadurch fronsteuerfrei. Übereinstimmend halten der ehemalige Gemeindepräsident Oskar Rieder-Eglin und der ehemalige Gemeindewegmacher Heinrich Bracher-Eglin heute fest: «In der Regel isch guet gschafft worde, die Manne sy dra gange.»

Seit 1973 gibt es keine Fronsteuer und somit auch keine Fronarbeit mehr. Die anfallenden Kosten für den Wegunterhalt sind im Gemeindebudget unter «Weg und Steg» zu finden. Sie werden heute also von allen Einwohnern und Einwohnerinnen getragen und nicht nur von den Landbesitzern.

S Gantglöggli von 1777

■ Die Gantglocke

In der Kirche steht im Treppenaufgang zur Empore die Gantglocke. 1967 wurde sie durch die 4. Glocke des heutigen Geläutes ersetzt. Diese Gantglocke kündete nebst der Holzgant auch die Frontage an. Bei unsicherer Wetterlage war man froh über dieses Zeichen. Ertönte das Gantglöggli um 7.30 Uhr, dann hiess das: Der vorgesehene Frontag findet statt. Blieb das Läuten des Gantglöggli aus, wussten die Fronarbeiter, dass der Gemeinderat beschlossen hatte, des zweifelhaften Wetters wegen den Frontag nicht durchzuführen. Weil ja im Dorf nur die davon betroffenen Bauern von bevorstehenden Frontagen wussten, hiess es jeweils bei den andern Leuten: «S Gantglöggli lüttet, si gönge go frone.» Ganz besonders freuten sich immer wieder Kinder, wenn sie das Gantglöggli hörten, denn oft «hei si bim Vater oder bim e Nochber chönne mitrytte.»

Mitgeteilt von Walter Frei ■

■ Waghalsige Manöver mit dem Zweispännerfuhrwerk

Wenn viel Arbeit anstand, wurden nebst zehn Handfronern auch sechs Bauern mit ihren Fuhrwerken zur Fronarbeit aufgeboten. Der erste Bauer, der mit seinem Fuhrwerk in der Grube Under der Flue war, fuhr natürlich mit seiner mit Mergel gefüllten «Bänne» auch wieder zuerst los, konnte als Erster entladen und dann wieder zurück zur Grube fahren. Diese Spitzenposition konnte in der Regel den ganzen Tag eingehalten werden. Da jeder Bauer gleich viele Fuhren machen musste, hatte dies den grossen Vorteil, dass man am Abend als Erster nach Hause fuhr. Beim Anstehen in der Grube bei den Ersten zu sein, war also nicht schlecht. Ein Bauer in Rothenfluh war fast regelmässig der Letzte am Morgen bzw. der Hinterste in der Fuhrwerk-Fronkolonne. Je nach Arbeitsort kämpfte er sich im Laufe des Tages Richtung Spitze: «Wenn sy amme im Gebiet vo der Tankmuur gschafft hei, sy si mit de leere Fuehrwärch dr under Chälewäg icho und hai bim Grändel dr Cheer in obere Chäleweg gno. Denn hett s öppe geh, dass er bim Wyss Hans sym Land (Gebiet Wannen) eifach mit syne zwöi Ross dr geech cheibe Stutz duruuf in obere Chäläwäg isch. Uf die Art hett er öppe zwöi bis drü Fuehrwärch ufs Mol chönne überhole.»

Ob er für diese Manöver Applaus erhielt, ist eine andere Frage.

Mitgeteilt von Heinrich Bracher ■

7.4 Wasserversorgung und Brunnen

7.4.1 Einleitung

Das Wasser, eine der wichtigsten Lebensgrundlagen überhaupt, beschäftigt den Menschen seit eh und je. Auch in Rothenfluh war und ist das Thema Wasser schon immer sehr wichtig gewesen, und die Sorge darum prägte die Dorfgeschichte.

So waren zum Beispiel die Jahre 1947 und 1948 sehr trocken und das Wasser wurde beinahe zu einem Luxusartikel. Die Quelle Horn brachte noch 17 l/min und die drei Quellen im Holingen noch 50 l/min, zusammen also magere 67 l/min. Dies reichte nicht, um das ganze Dorf während 24 Stunden mit Wasser zu versorgen, es mussten Notmassnahmen getroffen werden. Deshalb wurde abends um 20 Uhr der Wasserhahn im Reservoir zugedreht und erst wieder morgens um 6 Uhr geöffnet. Da die Dorfbrunnen (mit einer Ausnahme) von eigenen Quellen gespeist werden, war das damals schon von unschätzbarem Wert. Die Dorfbevölkerung hatte dadurch zusätzliche Möglichkeiten, Wasser für die Landwirtschaft zu nutzen. An den Brunnen wurde das Vieh getränkt und die Bevölkerung holte das Wasser in Kannen. Zu dieser Zeit bestand noch kein Anschluss an die Quellen im Dübach, die vor rund 100 Jahren, Ende des 19. Jh., an die Gemeinde Gelterkinden verkauft worden waren. Dazu gehört auch die Quelle Rütimatt im Tal. Der Leitungsanschluss für Rothenfluh wurde erst im Jahre 1975 vorgenommen. 1955 wurde das Wasserreglement aus dem Jahre 1895 durch ein neues ersetzt und in den Jahren 1964/65 abermals erneuert; es erfuhr seither nur kleine Änderungen. Es ist wohl das älteste noch geltende Reglement. Der Wasserverbrauch im Jahre 1965 betrug 24 000 m^3, 1998 stieg er auf rund 32 000 m^3.

7.4.2 Die Quellen Holingen und Horn

Die drei Quellen Holingen wurden zwischen 1930 und 1935 gefasst und mit Gussrohren ans Dorfnetz angeschlossen, später wurden sie ins Reservoir Horn geleitet, welches einen Inhalt von 100 m^3 aufwies. Nach den zwei trockenen Jahren 1947 und 1948 sowie wegen der häufig defekten Wasserleitungen im Dorf war man gezwungen, ein neues Leitungsnetz zu erstellen. Die Grabarbeiten übergab man je zur Hälfte den Firmen Ruepp, Anwil, und Börlin, Wenslingen. Gegraben wurde von Hand. Das neue Netz wurde 1951 in Betrieb genommen.

Die Wasserleitungen aus Guss verlegte Gottlieb Weitnauer (Schmied von Rothenfluh) zusammen mit den Gebr. Bossert (Gelterkinden) unter Mithilfe von Heinrich Bracher. Der Lohn pro Stunde betrug Fr. 3.–. Heinrich Bracher, damals gerade 16-jährig, war bei der Entstehung des neuen Netzes mit Interesse dabei. Das stellte sich später für die Gemeinde als grosser Vorteil heraus, denn er hatte den Verlauf der Leitungen im Kopf – genauer als ihn die Pläne zeigten. Diese Kenntnisse ersparten beim Suchen eines Lecks viel Zeit!

1988 wurde die Hornquelle neu gefasst. Vorher lag die Quellfassung nur gerade einen Meter unter dem Boden, jetzt sind es

Brunnmeister Heinrich Bracher und Wasserchef Kuno Schärer messen die Ergiebigkeit der Quellen in der Brunnstube Holingen. 1987

ca. sieben Meter, ausserdem wurde die betreffende (im Baugebiet gelegene) Parzelle ausgezont.

7.4.3 Neue Wasserleitungen und ein neues Reservoir (1950/51)

Es wurden drei bis fünf Meter lange, in Teer getauchte Graugussleitungsstücke verwendet. Diese Leitungsstücke wurden mit Stemmstricken abgedichtet. Ein zwei Zentimeter breiter Spalt wurde mit Blei via Giessring ausgegossen. Dann wurde mit einem Hammer und Stemmer das Blei nach hinten geschlagen. Der Strick hatte den Zweck, die Rohre abzudichten und das Blei, den Strick an Ort und Stelle zu fixieren. In den 60er Jahren kamen die Schraubmuffenrohre auf, was die Montage erleichterte und vereinfachte.

1951 wurde ein neues Reservoir Horn geplant. Da man auch das Wasser der Holingenquelle dem neuen Reservoir zuführen wollte, wurde mit Hilfe einer Schlauchleitung der höchstmögliche Standort ermittelt: Man legte den im alten Reservoir an die Holingenleitung angeschlossenen Feuerwehrschlauch auf den Griesweg und schaute, wie hoch hinauf das Wasser zu fliessen vermochte. An dieser Stelle wurde das neue Reservoir gebaut. Alle Arbeiten wurden von Hand ausgeführt, der Beton mit Karetten transportiert (Maurer Grazioli aus Gelterkinden und Arbeiter Joggi Heinzelmann-Graf aus Rothenfluh).

Heinrich Bracher beim «Stemmen»

Schraubenmuffenrohr

Das obere Reservoir Horn fasst 300 m³, wovon 150 m³ als «Feuerreserve» dienen. Diese darf nur im Falle eines Brandes verwendet werden.

Früher war es so, dass die höher gelegenen Häuser rings ums Dorf (z. B. im Grendel) oft nach 14 Uhr kein fliessendes Wasser mehr hatten, und zwar aus folgendem Grund: Damals war es üblich, dass die Häuser im Dorfkern dem Wasser Tag und Nacht freien Lauf liessen, im Winter, um das Einfrieren der Wasserleitungen zu verhindern und im Sommer aus Gewohnheit. Das hatte zur Folge, dass durch den sich senkenden Wasserspiegel im Reservoir der Druck nicht mehr ausreiche, um die höher gelegenen Häuser mit Wasser zu versorgen.

7.4.4 Wasseruhren

Der Einbau der Wasseruhren wurde im Jahre 1969 begonnen, zur damaligen Zeit wurde – wie oben beschrieben – immens viel Wasser verbraucht, niemand dachte ans Masshalten. Unterstützt wurde dieser Umstand durch den für die heutige Zeit sehr ungewöhnlich anmutenden Modus der Abrechnung des Wasserverbrauchs: Er richtete sich nach der Anzahl der montierten Wasserhahnen.

Auszug aus dem Wassertarif 1955:

Küchenhahn I	Fr. 23.–	pro Stück
Küchenhahn II	Fr. 5.–	pro Stück
Badewanne	Fr. 10.–	pro Stück
Toilette	Fr. 8.–	pro Stück

Heinrich Bracher montierte die Wasseruhren im Auftrag der Gemeinde. Die jährliche Abrechnung fand im Oktober statt. Das Ablesen der Wasseruhren und der Eintrag ins Wasserverbrauchsbuch wird heute noch von der Gemeinde durchgeführt. Nach dem Einbau der ca. 160 Wasseruhren lernte mancher, sparsamer mit dem kostbaren Gut umzugehen.

7.4.5 Arbeit für den Brunnmeister nach Feuerwehrübungen

Eine Faustregel besagte, dass nach Feuerwehrübungen der Einsatz des Brunnmeisters folgte. Deshalb trug auch Heinrich Bracher die Daten der Feuerwehrübungen sehr genau in seiner Agenda ein. Warum? Bei den Übungen wurden Wasserschieber geöffnet und geschlossen, ein ganz gewöhnlicher Vorgang könnte man meinen, aber weit gefehlt. Das Öffnen bzw. Schliessen der Schieber konnte bei unsachgemässem Vorgehen (z. B. zu schnelles Schliessen) einen Leitungsbruch verursachen, was Arbeit für den Brunnmeister zur Folge hatte. Wen wunderts, dass solche Einsätze durstig machten…!

Bei der Sanierung der Rössligasse wurde 1984 die Wasserleitung durch Kunststoffrohre ersetzt, weil die bestehenden Gussrohre viele Brüche und Risse aufwiesen und während der Strassensanierung alles in einem Zug (grosse Minderkosten) gebaut werden konnte.
Die Wasserleitung ins Tal wurde im Jahre 1992 gebaut, die Leitung vom Dübachweg bis Gries entstand im Jahre 1973. 1988 wurde die Leitung der Oberen Vogtsmatten bis Griesweg und vom Griesweg bis Hornweg mit PE-Rohren geschweisst ausgestattet, der Hornweg bis zur oberen Vogtsmatten wurde mit PE-Rohren und Steckmuffen verlegt. Der Anschluss Obere Vogtsmatten und Gries bis zum Hochzonenreservoir wurde mit PE-Rohren (160er Rohre) geschweisst verlegt. Das Hochzonenreservoir wurde zur gleichen Zeit erstellt, die Fassung der Zimmerliquelle (Auf Gries, am Waldrand) im Jahre 1990 angelegt.

7.4.6 Hochzonenreservoir

Das 1989/1990 gebaute Reservoir hat ein Fassungsvermögen von 350 m³ und besteht aus zwei Kammern, eine mit 200 m³ (Feuerreserve) und die andere mit 150 m³ (Trinkwasser). Das Wasser wird von der Griesquelle (auch Zimmerliquelle genannt) hinauf gepumpt. Die Hornquelle kann entweder ins Hochzonenreservoir oder in das Niederzonenreservoir gepumpt werden. Die Speisung des Hochzonenreservoirs basiert auf der Quelle Horn und der Griesquelle.
Die Griesquelle (eigentlich handelt es sich dabei um den Zugang zu einem unterirdischen See, der unter der Ebene Uf Gries liegt) wird nur bei Wasserknappheit verwendet. Mittels Schwimmer wird das Pumpen von Wasser aus den beiden Quellen ausgelöst. Als Erstes wird die Feuerreserve gefüllt, dann läuft das Wasser über einen Überlauf in die zweite Kammer. Die Fassung der Griesquelle wurde im Jahre 1989 gebaut, ein Schacht wurde auf elf Metern Tiefe gesetzt.
Die Leitungen in die beiden Reservoire sowie die beiden Pumpstationen und die Hochzonenleitungen ins Dorf haben Brunnmeister Heinrich Bracher (heute im Ruhestand) und sein damaliger Stellver-

Pumpwerk Gries

Verlegung der Leitungen vom Pumpwerk Gries zum Hochzonenreservoir, 1989

treter (heutiger Brunnmeister) Hanspeter Weitnauer selber montiert und verlegt.

30% aller Leitungen sind jetzt schon aus Kunststoff. Rothenfluh war eine der ersten Gemeinden im Kanton, die dieses Leitungssystem eingeführt hat.

7.4.7 Wasserqualität

Das Rothenflüher Wasser weist 27 französische Härtegrade auf. Das Wasser der drei Quellen Holingen wird einer UV-Entkeimung unterzogen, um Bakterien abzutöten. Dies geschieht im Reservoir mittels einer Lichtröhre. Es findet keine Behandlung mit Ozon oder Chlor statt.

7.4.8 Wasserversorgung der Aussenhöfe

Der Holingen hat eine eigene Quelle, ebenso das Asp und der Chälen sowie der Hof der Familie Mumenthaler in der Säge. Die Höfe Rütschen und Heuelschürenhof sowie alle Häuser der Säge mit Ausnahme des Bauernhofes Mumenthaler werden mit Gelterkinder Wasser gespeist.

7.4.9 Wasserlecksuchgerät

Rothenfluh besitzt eines der ersten Wassersuchgeräte des Kantons, es wurde 1973 gekauft. Mit diesem Gerät kann man defekte Leitungen orten. Eigentlich sind es zwei Geräte, das erste Gerät sucht nach Leitungen, nach deren Tiefe und Verlauf. Weil es sich zur damaligen Zeit ausschliesslich um Metallleitungen handelte, war das Auffinden der Leitung einfach; später, als PE-Rohre verwendet wurden, legte der Brunnmeister parallel zur Leitung ein Metallband ein, um weiterhin mit dem Gerät nach der Leitungsführung suchen zu können. Das zweite Gerät wird zur gezielten Suche eines Lecks eingesetzt: Mit dem Gerät kann man das Rauschen des Wassers abhören. Das geübte Ohr des Brunnmeisters stellt recht schnell fest, wo es nicht mehr normal rauscht. Da dieses Gerät eine riesige Erleichterung war und nur wenige Gemeinden im Besitze eines solchen waren, wurde der Brunnmeister oft zu Einsätzen in anderen Gemeinden gerufen, um Lecks zu finden.

7.4.10 Brunnmeister

Heinrich Bracher war während 42 Jahren Brunnmeister, zuvor hatte Gottlieb Weitnauer und vor ihm Joggi Nyfeler dieses Amt inne. Im Jahre 1988 wurde Hanspeter Weitnauer Brunnmeister-Stellvertreter. Als im Jahre 1995 Heinrich Bracher in Pension ging, übernahm Hanspeter Weitnauer das Amt des Brunnmeisters. Heiri, wie ihn die Dorfbevölkerung nennt, bekam im Jahre 1953, als er als Brunnmeister anfing, einen

Der ehemalige und der heutige Brunnmeister Heinrich Bracher und Hanspeter Weitnauer

Die politische Gemeinde

Jahreslohn von Fr. 200.–. Das sei, wie er heute meint, zur damaligen Zeit ein guter Lohn gewesen. Dafür hatte er folgende Pflichten zu erfüllen:
- Brunnstuben zweimal jährlich reinigen
- Quelle der Dorfbrunnen zweimal jährlich reinigen
- Einmal pro Monat Wasser messen (in den Quellen)
- Zweimal pro Jahr reinigen der Reservoire

Das Ausgraben und Reparieren von Leitungen und Kanälen wurden gesondert bezahlt.

7.4.11 Brunnenleitungssystem

Teilstock der Hohlenbrunnen-Quelle

Brunnen an der Niederhofgasse; im Hintergrund links ist der Teilstock der Hohlenbrunnen-Quelle erkennbar.

Im Innern wird das einfliessende Wasser zu den drei Brunnen an der Niederhofgasse, an der Hirschengasse und zum Pfarrhaus geleitet.

Die Gemeinde Rothenfluh hat ein eigenes Leitungsnetz für ihr Brunnensystem. Nur der Brunnen im Grendel beim Hof von Fritz Bürgin-Kunz ist am zentralen Wassernetz angeschlossen. Alle anderen Brunnen werden von verschiedenen Quellen direkt gespeist.

Folgende Quellen speisen unsere Dorfbrunnen:

Quelle Hohlenbrunnen:
Brunnen in der Etzmatt, beim Pfarrhaus
Brunnen in der Hirschengasse
Brunnen an der Niederhofgasse

Quelle Schnäggenmatt:
Brunnen an der Rössligasse

Quelle Ringelflue:
Brunnen an der Rössligasse/Eisengasse
Brunnen bei der Schule

Quelle Hegmatt:
Brunnen an der Ruebgasse/Dübachweg
Brunnen am Dübachweg
Brunnen an der Oberen Vogtsmatten

Quelle Gries:
Brunnen Ob der Kirche/Griesgässli

7.4.12 Quellenverkauf an Gelterkinden

Die Quellen Dübach und Rütimatt wurden im Jahre 1899 an die Gemeinde Gelterkinden verkauft. Die Gemeinde Gelterkinden baute die Fassung der Quelle in eigener Regie.

Rothenfluh hat seit 1975 das Recht, vom Gelterkinder Wasser gegen Entgelt Wasser zu beziehen. Weil es sich um eine sehr ergiebige Quelle handelt und Rothenfluh

Die politische Gemeinde

Der Brunnen an der Rössligasse wird …

… von der Brunnstube in der Schnäggenmatt gespeist.

bei Wasserknappheit davon Gebrauch machen kann, ist die Wasserversorgung für unsere Gemeinde gesichert. Von dieser Regelung konnte Rothenfluh bereits im Jahre 1976 während einer Trockenperiode profitieren.

7.4.13 Kanalisation

Bevor im Jahre 1964 die Kläranlage unterhalb des Dorfes gebaut wurde, wurde das Abwasser entweder in den Bach oder in die Jauchegruben geleitet. Seit 1994 läuft das gesamte Abwasser nach Sissach und wird dort aufbereitet und gereinigt. Die bestehende Klärgrube wird als Überlauf- und Rückhaltebecken verwendet.

7.4.14 Ein Überblick über Quellen, Reservoire und Pumpwerke

Quellen	Minutenliter und Menge pro Tag			Menge pro Jahr
	1993	1997	1997	1997
Holingen Wald Quelle 1	118 l/min	118 l/min	170 m^3	62 050 m^3
Holingen mittlere Quelle 2	46 l/min	43 l/min	62 m^3	22 630 m^3
Holingen untere Quelle 3	24 l/min	24 l/min	35 m^3	12 775 m^3
Hornquelle	136 l/min	122 l/min	176 m^3	64 240 m^3
Gries (Zimmerliquelle)	Diese Quelle ist keine Quelle im üblichen Sinne, weil es sich um einen unterirdischen Natursee handelt. Gemäss Schätzung hat der See ein Fassungsvermögen von ca. 30 000 m^3.			

Bei starken Regenfällen füllt sich der unterirdische See, und es bildet sich auf der Wiese, welche sich darüber befindet, ein kleiner oberirdischer See. Der normale Wasserstand des unterirdischen Sees befindet sich sechs Meter unter der Oberfläche.

Die politische Gemeinde

Reservoire	Lage	Reservoirtyp	Baujahr	Kammer 1	Kammer 2	Bemerkungen
altes Reservoir Horn	bei den Kastanienbäumen am Griesgässli	Niederzone	1954 renoviert 1989 erneuert	100 m³ 50 m³		Das alte Reservoir Horn wurde 1989 zur Pumpstation umgebaut und wird nur noch als solche benutzt.
Reservoir Gries	oberhalb des alten Reservoirs Horn	Hochzone	1989	200 m³	150 m³	Die erste Kammer mit 200 m³ ist für den Brandfall reserviert (sogenannte Feuerreserve).
neues Reservoir Horn	zwischen Pumpwerk Horn und Reservoir Gries	Niederzone	1951	150 m³	150 m³	

Pumpwerke	Baujahr	Bemerkungen
Horn	1989	Pumpt das Wasser ins Nieder- und Hochzonenreservoir, zur Hauptsache aber ins Hochzonenreservoir.
Gries	1989	Pumpt das Wasser ins Hochzonenreservoir.

Wasserverbrauch pro Kopf und Tag in Liter	
1981	124
1985	146
1995	139
1998	128

7.5 Strassen, Wege und Brücken

7.5.1 Geschichtliches

Die Federzeichnung vom G. F. Meyer aus dem Jahre 1680 zeigt Strassen, Gassen und Wege, die grösstenteils heute noch vorhanden sind (siehe Kap. 3.2).
Rothenfluh war schon damals mit allen Ortschaften der Umgebung durch Fahrstrassen und Fusswege verbunden. Die geographische Lage und der Verlauf der Bäche bestimmten das Strassenbild. Die Hauptstrasse von Ormalingen nach Rothenfluh enthielt die drei Anstiege Ormalingerhübel, Ängstenhübel und die Hohle Gasse. Für die damaligen Fuhrwerke galten die drei «Stiche» als beschwerlich.
1874 wurde der Fussweg nach Ormalingen zur Kantonsstrasse ausgebaut (der Verlauf ist auch heute noch annähernd gleich). Der Karrenweg nach Ormalingen, die heutige Alte Landstrasse, verlor an Bedeutung. Der im Sommer 2001 fertiggestellte Veloweg Ormalingen–Rothenfluh führt teilweise über die alte Landstrasse.
Die Kantonsstrasse nach Ormalingen wurde in den Jahren 1928 bis 1930 geteert.

Aus der Heimatkunde von Willhelm Koch aus dem Jahre 1863 entnehmen wir, dass es noch andere Verbindungen gab, die heute weniger bekannt sind:

«Ein vielbetretener Weg für Fussgänger ist das Reibewegli. Derselbe führt am Schulhause [Alte Schule] vorbei, das Thal hinunter meist dem Bache entlang. Da wo früher die Hanfreibe [Rybi] gestanden, überschreitet er die Ergolz und mündet oberhalb der neuen Brücke in die Ormalingerstrasse.»

Die politische Gemeinde

Aus derselben Quelle erfahren wir die Wichtigkeit der Strassenverbindungen von damals:

«Seit Rothenfluh durch die neue Strasse über den Berg nach Wittnau mit dem oberen Frickthal in direkter Verbindung steht, hat auch die Durchfuhr und der Personenverkehr bedeutend zugenommen. Den Verkehr zwischen den Posamentern und ihren Fabrikherren in Basel vermitteln zwei Boten, welche in abwechselnder Reihenfolge, in wöchentlich zwei Fahrten die aufgetragenen Kommissionen besorgen. Seit etwa zehn Jahren [1853] ist von der schweizerischen Bundesregierung auch eine Fahrpost eingeführt, welche täglich Briefe, Zeitungen, Pakete und Passagiere spediert. Die Versendung derselben besorgt eine Postablage.»

7.5.2 Heutige Verbindungsstrassen

Rothenfluh steht mit allen Nachbardörfern durch Kantonsstrassen oder Gemeindewege in direkter Verbindung. Die Kantonsstrassen sind mit einer Heissmischtragschicht (Teer) versehen.
Die Hauptverkehrsstrasse führt von Ormalingen kommend durch die Rössligasse Richtung Anwil. Unterhalb der Säge zweigt eine Strasse nach Wegenstetten ab. Sie führt am Asphof vorbei.
Die Strasse nach Wittnau verläuft zunächst im Dübachtal zum Restaurant Bad und steigt dann gleichmässig hinauf auf die Wittnauerhöhe, wo sie den Gemeindebann Rothenfluh und somit auch den Kanton Baselland verlässt.
Mit Wenslingen ist Rothenfluh durch eine auch mit Autos befahrbare Naturstrasse über das Grossholz verbunden.
Auf einem schönen, sehr abwechslungsreichen Fussweg den Talweihern und der Ergolz entlang kann man nach Oltingen wandern.

7.5.3 Strassen und Gassen im Dorf

Der alte Dorfkern bildet die Form eines Ringes.
Die Strasse, die von Ormalingen kommt, teilt sich auf dem Dorfplatz (der eigentlich kein Platz, sondern eine Strassenverzweigung ist) und führt einerseits der Ergolz und anderseits dem Dübach entlang. Am oberen, östlichen Ende des Dorfes werden die beiden Hauptstrassen durch die Ruebgasse und Eisengasse miteinander verbunden, im Dorfkern durch das Gässli. Von der Rössligasse zweigt südwärts die Mühlegasse ab. Von der Hirschengasse aus ziehen sich in nördlicher Richtung die beiden Hofgassen hangaufwärts. Am oberen Ende der Hirschengasse zweigt in östlicher Richtung der Dübachweg ab.
Als wichtige Verbindung zweigt im unteren Teil der Rössligasse die schon erwähnte Alte Landstrasse Richtung Ormalingen ab. Sie verläuft parallel zur heutigen Hauptstrasse.

Neueren Datums sind die Strasse nach der Etzmatten im unteren Dorfteil und die Strassen, die das neue Wohngebiet am Südhang erschliessen:
Anfang 1970 wurde die Untere Vogtsmattenstrasse gebaut, es folgten 1973/74 die Strasse Ob der Kirche und 1989/90 die Obere Vogtsmattenstrasse. Der Bau dieser Strassen ermöglichte eine rege Bautätigkeit zwischen 1970 und 2000. Alle diese Strassen wurden mit einer HMT (Heissmischtragschicht) versehen.
Finanziert wurden die Strassen im neuen Wohngebiet zu 20 % durch die Gemeinde und zu 80 % durch Beiträge der Anstösser.

7.5.4 Feld- und Waldwege

Mit einem weit verzweigten Netz von Fahrwegen sind die Felder und umliegenden Höfe erschlossen. Ungefähr 40 km Fahrstrassen werden als Naturstrassen von der Gemeinde unterhalten. Nur die Wichtigsten sollen hier erwähnt werden:
Am Südhang: Feldschen- und Chälenweg.
Am Nordhang: Alte Landstrasse und Vorbuech.
Am West- und Nordabhang der Ringelflue: Rankweg, Chlaffacherweg.
Alle Hofzufahrten, zum Humbelsrain, zum Chälen, zur Heuelschür, zum Dübach und zum Holingen, wurden in den 1980er Jahren geteert.

Das Waldwegnetz von ebenfalls ungefähr 40 km ermöglicht eine gute Waldbewirt-

Die politische Gemeinde

Ein vielbegangener Wanderweg zwischen Chälen und Dorf, 2001

Viele Strassen und Wege führen ins Dorf: Rothenfluh vom Ballon aus gesehen, 2000

schaftung. Besonders wichtig sind die Erholungsmöglichkeiten, die sich aus diesem überaus grossen Waldwegnetz ergeben. Alle Waldwege wurden mit Fahrverbotsschildern versehen.

7.5.5 Unterhalt der Strassen

Die Aufsicht über und die Verantwortung für die Strassen und Feldwege liegen beim Departementschef Weg und Steg. Die Waldwege sind Eigentum der Bürgergemeinde und dem Departementschef Wald unterstellt.
Der Unterhalt wird durch Gemeindeangestellte ausgeführt. Ihnen steht ein gut ausgerüsteter Fahrzeugpark zur Verfügung. In der gemeindeeigenen Mergel- und Schroppengrube (Schroppen: faustgrosse Steine) ist das Baumaterial weitgehend vorhanden. Das wirkt sich spürbar auf die Unterhaltskosten aus.

7.5.6 Brücken

In Rothenfluh findet man drei schmucke Bogenbrücken. Sie sind Zeugnisse alter Baukunst:
Die Leimetbrücke überquert den Dübach und verbindet das Dorf mit dem Gebiet Ramstel, Dübach und Berg.
Die Brücke in der Nähe der Reithalle und die Brücke an der Rössligasse bei der Abzweigung der Alten Landstrasse überqueren die Ergolz.

Die politische Gemeinde

Brücke über die Ergolz bei der Reithalle

Letztere wurde von G. F. Meyer auf der Federzeichnung von 1680 festgehalten. Es ist die älteste bekannte Darstellung dieser Brücke.

Mit Datum 7. Mai 1846 wird ein «Expertisenbericht über die gewölbte Brücke im Dorf Rothenfluh» von einem Herrn Mesmer im Auftrag der Strassen-Inspektion des Kantons Basellandschaft dem Gemeindepräsidenten und Landrat Schwarz in Rothenfluh ausgehändigt. Diese Expertise hält fest: «Die gewölbte Brücke ist auf einem schlechten Fundament gebaut und aus diesem Grunde ist ein Teil der Brücke eingestürzt.» Weiter heisst es: «Bei Verlegung einer soliden Brücke ist die erste Bedingung, dass der Boden untersucht werden soll, im Fall der Boden aus weichen Erden oder Sand besteht, so werden Piloten geschlagen und ein Rost drumgelegt.» Der Bericht empfiehlt auch, die Bachborde mit Steinen zu befestigen und die Konstruktion der Brücke mit Holz so abzustützen, dass sie nicht ganz einstürzt.

Die heutige Brückenkonstruktion datiert sehr wahrscheinlich aus der Zeit, als man die neue Kantonsstrasse (1874) baute und die Ergolzkorrektur durchführte.

Die beiden anderen Brücken dürften ein paar Hundert Jahre alt sein. Als Baumaterial wurden Jurasteine verwendet.

1999 wurde die Brücke bei der Reithalle mit grossem Aufwand renoviert. Alle drei Bogenbrücken sind im Besitz der Gemeinde.

14 weitere Brücken führen über die Ergolz, sieben über den Dübach und fünf über das Länenbächli. Etwa zur Hälfte sind diese Brücken in Privatbesitz. Sie werden als Zugänge zu Häusern und Landparzellen benützt.

7.6 Die Feuerwehr

7.6.1 Geschichtliches

Zivilschutz und Feuerwehr leisten einen Beitrag zur öffentlichen Sicherheit. Während der Zivilschutz jedoch eine junge, erst wenige Jahrzehnte alte Einrichtung ist, sind Feuerwehren in Städten und Dörfern schon immer nötig gewesen. Bevor es Feuerwehren gab, war der Mensch den Brandkatastrophen hilflos ausgeliefert, wie folgendes Beispiel aus Rothenfluh zeigt: «Im Jahre 1534 ereilte Pfarrer Stucky ein schweres Geschick. In einem furchtbaren Gewitter ging durch Wildtun des Himmels das Pfarrhaus in Flammen auf. Das Feuer verbreitete sich so rasch, dass dem Pfarrer alle seine Habe verbrannte und ihm nichts blieb als seine sieben Kinder mit ihrer Mutter.» (Gauss Karl: Geschichte der Landschaft Basel und des Kantons Basellandschaft, 1932)

Die erste Schöpfspritze in Rothenfluh von 1767 brachte 2,5 l Wasser pro Hub. Bei

Die politische Gemeinde

114 Hüben pro Minute ergab das eine Wassermenge von 286 l, und nach Abzug eines Verlustes von 6% immer noch 270 l/min. Bereits 1854 gab es schon eine Löschordnung (Reglement).
Bei Feueralarm im Dorf wurden die Kirchenglocken geläutet.

Am 13. Februar 1857 halfen bei der Bekämpfung des Brandes der Oberen Fabrik in Gelterkinden auch Rothenflüher Feuerwehrleute mit der Feuerspritze mit.

Als Entschädigung wurde ausbezahlt:

An Johannes Rieder, Wirth, mit zwei Pferden	à 1 Fr. = 2.00 Fr.
An Albert Rieder, Bot, mit zwei Pferden	à 1 Fr. = 2.00 Fr.
Dem Feuerreiter Heinrich Gass, Müller, für einen Ritt nach Ormalingen	–.50 Fr.
Total	**4.50 Fr.**

Für die Feuerwehr war 1857 ein gutes Jahr, denn sie erhielt eine neue Feuerspritze und eine neue, gläserne Rondelle, weil die alte unbrauchbar geworden war. Die Rondelle war eine auf einer hohen Holzstange befestigte Laterne. Sie signalisierte den Standort des Kommandanten.
Auch ein neues Spritzenhaus wurde erbaut. Das war notwendig, weil «das alte Spritzenhaus beim Schulhaus wegen unzweckmässiger Einrichtung die neue Spritze vor Verunreinigung nicht gehörig zu schützen vermag […] sei im Schulgarten beim neuen Schulhaus längs dem Giebel des Gersterschen Hauses ein neues Spritzenhaus auszuführen und so einzurichten, dass beide Spritzen samt den zugehörigen Löschgerätschaften untergebracht werden können.»
Zu den Feuerwehrgeräten von damals gehörten Eimer, Schläuche, Haken und Leitern.
Unter der Leitung des Spritzenmeisters (Feuerwehrhauptmann) wurden die Sprit-

Feuerwehrlaterne (Rondelle)

zen zweimal jährlich ausprobiert und zwar im Frühling und im Herbst. Er erhielt dafür eine Entschädigung von Fr. 1.50.
Der Befehl zur Löschfahrt wurde vom Spritzenchef erteilt. Die Spritze durfte nur vom Spritzenchef, Spritzenmeister und vom Laternenträger bedient werden.

Als erster Rothenflüher besuchte Johannes Gysin-Schreiber am 22. August 1878 in Liestal einen kantonalen Feuerwehrkurs. Die Entschädigung war auf Fr. 5.– pro Tag festgesetzt, zahlbar aus der Einwohnerkasse.
Aufgrund vieler Brandstiftungen in den Dörfern wurden die Feuerwehren in einem Kreisschreiben aufgefordert, einen Sicherheitspatrouillendienst einzurichten.
Schon immer wurde einander freundnachbarschaftlich mit Geräten ausgeholfen, wenn es die Not erforderte. So wurde eine Feuerspritze auf Anfrage des Gemeindepräsidenten Schaffner aus Anwil im Jahre 1880 der Nachbargemeinde zur Verfügung gestellt, bis die dorfeigene repariert worden war.

Um 1903 hatte die Feuerwehr einen stattlichen Mannschaftsbestand von 150 Feuerwehrleuten. Dienstpflicht bestand vom 16. bis zum 60. Altersjahr.

Im Feuerwehr-Reglement von 1919 sind folgende Entschädigungen festgehalten:

Sold bei der Hauptübung für die Mannschaft	Fr. 0.50
Jahresentschädigung der Offiziere:	
der Hauptmann	Fr. 25.—
der Oberlieutnant	Fr. 10.—
der Lieutnant	Fr. 6.—
die Stellvertreter und Rohrführer	Fr. 3.—
die Offiziere der Spritze II und des Wachtkorps	Fr. 3.—
der Materialverwalter pro Stunde	Fr. 1.20
das Hilfspersonal pro Stunde	Fr. 1.—

Die politische Gemeinde

7.6.2 Die Feuerwehr in der 2. Hälfte des 20. Jahrhunderts

Im Inspektionsbericht vom 21. Oktober 1950 steht, dass die Gemeinde Rothenfluh dringend eine Motorspritze anschaffen sollte, um die Effizienz der Feuerwehr zu verbessern. Beim Bekämpfen des Brandes der Liegenschaft Nr. 63 Im Hof am 28. Oktober 1950 ging die das Vakuum erzeugende Kugel der Spritze im Dorf verloren. Man beschloss deshalb 1951, eine Motorspritze zu kaufen. Die Spritze kostete Fr. 10 816.–. Sie erbrachte eine Leistung von 850 min/l bei 10 atü und 1150 min/l bei 7 atü.

Die «Löschdüse» ist eingetroffen!

Ein Vertreter der Herstellerfirma übergibt dem Gemeindepräsidenten Oskar Rieder den Schlüssel zum Tanklöschfahrzeug.

1955 wurde die alte Feuerwehrspritze für Fr. 800.– der Gemeinde Wittnau verkauft. Sie hatte beim Ankauf Fr. 2600.– gekostet und stand 40 Jahre im Einsatz.

Das 1968 revidierte Feuerwehrreglement konnte erst im zweiten Anlauf genehmigt werden, da die Gemeindeversammlung zuerst das Geschäft an den Gemeinderat zurückwies, da es «schlecht vorbereitet» war, wie im Protokoll nachzulesen ist.

1974 zog die Feuerwehr von der Anwilerstrasse 14 (heutige Liegenschaft Schweizer, gegenüber dem Restaurant Rössli) in das jetzige Magazin bei der Turnhalle.

Am 31. Oktober 1987 fand die Einweihung des Tanklöschfahrzeugs, der «Löschdüse» statt. Das Fahrzeug kostete Fr. 200 000.–. Dank dieser Anschaffung wurden die Möglichkeiten zur Brandbekämpfung deutlich verbessert. Bis zum 31.12.1999 war die

Arbeit für die Feuerwehr: Der Dübach tritt im Februar 1999 über die Ufer.

«Löschdüse» 63 mal im Einsatz, ausgelöst über die Telefonnummer 118.

Aufgaben und Organisation der Feuerwehr sind in einem Reglement umschrieben. Es besteht für Männer und Frauen eine Feuerwehrdienstpflicht vom 22. bis zum 42. Altersjahr. Wer keinen Feuerwehrdienst leistet, hat eine Ersatzabgabe zu entrichten. Die heutige Feuerwehr hat einen hohen Ausbildungsstand. Dies unter anderem auch darum, weil jede Feuerwehrfrau und jeder Feuerwehrmann zweckmässig ausgerüstet und umfangreiches Korpsmaterial vorhanden ist. Die Alarmierung der Kommandogruppe (13 Personen) erfolgt über einen Pager, der restliche Teil der Mannschaft wird über die Feuerwehrsirene aufgeboten.

Am 31. Dezember 1999 wies die Mannschaft der Feuerwehr folgenden Bestand auf:

Offiziere	5
Höhere Unteroffiziere	4
Unteroffiziere	7
Gefreite	4
Soldaten	14
Total	**34**

7.6.3 Die Feuerwehr im 21. Jahrhundert

Im Jahr 2001 schliessen sich die Feuerwehren Rothenfluh, Hemmiken und Ormalin-

Antreten zur Hauptübung 2000

gen zur Feuerwehr «Farnsburg» zusammen. Der Kommandant wird aus einer der drei Gemeinden gewählt. In den beiden andern Gemeinden wird je ein Ortschef gewählt. In Rothenfluh wird Thomas Nyffeler erster Ortschef. Durch diesen Zusammenschluss können die in den drei Gemeinden vorhandenen Ressourcen besser genutzt und die Effizienz gesteigert werden.

7.6.4 Verzeichnis der Kommandanten der Feuerwehr Rothenfluh

????–188?	Johannes Gisin
189?–190?	Emil Gisin
190?–1918	Jacob Erny
1919–1937	Adolf Gass
1938–1943	Theo Straumann
1944–1951	Emil Schaffner
1952–1953	Karl Senn
1954–1964	Max Gisin
1965–1974	Ernst Gass
1975–1982	Kuno Schärer
1983–1985	André Mumenthaler
1986	Christian Gass
1987–1994	Hanspeter Weitnauer
1995–2000	Max Wyler

Seit 2001 ist Thomas Nyffeler Ortschef der Feuerwehr Farnsburg.

7.7 Abfallentsorgung

7.7.1 Anfänge der Kehrichtabfuhr

Die Belastung der Umwelt wurde bis in die 1950er Jahre wenig beachtet. Auf kantonaler Ebene sorgten neben der Gewässerverschmutzung auch die Entsorgung des Kehrichts und diejenige von Industrieabfällen für Schwierigkeiten. Erst Sachverständige äusserten sich dazu, nicht die Öffentlichkeit. Als Entsorgungsplatz für Tierkadaver diente bis ca. 1935 der Cheibacher auf Schönenwasen oberhalb des Primarschulhauses. Vor 1952 gab es keine Kehrichtabfuhr. Abfall jeglicher Art wurde im Wald, in Senken oder am Bachbord deponiert. Brennbares wurde verbrannt. Das Deponieren am Bachbord hatte den Vorteil, dass die Gewässer bei Hochwasser den «Grümpel» wegschwemmten, was eine praktische Entsorgung bedeutete. Die offizielle Grube der Gemeinde befand sich in den 1940er und Anfang der 1950er Jahre auf der rechten Talseite bei der Verzweigung Lörweg-Feldschenweg. Dort wurden die grösseren Abfälle entsorgt und im Sommer, wenn es trocken war, wurde das brennbare Material angezündet – meistens von Buben, die ihren Spass daran hatten. Die offizielle wöchentliche Kehrichtabfuhr wurde 1952 eingeführt. Seit 1982 wird der Kehricht durch ein externes Abfuhrunternehmen entsorgt und landet in der Verbrennungsanlage oder auf den kantonalen Deponien. 1993 wurde die Sackgebühr eingeführt. Damit werden die Kosten nach dem Verursacherprinzip erhoben. Altpapier wird schon seit Jahrzehnten durch die Schule gesammelt. Während es früher zwei Sammlungen pro Jahr gab, ziehen die Schülerinnen und Schüler seit ungefähr zehn Jahren dreimal im Jahr mit ihren Pneuwägeli (früher waren es vorwiegend Leiterwägeli) durchs Dorf und sammeln die bereitgestellten Papierbündel ein. Bis vor rund zehn Jahren wurden diese zum Container auf dem Schulhausplatz gebracht. Seit der Container in der Etzmatt steht, ist die Sammlerei weniger anstrengend. Die Erträge aus den Sammlungen ergaben schon immer einen willkommenen Zustupf in die Klassenkassen.

Bereits 1976 führte Rothenfluh die Altglassammlung ein. Dass die Sensibilisierung im Umweltbereich gross und selbstverständlich geworden ist, zeigt sich auch in der Benutzung der Mitte der 1980er Jahre eingeführten Sammelstellen für Aluminium, Büchsen, Altöl usw.

Mitte 2000 wurde der OBAV (Oberbaselbieter Abfallverbund) gegründet. Das gemeinsame Sammeln und Entsorgen der verschiedenen Abfälle ab dem Jahr 2001 soll wirtschaftlicher werden.

7.7.2 Rund um die Deponieorte

Nach der ersten offiziellen Deponie Lörweg-Feldschenweg wurde als neuer Abfallort die Hohle Gasse bestimmt. Die Hohle Gasse war ein Teilstück der alten Landstrasse zwischen der Abzweigung Rieder-Superina und der Reithalle. Durch die Rinne floss bis zur 1942 erfolgten Drainage das Isleten-Bächli. An den extremsten Punkten war die Rinne bis etwa fünf Meter tief und zehn Meter breit. Über zehn Jahre brauchte es, bis die Hohle Gasse aufgefüllt war. Für kurze Zeit dienten danach die Gruben auf der Ebene oberhalb Ramstel und die Cholgrueben oberhalb des Restaurants Bad als Deponie. Von Mitte der 1960er Jahre bis 1982, also bis zum Ende der «Glöggeliwagentätigkeit», wurde der Kehricht in die Ängstengruben westlich der Säge geführt. Anfänglich wurde oberhalb des Wäldchens die kleinere Grube aufgefüllt und mit einer Schicht Bauschutt zugedeckt. Damit entstand oberhalb der grossen Grube eine ideale Zufahrt für deren Zuschüttung. In Trockenperioden kam es dort immer wieder vor, dass Feuer entfacht wurde. Mehr als einmal wurde die Feuerwehr von Auswärtigen wegen der starken Rauch- und Feuerentwicklung alarmiert. Im und um den Kehricht entwickelten sich immer wieder emsige Aktivitäten. Für Ratten war die Abfalldeponie ein ideales Biotop. Das Feuer, aber auch die Flobert- und Luftgewehrjagd von jungen Rothenflühern und Ormalingern sorgten dafür, dass die Nager nicht überhand nahmen. Alteisenhändler und Antiquitätensammler wurden in der Grube immer wieder fündig. Auch der «Glöggeliwagema», Paul Schaub-Börlin, konnte samstags oft sein Sammelgut mit neuen Fundstücken erweitern.

7.7.3 Die Abfallentsorgung mit dem Glöggeliwagen

1952 schrieb der Gemeinderat den Auftrag für das Einsammeln des Kehrichts aus. Diese Arbeit nahm in der Anfangszeit mit Ross und Wagen zwischen 3½ und 4½ Stunden pro Woche in Anspruch. Der Gemeindewegmacher konnte zur Unterstützung beigezogen werden. Verschiedene Offerten in der Höhe von Fr. 12.–, Fr. 13.– bis Fr. 20.– wurden gemacht. Für Fr. 12.– pro Woche erhielt Paul Schaub-Börlin den Zuschlag. Dank der Unterstützung des damaligen Gemeindekassiers Hans Erny-Sutter wurde der Lohn gegen Ende der 1950er Jahre um Fr. 8.– auf Fr. 20.– erhöht.

1960 kostete die Kehrichtabfuhr fünf Franken pro Haushaltung und Jahr. Alleinstehende bezahlten zwei Franken.

Als es in den 1960er Jahren um eine weitere Lohnerhöhung von Fr. 10.– ging, wollte der Gemeinderat den Auftrag neu ausschreiben. Nach längerer Bedenkzeit wurde ein Kompromiss gefunden: Die wöchentliche Entlöhnung (inklusive Fuhrwerk) wurde auf Fr. 30.– erhöht. Im Gegenzug wurde vereinbart, dass der Gemeindewegmacher beim Einsammeln des Abfallgutes nicht mehr mithelfen werde. Mit Unterstützung des Kassiers wurde ab Ende der 1960er Jahre der Lohn sukzessive der Zeit angepasst. Am Schluss, 1982, betrug die jährliche Entschädigung Fr. 3500.–, was einem wöchentlichen Fuhrlohn von Fr. 65.– entsprach. Ende Jahr ging Paul Schaub jeweils zum Gemeindekassier und verrechnete das Guthaben mit den Steuern und Wassergebühren.

Der Transport des Abfalls erfolgte in den Jahren 1952–1955 mit zwei Pferden, angespannt an einen Brückenwagen mit grosser «Bänne». In den Jahren 1956–1968 wurde ein roter Bucher-Traktor und ein Einachsanhänger benutzt. Die Vorbereitung des Anhängers (d. h. das Aufstellen und Fixieren der Bretterumrandung mit Seilen) nahm viel Zeit in Anspruch. Der Kehricht wurde in den verschiedensten Behältern an den Strassenrand gestellt: in Fässern, Kesseln, Gelten, ja sogar in Holzharassen.

Die politische Gemeinde

Paul Schaub …

… auf seiner letzten Kehrichttour 1982

Selbstverständlich wurde auch Sperrgut mitgenommen.
Von 1970 bis 1982 stand ein Ladewagen zur Verfügung. Dies bedeutete eine erhebliche Zeiteinsparung. Es mussten praktisch keine grossen Vorbereitungsarbeiten getroffen werden. Die Leute gewöhnten sich daran, dass sie den Kehricht in verschlossenen Säcken an den Strassenrand stellen mussten. Beim Abladen beförderte der Schiebeboden die Kehrichtsäcke in die Grube.
Zwei bis vier Familienangehörige halfen jeweils beim Einsammeln des Kehrichts.

Anfänglich war der Gemeindeangestellte noch dabei. In den 1960er Jahren und bis zum Schluss betätigten sich Ernst Eckert und die Söhne von Paul Schaub als Müllabfuhrgehilfen. Was für ein Vergnügen war es für die Kinder des Dorfes, auf dem Traktor des Glöggeliwagens mitfahren zu dürfen! Folgendes Gedicht wurde dem Glöggeliwagenteam bei seinem letzten Dorfrundgang 1982 mitgegeben:

*O je Paul, dä truurig Momänt isch do,
Wo Du als beliebte Glöggelima muesch go!*

*Du chönsch eus glaube, s tuet is weh,
wenn mir Di jetz am Samschtig nümm chönne gseh!*
Ville Dank für all die Johr!
O Paul, mir hasse die neui Abfuehr!
Das isch ehrlich wohr!

Quellen
Mündliche Auskünfte von Paul Schaub-Börlin
«Basel-Landschaft in historischen Dokumenten», Teil 5, Ruedi Epple u. a., Verlag Kanton Basellandschaft
Natur- und Kulturkunde 4. Klasse, Flavia Schaub/ Erich Erny

Die politische Gemeinde

7.8 Zivilschutz

Durch das Bundesgesetz über den Zivilschutz aus dem Jahre 1962 wurden die kleinen Gemeinden mit weniger als 1000 Einwohnern verpflichtet, sogenannte Kriegsfeuerwehren zu bilden, welche im Mobilmachungsfall die Pflichten der Feuerwehren im Dorf hätten wahrnehmen müssen. Da aber weder Personal noch entsprechendes Material zur Verfügung stand, existierte diese Formation mehrheitlich auf dem Papier. Ab 1978 wurde durch die Revision des Zivilschutzgesetzes auch unser Dorf eine zivilschutzpflichtige Gemeinde; damit verbunden war einerseits der Aufbau einer örtlichen Zivilschutzorganisation und andererseits die Umsetzung des Bundesauftrages über die zur Verfügungstellung von Schutzplätzen für die Bevölkerung.

Damit brach die Zeit der Zivilschutzanlagebauten an. Ab sofort musste beim Neubau eines privaten Eigenheims im Kellergeschoss ein privater Schutzraum eingebaut werden. Damit auch die Bevölkerung in den bestehenden Wohnbauten geschützt werden konnte, mussten Grossanlagen eingerichtet werden. Aufgrund verschiedener Standortabklärungen wurde das Gebiet Chlaffacher in unmittelbarer Nähe der Turnhalle als Standort für die Anlage, welche 470 Personen Platz in Notzeiten gewähren sollte, ausgewählt. Die Einwohnergemeindeversammlung beschloss dazu im Juni

An der Zivilschutzübung 2001 werden diverse Spielanlagen beim Schulhaus erneuert.

1982 einen Baukredit von Fr. 1,7 Mio. zum Bau der Anlage und im Oktober desselben Jahres wurde mit den Bauarbeiten begonnen. Ende April 1984 wurde die Anlage der Bevölkerung anlässlich eines Tages der offenen Türe übergeben. Dank der Unterschreitung des Baukredites und der Gewährung von Bundessubventionen an die Anlage beliefen sich die Nettoaufwendungen für die Einwohnergemeinde auf knapp Fr. 1,2 Mio. Glücklicherweise musste die Anlage bis heute nie bezogen werden. Die Anlage diente während einiger Jahre Militäreinheiten als Unterkunft während der Wiederholungskurse, seit der Reduktion der Militärbestände wird sie nur noch selten benutzt.

Gleichzeitig mit dem Bau der Zivilschutzanlage erfüllte sich die Gemeinde mit dem Bau der Sportanlage auf der ZSA einen lang gehegten Wunsch.

Während dem Zivilschutz in den Anfangsjahren im Rahmen der Gesamtverteidigung

Die politische Gemeinde

der Schutz und die Rettung der Zivilbevölkerung im Kriegsfall anvertraut war, hat sich diese Aufgabe in den vergangenen Jahren verändert. Sie wurde mit dem «Zivilschutz 95» neu definiert. Heute bezweckt die Organisation vorwiegend den Schutz der Bevölkerung in Katastrophenfällen.

In den ersten Jahren galt ein Personal-Sollbestand von nahezu 100 Mann, welcher aber nie erreicht wurde. Durch die verschiedenen Gesetzesänderungen reduzierte sich dieser Bestand in den Folgejahren auf rund 30 Mann. Die Gemeinde verfügte lange Zeit über eine gut ausgebildete Führungsmannschaft der Zivilschutzorganisation. Durch die Möglichkeit der Freistellung von Angehörigen des Zivilschutzes zugunsten der Feuerwehr als Folge des Konzeptes «Zivilschutz 95» veränderte sich diese Situation: Verschiedene Kaderleute leisten seither ihren Dienst bei der Feuerwehr. Nachdem Werner Schaffner als Ortschef seine Demission auf Ende 1996 eingereicht hatte, stand die Organisation ohne Führung da und der Gemeinderat musste als verantwortliche Behörde handeln.

Mit den Gemeinden Ormalingen und Hemmiken wurde in der Folge eine Vereinbarung zur gemeinsamen Zivilschutzorganisation Wischberg getroffen, welche durch die Gemeindeversammlungen der drei Gemeinden abgesegnet wurde. Am 1. Januar 1999 trat sie in Kraft. Die neue Kommando-Ordnung sieht vor, dass die Gemeinde Rothenfluh eine Einsatzeinheit mit eigener Leitung und eigener Schutzraumorganisation bildet. Als Aufsichtsbehörde amtet eine Zivilschutzkommission, bestehend aus den Departementschefs Zivilschutz der beteiligten Gemeinden, dem Chef der Zivilschutzorganisation und dem Leiter der Zivilschutzstelle. Operativer Leiter der Organisation ist der Chef der Zivilschutzorganisation Hans Peter Wälchli aus Hemmiken, die administrativen Belange werden durch den Zivilschutzstellenleiter Felix Beyeler aus Ormalingen wahrgenommen. Im Frühjahr 1999 hat die ZSO Wischberg eine erste gemeinsame Übung durchgeführt. Ebenso leisteten die Angehörigen der neuen Zivilschutzorganisation in ihren Gemeinden im Februar 1999 bei der Bewältigung der Hochwasser gute Dienste.

Wirtschaft und Beschäftigung 8

8.1 Erwerbstätigkeit und Strukturwandel

8.1.1 Arbeit und Mobilität

Die Entwicklung der Wohnbevölkerung und diejenige der in Rothenfluh wohnhaften Erwerbstätigen verläuft nicht parallel (siehe Tab. I, Kapitel 6.1). Ihr Anteil an der Wohnbevölkerung erreichte 1970 mit 42 % ihren tiefsten Stand. Bis 1990 stieg er beinahe wieder auf den Wert von 1941/50.

1941 arbeiteten noch 230 Personen, das sind 85 % der erwerbstätigen Bevölkerung, am Wohnort, 1980 sind es nur noch 79 Personen oder 30 %. Der Verlust an einheimischen Arbeitsplätzen geht ausschliesslich zu Lasten der Landwirtschaft (siehe Tab. III). Noch zu Beginn des 20. Jahrhunderts waren Wohn- und Arbeitsort für die überwiegende Mehrheit der ländlichen Bevölkerung identisch. Das änderte sich mit dem Niedergang der Heimposamenterei in den 1920er Jahren. Für arbeitslos gewordene Posamenter wurde das (Weg-)Pendeln zur Notwendigkeit. Arbeitsplätze bot die aufstrebende Fabrikindustrie. Viele der neuen Arbeiter betrieben neben der auswärtigen Fabrikarbeit zuhause noch eine Kleinlandwirtschaft («Ruckseckli-Buure»). Der Kanton reagierte auf die Wirtschaftskrise mit verschiedenen Massnahmen, u. a. mit verbilligten Abonnementen für Bahn und Postauto.

Eine starke Zunahme erfuhren die Pendler nach dem Zweiten Weltkrieg; sie machten bald einmal einen Drittel der erwerbstätigen Bevölkerung aus. Die Mehrheit benützte – dem damals noch bescheidenen Lebensstandard entsprechend – die öffentlichen Verkehrsmittel, das Mofa oder das Velo. Die Zahl der Pendler verdoppelte sich von 1941 bis 1950 und noch einmal von 1960 bis 1990. Die grösste Zunahme erfuhren die Pendler zwischen 1970 und 1980, nämlich

Tab. I: Wohnbevölkerung, Erwerbstätige[1], Pendler

	1941	1950	1960	1970	1980	1990
Wohnbevölkerung	556	574	574	607	597	620
Erwerbstätige wohnhaft in Rothenfluh (Nichtpendler und Wegpendler)	271	275	258	260	265	291
in % der Wohnbevölkerung	48	48	45	42	44	47
Nichtpendler	230	181	159	141	79	89
Wegpendler	41	94	99	119	186	202
in % der Erwerbstätigen am Wohnort	15	34	38	45	70	69
Zupendler	3	1	4	11	14	13
Erwerbstätige mit Arbeitsort Rothenfluh (Nichtpendler und Zupendler)	233	182	163	152	93	102

von 45 % auf 70 %. Diese Entwicklung steht zweifellos in Zusammenhang mit dem zunehmenden Individualverkehr. Dieser nahm nach der Eröffnung der J2 (1967, ehemals T2) und der A2 (1970, früher N2) markant zu. Auch entfernte oder durch den öffentlichen Verkehr schlecht erschlossene Arbeitsorte konnten dank dem eigenen Auto bequem erreicht werden. Zwischen 1980 und 1990 stabilisierte sich der Anteil der Pendler bei 70 %. 1990 gingen die Rothenflüher Pendler in nicht weniger als 34 verschiedenen Gemeinden ihrer Arbeit nach:

Tab. II: Wegpendelnde aus Rothenfluh 1990

Ziel	Zahl	Ziel	Zahl
Basel	31	Olten	4
Liestal	27	Rheinfelden	4
Sissach	25	Wenslingen	3
Gelterkinden	24	Tecknau	3
Itingen	11	Rümlingen	3
Ormalingen	10	Wittnau	3
Muttenz	9	Frick	3
Zürich	6	Binningen	2
Lausen	5	Baden	2
Böckten	5	Stein-Säckingen	2
Pratteln	4		

Je einen Erwerbstätigen finden wir in Aesch, Bern, Illnau-Effretikon, Münchenstein, Oberbuchsiten, Ramlinsburg, Reigoldswil, Stans, Wintersingen, Wittinsburg, Zeglingen, Zeiningen und Zunzgen.

Über ihren Arbeitsweg und die Art der benützten Verkehrsmittel machten die 291 Erwerbstätigen folgende Angaben:

68	kein Arbeitsweg
5	zu Fuss
12	Velo, Mofa, Motorrad
126	privates Verkehrsmittel
62	öffentliches Verkehrsmittel
9	Kombination von privatem und öffentlichem Verkehrsmittel

Der Anteil der Zupendler fiel bis 1960 nicht ins Gewicht. Seit 1970 beträgt er über 10 % der in Rothenfluh arbeitenden Erwerbstätigen.

8.1.2 Wirtschaftliche Struktur der Bevölkerung

Tab. III: Beschäftigte nach Sektoren (in Prozentwerten)[2]

	1939	1955	1965	1975	1985	1995
Sektor 1 (Landwirtschaft)	81	78	50	48	49	33
Sektor 2 (Gewerbe, Industrie)	8	9	30	24	21	29
Sektor 3 (Dienstleistungen)	11	13	20	28	30	38

Auf die Entwicklung im Sektor 1 wird in Kapitel 8.2 näher eingegangen. Auffällig ist das bis über die Jahrhundertmitte hinaus herrschende Übergewicht von Sektor 1 gegenüber Sektor 2 und 3: 1955 waren noch drei Viertel der Beschäftigten in der Landwirtschaft tätig. Zwischen 1965 und 1985 stabilisierte sich der Anteil bei rund 50 %, erlitt aber im folgenden Jahrzehnt einen markanten Rückgang. 1995 umfasste der Sektor 1 nur noch einen Drittel aller Beschäftigten. Der Anteil von Sektor 2 stieg nach 1955 sprunghaft an und erreichte 1965 seinen Höchststand. Nach einem vorübergehenden Rückgang erreichte er 1995 beinahe wieder den Wert von 1965. Der Sektor 3 weist anteilmässig eine kontinuierliche Zunahme auf. Mit 38 % hatte er 1995 die beiden andern Sektoren deutlich überflügelt.

Tab. IV: Arbeitsstätten und Beschäftigte (ohne Landwirtschaft)[3]

	1955	1965	1975	1985	1995
Arbeitsstätten	23	20	23	20	24
Beschäftigte	39	58	54	48	69

Zählte Rothenfluh 1995 nur eine Arbeitsstätte mehr als 1955, nahm die Zahl der Beschäftigten im gleichen Zeitraum um 77 % zu: Es hat also grössere ortsansässige Betriebe als früher.

Die Aufteilung nach Sektoren ergibt für 1995 folgendes Bild:

	Arbeitsstätten	Beschäftigte
Sektor 2 (Gewerbe, Industrie)	17	30
Sektor 3 (Dienstleistungen)	7	39
Total	**24**	**69**

Die durchschnittliche Betriebsgrösse liegt bei knapp drei Beschäftigten. Im grössten Betrieb fanden 1998 zehn Personen ihr Auskommen.

Wirtschaft und Beschäftigung

8.2 Die Landwirtschaft

Bäuerliche Welt – heile Welt: So sah sie der Rothenflüher Maler Alfred Gass 1982.

Die Landwirtschaft war – vielleicht mehr noch als die übrige Wirtschaft – im 20. Jahrhundert einem rasanten Wandel unterworfen. Einerseits wirkte der technische Fortschritt als treibende Kraft: Die manuelle Arbeit wurde durch den Einsatz von immer grösseren, immer effizienteren Maschinen fast vollständig verdrängt. Gleichzeitig vollzog sich in den letzten zehn Jahren europaweit eine gesellschaftspolitische Veränderung mit noch unabsehbaren Folgen. Hat der bäuerliche Familienbetrieb, wie er im kleinräumigen Baselbiet während Jahrhunderten gewachsen ist, im 21. Jahrhundert noch eine Chance? Es ist verständlich, dass unsere Bauern der Zukunft mit Sorge entgegensehen.

8.2.1 Arealverhältnisse und Bodennutzungsarten

Die Anzahl der Landwirtschaftsbetriebe hat sich von 1939 bis 1990 um genau zwei Drittel verringert. Noch drastischer ging im gleichen Zeitraum die Zahl der ständigen Arbeitskräfte zurück, nämlich um drei Viertel. Entfielen 1939 noch 2,4 Arbeitskräfte auf einen Betrieb, waren es 1990 noch 1,1.

Vorfrühling: Otto Erny fährt mit dem Ackerstriegel aufs Feld; Anfang 1950er Jahre

Der massivste Rückgang wurde in den Jahren 1955 bis 1965 verzeichnet. Seit 1975 zeichnete sich eine Stabilisierung ab, doch

Tab. V: Landwirtschaftsbetriebe: Anzahl, Arbeitskräfte, Grösse

		1939	1955	1965	1975	1980	1990
Anzahl Betriebe total		93	79	54	39	38	31
Hauptberufliche Betriebe		80	56	27	23	21	20
Ständige Arbeitskräfte		219	134	58	47	42	34
Betriebsgrösse	0,25 bis 10 ha	84	64	31	18	20	12
	10 bis 20 ha	9	15	20	16	11	13
	über 20 ha				5	7	6
Mittlere Betriebsgrösse (ha)		4,7	5,5	8,0	10,3	10,3	12,2

Wirtschaft und Beschäftigung

Max und Oskar Rieder «bim Achere» In der Ei; ca. 1943

zwischen 1980 und 1990 verminderte sich die Zahl der Bauern nochmals um 20%. In dem Masse, wie die Zahl der Betriebe sich verringerte, nahm die mittlere Betriebsgrösse zu, nämlich von 4,7 auf 12,2 ha. Von den 84 Kleinbetrieben, die 1939 10 ha nicht überstiegen, existierten 1990 nur gerade noch jeder Siebte. Die Betriebe mit über 20 ha hingegen haben sich in 25 Jahren verdoppelt. Die drei grössten Betriebe bewirtschafteten 1990 je 25 bis 30 ha. Die Betriebe mittlerer Grösse erfuhren kurzfristig eine Zunahme, gingen aber seit 1965 tendenziell wieder zurück; 1996 waren es nur noch neun.

Die Gründe für diese Entwicklung sind in der zunehmenden Mechanisierung und Motorisierung in der Landwirtschaft einerseits und der wachsenden Industrialisierung nach dem Zweiten Weltkrieg anderseits zu suchen. Viele Kleinbetriebe wurden zugunsten eines sicheren Arbeitsplatzes in der Fabrik, später auch im Dienstleistungssektor aufgegeben. Nur Betriebe, in denen sich der Einsatz grösserer Maschinen lohnte, boten für eine Familie eine ausreichende Existenzgrundlage.

Nach der Getreideernte wird der Boden durch «Gruppern» gelockert; im Erli mit Blick gegen den Asphof, 2000

Beim Durlips Putzen, um 1970

Hintere Reihe v. l.: Frieda Spiess-Huber, Annerös Gass-Bussinger, Sonja Bracher-Eglin, Margrit Schaffner-Tschudin.

Vordere Reihe: Rosa Bürgin-Sigrist, dahinter: Rosa Bracher-Lerch, ?, Christine Gass-Bürgin. Knabe mit Durlips: Hans Urs Spiess.

Das offene Ackerland blieb – in absoluten Zahlen – während 35 Jahren ziemlich stabil. Die Nutzung desselben hat sich allerdings stark zugunsten des Getreideanbaus verlagert. Der sprunghafte Anstieg der Ackerfläche nach 1939 ist eine Folge der «Anbauschlacht» (Plan Wahlen) während des Zweiten Weltkriegs. Drastisch verringert hat sich der Anbau von Knollen und Wurzeln, d. h. Kartoffeln und Runkelrüben. Die Kartoffel verlor nach 1945 buchstäblich an Boden, besonders deutlich von 1965 bis 1975, nämlich von 9 auf 2 ha. 1990 wurden gerade noch 0,4 ha Kartoffeln angebaut. Für diese Entwicklung können drei Gründe angeführt werden: Die Kartoffel hat ihre Bedeutung als dominierendes Grundnahrungsmittel verloren. Die schweren Böden

Tab. VI: Bodennutzung nach Hauptkulturen (in ha, gerundet)[4]

	1939	1955	1965	1975	1980	1990
Landwirtschaftliche Nutzfläche total	432	437	421	400	392	379
Offenes Ackerland	79	102	92	95	93	100
Getreide	52	75	68	70	60	79
Knollen und Wurzeln	22	23	13	2,5	1,2	0,4
Silomais				10	21	31	20
Futterbau	353	335	329	300	294	278
Kunstwiesen	298	250	238	212	206	194
Weiden	3	9	47	51	55	42

Wirtschaft und Beschäftigung

Maishäcksler im Nübel, 2000

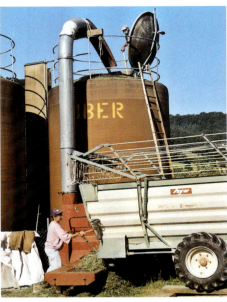

Vreni und Fritz Bürgin im Grendel beim Silieren, 2000

Christian Gass mit Dreischarpflug, 2000

Buntbrachen – wie hier im Leimet – sind Refugien für Feldhasen und Bodenbrüter sowie Schmetterlings- und Bienenweiden. 2001

Wirtschaft und Beschäftigung

des Oberen Baselbiets sind für den Kartoffelanbau wenig geeignet. Nur der Einsatz von Spezialmaschinen – und dieser setzt ebenes Land voraus – machen den Anbau von Kartoffeln rentabel. Die Runkelrüben («Durlips»), früher als Futterpflanze sehr geschätzt, sind, da Anbau und Verwertung sehr arbeitsintensiv sind, aus unserer Gegend ganz verschwunden. Sie wurden vom Futtermais verdrängt, der erst seit Anfang der 1960er Jahre angebaut wird. Anfänglich liess man den Mais ausreifen. Die Kolben wurden von Hand geerntet und anschliessend in einer Grastrocknungsanlage geschrotet und getrocknet. Ebenfalls in die 1960er Jahre fällt das Aufkommen der ersten Silos. Einige Bauern standen der Neuerung skeptisch gegenüber, «Sy-loh!» war ihre Devise. Gleichzeitig erlebte der Maisanbau einen markanten Aufschwung. Innerhalb von 15 Jahren verdreifachte sich die Anbaufläche und erreichte 1980 ihren bisherigen Höhepunkt. Die Maispflanzen werden seither grün geerntet, d. h. anfänglich mit dem Motormäher gemäht, gebündelt und im Handhäcksler zerkleinert. Inzwischen haben selbstfahrende Maishäcksler, deren Einsatz als Lohnarbeit vergeben wird, auch hier die Handarbeit verdrängt.

Beim Getreideanbau hat eine Verlagerung von Brotgetreide zu Futtergetreide stattgefunden. Betrug die Anbaufläche für Brotgetreide 1965 noch 39 ha, waren es 1990 nur noch 28 ha. Ähnlich wie bei der Kartoffel verlor das Brot als Grundnahrungsmittel an Bedeutung, während gleichzeitig die Viehhaltung bzw. Milch- und Fleischproduktion an Bedeutung zunahmen. Im Futterbau ist ein allgemeiner Rückgang der genutzten Flächen – mit Ausnahme der Weiden – festzustellen, was allerdings nicht gleichbedeutend ist mit Ertragsrückgang, im Gegenteil: Verbesserte Sorten, neue Anbaumethoden und Düngung führten hier, wie im Ackerbau allgemein, zu beträchtlicher Ertragssteigerung. Kunstwiesen erlauben heute zwischen Anfang Mai und Anfang November fünf Schnitte jährlich. Für Magerwiesen und stillgelegtes Ackerland, für die Bund und Kanton Direktzahlungen ausrichten, gelten Terminvorschriften. Je nach Standort dürfen sie frühestens ab 15. Juni, spätestens ab 1. August gemäht werden. Betriebe, die Direktzahlungen beanspruchen, haben den Ökologischen Leistungsnachweis zu erbringen, eine Qualifikation, die seit 1999 die IP-Norm ersetzt. Deren wichtigster Bestandteil, die ökologische Ausgleichsfläche (Magerwiesen, Buntbrachen, Hochstammkulturen), wurde vom Bund 1998 von 5 auf 7 % erhöht.

Bei der Fruchtfolge spielen Bodenbeschaffenheit, Betriebsart und auch die Witterungsverhältnisse eine wichtige Rolle. Die Fruchtfolge eines rein auf Milchwirtschaft ausgerichteten Betriebs – wie das folgende Beispiel aus dem Hof Rütschen zeigt – umfasst einen achtjährigen Zyklus:[5]

1. Jahr	Winterweizen
2. Jahr	Wintergerste
3. Jahr	Kunstwiese
4. Jahr	Hafer/Mais
5. Jahr	Triticale* oder Gerste
6.–8. Jahr	Kunstwiese

*Triticale ist eine Roggen-Weizen-Kreuzung.

Spezialkulturen waren 1998 nur auf dem Asphof anzutreffen; es handelte sich um 20 Aren Grünspargel und eine Hektare Chinaschilf. Als Anfang der 1970er Jahre der Anbau von Digitalis (Fingerhut) von der Firma Roche gefördert wurde, hat auch ein Rothenflüher Landwirt vom kurzen Boom dieser Medizinalpflanze profitiert.

■ *In den 1930er Jahren wurde von Bund und Kanton als eine Massnahme in der Posamenter-Krise der Gemüseanbau gefördert. Hanna Heim-Rieder (*1929) erinnert sich: «Einmal hatten wir ein grosses Feld mit Spinat angepflanzt. Das Kraut wurde mit Sensen gemäht, eingesammelt und ins Haus gebracht. Ganze Berge von Spinat türmten sich auf dem Küchentisch. Wir Frauen und Mädchen mussten ihn bis in alle Nacht hinein erlesen. Dann wurde er harrassweise im Brunnen getunkt und gewaschen. Morgens um sechs kamen die Leute vom Arbeitsamt und holten ihn im Lastwagen ab.»* ■

Wenn über Jahrzehnte Baum für Baum verschwindet, wird die Veränderung kaum wahrgenommen. Vergleichen wir aber alte Fotos mit Aufnahmen aus neuerer Zeit oder befragen wir die Statistik, wird der Verlust augenfällig. Im Rothenflüher Bann ist innert 40 Jahren fast die Hälfte der Obstbäume verschwunden. 1960 bis 1974 finanzierte

Kirschbaumanlage (Halbstamm) in der Sommerhalde, 2000

Beim Kirschen Verlesen unter der Ringelflue. Die Brennkirschen kommen in den Züber.
V. l.: Annekäthi Schaub-Gisin, Fritz Frei, Edith Schaub, Lisa und Walter Schaub-Gisin, Paul Schaub-Börlin, 1949

In der «Rupfi» werden die Kirschen entstielt und entblättert; links Thomas Wernli, Sissach; rechts Christian Gass, hinten Max und Annerös Gass, 2000

die Eidgenössische Alkoholverwaltung eine Fällaktion von Hochstämmen mit der Absicht, die Produktion von gebrannten Wassern zu reduzieren. Diese Aktion schlägt sich ir der Statistik deutlich nieder: Im Jahrzehnt 1961/71 fielen der Aktion 2400 Obstbäume zum Opfer. Was volkswirtschaftlich Sinn machte, wirkte sich ökolo-

Tab. VII: Obstbaumbestand

	1951	1961	1971	1981	1991
Apfelbäume	3427	2838	1961	1747	1460
Birnbäume	591	362	285	238	181
Kirschbäume	3903	3426	2902	3390	2600
Zwetschgenbäume	3072	3841	2987	2662	2229
Quittenbäume	34	16	23	11	14
Nussbäume	251	209	182	172	161
Obstbäume total	**12 284**	**10 737**	**8340**	**8220**	**6645**

Ueli Andrist an der über vierzig Jahre alten Obstpresse in der «Chesi», 1998

Zu den Wenigen, die noch selber brennen gehören Paul und Elsbeth Schaub-Börlin am Mühleweg 23. Die Einrichtung besteht aus Brennhafen (rechts) und Kühlstande. 2001

gisch betrachtet negativ aus. Die Naturschützer schlugen Alarm. Sie riefen zur Rettung der Hochstämme und zur Erhaltung der alten Obstsorten auf. Bund und Kanton unterstützen seither diese Bestrebungen mit Beiträgen. Als Folge davon sind auch im Rothenflüher Bann wieder junge Hochstämme gepflanzt worden. Der allgemeine Rückgang setzt sich – laut Andreas Bubendorf vom Landwirtschaftlichen Zentrum Ebenrain – trotz dieser Massnahmen unvermindert fort. Hochstämme sind unwirtschaftlich und stehen den modernen Anbaumethoden buchstäblich im Wege. Wie Tabelle VII zeigt, betrifft der Rückgang alle Obstbaumarten. Die prozentuale Abnahme zwischen 1951 und 1991 betrug bei den Kirschbäumen 33 %, bei den Zwetschgen- und Pflaumenbäumen 44 %, bei den Apfelbäumen 57 % und bei den Birnbäumen 69 %. Die Kirschen konnten – obwohl ihre Produktion kaum noch kostendeckend ist – bis jetzt ihre dominante Stellung unter den Obstsorten halten. Intensivkulturen, wie sie im Baselbiet vielerorts das Landschaftsbild prägen, sind in Rothenfluh von untergeordneter Bedeutung (1990: 0,9 ha). Stein- und Kernobst von minderer Qualität wird seit jeher zur Herstellung von gebrannten Wassern verwendet. In schlechten Jahren mit ungünstiger Witterung gelangt mehr als die Hälfte der Kirschenernte «ins Fass». Max Sutter, Brennaufsichtsstellenleiter für Ormalingen, Hemmiken und Rothenfluh hat für das Brennjahr 2000/2001 für Rothenfluh folgende Zahlen ermittelt:

- 22 Obstproduzenten waren im Besitz einer Brennkarte.
- 15 verfügen über eine eigene Brennapparatur, aber nur drei von ihnen brennen noch selber.
- Sieben nahmen den Dienst einer Lohnbrennerei in Anspruch.

Der Rest verkaufte sein Brennobst an Grossbrennereien.

Bei Brandenbergers an der Hirschengasse 59 wird seit den 1930er Jahren Apfelsaft pasteurisiert. 1998

Zehn Produzenten (Eigenbrand und Lohnbrennerei) wiesen für das Jahr 2000/2001 folgende Mengen an gebrannten Wassern aus:

Kernobst	163 l
Kirsch	122 l
Zwetschgen	65 l
Quitten	12 l

Von den total 163 l entfällt mehr als die Hälfte auf den Asphof, welcher seine Produkte im Direktverkauf anbietet.

Dem Bedürfnis der Bevölkerung entsprechend wurde Anfang der 1920er Jahre im «Neubau» (der heutigen Chesi) eine Obstpresse eingerichtet. Der aus Äpfeln und Birnen gewonnene «suuri Moscht» war damals in bäuerlichen Kreisen das wohlfeilste und deshalb verbreitetste Getränk. Als Durstlöscher bei der Feldarbeit, aber auch bei Tisch durfte es nicht fehlen. Die Abnahme der Obstbäume wirkte sich auch auf die Mostproduktion aus. Wurden in den 60er Jahren noch 10–15 000 l gepresst, waren es am Ende des Jahrhunderts nur noch 3–5000 l jährlich. Gab es zu jener Zeit noch Landwirte, die 1000–2000 l produzierten, liegen die Zahlen in den späten 90er Jahren mehrheitlich bei 150–200 l pro Kunde, in Einzelfällen bei 500–600 l.

Um 1930 begann Ernst Brandenberger-Sutter (1903–1991) mit Gerätschaften, die ihm von der Milchgenossenschaft gegen eine Gebühr zur Verfügung gestellt wurden, frischgepressten Apfelsaft zu pasteurisieren – ein Prozess, der darin besteht, Apfelsaft mit Hilfe eines Tauchsieders auf 76–80° zu erwärmen. Mussten 100-, 200- oder gar 300-l-Fässer haltbar gemacht werden, ging er mit der Apparatur zu den Kunden im Dorf oder auf die Höfe. Kleinere Gebinde, wie die 25-l-Flaschen, die damals aufkamen, wurden an der Hirschengasse 59 pasteurisiert. Ernst Brandenberger-Gass (*1935) übernahm die Tätigkeit 1975 von seinem Vater. Wurden zu Vaters Zeiten noch 7–8000 l Süssmost haltbar gemacht, sank die Menge von 5000 l im Jahre 1975 im Laufe von 25 Jahren auf 2500–3500 l jährlich. Der Grund für den massiven Rückgang ist im veränderten Konsumverhalten zu suchen: Die werbewirksam angebotene Vielfalt an künstlichen Süssgetränken hat dem guten alten Süssmost längst den Rang abgelaufen. Auch die Gebinde haben sich verändert: Während 25-l-Ballonflaschen nach wie vor beliebt sind, hält der Trend zu Ein- und Zwei-Liter-(Chianti)Flaschen an. Daneben sind auch Plastikgefässe von 30, 60 und 100 l im Gebrauch

8.2.2 Zwischen Feld- und Fabrikarbeit: Die Situation der Kleinbauern 1930 bis 1960

Die Generation der um 1920 Geborenen weiss von Not, Überschuldung und vom Kampf ums tägliche Brot zu berichten. Die Weltwirtschaftskrise und ihre Auswirkung, die Arbeitslosigkeit, war auch im oberen Baselbiet zu spüren. Aus Tabelle V geht hervor, dass 1939 90 % der Bauern über Betriebsflächen von maximal zehn Hektaren verfügten. 1955 waren es noch 81 %. Auch wenn bei dieser Zählung noch 70 % als hauptberufliche Betriebe eingestuft wurden, so dürfen diese Zahlen doch nicht darüber hinwegtäuschen, dass für eine grosse Mehrzahl der Familien die Landwirtschaft nur gerade der Selbstversorgung diente. Um Schuld- und Pachtzinsen bezahlen zu können, musste ein Nebenverdienst gefunden werden, z. B. als Taglöhner, Kleingewerbler, Handwerker oder Fabrikarbeiter. Da Mitte der 1920er Jahre keine Hoffnung auf eine Wiederbelebung der Heimposamenterei mehr bestand – sie führte von da an nur noch ein Nischendasein –, nahmen immer mehr Kleinbauern eine Stelle als Fabrikarbeiter an. Wer Glück hatte, fand im nahen Gelterkinden Arbeit, sei es in der alteingesessenen Seidenbandfabrik Seiler und Co. («Gäli Fabrik») oder in Firmen, die erst in neuerer Zeit gegründet worden waren, z.B. in der Uhrenfabrik Thommen (1916), bei der Bandstuhlfabrik und mechanischen Werkstätte Schneider-Gerster (1923), beim Schuhproduzenten Bally (1926) und dann vor allem in der seit 1936 bestehenden Pneufabrik Maloja AG. Das Beispiel von *Max* und *Annerös Gass-Bussinger* mag für viele andere gelten, die in den 1940er und 50er Jahren ihren Unterhalt mit Fabrik- und Feldarbeit bestreiten mussten. Beide sind 1924 geboren. Annerös Gass ist in Ormalingen aufgewachsen, sie hat früh ihren Vater verloren und musste schon als Kind in Feld und Stall mit anpacken. Das Elternhaus von Max Gass steht am Dübachweg. Der Vater war Wegmacher und bewirtschaftete daneben einen kleinen Bauernbetrieb. Die Mutter trug mit «Basimänte» zum Unterhalt der Familie bei. Beide, Max und Annerös Gass, haben als Kinder noch «Spüeli» gemacht.

Annerös Gass musste gleich nach beendeter Schulzeit mitverdienen helfen. Als Fünfzehnjährige fand sie eine Anstellung bei Seiler und Co. Anfänglich bestand die Arbeit im «Fädelänge», neun Stunden pro Tag, zu einem Lohn von Fr. 26.50 in zwei Wochen. «Es isch e schöne Momänt gsy, wemmer s Zahltagstäschli in der Hand gha het, und e Stolz han i gha, wenn is ha törfe heibringe», erinnert sich Frau Gass. Sechs Jahre hat sie dann noch bei Kleider Frey in Lausen als Näherin gearbeitet. Nach der Heirat gab sie die Fabrikarbeit auf. Haushalt, zwei Kinder und die Landwirtschaft nahmen sie voll in Anspruch.

Auch Max Gass machte sich mit 15 Jahren auf Arbeitssuche. Wochenlang «klapperte» er mit dem Velo die Fabriken im Ergolztal ab, bis nach Basel hinunter fuhr er – vergeblich. Endlich hatte er Glück und fand eine Stelle in der Maloja. Zuerst arbeitete er in der dortigen Zichorienrösterei (zu einem Stundenlohn von 65 Rappen), dann in verschiedenen Abteilungen der Pneufabrikation. Mehrere Jahre war er als Testfahrer und zuletzt in der Garage tätig. 50 Jahre lang, von 1939 bis 1989, ist er der Firma treu geblieben. 21 Jahre lang legte er den Weg zur Arbeit mit ein- und demselben Fahrrad zurück, einem Occasions-Militärrad ohne Gänge, das er für 70 Franken erstanden hatte!

Als Max und Annerös Gass 1949 heirateten, übernahmen sie den elterlichen Betrieb in Rothenfluh. Vier Hektaren Land und zwei Kühe gehörten dazu. Max Gass war optimistisch: «Wemmer tüe buure, heimer wenigschtens zässe», sagte er damals zu seiner Frau. Das Leben bestand in erster Linie aus Arbeit – Ferien und Freizeit waren für die bäuerliche Bevölkerung noch weitgehend Fremdwörter.

Wie sah ein normaler Tagesablauf in den 1950er Jahren aus? Max Gass stand um ein Viertel nach fünf auf. Vor dem Morgenessen mussten die zwei Kühe gefüttert und gemolken werden. Um halb sieben machte er sich mit dem Velo auf den Weg zur Arbeit. «Im Winter, wenns gschneit gha het und no nid gschnüzt gsy isch, hanis mängisch müesse träge.» Arbeitsbeginn war um 6.45 Uhr. «I bi nie zspot cho, ussert es heig emol e Chue kalberet.» Die Mittagsverpflegung nahm er im Rucksack mit (daher der Ausdruck «Rucksecklibuur»). Während der Abwesenheit ihres Mannes besorgte Annerös Gass die Landwirtschaft: Stall misten, Milch abliefern (zehn bis zwanzig Liter täglich), Schweine und Hühner füttern, heuen, emden, «durlipsen». Auch ein zwei Aren grosser Pflanzblätz gehörte zu ihrem Aufgabenbereich.

Um sechs Uhr kam Max Gass nachhause. Da hiess es zuerst wieder füttern, melken, Stall besorgen, grasen. Zu Abend gegessen wurde erst, «wemme fertig gsy isch», und das war meist zwischen 19.00 und 19.30 Uhr. Von den vier Hektaren Land wurden 15–20 Aren für Getreide und vier bis fünf Aren für Kartoffeln verwendet, der Rest war Wiesland. Die sechs Parzellen waren weit verstreut, u.a. im Chälen, im Holingen, im Nübel und im Horn. Die Kühe wurden bei Bedarf auch vor den Pflug (der ausgeliehen werden musste) und vor den Leiterwagen gespannt. Dieser konnte mittels eines kastenartigen Aufsatzes zu einem «Bännewage» umgebaut werden, der dem Transport von Runkelrüben, Kartoffeln und Mergel diente. Etwa 1955 konnte sich Max Gass einen Motormäher samt Anhänger leisten. In diesen Jahren musste sorgfältig gerechnet werden. Ohne Bürgen war es nicht möglich, Geld aufzunehmen. Wenn

Wirtschaft und Beschäftigung

sich der Zahltag nur um einen Tag verzögerte, konnte es brenzlig werden. Trotzdem – oder gerade deshalb – haben sich beide an den elterlichen Rat gehalten: «Zahlet d Rächnige. Wenn er si einisch nid zahlet, chönnet er s nöchscht Mol au nid».

8.2.3 Bäuerliche Tätigkeit im Wandel

Heuet

Der Wandel, der sich um die Mitte des 20. Jahrhunderts in der gesamten Landwirtschaft vollzog, zeigte sich im Heuet be-

Heuet um 1930
V. l.: Helene Spycher, Albert Rieder-Mangold, Heinz Zimmerli, Lydia Rieder-Mangold, Oskar Rieder; auf dem Wagen Paul Rieder

«Bim Zobeneh» in der Unteren Matte
V. l.: Ernst Gisin, Walter Gisin-Gisin, Hildi Schärer-Gisin, Werner Gisin, Elsa Gisin-Bürgin, Elsbeth Gisin, ca. 1955

sonders deutlich. Bis in die 40er Jahre nahm ein Grossteil der Bevölkerung aktiv daran teil, erforderte es doch den Einsatz aller verfügbaren Kräfte, zu denen auch Taglöhner und Kinder gehörten. Konnte im Juni mit einer längeren Trockenperiode gerechnet werden, wurden Heuferien angeordnet. An solchen Tagen blieb das Schulglöcklein stumm. Unübersehbar waren am Abend die hochbeladenen Heuwagen, die die Hirschen- und Rössligasse säumten. Nachbarschaftliche Hilfe im Heuet war noch in den 60er Jahren nichts Ungewöhnliches. Selbst der Pfarrer – so wird berichtet – habe zur Heugabel gegriffen, wenn Not am Mann, d. h. ein Gewitter im Anzug gewesen sei.

Seither ist der Heuet aus dem Bewusstsein der nichtbäuerlichen Bevölkerung mehr und mehr verschwunden. Fast unbemerkt geht die Arbe t, die weitgehend maschinell verrichtet wird, vor sich. Dank der heute allgemein verwendeten Heubelüftung kann der Trocknungsvorgang um einen Tag verkürzt werden. Das aufwändige und noch bis vor ein paar Jahrzehnten übliche Trocknen von verregnetem Heu an den pyramidenförmigen «Heinzen» entfällt. Kommt dazu, dass das Heu seit dem Aufkommen des Silierens an Bedeutung verloren hat.

Wie sah ein Arbeitstag im Heuet Ende der 1930er Jahre aus – also noch vor der umfassenden Motorisierung der Landwirtschaft? *Paul Schaub-Börlin* berichtet:

«Tagwache war zwischen vier und halb fünf Uhr. Bauern und Taglöhner begaben

Zweiachsmäher Im Zil mit Blick zum Belchen, 1998

Kreiselheuer Im Feldschen, 1999

Wirtschaft und Beschäftigung

sich mit Sensen aufs Land. Die Mähder erhielten als Taglohn fünf Franken oder einen ‹Heuer›, wie der Fünfliber damals auch genannt wurde. Sie verrichteten ihre Arbeit gestaffelt, im Abstand von etwa zwei Metern. Zwischen sieben und acht Uhr wurde das Morgenessen gebracht: Kaffee, Brot, Käse. Etwa um halb zehn Uhr war Znünipause, es gab sauren Most oder Tee und Brot. Anschliessend ging es ans ‹Warben› (ausbreiten der Mahd). Vor dem Mittag mussten noch die ‹Schöchli› (Haufen) vom Vortag gezettelt werden. Nach der einstündigen Mittagszeit wurde das angetrocknete Gras und das Heu vom Vortag gewendet (‹wände›). Anschliessend wurde das Trockene zu einem Walm aufgehäuft (‹zämemache›). Um vier Uhr hiess es ‹Zobeneh› (wie Znüni, dazu Speck). Während die Männer und grösseren Knaben mit Aufladen begannen, war es Aufgabe der Frauen und Kinder, das noch liegende Heu zu ‹schöcheln›. Gegen Abend wurde der hochbeladene, von Kühen oder Pferden gezogene Leiterwagen heimgeführt. Nach dem Nachtessen kam das Abladen, eine anstrengende und staubige Angelegenheit. Bei zunehmender Höhe wurde das Heu stufenweise weitergegeben, wozu drei bis vier Personen benötigt wurden. Feierabend gab es kaum vor zehn Uhr.»

Zu jener Zeit gab es bereits einige Bauern, die zum Abladen des Heus über einen mit Pferdekraft betriebenen Heuaufzug verfügten. Das über eine Rolle geführte Aufzugsseil wurde von einem Pferd so weit gezogen, bis die Heuzange die richtige

Wirtschaft und Beschäftigung

Kreiselschwader Im Zil, 1999

Heuaufladen mit Ladewagen in der Wannen, 2000

Höhe erreicht hatte. Später, in den 1950er Jahren, wurden diese Einrichtungen durch Seilwinden mit Motor ersetzt.

Waren zum Heuen früher drei bis vier Tage trockenes Wetter notwendig, so sind heute zwei schöne Tage ausreichend. Auch kann damit schon ein paar Wochen früher begonnen werden, weil nicht mehr die langen Tage im Juni, verbunden mit der maximalen Sonnenscheindauer, abgewartet werden müssen. (Für Magerwiesen und andere ökologische Ausgleichsflächen gelten besondere Vorschriften.)

Heuen am Ende des 20. Jahrhunderts: Am Morgen des ersten Tages wird das Gras mit Motor- oder Zweiachsmäher geschnitten. Nach dem Mähen – und ein zweites Mal am Nachmittag – wird das Gras mit dem Kreiselheuer zum Trocknen ausgebreitet. Am zweiten Tag gegen Mittag wird noch einmal gekreiselt. Am Nachmittag werden mit dem Kreiselschwader Mahden gemacht. Anschliessend wird das Heu mit dem Ladewagen aufgeladen und heimgeführt. Ein Traktor ist für diese Arbeit unerlässlich. Das Abladen geschieht mittels Heugebläse oder Kran (Letzterer schont das Heu; ausserdem verursacht er weniger Lärm und Staub).

Da das Heu noch nicht vollständig trocken ist, muss der Heuboden belüftet werden. Vor dem Füttern wird das Heu «gerüstet», d. h. mit einer Art Spaten geschrotet und «abegeh». Einige Betriebe setzen für diese Arbeit den Heukran ein. Ein Teil des gestapelten Heus wird später zu Ballen gepresst. Die neuste Form der Futtervorratshaltung sind die Siloballen. Seit Mitte der 1990er Jahre gehören die grossen weissen Ballen auch im Rothenflüher Bann zum Landschaftsbild.

Ernte

Was für den Heuet gesagt wurde, gilt in noch stärkerem Masse für die Ernte. Der Bedeutungswandel bzw. der Bedeutungsverlust ist unübersehbar. Begriffe wie Säen und Ernten, Korn und Brot hatten früher neben dem sachlichen noch einen symbolhaft-religiösen Gehalt. Etwas von dieser Vorstellung hat sich im Erntedankfest, einem in unserer Gegend noch weit verbreiteten kirchlichen Brauch, erhalten. Eine schlechte Ernte trifft zwar den einzelnen Landwirtschaftsbetrieb, ist aber heute – im Unterschied zu früheren Jahrhunderten – keine Existenzfrage für die ganze Bevölkerung mehr. Letztmals wurde dies wohl von der Generation erfahren, die während der Zeit des Zweiten Weltkrieges die Lebensmittelverknappung und den damit zusammenhängenden forcierten Mehranbau erlebt hat. Nach Kriegsende ging der Anbau von Brotgetreide in der ganzen Schweiz zurück. Bauern mit grossen Anbauflächen setzten in den 1940er Jahren von Pferden gezogene Mähmaschinen und Bindemäher ein, während Kleinbauern ihr Getreide («Frucht») noch von Hand mähten. Hinter den Mähern folgten Frauen, welche das Getreide zu kleinen Haufen aufschichteten. Das Binden der Garben war Männerarbeit. Zum Trocknen wurden je fünf oder neun Garben pyramidenförmig aneinander gelehnt. Zusammen mit einer weiteren Garbe, die überm Knie geknickt und als Dach darüber gelegt wurde, bildeten sie eine «Puppe». Noch in den 1960er Jahren prägten im Spätsommer die in Reih und Glied stehenden Getreidepuppen weithin das Landschaftsbild. Das Heimführen des Getreides geschah mit einem eigenen oder geliehenen

Nach dem Pressen werden die Siloballen mit einer Kunststofffolie luftdicht verpackt; Lohnunternehmen Felix Rieder, 2000

Bei den ersten – nur kurzlebigen – Mähmaschinen dienten Pferde als Zugkraft; das Messer wurde von einem Motor angetrieben; r. Otto Erny, 1940er Jahre

Wirtschaft und Beschäftigung

Ernst Rieder-Rieder besass einen der ersten Bindemäher im Oberen Baselbiet. Dreigespann in der Sagimatte: Ernst Rieder jun. mit seinen Schwestern Hanni und Vreni (reitend), 1943

Gespann von Zugtieren. Auf den abgeernteten Feldern war es anschliessend laut Gesetz jedermann gestattet, Ähren aufzulesen. Gerade während der Kriegsjahre machten viele Frauen und Kinder von diesem Recht Gebrauch. Wer das so gesammelte Getreide in der Mühe mahlen liess, hatte Anrecht auf eine Mahlkarte (siehe Kapitel 8.3.4).

In den grossen Bauernhäusern hat die Scheune zwei Etagen, den «Rechen» und die «Oberte». Mit Hilfe eines hölzernen Haspels wurden die Garben auf einen der beiden Böden hochgezogen und dort, unter dem Dach, zur weiteren Trocknung gelagert.

Dreschen

Die Zeit des Dreschens begann Ende Oktober und dauerte bis zum Jahresende. Ältere Leute erinnern sich noch, beim altehrwürdigen Dreschen mit dem Dreschflegel zugeschaut oder in jungen Jahren selbst das primitive, schwere Werkzeug geschwungen zu haben; dann nämlich, wenn kleinere Mengen von Körnern oder Stroh benötigt wurden. Mit Hilfe einer Rendelmaschine («Röndle»), einem handgetriebenen Gebläse, wurde anschliessend die Spreu vom Weizen getrennt.

Die erste elektrische Dreschmaschine, die der Milchgenossenschaft von der Elektra Baselland zur Verfügung gestellt wurde, tat bis 1952 ihren Dienst. (Die Nachfolgerin war noch bis Ende der 1960er Jahre im «Dröschschopf» am westlichen Dorfausgang in Betrieb.) Im Spätherbst war das lärmige, ratternde, stauberzeugende Ungetüm im Dorf unterwegs. Das Aufstellen der Maschine in der Scheune war zeitraubend und dauerte länger als der eigentliche Dreschvorgang. Die ganze Arbeit nahm einen halben bis einen ganzen Tag in Anspruch. Es wurden dafür fünf bis sechs Mann benötigt: Einer warf die Garben von der «Oberte» direkt auf die Maschine hinunter, der Nächste schnitt die Garben auf, der Dritte schob die Bündel in die Maschine, während zwei bis drei Männer mit Bündeln und Stapeln des Strohs beschäftigt waren. Die Körner wurden maschinell in Säcke abgefüllt und dabei nach guter und schlechter Qualität (Hühnerfutter) sortiert. Das Getreide wurde auf der «Bühni» in

Adolf Buess mit den Söhnen Paul und Albert und der Tochter Martha «bim Frucht Uufneh», Ende 1940er Jahre

Säcken, hölzernen Truhen oder in einem Bretterverschlag («Gholt») gelagert. Damit es nicht schimmlig wurde, musste es ab und zu untereinander gemischt werden. Gemahlen («z Mühli to») wurde je nach Bedarf.

Eine radikale Vereinfachung des Erntevorgangs trat mit dem Aufkommen des Mähdreschers ein. Die ersten dieser gigantischen Maschinen kamen in Rothenfluh nach 1960 zur Anwendung. Waren Ernten und Dreschen früher zwei zeitlich getrennte Arbeitsgänge, an denen sich die ganze Familie unter Beizug von Hilfskräften beteiligte, ist das Ganze heute ein Einmann-Unternehmen, das ein paar Stunden dauert. Ist das Getreide reif – in Rothenfluh handelt es sich vor allem um Weizen und Gerste –, fordert der Bauer den Mähdrescher samt Fahrer bei einem Lohnunternehmen an. Ist die Nachfrage bei schönem Erntewetter gross, wird auch Nachtarbeit geleistet. Ein Mähdrescher bewältigt eine Hektare pro Stunde, was einem Ertrag von rund sechs Tonnen Getreide entspricht. Ist der Container der Maschine voll, wird er in einen bereitgestellten Kipper geleert. Futtergetreide wird in der Mühle gelagert und kann je nach Bedarf in der gewünschten Mischung (z. B. mit Maiszusatz) abgerufen werden. Die Rothenflüher Landwirte lassen ihr Getreide entweder in Wittnau, Gelterkinden (Landi), Sissach (Nebiker) oder in Zeglingen mahlen.

Wenn wir bäuerliche Tätigkeiten von früher mit heute vergleichen, darf nicht der Eindruck entstehen, die mühsame Handarbeit

Mähdrescher beim Gerste Dreschen im Delletacher; Lohnunternehmen Ernst Erny-Erni, 2000

Seit Ende der 1990er Jahre wird das Stroh vermehrt zu mächtigen Rundballen gepresst; Lohnunternehmen Felix Rieder, 2000

von früher könne heute mit all den Maschinen spielend erledigt werden. Der Umgang mit Maschinen und Fahrzeugen verschiedenster Art verlangt ausser Fachkenntnis ein hohes Mass an Verantwortungsbewusstsein und Aufmerksamkeit. Da mit immer weniger Arbeitskräften immer mehr geleistet werden muss, ist der Landwirt heute einer erheblichen körperlichen und psychischen Belastung ausgesetzt.

Und wie steht es mit der Frauenarbeit in der modernen Landwirtschaft? Auch sie wurde vom Strukturwandel betroffen. Zwar ist die Mitarbeit der Frau in Feld und Stall immer noch notwendig – z. B. in der Kirschenernte, die von den Rothenflüher Bauern weitgehend ohne fremde Arbeitskräfte bewältigt wird. In kleineren und mittleren Betrieben ist die Frau sehr oft genötigt, einer Nebenbeschäftigung (z. B. in ihrem erlernten Beruf) nachzugehen. Andere betätigen sich in dem immer aufwändigeren administrativen Bereich: Sie erledigen die Buchhaltung, führen gesetzlich vorgeschriebene Listen und Kontrollen, z. B. den Ökologischen Leistungsausweis. Ihre Arbeitszeit ist dabei genauso wenig geregelt wie diejenige ihres Mannes.

8.2.4 Viehzucht und Milchwirtschaft

Die Viehzucht bildete schon im 19. Jahrhundert die Haupteinnahmequelle der bäuerlichen Bevölkerung, wohingegen die Milchwirtschaft noch vorwiegend der

Pferdegespann mit «Güllewage» an der Rössligasse; Edith Schaub mit Füllen, Anfang 1940er Jahre

Selbstversorgung diente. Die Vermarktung der Milch begann 1862 mit der Gründung einer Käsereigesellschaft (siehe Kapitel 8.2.5). Die schon zu Beginn des 19. Jahrhunderts einsetzende Verlagerung vom Getreideanbau zur Gras- und Viehwirtschaft hat sich in der zweiten Hälfte des 20. Jahrhunderts noch verstärkt. Vom offenen Ackerland (siehe Tabelle VI, Kapitel 8.2.1) wurde 1990 nur noch knapp ein Drittel zur Nahrungsproduktion genutzt, der Rest diente dem Futteranbau (v. a. Mais und Gerste).

Während das *Rindvieh* für die Jahre 1946 bis 1983 eine Zunahme verzeichnete, nahm die Anzahl der Besitzer gleichzeitig deutlich ab. 1966 lag der Durchschnitt bei 12,8

Hugo und Annemarie Spycher mit Kartoffelpflug im Chälen, 1982

Tab. VIII: Nutztierbestand

	1921	1936	1946	1956	1966	1983	1993
Pferde	38	56	73	63	29	25	23
Rindvieh	407	388	362	421	499	590	504
Schweine	138	112	143	206	215	499	160
Schafe	11		2	1	22	172	141
Ziegen	54	64	79	23			
Hühner	988	1450	1414	2068	1936	7338	6094
Bienenvölker	*	173	201	176	170	202	*

* keine Erhebung

Wirtschaft und Beschäftigung

Mutterkuhhaltung bei Familie Schneider-Waldmeier im Humbelsrain, 2000

Heinrich Bracher (r.) und Alexander Mumenthaler bei der Schafschur im Lauber, 1995

Tieren, 1990 bei 29,6 Tieren pro Besitzer (bei den Milchkühen betrug der Schnitt 6,8, bzw. 14,2 Tiere). Die Höchstzahl von 590 Stück im Jahre 1983 ist der Munimast im Humbelsrain (Waldmeier) zuzuschreiben, wo zwischen 1975 und 1986 80 bis 100 Tiere im Stall standen. Weniger gross sind die Schwankungen, wenn wir die Milchkühe für sich betrachten; die Anzahl pendelte zwischen 228 (1921) und 265 Stück (1956 und 1966). Im Jahre 1946 wies das Rindvieh seinen tiefsten Bestand auf, während die *Pferde* gleichzeitig ihren Höchststand erreichten. Dies waren Auswirkungen des Zweiten Weltkrieges: Während die Viehhaltung zugunsten der Nahrungsmittelproduktion eingeschränkt wurde, benötigte man für den Ackerbau und in der Armee zusätzliche Pferde. Das letzte und lange noch einzige bäuerliche Pferdegespann im Dorf ging Mitte der 1980er Jahre in Pension. Im Chälen wird bis heute (2000) zum Getreide Säen und Kartoffeln Setzen ein Pferd vorgespannt.

Grosse Bedeutung kam in der Viehzucht seit jeher dem Zuchtstierhalter zu (siehe Kapitel 7.2.2). Nach dem Münch'schen Berain (Güterverzeichnis) von 1489 war in Rothenfluh nicht, wie sonst üblich, der Meier oder Pfarrer Träger dieses Amtes, sondern ein wohlhabender Bauer[6]. Um die Mitte des 19. Jahrhunderts wurde mit dem Zuchtstierbeständer (-pächter) vertraglich vereinbart, «dass nur mit Tieren der reinen Simmenthaler-Race gezüchtet werden» dürfe. Rothenfluh war zu jener Zeit die einzige Gemeinde im Baselbiet, die derartige

Wirtschaft und Beschäftigung

Zuchtvorschriften erlassen hat[7]. Mit dem Aufkommen der künstlichen Besamung in den 1970er Jahren wurde der Dorfmuni zum «Auslaufmodell». Die letzten Zuchtstierhalter in Rothenfluh, die verpflichtet waren, je einen Stier des Simmentaler Fleckviehs zu halten, waren Fritz Andrist (er übte dieses Amt während 43 Jahren aus) und die Gebrüder Erny im Grendel. Bis 1974 hielt Paul Buess-Gass im Auftrag der Gemeinde einen Zuchtmuni für Braunvieh. Das Halten eines Zuchtstiers war zu allen Zeiten mit einer Entlöhnung verbunden. Im Münch'schen Berain wird der Halter mit einem «vierntzahl Korn» entschädigt. Im 19. und 20. Jahrhundert steht ihm die Nutzung des gemeindeeigenen «Munilands», ab 1952 eine finanzielle Abgeltung zu. Auch im Zeitalter der künstlichen Besamung wollen einige Landwirtschaftsbetriebe nicht auf einen eigenen Zuchtstier im Stall verzichten.

Etwa die Hälfte des Rindviehs wird auf reine Milchleistung gezüchtet (Rotfleckige Red Holstein oder Schwarzfleckige Holstein-Friesen). Sie erbringen eine durchschnittliche Milchleistung von 5500 l pro Jahr. Eine untergeordnete Rolle spielen sog. Zweinutz-Rassen (Milch/Fleisch); es handelt sich um Einkreuzungen von Simmentalern mit Freiburgern sowie Braunvieh mit Brown Swiss. Drei Höfe haben in jüngster Zeit auf Mutterkuhhaltung umgestellt, auf einem wird Kälbermast betrieben.

Bei den *Schweinen* zeigt die Tabelle VIII von 1936 bis 1966 eine allmähliche Zunahme. Die sprunghafte Verdoppelung bis 1984 ist auf die in jenen Jahren bestehende Schweinemast (200 Tiere) von Max Rieder-Superina zurückzuführen. Gab es 1966 noch 35 Schweinehalter, waren es 1993 nur noch vier; was erklärt, weshalb die Störmetzger arbeitslos geworden sind. Geblieben ist die Metzgete, die von einigen Dorfwirtschaften jeweils im Winter angeboten wird.

Die *Schafhaltung* – zwischen 1936 und 1956 praktisch inexistent – bekam in den 1960er Jahren Auftrieb. Heinrich Bracher begann 1956 als Erster, Schafe zu züchten (siehe Kapitel 9.4). Die Schafzucht entwickelte sich in den 1970er und 1980er Jahren zu einem einträglichen Nebenverdienst. 1983, als die Schafhaltung mit neun

Auf seiner Winterwanderung zieht der Bergamasker Hirte mit Hund, Esel und einer mehrhundertköpfigen Schafherde auch durch den Rothenflüher Bann. 1998

Besitzern und 172 Tieren den vorläufigen Höhepunkt erreicht hatte, galt das Kilo Wolle noch um die vier Franken; dann brach der Preis zusammen. Weil Herr und Frau Schweizer inzwischen Geschmack am Lammfleisch gefunden hatten, lohnte sich die Schafhaltung auch weiterhin. Die zwei Grossen unter den Rothenflüher Schafhaltern – ihnen gehören 90% des Bestandes – züchten das Braunköpfige Fleischschaf. Ausserdem werden das Weisse Alpenschaf und ein paar Milchschafe gehalten.

Wanderschäfer ziehen seit den 1930er Jahren (oder schon früher) alljährlich im Winter durch den Rothenflüher Bann. Während etwa drei Jahrzehnten war Schafhalter Sigrist aus Lauwil Besitzer der Herden. In den 70er Jahren wurde er durch Leo Gazzoli aus Castione abgelöst. 1985 trat – zuerst als Partnerin von Gazzoli, dann als Alleinbesitzerin – die im Kanton Zug domizilierte Firma Walter Huber auf. Die 400- bis 600-köpfigen Herden werden jeweils im Herbst im Berggebiet zusammengekauft. Sie benötigen für den Durchzug die Bewilligung des Kantonstierarztes und der betroffenen Gemeinden. Für den Trieb werden seit jeher Bergamasker Hirten eingestellt. Mit Hund und Esel ziehen sie zwischen November und März auf einer vorgeschriebenen Route durchs Baselbiet. Als Nomaden auf Zeit sind sie späte Zeugen einer längst verschwundenen Lebensform.

Der in den letzten Jahrzehnten in der Landwirtschaft allgemein zu beobachtende Konzentrations- und Schrumpfungsprozess bei einer gleichzeitig stattfindenden Produktivitätssteigerung zeigt sich auch in der Milchviehhaltung. Die Zahl der Milchproduzenten hat abgenommen, während die durchschnittliche Milchmenge pro Betrieb markant angestiegen ist, wie folgende Tabelle zeigt:

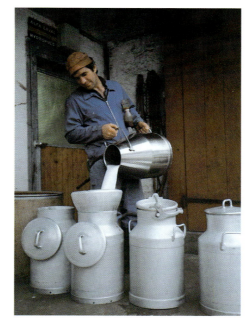

Frühling 1988: Christian Gass füllt zum letzten Mal die schweren Milchkannen. Sie werden durch einen Milchtank ersetzt.

In den 1930er Jahren zählte man noch um die 70 Milchlieferanten, d. h. etwa zwei Drittel der bäuerlichen Betriebe verkauften einen Teil ihrer Milch der Milchgenossenschaft, viele von ihnen allerdings in bescheidenen Mengen von fünf bis zehn Litern täglich. 1939 wurden 467 789 kg Milch abgeliefert, also fast gleich viel wie 1997. Im Zeitabschnitt 1970 bis 1997 ergibt sich eine Verdreifachung der durchschnittlichen Milchproduktion pro Lieferant bei einer verhältnismässig noch stärkeren Abnahme der Lieferanten.

1979 führte der Bund die Milchkontingentierung ein, um die Milchschwemme in den Griff zu bekommen. In Rothenfluh erhöhten sich die Milcheinlieferungen kurzfristig um rund 50 000 kg (1985). In den folgenden zwölf Jahren musste dann allerdings ein Verlust von 120 000 kg in Kauf genommen werden. Wie lässt sich diese Entwicklung erklären? In der genannten Periode sind eine ganze Anzahl Betriebe aufgegeben worden. Bei einer Neuverpachtung können aber nur 50 % des alten Kontingents beansprucht werden. Eine weitere Abnahme der Milchlieferung ist auf die Umstellung auf Mutterkuhhaltung und Kälbermast zurückzuführen (im Ganzen vier Betriebe). Ein Landwirt, der Biomilch produziert, liefert an die MIBA Basel. Durch die Gründung von Betriebszweiggemeinschaften konnten einige durch Aufgabe der Milchwirtschaft bedrohte Kontingente dem Dorf erhalten bleiben, während zwei auf dieselbe Weise an andere Gemeinden verloren gingen. 1998 waren sieben Landwirte an vier Betriebszweiggemeinschaften beteiligt.

Im Frühjahr 2000 finden wir folgende 13 Landwirtschaftsbetriebe mit Viehhaltung (Abkürzungen: ML = Milchlieferant, MK = Mutterkuhhaltung, KM = Kälbermast, BIO = Biobetrieb):

Tab. IX: Milcheinlieferungen 1970–1997

	1970	1980	1990	1997
Lieferanten	24	12	11	7
Jahresmenge in kg	539 986	543 739	531 457	475 534
Durchschnitt Menge pro Lieferant	22 500	45 300	48 300	67 900
Produzentenpreis per kg in Rp.	53	78	106	84

Wirtschaft und Beschäftigung

Auf dem 1990 erbauten Hof Rütschen stehen 20 Milchkühe der Rasse Holstein-Friesen im Stall. 2000

Bernhard Buess beim Abfüllen der Milch. Sie wird von der Melkmaschine via Milchleitung in den Milchtank gepumpt und auf vier Grad herunter gekühlt. 2000

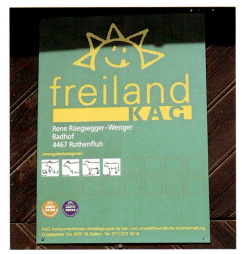

Der Trend zur Umstellung von Milchwirtschaft auf Mutterkuhhaltung hält an.

- Ueli Andrist-Leuenberger, Grendel 68, ML
- Bernhard Buess-Maurer, Rütschen, ML
- Fritz Bürgin-Kunz, Grendel 66, ML
- Matthias Eglin-Krupiak, Asp, ML/BIO
- Jürg Erny-Brodbeck, Dübachweg 94, ML
- Christian Gass-Rieder, Eisengasse 3, ML
- Heinrich Gass-Weber, Mühle, ML
- Urs Gass-Oswald, Chälen, MK/BIO
- Adrian Kunz, Anwilerstrasse 4, ML
- Samuel Mumenthaler-Wiesner, Säge, ML
- René Rüegsegger-Wenger, Bad, MK/BIO
- Beat Schneider-Waldmeier, Humbelsrain, MK/BIO
- Hugo Spycher-Pfaff, Chälen, KM

8.2.5 Die Milchgenossenschaft[8]

Die organisierte Milchverwertung begann 1862 mit der Gründung einer Käsereigesellschaft, der anfänglich 17 Mitglieder angehörten. Der 1883 gegründete Landwirtschaftliche Ortsverein stellte sich zur Aufgabe, «alles vorzukehren, was zur Hebung der Landwirtschaft, des Gewerbes und des allgemeinen Wohlbefindens der Gemeinde dienen kann.» Ausser der Beschaffung von Kunstdünger wurde noch im

Gründungsjahr der Ankauf einer Walze und einer Wiesenegge beschlossen.

Über die Anfänge der 1880 gegründeten Milchgenossenschaft ist wenig bekannt, da ihre Aktivitäten erst ab 1904 protokollarisch festgehalten wurden. In diesem Jahr unterschrieben 42 Milchproduzenten einen 15 Punkte umfassenden Vertrag. Als Milcheinkäufer wurde Emil Schreiber gewählt. Das Feilschen um den Milchpreis zwischen Einkäufer und Genossenschaft gehörte von da an zum jährlich wiederkehrenden Ritual. Erhielten die Bauern 1905 noch 14 Rappen pro Liter, kletterte der Milchpreis bis 1919 wegen Einfuhrschwierigkeiten während des Ersten Weltkriegs auf 38 Rappen. Dies führte in der Nachkriegszeit zu einem Überangebot und einem Preiseinbruch. Als Gegenmassnahme wurden die Genossenschafter zur Abnahme von Käse verpflichtet: monatlich ein Kilogramm pro Mitglied und ein halbes Kilogramm pro Stück Vieh. 1926 fusionierten die Milchgenossenschaft und der Landwirtschaftliche Ortsverein zur Milch- und Landwirtschaftlichen Genossenschaft. Ein Jahr später trat sie dem Nordwestschweizerischen Milchverband Basel bei. Der Handel mit landwirtschaftlichen Produkten wurde fortgesetzt. Die Erweiterung des Maschinenparks führte zur Bildung einer Maschinengenossenschaft. Als Neuerung im Obstbau stand die Winterspritzung der Obstbäume zur Diskussion. 1928 trat Emil Schreiber zurück. Die Milchannahme und der Milchtransport wurden seinem Sohn Paul übertragen, eine Tätigkeit, die er während 42 Jahren bis 1970 ausübte!

Kirschbäume spritzen Mitte der 1930er Jahre: Zweiräderwagen mit Pumpe; links mit Spritze Lina Gass

Die Milchüberproduktion war ein altes Übel, mit dem die Landwirtschaft schon in den 1930er Jahren zu kämpfen hatte. Die Massnahmen des Verbandes machten den Rothenflüher Bauern zu schaffen.

«Ab April 1934 musste die Milch wieder jeden Abend (wie vorübergehend 1933) zentrifugiert werden. Die Rücknahme der Magermilch führte bei vielen Produzenten zu Problemen, da das Halten von Schweinen nicht bei allen möglich war [...] 1939 wurde die Zentrifugation vom Verband plötzlich eingestellt. Dies führte zu Schwierigkeiten, da inzwischen die Bauern vermehrt Schweine hielten, nun aber keine Magermilch mehr hatten. Die Genossenschaft beschloss deshalb, jeden 2. Abend zu zentrifugieren.» (Otto Erny, Die Milchgenossenschaft)

Hatte die Genossenschaft Anfang der 1930er Jahre aufgrund der allgemein schlechten Wirtschaftslage mit finanziellen Schwierigkeiten zu kämpfen, gelang es ihr in den Kriegsjahren, wieder Gewinne zu verbuchen. Die angelegten Reserven ermöglichten ihr 1949 den Bau eines Dreschschopfs. Die Bürgergemeinde stellte das Bauholz gratis zur Verfügung. Die Mitglieder der Genossenschaft übernahmen das Fällen und den Transport in dreitägiger Fronarbeit. Zusätzliche Arbeitstage wurden mit Fr. 10.– entschädigt.

Wirtschaft und Beschäftigung

Ausflug der Milchgenossenschaft 1953
V.l.: 1. Reihe: Adolf Gass-Gass (Beck Dolfi), Fritz Bürgin-Rieder (Förschter Fritz), 2. Reihe: Albert Mangold, Wilhelm Erny-Weber, Hans Gass-Gass (Ammeler Hans), 3. Reihe: Alfred Gisin-Gerber, Max Gass-Bussinger, 4. Reihe: Walter Gisin-Schweizer (Michelis), Ernst Schneider-Mangold, Paul und Marie Buess-Gass, ganz hinten links: Alfred Spycher

Paul Schreiber, Milchannehmer und Gemeindeschreiber in der alten «Chesi» am Dübachweg, Ende 1950er Jahre

1951 war ein grosses Maikäferflugjahr. Jeder Bauer wurde verpflichtet, pro Hektar ein Kilogramm Käfer zu sammeln; die Gemeinde bezahlte pro Kilogramm 35 Rappen. Wegen sinkenden Milchkonsums und steigenden Einlieferungen wurden der Genossenschaft im gleichen Jahr vom Verband sieben Stück Mastvieh zugeteilt.
1952 wurde die Anschaffung einer neuen Dreschmaschine beschlossen (es sollte die letzte sein). Da ein günstiges Angebot aus Deutschland vorlag, reiste eine Dreierdelegation nach Donauwörth, um den Kauf zu tätigen. In der Garage des «Neubaus» wurde 1957 für Fr. 32 500.– eine Tiefkühlanlage eingebaut. Als die Milchgenossenschaft zwei Jahre später den «Neubau» für Fr. 20 000.– von der Gemeinde erwarb, bedeutete dies das Aus für die alte «Chesi» am Dübachweg. Der Name geht auf die frühere Käseherstellung zurück, wie sie noch zu Beginn des 20. Jahrhunderts von Emil Schreiber betrieben wurde. Auf Fr. 92 300.– kam der Ladeneinbau und der Umbau der Milchsammelstelle zu stehen. Der Laden – die neue «Chesi» – wurde 1963 eröffnet.
1970 wurde das Warenlager im «Neubau» aufgehoben, da die zunehmende Motorisierung den Mitgliedern erlaubte, auswärts einzukaufen. 1978 hatte auch die Tiefkühlanlage ausgedient. Der Laden, der seit der Schliessung des Konsums 1973 die einzige

Wirtschaft und Beschäftigung

«Chesi» zwischen 7.15 und 7.45 Uhr: Heinrich Gass ist einer von gegenwärtig noch sieben Milchlieferanten. Auf der Rampe Ueli Andrist, Milchannehmer und Präsident der Milchgenossenschaft, 2000

8.2.6 Eine Felderregulierung, die (noch) nicht stattfand

Die Landzerstückelung, wie man sie in einigen Oberbaselbieter Gemeinden heute noch antrifft, ist eine Folge der seit Jahrhunderten üblichen Erbteilung. Die Nachteile für die Landwirtschaft sind offensichtlich: Die kleinen und kleinsten Parzellen und der oft weit auseinander liegende Güterbesitz bilden ein Hindernis für eine rationelle und effiziente Bewirtschaftung. Gerade in der heutigen Zeit, wo der Einsatz von Maschinen unabdingbar ist, sind das schwerwiegende Nachteile.

Ein Beispiel aus Rothenfluh: Einer der grösseren Landwirtschaftsbetriebe (30 ha) besteht aus rund 30 isolierten Arealen, die sich aus 94 Grundbuchparzellen zusammensetzen und über den ganzen Bann verstreut liegen. Darunter gibt es solche mit unregelmässigen Formen wie z. B. jenes, das nicht weniger als zehn Ecken aufweist. Privater Landabtausch und Arrondierungen durch Zu- oder Verkauf von Land können in Einzelfällen wohl Abhilfe schaffen, eine grundlegende Verbesserung kann aber nur durch eine Felderregulierung, d. h. eine umfassende Güterzusammenlegung, die das ganze Gemeindegebiet einbezieht, erreicht werden. Wie die Erfahrung zeigt, ist eine solche Felderregulierung ein weitreichendes, kostspieliges und erst noch heikles Unterfangen: Es dauert etwa zwei Jahrzehnte, kostet Millionen – und erregt die Gemüter, tangiert es doch etwas Hochsensibles, den Grundbesitz und die Bäume,

Einkaufsmöglichkeit im Dorf darstellt, wurde modernisiert und vergrössert.
In den 1980er Jahren führte die Genossenschaft mehrere – meist im Winter stattfindende – öffentliche Vorträge durch, die gut besucht waren. Schon zur Tradition geworden waren die ein- bis zweitägigen Gesellschaftsreisen. Sorgen bereitet der Genossenschaft der unbefriedigende Umsatz der «Chesi». 1989 wurde ein Flugblatt an die Bevölkerung verschickt mit dem Aufruf, den Dorfladen zu erhalten. Zehn Jahre später stand sein Fortbestehen immer noch zur Diskussion.

Nachdem in früheren Jahren immer wieder die Milchqualität beanstandet worden war, konnte 1991 eine positive Meldung protokolliert werden: Acht Milchlieferanten erhielten von der MIBA eine Auszeichnung für gute Milch.

Im Frühjahr 1998 umfasste der Maschinenpark der Genossenschaft einen Mistkran, zwei Mistzetter, zwei Walzen, eine Mais-Sämaschine und einen Viehtransportwagen.

Wirtschaft und Beschäftigung

die man generationenlang gepflegt hat. In Rothenfluh ist der Versuch, eine Felderregulierung durchzuführen, im Sande verlaufen.

Am 27.1.1962 wurde dem Gemeinderat ein von 64 Grundeigentümern unterzeichnetes Begehren für eine Felderregulierung eingereicht und wie folgt begründet:

- «Im Willen vereint, die Lebensfähigkeit der Landwirtschaftsbetriebe für die Zukunft in unserer Gemeinde sicherzustellen;
- die Nachteile parzellierter Betriebe und unzweckmässiger Grundstückformen auszumerzen;
- durch Erstellung von Siedlungen die Nutzung des gesamten Kulturlandes zu erhalten;
- in der Absicht, dem Kleinpflanzer und nebenberuflichen Kleinlandwirt seinen Platz zu sichern;
- das Wegenetz der Gemeinde zu verbessern und dauerhaft zu sanieren;
- geleitet von der Erkenntnis, dass nur durch eine solidarische Anstrengung aller ein gesunder und leistungsfähiger Bauernstand zu erhalten ist.»

Ein halbes Jahr später richtete der Gemeinderat ein Gesuch an das Meliorationsamt (seit 1994 Vermessungs- und Meliorationsamt), das Verfahren für eine Felderregulierung einzuleiten. Weitere zehn Monate verstrichen bis zu einer Besprechung mit dem Leiter des Meliorationsamts. Es ging dabei um Vorbereitungs- und Kostenfragen. Zwei Tage (!) nach dieser Zusammenkunft wurde dem Gemeinderat mitgeteilt, das Einleitungsverfahren müsse zurückgestellt werden, da die Gemeinden im Diegtertal wegen des Autobahnbaus Vorrang hätten. Das Vorhaben ruhte nun während 5 ½ Jahren. An der Einwohnergemeindeversammlung vom 28.11.1968 stellte ein Teilnehmer den Antrag, das Verfahren wieder aufzunehmen. Nun begann eine bis Mitte 1971 dauernde Korrespondenz zwischen dem Gemeinderat, dem Vermessungsamt und der Landwirtschaftsdirektion. Während sich ihr Vorsteher, Paul Manz, der sich schon vor seiner Wahl zum Regierungsrat als damaliger Gemeindeschreiber von Rothenfluh persönlich für die Felderregulierungsinitiative eingesetzt hatte, die Sache voranzutreiben suchte, scheint der Gemeinderat jedes Interesse daran verloren zu haben. Anfang Juli 1971 – das Vermessungsamt hatte den Gemeinderat noch einmal um eine Stellungnahme gebeten – brachen die Verhandlungen ab. Ein demokratischer Entscheid hätte nur von einer Versammlung der Grundeigentümer, wie sie auch im Begehren von 1962 gefordert worden war, gefällt werden können. Zur Annahme einer Felderregulierung wäre die Zustimmung der Hälfte der Grundeigentümer, die zugleich die Hälfte des Bodens auf sich vereinen, notwendig gewesen. Eine solche Versammlung ist aber vom Gemeinderat nie einberufen worden.

Das Nichtzustandekommen einer Güterzusammenlegung hatte schwerwiegende Folgen: Die im Begehren von 1962 genannten Nachteile zwangen einige Bauern zur Aufgabe ihrer Betriebe. Sie hatten ihre Hoffnung auf eine Siedlung gesetzt, aber ohne Regulierung war ihnen das Aussiedeln verwehrt. Die im Dorf verbliebenen Bauern sahen sich in den 1990er Jahren zur Umstrukturierung ihrer Betriebe gezwungen, da ihnen aufgrund des neuen Tierschutzgesetzes die Tierhaltung im Dorf wegen mangelnder Auslaufmöglichkeiten nicht mehr gestattet war. Eine Ausnahme bildete ein Landwirt, der 1989 als Gegenleistung für das anlässlich einer Strassenkorrektion abgetretene Land vom Kanton die Bewilligung zur Aussiedlung erhielt.

Im gegenwärtigen Zeitpunkt dürfte es schwierig sein, das Thema «Felderregulierung» neu aufzurollen, auch wenn der Nutzen für die Landwirtschaft ausser Zweifel steht. Nur noch eine Minderheit der Grundeigentümer sind in der Landwirtschaft tätig. An den Kosten müssten sich aber alle beteiligen. Das Vermessungs- und Meliorationsamt arbeitet gegenwärtig an einem «Leitbild Melioration», das dem sich vollziehenden Wertewandel Rechnung trägt. Anstelle einer einseitigen, rücksichtslosen Ertragssteigerung soll die umweltschonende, nachhaltige Nutzung treten. Den Gemeinden wird darin ein verantwortungsvoller Umgang mit Boden und Landschaft nahe gelegt. Ein neuer Anlauf für eine Felderregulierung hat nur dann eine Chance, wenn erkannt wird, dass sie nicht nur der Landwirtschaft Vorteile bringt, sondern im Interesse der ganzen Bevölkerung liegt.

8.3 Handwerk und Gewerbe

8.3.1 Die Heimposamenterei

Während gut 250 Jahren hat die Seidenbandweberei – als Heimindustrie betrieben – das Leben in den Dörfern der Bezirke Sissach und Waldenburg geprägt.[9] Sie ging mit der Landwirtschaft eine über lange Zeit unauflösliche Verbindung ein. «Mer buure zum Basimänte und basimänte zum Buure» – eine Redensart, die zum Ausdruck bringt, dass man von einer der beiden Tätigkeiten allein nicht leben konnte. Florierte das Seidenbandgeschäft, bildete es die Grundlage eines bescheidenen Wohlstandes, denn es brachte Bargeld ins Haus. In Krisenzeiten sicherte die Landwirtschaft das Überleben.

In der Mitte des 19. Jahrhunderts, der Blütezeit der Seidenbandindustrie, scheint im Oberbaselbiet die Landwirtschaft zugunsten der Posamenterei vernachlässigt worden zu sein. Mit dieser Einschätzung steht Wilhelm Koch, der Autor der ersten Heimatkunde von Rothenfluh, jedenfalls nicht allein. Ähnlich kritisch äussern sich Markus Lutz (1805) und Johann Mauch (1863) über die Verhältnisse in der Nachbargemeinde Ormalingen. In der Heimatkunde von 1863 übte Koch unverblümt Kritik: «Die Posamenterei bildet jetzt […] den Haupterwerb. Seit den dreissiger Jahren hat die Seidenbandindustrie einen solchen Aufschwung genommen, dass gegenwärtig mit Ausnahme von 24 Familien[10] geposamentet wird. […] Früher gab es wenige Familien, welche sich ausschliesslich mit der Seidenbandweberei beschäftigten, sämtliche, ja auch die Ärmsten, besassen ihre Äcker und Wiesen, welche sie nebenbei bebauten. […] Heute ist es leider anders geworden. Verlockt durch den leichten und reichlichen Verdienst, vernachlässigten Einzelne den Landbau und widmeten sich fast ausschliesslich der Posamenterei; die Meisten sind dabei ökonomisch zu Grunde gegangen.»

Warnend weist er auf die gesundheitlichen Schäden hin, denen die Posamenterinnen – es sind überwiegend Frauen, die am Webstuhl arbeiten – ausgesetzt sind. Es sei nicht zu leugnen, schreibt er, «dass der fortwährende Aufenthalt in dumpfer Stube, die anstrengende Nachtarbeit, sowie der allzu reichliche Genuss eines schlechten Kaffees, der bei den meisten Posamenterfamilien zur Hauptnahrung geworden ist, zum frühen Abblühen und Verwelken des zarten Geschlechts vorzugsweise beiträgt.»

Die Gründe für den Niedergang der Seidenbandindustrie – er begann nach 1880 – seien hier kurz zusammengefasst:
1. Zollrestriktionen behinderten den Export.
2. Das Seidenband verlor als modisches Accessoire immer mehr an Bedeutung.
3. Neue Fabrikgründungen und laufende Verbesserung der Webstühle führten zu Überproduktion und Preiszerfall.

Die Unternehmer, in erster Linie auf die Auslastung ihrer Fabriken bedacht, benutzten die Heimposamenter als Puffer, was zur Folge hatte, dass die Webstühle in den Dörfern mangels Aufträgen oft wochenlang stillstanden. Grosse Hoffnung setzten die Posamenter – auch in Rothenfluh – auf die Elektrizität. Viele Dörfer haben ihre frühe Elektrifizierung der Initiative und den finanziellen Opfern der Heimposamenter zu verdanken (siehe Kapitel 8.4.6). Sie hofften, gegenüber den Fabriken konkurrenzfähiger zu werden: Mit elektrisch betriebenen Stühlen liesse sich mit geringerem Arbeitsaufwand – eine Person konnte jetzt zwei Stühle überwachen – in kürzerer Zeit mehr produzieren.

Die Folge war, dass die Posamenter vollends in den Teufelskreis von Überproduktion und Preiszerfall gerieten. Auch die 1904 erfolgte Gründung eines Posamentervereins, dem sich Rothenfluh mit einer Ortssektion anschloss, und der zeitweise verzweifelt geführte Arbeitskampf mit den ausbeuterischen Seidenherren in Basel vermochte das Ende der Heimposamenterei nicht mehr aufzuhalten. Mitte der 1920er Jahre setzte ein regelrechtes «Bändelstärbet» ein. Die als Folge der Weltwirtschaftskrise sich

Wirtschaft und Beschäftigung

Tab. X: Bandstühle 1786–1923

	1786	1834	1856	1863	1880	1923
Anzahl Bandstühle	44	80	150	145	116	95

ausbreitende Arbeitslosigkeit machte es der ländlichen Bevölkerung schwer, neue Verdienstmöglichkeiten zu finden.

Aus der Statistik der Bandwebstühle lässt sich die Entwicklung der Heimposamenterei in Rothenfluh ablesen (siehe obenstehende Tabelle).

1923 gab es 75 Posamenterbetriebe; 59 waren im Besitz eines Stuhls, 16 verfügten über zwei und zwei Betriebe über drei Stühle.[11] Alle Stühle ausser einem waren mit Elektromotoren ausgerüstet. Die Stühle waren damals mit Bestimmtheit nur noch ungenügend ausgelastet.

Schon im 18. Jahrhundert fuhr von Rothenfluh aus wöchentlich dreimal ein «Bottenwagen» nach Basel. In den 80er Jahren des 19. Jahrhunderts war das Baselbiet in 20 verschiedene Kurse aufgeteilt. Kurs Nr. 17, der sich auf die Dörfer Anwil, Rothenfluh, Ormalingen und Hemmiken erstreckte, wurde von zwei «Botten» aus Rothenfluh, Ernst Rieder-Graf (1862–1917) und Hermann Schwarz, befahren.[12]

Der letzte Rothenflüher «Bott» war Ernst Rieder-Keller (1899–1969). Flora Rieder (*1909) erinnert sich, dass ihr Schwiegervater, wenn er spät nachts auf der Heimfahrt war, auf dem Wagen einschlief. Die Pferde kannten den Weg und blieben von selbst vor dem «Rössli» stehen.

■ *Die drückenden Verhältnisse einer Posamenter- und Kleinbauernfamilie hat Hans Erny, Seilerbaschis (*1915), erlebt. Vater und Mutter haben gewoben. Für die einzige Kuh im Stall musste das Land teilweise gepachtet werden. Die Stube war Wohn-, Schlaf- und Gewerberaum in einem. «D Mueter het amme d Spüelimaschine lo laufe zum Yschlofe. Das isch euses Guetnachtgschichtli gsy.» 1920 gab es noch genug Arbeit. Nachher ging es nur noch bergab. Der Vater schrieb dem Fabrikanten Senn in Basel. Er war froh, wenn er wieder eine Woche arbeiten konnte. Senn bevorzugte seine Arbeiter in der Fabrik. Er drückte die Löhne der Heimposamenter. «Wenn si [die Eltern] en Uftrag gha hei, sy si vom Morge bis z Obe am Posimäntstuel gstande. Si hei mi albe tuuret.» Bei Ernys war Schmalhans Küchenmeister. «D Mueter het mängisch wuchelang kei Batze gha.» Fleisch gab es nur ab und zu am Sonntag. Aber – so tröstete man sich – «Besser e Luus im Chrut als gar kei Fleisch.» Das Posamenten hatten Hans und seine Schwester zwar von ihren Eltern gelernt, aber da es zu wenig einbrachte, verdiente Hans sein Brot im Winter als Akkordarbeiter mit Holzfällen, im Sommer widmete er sich der Landwirtschaft. Viel hing von der Kirschenernte ab, denn sie war damals für Ernys die Haupteinnahmequelle.*

*Im Elternhaus von Walter Frei (*1931) an der Niederhofgasse standen in den 20er Jahren zwei Bandstühle, später nur noch einer. Beide Eltern woben, der Vater nur im Winter. Als Kind musste Walter gelegentlich den Webstuhl beaufsichtigen («Gang lueg zum Stuel, i mues go choche»). Seine Aufgabe bestand darin, leer gewordene Spüeli durch volle zu ersetzen; zu diesem Zweck musste der Webstuhl abgeschaltet und wieder angelassen werden.*

Johann Senn (1846–1944), ebenfalls an der Niederhofgasse wohnhaft, war Visiteur. Er besuchte und beaufsichtigte im Auftrag eines Basler Seidenfabrikanten eine Anzahl Heimposamenter in Rothenfluh und den umliegenden Dörfern. In seinem Haus befand sich ein Ersatzteillager, da er auch Stühle reparierte.

*Emma (*1887) und Eduard (*1881) Mangold-Bürgin arbeiteten von 1910 bis 1915 in der Gesellschaft für Bandfabrikation in Säckingen, das Wochenende verbrachten sie regelmässig im Elternhaus von Emma Bürgin in Rothenfluh. Den Weg legten sie zu Fuss zurück. Als die beiden Säckingen wegen des Krieges verlassen mussten, erwarben sie ein Haus an der Ruebgasse. Statt der Fabrik- leisteten sie nun Heimarbeit. Da vom Posimänten allein eine mehrköp-*

fige Familie nicht ernährt werden konnte, wurden noch zwei Kühe, ein paar Ziegen und Schweine angeschafft. Emma Mangold hat noch bis Mitte der 1950er Jahre gewoben.[13]

«Im Winkel», an der Anwilerstrasse ausgangs Dorf, steht heute noch ein niedriges, längliches, um 1910 erbautes Häuschen. Drei Schwestern, Caroline, Emma und Rosa Pfaff haben dort an drei Webstühlen gearbeitet. Caroline (1885–1968) hat zuerst für Fischer in Basel und zuletzt (bis Mitte der 60er Jahre) für Senn in Ziefen gewoben.[14]

Olga Graf (*1913): «Im Hause meiner Grossmutter standen drei Webstühle. Wir hielten uns als Kinder gerne dort auf. Es wurde trotz dem Lärm viel gesungen. Spüelimachen war für mich ein Zeitvertreib.»

Lydia Buser-Graf, Im Hof, stand bis 1959 am Bandwebstuhl; 1950er Jahre

Für Paul Schaub (*1924) hängt eine seiner frühesten Kindheitserinnerungen mit der Posamenterei zusammen: «Ich sehe noch den riesigen Webstuhl vor mir, daneben das Bett der Grosseltern, in dem mein Bruder und ich – ich mochte damals drei- oder vierjährig gewesen sein – den Mittagsschlaf halten mussten. Das sich ruckartig bewegende ‹Jacquärdtli› (Jacquard-Bandstuhl) zog unsere Aufmerksamkeit auf sich. Wir strampelten mit den Beinen im Takt der lärmigen Maschine, bis uns schliesslich der Schlaf übermannte.»

Marie Urben-Spiess (*1920): «Wir hatten zu Hause an der Rössligasse 28 einen Stuhl. Meine Mutter, Luise Spiess (1890–1968), hatte ihre Lehre in Säckingen bei der Gesellschaft für Bandfabrikation gemacht. Sie hat bis 1940 gewoben. Die Ware hat sie von Fischer in Basel bezogen. Zum ‹Adräje› ging sie in Rothenfluh in verschiedene Häuser und in Anwil zu Verwandten». ■

Das «Adräje» war ein zeitraubender Vorgang, der eine besondere Fingerfertigkeit verlangte. Nicht selten wurde deshalb für diese Arbeit eine Hilfskraft zugezogen. Ging ein Auftrag zu Ende, hiess es «e neui Rächnig ufmache», d. h. die Fäden der alten Spule mussten mit den Fäden der neuen Spule verbunden («adräjt») werden. Zwei Fadenenden wurden zu diesem Zweck zwischen Daumen und Zeigefinger in eine Drehbewegung versetzt. Mit Hilfe von etwas Schweineschmalz («Schmutz») wurden die Fäden geschmeidig gemacht und durch Beimischen von etwas Asche zugleich ihr Verkleben verhindert. Der Arbeitsaufwand wird deutlich, wenn wir uns vergegenwärtigen, dass ein Seidenband von 42 mm Breite aus ca. 300 Fäden besteht und eine ganze «Rächnig» zwei- bis dreitausend Fäden zählen konnte! Als «Adräjerinne» betätigten sich in Rothenfluh Luise Spiess-Frech, Marie Baumann-Frech, Rosa Bürgin-Sigrist (s Heirijörke Rosi) und Rosa Erny (s Hanse Roseli).

Wirtschaft und Beschäftigung

Anfang der 1950er Jahre gab es in Rothenfluh noch etwa zehn aktive Posamenterinnen. Bald darauf konnte man sie noch an einer Hand abzählen: Emma Bürgin-Rieder hat bis etwa 1966 gewoben, Christine Gass-Bürgin bis 1970, Rosa Bürgin-Sigrist (s Heirijörke Rosi) bis 1972. Als Marie Wyss-Sacher 1974 das Weben aufgab, erlosch in Rothenfluh das jahrhundertealte Posamentergewerbe endgültig. Und was geschah mit den nutzlos gewordenen Stühlen? Da sich eine Demontage und ein Abtransport nicht mehr lohnte, wurden sie – wie andernorts auch – kurzerhand zusammengeschlagen und zum Fenster hinausgeworfen. Die hölzernen Bestandteile wurden verbrannt, der Rest kam zum alten Eisen.

8.3.2 Verschwundenes Handwerk

Das Handwerk auf dem Dorf hing von alters her eng mit den Bedürfnissen der Landwirtschaft zusammen. Schmied, Wagner und Sattler durften in keinem Bauerndorfe fehlen. Aber auch Drechsler, Korber, Schuhmacher und Schneider waren in Rothenfluh noch in der zweiten Hälfte des 20. Jahrhunderts tätig.

«Handwerk hat goldenen Boden» – dieses Sprichwort mag wohl für die zünftigen Handwerker in der Stadt gegolten haben. Auf dem Dorf konnte einer vom Handwerk allein nicht leben. Die Landwirtschaft war auch hier zur Existenzsicherung unentbehrlich.

Schmiede

Johann Erny (†1923) betrieb an der Hirschengasse 76 eine Schmiedewerkstatt, die nach seinem Tod von seinem Sohn Albert (Schmieds Bärti) übernommen wurde. Sein Beruf als Huf- und Wagenschmied verschaffte ihm neben der einträglicheren Landwirtschaft einen wichtigen Nebenverdienst. Es galt, landwirtschaftliches Gerät zu reparieren, Wagenbeschläge und Reifen anzufertigen. Das Abbinden eines Reifens war der krönende Abschluss einer solchen Arbeit: Das Rad wurde draussen vor der Werkstatt auf mehreren Vierkantklötzen aufgebockt und am Boden verankert. Blitzschnell musste der rotglühende Reifen von zwei mit langen Zangen bewaffneten Männern über das hölzerne Rad gestülpt werden. Margrit Schweizer-Erny (*1923) erinnert sich, wie sie als Kind jeweils mit einer Giesskanne bereitstehen und das Rad mit Wasser übergiessen musste. Einerseits wurde dadurch verhindert, dass das Rad Feuer fing, anderseits zog sich der Reifen durch die Abkühlung zusammen und verband sich so unverrückbar mit dem Holzrad. Albert Erny übte sein Handwerk noch bis in die 50er Jahre aus. Sein Enkel, Sohn des Schmitte-Hans, richtete 1987 in der alten Schmiede eine Fahrradreparaturwerkstatt ein.

Gottlieb Gysin-Erny (1851–1940) war seit den 80er Jahren des 19. Jahrhunderts an der

Die Schmitte an der Hirschengasse: Schmiedegeselle Eschbach beschlägt ein Pferd; Ende der 1940er Jahre

Wirtschaft und Beschäftigung

Alte Schmiedeerzeugnisse aus verschiedenen Fundstellen in Rothenfluh: links sogenannte Ochsenschuhe, rechts Hufeisen; die Balkennägel stammen aus dem ehemaligen Restaurant Hirschen

Emil Rickenbacher mit seiner Tochter Marie vor der Schmitte an der Rössligasse, um 1918

Rössligasse 36 als Huf- und Wagenschmied tätig. Um 1900 verlangte er für das Beschlagen eines Pferdes mit neuen Eisen Fr. 3.60. Er trat die Werkstatt 1902 oder 1903 an Emil Rickenbacher ab, welcher sie seinerseits Anfang der 1940er Jahre an Gottlieb Weitnauer, der auch das Amt des Brunnenmeisters versah, weiterverkaufte. Im Jahre 1954 übernahm Hans Küng den Betrieb (siehe Kapitel 8.3.5).

■ *Walter Gisin-Bürgin (*1928), der schräg gegenüber der Schmitte im Restaurant Ergolz aufgewachsen ist, erinnert sich an Emil Rickenbacher-Gass (um 1880–1957), genannt Rick: «Er war ein ‹rucher› Mann. Wenn ein Pferd nicht stillhalten wollte, gab es Fusstritte und manchmal flog ein Werkzeug durch die Luft. Seine Frau Evi musste je nach Arbeit mithelfen. Dabei setzte es meistens Flüche ab. Bevor Rick am Morgen mit der Arbeit begann, genehmigte er sich bei der Chruusheinene, meiner Grossmutter, ‹es Brennts› (einen Apfelschnaps). Das Gläslein musste immer ein ‹Buggeli› haben, d. h. es musste randvoll sein. Nach dem ersten Sürfelschluck leckte er den im Schnaps getränkten Schnauz ab.»*

Elsbeth Schaub-Börlin (*1926) erinnert sich aus ihrer Kindheit in Wenslingen: «S isch ame schön gsy, wenn im Früelig der Schmied s Tor vo der Wärchstatt ufto het und mer s Chlopfe wieder durs ganz Dorf ghört het. – Er het amme der Frau Zeiche geh mit em Hammer. Denn het sie müessen aberenne, ihm go hälfe.» ■

Wagner

Adolf Buess (*1870) ist auf dem Rötler bei Ormalingen aufgewachsen. Nach der Wagnerlehre ging er als Geselle auf Wanderschaft und liess sich schliesslich in Rothenfluh an der Rössligasse 25 nieder. Mit der Wagnerei, zwei Kühen im Stall und einem Bandwebstuhl vermochte er sich und seine Familie über Wasser zu halten.

Auch Emil Erny, genannt Gerster Emil, hatte seine Boutique an der Rössligasse, in einem Haus, das 1994 abgebrochen wurde. Noch Anfang der 60er Jahre konnte man ihm beim Leitern Machen zuschauen, z. B. wie er vor dem Haus die Tannenstämmchen, die er zur Herstellung der Holmen benötigte, von Hand aufsägte.

Jakob Rieder (Wagner Schaggi) übte sein Handwerk zuerst an der Ruebgasse, dann im Grendel und schliesslich an der Hirschengasse in der ehemaligen Werkstatt von Bandstuhlschreiner Bächler aus. Er stellte die damals weitverbreiteten Leiterwagen her (nicht zu verwechseln mit den Leiterwägelchen, die von Hand gezogen wurden), ebenso zwei- und einachsige Gefährte wie z. B. die eleganten «Grasbäre». Grosse Geschicklichkeit erforderte die Herstellung eines Rades. Bei der Fixierung der Speichen betrug die Toleranz nur gerade ½ mm! Je nach Grösse setzte sich das Rad aus fünf oder sechs Felgensektoren zusammen, wobei sich zwischen zwei Teilen eine genau berechnete Fuge ergeben musste. Beim Abbinden (siehe Schmiede) zog sich der Reifen zusammen, wobei die Radsektoren gegeneinander gepresst wurden. Das Aufkommen der Pneuwagen Mitte der 1940er Jahre bedeutete für viele Wagner, so auch für Jakob Rieder, das Ende. Wagenräder – nutzlos geworden, aber immer noch Zeugen handwerklichen Könnens – hängen heute vielerorts als Schmuck an Scheunen und Häusern.

Der Letzte, der sich auf das Wagnerhandwerk verstand, war Ernst Spiess (1920–1998). Bis ins hohe Alter stellte er in liebevoller Kleinarbeit massstabgetreue Modelle von «Grasbäre», «Chruckli» (Schlitten aus Massivholz), Hornschlitten und Leiterwägeli her.

Adolf Buess beim Dengeln, 1950er Jahre

Ernst Spiess, 1998

Schlittenmodell (Chruckli), 1998

Sattler

Hans Wirz, der neben der Sattlerei auch noch einen Laden betrieb (siehe Kapitel 8.4.3) hatte seine Werkstatt am Dorfplatz 54. Er erneuerte und reparierte vor allem Pferdegeschirr wie Zaumzeug und Kummet. Daneben stopfte er Matratzen, und ab und zu musste er die Schützenscheiben neu mit Emballage (Sackstoff) beziehen.

Bandstuhlschreiner

In der zweiten Hälfte des 19. Jahrhunderts, als die Heimposamenterei ihren Höhepunkt bereits überschritten hatte, begann Josef Suter unterhalb des «Hirschen» im Auftrag der Firma Vischer, Basel, mit der Anfertigung von Bandstühlen. Albert Erny-Leuzinger (1906–1999): «Mein Grossvater fuhr mit dem ‹Scheesli› in die umliegenden Dörfer bis hinüber ins Fricktal, um Bandwebstühle zu reparieren.»

Gottlieb Bächler, sein Nachfolger, übernahm den Betrieb Anfang der 1920er Jahre. Er soll ein origineller Kopf und ein erfinderischer Handwerker gewesen sein. Neben der Reparatur von Bandstühlen, deren Zahl in jenen Jahren stark rückläufig war, stellte er auf Spezialmaschinen Webladen, Weberschiffchen und Gewehrkolben her. Für die Anfertigung von Harassen, einer beliebten Winterbeschäftigung der Bauern, tüftelte er eine Lehre aus.

Hans und Ernst Spiess führten den Betrieb noch bis Mitte der 40er Jahre weiter. Kurz nach dem Zweiten Weltkrieg wurde die ganze Liegenschaft samt der Werkstatt abgebrochen.

Ernst Jenny in seiner Boutique an der Niederhofgasse, 1950er Jahre

Drechsler

Seit Ende der 1920er Jahre bis etwa 1960 bestand beim Brunnen an der Niederhofgasse eine Drechslerwerkstatt. Ernst Jenny-Spiess (†1964) stellte gedrechselte Teile für Kinderspielzeug her, aber auch Ofen- und Schrankfüsse, Werkzeuggriffe, Knöpfe für Schubladen und Schranktüren, Beine für Stabellen und Spüeli («Bobinli») für die Bandstuhlfabrik Schneider-Gerster in Gelterkinden. Ernst Jenny jun. (*1923): «Wegen der Preisdrückerei rentierte das Gewerbe immer weniger. Als mein Vater für den Stiel einer Kinderschaufel nur noch drei Rappen statt fünf erhielt, blieb ihm nichts anderes übrig, als billigeres Brennholz dafür zu verwenden.»

Korber

Schon früh hat Emil Erny-Gerster (1886–1989), besser bekannt als Grändeli Miggel, Zainen für den Hausgebrauch hergestellt. Aber erst im hohen Alter von über achtzig Jahren hat er diese Fertigkeit zu seiner Hauptbeschäftigung gemacht. Die Weidenruten besorgte er sich selber an der Ergolz, am Dübach und am Länebächli. Zur Verstärkung von Henkel und Ring verwendete er «Hulftere» (Wolliger Schneeball). Seine Körbe, die er in verschiedenen Grössen anfertigte, fanden bei Kunden der näheren und weiteren Umgebung guten Absatz. Erst als die Sehkraft nachliess, gab er – 99-jährig – das Korben auf.

Schuhmacher

An der Anwilerstrasse, ausgangs Dorf, war vor 1920 Heinrich Pfaff-Jenny als Schuhmacher tätig. Ganz in der Nähe, in einem Häuschen, das einer Strassenkorrektion weichen musste, hatte Schuster Schrieber seine Boutique. Er wirkte dort bis Anfang der 1940er Jahre. Daniel Brönnimann, gelernter Schuhmacher, betrieb von 1984 bis 1990 sein Handwerk – allerdings nur als Nebenbeschäftigung – an der Hirschengasse.

Schneider

Die Erinnerung an den kauzigen Schneider Sokol, einen Tschechen, ist bei einigen älte-

Wirtschaft und Beschäftigung

ren Leuten – wenn auch nur vom Hörensagen – noch lebendig. Seine Werkstatt befand sich gegenüber der Mühle im sog. Eiskeller. Bei einem Hochwasser im Jahre 1917 trat die Ergolz über die Ufer und richtete im Dorf grosse Schäden an. Auf die Hilferufe des Schneiders: «Fürio, i versuf!» und «Rettet mei Maschin!» seien die Nachbarn herbeigeeilt und hätten ihn verstört auf seinem Tisch sitzend in dem schon halb mit Wasser vollgelaufenen Keller vorgefunden.
Paul Erny-Gerber (*1915): «Es wird erzählt, er habe jeweils am 1. August ‹Katzenköpfe› aus Schwarzpulver auf ein Wägelchen geladen, sei damit in die Schnäggenmatt oder zum Rankweg hinaufgefahren und habe von dort oben die selbstgebastelten Knallkörper abgefeuert.» (Störschneider siehe Kapitel 8.3.3)

Coiffeure
Haarschneiden war bis über die Mitte des 20. Jahrhunderts hinaus eine Nebenbeschäftigung, der man am Feierabend nachging.
Für die Zeit zwischen 1920 und 1960 sind drei Coiffeure in Rothenfluh überliefert: Walter Pfaff, genannt Sörli, wirkte an der Eisengasse, Fritz Graf (Chüeferkarlis)[15] an der Rössligasse. Paul Gysin-Eckerle übte sein Metier an der Rössligasse 39 bis 1973 aus. Ein Buben-Haarschnitt kostete in den 1960er Jahren 50 Rappen. Seit den späten 80er Jahren gibt es in Rothenfluh von Frauen betriebene Coiffeursalons (siehe Schluss von Kapitel 8.3.5).

8.3.3 Störhandwerker, Händler und Hausierer

Auch die in diesem Abschnitt beschriebenen Berufe und Tätigkeiten gehören überwiegend der Vergangenheit an.
Zur Zeit, als noch in jedem Bauernbetrieb ein Schwein oder zwei gemästet wurden, gab es im Winter, wenn die Tiere geschlachtet werden sollten, Arbeit für die *Störmetzger*. In Rothenfluh übten diese Tätigkeit u. a. Johann Gass-Erny (Ammeler Hans) und Walter Erny-Graf (s Zimberhanse Walti) aus. Der letzte Störmetzger im Dorf war Paul Leuenberger-Erny (1913–1990). Rösli Leuenberger-Erny (*1916) berichtet: «Mein Mann arbeitete als Metzger im Stabhof in Liestal. In Rothenfluh hatte er etwa ein halbes Dutzend Kunden, zu denen er im Winterhalbjahr auf die Stör ging. Zu den langjährigen auswärtigen Kunden gehörte der Hof Grosstannen in Bubendorf. Viermal im Jahr – nach dem Bettag bis Ende Februar – verrichtete er seine Arbeit im Restaurant

Winterliches Ritual: Metzgete im «Rössli», ca. 1968

V. l.: Christoph Gerum, Sophie Gysin-Gerber, Paul Leuenberger-Erny (Störmetzger), Alfred Gysin-Gerber, Werner Dennler

Waschtag im Grendel, 1940er Jahre
V.l.: Frieda Andrist-Rieder, ihre Tochter Friedel, im Hintergrund Elisabeth Bürgin, Lina Gass-Rieder, ihre Töchter Marie und Irene, Antoinette Schreiber

Rössli. Die Schweine wurden von Ueli Andrist geliefert. Altershalber und weil immer weniger Bauern eigene Schweine hielten, gab er Anfang der 80er Jahre sein Handwerk auf.»

Störschneider Herzog kam aus dem Fricktal. Er hielt sich je nach Bedarf zwei bis drei Wochen im Dorf auf und dort, wo er gerade arbeitete, erhielt er Kost und Logis. Paul Zimmerli (*1926) erinnert sich, dass Herzog ihm aus einem alten Eisenbahnermantel seinen ersten Anzug anfertigte. Seiner Tätigkeit entsprechend führte er ein unstetes Vagabundenleben. Obs am Alkohol lag, dass er Mitte der 1930er Jahre in einer Winternacht den Tod im Rankbächli fand – die Todesursache wurde nie geklärt.

Auch Frauen gingen auf die Stör, sei es als «Adräjerinne» (siehe Kapitel 8.3.1) oder als *Wäscherinnen*. Grosse Wäsche wurde in bäuerlichen Haushaltungen – als es noch keine Waschmaschinen gab – nur zwei- bis dreimal im Jahr abgehalten: im Frühling, im Herbst und eventuell zwischen Heuet und Kirschenernte. Ein solches Unternehmen dauerte zwei bis drei Tage und beanspruchte alle weiblichen Arbeitskräfte im Haus, die in einigen Familien noch durch eine Störwäscherin verstärkt wurden. Als solche gingen im Dorf Elisabeth Bürgin (s Jörke Lisebeth) und Marie Gass (Hübler Miggi) einem bescheidenen Verdienst nach.

▪ *Eine grosse Wäsche, meist im Freien unter dem Vordach abgehalten, lief bis in die 1940er Jahre etwa folgendermassen ab*[16]*:*
- *schmutzige Wäsche (Leintücher, Arbeitskleider, Hemden usw.) ein bis zwei Tage in Holzzübern einweichen und stösseln (Stössel: glockenförmiges Gerät mit Stiel)*
- *im Waschkessel oder »Dämpfer« kochen*
- *Wäsche auf dem Waschbrett, das schräg in den Züber gestellt und gegen den Bauch abgestützt wurde, mit Kern-Seife schrubben*
- *in kaltem Wasser mehrmals spülen und stösseln; letzte Spülung unter Zugabe von «Bläuel» (Bleichmittel)*
- *auf «Wöschbäre» (hölzerner Tragrost) abtropfen lassen*
- *durch Mange treiben oder von Hand auswringen*
- *im Baumgarten zum Trocknen aufhängen*

▪

Als *Viehhändler* am Ort waren Hans Gisin-Rickenbacher, Hirschenwirt, und sein Bruder Walter Gisin-Handschin tätig. Max Gisin-Zurlinden (*1928), Micheli Max: «Mein Vater und mein Onkel besuchten regelmässig die Märkte von Pruntrut, Delsberg und Laufen. Das erworbene Vieh kam per Bahn nach Gelterkinden. Als Knabe musste ich es jeweils auf dem Bahnhof abholen und auf der Landstrasse nach Rothenfluh treiben. Autos gab es damals noch kaum. Ich musste einzig auf das Post-

Wirtschaft und Beschäftigung

auto Acht geben, das einmal am Morgen und einmal am Nachmittag verkehrte. Später kaufte mein Vater einen von Pferden gezogenen Viehwagen.»

An zwei jüdische Vieh- und Pferdehändler, die von auswärts kamen, Dreyfuss aus Basel und Guggenheim aus Liestal, erinnert sich Paul Erny-Gerber (*1915).

Max Rieder-Superina (1923–1984) hatte schon als Kind eine Vorliebe für das Federvieh: «Im Herbst – es war zwischen 1930 und 1940 – kam jeweils ein italienischer Hühnerhändler mit seinem Pferdewagen ins Dorf. In den einen Gittern hatte er die Metzg-Hühner, in den andern die 12-wöchigen Junghennen, die er für Fr. 7.50 das Pärchen verkaufte. Die Mutter kaufte ‹Sprigeli›, ‹Guggerli› oder Weisse, die nachher mir gehörten. Schon vor der Schule schaute ich jeweils nach, ob ihnen nichts fehle!»[17]

Eine nicht unbedeutende Rolle spielte – und spielt in Rothenfluh immer noch – der *Obsthandel*. Für Hans Gass-Rieder (Beckehanse, 1898–1966) war der Obsthandel neben der Landwirtschaft eine wichtige Einnahmequelle. Fast 40 Jahre lang hat er dieses Geschäft mit Hingabe betrieben, zuerst im Hof, dann als Wirt im «Rebstock». Er führte eine Obstannahmestelle im Dorf, reiste aber auch ins Elsass und ins Markgräflerland, um frühe Kirschen, Zwetschgen und Mirabellen in Basel auf den Markt zu bringen; anfangs mit Ross und Wagen, dann – ab den 1940er Jahren – mit einem kleinen Lastwagen. Marie Buess-Gass (*1929) weiss noch: «Als Mädchen durfte ich in den Schulferien meinen Vater ins Wallis begleiten. Er hat dort Aprikosen eingekauft. Mit dem voll beladenen Wagen fuhren wir Richtung Jura. Morgens um drei, vier Uhr kamen wir in La Chaux-de-Fonds an. Dort und anschliessend in Le Locle setzten wir die Aprikosen in verschiedenen Bäckereien ab, die zu Vaters Kundschaft gehörten.» Das Tafelobst, das Hans Gass in Rothenfluh, Anwil und Oltingen aufkaufte, ging zur Hauptsache an die Usego. Das Mostobst wurde von den Mostereien zu bestimmten Terminen in Rothenfluh abgeholt. Es wurde direkt auf Lastwagen verladen und musste auf der Waage gegenüber der Wacht gewogen werden. An solchen Tagen verliessen zehn bis zwölf Tonnen Obst das Dorf. Im Dezember holte Hans Gass im Wiesental eine Ladung Weihnachtsbäume und bot sie in Basel und Rothenfluh (!) zum Verkauf an. Zur gleichen Zeit war auch Hans Schneider-Leuenberger (1900–1983) im Obsthandel tätig. Er lieferte das Tafelobst an den ACV-Basel, die Brennkirschen an Etter in Aarwangen und das Mostobst nach Muri und Hitzkirch. Während des Krieges 1939 bis 1945 fuhr er jeweils im Herbst mit Ross und Wagen nach Basel. Dort belieferte er seine privaten Kunden mit Obst und Kartoffeln. Mitte der 70er Jahre zog sich Hans Schneider vom Obsthandel zurück.

In neuster Zeit haben eine ganze Reihe von Personen sich als Obsteinkäufer betätigt, von denen die einen an Nebiker in Sissach, die andern an den Nordwestverband in Gelterkinden lieferten. Anfang der 1990er Jahre hat die Milchgenossenschaft der aus der Fusion von Nordwestverband und fünf weiteren Genossenschaften hervorgegangenen Fenaco bzw. ihrer Tochtergesellschaft Frunoba den Dreschschopf als Sammelstelle zur Verfügung gestellt. 1998 konnte die Stelle der örtlichen Obstannahme nicht mehr neu besetzt werden. Aus diesem Grund müssen die Produzenten das Obst selbst an die nächstgelegene Sammelstelle in Gelterkinden liefern.

Während der *Hausierhandel* in der Mitte des 19. Jahrhunderts noch derart florierte, dass dadurch «namentlich ärmere Leute zu unnötigen Auslagen veranlasst wurden» (HK 1863), ist das bunte Völklein der Hausierer heute fast ganz verschwunden – gleichzeitig sind allerdings die Gelegenheiten zu «unnötigen Auslagen» enorm gestiegen!

An eine ganze Reihe von fahrenden Händlern, Hausiererinnen und Hausierern erinnert sich Paul Schaub-Börlin (*1924):

- Ein Pfannenflicker und Scherenschleifer kam mit einem Zweiräderkarren und postierte sich unter dem Schwibbogen des ehemaligen Restaurant Rebstock.
- Die «Üttiger-Frau» hatte – wie viele Hausierer – einen Tragkasten mit vielen Schubladen, die tausenderlei Dinge enthielten wie Zündhölzer, Nähnadeln, Faden usw.
- In den 1930er Jahren kam jeden Winter die «Räckolder-Frau» aus dem Schwarzwald. Sie bot Wacholder, Kümmel, «Imber» (Ingwer) u. a. Gewürze feil.
- Rossi, ein «Chacheli»- und Lumpenhändler aus Buckten, stellte seinen fahrbaren

Laden – einen Kleinlastwagen – jeweils an der Rössligasse auf. Er verkaufte Geschirr und Gläser und kaufte von den Dorfbewohnern Lumpen und Knochen.
- Wenn die Fahrenden aus dem Elsass, die sich aufs Schirmflicken verstanden, mit ihren Handwagen eintrafen und sich für ein paar Tage in der Rütschen niederliessen, ging es wie ein Lauffeuer durchs Dorf: «D Zigeuner chömme! Hänked der Späck ewäg!»

Vom «Kätterli», einer Frau aus dem Schwarzwald, die mit einer Hutte unterwegs war und Jahr für Jahr nach Rothenfluh kam, weiss Olga Graf (*1913) zu berichten: «Die Mutter hiess sie in die Stube treten und stellte ihr einen Kaffee auf. Wir Kinder standen neugierig um sie herum, wenn sie ihren Kram auspackte: Kleider, Schürzen, Hand- und Taschentücher, Unterwäsche und gestrickte Wollsachen. Da unsere Mutter ihr immer etwas abkaufte, kam sie zuerst zu uns, denn ihrer Meinung nach gab es einen guten Tag, wenn sie im ersten Haus, das sie besuchte, etwas verkaufen konnte.»

Hildegard Küng (*1935) nennt für die 1960er bis Ende der 90er Jahre folgende Händler und Hausierer:
- «Strumpfhänggi» aus Gelterkinden hatte an einem Draht über 100 Paar Strümpfe um den Leib geschlungen (in den 60er Jahren).
- Sägesser aus Diepflingen verkaufte Bürsten- und Seifenartikel, die von Behinderten hergestellt wurden.
- «Zigermannli» mit Hutte aus dem Glarnerland priesen ihre Ware – grosse und kleine Schabzigerstöckli – schon unter der Tür mit einem Spruch an (bis in die 70er Jahre).
- Frau Sutter, Schlosserei, Gelterkinden, sammelte bis ins hohe Alter per Velo Scheren und Messer zum Schleifen ein (bis Mitte 80er Jahre).
- Sinniger aus Erlinsbach verkaufte Kleider während etwa drei Jahrzehnten (bis in die 80er Jahre).
- Hohler aus dem Fricktal, ein blinder Korbmacher, vertrieb bis Mitte der 90er Jahre mit einem Kleinbus Korbwaren aller Art.
- Lander aus Lausen nimmt im Herbst Bestellungen für Samen auf.
- Ein Kleinbus versorgt die bäuerliche Bevölkerung mit Kleidern, Schuhen und Seilen.
- Verkäufer und Verkäuferinnen von Bildern, Karten, Häkelarbeiten – meist jung, dunkelhäutig oder aus Osteuropa – geben sich als Studentinnen und Studenten aus (seit Anfang der 90er Jahre).

Viele Rothenflüher werden sich noch an Ernst Martin (*1914) erinnern, den freundlichen Mann mit dem langen Bart, der während 25 Jahren (1959–1985) im Dorf Bestellungen für die Blindenwerkstätte Gelterkinden aufnahm. Zu seinem reichhaltigen Sortiment gehörten Badezimmerartikel, Bürstenwaren, Besen, Teppichklopfer, Schürzen, Tisch-, Hand- und Geschirrtücher.

Seit Anfang der 1980er Jahre besucht Margrit Fuchs regelmässig einmal im Jahr Rothenfluh. Im Auftrag der bandar, Bern-Bümpliz, einer Selbsthilfegenossenschaft für Behindertenarbeit, nimmt sie Bestellungen auf für Lederwaren, Textilien, Holzspielzeug und Kosmetika.

Das Hausiergewerbe alten Stils ist fast vollständig verschwunden. Es musste das Feld Postversandfirmen oder Firmen mit Hauslieferdienst überlassen. Auch der Migros-Verkaufswagen gehört schliesslich in dieses Kapitel. Er bediente Rothenfluh während rund sechs Jahrzehnten zweimal wöchentlich, jeweils am Mittwoch und am Samstag. 1998 stellte er die Fahrten ein.

8.3.4 Aufgegebene Gewerbebetriebe

In Rothenfluh waren zwei Getreidemühlen in Betrieb, eine im Dorf und die andere in der «Sagi», wobei Letztere – wie der Name verrät – einem Sägewerk angegliedert war. Da die *Mühle im Dorf* die weitaus ältere und bedeutendere war, soll hier ausführlicher über sie berichtet werden. Dabei beschränken wir uns im Wesentlichen auf die vier letzten Jahrzehnte der Dorfmühle bis zu ihrer Aufgabe 1978.

Ausser der Bezeichnung Müligass, dem Dorfnamen Müller für die dort ansässige Familie Gass und ein paar stummen Zeugen im Umkreis der ehemaligen Mühle erinnert heute kaum noch etwas an das traditionsreiche Gewerbe, mit dem einst ein gutes Einkommen und damit gesellschaftliches Ansehen verbunden war. Schon im Spät-

«Chouscht» von 1818 in der ehemaligen Mühle, 1998

1955 wurde ein Walzenautomat mit einem 10-PS-Motor in Betrieb genommen. Der Mahlvorgang konnte dadurch von drei Stunden pro 100 kg auf eine Stunde reduziert werden. Ein Jahr später übergab Heinrich Gass-Degen (†1962) die Mühle seinem Sohn, der – als Sechster in der Ahnenfolge – ebenfalls Heinrich heisst.

Die Kunden der Mühle stammten fast ausschliesslich aus Rothenfluh und Anwil. Während die Rothenflüher ihr Getreide selber zur Mühle brachten, holte Heinrich Gass bei den Anwiler Bauern, die wegen fehlender Wasserkraft im eigenen Dorf keine Mühle besassen, das Getreide in einem 14-tägigen «Chehr» mit Ross und Wagen ab. Es war Schwerarbeit, die 100-kg-Säcke von der «Bühni» hinunterzutragen. In den guten Zeiten hatte er in Anwil 35 Kunden, während es in Rothenfluh nur gut halb so viele waren.

mittelalter ist als Müller ein Hans Ryser bezeugt, der im Dorfteil der Herren von Münch zugleich das Amt des Meiers innehatte.[18] Ab Mitte des 16. Jahrhunderts beginnt mit Hans Gass die lange Reihe der Gass, die in Rothenfluh das Müllergewerbe ausübten: Ihre Stammtafel weist lückenlos elf Müllergenerationen aus!

Neben dem Hauseingang des zu Beginn des 19. Jahrhunderts errichteten Neubaus steht ein behauener Tuffstein, der ein Mühlrad, einen Baslerstab und die Jahrzahl 15(68) aufweist. Auf einer Skizze von G. F. Meyer aus der Zeit um 1680 ist die Mühle mit zwei Wasserrädern dargestellt. In der Stube erinnert eine gut erhaltene «Chouscht» von 1818 mit mehreren Mühlradsymbolen an das einstige Gewerbe.

1942, mitten im Krieg, musste ein zweiter Mahlgang eingebaut werden. Auch in Rothenfluh hatte sich die «Anbauschlacht» (Plan Wahlen) in einer erhöhten Getreideproduktion ausgewirkt. Bis Mitte der 40er Jahre wurde die Mühle ausschliesslich mit Wasserkraft betrieben. Nach dem Bau des Reservoirs in Oltingen hatte die Ergolz oft zu wenig Wasser, so dass zusätzlich ein 3-PS-Motor eingesetzt werden musste.

■ *Während des Zweiten Weltkriegs musste das Getreide – um die Brotversorgung zu sichern – zu 96 % ausgemahlen werden. Der richtige Ausmahlungsgrad konnte anhand eines «Mehltips» (Muster) ermittelt werden. Es fanden monatliche Kontrollen statt; Fehlbare wurden gebüsst. Dazu Heinrich Gass (*1921), genannt Müller Heiri: «Weil unsere Mahlsteine zu fein mahlten, mussten wir dem Mehl nachträglich ‹Chrüsch› beimengen. Einmal – so erzählte mir mein Vater – befand der Kontrolleur, dass unser Mehl zu hell sei; dabei setzte es eine Busse ab. Die Rechnung sei ausgerechnet an seinem Hochzeitstag eingetroffen.»*

Bis in die 50er Jahre wurde täglich gemahlen. Weil daneben ein grosser Landwirtschaftsbetrieb besorgt werden musste, war die Mühle oft auch nachts in Betrieb. Ernst Gass (*1929), genannt Müller Ärnscht: «An das Mahlgeräusch war ich so gewöhnt, dass ich nachts aufwachte, wenn es aus irgendeinem Grund einmal aussetzte. Ich habe heute noch das Klappern des ‹Tanzbären› im Ohr. Das war ein sternförmiges Rad, das vom ‹Läufer›[19] bewegt wurde. Es regulierte die Körnerzufuhr. War nun ein Trichter leer, wurde durch einen besonderen Mechanismus eine Glocke angeschlagen, die im ganzen Haus zu hören war. Der Trichter musste dann so schnell wie möglich nachgefüllt werden.» ■

Laut Getreidegesetz von 1932 waren die Getreideproduzenten verpflichtet, das Getreide, das sie zum Eigengebrauch mahlen liessen, in eine Mahlkarte einzutragen. Ausgabe und Kontrolle der Mahlkarten war Sache der Ortsgetreidestelle, die während über 20 Jahren von Walter Frei sen. betreut wurde. Aufgrund der Gesamtmenge des gemahlenen Getreides wurde Ende Jahr die Mahlprämie (Subvention) berechnet. Der Müller seinerseits musste in einem Heft, der sog. Mahlkontrolle, Buch führen über das von ihm gemahlene Getreide. Aus Heften, die erhalten geblieben sind, lassen sich für das Kriegsjahr 1941 folgende Zahlen ermitteln:

Tab. XI: Mahlkontrolle für das Jahr 1941

Weizen	48 003 kg
Dinkel (Korn)	25 082 kg
Gerste	1 306 kg
Mischel	251 kg
Roggen	146 kg
Total	**74 788 kg**

Weizen steht als wichtigstes Brotgetreide an erster Stelle. Dinkel, der bis ins 19. Jahrhundert das Hauptgetreide war, nach dem Krieg in Vergessenheit geriet und heute wieder vermehrt Verwendung findet, wurde etwa halb soviel vermahlen. Gerste findet sich in der Mahlkontrolle erst ab November 1941: Sie wurde von diesem Zeitpunkt an – zur Streckung – dem Brotgetreide beigemischt.

Das Total von 74 788 kg entspricht der Menge, die laut Getreidegesetz den Produzenten zum Eigenverbrauch (Selbstversorgung) zustand, nämlich pro Person 150 kg, für Kinder unter sechs Jahren die Hälfte. Der Rest der Ernte musste an den Bund («Bundessäcke») abgeliefert werden.

Im Gesamten wurden 1941 629 Mahlposten in die Mühle geliefert, 247 davon stammten aus Rothenfluh, 379 aus Anwil und 3 aus Ormalingen. Das Durchschnittsgewicht pro Posten betrug somit 115,5 kg. Bei einem Tagesmittel von 205 kg verarbeitetem Getreide und einem Mahllohn von Fr. 6.– für 100 kg kam der Müller auf einen durchschnittlichen Tagesverdienst von Fr. 12.30.

Während auf der Hochebene der Anbau von Dinkel deutlich überwog, wurde im Tal fast ausschliesslich Weizen angebaut.

Heinrich Gass, der letzte Müller von Rothenfluh. Das sog. Königsrad ist der einzige Einrichtungsgegenstand, der sich noch an seinem ursprünglichen Ort befindet. 1998.

Tab. XII: Getreidesorten nach Herkunft, 1941

	Weizen	Dinkel	Gerste	**Total**
Rothenfluh	33 948 kg	1 169 kg	642 kg	35 795 kg
Anwil	13 668 kg	23 643 kg	653 kg	37 964 kg
Ormalingen	351 kg	270 kg	11 kg	632 kg

Wirtschaft und Beschäftigung

Die eiserne Antriebswelle mit drei Radkränzen; im Hintergrund die ehemalige Mühle, 1998

Interessanterweise war dieses Verhältnis – wenigstens was Rothenfluh anbetrifft – in der Mitte des 19. Jahrhunderts gerade umgekehrt: «Von allen Getreidearten ist es das Korn [Dinkel], welches am häufigsten und mit dem grössten Erfolg angebaut wird. Weizen wird weniger gepflanzt, da er nur im besten Lande ergiebige Ernten liefert.»[20]

In den 1960er Jahren gingen die Mahlaufträge stark zurück. Die Konkurrenz durch andere Mühlen, vor allem aber das Aufkommen der Mähdrescher waren für den Niedergang verantwortlich. Das umständliche Trocknen und Aufbewahren auf der «Bühni» entfiel. Das Getreide konnte nun vom Feld weg in eine der grossen Handelsmühlen der Nachbarschaft geliefert werden. In der Folge stand die Dorfmühle oft tagelang still. Heinrich Gass, dem letzten Müller von Rothenfluh, fiel es schwer, den Betrieb, der schon längere Zeit nicht mehr rentierte, 1978 schliesslich ganz aufzugeben. So verschwand aus Rothenfluh fast unbemerkt ein ehrwürdiges Gewerbe, das der Bevölkerung jahrhundertelang die Grundlage fürs tägliche Brot geliefert hatte. Erhalten haben sich folgende Einrichtungsgegenstände:

- Zwei Mühlsteine (Boden und Läufer); sie hatten zuvor in der ehemaligen Mühle Bözen ihren Dienst getan.
- Eine eiserne Antriebswelle mit verschiedenen Radkränzen, darunter solche mit hagebuchenen Zähnen («Chämbe»). Diese hatten den Vorteil, bei der Kraftübertragung auf ein Ganzmetall-Zahnrad flexibler zu sein.
- Die Achse samt Speichen des 1972 abgebrochenen Wasserrades.
- Das sog. Königsrad: Das Hauptantriebsrad mit Zähnen aus Eichenholz ist der einzige Gegenstand, der sich noch an seinem ursprünglichen Platz befindet (Durchmesser 2,5 m).
- Zwei Rendelsteine (Boden und Läufer), die zur Entspelzung des Dinkels dienten.
- Ein Kronhammer und ein Fürlihammer, die zum Glätten bzw. zum Nachziehen der Rillen in den Mühlsteinen verwendet wurden.

Vom ehemaligen Mühlekanal, dem «Dyg», sind noch Spuren in der Landschaft zu erkennen.

Im Weiler Säge, an der Strassenverzweigung nach Wegenstetten, sind im Laufe der Jahrhunderte verschiedene Gewerbebetriebe entstanden und wieder verschwunden (siehe Kapitel 5.3.6). Im Jahre 1700 wurde dort die bereits erwähnte Säge errichtet. Das dazugehörige «Dyg» wurde 400 m talaufwärts aus der Ergolz abgeleitet. 1822 wurden dem Sägewerk eine Gipsmühle, eine Schleife und eine Öltrotte angegliedert. Als Letztes kam um 1850 eine Getreidemühle dazu. 1919 brannten Säge und Mühle ab, wurden aber, zusammen mit dem Wohnhaus, neu aufgebaut. (Gastwirtschaft Säge siehe Kapitel 8.4.1).

Es gab zwei Wasserräder, das eine für die *Mühle,* das andere für das *Sägewerk.* Wegen Wassermangels musste – aus dem gleichen Grund wie in der Dorfmühle – ein Hilfsmotor angeschafft werden. Emil Jakob (Jacques) Erny, Sager Schaggi (1868–1956), der letzte Müller, betrieb auch eine Landwirtschaft und das Gasthaus. Er hatte seine Kundschaft in Wegenstetten, Hellikon und Zuzgen. Paul Furrer (*1934), heutiger Besitzer des früheren Gewerbegebäudes: «Zobe nom Fuere het der Grossätti z Mühli gholt. Er het d Ross ygspannt und isch is Aargauische übere gfahre. Er isch amme erst znacht spot wider heicho.» Nach der Mobilmachung 1939 stellte er den Müllereibetrieb ein. Eduard Erny, Sager Edi (1871–1953), der ledige Bruder von Jacques, war für das Sägewerk verantwortlich. Weil die Einrichtungen veraltet waren und der Betrieb nicht mehr rentierte, wurde die Sägerei 1958 aufgegeben.

Paul Furrer: «Der Sagerlohn wurde selten bar bezahlt. Zwischen Weihnacht und Neujahr ging die Mutter jeweils auf den Einzug. Manchmal wurden die Rechnungen erst nach zwei, drei Jahren bezahlt, manchmal überhaupt nicht.» 1960/61 wurde der Mühle- und Sägetrakt zu Wohnungen umgebaut.

Einer *Uhrensteinschleiferei,* einem Zweig der Uhrenindustrie, wie sie vor allem im Hinteren Baselbiet (Bezirk Waldenburg) als Ersatz für die serbelnde Posamenterei aufkam, war offenbar wenig Erfolg beschieden. Sie hatte sich in den 1930er Jahren im

Das Wasserrad der Sägemühle im Griff des Winters 1928/29

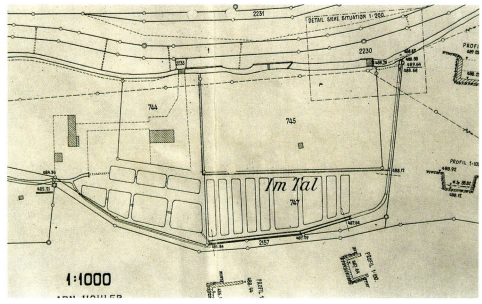
Plan der Fischzucht Im Tal von 1940

Anbau des Hauses Graf an der Rössligasse eingemietet.

Unterhalb der Talweiher sind heute noch drei viereckige Teiche zu sehen. Während über drei Jahrzehnten waren sie Teil einer *Forellenzucht,* die um 1930 vom Basler Spenglermeister Wehrenfels angelegt worden war. Als Pächter führte Fritz Graf aus Rothenfluh mehrere Jahre den Betrieb. Die Fische setzte er in Rheinfelden und Basel ab, u. a. im renommierten Hotel Drei Könige. Anschliessend ging die Fischzucht in den Besitz von Arnold Hohler aus Zeiningen über. Nach Aufgabe derselben in den 1960er Jahren wurden die Gebäulichkeiten teilweise abgerissen. Die noch bestehenden Weiher wurden unter Naturschutz gestellt.

Von 1962 bis 1990 bestand an der Anwilerstrasse 114 ein *Plattenlegergeschäft.* Marcel Heckendorn führte mit ein bis zwei Mitarbeitern ausser den branchenüblichen Wand- und Bodenbelägen auch Aufträge für Treppen und Gesimse in Natur- und Kunststein aus.

Im Dübachhof richtete Martin Müller-Bärtschi 1978 im ungenutzten Ökonomiegebäude eine Schreinerei ein. Ihre Spezialität waren Profilleisten, die im Innenausbau, im Flugzeugmodellbau und bei der Herstellung von Bilderrahmen Verwendung finden. Das astreine Holz einer besonderen Fichtenart musste aus Nordamerika importiert werden. 1988 nahm die Firma, in der inzwischen auch ein Sohn und zwei Angestellte mitarbeiteten, die Fensterproduktion auf. Da sich die Ertragslage kurz darauf drastisch verschlechterte, wurde die Beteiligung an dem geplanten Gewerbehaus im Tal ausgangs Dorf gegen Anwil aufgegeben. 1991 wurde der Betrieb eingestellt.

8.3.5 Bestehende Gewerbe- und Fabrikbetriebe

Nach Produktionszweigen geordnet ergibt sich für die nachfolgend aufgeführten zwölf Betriebe folgendes Bild (Stand 2000): Drei metall- und drei holzverarbeitende Betriebe, wobei zwei der Letzteren dem Baugewerbe zuzurechnen sind; ein Bau- und Gipsergeschäft, ein pharmazeutisches Unternehmen, ein Transportunternehmen, ein Nahrungsmittelproduzent, eine Zweiradhandlung und ein Gartenpflegebetrieb.

Hans Rieder, Autotransporte
Hervorgegangen ist das Unternehmen aus einer Fuhrhalterei, die Hans Rieder-Flubacher seit 1914 neben der Landwirtschaft betrieb. 1917 erwarb er die Konzession für den Postverkehr zwischen Gelterkinden und Kienberg (siehe Kapitel 8.4.5). Während vieler Jahre besorgte er den Salztransport – pro Fuhre eine Tonne – von Schweizerhalle nach Gelterkinden, Thürnen und Rothenfluh. Wegen des damals noch bestehenden Salzmonopols durfte das Salz in

Langholztransport auf dem Wittnauerberg; Otto (l.) und Hans Rieder neben dem Meili-Traktor. Der Anhänger, bestehend aus Vorder- und Hinterachse, ist eine Eigenkonstruktion. 1947 oder 1948

Wirtschaft und Beschäftigung

Hans Rieder jun. mit Tanklastwagen an der Rössligasse 24, 2000

Rothenfluh nur vom Konsum verkauft werden. 1946 kaufte sich Hans Rieder einen Traktor für den Mergeltransport, zu dem er gleich noch eine passende hydraulische Schaufel konstruierte. Der Mergel, der zum Teil aus der eigenen Grube Vor Buech stammte, fand im Strassen- und Wegebau der Gemeinde Rothenfluh und der umliegenden Gemeinden Verwendung. Kurz bevor sein Sohn Hans Rieder-Lehnherr 1952 das Geschäft übernahm, wurde der erste Lastwagen angeschafft. Der Ankauf von Kippern ermöglichte es, Aufträge verschiedener Baugeschäfte auszuführen. Anfang der 70er Jahre schloss Hans Rieder einen Vertrag mit der Firma AGA in Pratteln. Der Transport von Sauerstoff- und Acetylengasflaschen machte die Anschaffung eines Sattelschleppers mit Auflieger notwendig. Im jüngsten Auftragsbereich, der Entsorgung von Karbidschlamm, kommt ein Tanklastwagen zum Einsatz. Das Unternehmen, dessen Führung inzwischen in dritter Generation an Hans Rieder jun. übergegangen ist, beschäftigt gegenwärtig drei Chauffeure. Der Wagenpark besteht aus vier Lastwagen: drei Sattelschleppern (einer davon ein Tanklastwagen) und einem Dreiachsfahrzeug mit Hebebühne.

Zimmerli Holzbau AG

Die Brüder Gottlieb und Albert Zimmerli, beide gelernte Zimmerleute, begannen mit der Ausübung ihres Handwerks 1918 an der Hirschengasse 87. Die engen räumlichen Verhältnisse machten schon bald den Bau einer Werkstatt notwendig. 1921 wurde das erste grosse Bauvorhaben, das Gemeindehaus (die heutige «Chesi» und Milchsammelstelle) in Angriff genommen. Etwa 15 Personen waren daran beteiligt, in der Mehrzahl Taglöhner aus dem Dorf. Das neue Gemeindehaus war ein Mehrzweckbau: Ein Gemeinderatszimmer samt Archiv, ein Magazin, eine Küche, die Obstpresse für den landwirtschaftlichen Ortsverein und nicht zuletzt das Postauto sollten darin untergebracht werden

Als erste Maschinen wurden eine Bauholzfräse und eine Hobelmaschine angeschafft. Wegen zu hoher Stromkosten (für die Elektrizitätsversorgung war damals noch die Ortsgenossenschaft Rothenfluh zuständig, siehe Kapitel 8.4.6) wurde

Aufrichte des später «Neubau» genannten Gemeindehauses am 28.4.1921

Wirtschaft und Beschäftigung

Der Bürgerschopf im Rohbau, 1998

ca. 1930 ein 9-PS-Dieselmotor gekauft. Beim Sägen der Balken kam der Motor oft an die Grenzen seiner Leistungsfähigkeit; dadurch entstanden unverwechselbare Sägespuren, die heute noch die Herkunft eines Balkens bzw. Dachstuhls aus der Werkstatt Zimmerli verraten. 1949 beauftragte die Milchgenossenschaft Gottlieb Zimmerli mit dem Bau des Dreschschopfs. Paul Zimmerli-Schürch (*1926), der die Lehre im elterlichen Betrieb gemacht hatte, absolvierte 1951 die Meisterprüfung. Er übernahm die Zimmerei 1969 und erweiterte sie durch ein Planungsbüro. Bau, Ausbau und Sanierung von Einzelhöfen waren sein Spezialgebiet. Im Laufe der Jahre gelangten ca. 200 derartige Aufträge, vom Freiburgischen bis in die Ostschweiz, zur Ausführung. 1980 wurde der Betrieb mit dem Bau der Gemeindekanzlei in Rothenfluh beauftragt. Die 1989 von Paul Zimmerli-Schürch gegründete Aktiengesellschaft wurde 1995 von seinem Sohn Paul Zimmerli-Rohr und seinem Schwiegersohn Daniel Brönnimann übernommen. Zu den Angeboten der Zimmerli Holzbau AG gehören Dachkonstruktionen, Innen- und Aussenverkleidung, Wärmedämmung, Treppenbau und Parkettböden. 1997 wurde das erste Elementhaus fertig gestellt. Die in der Werkstatt gefertigten Elemente messen bis zu 2,5 x 4 m. 1998 gewann die Firma im Wettbewerb um das «Regio-Produkt des Jahres» den ersten Preis. Als «umweltfreundliche Innovation» wurde der Holzbrettstapel ausgezeichnet, ein Bauelement, das für Böden, Wände und Deckenkonstruktionen verwendet wird. Die Firma beschäftigt drei Zimmerleute, einen Schreiner und einen Lehrling.

Rieder & Co. AG
1931 begannen die Gebrüder Ernst und Oskar Rieder in einem Schopf an der Rössligasse mit der Herstellung von Hufeisenstollen. Das Sortiment umfasste von Anfang an acht Modelle. Mit dem Zweiten Weltkrieg kam die junge Firma – eher unverhofft – zu einem grossen Bundesauftrag. Bis 16 Stunden täglich wurde gearbeitet, um die

Die Zimmerli-Crew: v. l. Michael Bürgin, Marcel Wehrli, Paul Zimmerli, Daniel Brönnimann, Martin Erny, 2001

Wirtschaft und Beschäftigung

Rieder & Co., ein metallverarbeitender Betrieb, ist der grösste Arbeitgeber am Ort. 2000

Stanzmaschine zum Zuschneiden von Gitterrosttragstäben, 2000

Roland Rieder sen. und jun., die Unternehmensführung in zweiter und dritter Generation, 2000

Armeepferde mit Hufeisenstollen auszurüsten. Bis Kriegsende verliessen rund zwei Millionen Stollen den Betrieb an der Rössligasse.

Mitte der 50er Jahre kam ein neuer Produktionszweig dazu: die Herstellung von Gitterrosten. Bald machten diese den ständig rückläufigen Absatz von Hufeisenstollen mehr als wett. 1958 wurde die neu erstellte Fabrikationshalle an der Wittnauerstrasse bezogen. Noch heute werden dort Gitterroste gepresst und verschweisst.

1965 entwickelte Roland Rieder-Lehnherr eine Anreissnadel im Kugelschreiberprinzip, den «Rico-Marker». Damit öffnete er seiner Firma neue Märkte. Während die Gitterroste und Hufeisenstollen praktisch nur im Inland abgesetzt werden, gehen 19 von 20 Anreissnadeln ins Ausland. Mit rund 60 Umsatzprozenten haben die

Wirtschaft und Beschäftigung

Anreissnadeln die beiden anderen Produkte weit hinter sich gelassen.
Die Nachfolge bei Rieder & Co. AG ist geregelt. In dritter Generation ist Roland Rieder-Kunz, gelernter Werkzeugmacher und dipl. Maschineningenieur, seit einigen Jahren im Betrieb tätig, führt die Firma und ist dem Verwaltungsrat gegenüber verantwortlich. Das Familienunternehmen ist seit 1974 eine Aktiengesellschaft und beschäftigt derzeit (Oktober 2000) zehn Mitarbeiterinnen und Mitarbeiter.

Graf Fruttasan AG
Nachdem Otto Louis Graf in Brüssel, wo er im Auftrag der Firma Nestlé tätig war, praktische Erfahrungen als Kaufmann gesammelt hatte, kehrte er nach Rothenfluh zurück und erarbeitete zusammen mit einem Chemiker das Rezept für ein neuartiges Abführmittel auf pflanzlicher Basis. Bereits im Jahre 1937 begann Otto Graf mit der Fabrikation der Fruttasan-Früchtewürfel am damaligen Geschäftsdomizil an der Rössligasse 41 in einem Lokal, in dem zuvor Seidenbänder gewoben und Uhrensteine geschliffen worden waren. Während Otto Graf die Kundschaft – Apotheken und Drogerien – besuchte, führte seine Frau Olga mit einigen Hilfskräften den Betrieb. Der Arbeitsablauf – damals fast reine Handarbeit – wickelte sich folgendermassen ab: Gedörrte Früchte, namentlich Feigen, wurden in einer Hackmaschine zerkleinert und mit gemahlenen Sennesblättern, Puderzucker und anderen Zutaten zu einer teigartigen Masse geknetet, ausgewallt, dann

Urs Graf, Leiter der Herstellung, im Produktionsraum, 2000

mit einer Schablone zu Tafeln gepresst, in Würfelform geschnitten, in Alufolien gewickelt und verpackt.
Nach den wirtschaftlich schwierigen Kriegsjahren – gewisse Zutaten konnten nicht mehr importiert werden und mussten vorübergehend durch Dörrobst und Faulbaumrinde ersetzt werden – stellte sich bald der geschäftliche Erfolg ein. Ende der 50er Jahre wurde das nicht mehr genutzte Ökonomiegebäude abgerissen und durch einen Trakt mit Büro und Lagerräumen ersetzt. Der Betrieb wurde laufend modernisiert. Was zuvor flinke Frauenhände verrichteten, übernahmen zunehmend Maschinen. So wurde beispielsweise 1967 die erste automatische Verpackungsmaschine installiert. Im gleichen Jahr, nach dem Tod des Firmengründers, ging der Betrieb an dessen Witwe Olga über. Nach und nach traten in zweiter Generation ihre drei Söhne Otto, Urs und Beat in das Unternehmen ein.

Wirtschaft und Beschäftigung

Die mit der Zeit eng gewordenen räumlichen Verhältnisse machten eine Auslagerung der Produktion, verbunden mit einem Neubau, notwendig. 1976 erwarb Olga Graf in der Etzmatten ein Baugrundstück und errichtete darauf ein zeitgemässes Fabrikationsgebäude. Die Fruttasan AG ist eine reine Familienaktiengesellschaft. Sie erzielt etwa 80% ihres Umsatzes in der Schweiz.

**Ernst Schneider,
Transportgeräte- und Anhängerbau**
1946 begann Ernst Schneider an der Ruebgasse Fahrräder zu reparieren und zu verkaufen. Nach dem Umzug an die Anwilerstrasse 42 im Jahre 1962 baute er den ehemaligen Stall der Liegenschaft in eine Werkstatt um. Im Einmannbetrieb entwickelte er Anhänger und Transportgeräte aller Art: Transportgatter für Schweine, Silowagen, Sackkarren, Servierboys, Zeitungswagen und Futterwagen für die Schweinemast. Einige davon waren Einzelanfertigungen, andere stellte Ernst Schneider serienmässig her, z. B. von den bewährten Anhängern etwa 1000 Stück. Abnehmer dieser Geräte waren vor allem die landwirtschaftlichen Genossenschaften der Region.
Etwa ab 1972 begann Ernst Schneider mit der Entwicklung und Herstellung von Stalltüren und -fenstern. Er brachte seine Produkte an verschiedenen Märkten im Jura an den Mann. Während fast 20 Jahren war er auf dem Markt von Reconvilier präsent.
Zur Vielseitigkeit von Ernst Schneiders Schaffen gehören auch schmiedeiserne Gegenstände wie Gartentore, Geländer und Tischlampen. Auch als über Achtzigjähriger steht er noch fast jeden Tag in der Werkstatt: 1997 entwickelte er den Prototyp einer grossen Kippschaufel zum Schneeräumen. Drei Jahre später hatte er eine Serie Leiterwagen für Kinder in Arbeit.

Küng Metallbau
1954 übernahm Hans Küng (1931–1990) die alte Dorfschmiede (siehe Kapitel 8.3.2) an der Rössligasse 36. Noch zwei Jahre lang arbeitete er tagsüber in Basel, abends und frühmorgens in seiner Werkstatt; danach konnte er sich endlich voll und ganz seinem eigenen Betrieb widmen. Neben der Anfertigung von landwirtschaftlichen Geräten und Zubehör für den Silobau betätigte er sich – selber ein begeisterter Rösseler – als Hufschmied. 1962 baute er die zur Schmiede gehörende Scheune auf der anderen Strassenseite in eine modern eingerichtete Werkstatt um. Durch die Entwicklung und Herstellung von Spezialgeräten machte er sich bald einen Namen. Seine patentierten Rohrprüfgeräte und Rohrgreifer fanden weit über die Landesgrenzen hinaus Absatz. Von 1970 bis 1982 wurde er von seinem Bruder Toni tatkräftig unterstützt. 1987 schloss sein Sohn Stefan, der jetzige Firmeninhaber, seine Lehre als Metallbauschlosser ab und

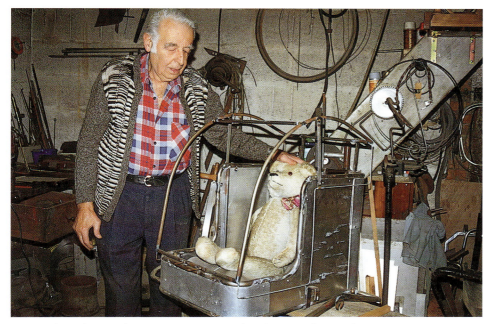

Ernst Schneider mit dem Prototyp eines Veloanhängers für Kinder, 1998

Wirtschaft und Beschäftigung

Schmitte an der Rössligasse, Ende 1950er Jahre

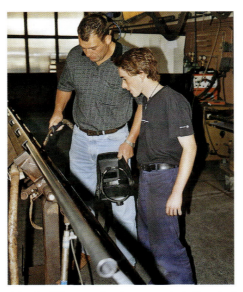

Martin Küng und sein erster Lehrling bei Schweissarbeiten an einer Schachtleiter, 2000

Hans Küng mit Schild für das Restaurant Säge, Ende 1980er Jahre

trat, nach einem längeren Welschlandaufenthalt, in den väterlichen Betrieb ein. Nach dem frühen Tod seines Vaters musste er das Geschäft in eigener Verantwortung übernehmen. Hildegard Küng, schon zu Lebzeiten ihres Mannes in allen Geschäftsbereichen tätig, stand ihm hilfreich zur Seite. In den 60er bis 80er Jahren beschäftigte der Küng'sche Betrieb vier bis fünf Mitarbeiter; heute sind es noch zwei. In der Produktion stehen Bauschlosserarbeiten wie Geländer, Treppen, Balkone, Gitter, Vordächer und Windfänge im Vordergrund. Ausserdem werden Chromstahl-, Schmiede- und Kunstschlosserarbeiten sowie Reparaturen aller Art ausgeführt.

Jörg Rieder, Leghennen-Aufzuchtbetrieb

Max und Heidi Rieder-Superina begannen 1963 mit der gewerbsmässigen Junghennenaufzucht. Sie bauten zu diesem Zweck an der Wittnauerstrasse einen zweigeschossigen Stall. 1973 siedelte die Familie an die alte Landstrasse (Heuelschüren-Hof, siehe Kapitel 5.3.7). Eine Schweinemast mit Ställen für 200 Tiere wurde in den 80er Jahren wieder aufgegeben.

Nach dem frühen Tod von Max Rieder führte seine Frau Heidi mit grossem Engagement den Geflügelbetrieb weiter. Dieser wurde 1995 von Jörg Rieder, dem jüngsten Sohn, übernommen und ein Jahr später erweitert. Er baute den Aufzuchtstall an der Wittnauerstrasse in einen Leghennenbetrieb

Wintergarten mit Auslauf ins Freilandgehege an der Wittnauerstrasse, 2000

Wirtschaft und Beschäftigung

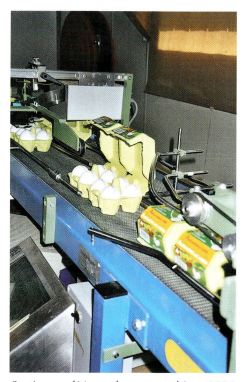

Sortier- und Verpackungsmaschine, 2000

um. Die Eier werden an die Migros Basel geliefert. Der Betrieb erfüllt die Vorschriften der Migros-Sano-Produktion.

Die zur Aufzucht bestimmten, einen Tag alten Küken werden zweimal im Jahr aus Deutschland angeliefert (je 3700 Stück). Die ersten 18 Wochen verbringen die Junghühner in einer mehrere Etagen umfassenden Voliere. Vor Beginn der Legeperiode werden sie in den Leghennenstall an der Wittnauerstrasse umgesiedelt. Auf zwei Stockwerken werden je 3500 Tiere gehalten. Die Raumverhältnisse entsprechen der konventionellen Bodenhaltung, ergänzt durch Wintergarten und Freilandgehege. Die durchschnittliche Tagesproduktion beträgt 5700 Eier. Ein Computerprogramm steuert die Zufuhr und Dosierung von Nahrung und Wasser, Luft und Licht. Nach einem Jahr haben die Hennen «ausgedient» und werden als Suppenhühner verkauft. Die Eier, die per Fliessband eingesammelt werden, müssen durchleuchtet und auf Schäden kontrolliert werden. Das Sortieren nach Gewicht, das Datieren und das Schliessen der Vierer- und Sechserkartons geschieht automatisch. Vor dem Transport nach Basel werden die Eier in einem Kühlraum aufbewahrt.

Weitere gewerbliche Betriebe (Stand 2000):
- Rudolf Erny, Massschreinerei (Möbel, Treppen, Kücheneinrichtungen); seit 1983.
- Franz Hugentobler, Bedachungen, Holzbau, Renovationen, zwei bis drei Mitarbeiter; seit 1983.
- Erich Erny-Grauwiler, Zweiräder und Autopneus; seit 1987.
- Heidi Schaffner, Coiffeursalon; seit 1987.
- Manuel Oliveira, Gartenpflege; seit 1995.
- Bussinger + Itin AG, Bau- und Gipsergeschäft, seit 1998.
- Karin Wyss, Coiffeursalon; seit 2000.

8.4 Dienstleistungsbetriebe

8.4.1 Gasthäuser

Markus Lutz weist 1834 für Rothenfluh lediglich eine «Schildwirtschaft» nach. 30 Jahre später vermeldet Wilhelm Koch[21] bereits vier Wirtschaften, nämlich «1 Gasthaus, 1 Speisewirtschaft, 1 Pintenschenke und 1 Badwirtschaft.» Diese boten nach seiner Einschätzung «den Leuten hinreichende Gelegenheit, sich gütlich zu tun und der Pflege des Leibes obzuliegen.» Vom Ende des 19. bis zum Ende des 20. Jahrhunderts verfügt Rothenfluh über eine Auswahl von fünf bis sieben Gaststätten. Im Verzeichnis der Wirtschaften von 1892[22] sind vier Schenken und eine Taverne (Speisewirtschaft) verzeichnet. Im Jahre 2000 zählt das Gastgewerbe fünf Einrichtungen,

Wirtschaft und Beschäftigung

nämlich zwei Dorfwirtschaften und drei Landgasthöfe.

«Bad»

Am kurvenreichen Übergang nach Wittnau gelegen, lädt das Rothenflüher «Bad» mit seiner gedeckten Gartenwirtschaft Ausflügler zu einem Halt ein (siehe auch Kapitel 5.3.2). In der Heimatkunde von 1863 lesen wir: «Im Odenthal[23] eisenhaltige Quelle, welche in neuester Zeit gefasst und zu einem Bade benutzt worden ist.» In dem 1860 eröffneten Gasthof wurden während vieler Jahre auch Solebäder angeboten. Die Sole kam aus Rheinfelden und wurde mit Ochsenwagen transportiert.[24] Das von Heinrich Gass (Hübeli Heinz) nach einem Brand wieder aufgebaute «Bad» ging 1918 an die Geschwister Zimmerli über und blieb bis 1953 in deren Besitz. Elisabeth Stalder-Zimmerli (*1931): «Ida, Jakob, Rosa, Abraham und Elisabeth waren ledig – und blieben es. Sie waren aufeinander angewiesen, denn nur gemeinsam war es ihnen möglich, den Gasthof samt Badebetrieb und Landwirtschaft zu erhalten.» Im Garten neben dem Haus befand sich eine Brunnstube. Das Wasser wurde von dort in das etwas tiefer gelegene Badehäuschen in den 3000 Liter fassenden Heizkessel geleitet. Die sieben bis acht Kabinen waren mit Zinkwannen ausgerüstet. Die Badegäste kamen am Wochenende mit dem «Breck» angefahren, gaben sich dem Badevergnügen hin und liessen es sich nachher bei einem währschaften Mahl schmecken. Die Feriengäste stammten vor allem aus dem Elsass. Neben auswärtiger Kundschaft gab es auch Einheimische, die, vor allem im Heuet, die nahegelegene Bademöglichkeit nutzten. Der Badebetrieb, der schon in den 1930er Jahren stark rückläufig war, musste zu Beginn des Zweiten Weltkriegs ganz eingestellt werden. Wie die meisten andern Rothenflüher Gaststätten profitierte auch das «Bad» von den zahlreichen Einquartierungen. Unter dem Dach des Badhäuschens wurde ein Kantonnement eingerichtet, die Badekabinen dienten als Munitionslager. Auch der Gasthof war voll von Militär.

1953 erhielt das «Bad» mit Oskar Morf einen neuen Besitzer. 1961 übernahmen Hans und Klara Rüegsegger-Doppler das Gasthaus samt der Landwirtschaft. Da Rüegseggers während etwa 20 Jahren eine Schweinezucht betrieben, wurden im leerstehenden Badehäuschen – nachdem die Installationen entfernt worden waren – ein Wurstraum und eine Räucherkammer eingerichtet. Die noch verbliebenen Zinkwannen endeten als Tränke auf den umliegenden Viehweiden.

Während mindestens zwei Jahrzehnten – bis 1954 – beherbergte das «Bad» Ferienkolonien mit Schulkindern aus dem unteren Baselbiet, Basel-Stadt, Strassburg und Mülhausen. Ausgewählt wurden die Baselbieter Kinder – es waren jeweils etwa 40

Das «Bad», einer der drei Landgasthöfe, 1998

Das erste «Rössli» befand sich an der Rössligasse 44. Max und Margrit Gysin-Zurlinden in der ehemaligen Wirtsstube, 1998

Ferienkolonie aus Liestal im «Rössli»: Vor der Fahrt nach Gelterkinden werden die Pferde gestriegelt – die Hufe sind bereits eingefettet! 1930er Jahre

aufs Mal – von der Tuberkulose-Liga Baselland. Die schwächlichen oder krankheitsanfälligen Kinder wurden zu Beginn und am Schluss ihres Aufenthalts gewogen. Landluft, Bewegung und eine gesunde Ernährung führten bei den meisten zur angestrebten Gewichtszunahme. Die Kinder waren in drei Schlafsälen untergebracht, gegessen wurde an langen Tischen auf der Laube. Verena Bider-Strübin (*1920): «Ich war in den Jahren 1939 bis 1941 als eine von drei Leiterinnen im ‹Bad›. Es war eine schöne Zeit. Wir wurden von den Geschwistern Zimmerli richtig verwöhnt.» Ab Mitte der 50er Jahre blieben nicht nur die Schulkolonien, sondern auch die letzten regelmässigen Feriengäste aus. Bis in die 80er Jahre übernachteten im «Bad» gelegentlich noch Passanten, dann gab man die Gästezimmer ganz auf.

«Rössli»

An der Rössligasse 44, dem heutigen Bauernhaus von Max Gysin (Micheli Max), betrieb Johann Georg Schwarz, Tierarzt, Wirt und zeitweilig Gemeindepräsident (siehe Kapitel 13.3), um die Mitte des 19. Jahrhunderts eine Gastwirtschaft.[25] Eine qualitätvolle, gut erhaltene «Chouscht» trägt den Namenszug des Erbauers und die Jahrzahl 1841. Auf eine ehemalige Gastwirtschaft lassen das ungewöhnlich grosse Wohnzimmer (ehemalige Wirtsstube), der heute in eine Wohnung umgebaute Saal und zwei grosse Kellergewölbe schliessen. Nach dem frühen Tod des ersten Besitzers wurde das «Rössli» von einem Verwandten,

Wirtschaft und Beschäftigung

Das Restaurant Rössli ist eine der beiden noch verbliebenen Wirtschaften im Dorf. 2000

Schichten zu je zwei Wochen suchten hier Schulkinder aus Strassburg und dem Unteren Baselbiet Erholung. Eine Gruppe umfasste 30 bis 40 Kinder. Myrta Heckendorn-Rieder (*1930) erinnert sich, wie eines Tages grosse Aufregung herrschte: «Wir hatten gerade eine Ferienkolonie aus Strassburg, als 1939 der Krieg ausbrach. Alle Kinder weinten, weil sie sofort nachhause mussten.»

«Ergolz»

Seit über zweihundert Jahren befindet sich das Restaurant Ergolz in den Händen der ursprünglich aus Oltingen stammenden Familie Gisin. Der Erste in der Gisin'schen Wirtedynastie war Hans Heinrich Gisin-Erny (1762–1817), Pintenwirt und Posamenter. Auf ihn geht der Dorfname Chrusheini zurück. Das Lokal, die Kruse[26], befand sich möglicherweise am Dorfplatz im Haus Nr. 56. Der erste Wirt an der Rössligasse 33 dürfte Heinrich Gisin-Erny (1837–1912) gewesen sein. Im bereits erwähnten Verzeichnis von 1892 ist er als Inhaber einer nicht näher bezeichneten Schenke aufgeführt. Auf ihn folgt sein Sohn Emil Gisin-Gass (1869–1906). Nach seinem frühen Tod übernahm seine Ehefrau Emilie den Betrieb, zu dem auch eine Landwirtschaft und eine Spezereihandlung gehörten. Sie führte ihn

Hermann Schwarz, an seinem jetzigen Standort an der Rössligasse 13 neu eröffnet. Später ging das Gasthaus an Ernst Rieder-Keller, der auch der letzte Rothenflüher «Bott» war, über. Anschliessend übernahm es sein Sohn, Ernst Rieder-Schaffner (1899–1969). Damals gehörten noch ein Landwirtschaftsbetrieb und eine Metzgerei dazu. 1970 wurde das Restaurant an Gerda Gerum verkauft. Ihr Bruder Herbert Gerum-Gisin führte dann zusammen mit seiner Frau Marianne – zuerst als Pächter, dann als Inhaber – den Gastbetrieb bis 1989. Während sieben Jahren hatten Ursula Weber und Waldemar Montag den Betrieb in Pacht. Eduard Büchli, der die Wirtschaft 1996 übernahm, wurde bereits drei Jahre später von Gertrud Hillenbrand abgelöst.

Auch im «Rössli» waren in den 30er Jahren Ferienkolonien untergebracht. In drei

Das Restaurant Ergolz wird von den Einheimischen seit jeher «Chrusi» genannt. 2000

während 51 Jahren bis zu ihrem Tod im Jahre 1957. Der Laden, der unter der Konkurrenz des 1915 eröffneten Konsums zu leiden hatte, wurde Mitte der 30er Jahre aufgegeben.

Auf Emilie Gisin folgte ihr Sohn Walter Gisin-Gisin (1905–1968). Er liess 1959 die Wirtschaft umbauen. Der schmale Ladenraum wurde der Gaststube und der Küche zugeschlagen. Die über dem Eingang angebrachte Tafel «Wirtschaft – E. Gisin – Spezereihandlung» wurde entfernt und durch eine grössere mit der Aufschrift «Restaurant Ergolz» ersetzt. Den Bauernbetrieb bewirtschaftete Walter Gisin zusammen mit seinem älteren Bruder. «Nach den anstrengenden Arbeiten des Tages verstand er es als leutseliger Wirt, seiner Gaststube eine heimelige Atmosphäre zu geben. Wenn er in guter Stimmung war, liess er sich dazu überreden, auf seiner Handorgel ein Stück aus jenen Zeiten zu spielen, als er in der Tanzkapelle ‹Daheim› mitwirkte. Seine Wertschätzung im Dorf kann auch an den vielen Ämtern ermessen werden, in die er von der Gemeinde gewählt worden war.»[27] Nach seinem tragischen Unfalltod übernahmen nacheinander für kurze Zeit seine Töchter Gertrud und Elisabeth das Restaurant. Seit 1971 wird es vermietet.

In den folgenden Jahrzehnten versuchten nicht weniger als neun Pächter in der «Chrusi», wie das Restaurant heute noch im Volksmund heisst, ihr Glück. Zehn Jahre lang, von 1988 bis 1998, wurde es von Edi Wyss geführt, der sich als Schwyzerörgeli-Spieler und Förderer der Volksmusik einen Namen machte. Er gründete 1990 den Verein der Volksmusikfreunde Rothenfluh. Bei seinem Wegzug wurde der Verein, der gegen 100 Mitglieder zählte, aufgelöst. Ein- bis zweimal im Monat fanden im Restaurant Ergolz Konzerte statt. Die acht Ländlertreffen, an denen jeweils ein halbes Dutzend freispielende Formationen auftraten, wurden nebenan in der Scheune durchgeführt. Ebenfalls auf die Initiative von Edi Wyss gehen die Volksmusikanten-Märsche zurück, die zwischen 1991 und 1997 jährlich 100–150 Teilnehmende nach Rothenfluh zu locken vermochten.

Nach dreimonatiger Renovation wurde das Restaurant am 1. September 1998 unter der Leitung von Barbara Schär-Ruesch wieder eröffnet.

«Säge»

Das Restaurant Säge, einer der drei Landgasthöfe, liegt an der Abzweigung der Strasse nach Wegenstetten im Weiler gleichen Namens (Sägewerk und Mühle, siehe Kapitel 5.3.6 und 8.3.4). Das Gasthaus wurde 1917 von Jakob Erny-Erny (Sager Schaggi) erbaut. 1933 übernahm seine Tochter Anna die Gastwirtschaft zusammen mit ihrem Mann Paul Furrer. In zweiter Ehe mit Ernst Wirz verheiratet, führte sie das Restaurant bis 1986. Vor dem Zweiten Weltkrieg beherbergte die «Säge» regel-

Die «Säge» liegt an der Abzweigung nach Wegenstetten. 2000

mässig Feriengäste aus Basel, wozu fünf Gästezimmer zur Verfügung standen. Nach dem Krieg waren es Passanten, die gelegentlich in der «Säge» übernachteten. Ab den 70er Jahren wurden die Zimmer nur noch ausnahmsweise belegt und schliesslich ganz aufgegeben. 1986 erwarb Ralph Knöpfli das Restaurant. Neben dem Pferdestall errichtete er Mitte der 90er Jahre ein kleines Gehege für Damwild und Gänse. Nach seinem Konkurs wurde 1998 das Bau- und Gipsergeschäft Bussinger + Itin AG neuer Besitzer der Liegenschaft. Der Gastbetrieb wurde verpachtet.

■ *Rita Buser-Furrer (*1929) erinnert sich an die turbulente Zeit zu Beginn des Zweiten Weltkriegs, als man jederzeit mit einem deutschen Überfall rechnete: «1940, als die Tanksperren unterhalb des Asp gebaut wurden, war in der Säge Basler Militär einquartiert. Die vier Wohnhäuser, die Mühle und die Scheunen – jeder freie Platz war belegt. Unsere Familie musste sich mit einem Zimmer begnügen. Das Restaurant wurde nachts, nachdem Tische und Stühle entfernt worden waren, in ein Strohlager verwandelt. Ich erinnere mich, wie ich manchmal aufwachte, wenn die Pferde mit ihren Hufen gegen den Bretterboden schlugen.»*
Mit der jährlichen Metzgete ist eine andere Erinnerung von Rita Buser verbunden: «Sobald im Dorf bekannt wurde, dass wir Metzgete hatten, schickten die armen Leute ihre Kinder mit Kesseli, um ‹Metzelesuppe› zu holen, die sie bei uns umsonst erhielten; das war die Brühe, die beim Kochen von Blut- und Leberwürsten entstand. Ich sehe noch den grossen, gusseisernen Kessel vor mir, der auf einer Feuerstelle in der Waschküche stand.» ■

«Asp»

Auf dem an der Banngrenze zwischen Rothenfluh und Wegenstetten gelegenen, 1828 an einem «trockenen Platz» neu erbauten Asphof (siehe Kapitel 5.3.1) wurde – laut Aussagen von Walter Eglin (*1925) – bereits in der 2. Hälfte des 19. Jahrhunderts eine Gastwirtschaft betrieben, zu der auch eine Kegelbahn gehörte: «Es wird erzählt, dass an manchen Sonntagen eine Musik zum Tanz aufspielte. Solche Anlässe, die junge Leute aus Rothenfluh, Ormalingen und Wegenstetten anlockten, sollen häufig mit Schlägereien geendet haben.» Als Wilhelm Eglin-Grollimund den Hof 1911 von Johann Rieder erwarb, wurde nicht mehr gewirtet. 1932 eröffnete Mina Eglin-Grollimund – angeregt durch den damaligen Rothenflüher Pfarrer Brunner – eine Kaffeewirtschaft. Während der Einquartierungen im Zweiten Weltkrieg erhielt sie die Erlaubnis, Alkohol auszuschenken. 1959 übernahmen die Geschwister Walter Eglin-Bay, Wilhelm Eglin-Weiss und Martha Eglin Hof und Restaurant. Als Wilhelm Eglin 1970

Ein Anziehungspunkt auf dem «Asp» ist die Gartenwirtschaft. 1998

Wirtschaft und Beschäftigung

«Früsch vom Buurehof» bei Familie Eglin-Krupiak auf dem Asphof, 2000

starb, führten Walter und Dora Eglin-Bay den Betrieb allein weiter. Eigentümer in der dritten Generation ist seit Januar 2000 Matthias Eglin-Krupiak.

Als Landgasthof ist das «Asp» mit seiner aussichtsreichen Lage, der heimeligen Gaststube und der Gartenwirtschaft mit dem alten Baumbestand ein beliebtes Ziel für Ausflügler von nah und fern. Seit vielen Jahren werden hofeigene Produkte wie Obst, Gemüse und gebranntes Wasser zum Verkauf angeboten.

Von 1923 bis 1970 beherbergte der Asphof während der Sommerferien Schulkinder aus Mülhausen und dem Unteren Baselbiet. Nach dem Zweiten Weltkrieg waren es Zürcher Schulkinder, in den 60er Jahren Kinder des Waisenhauses der Stadt Zürich, die in den Genuss von Landferien auf dem «Asp» kamen. Vor dem Krieg waren die Kinder – jeweils 30 bis 40 an der Zahl – im 2. Stock des Hauses untergebracht, ab 1948 in einem Neubau, dem «Chalet». Heute wird der obere Teil als Wohnung vermietet, der untere findet als Saal Verwendung.

Die folgenden zwei Gaststätten gehören der Vergangenheit an:

Der *«Rebstock»* befand sich an der Hirschengasse in einem Haus, das 1965 zugunsten der neuen Post abgebrochen wurde. Der aus dem Bernbiet zugewanderte Fritz Andrist († 1945) erwarb den «Rebstock» 1927. Im Jahre 1933 übernahm Marie von Büren-Strebel die Gastwirtschaft. 1942 wurde sie von Hans Gass-Rieder erworben. Er führte sie zusammen mit seiner Frau Lina bis 1959. Während der Grenzbesetzung war der «Rebstock» bei den Wehrmännern sehr beliebt, nicht zuletzt wegen der drei Gass-Töchter, die in der Wirtschaft mithalfen. Unter den vielen Andenken, die Lina Gass (1903–2001) aus jener Zeit aufbewahrt, befindet sich auch ein Gedicht mit 24 Strophen. Es ist ein Loblied auf Rothenfluh und vor allem auf die Wirtsleute im «Rebstock»:[28]

*Das Dorf allein schon, eine Augenweide,
Sowohl im Herbst – wie auch im Winterkleide,
Im Kreis herum kann man das schmucke Dorf umgehn,
Es sind zwei Strassen nur, an denen alle Häuser stehn.*

*Doch nicht die Lage war's, die uns so sehr gefallen hat.
Die Leute, diese lieben, waren's in der Tat,
Die uns den Aufenthalt so sehr verschönert haben,
Mit Gastfreundschaft, Verständnis, auch mit Liebesgaben.*

*Ein Hort, der hat mir's besonders angetan,
Zufällig hatte ich dort meinen Schlummerkahn.
Zum Rebstock heisst's, s'ist ringsherum bekannt,
Als Speisewirtschaft wird's in Basel gar sehr oft genannt.*

*Der Vater Gass, ein kleiner strammer Mann,
Der nicht nur prima wirten, sondern alles kann,
Obst- und Gemüsehandel, Viehzucht, Ackerbau,
Als guter Jäger ist er zudem noch sehr schlau.*

Wirtschaft und Beschäftigung

Der «Rebstock» musste 1965 dem neuen Postgebäude weichen; rechts neben dem Restaurant die alte Post, 1954

*Für Mutter Gass find' ich die Worte kaum,
Das kam mir wirklich vor grad wie im Traum.
Wer solch eine Frau sein' Mutter nennen kann,
Der trägt Gewinn davon sein Leben lang.*

*Über die Töchter kann ich leider nicht viel reden,
Nur der Gedanke schon lässt mein Herz erbeben.
Wer eine Seele hat, muss solche Mädchen lieben,
S'ist ein Gesetz, das nirgends steht geschrieben.*

*Mag es jetzt Lineli oder Irene heissen,
ein jedes ist wie zum Anbeissen,
Frisch, fröhlich, reizend, lieb und brav,
Sogar den Tag hindurch, nicht nur im Schlaf.*

*Die Dritte im Bunde ist die Marie,
Das Mädchen vergesse ich in meinem Leben nie.
Den ganzen Tag hat es ein Lachen im Gesicht,
Ein Lachen, das die stärksten Herzen bricht.*

Der «Rebstock» festlich beflaggt; 2. v. r. Lina Gass, Anfang 1960er Jahre

Auch nach dem Krieg war das Gasthaus gut besucht. Vereine aus dem Aargau und aus Basel gehörten zu seiner Kundschaft; die Tanzanlässe waren weiterum beliebt. Wenn die Polizeistunde von den Gästen «überhört» wurde, pflegte Lina Gass Türen und Fenster zu öffnen. «Die, wo noni hei hei wölle, sy ufs Bänkli vorm Huus gsässe und hei wytergsunge. S Zwölfichörli heimer im gseit.»

Die Hirschengasse und das Wirtshausschild an einem der markantesten und mächtigsten Häuserensembles von Rothenfluh erinnern an den seit 1995 geschlossenen *«Hirschen»*. Der Kernbau geht auf das 17. Jahrhundert zurück, sein jetziges Erscheinungsbild stammt im Wesentlichen aus dem 19. Jahrhundert. 1841 erneuerte der damalige Besitzer, der Wirt und Metzger Johannes Rieder, das Ökonomiegebäude. 1892 war der «Hirschen» – damals im Besitz seines Nachkommen Johann (Jean) Rieder-Buess – die einzige Speisewirtschaft im Dorf. Um 1927 ging sie an Hans Gysin-Rickenbacher (Micheli Hans), der sich auch als Viehhändler betätigte, über. Olga Graf-Erny (*1913): «Der ‹Hirschen› hatte einen guten Namen. Prominenz aus Basel gehörte zu seiner Kundschaft. Er war beliebt für Hochzeitsessen.» Eine wahre Fundgrube sind die Aufzeichnungen der Wirtin Lydia Rieder-Buess (siehe Kapitel 9.1.4/9.1.6).

■ *Gertrud Bieder-Gysin (*1929): «In den 1930er und 40er Jahren trafen jeden Sommer am Bündelitag Ferienkinder aus Basel*

Wirtschaft und Beschäftigung

«Gasthaus zum Hirschen»; im Anbau rechts das Schlachtlokal, 1928

bei uns ein. Die 30 bis 40 Kinder – in den Kriegsjahren waren es 50 bis 60 – wurden mit Leiterwagen am Bahnhof Gelterkinden abgeholt. In einem Backhäuschen hinter dem Haus wurde für die Ferienkinder Brot gebacken. – Schon vor dem Krieg, aber ganz besonders von 1939 bis 1945 hatten wir regelmässig Einquartierungen. Die Offiziere waren in den Gästezimmern untergebracht, zum Essen stellten wir ihnen unsere Stube zur Verfügung.» «D Feriechinder hei amme der Bach gschwellt [gestaut]», erinnert sich Elise Tschudin (*1910). Das Baden in der Ergolz gehörte damals – auch für die Dorfjugend – zum sommerlichen Ferienvergnügen. Um 1958 beherbergte man im «Hirschen» die letzte Ferienkolonie. 1965 fand die letzte Einquartierung statt.

Ferienkolonie im «Hirschen», 1945

1952 erwarb Jakob Wyler-Baumgartner den «Hirschen» samt der dazugehörigen Landwirtschaft. Als er 1966 starb, führte seine Frau Marie das Restaurant noch bis 1974 weiter. Dann übernahmen es Max und Gertrud Wyler-Andrist. Den Landwirtschaftsbetrieb hatte Max Wyler schon um 1958 von Kuhhaltung auf Rindermast umgestellt. Bis 1980 verkaufte er jährlich 10 bis 15 Rinder. Seit 1980 gehört die Liegenschaft einer Erbengemeinschaft. Zwischen 1982 und 1995 wirkten im «Hirschen» drei verschiedene Pächter. Zu hohe Investitionskosten für dringend notwendige Sanierungsarbeiten führten 1995 zur Schliessung des traditionsreichen Gasthauses. Mit Wehmut erinnert sich Matthias Manz (*1954) an die

Wirtschaft und Beschäftigung

Einquartierung 1939/40: Die Offiziere logierten im «Hirschen», die Soldaten im «Rössli»; 1. l. vom Brunnenstock Ernst Schneider, 3. r. davon Kompaniekommandant Spreuermann, im Vordergrund Major Ludwig.

Illustre Runde im «Hirschen»: v. l. Gemeindeschreiber Paul Schreiber, Gemeindepräsident Otto Erny, die Gemeinderäte Willy Erny-Schaffner (Seilerbrächts Willy) und Walter Gisin-Gisin (Chrusheinis Walti), um 1960

Zeit der glorreichen Jasser im «Hirschen», etwa an die Gebrüder Paul Erny und Albert Erny-Leuzinger, Paul Tschudin (Tschudi Beck, «Gopferdeggeli»), Ernst Horisberger und Werner Widmer (Uhremächerli). Nach seiner Erinnerung war dies weiterum die einzige Jassrunde, in welcher der «scharfe Vierer-Bieter» – einer gegen drei – mit Leidenschaft gespielt wurde.

Die Unsicherheit über die Zukunft des «Hirschen» nahm ein Ende, als sich ein Käufer fand, der gewillt war, den Gebäudekomplex zu renovieren. 2001 wurde der «Hirschen» ins kantonale Inventar der geschützten Kulturdenkmäler aufgenommen.

8.4.2 Bäcker und Metzger

Dass Rothenfluh bereits im 19. Jahrhundert über eine leistungsfähige Bäckerei verfügte, ist in der Heimatkunde von 1863 verbürgt («Der Bäcker allein verarbeitete jährlich 800 bis 1000 Ctr. Mehl.») Wann Bäckermeister Schaffner an der Anwilerstrasse 43 seinen Laden eröffnete, ist nicht bekannt. Grunder, sein Nachfolger, verkaufte das Geschäft 1936 an Paul Tschudin. «Am Anfang war der Laden sieben Tage in der Woche geöffnet. Am Sonntag lief das Geschäft besonders gut. Vor Feiertagen stand mein Mann um 11 Uhr nachts auf und arbeitete bis am Nachmittag des folgenden Tages», erinnert sich Elise Tschudin (*1910). «Wir machten damals nur zwei Sorten Brot, dunkles und halbweisses, Kilolaib und Dreipfünder. Im Sommer, wenn es auf dem

Feld viel Arbeit gab, brachten uns einige Bauersfrauen ihr Mehl zum Backen.» In den 1970er Jahren ging der Umsatz stark zurück (Kapitel 8.4.3). Es lohnte sich nicht mehr, den Laden täglich zu öffnen. Aber erst 1986 – nach 50-jähriger Tätigkeit – konnte sich Paul Tschudin entschliessen, sein Gewerbe ganz aufzugeben.

■ *Aus der Zeit von Bäcker Grunder stammt die Erinnerung von Marie Urben-Spiess (*1920): «Zusammen mit meiner fünf Jahre älteren Schwester Rosa ging ich jeweils am Samstagnachmittag mit zwei Körben von Haus zu Haus. In einem Korb hatten wir Doppelbrötchen, im anderen ‹bruni und wyssi Schnitte› und ‹Magrönli›. Die gab es in einigen Familien am Sonntag zum Dessert. Wir verdienten an einem Nachmittag vier bis fünf Franken.»* ■

Metzgereien wurden häufig in Verbindung mit Gasthäusern betrieben, so z. B. im «Rössli». Das Ladenlokal befand sich bis Anfang der 1930er Jahre an Stelle des heutigen Säli, das Schlachtlokal unter dem inzwischen zu Wohnungen umgewandelten grossen Saal im «Gässli». Nach einer Notschlachtung ging der Weibel mit seiner Glocke durchs Dorf und gab bekannt, wieviel Pfund Fleisch von jedem Mitglied der Schlachtviehgenossenschaft abgeholt werden mussten. «Zwei Pfund zum voruus und eis ufs Haupt»[29], lautete beispielsweise die Bekanntmachung. Eine weitere Metzgerei befand sich an der Hirschengasse 77 (heute «s Hirschli»). Sie wurde 1917 von Jakob

Paul Tschudin in der Backstube, 1981

Eigenes Brot backen – eine altehrwürdige Tradition; Heidi Rieder-Eglin bei der Arbeit, 2000

Widmer (1891–1939), der daneben noch eine kleine Landwirtschaft betrieb, eröffnet. Ein Tritt führte hinunter ins Schlachtlokal. Lisette Amstutz-Widmer (*1918): «Die Tier hei mir amme leid to. Denn bin i mi go verstecke und bi erscht wider füreho, wenn si gfalle sy.» Ihre Schwester, Hildegard beim Wursten geholfen. Seine Rauchwürste, aber auch die Blut- und Leberwürste, wurden sehr geschätzt. Wir hatten auch Kunden in Gelterkinden, Ormalingen und Anwil. Ich erinnere mich, dass meine Mutter mit Ross und Wagen Fleisch nach Anwil geliefert hat.»

dreimal pro Woche ins Haus. Solche Kundendienste boten in Rothenfluh auch die Metzgereien Schilter, Gelterkinden, und Bürgin, Ormalingen, an.[30] (Störmetzger siehe Kapitel 8.3.3).

8.4.3 Läden

Beinahe so unentbehrlich wie Bäcker und Metzger waren für das Dorf die Kram- und Spezereiläden, die Kolonialwaren- und anderen Handlungen. Zu ihrem kunterbunten Angebot gehörten ausser Lebensmitteln allerlei Nützliches und Notwendiges für Haus und Hof. Schon Lutz[31] verzeichnet für die 30er Jahre des 19. Jahrhunderts vier Krämer. Koch[32] nennt die gleiche Anzahl und fügt bei, dass sie «die Einwohner mit den nötigsten Spezerei- und Ellenwaren[33] versorgen.»

An der Eisengasse 8 führte Gottlieb Erny – auf ihn geht der Dorfname s Gottliebs zurück – neben der Landwirtschaft einen *Spezereiladen*. Ausser Lebens-, Putz- und Waschmitteln bot er auch Rauchwaren feil. Die Konkurrenz durch den 1915 eröffneten Konsum führte Anfang der 20er Jahre zur Schliessung des Ladens. Gleich erging es «Chrusheinis Lädeli» (siehe Restaurant Ergolz, Kapitel 8.4.1).

Metzgerei Widmer an der Hirschengasse 77; unter der Türe Lisette Widmer-Sutter, am Fusse der Treppe Hildegard Widmer und Walter Rieder, ca. 1927

Manka-Widmer (*1921): «Hinter dem Ladenlokal befand sich ein Kühlraum. Das dazugehörige Eis brachte uns meistens Paul Schreiber aus dem ‹Warteck› in Gelterkinden. Da er die Gewohnheit hatte, in der ‹Säge› einzukehren, ‹isch amme s halb Ys verloffe›. – Ich habe meinem Vater sehr gerne 1939 übernahm die Metzgerei Schärer in Gelterkinden das Verkaufslokal, das allerdings nur an zwei Tagen in der Woche geöffnet war. Ende der 1970er Jahre wurde es geschlossen. Von 1947 bis 1979 lieferte Metzger Richard Bieder-Gysin aus Gelterkinden aufgrund von Bestellungen Fleisch

Der erste Versuch, 1855 durch Gründung eines örtlichen Konsumvereins der Bevölkerung Lebensmittel zu günstigeren Preisen anzubieten, war von kurzer Dauer.[34] Sechs Jahre später wurde der Verein aufgelöst. Mehr Erfolg war dem 1906 gegründeten

Wirtschaft und Beschäftigung

Die «Chesi» kämpft – wie so mancher Dorfladen – ums Überleben. 2000

1978 bis 1988. Seither wird der Laden, in dem neben Wolle und Garn auch Wäsche und Geschenkartikel angeboten werden, von Marlies Mazzuchelli-Mumenthaler geführt.

Nach über 30 Jahren fand in Rothenfluh wieder eine Neueröffnung statt: 1997 gründete Theresia Deger-Schaffner an der Hirschengasse 77 «S Theres Lädeli», Antiquitäten und Restaurationen. Seit 1999 führt dort Sigrid Graf-Erny das *«Hirschli»*, eine Kombination von Kunstgalerie, Kunsthandwerk-, Geschenk- und Secondhand-Shop sowie Café-Bar.

Von den sechs Läden, die um 1940 im Dorf bestanden, existierte 40 Jahre später keiner mehr. Die drei im Jahre 2000 bestehenden Läden wurden erst nach 1950 eröffnet.

Konsumverein Gelterkinden und Umgebung beschieden, der 1915 an der Hirschengasse 84 (heute Gemeindekanzlei) eine Filiale eröffnete. Die Eröffnung der Einkaufszentren von Coop (1971) und Migros (1973) in Gelterkinden bedeutete für einige Dorfläden der Region, so auch für den *Konsum* in Rothenfluh, das Ende. Er wurde 1973 geschlossen.

Hans Wirz betrieb neben dem Sattlergewerbe am Dorfplatz 55 eine Handlung («s Wirzelädeli»), in der u. a. Petrol für Stalllaternen feilgeboten wurde. Sie wurde als *Usego Laden* zunächst von der Familie Walti, ab 1967 von der Familie Horisberger weitergeführt. Als dann auch hier – aus den genannten Gründen – der Umsatz zurückging und die Tageseinnahmen «nur noch einen Fünfliber betrugen» (Ernst Horisberger sen.), wurde der Laden um 1976 geschlossen.

Seit Jahren kämpft der letzte Krämerladen, die 1963 eröffnete *«Chesi»*, ums Überleben. Sie ist der Vis-à-vis-Kette angeschlossen und gehört der Milchgenossenschaft (siehe Kapitel 8.2.5).

Der *«Wullelade»* wurde 1953 durch Bethli Zimmerli nach ihrem Wegzug aus dem «Bad» an der Ruebgasse 102 ins Leben gerufen. Priska Rieder betreute ihn von

8.4.4 Post und Telefon

Die seit 1848 bestehende Postablage in Rothenfluh wurde nach der Übernahme des Postwesens durch den Bund auf den 1. Januar 1849 unverändert weitergeführt: Die Zustellung erfolgte dienstags, donnerstags und samstags durch den Boten Brodbeck von Sissach. Wie schon sein Vorgänger Jakob Buser bediente er ausser Rothenfluh noch sieben andere Gemeinden der Region. 1855 wurde mit Rössli-Wirt Hermann Schwarz aus Rothenfluh, der den Postwagenverkehr Sissach–Anwil betrieb, ein Postführungsvertrag abgeschlossen. Die Zustellung an die Haushalte erfolgte

Wirtschaft und Beschäftigung

Die alte Post an der Hirschengasse 85, Anfang 1920er Jahre

Jakob Bürgin (Glatt Joggi), Briefträger und Wächter, um 1920

von da an einmal, ab 1877 sogar zweimal täglich. Erst 1920 wurde die Zustellung am Sonntag aufgehoben.

Der erste namentlich bekannte Inhaber der Postablage war Dr. Christian Rippmann (1807–1883), eine Persönlichkeit, die sich in vielfacher Weise um das Dorf verdient gemacht hat (siehe Kapitel 13.2). 1834 hatte er sich als Arzt in Rothenfluh niedergelassen. 1854 übernahm er die Postablage. Sie befand sich bis zu seinem Tode 1883 im Arzthaus an der Hirschengasse 59. Zu seinem Nachfolger wurde Landwirt Emil Erny-Rieder ernannt, der die neue Ablage

Rösli Erny-Schäfer zum letzten Mal am Schalter der alten Post, 1965

in seiner Wohnstube an der Hirschengasse 85 einrichtete. Die Post war und blieb noch lange eine nebenamtliche Beschäftigung, die Lebensgrundlage bildete die Landwirtschaft. 1890 wurde Emil Erny zum Posthalter befördert. 1903 übernahm er zusätzlich die neu eröffnete, noch heute bestehende Ortskasse der Basellandschaftlichen Kantonalbank. 1923 ging er in Pension. Als neuer Posthalter wurde sein Sohn Wilhelm Erny-Weber (1890–1963), der spätere Gemeindepräsident, gewählt. Um das Private und das Amtliche besser voneinander trennen zu können, richtete er einen Schalter

Tab. XIII: Verkehrsstatistik der Poststelle Rothenfluh

Jahr	Briefe	Pakete		Postanweisungen & Checkverkehr	
		Aufgabe	Empfang	Einzahlungen	Auszahlungen
1869	3 278	773		6	40
1891	5 667	1121	2 147	240	467
1911	8 529	1788	3 558	1 062	535
1931	13 580	1310	3 019	2 550	1023
1951	18 348	2926	4 507	6 555	1840
1971	27 599	3737	5 420	16 486	3385
1991	43 172	3374	10 912	18 277	2264

Tab. XIV: Telefonanschlüsse 1919–1993

	1919	1929	1939	1949	1959	1969	1979	1989	1993
Anschlüsse	9	14	25	44	214	338	561	734	856
Einwohner pro Anschluss	65	41	25	13	2,7	1,8	0,9	0,9	0,8

Telefonanschlüsse 1919

Nr.	Name
4	Erni Jacq., Säge
1	Gemeindestation, Wwe. Rieder, zum Hirschen
3	Konsumverein Gelterkinden, Filiale
2	Rieder, E., zum Rössli
5	Zimmerli, Geschwister, Bad

ein, der von der Wohnstube auf den Gang hinaus ging. 1956 trat sein Sohn Otto Erny-Schäfer (*1920) die Nachfolge als Posthalter an. Da der Postverkehr in den darauffolgenden Jahren stark zunahm, gab er die Landwirtschaft 1965 auf. Neben der Post bekleidete er verschiedene Ämter in- und ausserhalb des Dorfes: So war er während zwölf Jahren Präsident des Nordwestschweizerischen Milchverbandes. Wie schon sein Grossvater war er Mitglied des Obergerichts und gehörte jahrelang – neun Jahre als Präsident – dem Gemeinderat an. Nach dem Erwerb der Liegenschaft Hirschengasse 86 baute er an der Stelle des ehemaligen «Rebstock» die neue Post, die 1965 bezogen werden konnte. Auf Otto Erny folgte 1985 als Posthalter in vierter Generation sein Sohn Thomas Erny-Schweizer (*1955).

Die lokale Telefongeschichte nahm 1899 mit der Einrichtung einer Gemeindetelefonstation im Restaurant Hirschen ihren Anfang. Das Abonnentenverzeichnis, in dem die erste Station unter «Gelterkinden» eingetragen ist, enthält auch die damals gültigen Tarife: «Gespräche im Netz Gelterkinden 10 Cts. per 3 Minuten. Gespräche mit anderen Netzen 40, 60 oder 85 Cts. per 3 Minuten.» 1919 gab es in Rothenfluh erst neun Hauptanschlüsse. Es fällt auf, dass von fünf im Telefonbuch verzeichneten Anschlüssen vier sich in Gastwirtschaften befanden. Sie sind folgendermassen eingetragen:

■ *Alt Posthalter Otto Erny erinnert sich an den Telefonbetrieb Anfang der 1930er Jahre: «Damals gab es in Rothenfluh erst ein gutes Dutzend Anschlüsse. Anrufe mussten über die Handzentrale, die sich auf der Post befand, vermittelt werden. Gewöhnlich wurde die Anlage durch meine Eltern oder meine ältere Schwester bedient.*
Als 10- bis 13-Jähriger musste ich manchmal, z. B. im Heuet, diese Aufgabe übernehmen. Das ging folgendermassen vor sich:
Kam ein Anruf aus dem Dorf, fiel am Schaltkasten eine Klappe herunter und es läutete. Unter der Klappe stand die Nummer des Anrufers. Ich nahm den Hörer ab, steckte einen Stöpsel in das Loch unter der Klappe und fragte nach der Nummer und dem Ort des gewünschten Gesprächspartners. Mit Hilfe einer Kurbel verband ich ihn – wieder mittels eines Stöpsels – mit dem Anrufer. War die Verbindung hergestellt, meldete ich: ‹Sie chönne rede.› Gleichzeitig setzte ich eine Uhr in Gang. Nach beendetem Gespräch fiel wieder eine Klappe herunter, worauf ich die Dauer des Gesprächs notierte.» ■

Wirtschaft und Beschäftigung

Das Stöpseln hatte ein Ende, als 1935 eine automatische Telefonzentrale mit einer vorläufigen Kapazität von 50 Telefonanschlüssen in Betrieb genommen wurde. Eine neue Zentrale mit vollelektronischer Steuerung und einer Kapazität für 940 Abonnenten wurde 1990 eingeweiht. Tabelle XIV zeigt in 10-Jahressprüngen die Entwicklung der Telefonhauptanschlüsse in Rothenfluh.

Eine sprunghafte Zunahme erfuhr die Abonnentenzahl im Jahrzehnt 49/59: Dass sie sich beinahe verfünffachte, ist auf die damals stürmische wirtschaftliche Entwicklung zurückzuführen (Hochkonjunktur). Mit dem in den 70er Jahren erreichten Verhältnis von 1:1, d.h. ein Anschluss pro Einwohner, zeichnet sich eine Sättigung des Marktes ab.

8.4.5 Öffentlicher Verkehr

Hans Rieder auf seiner letzten Fahrt am Bahnhof Gelterkinden, 1922

Schon bevor es im Baselbiet einen konzessionierten Post- und Personenverkehr gab, transportierten die Botenwagen ausser Seide und Seidenbändern auch Pakete, Briefe und Personen. Mit der zunehmenden Mobilität musste der Personenverkehr organisiert und geregelt werden. Für Boten und Fuhrhalter ergaben sich damit neue Verdienstmöglichkeiten.

Der Postwagenverkehr Sissach–Anwil war in den Händen von Hermann Schwarz, Rössliwirt aus Rothenfluh. Ab 1855 fuhr er die Strecke, auf der er Passagiere, Briefe, Zeitungen und Pakete beförderte, einmal, ab 1870 zweimal täglich.

Die zweite Hälfte des 19. Jahrhunderts war die Zeit der Eisenbahneuphorie. Neben Hauensteinbasis- und Bözberglinie war eine Zeit lang ein Schafmattbahn-Projekt im Gespräch. Im «Idealbild von einem basellandschaftlichen Kleinbahnnetz» aus dem Jahre 1908 wurde eine Bahnlinie Gelterkinden–Anwil propagiert.[35] Die Verwirklichung dieser Pläne hätte Rothenfluh einen direkten Bahnanschluss gebracht – sie blieben Papier. Zur Ausführung kam hingegen 1891 die Strecke Sissach–Gelterkin-

Tab. XV: Reisende im Postwagenverkehr 1869–1961

	1869	1881	1901	1931	1951	1961
Reisende ab Rothenfluh	56	443	1141	2260	5369	3804

den. «S Gälterchinderli», wie das Bähnchen liebevoll genannt wurde, war ein von Anekdoten umranktes Kuriosum, das nach Eröffnung der Hauensteinbasis-Linie 1916 stillgelegt wurde. Wegen des Bahnanschlusses wurde der Postwagenverkehr von 1891 an ab Gelterkinden geführt und bis Kienberg ausgedehnt.

Die Motorisierung des öffentlichen Verkehrs begann in Rothenfluh mit dem Jahr 1922, als die Postkutsche auf der Strecke Gelterkinden–Rothenfluh–Wegenstetten von der Automobilgesellschaft Oberbaselbiet-Fricktal verdrängt wurde. Zwei Jahre später, als ein Postautokurs auch Kienberg bediente, hatte für die Pferdepost das letzte Stündlein geschlagen. «Am Morgen des 31. Mai 1924 stand der vierjährige Otto Erny an der Hand seines Grossvaters vor der väterlichen Post in Rothenfluh und staunte. Eine mit Blumen geschmückte einspännige Postkutsche machte sich zum letzten Mal, wie ihm sein Grossvater etwas wehmütig erklärte, auf den Weg nach Kienberg. ‹Aber morgen›, gab sich der Grossvater einen Ruck, ‹hält bei uns zum ersten Mal ein richtiges Postauto›.»[36]

Hart getroffen wurde von dieser Umstellung Hans Rieder, der in Rothenfluh eine Fuhrhalterei betrieb (siehe Kapitel 8.3.5). Von 1917 bis 1924 hatte er den Pferdepostbetrieb von Gelterkinden nach Kienberg besorgt. Sein Postwagen, ein Sechsplätzer, machte die Fahrt zweimal am Tag. Da zweispännig gefahren wurde und die Pferde in Rothenfluh gewechselt werden mussten, benötigte man vier Pferde. Am 31. Mai 1924 triumphierten die Pferdestärken über die Pferde. Für Hans Rieder kein Grund zum Feiern. Die Anzahl der Reisenden nahm bis 1951 ständig zu (siehe Tabelle XV).

Der Rückgang setzte sich vermutlich in den folgenden Jahrzehnten fort (Zahlen wurden keine mehr erhoben). Obwohl der private Verkehr das Postauto seit Jahren unerbittlich konkurrenziert, ist es für viele Pendlerinnen und Pendler, für die Schuljugend und andere Nichtmotorisierte nach wie vor unentbehrlich.

8.4.6 Elektrizität: eine neue Energieform hält Einzug

Ein Alltag ohne Elektrizität ist heute – nur hundert Jahre nach ihrer Einführung – schwer vorstellbar. Rufen wir uns jene Zeit mit ein paar Beispielen in Erinnerung: Petrollampen erhellen schlecht und recht Wohnungen und Werkstätten. An den Strassen stehen Gaslaternen, die jeden Abend angezündet werden müssen. Gekocht und geheizt wird mit Holz oder Kohle. Warmes Wasser muss auf dem Herd zubereitet werden. Wasserkraft treibt beschaulich Mühle und Sägewerk. In den Fabriken und im Eisenbahnverkehr herrscht Dampfbetrieb. Ein bescheidener Anfang zur Elektrifizierung wurde 1891 gemacht: Die Bahnlinie Sissach–Gelterkinden war die erste in der

Vor der Post: Die einzige Haltestelle des Postautos im Dorf, 2000.

Schweiz, die mit aus Wasserkraft erzeugter Energie betrieben wurde. Das Kraftwerklein an der Ergolz hatte im Sommer regelmässig unter Wasserknappheit zu leiden, weshalb das «Glettyseli» (1916 eingestellt) oft mit Dampfkraft fuhr. Erst mit der Fertigstellung des Kraftwerks Rheinfelden im Jahre 1898 wurde die Voraussetzung zur Elektrifizierung unserer Region geschaffen. Da weder die Regierung noch die Gemeinden bereit oder in der Lage waren, die Einführung der Elektrizität auf eigene Kosten zu übernehmen, kam es um die Jahrhundertwende zur Gründung einer Anzahl von regionalen und kommunalen Elektra-Genossenschaften. Wichtig für die Gemeinden des Oberen Baselbiets waren die Elektra Baselland (EBL) und die Elektra Sissach-Gelterkinden (ESG); beide wurden 1898 gegründet.

1905 entstanden in den Posamentergemeinden des Bezirks Sissach eine Reihe von Dorfgenossenschaften, die sich der Elektra Baselland als Kollektivmitglieder anschlossen. Doch bevor es soweit war, mussten einige Hürden genommen werden. Ein Brief an den Regierungsrat[37] zeugt vom Kampf, den diese Gemeinden um die Nutzung der neuen Energie geführt haben. Am 29. Dezember 1904 fand unter der Federführung von Johann Jakob Rieder, Gemeindeschreiber und Lehrer, in Rothenfluh eine Versammlung von Gemeindeabgeordneten aus dem Bezirk Sissach statt. «Die Gemeinden [es folgen die Namen von 12 Gemeinden] beschäftigen sich seit Wochen gemeinsam mit der Frage be-

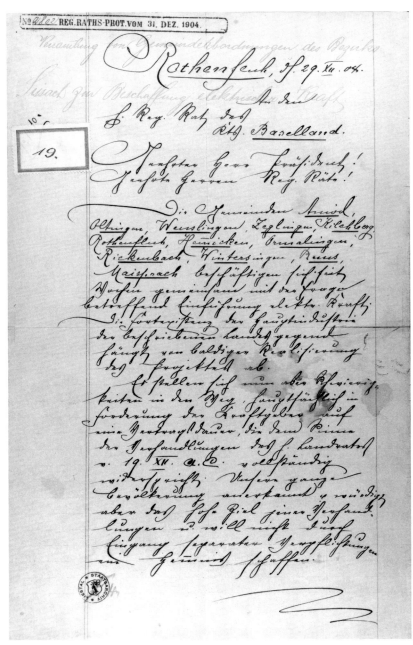

Schreiben von 12 Oberbaselbieter Gemeinden an den Regierungsrat, 1904

treffend die Einführung der elektr. Kraft. Die Fortexistenz der Hauptindustrie der beschriebenen Landgemeinden hängt von der baldigen Realisierung des Projekts ab. Es stellen sich nun aber Schwierigkeiten in den Weg.» Der zweitletzte Satz zeigt deutlich die Dringlichkeit des Anliegens. Mit der «Hauptindustrie» ist selbstredend die Heimposamenterei gemeint. Bei den erwähnten Schwierigkeiten handelte es sich, kurz gesagt, um Folgendes[38]: Auf ein vorangegangenes Beitrittsgesuch der genannten Gemeinden trat die EBL vorerst nicht ein, da sie der Meinung war, «dass diese Gemeinden ihrer geographischen Lage wegen die Kraft von der Elektra Sissach-Gelterkinden beziehen sollten.» Nachdem Fusionsverhandlungen zwischen den beiden Elektra-Genossenschaften gescheitert waren, schien den Gemeinden nichts übrig zu bleiben, als einen Vertrag mit der Elektra Sissach-Gelterkinden abzuschliessen. Über einen Punkt konnte allerdings keine Einigung erzielt werden: die Vertragsdauer. Die Gemeinden wollten sich nicht – wie es die ESG forderte – auf einen langfristigen Strombezug aus dem Kraftwerk Rheinfelden festlegen lassen, da zu jener Zeit im Landrat[39] der Bau eines kantonseigenen Kraftwerks in Augst[40] vorangetrieben wurde. Im obigen Schreiben wurde nun der Regierungsrat gebeten, in der Sache zwischen EBL, ESG und den Gemeinden zu vermitteln. Dass die Vermittlung Erfolg hatte, zeigt die Tatsache, dass innert kürzester Frist ein Vertrag zwischen den Gemeinden und der

Bau der Hochspannungsleitung Anwil–Bottmingen 1917/18: Der sechsspännige Transport eines Gittermastes macht Halt beim Schützenhäuschen.

EBL zustande kam, mehr noch: Bereits im Laufe des Jahres 1905 wurden – wie es vertraglich festgehalten worden war – von der EBL die Primärleitung und von den Dorfgenossenschaften die Sekundärleitungen verlegt. In Rothenfluh stand man voll und ganz hinter der neuen Energie.

Am 19. April 1905 beschloss der Gemeinderat, drei Delegierte (darunter Johann Jakob Rieder) nach Arlesheim an einen kantonalen Kurs zu schicken zwecks «Bildung und Instruktion von Elektrokorps betreffend Umgang mit der elektrischen Kraft.»[41] Am 4. Mai wird festgehalten, dass der Plan für die Trafo-Station der EBL aufliegt.[42] Am 21. Mai beschliesst die Gemeindeversammlung «einhellig», gleichzeitig mit den Sekundärleitungen eine elektrische Strassenbeleuchtung zu installieren. «Umfragen bei anderen Gemeinden haben ergeben, dass diese Neuerung wohl pro Jahr etwas höher zu stehen kommt als die bisherigen Beleuchtungskosten, aber die Vorteile rechtfertigen den Entschluss […] zur Installation der elektrischen Beleuchtung.»[43]

1941 lösten sich nach 36-jähriger Tätigkeit die Dorfgenossenschaften auf. An ihre Stelle trat ein Vertrag, den die EBL mit den Einwohnergemeinden abschloss.

Die Ausrüstung der Bandwebstühle mit Elektromotoren ging rasch vor sich. Etwas länger dauerte es, bis die «wundersame Kraft» in den Haushalten Eingang fand.

Nicht jeder konnte sich anfänglich die nötige Infrastruktur und die Anschaffung elektrischer Geräte leisten. Wie bei jeder Neuerung gab es in der Bevölkerung auch gegenüber der Elektrizität Bedenken und Ängste. Dazu kommt, dass der elektrische Strom teurer war als die herkömmlichen Energieträger.

Folgende Zahlen geben Auskunft über die ersten zwanzig Jahre Elektrizität in Rothenfluh: 1905 waren bereits 45 Elektromotoren mit total 18,5 PS zum Betrieb der Bandwebstühle installiert. 198 Glühlampen erhellten die Strassen und die Posamenterstuben. 1923 zählte Rothenfluh 133 Strombezüger, 102 Elektromotoren (davon entfielen 94 auf Webstühle) mit einer Gesamtstärke von 63 PS, 342 Glühlampen und 42 Bügeleisen.

Anmerkungen
1 Erwerbstätige: Personen mit sechs und mehr Arbeitsstunden pro Woche, gemäss eidgenössischer Volkszählung.
2 Eidgenössische Betriebszählungen.
3 Eidgenössische Betriebszählungen.
4 Die Zahlen der Tabelle VI beruhen auf den Eidgenössischen Betriebszählungen. Sie erfassen die Flächen, die zum jeweiligen Zeitpunkt von Rothenflüher Bauern bewirtschaftet wurden – also auch jene Flächen, die ausserhalb des Gemeindebannes liegen. Anderseits erscheint Rothenflüher Land, das von nichtansässigen Landwirten genutzt wird, nicht in obiger Statistik. Die landwirtschaftlich genutzte Gesamtfläche innerhalb der Gemeindegrenzen wird von der Eidgenössischen Arealstatistik erfasst. Diese weist für das Jahr 1982 eine Nutzfläche von 442 ha aus. Somit werden rund 40 % des Gemeindeareals landwirtschaftlich genutzt. Der Wald nimmt 56 % der Fläche ein.
5 Die Fruchtfolge kann von Hof zu Hof und von Jahr zu Jahr variieren.
6 Rippmann Dorothee: Bauern und Herren. Rothenfluh im Mittelalter. Ein Beitrag zur Geschichte der ländlichen Gesellschaft im Mittelalter, mit einem Beitrag von Jürg Tauber. Liestal 1996.
7 Epple Ruedi, Schnyder Albert: Wandel und Anpassung. Die Landwirtschaft des Baselbiets im 19. Jahrhundert. Liestal 1996.
8 Für dieses Kapitel wurde ein Manuskript von Otto Erny-Schäfer verwendet.
9 Aus Platzgründen verzichten wir auf eine allgemeine Schilderung dieses Wirtschaftszweiges und verweisen auf das grundlegende Werk von Fritz Grieder: Glanz und Niedergang der Baselbieter Heimposamenterei im 19. und 20. Jahrhundert. Liestal 1980.
10 D. h. in 85 % der Familien wurde gewoben.
11 Betriebsstatistik.
12 Grieder, 1980.
13 Mitgeteilt von Rosa Schneider-Mangold, Rothenfluh.
14 Mitgeteilt von Bethli Freivogel-Pfaff, Gelterkinden.
15 Auch Dorfnamen wie Seilerbrächts, Chemifägers weisen auf verschwundenes Handwerk hin (siehe Kapitel 6.3).
16 Mitgeteilt von Marie Buess-Gass sowie Paul und Elsbeth Schaub-Börlin.
17 Zitiert nach: Heidi Rieder-Superina, Diplomarbeit, 1971.
18 Rippmann Dorothee (wie Anmerkung 7)
19 Der obere, bewegliche Mühlstein heisst Läufer, der untere, unbewegliche wird Boden genannt.
20 HK Rothenfluh 1863.
21 HK Rothenfluh 1863.
22 StABL, NA, Wein G 2.
23 Nicht mehr gebräuchlicher Flurname.
24 Mitgeteilt von Hans Rüegsegger (*1922).
25 Mitgeteilt von Max Gysin-Zurlinden (*1928).
26 Chruse = Steingutkrug, aus dem Wein ausgeschenkt wurde.
27 Nachruf von Ernst Lutz in der «Basellandschaftlichen Zeitung».
28 Strophen 3–5, 7, 9 und 13–15 aus dem Gedicht «Mein Dank (aus Rebstocks Zeiten)», Grenzbesetzung 1939/1945, von Heinrich Jordi. Zur Verfügung gestellt von Lina Gass-Rieder.
29 Haupt = Stück Vieh.
30 Mitgeteilt von Regula Manz-Keller (*1926).
31 Markus Lutz, 1834.
32 HK Rothenfluh 1863.
33 Tuch.
34 HK Rothenfluh 1863.
35 Gauss Karl u. a.: Geschichte der Landschaft Basel und des Kantons Basel-Landschaft. Liestal 1932.
36 «100 Jahre Postfamilie Erny in Rothenfluh», 1983.
37 StA BL, NA, Elektrizität H.
38 Geschäftsbericht Elektra Baselland, 1904.
39 StA BL, NA, Protokolle Landrat, Sitzung vom 19.12.1904.
40 Es wurde 1912 in Betrieb genommen; mit 20 000 PS war es damals das grösste Kraftwerk Europas.
41 Protokoll des GR.
42 Protokoll des GR.
43 Protokoll der GV.

Dank des Autors
Es ist mir ein Bedürfnis, all denjenigen zu danken, die mich beim Verfassen des vorliegenden Kapitels unterstützt haben. Einem Mosaik vergleichbar haben zahlreiche Personen ihr oder ihre Steinchen zu dem Werk beigetragen, sei es als Interviewpartner oder mit Informationen, Anekdoten, Hinweisen und Fotos. Allen voran geht mein Dank an Paul Schaub, der mir in unermüdlicher Weise immer wieder seine immensen Kenntnisse zur Verfügung gestellt hat. Namentlich bedanken möchte ich mich ferner bei Otto Erny, Bernhard Buess sowie Christian und Käthi Gass. H. L.

Lebensweise 9

9.1 Das Haus

Bei den Wohnbauten lassen sich drei Typen unterscheiden:

1. Das Bauernhaus mit Stall und Scheune (bestehender bäuerlicher Betrieb)
2. Das umgebaute und zweckentfremdete Bauernhaus
3. Das Ein- oder Mehrfamilienhaus

Mietwohnungen gibt es wenig, in den meisten Häusern leben die Eigentümerfamilien.

Das Bauernhaus beherbergt heute noch bis zu drei Generationen. Die ältere Generation ist teilweise noch in der Landwirtschaft tätig. Erreicht ein Bauer das AHV-Alter, ist es oft so, dass er ins zweite Glied zurücktritt und Haus und Hof der nächsten Generation übereignet.

Durch Umbauten, Anbauten oder Neubauten wird bei Bedarf neuer Wohnraum geschaffen, so dass – der heutigen Zeit entsprechend – jede Generation eine eigene Wohnung hat. Auch in den renovierten Küchen ist der Kombikochherd mit Feuerraum (er wird mit «Holzschittli» beheizt), elektrischen Kochplatten und Backofen anzutreffen. Neben Kühlschrank und Tiefkühlschrank oder -truhe stehen in vielen Bauernküchen auch ein Geschirrspüler und ein Mikrowellengerät.

Das holzbeheizte alte «Chessi» zum Kochen von Fleisch (Metzgete) oder Kartoffeln wird kaum noch verwendet. Es vermochte aber in renovierten Küchen da und dort seinen Platz zu behaupten, z. B. bei Familie Ernst Rieder-Flückiger an der Rössligasse. Warmes und kaltes Wasser ist in den Küchen und Badezimmern eine Selbstverständlichkeit, ebenso eine Waschmaschine.

Hirschengasse 89, Familie Oskar Rieder-Eglin
Typisches Baselbieter Dreisässenhaus, bestehend aus Wohnteil, Scheune und Stall, 2001

Lebensweise

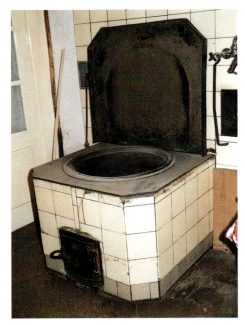

Im «Chessi» bei Frau Rieder-Flückiger (Rössligasse 40) wurden früher Kartoffeln, auch Blut- und Leberwürste bei der Metzgete gekocht. 2001

1970 wurden die letzten Häuser an die Gemeindekanalisation angeschlossen.

Die neuen Wohngebiete in der Unteren und Oberen Vogtsmatten, in der Hegmatt, Ob der Kirche, im Grendel und in der Etzmatt entstanden zwischen 1960 und 2000. Die meisten Häuser beinhalten Wohnstube, Küche, zwei bis drei Kinderzimmer, Kellerräume und eine Garage. Fast jede Familie besitzt einen Personenwagen, der in einer angebauten oder freistehenden Garage parkiert wird. Wände und Fenster bestehen aus wärme- und schallisolierenden Materialien. Den Umschwung bilden Rasenflächen, Sitzplätze, Blumenrabatten, Gemüse- und Kräutergärten. Die Grenzen der Bauparzellen werden mit Hainbuchen-, Thuja, Liguster- und Rottannenhecken bepflanzt. Die Jurakalksteine der Stützmauern stammen aus Oltingen oder dem Laufental. Auch Schwarzwaldgranit wird verwendet.

Einige Gebäude in Rothenfluh sind als Mietwohnhäuser gebaut worden. Die Mehrfamilienhäuser sind architektonisch dem Dorfcharakter angepasst und verfügen über eine zentrale Heizungsanlage.

9.2 Die Heizung

Folgende Heizsysteme sind üblich:

1. Die Zentralheizung
   a) mit Holzfeuerung
   b) mit Ölfeuerung
   c) Holz- und Ölfeuerung kombiniert
2. Die elektrische Heizung
   (Direkt- und Speicherheizung)
3. Anschluss am Heizverbund
   (zentrale Schnitzelfeuerung)

Die «Chouscht» und der grosse Kachelofen waren bis um 1980 in zahlreichen Häusern die einzige Wärmequelle. Man befeuerte ihn mit Reisigwellen und mit Schittli, sowohl um die Wohnstube zu beheizen, als auch um das Brot darin zu backen. In kalten Wintern wurden pro Haushalt über 100 Reisigwellen verfeuert. Der Kachelofen wurde durch einzelne Öfen (Holz-, Petrol-, Kohle- oder Ölöfen) in den Zimmern ergänzt.

In den 1960er Jahren hat man bei vielen Häuserumbauten eine Ölheizung installiert. Bei diesen Heizungen werden regelmässig von einer von der Gemeinde beauftragten Fachperson Abgasemissionskontrollen durchgeführt.

Die Zentralheizung, aus einer Feuerungszentrale und Warmwasser-Radiatoren bestehend, ist heute ein verbreitetes Heizsystem. Als Wärmelieferant dient eine Öl- oder eine Holzfeuerung.

Gegenwärtig versorgen die beiden Schnitzelfeuerungsanlagen der Gemeinde 21 Häuser mit Wärme. Eine dieser Anlagen ist im Untergeschoss der Gemeindekanzlei (in Betrieb seit 1993) an der Hirschengasse, die andere in der Turnhalle (seit 1989) untergebracht.

Bei den Wohnungen, die ferngeheizt werden, wird der grosse Kachelofen nur noch selten beheizt: Zum Backen von «Buurebrot», an kalten Tagen und weil «e cholten Ofe nüt isch» (Ernst Rieder-Flückiger).

Elektrische Heizungen wurden vor allem zu Beginn der 1970er Jahre in Neubauten installiert. Es waren vorwiegend Speicherheizungen, deren wärmespeichernde Kunststeinblöcke mit billigem Nachtstrom aufgeheizt wurden. Tagsüber wurde die gespeicherte Wärme an die Räume abgegeben. Seit den 1980er Jahren verzichtet man auf dieses energiefressende Heizsystem, obwohl es den Vorteil hat, dass es weder

Lebensweise

«Holzspältere» lagern vor dem Haus von Paul und Marie Buess-Gass, im Gässli, und warten auf die weitere Verarbeitung. 2001

Dieses Schildchen wurde im Jahre 2000 an Gebäuden mit Holzheizung angebracht.

einen Tank- noch einen Heizraum mit Heizkessel braucht. An seiner Stelle sind heute einige Wohnhäuser im Gebiet Vogtsmatten, Ob der Kirche, Hegmatt mit Sonnenenergie-Anlagen (Flachkollektoren, Röhrenkollektoren, Fotovoltaik) ausgerüstet.

Als der Kachelofen noch der einzige Wärmespender im Haus war, versammelte sich im Winter die ganze Familie in der Stube. Schlafzimmer wurden – wenn überhaupt – nur bei tiefen Temperaturen beheizt. Die Grossmutter bewohnte das «Chämmerli» neben dem Ofen. In der Küche zog es meistens und die Wärme entwich immer sehr rasch durch den grossen, offenen Kamin. Beim Umbau der Bauernhäuser achtete man auf gute Isolation der einzelnen Räume und auf gut schliessendes Fensterwerk.

«S isch mängisch eso cholt gsi, dass bim Ässe der Chittel hesch müesse aaphalte» (Paul Schaub-Börlin). Man verbrauchte bis zu zehn Ster Holz pro Winter. Das eiskalte Bett wurde mit «Steiseckli» aus Kirschsteinen angewärmt, die im «Ofetürli» (im Kachelofen ausgesparter Raum, der stubenseitig mittels zweier metallener Flügeltürchen zugänglich war) aufgewärmt wurden. Solche Steinsäcklein werden heute noch rege benützt und in Ehren gehalten.

In diesen Häusern wird Sonnenenergie genutzt.

Lebensweise

Drei Beispiele für die Nutzung der Sonnenenergie:
Geröllspeicher im Haus der Familie Schaub-Wohler, Ob der Kirche 41; erbaut 1980.

Im Vordergrund: Röhrenkollektoren, Haus der Familie Erny-Hofstetter, Ob der Kirche 39; erbaut 1991
Dahinter: Fotovoltaik und Flachkollektoren, Doppeleinfamilienhaus, Obere Vogtsmatten 40, Erhard-Harry Roth, Familie Messer; erbaut 1990

9.3 Garten und Pflanzplätz

Anpflanzen

Im Wohngebiet wird der Garten unmittelbar vor oder hinter dem Haus angelegt. Blumen, Küchenkräuter, Erdbeeren, Johannisbeeren und Rhabarber waren schon früher im Garten vertreten. Hingegen sind heute Wermut und Meerrettich nur noch selten anzutreffen.

Der Pflanzplätz ist in der Regel grösser als der Hausgarten und befindet sich weiter weg vom Wohnhaus, ja sogar ausserhalb des bewohnten Gebiets. Dort werden Kartoffeln, Nüsslisalat, Bohnen, Zwiebeln, Erbsen, Rettich, Rotkohl, Kabis, gelbe Karotten, Röselikohl, Blumenkohl und Beeren gepflanzt. Früher wurden die Setzlinge selber gezogen. Man tauschte gerne mit Nachbarinnen oder bezog sie in der Freizeit-Gärtnerei bei Ernst Nyffeler-Gass (Anfang 1950er bis Ende 1980er Jahre).

Der Pflanzplätz wird gepflügt und gedüngt, wenn er sich in der Nähe eines Ackers befindet oder sonst leicht zugänglich ist. Die Erträge aus Garten und Pflanzplätz werden teilweise eingekellert, gedörrt oder sterilisiert und während des Winters gegessen. Nüsslisalat ist winterfest und wird frisch konsumiert.

Erdbeeren waren früher nicht so verbreitet wie heute. Elsbeth Schaub-Börlin erinnert sich, dass die Erdbeeren aus Wenslingen «importiert» wurden. Der Pflanzplätz galt als Grundstock der Selbstversorgung. Im Garten holte man Schnittlauch und Petersilie («s Grüen für in d Suppe»). «Do fehlt

Lebensweise

der Garte», sagte man früher von einer faden Suppe.

Südlich der Anwilerstrasse (Schattenhang) hatte früher nur die Familie Ernst Rieder-Flückiger einen Garten vor dem Haus. Nicht zu vergessen: die Blumenpracht in den Gärten! Viele Frauen sorgen liebevoll dafür, dass das ganze Jahr hindurch die unterschiedlichsten Blumen blühen.

Konservieren

Kohl und Kabis wurden «underobsi» im Keller aufgehängt, Karotten in Sand eingebettet. Heute noch werden Sellerieknollen und Gemüse auf diese Art aufbewahrt. Der Schnittlauch wird heute tiefgekühlt. So behält er seine Frische. Selbstverständlich werden auch heute noch Äpfel und Kartoffeln im Keller gelagert.

Als 1960 die Milchgenossenschaft eine Gemeinschaftstiefkühlanlage an der Ruebgasse installierte, konnte man Gemüse, Fleisch und Beeren bei -20° tiefkühlen. 1978 wurde diese Anlage aufgehoben, denn immer mehr Leute besassen zuhause ihre eigene Tiefkühltruhe oder ihren eigenen Tiefkühlschrank.

9.4 Haus- und Nutztiere

Zu manchen Bauernbetrieben gehört ein Hund. Im Jahre 2000 waren in unserer Gemeinde 74 Hunde registriert, nur wenige gehören Bauern.

Katzen sorgen auch heute noch dafür, dass in Haus, Scheune und Stall die Mäuse nicht überhand nehmen. Es gab Familien mit bis zu acht Katzen. Paul Schaub-Börlin erinnert sich, dass es in seiner Jugendzeit in der Schnäggenmatt deswegen fast keine Mäuse mehr gab.

Schweine wurden früher als Nutztiere auf jedem Bauernbetrieb gehalten. Sie wurden mit Küchenabfällen grossgezogen. Ende Jahr ergab das eine wertvolle Bereicherung der Ernährung durch Fleisch, Speck und Fett. 1999 gab es in unserem Dorf nur noch fünf (!) Schweine bei zwei Familien. Ausserhalb des Dorfes zählte man auf zwei Bauernhöfen immerhin noch ungefähr 25 Schweine.

Kaninchenzucht war vor 30 Jahren überall anzutreffen. Heute ist sie rückläufig.

■ Das erste Schaf im Dorf

Während des schneereichen und eiskalten Februars 1956 machte ein Wanderhirte mit seiner Herde in Rothenfluh Station. Hirte und Tiere übernachteten jeweils im Wischberghölzli. Nahrung zu finden war unmöglich. Deshalb war der Hirte froh, dass er die Tiere über einen Schneetrampelpfad zu einer «Trischte» Heu (um einen senkrechten Pfahl kegelförmig aufgeschichtetes Heu, überdeckt mit langem Gras) in der Nähe führen konnte. Er hatte diesen Heuvorrat einem Bauern abkaufen können. Heinrich Bracher, der schon längst gerne ein Schaf gekauft hätte, besuchte den Hirten und brachte sein Anliegen vor. Er hatte Glück, denn dieser sagte: «Chumm mit, do hei zwöi gjunget, chönnsch grad bedi ha; die chönnte süscht chuum überläbe bi dene Verhältnis.» Und er führte Heiri Bracher zu den Jungen. Der junge Rothenflüher kaufte sie und brachte sie in seinen Stall im Lauber. 15 Jahre später hielt Heinrich Bracher 45 Mutterschafe, im Jahre 2000 waren es 30.

Pflanzplätz Uf Gries, Mai 2001

In den Baumgärten oder in der unmittelbaren Umgebung des Dorfes weiden ausser Kühen und Pferden auch Schafe.

Erich Erny

Lebensweise

Taubenschlag im ehemaligen Restaurant Hirschen. Die Tauben wurden als Geflügel gehalten.

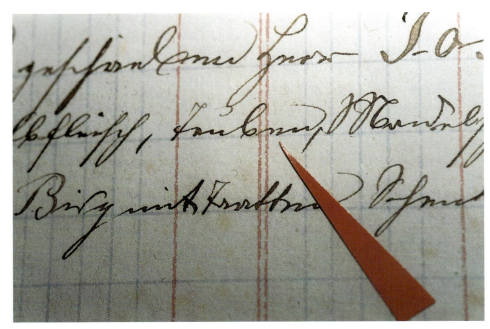

Tauben in einem Menüplan von 1894.

Hühner wurden und werden heute noch als Hoftiere gehalten. Man kauft Junghennen, die ein bis zwei Jahre lang Eier liefern. Früher wurden Hennen befruchtete Eier unterlegt. In den 1950er Jahren besass Max Rieder-Superina das erste Eier-Brutgerät im Dorf. Bei ihm wurden «Bippeli» gekauft. Die meisten Kleinbauern, welche nur eine oder zwei Milchkühe besassen, hielten zusätzlich eine oder zwei Ziegen im Stall. Ihre Milch war ein wertvoller Ersatz, wenn die Kühe «guscht» waren oder wenn sie «nöchlig» wurden, d. h. wenn sie demnächst kalbten.

■ *Elsbeth Schaub-Börlin wünschte sich in den 1960er Jahren eine Ziege für das Osterfest. Als die Ziege schlachtreif wurde, wehrten sich die Kinder gegen das Metzgen des Tieres. Die Ziege starb viele Jahre später an Altersschwäche.* ■

Tauben gibt es keine mehr im Dorf. In den 1980er Jahren wurden sogar einige, die im Dorf auftauchten, verjagt. Man befürchtete eine Taubenplage. Hingegen wurden von einigen Familien Brieftauben gezüchtet: Familie Rüegsegger im «Bad», Familie Ernst Rieder-Flückiger, Familie Kammermann im Hof Holingen, Hans Gass Im Hof und Familie Mumenthaler in der Säge besassen Taubenschläge. Die Tauben wurden nicht als Fleischlieferanten gezüchtet. Es handelte sich viel mehr um eine Liebhaberei.

■ **Tauben auf dem Speisezettel**
Im Restaurant Hirschen wurden bis ca. 1930 Tauben als «Geflügel» gehalten. Sie erschienen auf der Speisekarte des Restaurants. Aufgrund der von der Hirschen-Wirtin Lydia Rieder-Buess in Büchern sorgfältig vermerkten Angaben über Gäste, Speisen und Preise lässt sich sagen, dass

die Tauben hauptsächlich Basler Gästen vorgesetzt wurden.

So assen zum Beispiel im September 1894 20 Herren der «Bâloise» (Versicherung) Forellen, Rindfleisch, «verdämpftes» Kalbfleisch, Tauben, Mandelschnitten, Bisquittorten und Schenkeli. Am 2. Juni 1895 ass ein Gast aus Basel für Fr. 2.50 (ohne Wein) folgendes Menü: Suppe, Siedfleisch mit Kraut und Ei, Rettichsalat, Fisch «verdämpft» mit Kartoffeln, Tauben, Schinken und Salat, Bisquittorte, Schenkeli und «Änisbrod». ■

Hunde und Katzen sind die häufigsten Haustiere. Aber auch Kanarienvögel, Wellensittiche, Hamster, Meerschweinchen, Schildkröten, Schlangen, Zuchtratten und anderes Getier ist in den Häusern unseres Dorfes anzutreffen.

9.5 Kleidung

Die Sonntagskleidung der Männer bestand bis in die 1970er Jahre aus dunklem Anzug (Kittel und Hose), weissem Hemd, dunkler Krawatte, schwarzen oder braunen Lederschuhen und Hut. So ging man zur Kirche bei Hochzeiten, Taufen, Konfirmationen und Beerdigungen. Viele Frauen trugen Hüte. Martha Erny-Erny (Seilerbrächts) erinnert sich, dass Frauen die Baselbieter Werktagstracht zum Heuen getragen haben. Der Festtagsanzug unterschied sich von der Alltagskleidung, welche meistens Flicken aufwies.

Schuhe wurden zuhause geflickt. So reparierte die Grossmutter bei Familie Schaub-Börlin bis zu ihrem Todesjahr 1950 die Schuhe der ganzen Familie. Sie nähte auch Männerhemden.

Es wurde sehr auf Sittsamkeit in der Kleidung geachtet. Eine Frau, die einmal beim Heuen nur den Büstenhalter trug, sorgte für Aufregung im Dorf. Das Unterleibchen über den Hosen galt als unanständig (Paul Schaub-Börlin). Unter dem Hemd trug man selten ein Unterleibchen.

Heute trägt jeder und jede, was er oder sie will. Dorfbewohnerinnen und Dorfbewohner, die auswärts arbeiten, kleiden sich an Werktagen eleganter als an Sonntagen. Die ältere Generation findet es schade, dass das «sich Sunndige» (sich schön anziehen) verloren gegangen ist.

Marie-Louise Mazzucchelli-Mumenthaler in ihrer nach Originalvorlage selbstgenähten Baselbietertracht, 1979

9.6 Essen und Trinken

In der bäuerlichen Bevölkerung ass man früher fünfmal am Tag: Zmorge, Znüni, Zmittag, Zobe, Znacht. Die Feldarbeiten verlangten ein währschaftes Zmorge: Rösti oder «Gomfi-Schnitte» und Milchkaffee. Das Znüni (9 Uhr-Pause) wurde auf das Feld mitgenommen. Das Mittagessen war die Hauptmahlzeit. Das Zobe (z Ammel seit me Zvieri) war eine willkommene Unterbrechung von Feld- und Stallarbeit. Zum Znacht gab es wiederum Rösti oder Käse, Brot und Milchkaffee. Kuchen oder Gebäck gab es nur an Sonntagen, Feiertagen und in der Weihnachtszeit.

Die Bauern sind dank Traktoren und Autos mobil geworden. Es wird nicht mehr auf dem Feld oder im Wald gegessen, sondern zuhause. Es war früher selbstverständlich, dass Schulkinder das Mittagessen dem im Wald arbeitenden Vater bringen mussten (Marlies Mumenthaler-Mazzucchelli).

Das «Znünineh» um neun Uhr unterbricht heute nach wie vor bei Bauern, Arbeitern und Arbeiterinnen der verschiedensten Berufsgattungen den Vormittag.

Viele Männer und Frauen arbeiten ausserhalb des Dorfes und kehren erst abends nachhause zurück. Hauptmahlzeit – mit

Lebensweise

allen Familienmitgliedern am Tisch – kann darum in heutiger Zeit das Nachtessen sein. Teigwaren, Reis oder Kartoffeln bilden die Basis.

Am Sonntag ist das Frühstück eine wichtige Mahlzeit. Man isst «Zmo-Zmi», auch Brunch genannt, d. h. Frühstück und Mittagessen in einem, meistens spät. Ein Mittagessen wird nur in Ausnahmefällen eingenommen. Das Abendessen wird umso mehr genossen.

■ *Vereinsmenüs im «Hirschen» von 1894: Im Wirtshausbuch von Lydia Rieder-Buess finden sich folgende Einträge:*

26. Aug. 1894: Schützengesellschaft Rothenfluh: 45 Mann am Essen:
Rindsvoressen und Kartoffelstock à Fr. 1.—
68 Liter Wein   à Fr. 0.80
Zeiger: 18 Flaschen Bier und 6 Ring Wurst.

11. Nov. 1894: Frauenchor Rothenfluh: 30 Personen:
Voressen mit Kartoffelstock   à Fr. 0.80
27 Liter Wein   à Fr. 1.—

1928 erscheinen im gleichen Buch zum ersten Mal nebst Wein und Bier auch andere Getränke, nämlich
Kaffee (à -.40),
Limonade (à -.50)
Eptinger (à -.50)   ■

Eine Umfrage bei 25 Familien mit Primarschulkindern ergab 1999 folgendes Bild, die Essgewohnheiten betreffend:

Wie viele Mahlzeiten werden sonntags eingenommen?
14 Familien nehmen zwei Mahlzeiten ein (Brunch und Nachtessen), elf Familien kennen das Morgen-, Mittag- und Nachtessen.

Gibt es bestimmte Speisen, welche immer am gleichen Wochentag zubereitet werden?
Bei 21 Familien gibt es das nicht. Drei Familien essen hingegen an Freitagen kein Fleisch, dafür Fisch, Eieromeletten oder Fruchtwähe, bei einer Familie gibt es jeden Sonntag Butterzopf und Honig zum Frühstück.

Wie oft wird bei Ihnen Rösti gegessen?
Bei zehn Familien wird Rösti einmal in der Woche gegessen, zehn Familien essen Rösti einmal im Monat und vier Familien essen nie Rösti oder sehr selten. Eine Familie verwendet zum Anbraten der Rösti noch «Söischmutz».

Wird bei Ihnen Kartoffelsuppe mit Wurst aufgetischt?
Bei einer Familie kommt regelmässig einmal im Monat Suppe mit Wurst auf den Tisch. Sechs Familien kennen diese Mahlzeit nur während der Wintermonate. Vier Familien essen diese Mahlzeit selten, 14 Familien überhaupt nie.

Die typischen Getränke von früher wie Tee, Süssmost und «suure Moscht» werden heute durch Mineralwasser und Süssgetränke ergänzt. Bier und Wein sind zuhause vorhanden oder werden im Dorfladen und in den Restaurants in grosser Auswahl angeboten. Süssmost wurde während des Krieges als Zuckerersatz beim Kochen verwendet.

Bis heute ist das «Moschte» von Äpfeln hoch im Kurs. An bestimmten Tagen, nach der Apfelernte, werden die Früchte in der «Moschti» bei der «Chesi» zu Süssmost gepresst. Der frische Most kann danach bei Familie Ernst Brandenberger sterilisiert werden (siehe Kapitel 8.2.1).

Das Fleisch wird beim Metzger oder bei Bauern direkt gekauft (z. B. bei Familie Schneider-Waldmeier, Humbelsrain). Schaffleisch wird vorteilhaft bei den Schafzüchtern im Dorf erstanden. Viele Familien halten sich einen tiefgekühlten Fleischvorrat. Bis in die 1970er Jahre belieferten Metzger aus Gelterkinden die Haushalte durch einen Kurier mit Frischfleisch und Wurstwaren. Einmal in der Woche verkaufte ein Gelterkinder Metzger Fleisch in einem Lokal im Dorf (gegenüber dem Restaurant Hirschen). Heute ist fast jede Familie motorisiert und kann sich selber mit allem Notwendigen in der Region eindecken. Im Jahr 1999 wurden nur noch in zwei Bauernbetrieben (Familie Jürg Erny und Familie Ueli Andrist) Schweine als Fleischlieferanten für den Eigenbedarf gehalten.

Die Milch wird in der «Chesi», dem Laden der Milchgenossenschaft, offen verkauft. Neben der offenen Milch kann man auch die ganze Palette von behandelten Milchsorten erwerben. Neuerdings kann man offene Milch auch direkt beim Bauern kaufen.

Bei der Metzgete fallen unterschiedliche Fleischprodukte an. Zur Hausmetzgete wurde früher die Verwandtschaft eingeladen. Sie half mit und sass anschliessend am gemeinsamen Tisch zum «Prägel». Blut- und Leberwürste wurden sofort verzehrt und an Nachbarn und Freunde verschenkt. Diese Schenkung hatte drei Zwecke:

1. Die leicht verderbliche Ware wurde rasch konsumiert.
2. Man sicherte sich die Mithilfe bei der nächsten Metzgete, verbunden mit dem Anspruch, auch beschenkt zu werden.
3. Man pflegte Verwandtschafts- und Freundschaftsverhältnisse in der Dorfgemeinschaft. Verschiedene Bauern bedachten auch den Pfarrer mit einem «Metzgete-Täller».

Die Metzgete genoss hohes Ansehen. Die Restaurants Hirschen, Rössli und Ergolz wurden bei dieser Gelegenheit rege besucht. Die Rothenflüher und auswärtige Gäste wussten diesen Festschmaus zu schätzen.
Das «Rössli» war bekannt für die feingewürzten Würste des Störmetzgers Paul Leuenberger. Die Wirtin Marianne Gerum-Gysin bot «Fässliöpfel»-Schnitze zu Leber- und Blutwurst an. Heute offerieren nur noch das «Bad» und das «Rössli» alljährlich Metzgete.
In einigen Häusern werden noch Speckseiten und Würste geräuchert. Die Räucherung findet durch langsames Verbrennen von Tannenholzsägemehl und Tannästen in Räucherkammern statt. «Räckolderbeeri» (Wacholderbeeren) werden auf die

Rauchkammer im ehemaligen Restaurant Hirschen; nicht mehr in Betrieb, 2001

Fleischstücke gelegt. Durch die Wärme entwickeln sich Aromastoffe, die den Fleischgeschmack veredeln. Fleisch wurde früher auch sterilisiert, d. h. gekocht oder gebraten und in Gläser gefüllt. Später, in den 1950er Jahren, konservierte man das Fleisch in Weissmetallbüchsen, die mit einem speziellen Gerät verschlossen wurden. Die anschliessende Erhitzung der gefüllten Büchsen garantierte die Konservierung des Inhaltes. Die Büchse konnte mehrmals verwendet werden. Sie wurde einfach immer kürzer durch das Abschneiden des oberen Randes.

Bis in die 1990er Jahre nahm der Fleischkonsum zu; heute ist er wieder leicht rückläufig. Familien, welche nur einmal pro Woche Fleisch verzehren, sind selten. Man isst hauptsächlich «edleres» Fleisch: Koteletten, Entrecôtes und Filetstücke. Die Verwertung des sogenannten «minderen» Fleisches als Suppenfleisch ist gering.

9.7 Hygiene und Schönheitspflege

Paul Schaub-Börlin erinnert sich an seine Jugendzeit:
«Chläck» (Risse) an de Händ het me mit Mälchfett agstriche, s het gnützt. Mir hei nüt uf s Gsicht gstriche. Brun si mir nodisno worde, mir hei kei Sunnegreme bruucht.»
Am Samstagabend wurde gebadet. Nach dem Bad ging man nicht mehr aus dem Haus, um keine schmutzigen Füsse zu bekommen. Man badete in einer freistehenden Blechwanne. Nach dem Einseifen spülte man das Seifenwasser ab mit einem «Gätzi» (Gefäss mit Stiel).
Das Badewasser wurde von mehreren Personen nacheinander benützt. Das Heissmachen des Wassers im «Chessi» brauchte viel Holz.
Nach 1943 wurden in vielen Haushaltungen Boiler installiert. Das Wasser wurde mit einem Wärmeaustauscher im Holz-Sparherd mit regulierbarer Luftzufuhr aufgeheizt.
Die festinstallierte Badewanne kennt man seit 1947. Das Wasser wurde im Elektro-

boiler aufgeheizt. Bis 1970, als die Häuser im Dorf an die Kanalisation angeschlossen wurden, floss das Abwasser aus Küche und Bad direkt in den Bach.
Heute hat das Duschen das Baden weitgehend abgelöst.

Um 1930 war es Mode, dass sich die Jugendlichen Brillantine in die Haare schmierten. «Mir hei au wölle probiere e chli Glanz in d Hoor z übercho.» (Ernst Rieder-Flückiger). Als Schüler der Bezirksschule in Böckten wollten die Rothenflüher den Gelterkindern nicht nachstehen. «Mir si alli zäme uf Brillantine gstande.» (Paul Schaub-Börlin). «Silvicrin» und «Kemp» wurden vergeblich als Haarwuchsmittel eingesetzt. Dem Bart rückte man mit Rasiermesser oder Rasierklinge zu Leibe. Die Rasierklingen wurden mehrere Male mit geeigneten Geräten nachgeschärft.

Die heutige Palette der Schönheitspflege ist unüberblickbar.

9.8 Krankenpflege und Hausmittel

Gegen Fieber wurden Essigsocken (kalte Essigwickel) angelegt. Als Hausarzt wirkte Dr. Paul Gysin aus Gelterkinden. Die Tabletten Vabene wurden als allgemeines Schmerzmittel eingenommen. Liberol wirkte gegen Erkältungen. Kafa-Kopfwehpulver war ebenfalls bekannt. Gegen Halsweh wurden Wickel mit «Gschwellte» und Zwiebeln aufgelegt. Dämpfe mit Heublumen halfen bei Bronchitis und Erkältungen. Gegen Husten setzte man Zytröseli (Huflattich) und Königskerze ein. Auch Honig, in heisser Milch aufgelöst, half bei Halsschmerzen.
Holundersirup wirkte als Stärkungsmittel und gegen Husten.
«Dr Dokter Gysi het gseit: Schnaps söll me vor em Hueschte neh. Wenn dr Hueschte do isch, nützt er nüt meh!» (Ernst Rieder-Flückiger).
«Rheuma het me halt gha, me het nüt dergege chönne mache!» (Hermine Rieder-Flückiger). «Sloans-Liniment» war eine Allerweltswundsalbe.

Heute kennt man Hunderte von Medikamenten. Der Arzt wird häufiger aufgesucht. Er kommt nur in Notfällen ins Haus. Kräuterteemischungen werden gekauft, in seltenen Fällen werden Heilkräuter aus dem eigenen Garten benützt.
Den modernen Zeiten zum Trotz spülte Ernst Rieder-Flückiger jeden Morgen den Mund mit einem Gläschen Burgermeister oder Kirsch aus eigener Produktion. «Das isch guet. Aber nit abeschlucke...!»

9.9 Spielsachen, Spiele und Unterhaltung

Holzrössli mit Rädern, Gampirössli, Bäbiwägeli, Bäbistube, Chrämerlädeli, Puppen, Bauwürfel, Halma, Eile mit Weile und Nünistei waren früher die häufigsten Spielzeuge und Spiele. Einige sind noch in Gebrauch und werden von den Kindern geschätzt. Gefragt sind heute batteriebetriebene Spielzeuge und Computerspiele. Die Kids und Jugendlichen kennen sich darin bestens aus. Einige Kinder besitzen teure elektronische Musikinstrumente.
Versteckis, Blindi Chue, Schwarzemaajage waren früher beliebte Gesellschaftsspiele der Kinder. Versteckis und Schittli-Verstopfis sind heute noch beliebt.
Das Hüttenbauen im Wald begeistert ebenfalls noch, und wie früher werden diese «Bauwerke» manchmal mutwillig zerstört. Die «Stubete» diente den Verwandtschaftsbesuchen; man trank Kaffee und «brichtete» beim Stricken. Je nach Jahreszeit wurde Gebäck aufgetischt: Fasnachtsküchlein, Schenkeli, Gutsi und Züpfe.
Ein erstes Radio-Gerät bastelte Lehrer Emil Gysin-Lehmann 1932. Es war ein Ereignis, sich den zum Empfang unerlässlichen Kopfhörer aufzusetzen, um dann Musik oder kaum vernehmbares Sprechen – unterbrochen von Knistern und Rauschen – zu vernehmen.
Trotz anfänglichen Unzulänglichkeiten erregte diese technische Errungenschaft mehr Aufsehen als später die ersten Fernseh-Apparate. Nach und nach wurden richtige Radio-Geräte installiert bei Familie Erny auf der Post und bei Karl Graf-Lösch. Neugierige fanden sich bei den Radio-Besitzern ein, um z. B. beim Stini (Christine Gysin-Graf) 1941 «Lili Marlen» zu hören! (Ernst und Hermine Rieder-Flückiger).

Das erste Fernsehgerät wurde um 1950 im Restaurant Hirschen in Betrieb genommen. Es gab einen grossen Zulauf. Sportanlässe und Tagesschau wurden mit Neugier verfolgt. Kurz darauf kaufte Familie Graf-Erny ebenfalls ein solches Gerät, wobei ihre schulpflichtigen Kinder die Schulkameraden zur Kinderstunde einluden. Zu dieser Zeit wurde das Fernsehen als «schädlich für Kinder» abgestempelt. Man war der Ansicht, nicht alle Fernsehprogramme seien für Kinder geeignet, die «Glotze» schade den Augen und lähme die Fantasie. Davon abgesehen waren die damaligen Fernsehprogramme «anständiger als die heutigen» (Olga Graf-Erny).

Um 1960 kamen die elektrischen Plattenspieler auf.

Seit 1975 ist Rothenfluh der Grossgemeinschaftsantenne GGA Sissach angeschlossen. Dies bewirkte, dass der hässliche Antennenwald auf den Dächern verschwand. Ein Fernsehgerät kann heute Dutzende von Sendern empfangen. Einige Hausbesitzer ziehen Satelliten-Schüsseln (Parabolspiegel) dem Anschluss an die GGA vor. Fernsehen ist für ganze Familien zur Hauptunterhaltung geworden. Mit «Hesch im Färnseh gseh…?» beginnt bei Erwachsenen und Kindern manche Diskussion.

Radioapparat aus dem Jahre 1952. Er ist heute noch bei Alexander Mumenthaler-Illi in Betrieb.

Schule und Kindergarten   10

10.1 Schule und Schulmeister im 18. und 19. Jahrhundert

10.1.1 Von den Anfängen des Schulunterrichts

In den Kirchenbüchern von Rothenfluh ist erstmals beim 1714 verstorbenen Hans Keller als Beruf «Schulmeister» eingetragen.

Es folgen dann:
Matthias Hersperger (verstorben 1724, Schulmeister und Sigrist von 1714 bis 1724);

Abraham Weber (verstorben 1755, Schulmeister und Sigrist von 1725 bis 1726, danach wurde er «Undervogd»);

Heini Gass (Schulmeister und Sigrist von 1726 bis 1746);

Martin Gass, Sohn des Heini Gass (verstorben 1782, Vorsänger, Schulmeister und Sigrist von 1746 bis 1782);

Hans Heinrich Gass, Sohn des Martin Gass, geboren 1761 (1782 bis 1809 Schulmeister, 1782–1831 Sigrist und Vorsänger).

Am 5. März 1759 hat der Rat zu Basel eine neue Ordnung für Landschulen erlassen. Darnach wurden die Schulmeister verpflichtet, das ganze Jahr, mit Ausnahme von zwei Wochen im Heuet, in der Ernte und im Emdet, wöchentlich 19 Stunden Schule zu halten und in Buchstabieren, Schreiben, Aufsagen, Memorieren (Auswendiglernen), Singen und Religion zu unterrichten.
«Die Schulmeister sollen gesund sein und keine Gemeinschaft oder anhänglichen Umgang mit Sektierern oder Irregeleiteten pflegen oder an Versammlungen teilnehmen, die zur Verachtung des öffentlichen Gottesdienstes gereichen.»
Anstelle des früheren «Schulscheites», das die Schüler täglich in die Schule mitzubringen hatten, erhielten die Lehrer von den Gemeinden nun eine genügende Menge Holz. Die Eltern hatten, sofern sie in der Lage waren, ein Schulgeld zu entrichten. Die Dauer der Schulpflicht war von der Erreichung des Lernziels abhängig: «Wer perfekt lesen kann und das Nachtmahlbüchlein (Büchlein mit dem Text der Abendmahl-Einsetzung) gelernet hat, der kann aus der Schule entlassen werden.»
Die Rothenflüher Schule stand unter der Aufsicht des Deputatenamtes, der Aufsichtsbehörde für Kirche, Schule und Armenwesen in Basel. Im Jahre 1798 erhielt Pfarrer Christoph Burckhardt in Rothenfluh vom Erziehungskomitee den Auftrag, einige Vorschläge zur Verbesserung des Erziehungswesens zuhanden der Nationalversammlung einzugeben. Es waren 31 Fragen zu beantworten. Diese 31 Fragen und Antworten dokumentieren die damalige Schul- und Unterrichtssituation sehr eindrücklich:

1. Ob die hiesige Schul, die nur in der Gemeind Rothenflue besteht, ihr eigenes Schulhaus habe?

Nein, es ist des Schulmeisters eigenes Haus, die Gemeind gibt zwar für die Schulstube Jährlich einen geringen Zins, nemlich 4 Pfund. Wofern er aber diese Stube anderwerts verleihen könnte, würde er an die 25 Pfund davon zu beziehen haben.

2. Ob die hiesige Schulstube für den Unterricht bequem eingerichtet seye?
Ja, und wird sonst zu nichts anders gebraucht.

3. Wie für das Holz zur Heizung der Schulstube gesorgt werde?
Nach obrigkeitlicher Erkenntnis vom 5. März 1759 sollte die Gemeind dem Schulmeister jährlich 2 Klafter Holz und 200 Wellen frondweise machen und liefern, diese aber muss er bald alle Jahre nach langem Warten gleichsam erstreiten und erkämpfen.

4. Ob der Schulmeister von den Herren Deputaten gesetzt? Ob er ein Landbürger und wie er erwählt worden?
Die hiesige Schul ist eine Gemeind Schul, der dismalige Schulmeister ein Bürger von Rothenflue, welcher auf Absterben seines Vaters von mir dem Pfarrer, als der tauglichste in der ganzen Gemeind ist erwehlt und angesehen und den Herren Deputaten zur Approbation vorgeschlagen, auch von denselben wirklich zu diesem Amt bestätigt worden.

5. Wie alt derselbe seye?
36 ½ Jahr.

6. Ob er zu seinem Amt tüchtig seye? besonders für den Unterricht im Lesen, Schreiben, Rechnen und Singen?
Er hat bis dahin unter Gottes Segen an der hiesigen lieben Jugend mit vielem Nutzen gearbeitet.
Die Eltern sind mit ihm durchaus zufrieden, und werden meines Erachtens, ohne der Sache zu viel zu thun oder zu Schmeicheln, wenig Landschulen seyn, da eine bessere zum Nutzen und Besten der Kinder eingeführte Lehrart beobachtet wird, als die hiesige Rothenflue Schule; Eines aber kann ich nicht unbemerkt lassen, und mit Stillschweigen übergehen, dass bis dahin/: weil der Schulmeister nur wenig Kenntnis vom Rechnen hat:/ so ist dieses zwar nothwendige Stück mehrentheils unterlassen worden, da aber dieses fast unentbärlich, so verspricht sowol der Pfarrer, als mein dermaliger wegen meinem Alter, und zuweilen kränklichen Umständen angenommene Mithelfer, Herr Cand. Lutz, in Zukunft dem Schulmeister hierüber den erforderlichen Unterricht zu erteilen, um nachgehender auch solches den Kindern beizubringen.

7. Ob der Schulmeister das Zutrauen der Gemeind besitze?
Soviel mir in Wissen, durchaus.

8. Wie sein Wandel beschaffen?
Er ist ein Mensch, doch wüsste ich nichts hauptsächlich widriges und anstössiches wider ihn anzuführen.

9. Worinnen sein Einkommen bestehe?
In 4 geringen weit dem Dorf gelegenen Stücklin Lands, welches er als Sigrist benutzen kann. Ferner als Sigrist 3 ½ Säckh Korn aus dem Gottshaus in gleichem 1 Sackh als Bereins Einkommen, und vom Pfarrer in Gelt 9 Pfund 10 Schilling.

10. Ob er freye Wohnung habe?
Nein.

11. Ob er neben seinem Schuldienst etwa auch Sigrist, Organist oder Vorsänger seye, und worinnen sein Einkommen in Rücksicht dessen seye?
Er ist Schulmeister, Sigrist und Vorsänger, hier haben wir keine Orgel. Als Schulmeister hat er von einem Kind, deren gegen 60 am Tag 1 Pfund 11 Schilling und gegen 20 Nachtschüler von diesen aber hat er nur 2 Pfund.

12. Wie viel die Eltern für jedes Kind bezahlen müssen?
Ist in vorigem beantwortet.

13. Ob für die armen Schüler von den Herren Deputaten, oder aus dem armen Seckel etwas bezahlt werde, und wie viel im Jahr ins andere gerechnet?
Den Schullohn für die Armen haben bis dahin die Herren Deputaten abgerichtet, und ist der Armen Seckel, theils wegen der grossen Anzahl so vieler Bedürftiger, sowol hier als anderswo sich aufhaltender Bürgern, Witwen und Waisen von Rothenflue, theils aber wegen seinem geringen Inhalt

verschont geblieben, der Conto des Schulmeisters so den Herren Deputaten Jährlich für die armen Schüler eingegeben worden beläuft sich zwischen 47 Pfund bis 49 Pfund.

14. Ob eine oder mehrere Schulen in der Gemeinde seyen?
Nur eine.

15. Ob Sommer und Winter Schule gehalten werde?
6 Monat im Sommer, und 6 dito im Winter. Im Sommer aber nur 2 Tag in der Woche, nemlich am Montag und Donnerstag.

16. Ob im Sommer Sonntags Schule gehalten werde?
Ist bis dahin nicht üblich gewesen, wenn ich aber hier meine ohnvorgreifliche Meynung entdecken soll, würde es für die Jugend von nicht geringem Nutzen seyn, wenn Sonntag Morgens nach vollendetem Gottesdienst semtliche Kinder sowol Knaben als Töchtern sich in die Schulstube begeben thäte, und sollte alsdann der Schulmeister, zuweilen auch der Pfarrer die Kinder den Text fragen, ob und was sie etwann aus der Predigt behalten, und eine kurze Wiederholung vor die Hand nemmen, bey welchem Anlass auch der Schulmeister des folgenden Tags die Nachlässigen Kirchgänger Zurede stellen müsste.

17. Ob im Winter Nacht Schule gehalten werde?
Ja.

18. Wie viele Stunden vor und Nachmittag Schul gehalten werde?
Jedesmal 2 Stund, nemlich vormittag von 8 bis 10 Uhr Nachmittags von 12 bis 2 Uhr.

19. Wie die Stunden eingetheilt werden?
Täglich werden 4 Stunden Schul gehalten, und überhaupt sagt der Schulmeister: Er halte sich an die Hochobrigkeitliche Schulordnung fürs Land von anno 1759.

20. Was in der Schul neben Lesen und Schreiben gelehrt werde?
Neben dem Lesen und Schreiben auch Singen, Vorzeichnung der Zahlen.

21. Ob auswendig geschrieben, das will sagen: Ob etwas aus dem Kopf diktiert und aufgegeben wird?
Meistens nach des Schulmeisters seiner Vorschrift.

22. Ob Rechnen gelehrt wird?
Dies ist bis dahin, weil der Schulmeister darinnen nicht bey besten erfahren, unterblieben, soll aber in Zukunft desto fleissiger getrieben werden durch Anführung des Pfarrers und Herrn Cand. Lutzen.

23. Ob Singen?
Ja.

24. Ob auswendig gelehrt wird, und was?
Das Nachtmahlbüchlein, Hübners biblische Historien, Kinder Verse, und Gebätter.

25. Wie die Aufsicht über die Sitten, Aufführung, und die Reinlichkeit der Kinder beobachtet worden sey?
Hierinnen glaubt der Schulmeister das Seinige so viel sich immer thun lässt, gethan zu haben.

26. Wie viel Kinder vom 6ten bis zum 14ten Jahr in dem Ort seyen?
Das zeigt die Tabelle.

27. Wieviel davon die Schule besuchen?
Am Tag 60, in der Nachtschul 20.

28. Wie lange sie die Schule besuchen, und ob es etwanen üblich, dass die Kinder sehr frühe, sobald sie zur Nohtdurft lesen können, der Schule entlassen werden?
Dass die Kinder, und besonders der Posamenter, welche dieselben so früh als nur möglich zum Spiely (Fadenspulen) machen anhalten, mehrentheils allzufrühe der Schule entzogen werden, sich im Lesen, Schreiben und andern Dingen wenig oder gar nicht mehr üben, und bald wider vergessen, was sie erlernt haben, wird meines Erachtens fast eine durchgehende Klage seyn, welchem Übel durch kräftige Mass Reglen sollte gesteuert werden.

29. Ob die jungen Leute, welche schon zum H. Abendmal gegangen, grösstentheils fertig lesen und schreiben können?
Bis dahin habe im Gebrauch gehabt, wann neue Catechumenos oder zukünftige nacht-

mals Gäste zum Unterricht des H. Abendmals angenommen, besonders über das fertig lesen genau zu prüfen, und diejenigen so hier immer etwas schwach befunden, ernstlich ermahnt, sich hierinnen desto mehr und fleissiger zu üben.

30. Was die Geistlichen selbst bey dem Schul Unterricht, sowol in Aufsicht als in Mithilfe geleistet haben?
So oft ich der Pfarrer die Schul besucht, habe mir angelegen seyn lassen, womöglich das Fehlbare abzuschaffen und zu verbessern, dem Schulmeister hierüber ins Geheim die nöthige Anweisung gegeben, die anwesende Jugend zu mehrerm Fleiss ermahnt, und das sie still und ohne den geringsten Lärm und Geschrei auf den Gassen zu verüben, nach Hause gehen, und daselbst sich auf das was ihnen vor und aufgegeben worden, zu üben.

31. Was zu besserer Aufnahme der Schule vorzüglich zu wünschen wäre?
Hierüber wird mein dermaliger Mitarbieter am Worte des Herrn, um nicht in unnütze Weitläufigkeiten einzutreten, Herr Candidat Lutz einigen Bericht erteilen.

Pfarrer Burckhardt liess auch mit dem Schulmeister und dessen Lehrjüngern (angehende Lehrer) im Beisein einiger Beamten der Gemeinde ein Schulexamen vornehmen. Nach dem Schulbesuch hielt er seine Eindrücke vom Examen in einem schriftlichen Bericht fest. Darin lobte er besonders die deutliche Aussprache der Kinder sowie deren Aufmerksamkeit beim Lesen, denn «ein jedes Kind musste genau Acht auf sein Büchlein haben, indem bald dieses bald jenes ausser der Ordnung wie sie beysammen sassen, in dem Buchstabieren fortfahren musste [...].»

In einer Tabelle wurde der Leistungsstand der Rothenflüher Kinder festgehalten:

Lesen

85 Kinder geprüft, davon erhielten 55 Kinder ein «gut», 30 Kinder ein «mittelgattig» oder «schlecht».

Schreiben

40 Kinder (28 Knaben und 12 Mädchen) geprüft, 19 Kinder erhielten ein «gut», 21 Kinder ein «mittelgattig» oder «schlecht».

Singen

33 Kinder geprüft, davon erhielten 18 ein «gut», 15 Kinder ein «mittelgattig» oder «schlecht».

Eduard Zingg schreibt dazu in seiner Arbeit von 1898 «Das Schulwesen auf der Landschaft Basel nach den amtlichen Berichten [...]»:
«Die Schule Rothenfluh galt nun freilich als eine der besten der Landschaft, und von ihrem Lehrer, Heinrich Gass (36 Jahre alt, von Beruf Landarbeiter), der vom Pfarrer als der tauglichste erwählt und angesehen, seinem Vater im Amte gefolgt war, schreibt der Ortsgeistliche: «Er hat bisher unter Gottes Segen an der Hiesigen lieben Jugend mit vielem Nutzen gearbeitet, die Eltern sind mit ihm durchaus zufrieden, und werden meines Erachtens ohne der Sache zu viel zu thun oder zu schmeicheln, wenig Landschulen seyn, da eine bessere zum Nutzen und Besten der Kinder eingeführte Lehrart beobachtet wird.»

10.1.2 Der erste ausgebildete Lehrer

Um die Jahrhundertwende erfuhr das Schulwesen neue Impulse. Unter dem Erzieher Johann Heinrich Pestalozzi entwickelte sich eine neue Lehrmethode.
1808 verfasste der Basler Deputat Peter Ochs eine Schulordnung für die Land-Distrikte des Kantons Basel, und im gleichen Jahr wurde in Sissach ein Schullehrer-Seminar eröffnet. Die Ausbildungszeit betrug, je nach Ausbildungsstand des Seminaristen, drei bis sechs Monate.
Die Herren Deputaten wollten, dass auch in Rothenfluh von einem im Seminar ausgebildeten Lehrer nach der neuen Lehrmethode Schule gehalten werde. Die Bürger von Rothenfluh waren aber mit ihrem bisherigen Schulmeister vollauf zufrieden. Am 25. Februar 1809 erfuhr Pfr. Johannes Geymüller in einer Zuschrift vom Deputatenamt von der bevorstehenden Entlassung des bisherigen Schulmeisters Heinrich Gass. In seiner Antwort hierauf schrieb er am 1. März 1809 an Herrn Rosenberg, den Präsidenten des Deputatenamts:

Auf die vorhabende Entlassung des hiesigen Schulmeisters von seinem Dienste

Schule und Kindergarten

möchte ich hiermit die ehrerbietige Vorfrage thun:

Da der bemeldte Schulmeister unter seinen 6 noch lebenden Kindern einen Knaben hat, der fraglich noch nicht gar 12 Jahre alt ist, aber doch bereits gute Anlagen und Fähigkeiten, besonders auch im Singen, zeigt und der Vater diesen Knaben schon vor mehreren Jahren mit Genehmigung der höheren Behörde zu seinem künftigen Amtsnachfolger bestimmt hat, ob nicht das Löbliche Deputatenamt sich würde gefallen lassen, die erwähnte Entlassung noch so lange auszustellen, bis dieser junge Mensch das zureichende Alter erreicht hätte, um unmittelbar nach erhaltenem Unterricht in dem Institut zu Sissach an die Schullehrerstelle seines Vater gesetzt werden könne?

In der Zwischenzeit würde ich mir es zur Pflicht machen und auch meinen eigenen Vortheil darunter suchen, diesem Knaben mit allen einem Landschullehrer zu wissen nöthigen Wissenschaften so gut möglich bekannt zu machen, dass derselbe gewiss nicht unvorbereitet nach Sissach abgehen soll.

Auch der Gemeinderat ersuchte in seinem Schreiben vom 26. April 1809 an das Deputatenamt die zuständigen Herren, von der Absetzung des Schulmeisters Heinrich Gass und der Wahl eines ihnen fremden Schullehrers abzusehen.
Beide Schreiben blieben erfolglos. Im September 1809 setzte nämlich die Deputatenkommission den bisherigen Schulmeister Hans Heinrich Gass (47 Jahre alt) ab und wählte den 17-jährigen Hans Jakob Imhof von Wintersingen (einen der drei ersten Schüler des Sissacher-Seminars) als Schullehrer in Rothenfluh.
Der Wechsel vom bisherigen Gemeindebürger als Schulmeister zu einem auswärtigen Schullehrer wurde verständlicherweise nicht von allen widerspruchslos und gut aufgenommen. Wegen übler Nachrede wurden sogar verschiedene Rothenflüher von Herrn Eichler, Verweser der Statthalterei in Sissach, einvernommen. Mit der Zeit beruhigten sich die Rothenflüher Bürger aber wieder.
Heinrich Gass blieb aber weiterhin Sigrist und Vorsänger. Im November 1830 ersuchte er das Deputatenamt, nachdem er bereits altershalber das Vorsingen in der Kirche durch den Schullehrer Imhof hatte versehen lassen:

Ich bin nicht mehr im stand den Sigrist Dienst zu versehen, den ich schon bis 47 Jahre zurück redlich verrichtet habe, jetzt aber wegen Altersbeschwerden und Leibs-Gebrechlichkeiten um Entlassung auf künftige Weihnacht ersuche.

Alte Schule, Etzmatt 52. Die ehemalige Zehntenscheune wurde 1830 zu einem Schulhaus mit Lehrerwohnung umgebaut. 2000

Ich bitte aber auch, dass sie möchten von Gütte seyn und mir auch eine jährliche Pension zukommen lassen, weil ich und meine Frau in das 70. Jahr unseres Alters eintreten und wenig mehr Arbeiten können.

Am 1. Januar 1831 übernahm Hans Jakob Imhof den Sigristendienst.
Der alte Sigrist und ehemalige Schulmeister Hans Heinrich Gass starb am 21. Januar 1832.
Johann Jakob Imhof begann seinen Schuldienst in Rothenfluh im Oktober 1809. Leider ist nicht festzustellen, in welchen Häusern eine Schulstube zur Verfügung stand, denn erst ab 1830 war das neu gebaute Schulhaus (Umbau der ehemaligen Zehntenscheune, Etzmatt 52) mit Lehrerwohnung bezugsbereit.

Am Sonntag den 8. Mai 1859 fand die Feier zum 50. Amtsjubiläum von Lehrer Hans Jakob Imhof statt. Im «Schweizerischen Volksschulblatt, Bern, 1859, Nr. 21» ist darüber Folgendes nachzulesen:
«Besammlung war um 12 Uhr beim Schulhaus [Alte Schule]. Von hier ab begab sich der Festzug zum Wohnhaus des Jubilars [heute Gemeindeverwaltung], wo der Gefeierte mit Gesang und Musik begrüsst wurde. Hierauf marschierte der Festzug zur Kirche. Der Jubilar am Arm des Herrn Schulinspektors, gefolgt von einem langen Zuge Kinder, Schulpfleger, Gemeinderäte, Lehrer, Sänger und Sängerinnen. Bald ertönte in der Kirche von mehreren hundert Zungen der prächtige Choral «Lobe den Herrn, den mächtigen König der Ehren». Hierauf sprach der Präsident des Lehrervereins Sissach, Herr Bezirkslehrer Fiala. Er überreichte dem Jubilar einen silbernen Becher mit folgender Inschrift:

*Zum Gedächtnistag
fünfzigjähriger treuerfüllter Pflicht,
dem wackern J. J. Imhof
zu Rothenflue.
Gewidmet von den
basellandschaftlichen Lehrern,
den 8ten Mai 1859*

Kopie der Inschrift des Jubiläumsbechers

Ein einfaches Essen im Gasthof zum Hirschen, der kreisende Becher voll Wintersinger Roten, welchen die Heimatgemeinde nebst einem herzlichen Glückwünschschreiben an den Jubilar auf das Fest geschickt hatte, und Roter von Rothenfluh, welchen der Jubilar mit eigenem Fleiss gebaut hatte, öffnete endlich aller Mund und Herzen mit Toasten, Liedern und Scherzen, bis der Abend hereinbrach und zum Abschied mahnte.»
Lehrer Imhof gab weiterhin Schulunterricht bis zu seinem Ableben im Jahre 1874. Er starb im 81. Lebensjahr.

10.1.3 Es braucht einen zweiten Lehrer

39 Jahre lang war Johann Jakob Imhof einziger Lehrer im Dorf. Gegen die Mitte des 19. Jahrhunderts nahm die Einwohnerzahl und mit ihr die Schülerzahl zu.
Im Dezember 1847 schrieb Schulinspektor Kettiger an das Erziehungsdepartement:
Da die Schule zu Rothenfluh seit mehreren Jahren eine Schülerzahl hat, die 120 übersteigt, so ist der Zeitpunkt eingetreten, den der § 16 des Schulgesetzes vorsieht. Die Gemeinde wäre demnach einzuladen, zur Errichtung einer Successivschule die nötige Einteilung zu treffen.

Der bisherige Lehrer Johann Jakob Imhof hatte sich entschieden, die unteren Klassen zu behalten. Als zweite Lehrkraft musste daher ein Lehrer für die oberen Klassen gesucht werden. Rothenfluh kam dieser Aufforderung nach. An der Gemeindeversammlung vom 4. Juni 1848 stimmten von den 113 Anwesenden deren 112 (die Schrift auf einem Stimmzettel war zu unleserlich) dem Antrag des Gemeinderates zu, den 24-jährigen Oberlehrer Wilhelm Koch von Ziefen, bis anhin Lehrer in Niederdorf, nach Rothenfluh zu berufen.

Wilhelm Koch nahm diese Berufung an und begann (da seit Anfang Juni wegen Erkrankung des Lehrers Imhof kein Schulunterricht mehr gehalten wurde) seine Unterrichtstätigkeit bereits am 10. Juli 1848 im 1828/29 gebauten Schulhaus.

Schulinspektor Kettiger schrieb dazu an die Erziehungsdirektion:

«An eben diesem Tage werde ich in Rothenfluh die absichtlich bis zu dem vorausgesehenen Anlass verschobene Prüfung vornehmen, die Trennung der Schule veranstalten und der Übergabe an den neuen Lehrer beiwohnen.»

Wilhelm Koch verehelichte sich 1853 mit der Tochter Magdalena Verena seines Amtskollegen Johann Jakob Imhof. Lehrer Koch war während Jahren auch Gemeindeschreiber in Rothenfluh. Er verwaltete die 1858 gegründete Gemeindebibliothek und besorgte die Bücherausgabe an die Leser. Die im Jahre 1863 erschienene Heimatkunde von Rothenfluh ist sein Werk.

Am 26. März 1865 wählte die Gemeindeversammlung von Pratteln Wilhelm Koch als dritten Lehrer nach Pratteln. In Rothenfluh hatte man offenbar rechtzeitig Kenntnis von der bevorstehenden Wahl erhalten. Auf Verlangen von 17 Bürgern fand darum auch in Rothenfluh am Sonntag, den 26. März, eine Gemeindeversammlung statt. Im Auszug aus dem Protokoll über diese Gemeindeversammlung steht:

Präsident Erni eröffnete hiemit diese Angelegenheit, dass Herr Lehrer Koch am Mittwoch den 2. März von der Schulpflege Pratteln soll abberufen worden sein, und er soll, wie er gehört habe, daselbst mit der Besoldung bedeutend höher zu stehen kommen als hier in unserer Gemeinde.

Herr Doct. Rippmann erklärt auch hiemit die Fähigkeit und Tüchtigkeit unseres Herr Lehrer Koch sowie auch was unsere Gemeinde dadurch verlieren werde, wenn er fortkommen sollte. Nun stelle er den Antrag: Man solle Ihm eine Gehaltszulage zustimmen, und er glaube, wenn dies in einer grossen Mehrheit geschehe, so könnte Er vielleicht dennoch bleiben. Eine Zulage ist Herrn Koch damals bei der Abberufung in Niederdorf schon in Aussicht gestellt, aber bis dahin noch nie erfolgt, was er nun wünsche, dass dies jetzt möchte vollbracht werden. Die Zulage wie viel wolle er gerade nicht bestimmen.

Aus der Versammlung kam der Vorschlag, den Jahreslohn um Fr. 200.– anzuheben; einer der Gemeinderäte schlug Fr. 100.– Gehaltserhöhung vor. Von den 110 Anwesenden stimmten deren 67 für eine Gehaltserhöhung von Fr. 200.–, für den zweiten Vorschlag (Fr. 100.– Erhöhung) gab es keine einzige Stimme. Der Beschluss hatte Wirkung, denn Lehrer Wilhelm Koch blieb der Gemeinde Rothenfluh treu. Er leistete seiner Wahl nach Pratteln nicht folge.

Für seine lobenswürdigen Eigenschaften als Lehrer und all die oben angeführten zusätzlichen Leistungen in der Gemeinde haben ihm die Bürger ca. 1879 das Rothenflüher Bürgerrecht geschenkt. Am 22. Februar 1891 ist Lehrer Koch 67-jährig gestorben.

■ Dr Herr und d Frau Lehrer

Der Lehrer galt als Autorität und hatte sich dementsprechend zu verhalten und zwar innerhalb und ausserhalb der Schule. «Lehrer» war nicht einfach eine Berufsbezeichnung, sondern ein Titel. Allgemein wurde der Lehrer, ob er wollte oder nicht, mit «Herr Lehrer», seine Frau mit «Frau Lehrer» angesprochen. Diese Titulierung konnte groteske Züge annehmen, wie die folgende Geschichte zeigt. Sie hat sich um 1900 abgespielt:

Der Bauernknabe Julius und das Mädchen Christine besuchten die gleiche Klasse der Dorfschule. Nach Jahren war aus Julius ein selbständiger Bauer, aus dem Mädchen die junge Frau des Lehrers geworden. Der Bauer besass einen Baumgarten in der Nähe des Schulhauses, in dem die einstige Schulkameradin nun wohnte. Eines Tages klopfte er an die Tür der Lehrerwohnung und übergab der jungen Frau einen Korb herrlicher früher Birnen mit den Worten: «Lueg Christine, i ha dr do e Chratte voll Birli». Die Gabe wurde dankend angenommen. Bei der Rückgabe des leeren Korbes sprach die Empfängerin «Los Juli, du darfsch mir jetz nümme Christine säge. I bi jetz d Frau Lehrer.»*

Karl Senn ■

* Gewährsperson: Julius Dettwiler (1881–1951)

Quellen
Kirchenbücher von Rothenfluh
Staatsarchive BS/BL, «Erziehung A–Z»
Eugen A. Meier, Basler Almanach
Heimatkunde Sissach, 1984

Schule und Kindergarten

10.2 Schulverhältnisse von 1910 bis 1920

10.2.1 Schulzimmer (Schulhaus Etzmatt 52)

Vor den in Reih und Glied angeordneten Schulbänken mit den eingelassenen Tintenfässern stand das Lehrerkatheder. Zum weiteren Mobiliar gehörten Wandtafel und Kästen. In einigen von ihnen waren auch die Bücher der Dorfbibliothek untergebracht. (Jeden Samstag konnten von Oktober bis März von 11 bis 12 Uhr Bücher ausgeliehen werden.) In einem Kasten waren ausgestopfte Tiere aufgestellt, u. a. der im Jahr 1904 geschossene letzte Auerhahn von Rothenfluh. Im Schulzimmer stand noch ein Klavier – der Raum diente nämlich auch als Übungslokal für den Frauen- und Männerchor.

Es war nicht üblich, dass zum Schmuck des Zimmers Schülerzeichnungen an die Wände gehängt wurden. Hingegen hing an einer Wand das Bild Pestalozzis.

Während des Winterhalbjahres standen auf den Fenstersimsen die Topfpflanzen des Lehrers, im Sommer standen sie im Freien. In der Mitte des Zimmers thronte der im Winter eine so wichtige Rolle spielende Ofen mit dem mehrere Meter langen Ofenrohr. Während des Ersten Weltkrieges – als Koks als Heizmaterial nicht mehr erhältlich war – dienten nebst Holz auch von den Schülern gesammelte Tannenzapfen als Brennmaterial.

Gang und gäbe war folgende Sitzordnung: Die Knaben einer Klasse sassen immer vor den Mädchen.

10.2.2 Unterricht, Schulreisen, Ferien

Im Sommer dauerte der Unterricht in der Regel von 7 bis 11 Uhr und von 13 bis 16 Uhr, im Winter von 8 bis 11 Uhr und von 13 bis 15 Uhr. Am Vormittag gab es eine Viertelstunde Pause; die Knaben füllten diese mit Ballspielen aus («Fünf Leben»), die Mädchen hatten ihre eigenen Versspiele («Maria sass auf einem Stein»).

Mittwoch-, Freitag- und Samstagnachmittag waren schulfrei.

Die Kinder wurden in folgenden Fächern unterrichtet: Rechnen, Lesen, Aufsatz, Dik-

Schulklasse mit Lehrer Johann Jakob Rieder, um 1900, Schulhaus Eisengasse 1

Schule und Kindergarten

Schulklasse von Gottlieb Schaub, 1912, Schulhaus Eisengasse 1

tat, Schreiben, in der 1.–3. Klasse Anschauungsunterricht (entspricht dem heutigen *Mensch und Umwelt*), Naturkunde, Geographie, Geschichte, Biblische Geschichte, Zeichnen, Singen, Turnen.

Von der 5. Klasse an hatten die Mädchen keinen Turnunterricht mehr, dafür zweimal zwei Stunden Handarbeit in der Woche.

Da die meisten Kinder zuhause tüchtig mithelfen mussten, gab es selten Hausaufgaben.

Im Grossen und Ganzen gingen die Kinder gerne zur Schule. Für viele war das Schulzimmer der einzige Ort, wo man Neues erfahren konnte und der «Dorfhorizont» verlassen wurde. Pädagogik und Unterrichtsstil der Lehrkräfte waren unterschiedlich, entsprechend der Lerneifer der Kinder.

Abwechslung in den Schulalltag brachten die Schulreisen. Ziele in der Unterschule (1. bis 4. Klasse): Schafmatt, Farnsburg… Beliebtestes Ziel in der Oberschule war das Rütli. Eine solche Reise begann immer auf dem Pferdefuhrwerk (Leiterwagen), das alle zum Bahnhof Gelterkinden fuhr und am Abend dort abholte.

Schulferien gab es nach dem Schulgesetz von 1911 neun Wochen: zwei Wochen Frühlingsferien, zwei Wochen Herbstferien, eine Woche Weihnachtsferien. Die Zeiträume für diese Ferien wurden zum Voraus festgelegt. Hingegen fanden die zwei Wochen Heuferien sowie die zwei Wochen Ernteferien jeweils dann statt, wenn die entsprechenden Arbeiten ausgeführt werden konnten. Die Ferien konnten bei schlechtem Wetter durch Schultage unterbrochen werden. Die Termine der Heu- und Ernteferien legte die Schulpflege fest.

Im Jahr 1920 fiel die Schule im Dorf wegen Maul- und Klauenseuche einige Wochen aus. Emil Gysin, der zu jener Zeit die Bezirksschule in Böckten besuchte, wohnte deshalb damals für einige Wochen bei einer Tante in Zunzgen. Auch wegen Grippeepidemien gab es Schulausfälle.

■ *Um die Bauernhäuser, in denen Maul- und Klauenseuche festgestellt worden war, wurde ein Hag aufgebaut. Die Bewohner durften ihren Hausplatz nun nicht mehr verlassen. Der Dorfwächter besorgte die dringendsten Einkäufe; er nahm am Hag die Bestellung entgegen und überreichte dort wieder die besorgten Waren.*

Olga Graf ■

10.2.3 Noten

Anfang September, Anfang Januar und Ende März gab es Zeugnisse, sie enthielten eine Note für Betragen und Leistungsnoten. Diese waren wie folgt umschrieben:

1 sehr gut, wird erteilt bei höchstem Fleiss und besten Leistungen.

Schule und Kindergarten

2 gut, Fleiss und Leistungen stehen über dem Mittel, sind aber noch einer Steigerung fähig.
3 mittelmässig, der Schüler vermag eben noch zu folgen, strengt sich aber nicht besonders an.
4 ungenügend, Leistungen in der Regel ungenügend, der Schüler verhält sich meist gleichgültig.
5 Leistungen infolge schwacher Begabung sehr mangelhaft, der Schüler ist unfähig, sich anzustrengen.

Die Notenumschreibungen zeigen deutlich, welche Meinung vorherrschte: Das Kind muss nur wollen, dann stellen sich schon gute Schulleistungen ein. Entsprechend hoffnungslos war das Los der schwachen Schüler. Sie hatten – in der Klasse, zuhause und im Dorf – bald einmal ihr Etikett «faul» oder «dumm» oder «faul und dumm», wurden deswegen auch oft ausgelacht. Eine besondere Förderung gab es für solche Kinder nicht.

Geistig behinderte Kinder gingen überhaupt nicht zur Schule. Sie hatten auch kaum Kontakt zu andern Kindern, lernten nicht sprechen, waren im Allgemeinen sich selbst überlassen und blieben vom Dorfgeschehen ausgeschlossen.

Knaben mit guten Leistungen besuchten nach bestandener Aufnahmeprüfung nach der 6. Klasse die Bezirksschule in Böckten (zwei obligatorische Schuljahre, ein freiwilliges Schuljahr). Der sieben Kilometer lange Schulweg wurde teilweise noch zu Fuss, mehrheitlich aber mit dem Fahrrad zurückgelegt; einmal morgens, einmal abends. Die Mädchen konnten nach der 6. Primarklasse die Sekundarschule in Gelterkinden besuchen. Diese Möglichkeit wurde jedoch von sehr wenigen genützt. Einen höheren Stellenwert für künftige Frauen und Mütter schienen die Leistungen in Handarbeit zu haben.

Das Arbeitsschulzeugnis umfasste nämlich nicht weniger als sieben Noten: Stricken, Nähen, Flicken des Gestrickten, Stoff-Flicken, Wäschezeichnen (Monogramme auf Wäschestücken anbringen), Häkeln, Sticken.

Strickarbeit von Marie Erny, 1916

Stickarbeit von Marie Erny, 1916

Schule und Kindergarten

10.2.4 Schulbesuche, Examen

Schulbesuche gab es wenig, vereinzelt waren Schulpfleger zu Gast in den Schulzimmern.
Am Ende eines jeden Schuljahres nahm der Schulinspektor das Examen ab, d.h. er prüfte mittels Fragen, was die Mädchen und Knaben im Laufe des Jahres gelernt hatten. Das Abfragen erfolgte mündlich: Aufatmen bei den Kindern, die nicht drankamen, rote Köpfe bei den andern.

Gewährspersonen für Kap. 10.2:
Emil Gysin-Lehmann, Liestal (1905–1995)
Marie Bürgin-Erny, Rothenfluh (1905–2000)
Olga Graf-Erny, Rothenfluh (*1913)
Paul Erny-Bossart, Lausen (1913–1996)

Aus dem Fotoalbum von Olga Graf-Erny (vorderste Reihe ganz links): Schulklasse von Fritz Karl Gysin, um 1920

Hinterste Reihe: Hans Gass, Rosa Frey, Mineli Schwarz, Ernst Grunder, Ernst Spiess, Anton Debernardi, Otto Erny, Martha Buess, Marie Buess, Hedy Wanner, Ernst Rieder, Ernst Gisin, Oskar Rieder, Traugott Buser, Marie Spiess (Urben), Pauline Gass, Hildy Widmer, Heinrich Gass.
Zweithinterste Reihe: Walter Rieder, Ernst Jenny, Paul Buess, ?, Walter Schaub, Max Rieder, Adolf Gass, ?, Heinz Zimmerli, Willi Wanner, Willy Erny, Hans Grunder.
Zweitvorderste Reihe: Irma Pfaff, Lilly Gass, Ruth Gass, Lineli Gass, Martha Frech, Bethli Frey, Rosa Mangold.
Vorderste Reihe: Heidy Spiess, Meta Waldmeier, Hildi Erny, Hedy Gass, Margrit Erny, Bethli Pfaff, Heidi Gisin

1.–4. Klasse 1930 mit Lehrer Fritz Karl Gysin

Schule und Kindergarten

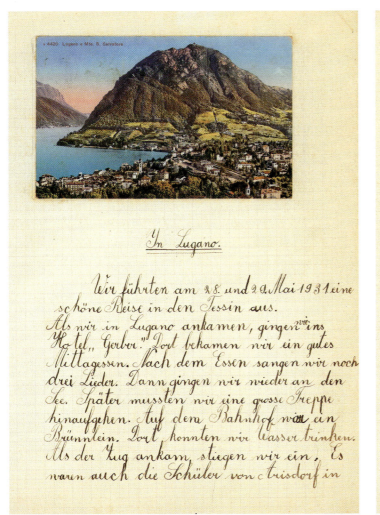

Schulreise 1931
Der 28./29. Mai 1931 waren für die 5.–8. Klasse zwei unvergessliche Tage, wie der Aufsatz von Hedi Wanner – sie beschreibt den 2. Tag – und die zwei folgenden Zitate zeigen.
Mina Schwarz: «Es war das erste Mal, dass wir einen zweitägigen Ausflug machten. Ich freute mich schon lange darauf, bis endlich der Reisetag kam. Am Donnerstagmorgen um halb 6 Uhr gingen wir fort. Wir marschierten bis nach Gelterkinden.»

Martha Buess: «Nach dem Nachtessen spazierten wir dem Langensee entlang. Am See sahen wir allerlei Ungewohntes: Leute fuhren auf Schiffchen; Fässchen schwammen auf dem Wasser. Wir fragten den Herrn Lehrer, was das sei. Er sagte, das seien bestimmte Zeichen für die Schiffe. Bei der untergehenden Sonne war das Wasser goldgelb. Als es nachtete gingen wir ins Hotel zurück.»

Schule und Kindergarten

5.–8. Klasse 1934 mit Lehrer Emil Gysin

5.–8. Klasse 1936 mit Lehrer Emil Gysin

Hintere Reihe: Heidi Spiess, Lineli Gass, Irene Gerber, Bethli Pfaff, Charles ?, Heinz Zimmerli
Mittlere Reihe: Irene Weber, Margrit Erny, Bethli Erny, Heidi Gysin, Bethli Nyfeler, Ruth Gass, Irma Weber, Hildi Erny, Hans Gass, Paul Schaub, Walter Gysin, Paul Buess, Max Gass, Ernst Jenni, Otto Gysin, Willi Pfaff
Vordere Reihe: Rösli Bürgin, Elsi Jenni, Annarös Schwarz, Elsi Gass, Adolf Gass, Kurt Rieder, Ernst Frech, Otto Rieder, Werner Rieder, Ernst Nyfeler

1.–4. Klasse 1936 mit Lehrer Theo Straumann

Hintere Reihe: Gertrud Schwarz, Erika Bürgin, Hanna Rieder, Rosmarie Gass, Edith Schaub, Lotti Erny, Ruth Gass, ? Bürgin, Fritz Pfaff, Werner Grunder
Mittlere Reihe: Margrit Gass, Margrit Zimmerli, Marianne Gass, Gertrud Erny, Irene Gass, Primeli Erny, Marie Gass, Hans Frech, Willi Nyfeler, ?, Paul Zimmerli, Paul Pfaff
Vordere Reihe: Hedy Gass, Ruth Frey, Hildi Gass, Gertrud Gysin, Rita Furrer, Lieselotte Gass, Sonja Rieder, Rita Frech, ?, Walter Gysin, Hans Erny, Willi Erny, Edgar Waldmeier, Hanspeter Erny, Ernst Gass, Max Gysin, Remi Gerber, Ernst Rieder
Kniend: Marianne Erny, Berta Ruch, Lotti Gysin, Fanni Ruch, Hanneli Schweizer

Schule und Kindergarten

10.3 Die Schulverhältnisse von 1938 bis 1954

10.3.1 Schulhäuser und Schulzimmer

Das Dorf besass zwei Schulhäuser. Im Schulhaus Nr. 1, einem alten Bauernhaus zuoberst im Dorf (Ecke Eisengasse/Rankweg), dessen Wohnteil zu einem Schulhaus umgebaut worden war, war die vierklassige Unterschule (wie man sie damals nannte) untergebracht. Daneben bestanden weiterhin Remise, Stall und Scheune.

Zuunterst im Dorf (Etzmatt 52) befand sich die vierklassige Oberschule. In beiden Häusern lag im Erdgeschoss die Lehrerwohnung, im ersten Stock das Schulzimmer. Auch das untere Schulhaus umfasste ursprünglich einmal Scheune und Stall. 1938 dienten diese jedoch nur noch als Waschküche und Hühnerstall. In einem an das Haus angebauten grossen Holzschopf war das nötige Brennholz für Schulzimmer und Wohnung untergebracht.

1954 wurde das untere Schulhaus verkauft und alle Klassen im oberen, neu umgebauten Haus untergebracht. Damit begann für die Schulgeschichte unseres Dorfes ein neues Kapitel. Emil Schreiber, in Rothenfluh aufgewachsen, liess in seinem Spiel zur «Schulhauseinweihung in Rothenfluh am 4. September 1954» Lehrer- und Schülerschaft Folgendes sprechen:

Ich stell Euch do als chlyne Chor
Hütt eusi Oberschüeler vor,
Die Schüeler, wo im neue Huus
Hüür s erschtmool gönge y und uus.
Denn d Oberschuel isch bis dohi
Im undre Schuelhuus flyssig gsi.
Bid dohi isch gsi alls verchehrt:
Die Obere hai unde gleert
Und umkehrt hai die Undere obe
Im Schuelhuus Flyss und Weisheit gschobe.

Gottlob isch das verwicklet Gschmeus
Jetz äntlig cho ins richtig Gleis.
Jetzt sy die Grossen und die Chlyne,
Die Gscheite, Dumme, Grobe, Fyne,
Dr Rotheflüehjer Weisheitsstand
Im neue Schulhuus binenand.

Jetz sy mer also suuber zwäg.
Denn alli hai dr glychlig Wäg.
Chunnsch us dr «Aehnergass»
cho zschnuufe,
Chunnsch us dr «Ruebgass» undenuufe,

Schulhaus Eisengasse 1, 1942. Seit 1885 wurden hier die Kinder der Unterstufe unterrichtet.

Schule und Kindergarten

De bisch eifach vo Rotheflueh
Und laufsch im glyche Schuelhuus zue.

Doch öppis Feins, das hai mer bhalte
Im neue Schuelhuus wie im alte,
So, dass die liebi alti Zyt
Nid ganz vergässe hindris lyt.
Öppis, das het is nit verloh:
S Schuelhuusglöggli,
Das hangt all no do.
Und äs verbindet mit sym Glüüt
Die alti und die neui Zyt.

Das Schulzimmer im unteren Schulhaus war ein grosser, ungefähr quadratischer Raum. Auf drei Seiten spendeten Fenster das nötige Licht. Auf der vierten Seite befand sich die Türe.

Dem Eintretenden fiel zuerst in der Mitte des Zimmers der grosse eiserne Ofen auf, links und rechts davon je eine Reihe mächtiger, langer, schwerer Schulbänke, in denen je nach Bedarf drei bis fünf Schüler Platz fanden. Die Mitte der Vorderseite nahm das eindrucksvolle Katheder ein. Von dem um zwei Stufen erhöhten Podest genoss der Lehrer einen Überblick über die Klassen, wenn er nicht vorzog, zum Unterricht auf die Ebene der Schüler herunterzusteigen.

Zum Inventar gehörten noch einige Wandkästen und zwei drehbare, auf fahrbaren Gestellen montierte Wandtafeln. Dann gab es da noch ein Klavier, ein Kästchen mit einer Nähmaschine, zwei Glaskästen mit ausgestopften Tieren und einigen Gläsern, in denen in Spiritus konservierte Schlangen und ein imposanter Hirschkäfer ihr Dasein fristeten.

Der Ofen stand nicht nur in Bezug auf den Raum in der Mitte, während des Winterhalbjahres spielte er im Schulalltag eine zentrale Rolle, denn von ihm hing ab, ob die Zimmertemperatur Wohlbefinden aufkommen liess. Es war darum ratsam, ihm die nötige Aufmerksamkeit zu schenken. Die Aufgabe des Lehrers war es, am Morgen zuallererst, noch vor dem Frühstück, Feuer anzufachen. Wehe, wenn an kalten nebligen Wintertagen das Anfeuern nicht gelingen wollte, wenn trotz aller Mühe das schwarze Ungetüm qualmte und rauchte, dann konnte im Raum keine richtige Stimmung aufkommen.

Über das Schulzimmer im unteren Schulhaus konnte der Lehrer nicht allein verfügen. Es diente auch dem Handarbeitsunterricht der Mädchen. Hier fanden die Gemeindeversammlungen statt, die Gesangvereine hielten ihre Sitzungen und Übungen ab, hier gab es Näh- und andere Kurse, Vorträge usw.

Der Platz zwischen Schulhaus, Pfarrhaus und umliegenden Privathäusern mit Scheunen, Schöpfen, Miststöcken und einem öffentlichen Brunnen diente als Pausenplatz. Gelegentliche Reklamationen und

Das 1954 umgebaute Schulhaus mit dem Gemeindesaal und dem Kindergarten im Parterre und zwei Schulzimmern im ersten Stock; nach der Aussenrenovation 2001

Schule und Kindergarten

Leseunterricht im Freien, 1940er Jahre

Unstimmigkeiten mit den Nachbarn waren unvermeidlich.

Als Turnplatz war offiziell der Pausenplatz vor dem oberen Schulhaus bestimmt. Eine Sandgrube mit einem Doppelreck war die einzige Einrichtung. Später wurde der Rütschenplatz mit einer einfachen Sprunggrube versehen und zum Turnen benutzt. War schönes Wetter, wurden die Turnstunden meistens im Gelände abgehalten.

■ 1951 beschloss die EGV auf Antrag der Schulpflege, in der siebten und achten Klasse provisorisch Französischunterricht einzuführen. Doch gab es Bedenken aus der Versammlung. Andere Fächer würden leiden und schwache Schüler seien überfordert, war zu vernehmen. ■

10.3.2 Ferien

Das Schulgesetz von 1911 war bis 1946 massgebend. Im Schulgesetz von 1946 wurde an der Ferienregelung wenig geändert. Anstelle der sechs Ferienwochen im Sommer und Herbst wurden es jetzt sieben. Die Schulpflegen waren weiterhin für die Festlegung der Termine zuständig. Sämtliche Ferien sollten in der Regel nicht unterbrochen werden, im Sommer waren drei Wochen zusammenhängend zu gewähren, die übrigen vier wochenweise.

Damals konnte Rothenfluh noch als Bauerndorf bezeichnet werden. Die Hälfte bis zwei Drittel der Schüler hatten bei den landwirtschaftlichen Arbeiten mitzuhelfen. Während der Kriegsjahre war diese Mithilfe unumgänglich. Das Festlegen der Ferien war oft ein Problem, das schliesslich von Schulpflege, Lehrerschaft und Eltern gemeinsam einigermassen zufriedenstellend gelöst werden konnte: Die Sommerferien wurden aufgeteilt in Heuferien und Ernteferien, wobei die Ernteferien möglichst nach Ferienplan eingehalten wurden, während die Heuferien sich nach dem Wetter richteten. War die Zeit der Heuernte gekom-

Ferienplan Sommer–Herbst 1942

1. Juni und 19. Juni bis 1. Juli	Heuferien
9., 10., 13., 14. Juli	Kirschenpflückferien
10. bis 22. August und 26. August bis 3. September	Ernteferien
1. bis 14. Oktober	Herbstferien

Ferienplan Sommer–Herbst 1951

7., 8., 12., 14., 15., 16., 21., 22., 23. Juni und 5., 6., 7. Juli	Heuferientage
30. Juli bis 18. August	Ernteferien
3. bis 15. Oktober	Herbstferien

men und das Wetter gut, hiess das: Ferien. Stellte sich Regenwetter ein, dann läutete am Morgen das Schulglöcklein und rief die Schüler zur Schule. Bei zweifelhafter Wetterlage berieten sich die beiden Lehrer am Morgen: Schule oder Ferien, das war hier die Frage. Solange noch nicht beide einen Telefonanschluss besassen, trafen sie sich zu einer bestimmten Zeit auf halbem Wege, etwa bei der Post, und versuchten, aus Wolkenhöhe und Vogelflug, Barometerstand und Windrichtung, mit Beizug wetterkundiger Dorfbewohner, eine Prognose zu stellen. Dann begab sich jeder wieder nachhause, und je nach Ergebnis der Beratung hatte der Unterlehrer im oberen Schulhaus das Schulglöcklein zu läuten oder eben nicht.

10.3.3 Schulreisen der Oberschule

Alle zwei Jahre wurde eine Schulreise durchgeführt. Ein Höhepunkt für die Schulkinder, aber auch für viele Reiselustige, die diese Gelegenheit benutzten, um von den Vorbereitungen des Lehrers zu profitieren und sich der Reisegesellschaft anzuschliessen. Wer nicht Mitglied eines Vereins oder einer Genossenschaft war, hatte damals selten Gelegenheit, an einer organisierten Reise teilzunehmen. Die ersten zwei Reisen wurden eintägig durchgeführt, aus Zeitgründen mit wenig Betätigung der Beine, dafür mit reichlicher Beanspruchung der verschiedensten Verkehrsmittel wie

Schulreisen der Oberschule

1940	Luzern–Rütli
1942	Bern–Niesen–Bern: eine Reisegesellschaft von 105 Personen, 53 Schüler und 52 Erwachsene. Es war ein ordentlicher Stress, eine solche Gesellschaft glücklich wieder heimzubringen. An der nächsten Schulpflegesitzung stellte der Lehrer den Antrag, die künftigen Reisen zweitägig durchzuführen und eine angemessene Fusswanderung einzuflechten. Die Schulpflege war einverstanden.
1944	Einsiedeln–Haggenegg–Schwyz: Es nahmen weniger Erwachsene teil, darunter, als einmaliges Ereignis, die vollzählige Schulpflege.
1946	Weissenstein–Hasenmatt–Taubenlochschlucht: Die ganze Gesellschaft wurde fürchterlich verregnet.
1948	Küssnacht–Rigikulm–Scheidegg–Gersau–Seelisberg–Rütli, mit einer anspruchsvollen Wanderung: 1500 m Aufstieg, 1900 m Abstieg.
1950	Grindelwald–Kleine Scheidegg–Wengen
1952	Toggenburg–Amdener Höhe–Rapperswil.
1954	Grimsel–Oberwald–Lötschberg
1956	Lötschberg–Simplon–Domodossola–Tessin.
1958	Glarus–Pragelpass–Morschach: Die Schulreise ohne Klassenlehrer. Dieser lag mit einer akuten Darmgrippe daheim im Bett, während seine Frau, der gute Geist auf allen Reisen, mit Unterstützung des Unterlehrers die Reise tadellos durchführte.
1960	Göschenen–Schöllenen–Hospental–Furka–Gletsch.
1962	Säntis: Das Reiseziel, der Säntisgipfel, war in so dichten Nebel gehüllt, dass der Lehrer seine Schützlinge von der Schwägalp aus auf direktem Weg nach Wasserauen führte. Von dort aus wanderte er mit ihnen zum Seealpsee, aufs Wildkirchli, zur Ebenalp und nach Wasserauen zurück. So wurde die Schulreise doch noch zu einem schönen Erlebnis.

Postauto, Bahn, Schiff und Bergbahn, ganz nach dem Bedürfnis reisefreudiger Grossmütter und Tanten.

■ *Schulreisemüschterli:*
1950
Zum Mittagessen im Hotel Kleine Scheidegg wurde die Reisegesellschaft in den feudalen Erstklass-Speisesaal mit Spiegeln und Draperien an den Wänden geführt. Die Jugendlichen waren so beeindruckt, dass *sie während der ganzen Mahlzeit kein lautes Wörtlein zu sprechen wagten und sich nur im Flüsterton miteinander unterhielten. Man stelle sich das vor! Und dann erschien erst noch der Chef de service in weisser Weste und schwarzem Frack.*

1954
Die Köchin war am Verzweifeln und die Schülerschar am Verhungern, weil die elektrische Versorgung in der Jugendherberge

Schule und Kindergarten

5.–8. Klasse 1953 mit Lehrer Karl Senn

Hinterste Reihe: Fredi Mangold, André Tschudin, Hans Widmer, Otto Hintsche, Edi Müller, Hans Wyss, Peter Kühl, Karl Ruch, Werner Rieder

Zweithinterste Reihe: Margrith Spycher, Rosmarie Spycher, Rosmarie Gysin, Elsbeth Gysin, Bethli Mumenthaler, Erika Frech, Heidi Widmer, Susi Rieder, Eveline Erny, Margot Rieder

Zweitvordeste Reihe: Erika Wyler, Marianne Gysin, Gertrud Gysin, Trudi Andrist, Margrit Tschudin, Sylvia Frech, Regula Senn, Erna Heinzelmann, Margrit Rieder, Trudi Buser

Vorderste Reihe: Ruedi Ruch, André Mumenthaler, Ernst Widmer, Anton Jehle, Christian Brandenberger, Kurt Nyfeler, Werner Müller, Ernst Rieder, Fridolin Rieder

Oberwald so schwach war, dass das Wasser für die Hörnli erst nach vier Stunden warm wurde. ■

Zu einer richtigen Schulreise gehörte aber wie früher die Heimfahrt von der Station Gelterkinden nach Rothenfluh mit von Pferden gezogenen Leiter- und Brückenwagen.

10.3.4 Examen und Besuchstag

Bis zum Ausbruch des letzten Weltkrieges wurde die Schuljugend am Ende des Schuljahres vom Schulinspektor schriftlich in Rechnen und Aufsatz geprüft und von jeder Klasse die guten, genügenden und ungenügenden Leistungen in Prozenten festgehalten. Schon damals gab es am Ende des Schuljahres einen Besuchstag.

10.3.5 Fortbildungsschulen und weiterführende Schulen

Fortbildungsschule

Die Weiterbildungsmöglichkeiten für die Schüler des Dorfes waren damals beschränkt. Gemäss dem Schulgesetz vom 8. Mai 1911 waren alle im 17. und 18. Altersjahr stehenden Knaben schweizerischer Nationalität, sofern sie nicht eine höhere Schule oder eine berufliche Fortbildungsschule besuchten oder eine Dispensationsprüfung bestanden hatten, verpflichtet, die allgemeine Fortbildungsschule zu besuchen. Sie dauerte wöchentlich vier Stunden, an zwei Werktagen, abends bis spätestens 21 Uhr (daher Nachtschule genannt) und zwar im Winterhalbjahr vom 1. November bis Ende Februar. Der Lehrplan umfasste Lesen, Aufsatz, Vaterlandskunde. Dabei waren die Lehrer gehalten, im Unterricht die praktischen Bedürfnisse des Lebens zu berücksichtigen. So gehörten zum Aufsatzunterricht auch Übungen im schriftlichen Geschäftsverkehr und zum Rechnen das Bürgerliche Rechnen. Die Vaterlandskunde umfasste Geographie mit Wirtschaftskunde, Geschichte und Verfassungskunde. In Rothenfluh teilten die beiden Lehrer das

Pensum in zwei Gruppen. Jeder hatte an einem Abend der Woche zu unterrichten.

Bezirksschulen

Die Bezirksschulen waren Staatsschulen, die nach sechs Jahren Primarschule in drei Jahreskursen auf höhere Schulen vorbereiteten. Für Rothenfluh und alle andern Gemeinden des Bezirkes Sissach war der Schulort Böckten. Die Bezirksschulen standen nur den Knaben offen.

Sekundarschulen

Im gleichen Schulgesetz wurden die Gemeinden ermächtigt, Sekundarschulen einzurichten. Diese wurden von Mädchen besucht. Die Vorbedingungen waren die gleichen wie für die Bezirksschulen. In Gelterkinden bestand damals eine solche Sekundarschule, an der eine Lehrerin zwei Klassen unterrichtete. Wurde eine zweiklassige Schule auf drei Klassen erweitert, musste eine zweite Lehrkraft angestellt werden.

Mittelschulen

Mittelschulen gab es bis 1963 im Kanton Baselland keine.

Weiterbildungsmöglichkeiten nach Abschluss der Bezirksschule bestanden in den Basler Gymnasien. Angehende Lehrkräfte besuchten eines der privaten oder staatlichen Lehrerseminare wie Schiers, Kreuzlingen, Muristalden, Zürich Unterstrass oder Wettingen.

Nach Erlass des Maturitätsgesetzes vom 24. August wurde 1963 in Liestal das erste kantonale Gymnasium eröffnet. Das kantonale Lehrerseminar in Liestal nahm seinen Betrieb 1966 auf.

Die Universität Basel war die einzige Hochschule unserer Region.

10.3.6 Lohnverhältnisse

Die Lehrerbesoldung bestand 1942 aus einem Barlohn von Fr. 3400.– jährlich. Dazu kamen die sogenannten Kompetenzen: eine geräumige und passende Amtswohnung, jährlich sechs Ster Hartholz und 150 Wellen sowie 36 Aren Land zur Nutzung.

Um die Jahrhundertwende besass der damalige Lehrer im unteren Schulhaus zwei schöne Kühe, die er täglich am öffentlichen Brunnen beim Pfarrhaus tränkte.

Die Amtswohnung gab oft Anlass zu unliebsamen Auseinandersetzungen mit der Gemeindebehörde: «geräumig» und «passend» waren dehnbare Begriffe. Als der Schreibende nach seiner Verheiratung den Gemeinderat ersuchte, die Waschküche mit einer Badewanne zu versehen, ein Badezimmer bestand natürlich nicht, bekam er umgehend die Antwort, wenn er in einer Wanne baden wolle, solle er sie selber kaufen. Der Schulinspektor hatte die Aufsicht über die Wohnung. Er überprüfte Wünsche des Lehrers auf deren Berechtigung und trug dann die Begehren dem Gemeindepräsidenten vor. Diesem war gar nicht bekannt, dass die Wohnung Bestandteil des Lohnes sei. Der Inspektor musste ihm sagen, dass dem Lehrer die Kompetenzen in der Steuerrechnung als Einkommen angerechnet würden.

Langsam wurde der Gemeindebehörde klar, dass die beiden Lehrerwohnungen den üblichen Wohnverhältnissen nicht mehr entsprachen. 1949 wurde die Wohnung im oberen Schulhaus durch ein Einfamilienhaus ersetzt. Nach dem Verkauf des unteren Schulhauses wurden dem betroffenen Lehrer die Kompetenzen durch eine Barentschädigung ersetzt. Diese Massnahme wurde 1957 für alle Gemeinden des Kantons durch ein neues Gesetz verbindlich erklärt.

■ *Besondere Tätigkeiten während der Schulzeit und in der Freizeit*
Nachdem Mitte der 1930er Jahre im Baselbiet der Kartoffelkäfer gefunden worden war, musste während einiger Jahre die Schuljugend im Sommer sämtliche Kartoffeläcker nach den Schädlingen absuchen. Während des Zweiten Weltkriegs wurde regelmässig Alteisen, Buntmetall, Lumpen und Papier gesammelt.

Angenehmer waren die vielseitigen Arbeiten im Wald: Pflanzen setzen, Eicheln als Saatgut und Bucheckern zur Ölgewinnung sammeln, Holz für das Erstaugustfeuer zusammenschleppen, Maikäfer fangen und einsammeln. Eine von einem pfiffigen Jüngling des Dorfes ausgeheckte Maikäferfangmaschine funktionierte leider nicht.

Schule und Kindergarten

Lumpen sammeln 1940er Jahre und …

… Papier sammeln 2001

Um 1950 sammelten die Schülerinnen und Schüler unseres Dorfes Blätter und Samenkapseln der sehr giftigen Herbstzeitlose (Chüehpuppe). An einem bestimmten Tag musste die Ware zum Schulhaus gebracht werden. Dort wurde das Sammelgut abgeholt und nach Basel in eine chemische Fabrik zur Weiterverarbeitung gebracht.
Bei diesen Sammelaktionen machten die Kinder gerne mit, gab es doch ein paar Batzen dafür.
Auch das Mäuse-Fangen wurde gerne betrieben, wurde doch für jeden abgelieferten Mäuseschwanz eine Prämie bezahlt.
Martin Müller (1946), Dübach, erinnert sich an Folgendes:
«Um 1955 herum verdienten einige Kinder Taschengeld, indem sie Weinbergschnecken sammelten. Wir kannten alle guten Plätze, und bei günstiger Witterung liessen sich pro Stunde bis zehn Kilogramm zusammentragen. Pro Kilogramm erhielten wir Fr. 1.20. Bis in die Gegend von Wittnau und Kienberg sammelten wir. Männer holten die eingesammelten Schnecken ab und lieferten sie an Restaurants. Die Männer hatten immer eine eigene Waage bei sich, wogen die Schnecken und zahlten uns sofort aus. Kleine Schnecken wurden zurückgewiesen.
Auch das Sammeln von Mistelzweigen, die die Bauern von den Bäumen schnitten, brachte Geld ein. Man konnte sie Apotheken abliefern. Der aus den Blättern der Mistel hergestellte Tee gilt auch heute noch als gutes Naturheilmittel gegen Bluthochdruck.»

10.3.7 Stellung des Lehrers

Die Schulordnung bestimmte, dass die Lehrer auch ausserhalb der Schule eine begrenzte Aufsicht über die Dorfkinder auszuüben hatten. Eine wichtige Aufgabe bestand darin, dafür zu sorgen, dass die Kinder nach dem Betzeitläuten sich nicht mehr auf der Strasse herumtrieben. Die gleiche Aufgabe oblag auch dem Dorfweibel, dem alten Glattjoggi (Jakob Bürgin). Bei dieser Tätigkeit konnten die drei Hüter der Jugend oft, nach Schillers «Wilhelm Tell», feststellen: «Wir passen auf umsonst. Es will sich niemand zeigen. Es war doch sonst wie Jahrmarkt hier, jetzt ist der ganze Anger wie verödet.»

Bei geringfügigen Vergehen der Schüler ausserhalb der Schule hatte der Lehrer als Untersuchungs- und Strafrichter zugleich zu wirken. Da solche Straftaten meistens am Sonntag verübt wurden, erfolgte nach deren Anzeige die Behandlung an einem der ersten Wochentage. Besonders pikant wurde diese, wenn die Söhne des Lehrers, die kameradschaftlich zu ihren Altersgenossen hielten, in die Affären verwickelt waren. Auf die Frage nach dem Wer, Wo, Wie, Was kam als erstes spontan die Antwort: «Dr Martin isch au derbi gsi.» Wer dieser Martin war, braucht wohl nicht näher erklärt zu werden.

■ **Lehrer und Lehrerinnen im Dorf**
Bis ca. 1980 war es in allen kleinen Gemeinden üblich, dass die Lehrkräfte in ihrer Schulgemeinde auch wohnten. Viele Gemeinden boten ihren Lehrkräften eigene Wohnungen an. Das war auch in Rothenfluh so.
Mit Frau Linda Grimes unterrichtete 1975 zum ersten Mal eine Lehrkraft im Dorf, die auswärts wohnte.
Im Gegensatz zu den meisten anderen kleinen Gemeinden wohnen auch im Jahre 2000 zwei der drei Primarlehrkräfte im Dorf. Es war schon immer üblich und es trifft auch im Jahre 2000 noch zu, dass die im Dorf wohnenden Lehrer und Lehrerinnen sich ihren Neigungen entsprechend für verschiedenste Ämter zur Verfügung stellen, etwa als Dirigenten, als Kirchenpflegepräsidenten, als Organisten, als Vorstandsmitglieder in Vereinen oder als Mitglieder in Behörden und Organisationen. ■

10.4 Schulverhältnisse seit 1967

10.4.1 Bauliche Veränderungen

Gemeindeschreiber, Gemeinde- und Schulbehörden waren Mitte der 1960er Jahre weitsichtig genug, um zu erkennen, dass der grossen Schülerzahl wegen aus der zweiteiligen Schule (Unter- und Oberschule genannt) bald eine dreiteilige Schule (Unterstufe, Mittelstufe, Oberstufe) entstehen musste. Also hiess es neuen Schulraum schaffen und Lehrerwohnungen bauen. 1963 erwarb die Gemeinde die Liegenschaft Rankweg 108.

Durch Um- und Anbau entstanden zwei Schulzimmer, eine Werkstatt für Holzhandarbeit, eine grosse Lehrerwohnung sowie eine Einzimmerwohnung für die Kindergärtnerin. Ausserdem kam die Gemeinde durch Landabtausch in der Etzmatt zu Bauland. Darauf erbaute sie ein Zweifamilienhaus (vorgesehen für weitere Lehrerwohnungen). Das war der Anfang von weiteren Investitionen für Schule und Gemeinde.

Schule und Kindergarten

Die 1967 bezogenen neuen Schulzimmer am Rankweg 108 (gegenüber dem Schulhaus Eisengasse 1)

Der zweckmässig und gut ausgerüstete Werkraum im Untergeschoss, um 1970

Chronologie in Stichworten

1967	Oberstufe (6. bis 8. Kl.) bezieht neues Schulzimmer. Im andern neuen Schulzimmer wird Handarbeit unterrichtet. Im Parterre ist ein zweckmässig ausgestatteter Werkraum für den Holzhandarbeitsunterricht eingerichtet worden. Zuvor ist dieser Unterricht in der Bude beim Pfarrhaus erteilt worden.
1972	Turnhalle ist fertiggestellt. Im Erdgeschoss wird ein Handarbeitszimmer eingerichtet.
1974	Trockenturnplatz (hinter der Turnhalle) wird gebaut.
1981	Das ehemalige Gemeindeschreiber-Zimmer im Primarschulhaus wird Lehrerzimmer.
1983	Bau der Sportanlagen (über der Zivilschutzanlage). Anstelle des Trockenturnplatzes entsteht ein Platz mit rotem Kunststoffbelag.
1985/86	In Elternfronarbeit entsteht oberhalb des roten Kunststoffplatzes ein Kinderspielplatz.
1986–89	Renovation der WC-Anlagen, der Schulzimmer (Primar) und des Lehrerzimmers. Der Kindergarten erhält das ehemalige Sitzungszimmer als zusätzlichen Raum.
1989	Einbau der Schnitzelfeuerung für Turnhalle, Schulhäuser und Gemeindewohnungen.
1998	Durch den Turnhallenum- und Anbau entsteht wesentlich mehr Raum für das viele Turnmaterial und die Geräte.
1999	Der Kindergarten wird total umgebaut und durch den Einbezug des Veloschöpflis und des ehemaligen Kulissenraums deutlich vergrössert. Ebenso wird der Gemeindesaal saniert und die Bühne durch den Einbau neuer technischer Einrichtungen und neuer Vorhänge wieder bespielbar gemacht. Im ehemaligen Heizraum wird eine zweckmässige Küche eingerichtet.

Schulhausabwartin Iris Gass, 2001

Der 1985/86 in Elternfronarbeit entstandene Kinderspielplatz wurde … … im Mai 2001 durch Zivilschutztruppen erneuert.

10.4.2 Klassenaufteilungen

Seit 1967 änderte sich die Klassenaufteilung auf der Primarstufe je nach Grösse der einzelnen Jahrgänge immer wieder: Entweder bildeten Erst- und Zweitklässler sowie Dritt-, Viert- und Fünftklässler je eine Klasse, oder die Drittklässler wurden der Unterstufe zugeteilt.

Die Sekundarschule (Oberstufe) umfasste (bis auf die Ausnahme 1983/84: 5.–8. Klasse) nun immer die Klassen 6. bis 8. Schuljahr.

Schwankende Schülerzahlen, neues Schulgesetz (1978), Revisionen von Lehrplänen sowie steigende Unterrichtsansprüche führten zu weiteren Veränderungen:

1971–74	Auf der Primarstufe unterrichten drei Lehrer (1./2. Kl.; 3. Kl./halbe 4. Kl.; halbe 4. Kl./5. Kl.).
1975	Die Gemeinde beschliesst den Beitritt zur Kreissekundarschule Ormalingen, heute Kreisrealschule, relativ knapp mit 38 gegen 29 Stimmen. Da die Gemeinde Ormalingen die Vorlage an der Urne ablehnt, scheitert das Projekt.
1979	Namensänderung: Die Sekundarschule heisst neu Realschule.
ab 1988	Die Realschule Rothenfluh und die Realschule Ormalingen schliessen sich zu einer Kreisrealschule zusammen. Eine Abteilung (in der Regel die 1. Realklasse) wird in Rothenfluh unterrichtet, die andere Abteilung (in der Regel die 2. und 3. Realklasse) in Ormalingen. In unserem Dorf gehen nun also auch Ormalinger Kinder zur Schule.
ab 1991	Für die Primarstufe braucht es eine dritte Lehrkraft. Je nach Klassengrössen wird die erste, dritte oder fünfte Klasse als eigene Klasse geführt. Eine zweite und eine vierte Klasse wurde auch schon geteilt.
1997	Die ganze Kreisrealschule Ormalingen-Rothenfluh wird in Ormalingen weitergeführt. In Rothenfluh gehen nur noch Primarschulkinder zur Schule.

Schule und Kindergarten

Hintere Reihe: Ernst Gisin, Martin Pfaff, Martin Erny, Silvio Buchmann, Lorenzo Profico, Johanna Zimmerli, Erika Madörin, Erika Nyfeler, Monika Schweizer, Ruth Rieder, Regina Gerber, Monika Bracher, Doris Rieder

Mittlere Reihe: Bruno Buess, Bruno Erny, Urs Frei, Eveline Heiniger, Franziska Hindermann, Rita Erny, Jeannette Frech, Erika Erny, Brigitte Waldmeier, Monika Weber, Paul Erny, Roberto Profico

Vordere Reihe: Heidi Rieder, Martina Hindermann, Dieter Schärer, Bruno Heinzelmann, Marcel Bracher, Andreas Gysin, Ruth Erny, Manuela Waldmeier, Jeannette Erny, Max Wyler, Dieter Erny, Verena Dietrich, Roland Rieder, Ernst Rieder, Roberto Catto

1.–3. Primarklasse 1968 mit Lehrer Ernst Lutz

Hintere Reihe: Beat Küng, Walter Dennler, Willi Paff, René Frech

Mittlere Reihe: Ruth Erny, Heidi Rieder, Susanne Rieder, Silvia Heiniger, Sonja Erny, Verena Weber

Vordere Reihe: Werner Schaffner, Theo Buess, Kurt Erny, Fredy Erny, Brigitte Erny

6.–8. Klasse 1968 mit Lehrer Christoph Hindermann

Schule und Kindergarten

Hintere Reihe: Stefan Schmitt, Daniel Basler, Thomas Nyffeler, Nicole Brogli, Marcel Wyss, Pascal Gilomen, Caroline Otth, Christina Nägelin, Regula Fürst

Mittlere Reihe: Claudia Schmitt, Natascha Auf der Mauer, Daniela Gysin, Alexandra Kümmerli, Stefan Wyss, Rolf Andrist, Thomas Müller, An Huong Tran, Werner Wyler

Vordere Reihe: Lac Huong Tran, Andreas Mazzucchelli, Jong Su Basler, Hong Ke Tran, Fabian Schellenberg

3.–5. Klasse mit Lehrer Erich Erny, Mai 1981

Hintere Reihe, stehend: Reto Graf, Lukas Erny, Thomas Schaub, Johannes Erny, Min Tran, Simon Erny, Stefan Leuenberger, Rahel Frey

Hintere Reihe, sitzend: Oliver Wyss, Simone Mumenthaler, Daniel Bürgin

Mittlere Reihe: Jan Mazzuchelli, Manuel Rieder, Sandra Henkies, Michael Granacher, Andrea Leuenberger, Sonja Bürgin, Monika Reimann

Vordere Reihe: Irina Mumenthaler, Christoph Erny, Sarah Weniger, Nicole Vogt, Manuela Müller, Catherine Waldmeier

Die erste gewählte Lehrerin: Linda Grimes mit der 1./2. Primarklasse, Mai 1981

Schule und Kindergarten

1.–3. Primarklasse mit Lehrerin Katrin Riniker, Mai 1987

Hintere Reihe: Eveline Gass, Romana Weitnauer, Michael Mumenthaler, Stefan Graf, Frank Erny, Kai Knöpfli, Sonja Erny, Rahim Zulkifli

Vordere Reihe: Sonja Mumenthaler, Michael Dennler, Matthias Erny, Mischa Knöll, Daniel Erny, Andreas Mumenthaler, Marcel Weber, Rebekka Erny, Kussum Basler

Kniend: Claudia Erny

Zum letzten Mal wird in Rothenfluh eine Realklasse geführt. 1./2. Realklasse Rothenfluh/Ormalingen mit Lehrer Hansjakob Lüthi, Mai 1997

Von vorne:

Erste Reihe: Patrick Buess, Michael Schaffner, Martin Graf, Stefan Erny, Patrick Kaufmann, Roman Fachin, Alain Scherer

Zweite Reihe: Berrin Gül, Enida Saric, Manuel Völlmin, Andreas Ehrsam, Yves Scherer

Dritte Reihe: Cindy Flückiger, Gabriel Völlmin, Melis Muslic, Tanja Dennler

Vierte Reihe: Maya Mangold, Sandra Mathys, Sabrina Roppel, Sabina Gass

Fünfte Reihe: Janine Bussinger, Zerrin Gül, Cica Duric

2./3. Primarklasse mit Lehrerin Daniela Zurflüh, Juni 1999

Hintere Reihe: Josia Röhm, Claudine Erny, Qendrim Haliti, Gregory Allen, Anja Rüegsegger

Vordere Reihe: Natascha Messer (kniend), Rahel Bösiger, Daniela Küng, Lucas Anderegg, Fabian Küng (kniend), Karin Pfaff, Jasmin Thommen, Isabel Guth, Marco Erny (kniend)

10.4.3 Schulzimmer

Mit sich ändernden Erziehungsvorstellungen und Unterrichtszielen erhalten die Schulzimmer andere – persönlichere – Gesichter: Pflanzen, Bücher, Zeitschriften; an den Wänden Bilder und Zeichnungen, auf Simsen sich in Arbeit befindende Gegenstände vom Werkunterricht; eine gemütliche Leseecke mit Polsterstühlen – all dies weist auf vielseitigen, nicht nur lehrerzentrierten Unterricht hin.

Auch kleine Mitbringsel von Kindern finden ihren Platz, und an einer Stelle sind Ansichtskarten angeheftet, die die Schüler und Schülerinnnen ihrer Lehrerin oder ihrem Lehrer aus den Ferien geschickt haben, aus dem Berner Oberland, dem Engadin, aus Italien, Spanien, Frankreich, Griechenland…

Die Wandtafeln sind magnetisch; Leinwand und Hellraumprojektor gehören zur Zimmerausstattung. Die Schulbänke stehen nicht immer in Reih und Glied, manchmal werden Bänke zu Gruppentischen zusammengeschoben.

10.4.4 Ferien und Schuljahresanfang

Bis ca. 1970 werden nicht bezogene Fasnachtsferientage noch als «Heunachmittage» freigegeben. Da es aber immer weniger Bauernkinder gibt und je länger je mehr die Handarbeit beim Heuen durch Maschinen ersetzt wird, verschwinden die Heunachmittage.

Die Ferienregelung wird im ganzen Kanton einheitlich, und die genauen Daten werden jeweils schon drei Jahre im Voraus festgelegt: 1 Woche Frühlingsferien, 6 Wochen Sommerferien, 2 Wochen Herbstferien, 1 Woche Weihnachtsferien und 2 Wochen Fasnachtsferien. Im Langschuljahr (Frühling 1988–Sommer 1989) kommen die Schülerinnen und Schüler ausnahmsweise zu 3 weiteren Ferienwochen, während die Lehrkräfte in dieser Zeit obligatorische Fortbildungskurse besuchen. Seit 1989 beginnt das neue Schuljahr jeweils Mitte August.

Seit dem Schuljahr 1999/2000 gilt auch an unserer Schule die Fünftagewoche, nachdem sich eine deutliche Mehrheit der Eltern in einer Umfrage dafür ausgesprochen hatte.

10.4.5 Schulreisen, Schullager, Monatswanderungen und Projektwochen

Die *Schulreisen* zählen zu den Höhepunkten des Schuljahres. Nach wie vor gilt als Faustregel: Die Kinder der Primar-Unterstufe reisen in der Region (z. B. Reigoldswil–Wasserfallen oder Sonnenberg bei Maisprach mit anschliessender Schifffahrt auf dem Rhein bis Basel). Bei den Kindern der Primar-Mittelstufe führen die Schulreisen weiter (z. B. Beatenberg–Niederhorn, Uetliberg, Weissenstein). Die zweitägigen Reisen auf der Realstufe haben entferntere Ziele (in Graubünden, im Wallis oder im Tessin). Wenn überhaupt – so sind es nur noch wenige Mütter, die ihre Kinder auf der Schulreise begleiten. Seit 1980 finden die Schulreisen jährlich statt, so schreibt es das neue Schulgesetz vor.

Schullager, Skilager, Wanderlager sind bei Kindern und Jugendlichen der Mittel- und Oberstufe sehr beliebt. Sie erlauben den Klassen, dass man sich in anderer Umgebung einerseits intensiver begegnen und andererseits vielfältiger an einem Thema arbeiten kann. Drei Beispiele: 1989 verbringen die Schüler und Schülerinnen der 3. bis 5. Primarklasse mit den Schülern und Schülerinnen der 3. bis 5. Primarklasse aus Lampenberg eine Lagerwoche auf dem Brunnersberg bei Mümliswil. Das Lagerthema heisst «Indianer». Im Jubiläumsjahr 1991 «700 Jahre Schweiz» wandern die Schüler und Schülerinnen der 1. Realklasse auf das Rütli. Anfang Juni 2000 sind die Fünftklässler im «Murmelilager» auf der Fiescheralp im Wallis.

Vom Kanton gefordert und von den Lehrkräften und ihren Klassen gerne durchgeführt werden die sogenannten *Monatswanderungen* in die nähere Umgebung. Je älter die Schüler und Schülerinnen sind, umso länger dauern die Wanderungen. Seit 1998 treffen sich an einem Tag im September die Kindergartenkinder und die Kinder der Primarschule nach verschieden langen *Sternwanderrouten* entweder bei der Rothenflüher oder Wenslinger Waldhütte zu gemeinsamem Picknick und Spiel.

Nebst den erwähnten Schulreisen, Schullagern und Monatswanderungen kommt die Schuljugend vermehrt auf *Lehrausgängen* über die Dorfgrenzen hinaus. So besuchten z. B. die Kinder der Mittelstufe im Schuljahr 1991/92 eine Grossmühle in

Beliebt bei allen Schülerinnen und Schülern: selbstausgedachte Rollenspiele

Lausen, eine Bäckerei in Gelterkinden und die MIBA (Milchverwertungsbetrieb der Milchgenossenschaft Basel) in Basel.

Mit Beginn der 1990er Jahre halten Erweiterte Lernformen wie Werkstattunterricht oder Wochenplanunterricht Einzug in die Klassenzimmer und seit 1995 führen die Lehrkräfte von Schule und Kindergarten gemeinsame themenbezogene *Projektwochen* durch. Dabei werden die eigentlichen Klassen aufgelöst und für eine Woche entstehen neue Gruppenzusammensetzungen. Von den Eltern und den Schulbehörden wird diese Abwechslung zum Schulalltag sehr begrüsst. Die Themen sprechen alle Kinder an: 1995 «Wald»; 1997 «Zirkus»; 1999 «Spass, Spiel, Sport».

10.4.6 Examen, Besuchstag und Schüleraufführungen

Am Samstag, 24. Juni 1989, findet zum letzten Mal ein «Examen» im traditionellen Sinn statt: Während der ersten beiden Morgenstunden kann der Schulunterricht von den Eltern und andern an der Schule Interessierten besucht werden. Anschliessend finden im Gemeindesaal Schüleraufführungen statt. Mit dem nicht mehr wegzudenkenden Examenweggen (sie scheinen von Jahr zu Jahr kleiner zu werden) gehen Gross und Klein nachhause. Von der Lehrerschaft gewünscht und der Schulpflege unterstützt, wird den Eltern an Elternabenden die nun geltende Neuerung bekanntgegeben: Die Schule hat während des ganzen Jahres «offene» Türen; Eltern können jederzeit den Unterricht ihrer Kinder besuchen. Von diesem Recht wird in den unteren Klassen häufiger, in den oberen seltener Gebrauch gemacht.

Die Schüleraufführungen zum Schuljahrabschluss werden auf den Abend verlegt. Von nun an beteiligen sich auch die Kindergarten-Kinder daran. Erstmals führen 1992 alle Kinder (vom Kindergarten bis zur 7. Klasse) gemeinsam das Kindermusical «Knasterbax und Siebenschütz» auf.

Nebst den traditionellen Schüleraufführungen am Ende des Schuljahres sowie Theateraufführungen durch einzelne Klassen führt jeweils eine Klasse am vierten Adventssonntag ein Krippen- oder Weihnachtsspiel in der Kirche auf. 1989 spielten mehrere Klassen die Weihnachtsgeschichte an drei verschiedenen Schauplätzen im Dorf unter freiem Himmel. Diese Aufführung (unter Mitwirkung von Gemischtem Chor und Bläsern) wurde für Beteiligte und Publikum zu einem einmaligen, unvergesslichen Erlebnis.

1995 wird die Weihnachtsgeschichte zum zweiten Mal im Freien aufgeführt. An den verschiedenen Spielorten in der Hirschengasse und bei der Kirche spielen alle Kinder des Kindergartens, der Primar- und Realschule mit.

Weihnachtsspiel 1998 in der Kirche mit dem Kindergarten

10.4.7 Schülerzahlen seit 1936

Die Schülerzahlen schwankten immer wieder. Besonders während der Kriegs- und Nachkriegsjahre zogen viele Familien mit schulpflichtigen Kindern in unser Dorf, verbrachten einige Jahre hier und verliessen es dann wieder. Oft handelte es sich um Bürger der Gemeinde Rothenfluh, die aus Deutschland in ihre Heimat zurückkehrten.

Bemerkenswert, dass 1971 der Schüler- und Schülerinnenanteil rund ein Sechstel der Bevölkerung ausmachte!

10.4.8 Verzeichnis der Lehrkräfte an den Schulen

Seit 1885 wird im jetzigen Schulhaus Eisengasse 1 unterrichtet. Der Oberstufenunterricht fand zwischen 1830 und 1954 in der Etzmatt 52 («Alte Schule») statt. Die Gemeinde hatte diese Liegenschaften käuflich erworben. Zuvor wurde in privaten Stuben unterrichtet:

1726–1806	im Haus Nr. 75, Im Hof (heutige Liegenschaft Willy Nyfeler/Ernst Jenny)
1806–1809	im Haus Nr. 73, Im Hof (heutige Liegenschaft Buser)
1814–1830	im Haus Nr. 55, Dorfplatz (heutige Liegenschaft Horisberger)
1848–1885	im Haus Nr. 26, Rössligasse (heutige Liegenschaft Spiess)

Schülerzahlen seit 1936

Schuljahr	Unterstufe (1.–4. Kl.)	Oberstufe (5.–8. Kl.)	Schüler total
1936	47	38	85
1938	48	34	82
1940	45	37	82
1942	48	43	91
1944	31	43	74
1946	28	38	66
1948	37	32	69
1950	38	27	65
1952	41	28	69
1954	42 (1.–3. Kl.)	38 (4.–8. Kl.)	78
1956	51	33	84
1958	48	36	84
1960	38	38	76
1962	38	36	74
	1.–5. Kl.	6.–8. Kl.	Total
1964	48	18	66
1966	57	19	76
1968	64	18	82
1970	74	23	97
1971	78	23	101
1973	75	22	97
1974	62	28	90
1976	47	28	75
1978	39	15	54
1980	40	16	56
1982	45	12	57
1984	47	9	56
1986	35	16	51
1988	32	12	
1990	42	10 (6. Kl. mit Ormalingen)	
1992	57	10 (6. Kl. mit Ormalingen)	
1994	60	17 (6. Kl. mit Ormalingen)	
1996	60	22 (6./7. Kl. mit Ormalingen)	
1998	51		
2000	48		

Klassenlehrkräfte

1675 (?)–1714	Hans Keller	Gesamtschule
1714–1724	Matthias Hersperger	Gesamtschule
1725–1726	Abraham Weber	Gesamtschule
1726–1746	Heini Gass	Gesamtschule
1746–1782	Martin Gass	Gesamtschule
1782–1809	Hans Heinrich Gass	Gesamtschule
1809–1874	Johann Jakob Imhof	Gesamtschule, ab 1848 Unterstufe, erster ausgebildeter Lehrer
1848–1891	Willhelm Koch	Oberstufe
1874–1906	Johann Jakob Rieder	Unterstufe
1891–1897	Karl Heinimann	Oberstufe
1897–1900	Gottfried Schaub	Oberstufe
1901–1938	Emil Gysin	Oberstufe
1906–1911	Ludwig Braun	Unterstufe
1911–1920	Gottlieb Schaub	Unterstufe
1920–1933	Fritz K. Gysin	Unterstufe
1933–1945	Theo Straumann	Unterstufe
1938–1963	Karl Senn	Oberstufe
1945–1975	Ernst Lutz	Unterstufe
1964–1986	Christoph Hindermann	Oberstufe

Kindergarten und 1.–5. Primarklasse im Juni 2000 mit den Klassenlehrkräften (v. l.) Daniela Zurflüh, Lisette Senn, Erich Erny, Stefanie Jetzer (Werken Textil) und Anita Meier (kauernd)

Schule und Kindergarten

1967–	Erich Erny	Mittelstufe
1971–1974	Thomas Weniger	Mittelstufe
1974–1975	Eliane Brühwiler	Unterstufe (Stellvertretung)
1975–1981	Linda Grimes (verheiratet Linda Grimes Schläpfer)	Unterstufe
1981–1994	Katrin Riniker	Unterstufe
1983–1984	Ursula Herzog	Oberstufe (Stellvertretung)
1986–1988	Edith Rehm	Oberstufe
1988–1997	Hansjakob Lüthi	Oberstufe
1991–1992	Ruth Keller	Mittelstufe Unterstufe (1992–1994 Teilpensum)
1992–2001	Daniela Zurflüh-Gysin	Unterstufe (ab 2001 Teilpensum)
1994–1997	Reto Baumann	Mittelstufe
1997–	Lisette Senn	Unterstufe/Mittelstufe
2000–2001	Annette Bieger	Unterstufe (Stellvertretung)
2000–2001	Sabine Eccofey	Unterstufe (Stellvertretung)
2001–	Iris Rupp	Unterstufe

Lehrkräfte für Spezialunterricht 2001

Elisabeth Erny-Hofstetter (Legasthenie, Discalculie, Fördergruppe)

Ruth Hartmann-Schaffner (Musikalischer Grundkurs)

Handarbeitslehrerinnen – Lehrkräfte Werken Textil

ca. 1920 – ca. 1950	Amalie Gass
ca. 1950 – 1951	Adrienne Grieder-Blapp
1951–1962	Bethli Schürch
1962–1965	Vreni Schaffner (verheiratet Verena Waldvogel-Schaffner)
1966–1973	Martha Buess-Mohler
1973–1991	Verena Erny-Mumenthaler
1991–1999	Silvia Tonelli
1999–	Stephanie Jetzer

Soziales Lernen und Kreativität im Textilen Werken:

Miteinander …

… läufts besser und …

...es entstehen lustige Tatzelwürmer. 2. Primarklasse, 2001

In der Alten Schule wurde der Handarbeitsunterricht im Schulzimmer durchgeführt.
Von 1954 bis 1967 fand er im heutigen Lehrerzimmer statt.
Von 1967 bis 1972 wurde Handarbeit im zweiten Schulzimmer im Schulhaus Rankweg 108 unterrichtet. 1973 konnte das neue, zweckmässig eingerichtete Handarbeitszimmer in der neuen Turnhalle bezogen werden. Das frühere Fach Handarbeit heisst heute «Textiles Gestalten».

10.5 Der Kindergarten

10.5.1 Geschichtliches

Im Jahr 1929 beschloss Pfarrer Brunner mit den Konfirmandinnen, einen Kinderhütedienst einzurichten. Im Haus der Familie Graf-Lösch liess sich dazu ein Raum finden. Der Grundstein zum späteren Kindergarten war gelegt.
Ein Jahr später schon erachtete es der Frauenverein als seine Aufgabe, den Kinderhütedienst als eigentlichen Kindergarten zu führen, ihn finanziell zu unterstützen und die Aufsicht über ihn zu führen. Viele Frauen verpflichteten sich mit einem Beitrag von mindestens Fr. 2.– pro Halbjahr, die Kleinkinderschule finanziell zu unterstützen. In den folgenden Jahren fanden in regelmässigen Abständen im «Rössli» oder «Hirschen» Bazare statt, an denen Gestricktes, Gehäkeltes, Gebackenes, u.a.m. verkauft wurde. Der Erlös kam jeweils dem Kindergarten zugute.
Im Haus Rössligasse 30 konnte ein geeigneter Raum gemietet werden. Fräulein Amalie Gass, Tante Ammali, wie sie allgemein genannt wurde, war die Betreuerin der Kleinen. Gleichzeitig erteilte sie an zwei Nachmittagen den Mädchen Handarbeitsunterricht. Im Juni, Juli und August war kein Kindergarten. Der Lohn für (den Dreivierteljahre-Kindergarten) belief sich im Jahre 1931 auf Fr. 600.–. Der Frauenverein übernahm davon Fr. 150.–. Die Eltern hatten einen Wochenbatzen von 20 Rp. beizutragen.
1938 stellte Amalie Gass in einem Brief an den Frauenverein fest, dass das Lokal der Kleinkinderschule, wie der Kindergarten auch genannt wurde, verschiedene Mängel aufweise, die den Schulbetrieb erschwer-

Schule und Kindergarten

Frauengruppe mit der ersten Kindergärtnerin Amalie Gass, um 1940
Liesbeth Rieder, Bethli Zimmerli, Anna Nyfeler, Amalie Gass, Elsy Zimmerli-Rieder, Bertha Flubacher, Muttenz (Schwester von Frau Zimmerli-Flubacher. Sie fühlte sich mit dem Kindergarten verbunden und unterstützte ihn mit Spielsachen und Bastelmaterial.), Luise Rickenbacher-Mangold

ten und die Gesundheit der Kinder beeinträchtigten. Da an der Hirschengasse in ihrem Hause (heutiges Haus Brandenberger) eine Wohnung frei würde, böte sich jetzt Gelegenheit für einen Lokalwechsel. Zu viele «Wenn» und «Aber» standen ihrem Wunsche entgegen. Doch als 1939 Militär im Kindergarten einquartiert wurde, kam es zu einem aufgezwungenen Wechsel: Der Kindergarten wurde nun in der Stube von Familie Erny-Weibel (Ruebgasse 100) gehalten.

Vom Sommer 1941 an wurde der Kindergarten auch während der Sommermonate geführt, als Halbtagesschule. 1944 wurde er in die Jugendstube des Pfarrhauses verlegt, später fand er, bis zum Bezug der Kindergartenräumlichkeiten im neuen Schulhaus 1954, im Haus der Familie Brandenberger an der Hirschengasse eine feste Bleibe.

Nach der Annahme des Schulgesetzes 1946 mussten auch Kanton und Gemeinde an die Lohnkosten für die Kindergärtnerin zahlen. Dem Frauenverein stand darum mehr Geld für Mobiliar und Material zur Verfügung. Aber auch am gesundheitlichen Wohl der Kleinen war dem Verein gelegen, schrieb er 1948 doch in einem Brief an alle Eltern der «Kindergärtler», 1. die Kinder pünktlich zu schicken, 2. auf die Sauberkeit zu achten und 3. das Schlecken und Mitbringen von Schokolade, Täfeli usw. zu verbieten.
1949 bezahlte der Frauenverein Fr. 800.– an die Jahresbesoldung von Fr. 1800.–.

Anfang 1952 reichte Amalie Gass ihr Rücktrittsgesuch auf den 30.9.52 ein. Da bei Neueinstellungen nur noch diplomierte Kindergärtnerinnen berücksichtigt werden durften, sah man die finanziellen Konsequenzen dieser Bestimmung voraus. Der Kindergarten- und Frauenverein war aber einmütig der Meinung, den Kindergarten auf jeden Fall weiterzuführen und bei Staat und Gemeinde um vermehrte finanzielle Unterstützung anzuhalten. So bewilligte die Gemeindeversammlung das Gesuch von Paul Manz, namens des Frauen- und Kindergartenvereins, den Gemeindebeitrag an den Kindergarten von Fr. 400.– auf Fr. 1200.– pro Jahr zu erhöhen.
Die erste diplomierte Kindergärtnerin in Rothenfluh war Esther Handschin aus Langenbruck (heute Esther Strübin-Handschin, Liestal). Sie hatte soeben ihre zweijährige Ausbildung in Basel abgeschlossen und führte den Kindergarten vom Sommer 1952 bis Frühjahr 1953.
Sie erinnert sich:
«Der Raum war zweigeteilt, die Trennwand konnte jedoch nach hinten geklappt werden. Es hatte etwa 1,80 m lange Tische und Bänke, auf denen auf jeder Tischseite vier bis fünf Kinder bequem Platz fanden. In den

Tante Amalie in ihrem letzten Kindergartenjahr, 1952
Reihen von hinten:
1. Max Erny, Martin Senn, Annelise Tschudin, Anita Erny, Susi Rieder, ?, Werner Widmer, Edgar Rieder
2. René Kölliker, Willi Gysin, Christine Frech, Urs Graf, Rosmarie Urben, Esther Brandenberger, Sämi Senn, Elfriede Rieder, Ruth Gerber, Heini Rieder, Hans Nyfeler, ?, Paul Schaub
3. Verena Kölliker, Ruedi Erny, Walti Erny, Peter Gerber, Kurt Weitnauer, Bethli Schaub, Maja Gass
4. Heidi Urben, Vreni Lutz, Hansjörg Lutz, Marilène Rieder, Heidi Weitnauer, ?, Werner Erny

Kindergartenreise 1960 nach Kienberg. Heidi und Susanne Rieder führen das Züglein an.

beiden Einbauschränken waren die Spielsachen versorgt: Ausnähbilder, Knöpfe, Chrälleli, Farbstifte, Zeichenblätter, rohe Bauklötze, Holztiere, u. a. m. Es gab auch eine Puppenecke, in der ein geflochtener Puppenwagen stand. Es war ein ganzheitlicher Kindergartenunterricht, in dem zu einem bestimmten Thema viel gebastelt, gezeichnet, gesungen, erzählt und gespielt wurde. Die Kinder hatten Mühe mit der Umstellung auf die neue Kindergärtnerin, immer wieder wurde ich als «Tante Ammali» angesprochen.
Einen ungeschriebenen Brauch lernte ich vor Weihnachten kennen, als mir die Kinder Mehl, Mehl und nochmals Mehl brachten. Damit sollte ich Weihnachtsgutzi backen. Ich hatte darin aber überhaupt keine Erfahrung. Dass man aus Mehl allein noch keine Weihnachtsgutzi backen kann, das hingegen wusste ich schon… Mit Hilfe von Olga Graf-Erny – ich wohnte bei ihr – schaffte ich es dann zum Glück doch noch und musste niemanden enttäuschen.»

In den zwölf Jahren vom Frühling 1953 bis 1965 unterrichteten acht verschiedene Kindergärtnerinnen.
Oft war es schwierig, die vakante Stelle wieder zu besetzen. Eine wesentliche Rolle dabei dürfte der im Vergleich zu andern Ge-

Schule und Kindergarten

Kindergarten Frühling 1968 mit der Kindergärtnerin Käthi Moser
Hinten: Rahel Dietrich, Jolanda Erny, Edwin Buchmann, Paul Zimmerli, Edith Frey
Mitte: Valeria Waldmeier, Hans Wyler, Karin Goy, Otto Rieder, Käthi Kunz, Sonja Bracher, Erich Erny
Vorn: Peter Erny, Mirko Tozzo, Ruedi Gysin, Astrid Waldmeier, Christoph Gerum, Martin Küng, Markus Weber

meinden eher niedrige Lohn (Jahreslohn 1964: Fr. 7200.–) gespielt haben. Umso glücklicher war man, dass die ab Herbst 1965 unterrichtende Käthi Moser neun Jahre lang dem Dorf treu blieb.
1966 besuchten 38 Kinder den Kindergarten. Dies hatte unbefriedigende Platzverhältnisse zur Folge. Da ein Einbezug des «Wystüblis» (Sitzungszimmer neben dem Kindergarten) dem Frauenvereinsvorstand undenkbar erschien, entschloss er sich, das Eintrittsalter auf fünf Jahre hinaufzusetzen. Der Wochenbatzen wurde von 20 Rp. auf 50 Rp. erhöht.
1973 wurde die Gemeinde alleinige finanzielle Trägerin des Kindergartens. Der Frauenverein bezahlte aber weiterhin ein Materialgeld von Fr. 500.– pro Jahr, und der Vorstand blieb wie bis anhin Aufsichtsorgan. Gegen Ende der 1980er Jahre erhielt der Kindergarten als zusätzlichen Raum das erwähnte «Wystübli». Trotzdem wurde da und dort der Wunsch nach einem grösseren, den erhöhten Platzbedürfnissen entsprechenden Kindergarten laut. Der Gemeinderat liess deshalb 1991 ein Projekt für einen Um- und Ausbau ausarbeiten, dessen Ausführung aus finanziellen Gründen jedoch auf Eis gelegt wurde.
Zur Ruhe kam der Wunsch nach einem grösseren Kindergarten damit nicht. Deshalb erstaunte es auch nicht, dass 1996 von den Vereinen und Behörden mehrheitlich beschlossen wurde, den Reingewinn des Dorffestes 800 Jahre Rothenfluh für den Um- und Ausbau des Kindergartens zu verwenden.
Bereits 1997 wurde dafür ein Wettbewerb unter den vier hier ansässigen Architekten ausgeschrieben. Erst als das ausgewählte Projekt «Durchblick» von Dominique Wyss an der Einwohnergemeindeversammlung im März 1998 vorgelegt wurde, gab es grundsätzliche Opposition. Dass es einen grösseren Kindergarten brauchte, bestritt niemand, doch kamen andere Standorte zur Sprache. Das Projekt wurde an der Gemeindeversammlung mit der Auflage, mehr Küchenraum zu schaffen, knapp genehmigt. Nach dem erfolgten Referendum bejahte eine überzeugende Mehrheit der Dorfbevölkerung das Vorhaben. Im Februar 1999 wurden die Bauarbeiten in Angriff genommen. Nach den Sommerferien 1999 durften die Kleinen in einen schönen, grossen und hellen Kindergarten einziehen. Die offizielle Einweihung im Beisein der Bevölkerung fand im Oktober statt. Dabei übergab die Präsidentin des

Kindergarten mit Kindergärtnerin Marianne Flückiger, Mai 1981

Hinten: Andrea Schellenberg, Christine Granacher, Marco Spiess, Urs Andrist, Silvio Auf der Mauer, Salome Mumenthaler

Mitte: Sandra Boss, Michel Jäggi, Michael Bürgin, Sabina Erny, Rahel Erny, My Hong Tran, Azian Zulkifli, Tai Tran

Vorn: Catherine Frey, Jacqueline Reimann, Andrea Amacher, Lea Weniger, Esther Brandenberger, Philipp Mumenthaler

Frauenvereins, Christine Rieder-Kunz, dem Kindergarten im Namen ihres Vereins einen Bauernhof aus Holz sowie eine Kinderwerkbank. Diese grosszügige Geste war darum von besonderer Bedeutung, weil die Geschichte des Kindergartens bis 1990 (als die Aufsicht über den Kindergarten vom Frauenverein an die Schulpflege überging) zugleich ein grosses Stück Vereinsgeschichte des Frauenvereins war. Denn: Ohne den grossen Einsatz der Frauen und Mütter in Rothenfluh hätte unsere Gemeinde nie und nimmer zu den ersten im Kanton gehört, die einen Kindergarten anbieten konnten. Ihnen allen gebührt an dieser Stelle ein herzlicher Dank.

Auf Anregung junger Mütter kam 1991 eine Spielgruppe für drei- bis fünfjährige Kinder zustande. Der Gemeinderat stand der Idee positiv gegenüber und stellte das leere Zimmer in der Turnhalle zur Verfügung. Von nun an konnten die Mütter an einem Vormittag ihre Kleinen in die Spielgruppe bringen. Bis 1995 wurde sie von Simone Nussbaum Meyer geleitet, einer ausgebildeten Kindergärtnerin. Nach deren Wegzug übernahm die ehemalige Kindergärtnerin Käthi Graf-Moser die Leitung. Im August 2001 wurde sie von Frau Marianne Röhm-Flückiger abgelöst.

Quellen für Kapitel 10.5.1
Protokolle des Frauenvereins

Gewährspersonen:
Olga Graf-Erny, Rothenfluh (*1913)
Paul Schaub-Börlin, Rothenfluh (*1924)
Johanna Dietrich-Brandenberger, Liestal (*1933)
Esther Strübin-Handschin, Liestal (*1931)

10.5.2 Verzeichnis der Kindergärtnerinnen

1930–1952	Amalie Gass
1952–1953	Esther Handschin (verheiratet Esther Strübin-Handschin)
1953–1954	Edith Pirren
1954–1956	Elisabeth Schluepp
1956–1958	Sonja von Arx
1958–1960	Heidi Fehlmann
1960–1962	Heidi Superina (verheiratet Heidi Rieder-Superina)
1962–1964	Ursula Schärli
1964–1965	Regine Vogt
1965–1965	Ruth Fricker (Halbjahresvikariat)

Schule und Kindergarten

Kindergartenum- und -ausbau 1999. Wo einst Velos standen …

… steht jetzt dieses prächtige Spielhaus. Unter der Anleitung der Zimmerleute Daniel Brönnimann und Peter Gysin entstand es in Elternfronarbeit.

1965–1974	Käthi Moser (verheiratet Käthi Graf-Moser)
1974–1975	Marianne Basler-Sutter
1975–1977	Marianne Basler-Sutter/ Barbara Stauffacher
1977–1979	Barbara Stauffacher
1979–1987	Marianne Flückiger (verheiratet Marianne Röhm-Flückiger)
1987–1988	Ruth Schaffner (verheiratet Ruth Hartmann-Schaffner)
1988–1990	Margrit Conzetti/ Beatrice Dobler-Bögli
1991–1995	Christine Gysin-Schaub
1995–	Anita Meier

Spezialunterricht
Elisabeth Kolarik (Vorschulheilpädagogin)

Der Hauptraum ist nun heller und grösser. Zum Thema «Kunst» gestalten elf Kinder ihr eigenes Kunstwerk.

Kindergarten mit Kindergärtnerin Anita Meier, Mai 2001

Hinterste Reihe: Andrea Binternagel (Praktikantin), Cyrill Schneider, Clara Ehrhard, Sascha Müller, Helena Erny, Manuel Stahl

Zweithinterste Reihe: Lisa Travella, Dominic Gass, Patricia Fahrni, Eliane Müller, Thierry Thommen, Dominik Gisin

Zweitvorderste Reihe: Mattea Röhm, Severin Heinzelmann (im Leiterwagen), Pascal Hiltbrand, Luca Bitterli, Livia Heinzelmann, Maurizio Dotto, Remo Erny, Sophia Zimmerli

Vorderste Reihe: Theresa Rieder, Livia Rieder, Ann Gysin, Ramona Hasler (in Zaine)

10.6 Die Schulpflege

Wenn man die Schulpflegeprotokolle aus verschiedenen Jahrzehnten des 20. Jahrhunderts aufmerksam durchliest, merkt man, dass sich über diese Gemeindebehörde Aussagen machen lassen, die zeitlose Gültigkeit haben:

- Die Schulpflege war innerhalb des Dorfes immer eine sehr wichtige Behörde. Schule und Schulunterricht waren für die meisten Eltern schon immer wichtig, entsprechend hoch war und ist der Stellenwert der jeweiligen Aufsichtsbehörde.
- Manche Aktivitäten von Schulpflegerinnen und Schulpflegern, manche Themen und Geschäfte von Schulpflegesitzungen bleiben immer gleich:

Lehrerwahlen, Schulbesuche bei Lehrkräften; beim Gemeinderat Anschaffungen zugunsten der Schule beantragen; Schulreisen und Stundenpläne genehmigen; umsetzen von gesetzlichen Vorgaben der Erziehungsdirektion, bzw. vom Schulinspektorat; Stellungnahmen zu Verordnungen und Gesetzen, u. a. m.
- Pro Jahr fallen vier bis acht Sitzungen an.

Es gab auch Änderungen im Aufgabenbereich der Schulpflege: Während die Schulpflege sich heute ausschliesslich mit Schulbelangen auseinandersetzt, war es vor 35 und mehr Jahren gang und gäbe, dass sie zusammen mit den Lehrern über die schulfreie Zeit wachte. So schreiben Schulpflege und Lehrerschaft im Sommer 1952 in einem Brief an die Eltern unter anderem Folgendes:

«Die Schulpflege hat beschlossen, auch im Sommer nicht mehr später als 20.30 Uhr Betzeit läuten zu lassen. Werden die Kinder nicht ohnehin von den Eltern angehalten, zu einer bestimmten Zeit zuhause zu sein, so ist das Betzeit-Läuten auf alle Fälle und für alle Kinder der Befehl, nachhause zu gehen. Es kommt leider immer noch viel zu viel vor, dass Kinder an Sonntagen fast den ganzen Tag ohne Aufsicht auf der Gasse herumlungern. Gerade am Sonntag, am Tag der Familie, sollten die Kinder aber vermehrt im Familienverband bleiben. Können Eltern an Sonntagen, sei es, weil sie abwesend sind oder sehr müde, ihre Kinder nicht beschäftigen, gibt es ja die Gelegenheit freundnachbarlicher Hilfe: Es gibt sicher Nachbarn, die die Kinder auf ihren Spaziergang mitnehmen.»

Die Erziehung der Jugend zu «guten» Menschen war jahrzehntelang wichtigstes Anliegen der Schule. Aus diesem Grunde untersuchte die Schulpflege Vorfälle und stellte Anträge, wie sie heute nicht mehr denkbar wären.

Ein Beispiel: In den 1920er Jahren entwendeten einmal zwei Knaben einem Mann im Dorf ein 20 Franken Goldstück, das später wieder zurückgegeben wurde. Die beiden Sünder wurden vor die Schulpflege geladen. Die Schulpflege und der Lehrer setzten alle Hebel in Bewegung, damit der eine der beiden Knaben für ein Jahr in das Erziehungsheim Schillingsrain in Liestal versorgt würde, «da er auch schon andere Delikte begangen habe und daher als schlechtes Beispiel die andere Dorfjugend verseuche.» (Zitat des Lehrers).

Die Familie des Knaben wehrte sich erfolgreich gegen die geplante Versorgung.

Mit Anna Pfaff-Künzli wurde 1970 zum ersten Mal eine Frau in die Schulpflege gewählt.

Bis 1990 bestand die Schulpflege aus fünf Mitgliedern. Dann wurde sie auf sieben Mitglieder aufgestockt, da die Aufsicht über den Kindergarten vom Frauenverein an die Schulpflege überging.

Schulpflegepräsidenten
Bis 1967 übte der Pfarrer immer auch das Amt des Schulpflegepräsidenten aus.

1967–1973	Paul Schaub-Börlin
1973–1981	Pfr. Walter Vogt
1981–1991	Yves Frey
1992–1994	Luciano Fachin
1995–	Martin Erny-Schmutz

Die Kirche

11.1 Die Kirche und das Pfarrhaus

11.1.1 Die Stephanskirche

Wie die Geschichte unseres Dorfes vom Geschehen in der Kirchgemeinde wesentlich mitbestimmt ist,[1] so prägt auch das Kirchengebäude das Erscheinungsbild des Dorfes. Das zeigt schon sehr schön die alte Dorfansicht von Südwesten, vom Grossholz aus, wie sie Emanuel Büchel 1756 gezeichnet hat.[2] Bei einem Rundgang durch das Dorf hat man wohl den schönsten Blick zur Kirche, wenn man an der Ecke Hirschengasse/Oberhofgasse hinaufschaut: malerisch hebt sich der Kirchturm mit dem noch teilweise sichtbaren Dach des Kirchenschiffs vor der grossartigen Kulisse der Roten Fluh ab. Der Rothenflüher Maler Alfred Gass (1912–1987) hat diesen Anblick auf der Vorderseite der Gedenkmünze zur Kirchenrenovation 1967 künstlerisch festgehalten. Der Name «Stephanskirche» geht wahrscheinlich auf das Wirken fränkischer Missionare zurück, die neben der Verehrung

Die Kirche von der Oberhofgasse aus gesehen, 2001

Die Kirche

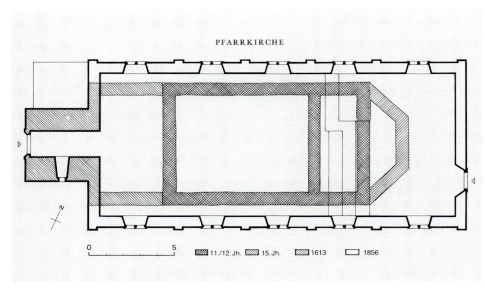

Grundriss der heutigen Kirche und der (mutmasslichen) Vorgängerbauten

Johannes des Täufers auch die des Stephanus in unsere Gegend brachten.³ Dieser Name erinnert an den ersten christlichen Märtyrer (Apostelgeschichte, Kap. 6), er ist heute nur noch teilweise im Bewusstsein der Bevölkerung des Dorfes, während sein Namenstag, der 26. Dezember, stets als Stephanstag bezeichnet wird.

Es lässt sich nicht mehr genau feststellen, wann das erste Gotteshaus in Rothenfluh entstanden ist.⁴ Die Grundmauern älterer Kirchenbauten, die bei der letzten Totalrenovation 1966/67 freigelegt wurden, dürften bis ins 11. oder 12. Jahrhundert zurückreichen. Leider ist bei dieser Renovation eine gründliche archäologische Untersuchung unterblieben.

■ *Rothenflüher Männer und Frauen, Junge und Alte, leisteten viel Fronarbeit, um die Renovationskosten tief zu halten. Beim Aufgraben des Kirchenbodens kamen im Chor Gräber mit Skeletten zum Vorschein. Der mitschaufelnde Pfarrer befahl den Mannen: «Es geht hier niemand nachhause, bevor diese Gräber sauber ausgeräumt sind.» Paul Manz, ansonsten für kulturelle Anliegen durchaus aufgeschlossen, befürchtete eine Intervention der Kantonsarchäologie und damit eine Verzögerung der Bauarbeiten.*
Mitgeteilt von Willy Nyfeler-Degenkolb. ■

Der älteste Teil des heutigen Bauwerks ist der Turm, der im Jahre 1613 errichtet wurde. Er wirkt im Vergleich zum Kirchenschiff, das 1856 anstelle des älteren, schmaleren Baus als typisch reformierte Predigtkirche erstellt wurde, etwas zu klein. Von der Inneneinrichtung des Kirchensaals von 1856 sind noch zahlreiche Fotografien vorhanden.⁵ Die Kanzel war an der Nordwand zwischen dem zweiten und dritten Fenster angebracht, und die Bankreihen waren von der Westseite wie auch von der Ostseite auf die Mitte gerichtet, wo der steinerne Altartisch stand.⁶ Man sass sich also im Gottesdienst gegenüber. Entsprechend dieser Anordnung hatte die Kirche auch zwei Emporen. Auf der Ost-Empore stand eine kleine Orgel, eine im Jahr 1806 aus einem Berner Patrizierhaus erworbene Sumiswalder Hausorgel.

Bei der Renovierung von 1966/67 wurde die bisherige Anordnung der Bänke aufgegeben, das Kircheninnere erhielt wieder die altkirchliche Ausrichtung nach Osten mit nur einer Empore auf der Westseite. Der Boden wurde abgesenkt, so dass ein durch vier Stufen erhöhter Altarraum entstanden ist, der sich vielfältig verwenden lässt. Die gesamte Inneneinrichtung wurde neu angeschafft: die Bänke mit etwa 230 Sitzplätzen, der Taufstein, der schöne, grosse Abendmahlstisch aus Eichenholz, die Kanzel und die asymmetrisch an der linken Seite der Ostwand platzierte Orgel, ein Werk der renommierten Firma Metzler in Dietikon. Als Gegenstück zur Orgel wurde in die Ostwand eine direkt zum Friedhof führende Tür eingebaut. Sie ersetzte die jetzt verschwundene Südwandtür. Die schmiedeeisernen Beschläge der Osttür enthalten

Die Kirche

Kirchenrenovation von 1967: Freiwillige bei Grabarbeiten (und beim Durstlöschen)
Rösli Erny-Schäfer, Annelies Nyfeler-Degenkolb, Traugott Bürgin (Förschter Trougi), Frieda Jenny-Schaffner

ein in alten Kirchentüren anzutreffendes Schmuckmotiv, und zwar je oben und unten einen sogenannten Drudenfuss, einen fünfzackigen Stern[7]. Über der Osttür ist ein ovales Fenster, ein Okulus, eingesetzt, der dem ganzen vorderen Raum ein helles, freundliches Aussehen verleiht. Eine schöne Holzdecke schliesst den sehr einheitlich wirkenden Kirchenraum nach oben ab und sorgt – besonders bei Konzerten – für eine ausgezeichnete Akustik. Besucher von auswärts äussern immer wieder spontan, dass ihnen die Rothenflüher Kirche in ihrer geschmackvollen Einfachheit sehr gefalle. Für Gottesdienste und Anlässe verschiedener Art ist die Kirche in vielfältiger Weise geeignet: zur Platzierung auch grösserer Chöre und Ensembles, für szenische Aufführungen bei Familiengottesdiensten

Kircheninneres mit Blick nach Westen, 1920er Jahre

Wandspruch, vor 1967

Die Kirche

Die Kirche von Osten, um 1985

und Schulweihnachtsfeiern und ebenso zur lockeren Aufstellung von Personengruppen bei Taufen, Abendmahlsfeiern, Trauungen und Konfirmationsgottesdiensten. Für Kontakte nach dem Gottesdienst hat die Kirchenpflege vor einiger Zeit die letzten Bänke auf der Südseite entfernt und so Platz für einen zum Abendmahlstisch passenden Mehrzwecktisch gewonnen, wo man sich von Zeit zu Zeit bei einem Apéro zusammenfindet.

Als einzige Gegenstände aus alter Zeit werden bis zum heutigen Tage die zinnerne Taufschale und die Abendmahlsgeräte verwendet.[8] Neuerdings kommt gelegentlich wieder der kleine Abendmahlstisch von 1642 (1966 bis 1998 im Pfarrhaus aufbewahrt) zu Ehren. Bei der Form der Mahlfeier, bei der die Gemeinde sitzend kommuniziert, wird er jeweils vorne im Mittelgang des Schiffes aufgestellt, von der Sigristin Vreni Bürgin liebevoll mit handgewobenem Leinen gedeckt. Das Sigristenehepaar ist dafür besorgt, dass die Kirche zu allen Gottesdiensten mit Blumen geschmückt ist. Auch Kerzen – eine auf dem Abendmahlstisch und eine grosse, beim Rothenflüher «Cherzezieh» von Kindern handgezogene Kerze – werden längst nicht mehr als «katholisch» empfunden, regelmässig zum Gottesdienst entzündet. Seit 1995 wird bei Taufen auch eine Taufkerze abgegeben. Das grosse Hungertuch der Brot für alle-Aktion 1985, mit Motiven aus Südamerika, das an der Rückwand des Kirchenschiffs einen dauernden Platz gefunden hat, erinnert die Kirchenbesucher an unsere christliche Verantwortung für die Menschen in der Dritten Welt. Ein 1996 eingeführtes Stehpult ermöglicht es dem Pfarrer, näher bei der sonntäglichen Gottesdienstgemeinde zu predigen. Die Kirche verfügt nun auch über eine Mikrophonanlage.

11.1.2 Die Glocken

Das Kirchengeläut besteht aus vier Glocken. Die drei grösseren, Nr. 1 bis 3, wurden gemäss der Inschrift auf der Glocke 2 am 6. Dezember 1874 von der Gemeinde Rothenfluh, die zu jener Zeit zugleich Kirchgemeinde war, gestiftet und im darauffolgenden Jahr 1875 von der Zürcher Firma Jakob Keller gegossen.

■ *Glockenweihe 1875*

Die Glocke wurde «auf bekränztem Wagen» nach Rothenfluh gebracht und «durch die Schuljugend mittelst eines Flaschenzuges in den Turm hinaufgezogen». Die Einweihung begann mit einem Festumzug vom Schulhaus zur Kirche. Der Gottesdienst

Glockenaufzug, Samstag, 29. April 1967

von Pfarrer Preiswerk wurde vom Gemischten Chor mitgestaltet. «Nach der Kirche findet im Gasthaus zum Hirschen ein Festessen à Fr. 1.50 statt, an welchem ausser den eingeladenen Gästen jeder Einwohner theilnehmen kann.»[9]

Die Glocken sind auf die folgenden Töne gestimmt und ihre Inschriften lauten:

Glocke 1: Ton f
Inschrift: «Ehre sei Gott in der Höhe, Friede auf Erden und den Menschen ein Wohlgefallen.» Und darunter die Worte: «Bete und arbeite.»[10]

Glocke 2: Ton a
Inschrift: «Befiehl dem Herrn deine Wege und hoffe auf ihn, er wird es wohl machen.»[11]

Glocke 3: Ton c
Inschrift: «Kommet, lasset uns den Herrn anbeten, denn er ist unser Gott».[12]

Glocke 4: Ton d
Inschrift: «Gestiftet von der Einwohnergemeinde 1967.»

In der «Volksstimme» vom Dienstag, 2. Mai 1967, zum Glockenaufzug heisst es dazu: «Mit ihrem von Zwingli stam-

Die Kirche

menden Wahlspruch ‹Tuond umb Gotzwillen etwas Dapferes› wird sie Rothenfluh für Generationen herausfordern.»

Die vierte, kleinste Glocke, im April 1967 im Beisein von Behördenmitgliedern in der Giesserei Rüetschi in Aarau gegossen, ersetzte die alte Gantglocke aus dem Jahre 1777, die heute im Aufgang zur Empore aufgestellt ist.[13]

Die Läuteordnung

Besuchern aus dem Ausland fällt sofort auf, wie häufig in der Schweiz und bei uns im Baselbiet die Glocken läuten. Dem Verfasser dieser Zeilen ist kein Land und keine Gegend bekannt, die eine reichhaltigere Läuteordnung als die unsere aufzuweisen hätte. Alte Traditionen der Gebetszeiten («Laudes» oder Morgenlob, Mittagsgebet, Vesper und Abendgebet oder «Complet»), die auf die Stundengebete der Klöster bis ins frühe Mittelalter zurückgehen, werden bis heute als «Bättzytlütte» beibehalten (vergleiche nebenstehende Tabelle). Mit zeitlich gestaffeltem Vorläuten, sodann dem «Klenken» eine Viertelstunde vor dem Einläuten und schliesslich dem Einläuten mit allen vier Glocken werden die Dorfbewohner zu den Gottesdiensten und zu den Abdankungen eingeladen. Bei Trauungen findet nur das Einläuten eine Viertelstunde lang vor dem Beginn des Hochzeitsgottesdienstes statt. Ebenso erklingt das volle Geläut zum Beginn der abendlichen Feier des 1. August, des schweizerischen Nationalfeiertags. Im Jahre 1985 wurde des Endes

Läuteordnung bis 1996

Anlass	Zeit	Bedeutung	Glocken-Nr.	Dauer
Betzeit unter der Woche:				
	05.30 h	Morgenlob	2	4'
	11.00 h	Mittagsgebet	2	4'
Winterzeit (Bettag bis Ostern):	15.00 h	Vesper	3	4'
Sommerzeit (Ostern bis Bettag):	16.00 h		3	4'
1. Nov. bis 28. Febr.	19.30 h	Abendgebet	1	4'
1. März bis 30. April	20.00 h		1	4'
1. Mai bis 30. August	20.30 h		1	4'
1. Sept. bis 30. Oktober	20.00 h		1	4'
Einläuten von Sonn- und Feiertagen am Vorabend: **				
Bettag bis Ostern	18.00 h		4 3 2 1	13'
Ostern bis Bettag	19.00 h		4 3 2 1	13'
Geläut an Sonn- und allg. Feiertagen:				
(Betzeitläuten am Sonntag wie unter der Woche)	08.00 h	Vorbereitung	1	4'
	09.00 h	und Ruf zum	2	4'
	09.15 h	Gottesdienst	3	4'
	09.30 h		4 3 2 1	13'
Trauung	15' vor X		4 3 2 1*	13'
Bestattung	60' vor X	«Vorläuten»	1*	4'
	30' vor X		2*	4'
	15' vor X	«Klenken»	3*	4'
	X	«Hauptläuten»	4 3 2 1*	13'
Silvester/Neujahr	23.45 h		1*	10'
	0.02 h		4 3 2 1*	13'
Zum Altjahres-Abendgottesdienst:	15' vor X		4 3 2 1*	13'
1. August	20.00 h		4 3 2 1*	13'

Anmerkungen
* Kleine Automatik, Schalterbedienung
** Als Feiertage, die nie oder selten auf einen Sonntag fallen, gelten: Weihnachtstage, Karfreitag, Auffahrt und Neujahr.
X Vereinbarte Zeittermine

des Zweiten Weltkriegs 1945 mit einem viertelstündigen Geläut gedacht, am 24. Dezember 1999 um Mitternacht läuteten die Glocken das bevorstehende Jahr 2000 nach Christi Geburt ein. Beim Jahreswechsel wird am Silvesterabend um 23.45 Uhr mit der grössten Glocke das alte Jahr ausgeläutet, bis ca. 23.55 Uhr. Nach den zwölf Glockenschlägen um Mitternacht setzt dann das volle Geläut aller vier Glocken zum Beginn des neuen Jahres ein.

Die folgende Läuteordnung gibt einen Überblick über das Läuten der Rothenflüher Glocken, wie es bis zum 27. Oktober 1996 noch in Geltung war (zur vereinfachten heutigen Form siehe weiter unten), man beachte die Verschiebung des Betzeitläutens entsprechend den Jahreszeiten. Die Verschiebung des Abendgebetes erklärt sich aus seiner Funktion der Beschliessung des Tagewerkes, die eigentliche Zeit dieses «Bättzyts» ist die anbrechende Nacht zwischen Sonnenuntergang und dem Ende der Abenddämmerung.

Auf den 27. Oktober 1996 (Sommer-/Winterzeitumstellung) wurde die Läutordnung dahingehend vereinfacht, dass nur noch die kalendarischen Sommer- und Winterzeitumstellungen berücksichtigt werden, nicht mehr die Jahreszeiten. D. h. zur Sommerzeit wird um 05.30 h, 11.00 h, 16.00 h und 20.30 h geläutet, zur Winterzeit um 05.30 h, 11.00 h, 15.00 h und 19.30 h. Bei Bestattungen fällt das erste Vorläuten (60 Minuten vor dem Termin) weg, es erklingt also nur noch ein Vorläuten und das Klenken 15 Minuten vor dem Hauptläuten zum Bestattungsgottesdienst.

11.1.3 Das Sigristenamt

Die Rothenflüher Kirche ist in der Regel Tag und Nacht geöffnet und lädt zu stiller Einkehr ein. Dass sie sich stets in einem gepflegten Zustand befindet, ist das Werk des Sigristen bzw. der Sigristin. Darum wollen wir uns hier auch dem Aufgabenbereich dieses Amts zuwenden.

Das Wort Sigrist leitet sich vom mittelalterlich-lateinischen «Sakristan» her und bezeichnet den Diener des gottgeweihten Raumes. Der Umfang der Sigristenarbeit wird im Allgemeinen unterschätzt. Im «Reglement über die Rechte und Pflichten des Sigristen» vom 16. Dezember 1990 heisst es u. a.: «Der Sigrist wohnt allen Gottesdiensten und Anlässen in der Kirche bei. Er ist den anwesenden Gemeindemitgliedern und dem Pfarrer behilflich und sorgt für die Beseitigung allfälliger Störungen.» Der Sigrist ist auch für die Bereitstellung aller für den Gottesdienst benötigten Gegenstände – Gesangbücher, Taufbecken/Wasser, Abendmahlsgeräte mit Brot und Wein – sowie für die Anzeige der Lieder auf der Liedtafel verantwortlich. Gewöhnlich begrüsst er die eintretenden Gottesdienstbesucher an der Kirchentür – ein wichtiger Augenblick, der schon die «Stimmung» im Gottesdienst mitprägt. Weitere Amtspflichten des Sigristen sind: Die – sehr aufwändige – Reinigung des grossen Kirchenraums, die Behebung von Schäden, die Kontrolle der Kirchenuhr und die Einstellung des Glockengeläuts. Auch für den Schmuck der Kirche mit Blumen, Kerzen, dem Adventskranz im Dezember und dem grossen Christbaum zu Weihnachten hat der Sigrist zu sorgen. Eine gute Gemeinde weiss sich ihrem Sigristen und ihrer Sigristin stets zu Dank verpflichtet, hält sein/ihr Amt in Ehren und hat auch für seine/ihre Anliegen und Wünsche ein offenes Ohr.

Das Sigristenehepaar Fritz und Vreni Bürgin; das Abendmahlsgerät stammt aus dem 17. Jahrhundert. 2001

Namen der Rothenflüher Sigristen und Sigristinnen seit Anfang der 1930er Jahre

bis 1934	Heinrich Schneider-Bürgin
1933 bis 1964	Ernst Jenny-Spiess (31 Jahre!)
1964 bis 1973	Frieda und Ernst Jenny-Schaffner
1973 bis 1981	Ernst Brandenberger-Sutter
seit Mitte 1982	Vreni und Fritz Bürgin-Kunz

Die Kirche

Es ist wohl stets so gewesen, dass der Sigrist in Stosszeiten auch beim Putzen getreue Helferinnen und Helfer, zum Teil aus der eigenen Familie, gehabt hat. So sind auch viele, die hier nicht genannt sind, für die Kirche Rothenfluh tätig gewesen.

11.1.4 Die Orgel, die Organistinnen und Organisten

Bis zur grossen Kirchenrenovation 1966/67 besass die Rothenflüher Kirche, wie schon erwähnt, ein kleines Instrument, eine Sumiswalder Hausorgel, die 1806 aus einem Berner Patrizierhaus erworben worden war und die auf der nun verschwundenen Ostempore stand. Sie wurde im Mai 1966 nach Graubünden verkauft.[14] Während der Renovation fanden die Gottesdienste im Gemeindesaal statt. Zur Begleitung des Gesangs diente ein Leihinstrument, eine elektronische Orgel der Firma Eckenstein in Basel. Für die renovierte Kirche wurde ein neues Instrument bei der renommierten Orgelbaufirma Metzler in Dietikon bestellt. Die neue Orgel wurde im Oktober 1967 geliefert, und schon Anfang November erfolgte die sehr zufriedenstellende Abnahme durch den Orgelexperten Oskar Birchmeier, Konzertorganist in Brugg. Die Rothenflüher Organisten Ernst Lutz und Christoph Hindermann konnten die Orgel vom 3. November 1967 an benutzen.

Die neue Orgel erklang zum ersten Mal im Gottesdienst am Sonntag, 5. November

Organistinnen und Organisten der vergangenen Jahrzehnte[15]

Ernst Lutz-Tosch	bis Ende März 1973
Christoph Hindermann-Diebold	sporadisch ab Frühjahr 1966, regelmässig von April 1967 bis März 1983
Erich Erny-Hofstetter	regelmässig seit April 1973
Thildy Lüthi-Zimmermann	sporadisch 1973–1988
Anna Barbara Giertz-Mohler	regelmässig Frühjahr 1983 bis Sommer 1995, später sporadisch
Niklaus Giertz, Basel	regelmässig seit 1995
Aline König, Basel	1999–2000
Miryam Rüfenacht, Basel	sporadisch seit 1999

Die aus einem Berner Patrizierhaus stammende Orgel, vor 1967

Organist Erich Erny an der Metzlerorgel, 2001

1967, während die offizielle Einweihung zwei Wochen später, am 19. November, erfolgte. Seither erfreut die neue Orgel in jedem Gottesdienst und bei vielen Konzerten mit ihrem markanten Klangcharakter alle, welche an Gottesdiensten teilnehmen und Konzerte besuchen. Auswärtige Orgelkünstlerinnen und -künstler, die darauf spielen, loben immer wieder die Qualität dieses Instruments.[16]

Die neue Orgel hat eine mechanische Traktur für zwei Manuale und für das Pedal, insgesamt 16 Register.

Über die Konzerte, die in den letzten Jahren in der Kirche stattfanden, wird in Kapitel 11.2.4 berichtet.

11.1.5 Der Friedhof

Auf den beiden ältesten Darstellungen des Dorfes Rothenfluh von Georg Friedrich Meyer, um 1680, und von Emanuel Büchel, 1756,[17] ist die Kirche bereits von einer Friedhofsmauer umgeben, die aber wesentlich kleiner war als die heutige. Auf Büchels Zeichnung kann man am Eingang einen überdachten Torbogen erkennen. Auf beiden Zeichnungen sind jedoch keine Grabstellen auszumachen. Wahrscheinlich ist der Friedhof im Zuge des Neubaus des Kirchenschiffs im 19. Jahrhundert erweitert worden. Bei der Kirchenrenovation 1966/67 entfernt wurden Einzelgräber und Grabsteine folgender Persönlichkeiten auf der Südseite der Kirche: Franz Joseph Rauczka (1808–1871), Pfarrer; Johann Jakob Imhof

Friedhof und Kirche, 1920er Jahre

Friedhof und Kirche, 1989

Die Kirche

(1793–1874), Lehrer; Christian Rippmann (1807–1883), Arzt; Wilhelm Koch (1824–1891), Lehrer; Hans Lieb (1859–1901), Pfarrer; Johann Jakob Rieder (1850–1901), Lehrer.

Heute sind entlang dem Mittelweg auf dem Friedhof rechts und links verschiedene Gräberfelder angeordnet, wobei die älteren Grabstellen in Richtung Süden, die jüngeren Richtung Norden angelegt sind. 1990 ist an der nördlichen Umfassungsmauer eine neue Reihe für Urnengräber eingerichtet worden, die dazugehörigen Namentafeln sind an der Mauer selbst befestigt.

Die in Rothenfluh Bestatteten werden durch die Sigristenleute in ein von Hand geführtes Gottesacker-Register eingetragen. Im Zeitpunkt der Abfassung dieser Zeilen waren auf dem Friedhof rund 130 Gräber vorhanden, davon vier Kindergräber. Das älteste Grab stammt aus dem Jahre 1969. Es sind alles Reihengräber. Die allermeisten Grabsteine sind schlichte, aufrecht stehende Rechtecke, zumeist aus Natursteinen. Auf der Vorderseite sind jeweils der Vorname und der Familienname sowie die Jahreszahl von Geburt und Tod angebracht. Auf fast allen Grabsteinen ist als Schmuck ein Symbol oder eine figürliche Darstellung zu sehen: auf den älteren häufig ein Kreuz, seit den 1970er Jahren sind eine Sonne oder Sonnenstrahlen als häufig auftretende Motive anzutreffen. Weitere Grabsteinbilder sind: Ähren, Blumen, Blätterzweige, stilisierte Lichtflammen oder Gegenstände, die an die Berufsarbeit des Verstorbenen erinnern: ein Pferdegespann mit einem Pflug, eine Maler-Palette mit Pinseln oder einige Camions für einen Lastautochauffeur. Auffällig ist auch der Grabstein einer alten Chinesin, die als Flüchtling aus Vietnam viele Jahre mit ihrer Familie in Rothenfluh gewohnt hat. Ihr Grabstein ist mit roten und grünen chinesischen Schriftzeichen versehen, fügt sich aber im Übrigen gut in die Reihe der anderen ein.

Zu Weihnachten und besonders am Silvesterabend werden von den Angehörigen Kerzen auf die Gräber gestellt. Dieser Brauch gilt heute nicht mehr als katholisch. Ebenso werden die Kerzen, die bei der Verlesung der Namen des zu Ende gehenden Jahres in der Kirche entzündet werden, nach dem Altjahresgottesdienst auf die entsprechenden Gräber gestellt. Viele Dorfbewohnerinnen und Dorfbewohner und besonders die Angehörigen finden sich dann zu stiller Besinnung und zum Gedächtnis an die Entschlafenen auf dem Friedhof ein.

Rechtliche Vorschriften

Für die Bestattung gilt das kantonale Gesetz über das Begräbniswesen vom 19. Oktober 1931. Für die Verwendung der neu angelegten Urnengräber hat sich die Einwohnergemeinde 1991 eine Benützungsordnung gegeben. Grabstellen dürfen frühestens nach Ablauf von 20 Jahren geöffnet bzw. für ein neues Grab verwendet werden. Im Allgemeinen werden Gräber nach etwa 25 Jahren nach der letzten Beerdigung in diesem Teil des Friedhofs aufgehoben.[18] Seit dem 1.1.2001 ist ein neues Bestattungs- und Friedhofsreglement mit detaillierten Bestimmungen in Kraft.

Schritte zu einer zeitgemässen Gestaltung

Dem Friedhof fehlte eine ebenerdige Zufahrt, damit auch behinderte oder ältere Leute, die an den Rollstuhl gebunden sind, ohne Schwierigkeit die Kirche und den Friedhof besuchen können. Auch ist leider kein Parkplatz vorhanden. Die bestehenden Landbesitzverhältnisse erlaubten keine Verbesserung der Situation. Verdankenswerterweise hat sich die Nachbarsfamilie Buser-Piepenburg bereit erklärt, der Gemeinde für Grabstein- und Materialtransporte zum Friedhof ein Wegrecht über ihr privates Grundstück zu gewähren. Über eine Rampe konnte die Gemeinde eine Zufahrt entlang der nördlichen Seitenwand des Kirchenschiffs realisieren. Auf der Südseite der Kirche wurde schliesslich unter Bauherrschaft der Kirchenpflege und grossem Einsatz von Freiwilligen ein sich gut in die Umgebung einfügendes Häuschen mit WC-Anlage und Geräteraum errichtet und am 5. September 1999 eingeweiht. Eine kleine Sitzplatzanlage mit Rosen-Pergola lädt zum Verweilen ein. Im Gespräch ist auch die Einrichtung eines Gemeinschaftsgrabes.

11.1.6 Das Pfarrhaus und die Pfarrer

Das Rothenflüher Pfarrhaus gehört zu den ältesten erhaltenen Wohngebäuden in Rothenfluh. Im Denkmalverzeichnis von

1942 finden wir die Bemerkung: «Renaissance, den gotischen Formen untermischt, finden wir am Haus Nr. 50 und am Pfarrhause, Staats- oder Ormalingerstrasse 51, einen der prächtigsten und eigenartigsten Architekturzeugen des Kantons. Wie behäbig und stolz steht dieser ‹Brocken› doch da!»[19] Dieses Pfarrhaus ist nach dem Brand eines alten, wahrscheinlich noch aus Holz gebauten Hauses in der Zeit nach 1534 errichtet worden, zur Amtszeit des ersten reformierten Pfarrers Johannes Stucky (1524 bis 1559). Der Brand war durch einen Blitzschlag ausgelöst worden, die neunköpfige Pfarrfamilie konnte nur das nackte Leben retten. An den Kosten des Neubaus musste sich der Pfarrer selbst beteiligen. Das auffällig hohe Krüppelwalmdach, unter dem sich ein dreigeschossiger (!) Estrich befindet, ist erst 1801 errichtet worden. Die strassenseitige Fassade hat ihr heutiges, fast schlossartiges Aussehen erst durch die Gesamtrenovation von 1960/61 erhalten. Ursprünglich – wie auf einer alten Postkarte von Rothenfluh deutlich erkennbar[20] – hatten nur je ein Fenster im ersten und im zweiten Stock einen vierteiligen gotischen Fensterstock, und zwar auf der linken Seite des Hauses. Die rechtsseitigen Vierfachfenster sind neu ergänzt worden, wie auch an anderen Stellen des Hauses neue Fenster eingefügt worden sind, so dass die Innenräume nun wesentlich heller und freundlicher wirken als vorher. Allerdings sind bei dieser Renovation auch alte Bauelemente entfernt worden – die grossen Kachelöfen, eine gotische Holztür, die von

Pfarrhaus vor 1895, in der Mitte Hans-Rudolf Lieb, Pfarrer in Rothenfluh 1884–1901

der grossen Stube zu einem Alkoven führte, ein Sandsteincheminée und die alte, ausgetretene Wendeltreppe. Die gemalte Balkendecke wurde neuzeitlich gestaltet. Die neu angelegte grosse Holztreppe, die in je einem Stück von 17 Stufen zwei Stockwerke miteinander verbindet, und die breiten hallenartigen Gänge im ersten und im zweiten Stockwerk verleihen dem ganzen Interieur eine Grossräumigkeit, die es auch für Anlässe der Kirchgemeinde, bei denen mehrere Gruppen gebildet werden, sehr brauchbar macht. Der schöne Gang im ersten Stock diente einmal im Jahre 1991 als Hauskapelle für die Taufe von sechs Jugendlichen. Auch für Diavorführungen ist dieser Teil des Pfarrhauses bestens geeignet. Aus heutiger denkmalpflegerischer Sicht hat das Rothenflüher Pfarrhaus durch die Eingriffe von 1960/61 stark gelitten. Nicht nur wurden sämtliche Kachelöfen samt Kaminen entfernt, so dass das Haus heute keine Feuerstelle mehr besitzt. Abgebrochen wurde auch ein Laubengang (mit Plumps-Klo, eines für Erwachsene und eines für Kinder!) auf der Rückseite des Ökonomiegebäudes, welcher das Pfarrhaus mit der Bude verband. Die neue Treppe in der Nahtstelle zwischen gotischem Vorderhaus und barockem Sommerhaus führte zu Rissbildungen im Gemäuer, welche sich vom Durchgang (heute Garage) bis zum Archiv im 2. Stock hinziehen. Die zugemauerten Öffnungen im fast ebenerdigen Keller mit einem alten Tonplattenboden führen zu Feuchtigkeitsproblemen an Holz- und Mauerwerk.

■ *Vor nicht allzu langer Zeit hing es an einem dünnen Faden, dass das Pfarrhaus Pfarrhaus bleiben sollte: Wegen den Mitte des vorigen Jahrhunderts anstehenden Renovationskosten hegten das Kirchen- und Schulgut und die Kirchenpflege Verkaufsabsichten! Der Betrieb eines riesigen Gebäudes wurde als kostspielig und umständlich angesehen: die Wohnung im ersten und zweiten Stock, die Pflege von 3 a Parkettböden, die Mäuse-, Ratten- und Ameisenplage, die hohen Heizkosten. 1949 wurden die Verhandlungen mit einem Rothenflüher Interessenten abgebrochen, weil das Angebot zu tief war. 1957 wurde vom Hochbauamt in Liestal ein Vorprojekt für ein neues Pfarrhaus Im Baumgärtli erstellt. Die Kostenaufstellung ergab für die Renovation des bestehenden Pfarrhauses Fr. 150 000.– und für den Neubau abzüglich Gewinn aus dem Verkauf des alten Pfarr-*

Pfarrhaus 2001

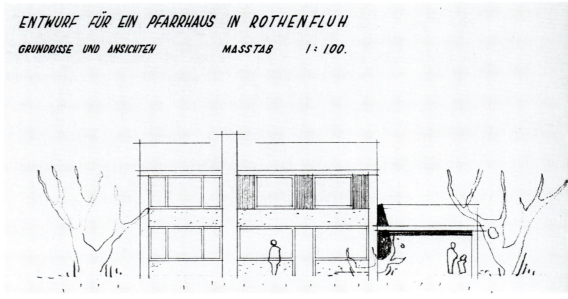

Das neue Pfarrhaus blieb (glücklicherweise) Entwurf; Plan von 1958.

Das Rothenflüher Pfarrhaus ist seit seiner Erbauung ab 1534 von 30 Pfarrern und ihren Familien bewohnt worden.

Liste der Pfarrer seit der Reformation

1524–1559	Stucky-Schwertfeger Johannes (gest. 1559), aus dem Zürichbiet, vorher Priester in Oltingen
1559–1595	Hummel-Moser(-Bock) Hans Ludwig (gest. 1595?), vorher Pfr. in Therwil und Münchenstein
1595–1610	Cellarius-Fromm Isaak (gest. 1610), vorher Pfr. In Allschwil und Arisdorf
1611–1625	Lützelmann-Ryff Konrad (1553–1625), von Basel, vorher Lehrer in Basel sowie Pfr. in Gelterkinden und Buus
1626–1634	Gemuseus-Riedin Hieronymus (1598–1656), von Basel, nachher Pfr. in Liestal
1634–1639	Schwarz-Boser Johann Friedrich (1584–1639), von Basel, zunächst Küfer von Beruf, dann Theologiestudium sowie Pfr. in Münchenstein und Langenbruck
1640–1664	Agricola-Morlott Friedrich (1606–1664), von Basel, vorher Pfr. in Lausen
1665–1675	Bruckner-Körber Johann Heinrich (1599–1675), von Basel, vorher Lehrer in Basel und Pfr. in Bretzwil
1675–1720	Burckhardt-Widmer Christoph (1640–1720), von Basel
1720–1753	Burckhardt-Socin Christoph (1679–1753), von Basel, Sohn und Nachfolger seines Vaters, ab 1708 dessen Vikar
1754–1762	Eglinger-Battier Johann Heinrich (1726–1802), von Basel, vorher Diakon in Genf, nachher Pfarrhelfer und Pfarrer in Basel
1763–1773	Rupp-Falkner Johann Friedrich (1715–1773), von Basel, vorher Feldprediger in piemontesischen Diensten sowie Pfr. in Friedrichstal (Deutschland) und Kleinhüningen
1774–1800	Burckhardt-Schäfer(-Erzberger) Christoph (1728-1803), von Basel, vorher Gymnasialrektor in Basel
1801–1821	Geymüller-Hefti Johannes (1757–1821), von Basel, vorher Pfr. in Schwanden und Pfarradjunkt in Bubendorf
1821–1832	Ecklin-Waser Jakob Friedrich (1786–1861), von Basel, vorher Pfr. am Waisenhaus Basel, danach Prediger am Landwaisenhaus und Religionslehrer an der Mädchenrealschule Basel
1832–1837	Nüsperli-Grundbacher Friedrich (1803–1876), von Aarau, vorher Lehrer in Hofwil, in Rothenfluh weggewählt, nachher Bezirkslehrer in Böckten und Sekretär der Finanzdirektion
1837–1859	Lichtenhahn-Stehelin Friedrich (1806–1866), von Basel, nachher Waisenvater in Basel
1859–1871	Rauczka-Sterchi Franz Joseph (1808–1871), von Tenniken und Nikolsburg/Mähren, vorher Canonicus in einem Stift, konvertiert 1857 in Liestal
1872–1884	Preiswerk Emanuel Rudolf (1843–1921), von Basel, nachher Pfr. in Rümlingen
1884–1901	Lieb-Fischle Hans (1859–1901), von Basel, vorher Vikar in Güttingen
1902–1903	Wildi-Schneider Wilhelm (1867–1947), von Basel, Verweser, ab 1913 Pfr. in Buus-Maisprach
1903–1906	Müller-Linder Wilhelm (1863–1931), von Basel, nachher Pfr. in Gelterkinden
1906–1929	Christen-Gass Hans (1872–1950), von Basel, vorher Pfr. in Diepoldsau
1929–1933	Brunner-Fichter Robert (1905–1971), von Winterthur und Schmidrued AG, nachher Pfr. in Suhr AG und Basel
1934–1938	Schweizer-Sulz (-Rocco) Friedrich (1888–1942), von Ebnat SG, vorher Kaufmann in Deutschland
1938–1951	Sigrist-Stampfli Walter (1913–1984), von Kriens LU, nachher Pfr. in Laufenburg-Stein AG und in Basel
1951–1967	Manz-Keller Paul (1924–1995), von Rothenfluh und Wila ZH, nachher Regierungsrat
1967–1982	Vogt-Wirth Walter (1920–1999), von Basel und Lauwil, vorher Pfr. in Sissach, Kirchenratspräsident BL
1982–1995	Giertz-Mohler Kurt (*1933), von Glogau/Schlesien, vorher Pfr. in Lausen
1995–2000	Guenin-Zwahlen Dominique (*1966), von Tramelan BE und Genf, vorher Pfr. in Schlieren ZH, nachher in Murten FR

Liste nach Basilea Reformata (1930/1979)

Die Kirche

Eintragungen im Eheregister aus dem Jahr 1824

hauses Fr. 100 000.–. Die Kirchenpflege sprach sich «einstimmig» für Verkauf und Neubau aus. Ein Basler Kaufinteressent war gewillt, das alte Pfarrhaus als Liebhaber-Objekt zu erwerben und erhalten und als Wochenendhaus zu benützen. Schliesslich schreckte das Kirchen- und Schulgut vor diesem radikalen Schritt doch zurück.[21] ■

Alte Gegenstände, die zum Pfarrhaus gehören, sind: ein zweitüriger in die Wand eingebauter Schrank mit schönen Messingschlossabdeckungen; die im Parterre befindliche Renaissancetruhe, in der früher die Tauf- und Abendmahlsgeräte aufbewahrt wurden, der hölzerne Abendmahlstisch von 1642 (seit 1998 wieder in der Kirche, an der Südwand unterhalb der Kanzel) und das sogenannte Guéridon, ein barocker Ständer für die Taufschale, aus dem Jahr 1763.[22] Auf dem Estrich (heute im Archiv) wurden Fragmente von gotischen Grabsteinen und Fenstereinfassungen gefunden, wohl aus dem Ausbruch bei der Kirchenrenovation. Eine bemalte Blechtafel «Aufgestellt unter der Verwaltung des Kirchen & Schulguts von Baselld. und Gemeindrths Rothenfluh, von Fried. Hoffmann, Uhrmacher in Sissach, im Jahr 1872» erinnert an die bei der Kirchenrenovation leider an Ort und Stelle zu Alteisen zerschlagene Turmuhr, Vorgängerin der jetzigen, ebenfalls noch mechanischen Turmuhr. In dem jetzt Archiv genannten Raum, der bei der Renovation 1960/61 aus einer Heizkammer entstanden ist, werden die Kirchenregister aufbewahrt: Tauf-, Konfirmations-, Trau- und Totenregister. Im letzten Jahrhundert wurde als fünftes noch ein Familienregister geführt, in dem bei jeder Eheschliessung für die neue Familie ein Blatt eröffnet wurde. Alle Kirchenregister bzw. Kirchenbücher leisten für die Ahnenforschung wertvolle Dienste, weil sie für die Zeit vor der Einführung von Zivilstandsämtern (1876) die einzigen Zeugnisse über die Lebensdaten von Menschen früherer Generationen sind. Die älteren Kirchenbücher, die bis in die Reformationszeit zurückreichen, werden im Staatsarchiv in Liestal aufbewahrt.

11.1.7 Scheune, Bude und Garten des Pfarrhauses

Die beiden sich ans Pfarrhaus anschliessenden Ökonomiegebäude sind Zeugen vergangener Zeiten, in denen der Pfarrer noch selbst «zu Acker» fuhr und den grössten Teil seines Lohns in Naturalien bezog. Ob die längst vollzogene Angleichung an die Verhältnisse unserer Zeit eine wirkliche Verbesserung für das Wirken des Pfarrers bedeutet, das mag dahingestellt bleiben.

Die Scheune
Die Scheune ist an der Westseite des Pfarrhauses in gleicher Firstrichtung angebaut

und weist auf den beiden Längsseiten je eine Tür und ein grosses Tor, alle mit schönen Rundbögen versehen, auf. Im Innern ist zur Linken noch ein gepflästerter Stallboden erhalten, zur Rechten fanden sich bei Vorarbeiten zum Dorffest 1996 noch Reste eines Holzlägers, wohl für das Ross. Von innen noch sichtbar sind die bei der Renovation des Pfarrhauses zugemauerten Stallfenster. In früheren Zeiten war die jetzige Garage des Pfarrhauses eine offene Durchfahrt zu den Scheuneneingängen auf der Rückseite. Im Durchgang befand sich auch eine Eingangstür zum Pfarrhaus, dessen einzige Zufahrt vom Dorf her das kleine Gässlein zwischen den Häusern Nr. 54 (Familie Schweizer) und Nr. 55 (Familie Horisberger) war. Die jetzige Etzmatten-Strasse war zwischen Dorfplatz und Pfarrhaus noch offenes Bachbett des Dübachs und noch früher – vor der Bachkorrektion – der Ergolz. Die Scheune ist seit vielen Jahren an Familie Schweizer-Nyfeler verpachtet. Nach dem plötzlichen Tod von Arnold Schweizer-Nyfeler, kurz vor Jahresende 1991, ist der Landwirtschaftsbetrieb, der zur charakteristischen Ambiance des Rothenflüher Pfarrhauses gehörte, aufgegeben worden. Seither ist der Traum entstanden, die Pfarrscheune einmal zu einem Mehrzweckgebäude für die Kirchgemeinde auszubauen.

Die Bude

Der westlichste Teil des ganzen Gebäudekomplexes war ursprünglich ein Schopf, der vor allen Dingen zur Aufbewahrung der «Wälle» (Reisigbündel) für die Kachelöfen des Pfarrhauses diente, ca. 450 Stück pro Winter. Pfarrer Walter Sigrist (1938 bis 1951) hat den unteren Teil des Schopfes zum Unterrichtsraum ausbauen lassen, da der bisher benutzte Schulraum im Parterre des Pfarrhauses zu klein war. Zur praktischen Beschäftigung junger Menschen konnten gleichzeitig alte Werkbänke beschafft werden, nach denen nun das Ganze den Namen «Bude» erhielt und bis heute behalten hat.[23] Gegen Ende der Amtszeit von Pfarrer Paul Manz (1951 bis 1967) wurde auf seine Initiative hin eine gründliche Sanierung der Bude inklusive Einbau eines WCs begonnen und unter seinem Nachfolger Pfarrer Walter Vogt (1967 bis 1982) zu Ende geführt.

In den Abendstunden des Sonntags, 25. Oktober 1992, ist eine der beiden noch vorhandenen grossen Linden entlang der Strasse während eines heftigen Sturms auf das Budendach gestürzt. Glücklicherweise befand sich zu diesem Zeitpunkt niemand in der Bude. In der Folge musste das gesamte Dach erneuert werden.

Seit Beginn der Amtszeit von Pfarrer Kurt Giertz (1982 bis 1995) wird die Bude in zunehmendem Masse als Mehrzweckraum benutzt: Sonntagsschule und Jungschar, Altersstubete (heute «Stöckli-Treff») und Frauenabende finden hier statt, wenn die Räume im Pfarrhaus zu klein und der Gemeindesaal zu gross sind, seit der Amtszeit von Pfarrer Dominique Guenin auch etwa ein Kirchenkaffee oder Sitzungen von jugendlichen «Red Rocks», dem Inline-Skate-Verein. Der Religionsunterricht für Schülerinnen und Schüler der Sekundarstufe sowie der Konfirmandenunterricht werden ebenfalls hier abgehalten. Seit dem Dorffest 1996 besteht die Absicht, den Bude-Estrich für Jungschi- und Jugendarbeit und den Gewölbe-Keller unterhalb der Bude eventuell als Filmkeller auszubauen. Bisher waren die Kräfte jedoch vom Bau des WC-Häuschens bei der Kirche absorbiert. Immerhin konnte in der Umgebung der Bude – auch hier in Eigenleistung! – einiges gemacht werden.

Garten und Baumgarten

Der heutige Vorgarten und der auf der anderen Strassenseite gelegene Pflanzplatz bildeten in früheren Zeiten eine Einheit. Das «Mittelstück» ist durch die neu angelegte Kantonsstrasse und das neue Bachbett der Ergolz, die früher hinter dem Pfarrhaus hindurch geflossen ist, weggefallen. Der jetzt bereits wieder «alte» Sportplatz westlich der Bude war noch zur Zeit von Pfarrer Sigrist ein Baumgarten mit zwanzig bis dreissig Zwetschgenbäumen.[24] Pfarrer Manz pflegte den Platz im Winter zusammen mit dem Bäcker Paul Tschudin zu wässern, damit die Jugend eislaufen konnte. Am Dorffest 1996 fand darauf ein Open-Air-Konzert statt.

Neuerdings soll auf dem Areal des alten Sportplatzes ein Inline-Skate-Platz eingerichtet werden. Bei der Bude sind 1999 ein Tischtennis-Platz und eine grosse Gemeinschafts-Feuerstelle entstanden.

11.2 Aus dem Leben der Kirchgemeinde

11.2.1 Gottesdienst und Kirchenbesuch

Der 2. Artikel der Baselbieter Kirchenordnung in der revidierten Fassung vom 26. Juni 1990 lautet: «An jedem Sonntag findet ein öffentlicher Gemeindegottesdienst statt. Im Mittelpunkt des Gottesdienstes steht die Verkündigung von Jesus Christus durch Predigt, Taufe und Abendmahl. Zum Gottesdienst gehören ferner Gebet, Gesang, Kollekte und Segen.» Diesem Angebot, das auch in der Rothenflüher Kirche bis zum heutigen Tag vollumfänglich aufrecht erhalten wird, scheint jedoch die Nachfrage nicht zu entsprechen;[25] denn wie in den meisten Kirchgemeinden wird der normale Sonntagsgottesdienst auch bei uns nur von wenigen Prozenten der Kirchgemeindeglieder regelmässig besucht. Ist dies erst in neuer Zeit so? In der Heimatkunde von Rothenfluh aus dem Jahre 1863 schreibt der Verfasser, Lehrer Wilhelm Koch: «Was den Kirchenbesuch hiesiger Einwohnerschaft betrifft, so muss leider zugestanden werden, dass derselbe noch unter der Mittelmässigkeit steht. Nur an hohen Festtagen sind die Räume des neuen Gotteshauses mit Zuhörern angefüllt, an den übrigen Sonntagen stehen gar viele Bänke leer.»[26] Es mag seither Zeiten gegeben haben, in denen das Verlangen, Gottes Wort zu hören, wieder grösser gewesen ist, wie zum Beispiel während der beiden Weltkriege. Aber es ist generell sehr problematisch, vom geringen Kirchenbesuch auf ein völliges Desinteresse an der Kirche oder an religiösen Fragen zu schliessen.

Es darf festgestellt werden, dass alle Formen von Familiengottesdiensten, bei denen Gruppen verschiedenen Alters aktiv mitwirken können, wesentlich zahlreicher besucht werden. In Rothenfluh hat sich auch der Brauch erhalten, beim alle zwei Jahre stattfindenden Banntag bei einer Rast während des Bannumgangs etwa auf dem Sackboden oder Auf Ebnet einen Feldgottesdienst zu halten, bei dem der Pfarrer die Möglichkeit hat, vielen Menschen, die sonst nicht zur Kirche kommen, die christliche Botschaft zu verkünden. Zu einer gut besuchten Feier ganz besonderer, besinnlicher Art hat sich in den letzten Jahren der Altjahresgottesdienst am Silvesterabend entwickelt. Da es in Rothenfluh zahlenmässig noch möglich ist, werden bei diesem Anlass alle Amtshandlungen des zu Ende gehenden Jahres verlesen, d. h. die Namen der Taufkinder, der Konfirmierten, der Traupaare und der Verstorbenen. Für die Letzteren wird bei der Nennung ihres Namens eine Kerze entzündet, die nach dem Gottesdienst aufs Grab gestellt werden kann. Sehr gut besucht wird auch immer die 1995 eingeführte Christnachtfeier am 24. Dezember, die offensichtlich einem Bedürfnis entspricht, jedoch zur Folge hat, dass der wichtige Gottesdienst mit Abendmahl zu Weihnachten am 25. Dezember deutlich weniger besucht wird. Auch der Karfreitagsgottesdienst mit Abendmahl, der klassische protestantische Hochfeiertag, wird in den letzten Jahren schlechter besucht, Ostern (mit Abendmahl) deutlich bevorzugt.

Der Versuch zu einer neuen Gottesdienstform zur Zeit von Pfr. Guenin – ein Freitag-Abend-Gottesdienst «Lobt und singt» zum Aufatmen am Ende einer Arbeitswoche im Chor der Kirche (Kreisform um eine gestaltete Mitte, neue, andere Lieder, Stille, Austausch über einen in der Stille gehörten Impuls und Möglichkeit zum freien Gebet) – wurde zwar freundlich aufgenommen, konkret aber immer weniger besucht und schliesslich aufgegeben. Eher gefragt sind etwa Gottesdienste mit Volksmusik (z. B. Ländlermesse, Männerchöre, Jagdhornbläser) oder Gottesdienste, nach denen es etwas zu essen und zu trinken gibt: Sonntage für «weltweite Kirche» in der Turnhalle und dergleichen.

11.2.2 Die kirchlichen Amtshandlungen

Obwohl die Predigt als Auslegung biblischer Texte bei vielen Menschen unserer Zeit nicht besonders gefragt ist, so gehören die Amtshandlungen, die Kasualien, wie sie in der kirchlichen Fachsprache genannt werden, zu den selbstverständlich und gern in Anspruch genommenen Dienstleistungen der Kirche. Hier wird ja auch der Einzelne oder seine Familie von der Kirche und in der Kirche ganz persönlich angesprochen.

Die Taufe

Fast alle Eltern, die unserer Kirche angehören, lassen ihre Kinder im Säuglingsalter taufen. Vor der Taufe besucht der Pfarrer die Taufeltern und bespricht mit ihnen den Ablauf der Taufe, die nach der Kirchenordnung stets im Gemeindegottesdienst am Sonntagvormittag gehalten wird. Auch werden die Eltern und auch die manchmal bei diesem Besuch anwesenden Paten auf das abzulegende Taufversprechen, die Kinder in christlichem Geist zu erziehen, hingewiesen.

Ähnlich wie bei anderen Kasualien lässt sich in letzter Zeit eine Tendenz erkennen, der Pfarrer möge die Taufe ganz individuell gestalten. Es werden manchmal Musikstücke gewünscht, die wenig zum Gottesdienst passen. Die Bitte des Pfarrers, während des Gottesdienstes nicht zu fotografieren, wird nicht immer verstanden. Ganz allgemein lässt sich sagen: Die Taufe wird weniger als Aufnahme in die christliche Gemeinde aufgefasst als vielmehr als besondere Segenshandlung für das Leben des Taufkindes. Die persönliche Beziehung zum Pfarrer hat einen hohen Stellenwert. Oft melden sich Tauffamilien an, die den Pfarrer aus seiner früheren Gemeinde kennen, so dass man von einem gewissen «Tauf-Tourismus» sprechen kann. Die neu formulierten Taufartikel der Kirchenordnung möchten dem entgegenwirken und die Verbindung zur Wohn-Kirchgemeinde stärken.

Die Konfirmation

Die Konfirmation wird noch immer als wichtiger Markstein im Leben des heranwachsenden jungen Menschen empfunden. Abmeldungen vom einjährigen Konfirmandenunterricht und damit der Verzicht auf die Konfirmation sind äusserst selten. Es wird allseits geschätzt, wenn die Konfirmandinnen und Konfirmanden den Konfirmationsgottesdienst in möglichst lockerer Weise mitgestalten mit dem Gesang moderner Lieder – einmal sogar mit einem Beatles-Song –, mit kleinen Spiel- und Sprechszenen und der Mitwirkung bei den Gebeten, wobei alles unter ein Thema gestellt werden kann wie z. B. «Unterwegs sein» oder «Brücken bauen». Der persönliche Konfirmationsspruch aus der Bibel, manchmal von den Jugendlichen selbst ausgesucht, spielt als Leitwort für das künftige Leben nach wie vor eine grosse Rolle. Der Pfarrer ist darum bemüht, in der Konfirmationspredigt auf Fragen junger Menschen in unserer Zeit einzugehen. Dagegen ist das Verständnis der Konfirmation als Eintritt in die «Gemeinde der mündigen und selbstverantwortlichen Glieder der christlichen Gemeinde» deutlich in den Hinter-

Taufstatistik 1985–1999

1985	12	1993	5
1986	12	1994	8
1987	9	1995	13
1988	6	1996	6
1989	14	1997	10
1990	9	1998	10
1991	15*	1999	10
1992	14		

* Darunter 6 Jugendliche im Alter von 12 bis 18 Jahren, die in einer Extrafeier im Beisein ihrer Eltern und einiger Kirchenpflegemitglieder im Pfarrhaus getauft wurden.

Pfarrer Guenin mit Céline Heinzelmann, 1999

Die Kirche

Konfirmation 1955
V. l.: André Tschudin, Fredi Mangold, Pfarrer Paul Manz, Erika Frech, Eveline Erny, Bethli Mumenthaler, Karl Ruch, Hans Widmer

grund getreten. Die Verbindung zur Kirchgemeinde hat bei uns in den letzten Jahren durch die Einführung eines Götti- bzw. Gotten-Amtes für jeweils ein Konfirmandenjahr eine Aufwertung erfahren. Ein Kirchenpfleger oder eine Kirchenpflegerin begleitet die Konfirmandenklasse während der Unterrichtszeit, nimmt dann und wann an den Unterrichtsstunden teil und unternimmt auch in der Freizeit etwas mit den Jungen oder lädt die Klasse zu einem Fondue ein. Bei der Konfirmation überreicht der Götti bzw. die Gotte ein kleines Buchgeschenk im Auftrag der Kirchenpflege.

Die Konfirmation ist in Rothenfluh ein schönes Fest junger Menschen, geprägt von Leitmotiven fürs ganze Leben.

Konfirmiertenstatistik 1985–1999

1985	10	1993	7
1986	9	1994	7
1987	9	1995	9
1988	8	1996	5
1989	8	1997	7
1990	10	1998	13
1991	8	1999	10
1992	10		

Die Trauung

Die kirchliche Trauung steht heute in der Regel nicht mehr am Anfang einer Lebensgemeinschaft von Mann und Frau, sondern sie wird erst nach mehreren Jahren des Zusammenlebens gefeiert, oft als Fest der Familiengründung, wenn ein Kind erwartet wird. Dabei wird aber das feierliche Ja-Wort (manchmal sogar ein selbst formuliertes Eheversprechen), das sich die Eheleute geben, durchaus sehr ernst genommen. Ähnlich wie bei der Konfirmation ist der Wunsch gegenüber dem Pfarrer gross, den Traugottesdienst persönlich und individuell zu gestalten. Es besteht die Bereitschaft, symbolische Gegenstände als Zeichen der Verbundenheit in der Ehe während der Trauung zu empfangen, etwa ein Baselbieter Seidenbändeli oder eine Kerze oder auch das Modell eines Tandems als Gleichnis für die gemeinsame Lebensfahrt. Aber auch der alte Brauch, ein Bibelwort als Trautext zu erhalten, wird nach wie vor geschätzt. Das Brautpaar sucht sich für die Trauung einen ihm bekannten Pfarrer aus, als Ort der Trauung werden vielfach besonders schöne Kirchen dem Gotteshaus des Wohnorts vorgezogen. Hin und wieder wird auch der Wunsch an den Pfarrer herangetragen, die Trauung unter freiem Himmel, etwa in einer Waldlichtung zu halten. Da man das ganze Fest, das in unserer Wohlstandsgesellschaft oft mit sehr grossem Aufwand gefeiert wird, auch für das Hochzeitspaar in stehenden und beweglichen Bildern festhalten möchte, sind schon während des Traugottesdienstes Fotoapparate und Videokameras in voller Aktion, so dass der ganze Anlass zu einer Show zu werden droht.

Die Anzahl der Trauungen, die in der Kirche von 1985 bis 1999 stattfanden, erlebte einen markanten Rückgang (zwischen 8 und 0). Sehr häufig aber hatte der Pfarrer weitere Trauungen in auswärtigen Kirchen zu halten. Das Fehlen von Parkplätzen für Car und Autos bei der Kirche dürfte eine Rolle spielen, weshalb sie nicht zum «Hochzeitskirchlein» avancierte.

Die Abdankung

In Rothenfluh kann man noch immer sagen: Das ganze Dorf nimmt Anteil, wenn jemand gestorben ist. Weithin gilt noch der alte Brauch, dass aus jedem Haus mindestens eine Person an der Beerdigung auf dem Friedhof und dem sich anschliessenden Abdankungsgottesdienst in der Kirche teilnimmt. Seit Ende der 1980er Jahre findet nur noch selten ein Trauerzug vom Haus des Verstorbenen zum Friedhof statt. Bis etwa 1980 trugen Oberschüler die Kränze an der Spitze des Trauerzugs. Heute wird der Sarg des Entschlafenen in der Regel etwa eine Stunde vor Beginn der Abdankung vor der Kirchentür aufgestellt, wo sich auch die Angehörigen und die Gemeindeglieder versammeln. Ein Katafalkraum zur würdigen Aufbahrung ist bis jetzt nicht vorhanden. Ein starker Wandel ist bei der Kleidung, die man zur Abdankung trägt, gegenüber früheren Jahren zu beobachten. Eigentliche Trauerkleidung in Schwarz oder Dunkelgrau ist bei den meisten Mitmenschen gar nicht mehr vorhanden, man geht etwas dunkler angezogen, jüngere Leute aber tragen farbige Hemden und Jeans wie sonst auch. Man kann aber nicht von den Kleidern Rückschlüsse auf die geringere Anteilnahme und den Grad der Trauer um den Verstorbenen ziehen. Es handelt sich hier vielmehr um die allgemeine Zeiterscheinung, dass man gewöhnlich nur zu bestimmter Berufstätigkeit eine vorgeschriebene «korrekte» Kleidung trägt.

Die Trauergemeinde erwartet eine positive, aber durchaus realistisch-wahrheitsgetreue Würdigung der Person des Entschlafenen, ganz im Sinne des Sprichworts der alten Römer: «De mortuis nihil nisi bene» (über die Toten soll man nur Gutes sagen). Die Abdankungspredigt ist für sehr viele Zeitgenossen die einzige Gelegenheit, bei der sie die Botschaft der Bibel, besonders die Verkündigung von Jesu Kreuz und Auferstehung, vernehmen. Der Pfarrer ist sich bei dieser Predigt bewusst, dass für viele Menschen unserer Zeit der Tod das absolute Ende der menschlichen Existenz ist und darum das Abschiednehmen auf dem Friedhof den Charakter der Endgültigkeit hat.

Ganz wesentlich gehört zu den Beerdigungsbräuchen in Rothenfluh, wie in allen anderen Dörfern unseres Kantons die Sitte, nach der Abdankungsfeier einen grösseren Kreis von Verwandten und Bekannten zu einem Imbiss («Lychemohl») einzuladen. In der Regel wird Wert darauf gelegt, dass auch der Pfarrer die Einladung dazu annimmt, was freilich aus Zeitgründen nicht immer möglich ist.

Der Kirchenraum wird auch für evangelisch-freikirchliche und katholische Abdankungsfeiern zur Verfügung gestellt. Für die Durchführung von Beerdigungsfeiern anderer, auch nichtchristlicher Religionsgemeinschaften in der Kirche ist jeweils die Genehmigung durch das Pfarramt und die Kirchenpflege erforderlich (Artikel 38 Absatz 3 der Kirchenordnung).

Statistik der Abdankungen 1985–1999

1985	6	1993	4
1986	14	1994	5
1987	6	1995	8
1988	4	1996	6
1989	9	1997	5
1990	7	1998	4
1991	10	1999	5
1992	6		

inkl. 15 Abdankungen in Kienberg und 5 ausserhalb der Kirchgemeinde

11.2.3 Jugendgottesdienste und kirchlicher Unterricht

Religiöse Erziehung im Elternhaus

Bei der Taufe erhalten die Eltern ein kleines Gebetbüchlein und eine kleine illustrierte Kinderbibel, um auch selbst den Kindern die Geschichten der Bibel, der wichtigsten Urkunde des christlichen Glaubens, vorlesen zu können. In Gesprächen erfährt man immer wieder, dass Kinder gern die biblischen Geschichten von einem Tonband hören oder einen Film über das Leben Jesu am Fernsehen oder als Videofilm sehen, z. B. die eindrückliche Darstellung «Der Mann, der in kein Schema passt».

Die Sonntagsschule
Vom Kindergartenalter an bis zum 3. Schuljahr werden die Kinder an den Sonntagen des Winterhalbjahrs – nach den Herbstferien bis zu den Osterferien – zur Sonntagsschule eingeladen.

Annekäthi Brandenberger, die seit vielen Jahren die Rothenflüher Sonntagsschule leitet, über die Sonntagsschule im letzten Jahrhundert:
«In den Jahren um 1910, als Pfarrer Christen in unserer Kirchgemeinde tätig war, betreute Lisa Gisin (später Schaub-Gisin, die Mutter von Walter Schaub-Gysin und Paul Schaub-Börlin) die Sonntagsschule, jeweils an den Sonntagnachmittagen in der Kirche. Sie wurde von Amalie Gass, im Dorf liebevoll Tante Amalie genannt, die auch als Kindergärtnerin und Arbeitsschullehrerin wirkte, abgelöst. Zusammen mit Anna Sutter, die sich später mit Ernst Brandenberger verheiratete, führte sie die Sonntagsschule weiter. Es kamen stets 25 bis 30 Kinder im Alter von fünf bis neun Jahren. Tante Amalie erzählte jeweils die biblische und Anna Sutter eine andere Geschichte. Während der Amtszeit von Pfarrer Sigrist gab auch Walter Schaub Sonntagsschule, jetzt in der Bude beim Pfarrhaus. Er erzählte u. a. die eindrückliche Geschichte des württembergischen Pfarrers Christoph Blumhardt.[27]

Nach dem Amtsantritt von Pfarrer Manz im Jahre 1951 hielten Emmeli Rieder – s Schlosser-Emmeli – und Johanna Brandenberger Sonntagsschule, unterstützt von der jungen Pfarrfrau Regula Manz. Für sie war s Schlosser-Emmeli, wie sie oft betonte, die grosse Lehrmeisterin. In dieser Zeit besuchten manchmal bis zu 35 Kinder die Sonntagsschule, auch die grösseren wollten gern dabeisein. Gegen Ende der Amtszeit von Pfarrer Manz meldeten sich auch neukonfirmierte Mädchen, die in der Sonntagsschule biblische Geschichten erzählen wollten, u. a. Bethli und Ruth Schaub und Esther Brandenberger.

Während der Amtszeit von Pfarrer Vogt betreute Annemarie Hindermann etliche Jahre die Sonntagsschule. Die schönen Krippenspiele, die sie für die Weihnachtsfeier in der Kirche einübte, sind vielen Gemeindegliedern in guter Erinnerung geblieben. Nun gesellte sich auch Annekäthi Brandenberger-Gass zum Sonntagsschullehrerinnen-Team. Es war stets das gemeinsame Ziel, den Kindern das Wort Gottes lieb zu machen und mit ihnen zu singen. In diesen Jahren wurde die Sonntagsschule im neuen Schulhaus gehalten, man zügelte aber später in die gemütlichere Bude. Seit Beginn der Amtszeit von Pfarrer Giertz fand Annekäthi Brandenberger für eine Zeit lang in Franziska Giertz, der Tochter des Pfarrers, und Sigrid Graf-Erny Mithelferinnen. Ab 1995 leitete Pfarrfrau Simone Guenin die Sonntagsschule mit, durch die Geburt der Zwillinge 1999 musste sie dies jedoch wieder abgeben. Evelyne Häuselmann hat

Krippenspiel 1987 unter der Leitung von Erich Erny

eine Zeit lang mitgeleitet, musste jedoch aus gesundheitlichen Gründen wieder aufhören. So ist nun Annekäthi Brandenberger, trotz intensiver Suche (im Winter 1999 sogar ausgeschrieben!) nach Leuten, die mithelfen wollen und denen das Evangelium ein Anliegen wäre, wieder allein mit der anspruchsvollen Aufgabe. Auch heute sind es an jedem Sonntag an die 15 Kinder, die in die Sonntagsschule kommen. Es hat sich bewährt, dass die Sonntagsschule zur selben Zeit wie der Gottesdienst, um 9.45 Uhr beginnt, so dass die Eltern zur gleichen Zeit in die Kirche gehen könnten.

Die Kinderstunde

Seit etwa 1980 werden die jüngeren Schulkinder zusätzlich zu einer Kinderstunde jeweils am Mittwochnachmittag um 13.30 Uhr von Edith Frey-Habegger, die der Chrischonagemeinde angehört, eingeladen. Seit 1995 leitet diese Kinderarbeit Heidi Gysin vom Hof. Auch diese Wochen-Sonntagsschule wird von vielen Kindern besucht. Das Pfarramt unterstützt diese Arbeit, zeitweise durch Mitleiten von Simone Guenin, in der Überzeugung, dass das Hören der biblischen Botschaft ein Gegengewicht darstellt zu all dem vielen, was sonst auf die Kinder einwirkt. Erfreulich ist, dass neuerdings grössere Schülerinnen Heidi Gysin leiten helfen.

Die Kinderlehre

Für die Schulkinder vom 4. bis 8. Schuljahr wird an den Sonntagen der Schulzeit die Kinderlehre als Jugendgottesdienst gehalten. Der Besuch ist nicht obligatorisch, es kommen Kinder freiwillig oder weil sie von ihren Eltern angehalten werden, die Kinderlehre zu besuchen. Zum leichteren Kennenlernen und Einleben in das Gottesdienstleben der Kirchgemeinde (das ist der Sinn der Kinderlehre, auch im Zusammenhang mit dem Taufversprechen) ist eine entsprechende Wertschätzung des Kirchganges durch die Eltern, wo sie vorhanden ist, sicher hilfreich. Wo diese Hilfe fehlt, kann ein etwa gefordertes Obligatorium (damit endlich alle «müssen»!) auch nichts bessern.

Im Mittelpunkt der Kinderlehre steht eine möglichst spannende Geschichte, oft als «Fortsetzungsroman» vom Pfarrer an mehreren Sonntagen erzählt, dazu gehören Lieder aus dem Kirchengesangbuch, Gebete, Psalmworte, die im Wechsel gesprochen werden, und Erklärungen zu kurzen Texten oder Sachverhalten aus der Bibel. Von Zeit zu Zeit wird ein Wettbewerb veranstaltet. Das Interesse an der Kinderlehre lässt nach. Waren es 1975 jeden Sonntag 40–50 Kinder, sind es heute höchstens 10. Der stärkste Rückgang war in den vergangenen 10 Jahren zu verzeichnen.

Der Religionsunterricht

Ebenfalls für die Kinder vom 4. bis und mit 8. Schuljahr findet für jede Klassenstufe wöchentlich eine kirchliche Unterrichtsstunde statt. In früheren Jahren nannte man sie auch die «Pfarrstunde».[28] Zeitlich ist die Religionsstunde in guter Zusammenarbeit mit dem Lehrerkollegium in den Gesamtstundenplan eingebaut. Der Religionsunterricht an der Primarschule findet im Schulhaus statt, wo der Pfarrer auch Anschluss ans Kollegium geniesst. Für die Religionsstunde der Rothenflüher Sekundarschüler in der «Bude» ist der Mittwochvormittag reserviert.

Stoff des Religionsunterrichts: Einigen Kindern sind viele Geschichten der Bibel aus der «Biblischen Geschichte» beim Primarlehrer, aus Sonntagsschule, Kinderstunde oder Jungschar bereits bekannt. Anderen ist das alles fremd. Es fällt in den letzten Jahren zunehmend auf, wie sehr der Wissensstand von Kindern und Jugendlichen auseinanderklafft, wobei eine Minderheit «alles schon weiss», eine Mehrheit scheinbar nicht viel wissen will. Es wird daran festgehalten, im Religionsunterricht grundlegendes biblisches Wissen zu vermitteln (zur Vermeidung von Doppelungen in Absprache mit dem Lehrerkollegium), eine Auswahl von Begebenheiten aus der Geschichte der christlichen Kirche und immer wieder auch aktuelle Fragen unserer Zeit, etwa das Thema Gewalt. Besonderes Gewicht wird im Religionsunterricht auch der Pflege des Singens aus dem reformierten Gesangbuch beigemessen. Es soll dies schöne, reiche Buch, das im Advent 1998 auch in Rothenfluh neu eingeführt wurde, im Unterricht bekannt gemacht werden. Nicht nur wichtige traditionelle Lieder werden geübt, sondern auch neuere Gesänge, die sich hoffentlich gut einbürgern. Manchmal fühlt sich der Pfarrer mit dieser Hoffnung und Wertschätzung etwas allein. Das Auswendiglernen von Liedern, das in

Die Kirche

früheren Zeiten selbstverständlich zur «Pfarrstunde» gehörte, stiess von Jahr zu Jahr auf grösseren Widerstand seitens der Kinder (und auch vieler Eltern!) und musste schliesslich aufgegeben werden. Hingegen wird im Unterricht vor allem im 6. Schuljahr auf das Lernen und «Können» von «Unser Vater», dem «Aaronitischen Segen», den Zehn Geboten und Psalm 23 Wert gelegt, in der Hoffnung, den Kindern damit ein minimales Wissenspaket mitzugeben. An diesen Grundtexten des Glaubens lassen sich viele grundsätzliche Fragen um Lebensgestaltung, Glauben und Vertrauen zeigen und behandeln. Der heutige Religionsunterricht wird durch die Verwendung vielfältiger Medien – Dias, Tonträger, «Fotolanguage», Video u. a. – möglichst abwechslungsreich gestaltet, er lebt aber nur, wenn sich die Kinder und Jugendlichen darauf einlassen, was freilich nicht selbstverständlich ist.

Der Konfirmandenunterricht
Die Unterweisung im christlichen Glauben, zu der die Eltern und Paten bei der Taufe ihr Ja gesagt haben, wird mit dem einjährigen Konfirmandenunterricht und der Konfirmation abgeschlossen. Dieser Unterricht hat wohl in den meisten Kirchgemeinden unseres Landes die stärksten Wandlungen erfahren. Obwohl das Konfirmationsalter – 16 Jahre – nicht unumstritten ist, möchte die Kirche daran festhalten, die jungen Menschen gerade in dieser schwierigen Phase ihrer Entwicklung zu begleiten. Die alte Methode eines Katechismusunterrichts, bei der sehr viele Texte auswendig gelernt und an einer Art Prüfung in der Kirche – im Volksmund «Fröglisunntig» genannt – aufgesagt wurden, ist jetzt wohl überall aufgegeben worden. Vielleicht gelingt dem Pfarrer die ihm gestellte Aufgabe am besten, wenn im Unterrichtsjahr in irgendeiner Weise christliche Gemeinschaft erlebbar gemacht wird. In Rothenfluh hat sich seit Beginn der 1990er Jahre eine wesentliche Änderung und Verbesserung der Unterrichtsatmosphäre dadurch ergeben, dass das gemeinsame Jahr ein besonderes Ziel bekommen hat: eine grössere Reise während der Osterferien – 1990, 1991, 1992, 1994 jeweils nach Südengland, 1993 nach Venedig. Die verschiedenen Aktionen zur Äufnung der Reisekasse – Adventskranzwickeln, Flohmarkt, Kaffeestube, Autoputzen – haben in der Konfirmandenklasse ein gutes Zusammengehörigkeitsgefühl entstehen lassen. Der Pfarrwechsel hat hier eine für die einen schmerzliche, von andern begrüsste Änderung gebracht: Statt einer grossen Reise ist es nun ein etwas günstigeres mehrtägiges Konfirmandenlager in der Schweiz. Plausch und Zusammensein soll darin ebenso Platz haben wie Zeit zur Vorbereitung und Erarbeitung der Konfirmationsfeier. Das Abendmahl (früher war die Zulassung zum Abendmahl ein Ziel der Konfirmation) wird in geeigneter Form mit den Jugendlichen im Lager gefeiert. Von den Aktionen zur Äufnung der Reisekasse ist das Adventskranzbinden geblieben und gibt ein feines Nachtessen im Restaurant als Abschluss des Lagers.

Als Leitfaden für die Unterrichtsstunden, in denen nach wie vor die Grundsätze des christlichen Glaubens besprochen werden, dient ein 1989 erschienenes «Konf-Magazin». Es enthält Illustrationen und Texte in der Sprache der Jugend unserer Zeit, beispielsweise als Tagebuchaufzeichnungen junger Menschen. Es kann festgestellt werden, dass der Konfirmandenunterricht in den genannten Jahren zu einer erfreulichen Sache geworden ist. Im Gegensatz zu den 13- und 14-jährigen Mädchen und Buben sind die Konfirmandinnen und Konfirmanden in der Regel auch wieder motivierter.

11.2.4 Verschiedene Anlässe in der Kirchgemeinde

Im Laufe der 1980er Jahre ist es in unserer Kirchgemeinde zur Tradition geworden, jedes Jahr im Herbst einen «Chillesunntig» zu veranstalten, mit einem Familiengottesdienst am Vormittag, mit gemeinsamem Mittagessen oder einer Kaffeestube und je nach Möglichkeit einem kleinen Nachmittagsprogramm, z. B. einem Sponsorenlauf zugunsten eines Entwicklungsprojekts. 1985 und 1988 fand jeweils ein zweitägiges «Budefescht» statt, im Rahmen der gemeinsamen Aktion «Brot für alle» im ganzen Dekanat Farnsburg-Homburg, zu dem unsere Kirchgemeinde gehört. Im Rahmen der Vorbereitungen des Dorffestes 1996 von Seiten Kirchenpflege/Pfarramt/Jungschar wurde ein «Bude-Träff-Team» gegründet. Die Idee, auf ein jugendliches Publikum zugeschnittene kulturelle Anlässe zu schaffen, ist weitergeführt worden. So ist schon ein Irish-Folk-Abend in der Turnhalle durchgeführt worden und im Gemeindesaal ein Pantomime-Abend. Weiteres soll folgen, allerdings mussten für die relativ grossen Kosten jeweils Sponsoren gesucht werden, was man nicht beliebig wiederholen kann. Seit Anfang der 1990er Jahre wird in Zusammenarbeit mit dem Frauenverein Rothenfluh am Tag des Flüchtlings im Juni ein Suppentag arrangiert, bei dem eine von der Kirchenpflege oder vom Frauenvereinsvorstand zubereitete Suppe in grossen Kannen durchs Dorf gefahren und vor den Häusern verkauft wird. Gleichzeitig ist noch ein Verkaufsstand in Betrieb, bei dem eine Sitzecke zum Verweilen und zum «Käffelen» einlädt. In der Turnhalle wird von der Kirchenpflege seit 1997 im Herbst ein «Sunntigszmorge» angeboten, der Gottesdienst wird dann jeweils auf den Samstagabend vorverlegt, ein für viele willkommener anderer Zeitpunkt.

Ein ganz neues Gemeinschaftserlebnis für die Einwohnerschaft ermöglichte der «begehbare Adventskalender», über den an anderer Stelle dieser Heimatkunde ausführlich berichtet wird.[29] Er wurde von der «Kommission 800 Jahre Rothenfluh – Begegnung im Dorf» angeregt und organisiert und von der Kirchgemeinde unterstützt.

Konzerte in der Kirche

Die Schönheit und Grösse und die gute Akustik machen die Kirche zum idealen Raum für Konzerte verschiedenster Art. Seit der Einweihung der neuen Orgel hat sich in der Rothenflüher Kirche eine eigentliche Konzerttradition entwickelt, die wesentlich das Verdienst von Lehrer und Organist Christoph Hindermann ist. So sind von 1967 bis 1984 im Durchschnitt drei bis vier Konzerte pro Jahr veranstaltet worden. Neben reinen Orgelkonzerten, die von bedeutenden Musikerinnen und Musikern aus dem In- und Ausland gegeben wurden, erfreuen sich Konzerte von Chören und kleineren Orchestern sowie Kammermusikensembles eines dankbaren Publikums. Von den Chören, die hier zum Teil mehrere Male gesungen haben, seien genannt: der Oberbaselbieter Singkreis, die Basler Münsterkantorei, die Kantorei Zürcher Oberland und der Fricktaler Kammerchor. In jeder Adventszeit gibt der Musikverein Buckten, oft durch andere Bläsergruppen verstärkt, ein volkstümliches Brass-Band-Adventskonzert, das von vielen Dorfbewohnerinnen und Dorfbewohnern und auswärtigen Gästen gern besucht wird. Häufig zu Gast in der Kirche Rothenfluh ist auch die Jugendmusikschule Gelterkinden mit einem Schüler-Vortragsabend.

Ferienwochen/Gemeindereise 1992

Älteren Frauen aus Rothenfluh und Kienberg sind noch immer die schönen Ferienwochen in Erinnerung, die von Herrn und Frau Pfarrer Paul und Regula Manz in den

Gemeindereise in die ehemalige DDR – hier in Quedlinburg – unter der Leitung von Pfarrer Kurt Giertz und Ruedi Erny, 1992

Die Kirche

Mütterferien im Tessin, 1950er Jahre

1950er und 1960er Jahren im Engadin und im Tessin durchgeführt wurden. Für viele Teilnehmerinnen waren das damals die ersten Ferien in ihrem Leben!

Nach der Wende im Osten Europas im November 1989 wurde der Wunsch nach einer Reise in die ehemalige DDR geäussert. Berufsschullehrer Ruedi Erny-Grieder und Pfarrer Kurt Giertz organisierten daraufhin eine Reise durch «Berühmte Städte deutscher Geschichte in den neuen Bundesländern». Vom 4. bis 10. Oktober 1992 fuhren 35 Teilnehmerinnen und Teilnehmer aus dem Baselbiet, davon 22 aus Rothenfluh, nach Quedlinburg, Wittenberg, Naumburg, Jena, Weimar und Eisenach. In Gernrode, einem kleinen Städtchen am Nordrand des Harzgebirges, besuchten sie das Altersheim Hagental, für das die Weihnachtskollekten 1990 und 1991 im ganzen Dekanat Farnsburg-Homburg bestimmt waren. Die Reisegruppe, die in einzelnen Zimmern und auf den Korridoren des Heims Schweizerlieder für die Heimbewohnerinnen und Heimbewohner sang, wurde von der Heimleitung überaus herzlich empfangen. Die Begegnung mit den Betagten und ebenso ein Zusammensein mit Menschen aus den Sperrbezirken an der Grenze der ehemaligen DDR waren besondere Höhepunkte dieser unvergesslichen Reise.

Für die ältere Generation
Die Kirchgemeinde weiss sich in besonderer Weise mitverantwortlich für das Wohl der älteren Menschen unseres Dorfes. Jedes Jahr werden alle Seniorinnen und Senioren zu einer Adventsfeier am Nachmittag des ersten oder zweiten Adventssonntags eingeladen. Das unterhaltende und besinnliche Programm wird von der Kirchenpflege und vom Pfarramt vorbereitet. Alle zwei Jahre findet eine Nachmittags-Carfahrt mit einer Besichtigung und einem gemütlichen «Zobehalt» in landschaftlich schöner Umgebung statt.

Die Rothenflüher Altersstubete, 1997 durch einen Wettbewerb unter bisherigen und neu dazugewonnenen Seniorinnen und Senioren in «Stöcklitreff» umbenannt, wird vom hiesigen Frauenverein veranstaltet. Fünfmal werden die Betagten im Laufe des Winters in die Bude eingeladen. Es werden Referentinnen und Referenten zu einem bestimmten Thema eingeladen. Den Abschluss der Saison im April bildet eine kurze Fahrt ins Blaue.

Gesprächsabende / Bibelkreis
In unregelmässigen Abständen, gewöhnlich während des Winterhalbjahres, finden Gesprächsabende im Pfarrhaus statt. Dias, Hörspiele oder kurze Videofilme eignen sich als Input dazu, die Diskussion in Gang zu bringen. Als Vorbereitung auf die grosse Europäische Ökumenische Kirchenversammlung «Frieden in Gerechtigkeit» vom 15. bis 21. Mai 1989 in Basel wurde an mehreren Abenden über das Buch «Die Zeit drängt» von C. F. von Weizsäcker gesprochen.

Aus diesen Gesprächen entwickelte sich ein kleiner Bibelkreis, der sich während vier Jahren zu stets sehr angeregtem Gedankenaustausch einmal im Monat im Pfarrhaus getroffen hat. Seit 1996 trifft sich die Bibelgruppe in der Regel vierzehntäglich im Pfarrhaus. Nach dem Jakobusbrief, dem Hebräerbrief, dem Matthäusevangelium wurde auch anhand von Filmen («Josef», ZDF) diskutiert. Die Bibelgruppe ist für alle Gemeindeglieder offen. Ein kleiner treuer Kern ist noch dabei.

Frauenabend
Seit vielen Jahrzehnten haben die Rothenflüher Pfarrfrauen Nachmittage oder Abende für Frauen veranstaltet und geleitet. Hedwig Sigrist, Rothenflüher Pfarrfrau von 1943 bis 1951, habe bei einem kürzlichen Besuch im Pfarrhaus sehr anschaulich erzählt, wie man in der grossen Stube, die noch vom alten blauen Kachelofen geheizt wurde, gemütlich bei Kaffee und Kuchen zusammensass und zuhörte, was «Frau Pfarrer» vorlas. Die Tradition der Frauenabende haben ihre Nachfolgerinnen, Regula Manz und Hanni Vogt, fortgesetzt. Anna Barbara Giertz schreibt dazu:

«Die Frauenabende werden durch ein jährlich wechselndes Team organisiert. Sie finden dreimal im Laufe des Winterhalbjahrs statt. Jedes zweite Jahr wird auch eine Adventsfeier in diesem Rahmen durchgeführt. Eingeladen sind alle Frauen des Dorfes, ungeachtet ihres Alters, ihres Zivilstands und ihrer Konfession, wobei aber hauptsächlich Frauen mittleren Alters vertreten sind. Das Angebot ist breit gefächert. Nach Möglichkeit werden Referentinnen und Referenten aus dem eigenen Dorf angefragt. So gibt es Reiseberichte, Diskussionen über das Zusammenleben, hauswirtschaftliche Themen und immer wieder auch Gesprächsthemen, die im weitesten Sinn unseren Glauben und unsere Kirche betreffen. Den Besucherinnen werden Wertinformationen und Kontakte vermittelt. Neuerdings sind zu besonders wichtigen Abenden auch die Männer eingeladen. So kam im Januar 1993 Felix Mattmüller, Basel, Präsident der Grauen Panther, nach Rothenfluh und sprach über das Thema: ‹Wir denken nach über das Zusammenleben in Familie, Schule und Gemeinde›.»

Simone Guenin hat als Pfarrfrau die Tradition in veränderter Form aufgegriffen, indem sie im «Team für Frauezmorge» mit Ursula Schaub und Marianne Röhm das «Frauezmorge Rothenfluh» anbietet, das zweimal jährlich an einem Samstag im Gemeindesaal stattfindet und guten Zuspruch auch von auswärts findet. Nach dem Essen wird mit einer Referentin diskutiert, ein regelmässiger Frauengesprächskreis bietet dazu die geschätzte Möglichkeit zur Vertiefung.

Jugendgruppen
Pfarrer Walter Sigrist, der hier von 1938 bis 1951 als junger Pfarrer seine erste Stelle hatte, hat sich in vielfältiger Weise der Dorfjugend angenommen und zu praktischen und besinnlichen Stunden wie auch zu zahlreichen Wanderungen die Jugend um sich geschart. Seine Jugendarbeit erhielt auch durch die Gründung einer Bibelschule besonderen Auftrieb. Einmal im Monat trafen sich 30 bis 40 junge Menschen aus dem Kanton und aus Rothenfluh zu einem Bibelwochenende im Pfarrhaus. Als der Platz hier nicht mehr ausreichte, hielt Pfarrer Sigrist nach neuen Möglichkeiten Ausschau. Er konnte den Hof und das Grundstück Leuenberg ob Hölstein – unter Mithilfe einer zahlreichen Gönnerschaft – erwerben und mit dem Bau des Chalet-Jugendhauses den Grundstein für die spätere Heimstätte Leuenberg legen. So ist der «Leuenberg» durch den Rothenflüher Pfarrer gegründet worden.

In den Jahren nach 1951 versammelte sich die Jugendgruppe unter der Bezeichnung «Junge Kirche» (JK) zu wöchentlichen Abendanlässen unter der Leitung von Pfarrer Paul Manz, der in jenen Jahren auch Präsident des Jugendrats unserer Kantonalkirche war. In den Ferien ist die Jugendgruppe in manches schöne und interessante Lager, z. B. ans Meer in Italien, gefahren. Berühmtheit hat die Anpflanzung und der Verkauf von Zwiebeln zugunsten der Anschaffung von grossen Zelten erlangt. Gegen Ende der Amtszeit von Pfarrer Manz und Beginn der Amtszeit von Pfarrer Walter Vogt (1967) wurde die Bude renoviert und neu gestaltet. Pfarrer Vogt hat die JK Rothenfluh noch bis 1974 geleitet.

In den letzten Jahren ist es – nicht nur bei uns in Rothenfluh – schwerer geworden, junge Menschen im Alter zwischen 16 und 20 für die Mitgliedschaft in einer Jugendgruppe zu gewinnen. Mehrmals sind in

Die Kirche

Lager der Jungen Kirche in Italien: Camping Africa in Grosseto und Ausflug nach Siena, 1964

den 1980er Jahren Versuche zu einer Neugründung unternommen worden, aber es fehlt wohl vor allen Dingen an einer geeigneten Leiterpersönlichkeit. Jugendliche geben auch immer wieder an, sie hätten durch die Belastung während ihrer Ausbildung nicht genug Zeit für eine Jugendgruppe.

Es sei auch erwähnt, dass sich im Jahr 1987 eine Reihe von Jugendlichen – angeregt durch ein Gespräch mit dem Baselbieter Jugendbeauftragten Rolf Zäh – zur Gruppe «Vorwärz» zusammenschloss und bis in die Mitte der 1990er Jahre von Zeit zu Zeit von sich reden machte, durch die Unterstützung nützlicher und unterhaltsamer Aktivitäten wie etwa des adventlichen «Cherzezieh», das die Dorfkinder immer wie ein Magnet anzuziehen pflegt und dessen Erlös der älteren Generation in Form von Alterswohnungen in Rothenfluh zugute kommen wird.

Jungschar
Für Kinder im Alter von 9 bis 14 Jahren besteht seit Herbst 1982 eine Jungschar, die von Angehörigen der Chrischona-Gemeinde, einer evangelischen Freikirche, zum Teil auch von Leuten aus der Landeskirche geleitet wird. Es geht hier um die gute Sache und nicht darum, dass jemand Kinder für die eine oder andere Gruppierung abwerben möchte. Die Jungschi-Arbeit wird von Kirchgemeinde und Pfarramt unterstützt, weil diese Arbeit im Freizeitbereich auch in ihrem Sinn und Geist ist. Gründerinnen waren die damalige Rothenflüher Kindergärtnerin Marianne Flückiger (jetzt: Röhm-Flückiger) sowie Therese Müller und Heinz Dennler. Von 1990 bis Ende 1994 leiteten die Eheleute Peter und Heidi Gysin. Seither leiten Koni Leuenberger (Gelterkinden), David Leuenberger, Sandra Ischi, Michael Gisin.

Die Jungschar trifft sich alle zwei Wochen am Samstagnachmittag zu einem vergnüglichen, bisweilen pfadiartigen Programm in der Bude von 14.00 bis 17.00 Uhr. Ein Halbjahresprogramm mit einem grösseren Abschnitt aus der biblischen Geschichte oder ein anderes Rahmenthema bildet den roten Faden für eine Reihe von Jungscharstunden: «Auf der Wanderung durch die Wüste», «König David», «Circus» mit witzigen Einlagen wie «Clowns im Anmarsch», «Manege frei» und «Fütterung der Raubtiere». Über Pfingsten wird in jedem Jahr das Pfi-La (Pfingstlager) organisiert, aber auch andere grössere Anlässe, zu denen die Dorfbevölkerung eingeladen wird, stehen auf dem Jungschar-Programm: ein Filmwochenende, ein Kinderzirkus usw. Im Oktober 1992 beging die Jungschi ihr zehnjähriges Bestehen mit einem Jubiläumsfest. Bei der Bude war eine kleine Zeltstadt errichtet worden mit Attraktionen verschiedenster Art, man konnte in der Bude das Mittagessen, das im Freien gekocht wurde, einnehmen, und am Nachmittag ging ein buntes Unterhaltungsprogramm über die Bühne des Gemeindesaals. 1999 gestaltete die Jungschi die Schulweihnachtsfeier in der Kirche. Man kann mit Fug und Recht sagen, dass die Jungschar einen festen Platz im Dorfleben einnimmt.

11.2.5 Besuchsdienst des Gemeindepfarrers

Besuch vor Amtshandlungen

Der Pfarrer besucht alle Familien, die eine Taufe angemeldet haben, ebenso die Eltern der Konfirmandinnen und Konfirmanden und die Angehörigen eines verstorbenen Gemeindegliedes. In der Regel sind dies Abendbesuche. Es ist wohltuend für den Seelsorger und die Besuchten, wenn man nicht ständig auf die Uhr zu schauen braucht.

Besuch im Spital und im Altersheim

Soweit das zeitlich möglich ist, fährt der Pfarrer in die Kantonsspitäler in Liestal oder auf dem Bruderholz, um dort die Rothenflüher Kranken zu besuchen.
Leider erhalten die Pfarrämter seit einigen Jahren die Eintrittsmeldungen nicht mehr direkt vom Spitalaufnahmebüro zugesandt, sondern oft erst nach zehn Tagen auf dem Umweg über das Spitalpfarramt, aus Gründen der Kosteneinsparung (!), so dass sofortige Besuche nur aufgrund von Mitteilungen von Seiten der Angehörigen der Patienten möglich sind. Seit einiger Zeit erfolgt vom Kantonsspital Liestal her gar keine Meldung mehr an das Pfarramt. Man wird allgemein auf die grössere Sensibilisierung in Sachen «Daten- und Persönlichkeitsschutz» verwiesen. Manchen sei der Besuch eines Pfarrers unangenehm (ist der Pfarrer ein «Schlechtes-Gewissen-Wecker»?). Handkehrum wird auch empfunden, wenn ein erwarteter Besuch unterbleibt.

Zu den regelmässigen Besuchspflichten des Pfarrers gehört auch die Fahrt zu den Betagten, die in einem Altersheim wohnen, die meisten im Alters- und Pflegeheim Ormalingen oder im Jakobushaus in Thürnen. Die alten Menschen freuen sich stets ausserordentlich über diese Besuche und sind dankbar, wenn sie wieder etwas aus ihrem Dorf hören. Es darf an dieser Stelle erwähnt werden, dass viele Rothenflüherinnen und Rothenflüher nicht nur als Angehörige, sondern auch als Bekannte Besuche in den Spitälern und Altersheimen machen, so dass eigentlich jeder und jede in Kontakt mit dem Dorf bleibt, auch wenn er/sie nicht mehr dort wohnen kann.

Besuch bei älteren Mitmenschen und Kranken im Dorf

Mehr im Winter als im Sommer klopft der Pfarrer hier und dort an, um einmal «Guten Tag» zu sagen und nach dem Befinden zu fragen. Oftmals sind diese Hausbesuche auf einen kleinen «Stupf» von Seiten Dritter angewiesen. Selten wird von der Möglichkeit Gebrauch gemacht, den Pfarrer direkt anzurufen und um einen Besuch zu bitten.

Ob die Crêpe gelingt? Jungschar-Gruppe unter der Ringelflue, 1980er Jahre

Die Kirche

(«Nai, säg em nüt!»/«Ich bruuch doch kei Pfaarer!» auch wenns nicht schadete!) Auch ist die Bitte um ein Hausabendmahl in den letzten Jahren sehr selten geworden. Ebenso haben die Besuche von Gemeindegliedern im Pfarrhaus in letzter Zeit abgenommen. Ob dies am Pfarrer selbst liegt oder ein Zeichen unserer Wohlstandsgesellschaft ist? Oder geht man lieber ausserhalb des Dorfes zu einem Psychotherapeuten?

An der Tür des Pfarrhauses

Wie in früheren Zeiten schellen immer wieder «Kunden» von der Landstrasse an der Tür des Pfarrhauses, vielfach Fahrende und seit der Wende im Osten viele Leute aus osteuropäischen Ländern. Ob alles, was dem Pfarrer oder der Pfarrfrau bei dieser Gelegenheit zum Teil sehr wortreich erzählt wird, ganz auf Wahrheit beruht, wird sich niemals feststellen lassen. Die Haustürbesucher erhalten jeweils einen kleinen Geldbetrag und sind in der Regel damit zufrieden.

11.3 Rechtliche Organisation und Finanzen der Kirchgemeinde

11.3.1 Entstehung der heutigen Reformierten Kirchgemeinde

Zur Zeit der ersten Erwähnung Rothenfluhs in der Urkunde, welche die Grundlage des 800-Jahr-Jubiläums unseres Dorfes im Jahr 1996 bildet[30], gehörte Rothenfluh mit seiner Stephanskirche zum Domstift Basel und war damit dem Fürstbischof von Basel unterstellt. Seit der Einführung der Reformation 1528 bis zum Jahre 1833 gehörte Rothenfluh zur Staatskirche des Kantons Basel und seit der Kantonstrennung zum Kanton Basel-Landschaft. Der kantonale Regierungsrat war zugleich oberste kirchliche Behörde und nahm die Stelle des Kirchenrats ein. Die Pfarrer wurden vom Gemeinderat und einer hinzugewählten vierköpfigen Kommission gewählt. Ihre Bestätigung und ihre Bestallungsurkunde erhielten sie durch den Kirchendirektor in Liestal. Erst seit 1952 ist die Evangelischreformierte Kirche des Kantons Basel-Landschaft eine vom Staat unabhängige Institution des öffentlichen Rechts. Sie hat eine vom Staat anerkannte Verfassung, die den demokratischen Ordnungen des Kantons entspricht, und eine Kirchenordnung, die vom Parlament der Kirche, der Synode, beschlossen worden ist. Innerhalb der Schweiz ist die Baselbieter Kirche autonom. Auf der Ebene des Bundes haben sich die schweizerischen Kantonalkirchen zum Schweizerischen Evangelischen Kirchenbund zusammengeschlossen, den man mit dem Tagsatzungssystem der alten Eidgenossenschaft vergleichen könnte.

In Parallele zu den Institutionen des Kantons hat die Baselbieter Kirche in der Synode ihre Legislative und im Kirchenrat ihre Exekutive. Jede Kirchgemeinde ist durch mindestens zwei Synodale im kantonalen Kirchenparlament vertreten.

11.3.2 Die Kirchgemeindeversammlung

Alle wichtigen Beschlüsse innerhalb der Kirchgemeinde, besonders auch die Ablage der Jahresrechnung sowie die Aufstellung des Budgets unterliegen der Genehmigung durch die Kirchgemeindeversammlung. Sie wird in Rothenfluh in der Regel zweimal im Jahr einberufen, im Frühling und im Herbst, und findet entweder nach dem Sonntagsgottesdienst in der Kirche oder an einem Abend während der Woche im Gemeindesaal statt. Leider entspricht die

Zahl der Teilnehmenden nicht ihrer Bedeutung. So waren seit Ende der 1980er Jahre jeweils kaum mehr als 30 Kirchgemeindeglieder anwesend. Der Präsident der Kirchenpflege leitet auch die Kirchgemeindeversammlungen.

Ein ausserordentlich wichtiges Traktandum ergab sich durch den Rücktritt von Pfarrer Giertz auf Ende 1995 und die dadurch erforderliche Bestellung einer Pfarrwahlkommission. Aufgrund der finanziellen Situation seit der Einführung der eigenen Kirchensteuer seit 1. Januar 1991 [31] hatte sich die Kirchenpflege mit der Frage auseinanderzusetzen, ob das Pfarramt Rothenfluh als 75 %-Stelle ausgeschrieben werden sollte. Die Kirchgemeindeversammlung vom Sonntag, 26. Juni 1994, hat sich nach lebhafter Diskussion und engagierten Voten aus der Gemeinde für die Beibehaltung des bisherigen Status einer 100 %-Stelle des Pfarrers von Rothenfluh ausgesprochen.

Der relativ grosse Aufwand eines Einzelpfarramtes auf dem Lande nur schon für den Normalbetrieb scheint dies zu rechtfertigen: relativ viele Unterrichtsstunden (wenn auch mit zum Teil kleinen Klassen), allsonntäglich Gottesdienst, Kinderlehre, regelmässig Abendgottesdienste in Kienberg, Spital- und Heimbesuche in Aarau, Olten, Liestal und Basel mit viel Weg für wenig Leute, zwei Kirchenpflegen für Rothenfluh und Kienberg, ganze Administration (als so kleines Amt natürlich ohne Sekretariat) wegen zweier Kantonalkirchen (BL und SO) doppelt, und nicht zu unterschätzen: die Abwarts-Arbeiten in und um Pfarrhaus und Bude usw. Ob sich allerdings bei weiter schwindender Beteiligung von Seiten des Kirchenvolkes nicht doch eine Regionalisierung der Arbeit empfiehlt, wird zu prüfen sein. Durch eine engere Zusammenarbeit zum Beispiel mit Ormalingen liessen sich Synergien schaffen. «Nur noch alle zwei Wochen Gottesdienst im Wechsel mit Ormalingen wäre also ganz schlecht, da müsste man sich nicht wundern, wenn viele der Kirche den Rücken kehren!», sagen mit Vehemenz Leute, die das bestehende Angebot nicht nutzen… Immer wieder fällt eine gewisse durchaus freundliche Selbstverständlichkeit des Fernbleibens von kirchlichen Veranstaltungen auf. «Man kann nichts zwängen!» Und man will nichts ändern.

11.3.3 Die Kirchenpflege

Die Kirchenpflege ist der Gemeinderat der Kirchgemeinde. Seit den ersten Kirchenpflegewahlen gilt in Rothenfluh der Beschluss der Kirchgemeindeversammlung, dass je vier Frauen und Männer der Kirchenpflege angehören. Der Präsident wird mit besonderem Stimmzettel gewählt. Der Pfarrer gehört nach Artikel 14 der Kirchenordnung der Kirchenpflege von Amtes wegen an.

Jährlich versammelt sich die Kirchenpflege zur Erledigung der laufenden Geschäfte 10 bis 12 mal zur Sitzung, die gewöhnlich im Pfarrhaus stattfindet. Zu den regelmässig zu besprechenden Traktanden gehören: die Prüfung des Budgets und der Jahresrechnung, die Verteilung von Vergabungen aus dem Opferfonds, die Beantwortung von Vernehmlassungsfragebögen von Seiten des Kirchenrats und die Vorbereitung grösserer Anlässe in der Kirchgemeinde, z. B. eines «Chillesunntigs», einer Ausflugsfahrt mit der älteren Generation oder eines Suppentags. Eingehender hatte sich die Kirchenpflege zu Anfang der 1990er Jahre mit der Frage zu befassen: Wie stellen wir uns zur Bestattung Konfessionsloser, insbesondere von ehemaligen Gemeindegliedern, die aus der Kirche ausgetreten sind? Nach der Einführung des neuen Schuljahresbeginns nach den Sommerferien 1989 und einer vierjährigen Erprobungsphase hatte die Kirchenpflege die definitive Festlegung des neuen Konfirmationstermins zu beraten. Zur Auswahl standen der Palmsonntag und der 5. Sonntag nach Ostern, der den Namen Rogate (= Bittet) hat. Da sich dieser Sonntag in den Jahren 1990 bis 1994 bewährt hatte, entschied sich die Kirchgemeindeversammlung vom 24. März 1994 auf Antrag der Kirchenpflege für die Beibehaltung des Sonntags Rogate als neuen Konfirmationssonntag. Schliesslich hat die Kirchenpflege gegen Ende jeder Amtsperiode die Erneuerungswahlen und die Wahl der beiden Rothenflüher Synodalen vorzubereiten. Wie in den meisten Kirchenpflegen bleibt auch bei uns in der Regel zu wenig Zeit, um grundsätzliche Fragen des Glaubens und des kirchlichen Lebens in unserer von vielen Krisen geschüttelten Zeit zu erörtern.

Die Kirche

Kirchenpflegepräsidenten und -präsidentin seit der Erlangung der Selbständigkeit der Kirchgemeinde

Karl Senn-Mattes	1954–1969
Christoph Hindermann-Diebold	1970–1984
Thildy Lüthi-Zimmermann	1985–1986
Gaston Nyffeler-Weber	1987–

Mitglieder der Kirchenpflege (Stand 2000)

Regina Anderegg-Herzog (Aktuarin)
Martha Andrist-Leuenberger
Heidi Bader-Bitterlin (Vizepräsidentin, Aktuarin)
Daniel Brandenberger-Blaser
Alexander Mumenthaler-Illi
Gaston Nyffeler-Weber (Präsident)
Susanne Ruckstuhl-Erny
Beat Schneider-Waldmeier
sowie Pfr. Dominique Guenin-Zwahlen von Amtes wegen.

Der Kassierer der Kirchgemeinde muss nicht zugleich Mitglied der Kirchenpflege sein. Bisher haben in der Kirchgemeinde das Kassenamt versehen: Hans Erny-Sutter, Lars Mazzucchelli, Heinz Erny-Gerber.

11.3.4 Die Finanzen

Status bis 1990
Bei der Erlangung der rechtlichen Selbständigkeit der Reformierten Kirche Baselland 1952 ist eigentümlicherweise nicht eine allgemeine Kirchensteuerpflicht für alle Kirchgemeinden eingeführt worden. Im Sinne des Autonomieprinzips bleibt es den einzelnen Kirchgemeinden überlassen, eine Kirchensteuer einzuführen. Oft haben sich die Einwohnergemeinden (!) gegen eine separate Kirchensteuer ausgesprochen. Die grösseren Kirchgemeinden unseres Kantons haben aber bald von der neuen Möglichkeit Gebrauch gemacht. In den kleineren Kirchgemeinden blieb es beim bisherigen Verfahren, dass die Einwohnergemeinden das Defizit der Kirchgemeinderechnung übernahmen. Zur Entlastung der Einwohnergemeinde haben aber vereinzelte Kirchgemeinden, so auch Rothenfluh, eine Kirchensteuer eingeführt. Sie betrug 3 % der Staatssteuer. Die letzte Rechnung nach dem alten System sah wie folgt aus:

Erfolgsrechnung der Kirchgemeinde Rothenfluh 1990

Steuerertrag	Fr.	15 000.00
Gemeindebeitrag	Fr.	74 000.00
Staatsbeitrag	Fr.	70 903.35
Vermögensertrag	Fr.	1 592.85
Beitrag Kienberg	Fr.	2 000.00
Verlust	Fr.	3 593.20
	Fr.	**167 089.40**

Situation seit 1991
Am 4. Juni 1989 wurde das neue Kirchengesetz, das eine weitgehende Trennung von Kirche und Staat vorschreibt, durch eine Volksabstimmung angenommen. Der Kanton zahlt aber nach diesem Gesetz der Reformierten Kirche pro Kirchenmitglied einen sogenannten Sockelbeitrag, der zur Gewährleistung der Besoldung des Pfarrers oder der Pfarrerin verwendet werden muss. Die erste Rechnung der Kirchgemeinde Rothenfluh nach Einführung des neuen Gesetzes präsentierte sich wie folgt:

Erfolgsrechnung der Kirchgemeinde Rothenfluh 1991

Steuereinnahmen	Fr.	67 186.63
Staatsbeitrag an Besoldungen	Fr.	82 475.34
Innerkirchlicher Finanzausgleich	Fr.	44 495.00
Beitrag aus Ausgleichsfonds	Fr.	6 388.00
Beitrag Kienberg	Fr.	2 010.00
Übrige Erträge	Fr.	709.90
Ertrag total	**Fr.**	**203 604.39**

Ein Mehraufwand von Fr. 20 339.52 blieb ungedeckt. Da die Kirchgemeinde im darauffolgenden Jahr höhere Beiträge aus dem innerkirchlichen Finanzausgleich erhielt, konnte die Erfolgsrechnung 1992 mit einem Mehrertrag von Fr. 38 410.20 abgeschlossen werden.

Die Kirchensteuer wird im Gegensatz zur Staats- und Gemeindesteuer nicht progressiv (je höher das Einkommen, desto höher der Steuersatz), sondern proportional (für alle Einkommen der gleiche Satz) erhoben. Der Steuerfuss, der von Jahr zu Jahr von der Kirchgemeindeversammlung festgelegt werden muss, beträgt zur Zeit 0,8 % des Einkommens und 0,08 ‰ des Vermögens. Dies sind die gesetzlich erlaubten Höchstansätze.

11.4 Die Reformierten in Kienberg

11.4.1 Entstehung einer Diasporagemeinde [32]

Kienberg im Kanton Solothurn ist bis zum Anfang unseres Jahrhunderts ein rein katholisches Dorf gewesen. Seit Beginn der 1920er Jahre siedelten sich einzelne reformierte Familien als Pächter oder Besitzer von Bauernhöfen an. Da die nächste solothurnische reformierte Kirchgemeinde jenseits der Saalhöhe lag, gingen die Kienberger Reformierten ins alte, einstige «Kirchdorf» Kienbergs nach Oltingen. Der Oltinger Pfarrer übernahm die Seelsorgepflichten für die Kienberger Reformierten, die sich 1943 zu einer «Kirchgenossenschaft» zusammentaten. Langsam wuchs die kleine Schar zu einer Gemeinde von über hundert Seelen an. Sie hatten in der katholischen Umgebung von Kienberg keinen leichten Stand und bekamen die Abneigung gegenüber dem reformierten Glauben zu spüren. Beim Amtsantritt von Pfarrer Paul Manz in Rothenfluh 1951 bat der damalige Oltinger Pfarrer Jakob Niedermann, von den Verpflichtungen für Kienberg entlastet zu werden, da Oltingen ohnehin zwei Filialdörfer, Wenslingen und Anwil, hat. Der Rothenflüher Pfarrer willigte gern ein, und seit jener Zeit sind die reformierten Kienberger nach Rothenfluh kirchgenössig. Im Jahr 1970 gaben sie sich den Rechtsstatus eines Vereins. Nach wie vor bleibt es aber ein Ziel, einmal eine Kirchgemeinde zu gründen, um kirchenrechtlich mit der Kirchgemeinde Rothenfluh einen ordnungsgemässen Pastorationsvertrag schliessen zu können. Bis jetzt können die Kienberger in der Kirchenpflege Rothenfluh keinen Einsitz nehmen, auch bei der Pfarrwahl haben sie kein Stimmrecht. Im Übrigen ist der Rothenflüher Pfarrer darum bemüht, die Kienberger wie einen Teil seiner eigenen Kirchgemeinde zu betreuen.

11.4.2 Aus dem Gemeindeleben

Der Rothenflüher Pfarrer hält einmal im Monat einen Sonntagabend-Gottesdienst im Schulhaus Kienberg, von Zeit zu Zeit auch einen Familiengottesdienst am Sonntagvormittag.

Einmal im Jahr, gewöhnlich Anfang Juli, fand dieser Abendgottesdienst zu Zeiten von Pfarrer Kurt Giertz im Pfarrhaus Rothenfluh statt. An den besinnlichen Teil schloss sich ein gemütliches Zusammensein an, bei dem es z. B. einen spannenden Wettbewerb oder eine «kleine volksmusikalische Reise durchs Schweizerland» gab, zu der man sich durch Salzgebäck und kühle Getränke fit und munter halten konnte.

Heute leben die reformierten Kienberger längst in gutem Einvernehmen und als gleichgeachtete Dorfgenossen mit den katholischen Mitchristen zusammen. Darum geniessen die Reformierten auch für Abdankungsgottesdienste Gastrecht in der schönen katholischen Dorfkirche von Kienberg. Zu Taufen kommen die reformierten Familien nach Rothenfluh, auch die Konfirmandinnen und Konfirmanden besuchen mit den Rothenflühern zusammen den Unterricht in der Pfarrhausbude und werden in der Kirche zu Rothenfluh konfirmiert. Für die Kinder von der 4. bis zur 5., und neuerdings schon von der 3. Schulklasse an hält der Pfarrer wöchentlich eine Religionsstunde im Schulhaus Kienberg. Die Kinderlehre am Sonntagabend musste dagegen mangels Beteiligung aufgegeben werden. Soweit es möglich ist, besucht der Pfarrer auch die reformierten Kienberger zuhause, für Krankenbesuche in den Spitälern von Olten oder auch Aarau ist er auf persönliche Meldungen aus Kienberg angewiesen. Während des Winterhalbjahres trafen sich bis Ende 1994 die reformierten Frauen von Kienberg einmal monatlich zu einem Frauennachmittag in einem ihrer Häuser nach einem bestimmten Turnus, zum Auftakt der Saison im Rothenflüher Pfarrhaus. Nach einer Vorlesestunde, bei der die Frau des Pfarrers Mundartgeschichten oder in

Fortsetzungen grössere Bücher vorlas, sass man bei Kaffee und Kuchen gemütlich beisammen. Erfreulicherweise nahmen auch jüngere Frauen an diesen Nachmittagen teil.

Den Höhepunkt des Jahreslaufes in der Reformierten Gemeinde Kienberg bildet die Weihnachtsfeier am Abend des 4. Adventssonntags. Um den kerzenerleuchteten Christbaum im Schulsaal versammelt, erfreuen sich die Gemeindeglieder an Aufführungen oder musikalischen Vorträgen von Jugendlichen und Schulkindern und lauschen gespannt zu, wenn der Pfarrer eine Weihnachtsgeschichte erzählt.

11.4.3 Der Reformierte Kirchgemeindeverein

Die kleine Reformierte Gemeinde Kienberg gehört trotz ihrer Struktur als «Ortsverein» zur Evangelisch-reformierten Kirche im Kanton Solothurn.[33] In der solothurnischen Synode ist sie durch zwei Gemeindeglieder, Gertrud Lanz und Nicole Suter, vertreten. Sie haben allerdings nur beratende Stimme.

Vom Pfarramt Rothenfluh wird ein jährlicher Amtsbericht zuhanden des solothurnischen Synodalrats erwartet. Er gibt am besten Einblick in das Leben und die Struktur unserer Filialgemeinde.

So sei hier im Folgenden der Jahresbericht des Pfarramts für 1993 eingefügt, wie er dem Synodalrat im Februar 1994 eingesandt worden ist:

Pfarramtlicher Jahresbericht 1993

«(1) Nach mehr als 22-jähriger, allseits geschätzter Tätigkeit musste Ernst Hirsbrunner-Hiltbrunner infolge Wegzugs vom Kienberger Egghof das Präsidentenamt niederlegen. Die Kienberger Reformierten werden ihn stets in dankbarer Erinnerung behalten, ebenso seine 1991 verstorbene Ehegattin Rosa Hirsbrunner-Hiltbrunner, die ihren Mann nicht nur im Landwirtschaftsbetrieb, sondern auch in seinem Wirken als Präsident des Ref. Kirchgemeindevereins stets gern mit Rat und Tat unterstützt hat. Die Generalversammlung vom 7. März 1993 wählte Frau Gertrud Lanz-Buess, die die Kienberger seit vielen Jahren in der kantonalen Synode vertritt, als neue Präsidentin. Da der Ehegatte der neuen Präsidentin, Erich Lanz-Buess, infolge der Wahl seiner Frau aus dem Vorstand austreten musste, wählte die Versammlung Frau Sabine Bachmann-Gerber als neues Vorstandsmitglied. Die anderen Mitglieder wurden in der 1993 fälligen Gesamterneuerungswahl ehrenvoll wiedergewählt.

Der Vorstand setzt sich nun wie folgt zusammen:

Gertrud Lanz-Buess, Präsidentin
Anita Hafner-Amacher, Aktuarin
Dora Gubler-Mumenthaler, Kassierin
Martha Schmid-Kern
Hans Burren-Bolliger
Max Ramseyer-Häfelfinger
Sabine Bachmann-Gerber

(2) Auf Ende der Amtszeit von Präsident Hirsbrunner hatte auch die Sigristin, Frau Elsbeth Schweizer-Lieberherr, ihren Rücktritt erklärt. Frau Schweizer hat während acht Jahren liebevoll und zuverlässig das Schulzimmer im Schulhaus Kienberg für die Gottesdienste in einen Kirchensaal verwandelt und mit Blumen und oft mit einem an die Tafel gemalten Sinnspruch geschmückt. Es konnte keine Nachfolge gefunden werden. So ist beschlossen worden, dass die Vorstandsmitglieder das Sigristenamt wechselweise im Turnus versehen.

(3) Die Gottesdienste fanden im gewohnten Rahmen statt, d. h. in der Regel alle drei Wochen, am Sonntagabend um 20.15 Uhr. Im Frühjahr und im Herbst fand jeweils ein Familiengottesdienst statt.

(4) Fürs neue Schuljahr 1993/94 konnte wieder eine kleine Klasse für den Religionsunterricht gebildet werden, aus zwei Fünftklässlern und – da in der 4. Klasse keine reformierten Kinder sind – drei Drittklässlern. Die Kinder kommen gern in die Religionsstunde und bringen oft katholische Kameradinnen und Kameraden als Besuch mit. Auch ein Knabe aus einer konfessionslosen Familie hat sich der Klasse angeschlossen.

(5) Schon lange besteht in der Reformierten Gemeinde der Wunsch, es möge einmal ein ökumenischer Gottesdienst in der katholischen Dorfkirche durchgeführt werden. Er solle so gestaltet werden, dass sich auch junge Menschen angesprochen fühlen, z. B. durch entsprechende Musik. Die ersten Kontakte mit dem katholischen Pfarrer Dr. J. Ritz in Gelterkinden und mit dem Kirchgemeinderat Kienberg sind aufgenommen worden.»

11.4.4 Diaspora-Situation heute

Das Verhältnis der Konfessionen hat in den letzten Jahrzehnten eine grundlegende Wandlung erfahren, die auch in positiver Weise das Zusammenleben von Katholiken und Reformierten in Kienberg bestimmt. So pflegte der katholische Pfarrer Josef Rüttimann († 1989) auch reformierte Gemeindeglieder bei Krankheitsfällen zu besuchen. Umgekehrt haben katholische Ehepartner am evangelischen Hausabendmahl ihres Ehepartners teilgenommen. Der reformierte Pfarrer wird zu besonderen Anlässen in Kienberg eingeladen und stets sehr freundlich willkommen geheissen, etwa beim Altleuteausflug, bei der Senioren-Adventsfeier im katholischen Pfarreisaal und als Ehrengast beim Kienberger Dorftheater. Vor allen Dingen aber gewinnt man immer wieder den Eindruck, dass sich die katholischen und die reformierten Gläubigen in einem Klima gegenseitiger Achtung und einem neu gewonnenen Verständnis füreinander begegnen.

In Folge des ökumenischen Gottesdienstes am 5. Juni 1999 in der katholischen Kirche Kienberg wurde in beidseitiger Freude beschlossen, hinfort jedes Jahr einen ökumenischen Gottesdienst zu feiern. Mit dem «Süüchesunntig», Tag des Heiligen Sebastian am 20. Januar, Kienberger Feiertags-Gelöbnis «auf ewig» wegen Verschonung vor der Maul- und Klauenseuche, wurde auch ein würdiges Datum gefunden. Schliesslich haben Reformierte und Katholiken gleichermassen um Bewahrung zu bitten und dafür zu danken, wenn auch die Seuchen andere geworden sind!

11.5 Zur Situation der Religion heute

11.5.1 Statistik der Religionen

Noch zu Anfang dieses Jahrhunderts ist Rothenfluh ein rein reformiertes Dorf gewesen, und noch heute dominiert die Reformierte Kirchgemeinde das religiöse Geschehen im Dorf. Darum konnte auch dieses Kapitel aus der Perspektive der Reformierten Kirchgemeinde geschrieben werden. Wie die nachfolgende Tabelle zeigt, gehören jetzt noch fast 78 % der Bevölkerung dem reformierten Bekenntnis an. Zugleich muss jedoch festgestellt werden, dass dieser Prozentsatz im Sinken begriffen ist. Bis in die 1960er Jahre waren in unserem Dorf nur die christlichen Konfessionen vertreten. Seit der Zuwanderung von Flüchtlingen aus dem Fernen und dem Nahen Osten und aus Südosteuropa gibt es auch Angehörige anderer Religionen in Rothenfluh. Seit einiger Zeit gibt es auch Personen, die keiner Religion angehören und konfessionslos sind – meistens solche, die ihrer Kirche so sehr entfremdet waren, dass sie schliesslich ausgetreten sind. Nur in wenigen Fällen entspricht dieser Austritt einer inneren Überzeugung, er ist aber in jedem Fall eine Frage an die Glaubwürdigkeit der Kirche oder Glaubensgemeinschaft, zu der die Konfessionslosen früher gehörten.

Die folgenden Angaben entstammen für die Jahre 1964 und 1974 dem Statistischen Jahrbuch des Kantons Basel-Landschaft. Im betreffenden Band für das Jahr 1984 ist jedoch keine Angabe der Religionen im jeweiligen Dorf mehr enthalten. Die Zahlen für 1994 hat die Gemeindeverwaltung Rothenfluh freundlicherweise zur Verfügung gestellt.

Statistik der Religionen 1964–1994

	1964	1974	1994
Evangelisch-reformiert	555	535	541
Römisch-katholisch	56	64	67
Christkatholisch	1		1
Islamisch			11
Andere Konfession		6*	29
Unbekannte Konfession			5
Konfessionslos			39
Einwohnergesamtzahl	**612**	**605**	**693**

*Andere Konfessionen und Konfessionslose

11.5.2 Denominationen, Konfessionen und Religionen

Evangelische Freikirchen

Die evangelischen Freikirchen bezeichnen sich oft mit dem englisch-amerikanischen Ausdruck «Denominationen», was so viel wie «Glaubensgemeinschaften» mit gemeinsamer Glaubensgrundlage bedeutet. Die Reformierte Kirche weiss sich mit den Freikirchen in vielfacher Weise verbunden, es sind mehr Organisationsformen, ein anderer Liedschatz und ein bei den Freikirchen wesentlich persönlicherer Stil im Zusammenleben und in den Gottesdiensten – z. B. in Gebetsgemeinschaften –, die uns voneinander trennen. Historisch sind die meisten Freikirchen im englischen Sprachgebiet entstanden, in einer Zeit, in der die staatskirchlichen Formen Zeichen der traditionsgebundenen Erstarrung aufwiesen. Die Reformierte Kirchgemeinde ist besonders mit Mitgliedern der Chrischonagemeinschaft Sissach verbunden, allein schon dadurch, dass die Jungschar Rothenfluh von Chrischona-Angehörigen und von Mitgliedern der Landeskirche geleitet wird. Die Chrischona Sissach arbeitet eng zusammen mit den folgenden Gemeinschaften, die sich in der Evangelischen Allianz Sissach und Umgebung zusammengeschlossen haben: Evangelische Methodistenkirche, Heilsarmee und Blaues Kreuz. Die reformierten Pfarrer von Oltingen und Rothenfluh beteiligen sich jeweils an der Vorbereitung des Allianz-Feldgottesdienstes, der jedes Jahr Ende August auf einer Wiese (bei schlechtem Wetter in der Turnhalle) in Anwil durchgeführt wird. Die einzelnen Aufgaben an diesem Gottesdienst – Predigt, Gebete, Jugendbotschaft – teilen die Prediger und Pfarrer in jährlich wechselndem Turnus unter sich auf. Die stets sehr grosse Festgemeinde bleibt nach dem Gottesdienst, der durch Chorgesang und Blasmusik verschönt und gestaltet wird, zum Picknick-Mittagessen beisammen. Am 28. August 1994 fand anlässlich des UNO-Jahrs der Familie ein besonders reichhaltig gestalteter Familientag statt, der schon mit einem gemeinsamen Zmorge begann.

Römisch-katholische Kirche

Die Reformierte Kirchgemeinde Rothenfluh und ihr Pfarramt arbeiten auch mit der Römisch-katholischen Kirche und besonders dem Pfarramt Gelterkinden, Regionaldekan Pfarrer Dr. Josef Ritz, häufig zusammen, z. B. anlässlich von ökumenischen Trauungen und in der «Gebetswoche für die Einheit der Christen», für die jedes Jahr auf Ende Januar eine ökumenische Liturgie herausgegeben wird. Für die katholischen Christen in Rothenfluh hielt Pfarrer Ritz gelegentlich eine Messe an einem Werktagsabend, und zwar in der reformierten Kirche, die hierzu gern Gastrecht gewährt. Die früheren Gräben und Spannungen zwischen den beiden Konfessionen haben längst einem neuen Verständnis für einander, auch für «das Andere des Anderen» Platz gemacht, so dass Ehegatten aus gemischten Ehen die Gottesdienste beider Kirchen besuchen, wie auch katholische Mütter ihre reformierten Kinder im Konfirmandenjahr beim Kirchgang begleiten.

Islam

Ein Teil der Gastarbeiterfamilien und Asylsuchenden aus der Türkei wie auch aus dem ehemaligen Jugoslawien sind Muslime. Islamische Gottesdienste finden in unserem Dorf nicht statt.

Einige Kurdenfamilien, die in den 1980er und 90er Jahren in Rothenfluh Aufnahme gefunden hatten, inzwischen aber wieder weggezogen sind, waren Aleviten. Der Alevitismus ist eine islamische Glaubensrichtung, die sich durch Offenheit und Toleranz auszeichnet.

Buddhisten

Eine von 1979 bis 1995 in Rothenfluh wohnhaft gewesene chinesische Familie, die aus Vietnam hierher geflüchtet ist, gehört zur buddhistischen Religion. Es waren aber nach aussen keine religiösen Aktivitäten bemerkbar.

Religiöse Sondergruppen

Von Zeit zu Zeit gehen Vertreterinnen und Vertreter der Zeugen Jehovas von Haus zu Haus, bieten die Zeitschrift «Der Wachturm» an und versuchen, mit den Leuten ins Gespräch zu kommen. Immer wieder wird dem Pfarrer berichtet, man habe frei erklärt, man sei reformiert und wolle es auch bleiben.

11.5.3 Religion und Glaube heute

Trotz allem Positiven, worüber wir auf den vorangehenden Blättern berichten konnten, kann nicht übersehen werden, dass wir im Hinblick auf Religion und Glaube in einer Situation der Krise und des Umbruchs stehen. Die grossen Kirchen haben wachsende Austrittszahlen zu verzeichnen, während die Freikirchen sich eines starken Zulaufs erfreuen können. Dem religiösen Desinteresse bei den einen steht eine neue Zuwendung zu anderen Glaubensformen gegenüber. Viele Menschen suchen in den verschiedenen Formen der Esoterik Antworten auf ihre religiösen und existenziellen Fragen. Man hat die heutige Situation auch schon als «religiösen Supermarkt» bezeichnet, wo jeder das finden könne, was ihm persönlich zusagt. Schaut man auf die Geschichte der christlichen Kirchen zurück, so muss man gewiss zugeben, dass die Christianisierung ganzer Völkerschaften nur mit erheblicher Gewaltanwendung vor sich gegangen ist. Auch die Reformation, die zunächst die freie Glaubensentscheidung nach der Bibel für sich in Anspruch nahm, hat bald einmal alle Abweichungen von ihren Bekenntnisschriften mit staatlicher Gewalt unterdrückt. Ein trauriges Beispiel dafür ist die Verfolgung der Wiedertäufer in den reformierten Gegenden der Schweiz. Man würde diese Glaubensgemeinschaften heute ohne weiteres als Freikirche gelten lassen und anerkennen.[34] Wenn man dies alles bedenkt, kann man nicht ohne Befriedigung feststellen, dass wir heute zum ersten Mal in der Geschichte Europas ein hohes Mass an Religionsfreiheit erreicht haben, die vom Staat, der sich in dieser Hinsicht mit Recht neutral verhält, allen Bürgerinnen und Bürgern garantiert wird. Für die christliche Kirche ergibt sich dadurch eine grosse Herausforderung, aber auch eine neue Chance, sich auf ihre eigentlichen, unvergänglichen Werte und Inhalte zu besinnen.

Literatur
Basilea Reformata. Teil 1 hg. von Karl Gauss, Basel 1930; Teil 2 hg. von Hans Schäfer und Fritz LaRoche, Liestal 1979
Birmann Martin: Blätter zur Heimatkunde von Baselland. Bd. 3: Unsere Glocken. Liestal 1875
Gauss Karl: Die Reformation in Rothenfluh, in: Volksstimme vom 2. November 1927
Gauss Karl u. a.: Geschichte der Landschaft Basel und des Kantons Basellandschaft. 2 Bde. Liestal 1932
Gauss Karl: Die Geschichte des Baselbiets während der Zeit der Reformation und Restauration. Basel 1932
Gauss Karl: Über die Glocken des Baselbiets und ihre Giesser, in: Basellandschaftliche Zeitung Nr. 88, 89, 91 und 92 im April 1935
Heyer Hans-Rudolf: Die Kunstdenkmäler des Kantons Basel-Landschaft. Bd. 3, Der Bezirk Sissach. Basel 1986
Koch Wilhelm: Heimatkunde von Rothenfluh aus dem Jahre 1863. Hg. von Gianni Mazzucchelli und Matthias Manz. Sissach 1980
Lutz Markus: Kurze Geschichte und Beschreibung des Kantons Basel. Zum Gebrauch der Basel-Landschaftlichen Bewohner und ihrer Jugend. Liestal 1834
Manz Paul: Aus der Geschichte des Dorfes Rothenfluh und aus der Geschichte seiner Kirche, in: Kirchenbote, drei Folgen vom Oktober 1964 bis Januar 1965
Müller C. A.: Baselbieter Bau- und Siedlungsgeschichte. Bd. 1. Basel 1966
Oeri Jakob: Predigt, gehalten bei der Beerdigung des Herrn Joseph Rauczka, Pfarrers in Rothenfluh, am 2. Oktober 1871, in der Kirche daselbst, gedruckt in Liestal
Rippstein Louis: Kienberg. Die Geschichte einer Juragemeinde. Kienberg 1991

Anmerkungen
1 Zur Geschichte der Kirchgemeinde siehe auch das Kapitel 3.1
2 Heyer, Bd. 3, S. 239
3 Gauss, Geschichte, Bd. 1, S. 130
4 Heyer, Bd. 3, S. 240
5 Heyer, Bd. 3, S. 246 f. (Innenaufnahme der Kirche Richtung Westen sowie steinerner Abendmahlstisch). Ein gerahmtes Bild, das sich im Vorraum der Kirche befindet, zeigt die Innenansicht Richtung Osten sowie eine Aussenansicht der Kirche vom Friedhof her.
6 Heyer, Bd. 3, S. 247
7 Ein ähnlicher Drudenfuss befand sich in der Lausner St. Niklaus-Kirche in den Beschlägen der Sakristeitüre aus dem 16. Jahrhundert (siehe Schweizerische Kunstführer, Die Kirche Lausen, S. 6). Seine gewaltsame Entfernung im Jahre 1984 rief einen lebhaften Streit unter den Kirchgemeindegliedern her-

Die Kirche

    vor. Der zerstörte Drudenfuss wurde nicht ersetzt.
8 Taufschale: Zinngefäss mit Tragbügel und Deckel. – Abendmahlsgeräte: Zwei silberne Abendmahlskelche von 1673, eine kleine Zinnschale für das Abendmahlsbrot, eine grosse Untersetzschale aus Zinn sowie zwei grosse Weinkannen, ebenfalls aus Zinn (siehe Heyer, Bd. 3, S. 246 f.)
9 Auszug aus dem Protokoll des Gemeinderats
10 Lukas 2, 14. – Die alte Mönchsregel «Bete und arbeite» ist gleichsam eine Kombination der zwei folgenden Stellen: 1. Thess. 5, 17 und 2. Thess. 3, 10.
11 Psalm 37, 5
12 Psalm 95, 6 und 7. Der Text auf der Glocke ist etwas gekürzt.
13 Diese Gantglocke hätte gemäss einem Beschluss des Gemeinderats vom März 1875 entgegen einem Antrag von Tierarzt Schwarz entfernt werden sollen. Weshalb die Behörde ihre Absicht dann doch nicht durchsetzte, ist nicht bekannt.
14 Aufzeichnungen von Christoph Hindermann, Lehrer und Organist in Rothenfluh, zur Neuanschaffung der Orgel
15 Mitgeteilt von Christoph Hindermann
16 Oskar Birchmeier, Birmenstorf; Prof. Hannes Kästner, Leipzig; Endre Kovacs, Budapest
17 Wie Anmerkung 2
18 Das scheint dem Verfasser eine sehr kurze Zeit zu sein. Es ist auch bekannt, dass eine Grabstelle aus bodenbiologischen Gründen nicht mehr als viermal belegt werden sollte.
19 StA BL, VR 3324, 01.03, Denkmalverzeichnisse des Kantons Basel-Landschaft 1941–1943, Heft Rothenfluh
20 «Gruss aus Rothenfluh», Ansichtskarte von 1894, im Besitz von Gianni Mazzucchelli, Rothenfluh
21 Zusammengestellt von Matthias Manz aus Akten des Pfarramts, deponiert in der Gemeindeverwaltung
22 Abbildungen des Tisches und des Taufschalenständers bei Heyer, S. 249
23 Mitgeteilt von Frau Hedwig Sigrist, Interlaken, anlässlich ihres Besuchs in Rothenfluh 1993
24 Wie Anmerkung 20
25 «Gottesdienst – Angebot ohne Nachfrage?» Zwei Umfragen unter der reformierten Bevölkerung Basels. Basel 1969
26 HK Rothenfluh 1863, S. 45
27 Blumhardt Johann Christoph der Ältere (1805–1880), Pfarrer, bekannt durch seine Erweckungspredigten und seine Heilungen. Sein Sohn, Pfarrer Christoph Blumhardt der Jüngere, führte die Arbeit seines Vaters weiter.
28 Das Wort Religion bedeutet «Bindung an Göttliches».
29 Zum Rothenflüher Adventskalender siehe Kapitel 15.2
30 Urkunde von Papst Coelestin III. vom 1. Februar 1196, siehe Kapitel 2.1
31 Siehe Kapitel 11.3.4
32 Rippstein, S. 170
33 Im Kanton Solothurn hat die Reformierte Kirche bis jetzt noch nicht den Status einer Landeskirche und heisst deshalb «Evangelisch-reformierte Kirche im Kanton Solothurn» und nicht «des Kantons Solothurn».
34 Gauss, Geschichte, Bd. 1, S. 489–501

Künstlerinnen und Künstler

12.1 Alfred Gass

Der Kunstmaler Alfred Gass (1912–1987) wuchs als zweiter Sohn des Rothenflüher Bürgers Johannes Gass und der Maria geb. Plüss in Basel (Kleinhüningen) auf. Hier besuchte er an der Gewerbeschule die Fachklasse für Grafik und absolvierte eine Berufslehre als Flachmaler. Obwohl in seinem späteren Leben mit Rothenfluh stark verbunden und lange Jahre hier wohnhaft, blieb er beim «Baseldytsch».

1942 bis 1945 lebte Gass in Zunzgen und arbeitete in der Eisenmöbelfabrik («Stängelibiëgi» genannt).

Sein Grossvater war Webstuhl-Visiteur. Als Alfred Gass 1945 nach Rothenfluh kam, wohnte er an der Rössligasse 48. Im heute völlig umgebauten Haus stand damals, wie in vielen anderen Häusern, ein Bandwebstuhl. Aus dieser Zeit stammen zwei faszinierende Bilder, welche die damalige Kantonsstrasse in der Fensterscheibe seiner Wohnung spiegeln.

Nach der Scheidung 1949 wurden die Kinder von Alfred Gass an verschiedene Familien ausserhalb des Dorfes in Pflege gegeben. Nur seine Tochter Elisabeth wuchs in Rothenfluh bei Pflegeeltern auf.

In den stürmischen Zeiten, in denen er mit Alkoholproblemen kämpfte, erlangte Gass einen Ruf, der ihm, als er 1964 wieder in Rothenfluh einzog, den Stempel des Unwillkommenen aufdrückte. Seine angeborene Grandezza bewahrte ihn aber vor dem Untergang. Die Alkoholsucht hatte er besiegt, im Restaurant trank er fortan Kaffee im Dutzend. Im Jahre 1971 engagierte er sich mit Leib und Seele für das erste Dorffest. Es gab kein Festlokal ohne eine Inschrift oder einen «Helgen» von seiner Hand. Die Dekoration der italienischen «Locanda», welche von seinem Freund Paolo Maccarone geführt wurde, gestaltete sich zu einem grandiosen Kunstwerk. Grosse venezianische Szenen, auf Pavatex-

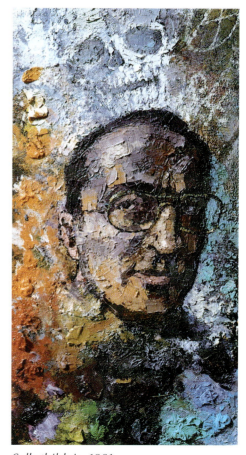

Selbstbildnis, 1981

Rothenfluh von Süden, 1985

Bildern in Einklang. Erstaunlicherweise beschäftigte er sich dort intensiv auch mit Menschen. Viele Porträts zeugen davon. Man nannte ihn «il pittore svizzero», der Maler aus der Schweiz. Die Leute zollten ihm den Respekt, der ihm bei uns so oft versagt blieb.

Bekannt ist Alfred Gass auch für seine Fassadenbilder. Mehrere Hausfassaden im Oberbaselbiet wurden von ihm mit historischen oder folkloristischen Motiven geschmückt:
Rothenfluh
«Der Wächter» (Auf der Wacht)
«Hermes, der Postbote» (Neue Post)

tafeln gemalt, schmückten eine ganze Scheunenwand. Anschliessend arbeitete er drei Tage und drei Nächte in besagtem Lokal als Koch und Mädchen für alles.

Die harmonische Gestaltung seiner Bilder charakterisiert seine Kunst und entwickelte sich im Laufe der Jahre zur Perfektion. Die verschiedenen Bildteile setzen sich meistens aus klaren und liebevoll kolorierten Flächen zusammen. Die Farbtöne sind warm und wohltuend, sie bringen die Harmonie unserer Landschaft zum Ausdruck. Seine Bilder zeigen keinesfalls die Aggressivität, die man seiner Person zuweilen zuschrieb, sondern offenbaren dem Betrachter eine weiche Künstlerseele. Viele Oberbaselbieter besitzen Gass-Bilder, ein Besitz, der kaum zu Spekulationen verführt, denn das liebgewonnene Bild hat eine eigene Geschichte, die nicht durch Geld zu ersetzen ist. Ein Stück Heimat in den eigenen vier Wänden.

In den 1970er und 1980er Jahren arbeitete er intensiv. Seine Bilder von Häusern, Leuten und Landschaften des Oberbaselbiets stellen ein zeitgenössisches Dokument dar. In den 1980er Jahren verbrachte Gass seine Ferien an der ligurischen Küste. Laigueglia bei Alassio hat trotz Tourismus seinen Charakter als Fischerstädtchen bewahrt. Inspiriert von der südlichen Atmosphäre entstanden in dieser Zeit, die der Künstler selbst als begnadet bezeichnete, traumhafte Landschaften. Er schöpfte aus dieser Gegend Farben und Formen. Olivenbäume, Häuser, Himmel und Meer brachte er auf seinen

Alfred Gass bei der Arbeit: Fassadenbild am Restaurant Schwyzerhüsli in Gelterkinden, 1984

«Bauer beim Pflügen» (Milchladen)
«Turnermotiv» (Turnhalle, heute durch die äussere Isolation verdeckt)
Ormalingen
«Frau am Spinnrad» (Elektro-Bracher)
Gelterkinden
«Magd schenkt einem Soldaten Wein aus» (Restaurant Schwizerhüsli)
Tecknau
«Raubritter von der Ödenburg»
(bei der Post)
Sissach
«Volksszene»
(Radio Maurer beim Bahnhof SBB)

Man kann das Schaffen von Gass wie folgt gliedern:

- Landschaften und Dörfer aus dem Baselbiet
- Italien (Laigueglia und Venedig)
- Fasnachtsbilder (-helgen)
- wenige Porträts, darunter einige Selbstporträts
- Fassadenbilder
- Bauernmalerei auf Schränken und Truhen
- grafische Arbeiten und Dekorationsmalerei (Signete für Firmen und Institutionen)

Am 29. Juni 1987 schied Alfred Gass in der Stille der Nacht aus der Welt. Er hat Rothenfluh auf seine Art geliebt. Sein Grabstein auf dem Rothenflüher Friedhof wurde von seinem jüngsten Sohn Heinz gestaltet und trägt auch den Namen seines ältesten Sohnes Roland, der kurz nach ihm starb.

Literatur
Mazzucchelli Gianni: Kleine Biographie über Alfred Gass
Heimatkunde Zunzgen. Liestal 2000, S. 362–363

12.2 Emil Schreiber

Emil Schreiber (1888–1972) kam als zweites Kind des Stuhlschreiners Emil Schreiber und der Rosina geb. Gass in Basel zur Welt (Heimatort Wegenstetten AG). In seinem vierten Lebensjahr zog die Familie nach Rothenfluh, wo der Vater die Milchabnehmerei übernahm. Nach der Primarschule besuchte Emil Schreiber während vier Jahren die Bezirksschule in Böckten. Diese für ihn unvergessliche Zeit inspirierte ihn wohl zu seinem 1950 erschienenen, von Maler Fritz Pümpin illustrierten Erzählband «Spitzbuebe» (z. B. «s Gälterchinderli»).
Anschliessend bildete er sich vier Jahre im Lehrerseminar Wettingen zum Primarlehrer aus. Nach dem Erwerb des Lehrerpatents wurde er nach kurzem Provisorium definitiv an die Schule Arisdorf gewählt.
Neben der beruflichen Tätigkeit waren ihm insbesondere die kulturellen Belange des Dorfes ein Anliegen. Sein vielfältiger Wirkungskreis war von grossem Idealismus geprägt: Gründer und Mitbegründer verschiedener Dorfvereine, Leiter von Theateraufführungen, Dirigent, 50 Jahre Organist. Im Jahre 1967 wurde er durch die Verleihung des Ehrenbürgerrechts der Gemeinde Arisdorf auch Baselbieter Bürger, was ihn besonders freute.
Auf kantonaler Ebene war Emil Schreiber Mitbegründer des Basellandschaftlichen Lehrergesangvereins. Von 1920 bis 1926

Emil Schreiber, ca. 1968

Künstlerinnen und Künstler

präsidierte er den Kantonalen Lehrerverein. Er interessierte sich sehr für Politik. In diesen Zusammenhang gehören der «Samstagvers», den er wöchentlich in der Liestaler Zeitung «Landschäftler» (1964 eingestellt), später in der «Basellandschaftlichen Zeitung» und sporadisch in der Sissacher «Volksstimme» veröffentlichte. In diesen insgesamt wohl über 1000 mal erschienenen, mit Migger unterzeichneten Gedichten äusserte er sich kritisch über die innen- und aussenpolitischen Geschehnisse. Er engagierte sich auch für die geistige Landesverteidigung. «Als der Nationalsozialismus sich breit zu machen begann und in unserem Lande der Frontenfrühling einzuziehen drohte, verfiel er nicht dem Blut- und Bodenmythos. Kompromisslos setzte er sich für Recht, Demokratie und Freiheit ein.» (Aus dem Nachruf in den «Basler Nachrichten» vom 5. Mai 1972).

Als vehementer Verfechter des selbständigen Baselbiets wurde er 1937 in den Verfassungsrat gewählt.

Für die Landesausstellung im Jahre 1939 schrieb er aus Anlass des Baselbietertages zusammen mit Traugott Meyer, Karl Weber und Emil Wirz das Baselbieter Heimatspiel «Vom Bölche bis zum Rhy».

Im Jahre 1942 erschien die erste Auflage des Gedichtbändchens «Fäld- und Garteblueme». Einige dieser Gedichte hat er für den von ihm geleiteten Frauenchor Arisdorf vertont.

Emil Schreiber war mit Rothenfluh bis an sein Lebensende verbunden, zumal sein Bruder Paul dort wohnte und als Milchabnehmer, Camionneur und Gemeindeschreiber arbeitete.

Hanspeter Gautschin, Ramlinsburg, hat sich der Wiederentdeckung des Dichters Emil Schreiber verschrieben und eine Homepage mit vielen Informationen und Gedichten eingerichtet, die im Internet abgerufen werden kann. Der Nachlass wurde von Dora Schreiber dem Staatsarchiv des Kantons Basel-Landschaft in Liestal geschenkt und kann dort frei eingesehen werden.

Dräck

S Noochbers Chnächt, der Bänz – Gott het ihn selig –
är hätt öbbis anders sölle geh.
Är isch nit gsi wie die meischte Buure.
Är hett alls mit bsundren Auge gseh.

I chönnt allerhand vo ihm verzelle.
Jedes Tierli hett er pfläggt und gschützt.
Är hett gsait: Gott heeb gar nüt erschaffe,
wo nit dämm und sälbem öbbis nützt.

Ei Uusspruch vom Bänz, dä isch mer blibe.
Är hett gacheret. – I lauf derzue.
Boodeloos ischs gsi. S het zümpftig dräcket,
und i rüef: «Bänz, hesch du dräckig Schueh!»

«Dräck!? – Das isch kei Dräck, du junge Schnuufer!
Strossedräck und Stubedräck, das gitts,
aber, was bim Achren an de Schuehne
hange blybbt, das isch kei Dräck, potz Blitz! –

S isch es Stück vo euser Mueter Ärde,
vonere Mueter, wo vo früeh bis spot
schafft, ass d Möntsche chönne sy und wärde…
In der Ärde, nit im Dräck, wachst s Brot.»

Erstausgabe in Emil Schreiber: Fäld- und Garteblueme. Liestal 1942
Hier abgedruckt nach der Schreibweise in: Lesebuch für die vierte und fünfte Klasse der basellandschaftlichen Primarschulen. Liestal (1. Auflage) 1956, S. 63

Quellen und Literatur
StA BL, PA 6213
Schaub Jacques: Emil Schreiber 1888–1972, in: Baselbieter Heimatbuch 12, 1973, S. 320–323
www.wildensteine.ch/Migger/index.htm

12.3 Elisabeth Stalder-Zimmerli

Geboren	1931 in Rothenfluh
Zivilstand	verheiratet, zwei erwachsene Söhne
Wohnort	Liestal
Erster Beruf	Primarlehrerin
Zweite Ausbildung	Kunstgewerbeschule Basel
	Fred und Ruth Stauffer, Bern
Arbeitstechnik	Malerei in Öl und Tempera
	Collagen
	Zeichnungen in Tusche
	Flachreliefs in Holz und Schiefer
	Objekte in Plexiglas
	Holzschnitte (1964 bis 1985)
Wandbilder	Flachreliefs in Holz in öffentlichen Bauten:
	1981 Jugendherberge Basel (2 Flachreliefs)
	1983 St. Blasierhaus Klingnau AG
	1986 Friedhofhalle Zurzach AG (2,65 x 11 m)
	1992 Heimstätte und Tagungszentrum Leuenberg, Hölstein
	1998 Reformiertes Kirchgemeindezentrum Gelterkinden
	2001 Martinshof Liestal
Preise	1993 Preisträgerin der Basellandschaftlichen Kantonalbank (Sektor bildende Kunst)

Persönliche Gedanken einer Malerin
(Elisabeth Stalder-Zimmerli)
1959 habe ich zum ersten Mal ausgestellt. Es war eine Ausstellung für junge Baselbieter Malerinnen und Maler im Schloss Ebenrain. Der Eindruck dieser Ausstellung hat mich bewogen, ernsthaft in die Malerei einzusteigen. Seither ist Malen mein Beruf mit sechs bis acht Arbeitsstunden pro Tag.

Ich habe nie fotografisch gemalt. Immer habe ich lange nach einer eigenen Form gesucht.
Es gab z. B. die Zeit der «krummen Häuser». Die Häuser hatten eine Bewegung aufeinander zu, stellvertretend für die Menschen, die sie bewohnen. Sie finden sich zu einer Gruppe, zu einer Dorfgemeinschaft zusammen.

Wenn ich zurückdenke, so ist es ein langer Weg bis heute.
Mitte der 1980er Jahre hatte ich eine totale Krise. In einem Jahr hatte ich für meine Arbeit über 4000 Franken mehr ausgegeben, als eingegangen war. Und das bei dieser Intensität der Arbeit! Ich wollte die Malerei aufgeben. Ich wollte aufhören, Luxus zu produzieren, Luxus, den niemand braucht und niemand will. Ich fühlte mich mit meiner Malerei als ein unnützes Glied der menschlichen Gesellschaft. Da kam es über mich wie ein Erwachen zu mir selber. Mit kristallener Klarheit wusste ich: Malen ist für mich wie Atmen. Es ist mein innerster Lebensnerv. Ich wäre todunglücklich, wenn ich nicht mehr malen dürfte. Und ob meine Bilder jemandem gefallen, das ist unwichtig. Es sind *meine* Bilder, *mir* müssen sie gefallen, und *ich* muss mich wohl fühlen in ihnen.
Diese Erkenntnis hat mich zutiefst «ganz» gemacht. Sie hat mich zum Frieden mit mir selber gebracht.

Langsam konnte Neues wachsen in mir, in meinen Bildern.
Es hat sich eine Bildsprache entwickelt, eigene Symbole, eigene Formen und immer deutlicher: helle, klare Farben. Es wurde mir möglich, in die Bilder zu geben, was ich denke und fühle. Bildideen kommen:

«Pyramidenkraft», Öl, 150 x 117 cm, 1991

Inselgarten, Haustraum, fliegender Baum, Pyramidengeheimnis, Berge... Meine Bilder sind zu inneren Bildern geworden.
Ich arbeite an einem Bild wieder und wieder, bis alle Schwere, alles Mühen überwunden ist. Manchmal denke ich, dass ich für ein Bild gute Gedanken haben muss, wie für ein Kind. Wenn eines rundum verzweifelt aussieht, tröste ich es manchmal: Du wirst noch ein ganz gutes Bild!
Ich habe viele angefangene Arbeiten im Atelier: Ölbilder, Temperablätter, grosse, kleine. Jeden Tag schaue ich sie an und probiere zu erspüren, ob ich den Weg durch ein Bild finde – einen Schritt weiter oder einen Millimeter –, das ist oft ein geduldiges Warten und Ausharren – zwischendurch einen Tag zeichnen, bis eine Idee tragfähig ist und weiterführt.
Ja, und dann «bewegen» sich Farben und Formen, und eines der Bilder wird fertig.
Das bedeutet: Heute, morgen, übermorgen, in einem Monat schaue ich es prüfend an – und nichts ist mehr zu ändern. Es sieht aus, als sei es immer so gewesen.
Es kann sein, dass jemand vor einem Bild steht und findet, das ist «aus dem Ärmel geschüttelt», ganz spontan gemalt – und doch hat dieses Bild bei mir im Atelier mehrere Jahre Entstehungszeit hinter sich. Die steinigen Wege und Umwege sollen vor dem fertigen Bild nicht einmal mehr zu erahnen sein.

Zum Schluss:
Der vollkommenste Zustand menschlichen Seins ist die Freude,

«Blauer Berg: Aufstieg», Öl, 150 x 125 cm, 1999

nicht einfach Freude über etwas,
nein, Freude an sich.
Diese Freude ist mein Ziel, für mich, für meine Bilder. Ein Bild so weit zu bringen, dass es diese gelassene innere Freude ausstrahlt...

Etwas aus dem Leben von Elisabeth Stalder-Zimmerli (Hanni Zimmerli-Schürch)
Anfang 1956 wurde ich von der Hauspflege zu Zimmerlis nach Rothenfluh gerufen, weil die Mutter erkrankt war. Zu der Familie gehörten ausser den Eltern Zimmerli Sohn Paul, sein Cousin Heinz Flubacher, der die Zimmermannslehre machte, zudem ein Schreiner, der in der Zimmerei angestellt war und auch im Hause wohnte.
Elisabeth, die Tochter – sie war damals Lehrerin in Liestal – lernte ich an ihrem nächsten schulfreien Nachmittag kennen. Mit ihrem Auftauchen kam sofort viel Schwung und Leben ins Haus. Auch der kranken Mutter, von allen nur «Mui» genannt, ging es von diesem Augenblick an besser. Dieser erste Eindruck meiner späteren Schwägerin hat sich in den folgenden Jahren immer wieder bestätigt.
Mit ihrem Bruder Paul war es für mich so eine Sache... Im Herbst 1957 haben wir geheiratet.
Im Sommer vor diesem Ereignis lud uns Elisabeth für ein paar Tage nach Genua ein, wo sie bei einer befreundeten Familie die Ferien verbrachte. Nach unserer Ankunft stellte sie uns Heiner Stalder vor, er war ebenfalls Lehrer und auch in Liestal tätig. Aus dieser Bekanntschaft entwickelte sich eine dauerhafte Beziehung und im Mai 1958 heirateten die beiden.
Da zu jener Zeit Lehrerinnen ihren Beruf nach der Verheiratung nicht mehr weiter ausüben durften, machte Elisabeth ihre Lieblingsbeschäftigung, das Malen, zu ihrem Beruf. In ihrem neuen Heim an der Froburgstrasse in Liestal wurde dafür ein Atelier eingebaut. Darin hat sie, wie sie selber sagt, fast jeden Tag ein paar Stunden gearbeitet. Auch später, als die beiden Buben geboren wurden, im März 1965 Remy und im Februar 1970 Daniel, fand sie trotz der Mehrarbeit immer wieder Zeit für ihre Malerei.

Mobile «Farbenspiel über dem Wasser», ca. 5 m hoch, Plexiglas, Gruppenausstellung im Kraftwerk Augst, 2000

In den nun folgenden Jahren machte Elisabeth – sie war inzwischen schon zur vielbeachteten Künstlerin aufgestiegen – viele Entwicklungsstufen durch. In lebhafter Erinnerung ist mir geblieben, als wir mit Erstaunen feststellten, wie auf ihren Bildern und Holzschnitten die Häuser und Bäume in allen Richtungen in der Landschaft standen. Die Baumkronen überragten breit und ausladend die Häuser. Nach dieser Neuerung befragt, erklärte sie uns lebendig und farbig, warum das nun so und nicht anders sein könne.

Einen kleinen Eindruck ihrer Entwicklung bekommt man auch beim Betrachten der verschiedenen Bilder in unserem Haus. Lange hing in der Wohnstube ein Ölbild, gemalt 1960. In satten Farben war da ein behäbiges Bauernhaus zu sehen, schöne dunkelgrüne Bäume, ein Graswagen mit Pferd, geführt von einem kleinen Mädchen. Es passte sehr gut in unsere Stube mit den Stabellen, dem Kachelofen und der Chouscht.

An der Ausstellung anlässlich des Jubiläums «800 Jahre Liestal» gefiel meinem Mann Paul ein Bild aus der Reihe «Inselgärten», gemalt 1988, besonders gut. Spontan schenkte es ihm seine Schwester. Wir hängten es probeweise an die Stelle eines alten Bildes von Elisabeth. Der Kontrast war gross, aber es passte ausgezeichnet. Das Bild wirkt nur durch seine Formen und leuchtenden Farben. Sogar an trüben Tagen strahlt dieses schöne Gelb wie von innen heraus. Viel Freude habe ich auch an dem Kunstwerk, das wir für die neue Küche geschenkt bekommen haben. Darin verborgen findet sich das Rezept für Zimtstengel von Thebolds Emilie.

In unserer Familie ist Elisabeth – von uns «Mei» genannt – bei Jung und Alt ein gern gesehener Gast, und ich hoffe, dass ihr Elternhaus, in dem sie aufgewachsen ist, für sie immer noch so etwas wie Heimat bedeutet.

12.4 Thomas Guth – der Bildhauer im Dorf

Eine Dorfgemeinschaft, die Künstler, Kulturschaffende unter sich weiss, ist privilegiert. Der Begriff «Kultur» ist alt. Seine Wurzel, das lateinische Tätigkeitswort «colere», bedeutet «pflegen». Bezeichnungen wie Obstkultur und Gemüsekultur sprechen für sich. Was der Mensch, nicht etwa nur die Dichter, Musiker und Maler, in ihrem Lebensbereich pflegen, zählt zur Kultur. Die Künstler sind nur in besonderer Weise Kulturschaffende. Mehrere sind in Rothenfluh heimisch.

Da lebt mit seiner Familie auch der Bildhauer Thomas Guth. Er wohnt und hat sein Atelier in einem Mehrgenerationenhaus an der Hirschengasse. Man kennt sich in der Nachbarschaft; vielleicht beargwöhnt man sich auch zuweilen, weil Guth nicht ganz ins traditionelle Bild passt. Immerhin war ein Grossvater seiner Frau, Emil Schaffner, Gemeinderat und Vorturner und in den Dorfvereinen beliebt. Der 1968 geborene Thomas Guth ist Lehrer von Beruf. Er ist in einer Stiftung tätig, die sich besonders junger Menschen mit Problemen, auch Drogenabhängiger, annimmt. Das ist Arbeit, eine keineswegs leichte.

Figurengruppe mit Künstler, Gruppenausstellung im Kraftwerk Augst, 2000

Daneben und vor allem ist Guth Holzbildhauer. In seinem Atelier sieht es auf den ersten Blick chaotisch aus. Da hängen und liegen seine Werkzeuge und Maschinen. Da lagern seine Holzklötze und Stämme. Und überall Späne und Sägemehl. Mitten drin ragt unter einem Hebekran ein menschengrosser Baumstamm. Kaum dass daran mit einem Stift eine Vorspur angezeichnet ist. Guth sieht im Baum die Gestalt eines Menschen oder ein Paar. Das Schaffen am Baum ist für ihn ein Freilegen des Lebens aus der Materie.

Der Baum steht in der Erde, wird genährt vom Wasser, hebt sich in die Luft und öffnet sich dem Feuer des Lichts: Er hat so Anteil an allen vier Ur-Elementen. Der Baum ist ein uraltes Symbol. Wir sind vertraut mit Stammbaum und Lebensbaum. Wir haben von den Bäumen im Paradies gehört; vom Weltenbaum Meru hat man uns erzählt und von der Weltenesche Iggdrasil der Germanen. Wo immer Bäume wachsen, wurden sie seit der Urzeit als heilig verehrt. Aus Baumholz schnitzt man Totempfähle und Götterbilder.

Thomas Guth arbeitet gerne mit Stämmen von Lindenbäumen. Die Senkrechte des Stammes ist formbestimmend. Menschenfiguren werden aus dem Rundholz befreit. Mit der Motorsäge werden die Grundformen markiert. Mit Beil und Stemmbeitel wird weiter differenziert. Das Messer schält und kratzt Feinheiten heraus. Oft wird das fertige Werkstück noch mit dem Feuerstrahl eines Schweissbrenners geschwärzt.

Meist beginnt der Schaffensvorgang mit dem Kopf der Figur, dann wird der Körper langsam geformt, zuletzt der Sockel, der eins mit der Menschengestalt ist. Oft sind die Gebilde Einzelfiguren, manchmal Gruppen, sich zugewandt oder sich abkehrend, selten auch Hockende. Ihr Geschlecht wird der Vermutung des Betrachters überlassen. Diese Menschen schweigen. Aber fragend schweigen sie. Der Betrachter ist der Befragte. Es ist gewiss nicht leicht, mit diesen Figuren umzugehen. Was man gemeinhin für schön hält: das sind sie nicht. Aber sie sind wahr, weil sie ganz in der Problematik unserer auch nicht hellen Zeit stehen. Sie fordern uns auf und fordern uns heraus. Und das ist eigentlich die Aufgabe der Künstler.

Thomas Guth hat schon in der grossen Maschinenhalle des Kraftwerks Augst (Bild), dann in Galerien in Riehen und Rheinfelden ausgestellt, später in St. Pölten, an der Kunstmesse Wien sowie in Strassburg.

Über Besucherinnen und Besucher, welche die Arbeiten im Atelier ansehen möchten, freut sich der Bildhauer in Rothenfluh.

12.5 Martha Mumenthaler – Fotografin aus Leidenschaft

Ihr erstes Bild: ein weiter Himmel mit Wolken, ein grosses Feld, Nebelschwaden. Ein aussagekräftiges, ein dramatisches Bild. Festgehalten am 2. Januar 1993 auf dem Anwiler Feld. Martha Mumenthaler erinnert sich auf den Tag genau an die Aufnahme: «Ich wollte die mystische Stimmung dieses Wintertages festhalten.» Seit diesem Tag ist die Rothenflüherin passionierte Hobbyfotografin.

Fotografien sind Momentaufnahmen des Lebens. Das fasziniert Martha Mumenthaler: «Ich halte einen Moment fest, der nie mehr wiederkommt.» Unzählige Lebens-Augenblicke hat die 47-jährige Fotografin bereits eingefangen: eine aufgehende Sonnenblume, Nebelfelder, das Wolkenspiel, Kieselsteine im Bachbett, einen Stapel verwitterter Bretter, ein Schattenspiel über einer Steintreppe.

Martha Mumenthaler fotografiert nicht mit dem Kopf, eher mit der Seele: «Ich schaue und fühle.» Wenn eine Stimmung sie anspricht, dann drückt sie ab. Warum ihr etwas

Künstlerinnen und Künstler

gefällt, das kann sie nicht immer sagen: «Man sollte nicht immer alles zerreden.» Die Fotografin lässt lieber ihre Bilder sprechen, die für sie oft symbolischen Charakter besitzen.

Trotzdem, einfach nur auf den Auslöser drücken, das liegt Mumenthaler nicht. Oft feilt sie an einem Ausschnitt, wählt ihn pedantisch genau, bis er ihr gefällt. Ihre Bilder zeugen von diesem ästhetischen Bewusstsein. Das Schöne jedoch ist für die Fotografin nicht klar definierbar, es liegt eben in der Stimmung, die ein Motiv für Mumenthaler ausstrahlt.

Martha Mumenthaler ist am 4. Dezember 1953 geboren und im solothurnischen Erlinsbach aufgewachsen. Bis 1975 hat sie auf dem elterlichen Bauernhof gelebt und gearbeitet. Die Liebe hat sie 1975 ins Oberbaselbiet geführt: Seit über 25 Jahren lebt sie mit ihrer Familie in Rothenfluh, wo sie gemeinsam mit ihrem Mann Alexander zwei Söhne, Michael und Philip, grossgezogen hat. Beide sind nach dem Ende ihrer Berufsausbildung – Michael ist Zimmermann, sein Bruder Steinmetz – mittlerweile ausgezogen, sind aber häufig bei ihren Eltern zu Besuch.

Rothenfluh ist über all die Jahre Mumenthalers zweite Heimat geworden: «Ich habe hier Wurzeln geschlagen», sagt Martha Mumenthaler mit einem zufriedenen Lächeln. Längere Zeit war sie im Dorf aktiv im Vorstand des Frauenvereins und des Turnvereins. Heute pflegt sie ihre vielfältigen Kontakte mit ihren Nachbarn spontan

Brunnen, 1999

– bei einem Spaziergang durch das Dorf oder wenn sie auf ihrer kleinen Holzbank vor dem alten Bauernhaus mitten im Dorf ihren Gedanken nachhängt.

In und um Rothenfluh entdeckt die Fotografin auch die meisten Motive. Vor allem in der Natur. So zieht die begeisterte Wanderin mit ihrem kleinen Rucksack, in dem sich die gesamte Fotoausrüstung befindet, über die Oberbaselbieter Hügel. Und ist dabei vor allem eines: aufmerksam und neugierig. Ihre Bilder zeugen von dieser achtsamen Neugier. Verborgenes, was nicht

auf den ersten Blick auffällt, sieht sie: eine kleine Entenfeder im Bachbett etwa. «Edelsteine» nennt Martha Mumenthaler diese Bilder.

Achtsamkeit und Neugierde spiegeln sich auch in ihrer Lebenshaltung wieder: Martha Mumenthaler hat stets ein offenes Haus, kann zuhören und nimmt sich viel Zeit für ihre Mitmenschen. Dann fotografiert sie zwar nicht, doch in ihrem Inneren entstehen laufend Bilder: «Ich lebe in einer Bilderwelt.» Menschen aber fotografiert sie kaum: «Dazu bin ich einfach noch zu

Aufnahme aus einer Serie zum Thema «Verbindungen», 2000

Ausstellungen

1996 Fotoausstellung in Rothenfluh. Erste Teilnahme am Kunstmarkt in Olten mit Bildern und Karten. Der Kunstmarkt findet jedes Jahr statt.
1997 Fotoausstellung in Gelterkinden, Gemeindebibliothek.
1998 Fotoausstellung in Gelterkinden, Bäckerei Bürgin.
1999 Hochschule für Gestaltung und Kunst in Zürich, öffentlicher Weiterbildungskurs Fotografie. Mitgestaltung Fotokalender 2000 der «Volksstimme» in Sissach.
2000 Fotoausstellung in Ormalingen, Alters- und Pflegeheim.
2001 Fotoausstellung zum Thema «Verbindungen» zur Eröffnung der Informatikfirma Otego AG, Zürich

Erfolgreiche Teilnahme an verschiedenen Fotowettbewerben.

scheu», meint Mumenthaler. Zunächst müsse sie eine Beziehung zu jemandem aufbauen, bevor sie gute Bilder machen könne.

Seit Martha Mumenthaler ihr erstes Bild 1993 festgehalten hat, hat sie unzählige Male auf den Auslöser gedrückt. Und dabei allmählich Vertrauen in ihr Können gefasst. Ermuntert von Familie und Freunden hat die Hobbyfotografin 1996 angefangen, ihre Bilder öffentlich zu zeigen, und seit ihrer ersten Ausstellung in Rothenfluh 1996 ist jedes Jahr eine neue hinzugekommen. Ausstellungen, die ihr nicht nur viel Freude bereiten, sondern an denen sie auch die Anerkennung schätzt, die ihr für ihr Schaffen entgegengebracht wird.

Das Bedürfnis, ihre Stimmungen festzuhalten, hatte Martha Mumenthaler schon als junges Mädchen. Sie hat lange nach Möglichkeiten gesucht, diese auszudrücken. Hat gemalt, gewoben, gezeichnet – und eben eines Tages zur Kamera gegriffen. Aus Zufall. Ein Zufall, der zur Leidenschaft wurde: «Ein Leben ohne Fotografieren kann ich mir heute nicht mehr vorstellen.»

Künstlerinnen und Künstler

12.6 Erhard-Harry Roth

«Frühling-Herbst-Winter», 1992/2000

Der seit Anfang 1990 an der Oberen Vogtsmatten wohnhafte Erhard-Harry Roth wurde 1955 in Bern geboren und ist in Aarburg aufgewachsen. Er hat eine Lehre als Hochbauzeichner abgeschlossen. In Freikursen an der Kunstgewerbeschule Bern erweiterte er seine malerischen Fertigkeiten, auf Reisen – 1980 während eines Jahres in Südeuropa und Asien – schärfte er sein Farbempfinden. Seit 1976 zeigt er dem Publikum seine Werke an vielen Ausstellungen, u. a. in Aarburg, Olten, Gelterkinden, Adliswil, Erlinsbach, Zofingen und Luzern sowie in Rothenfluh. Sein Wohnhaus hat sich in ein «Atelierhaus» verwandelt, welches er immer wieder als Galerie der Bevölkerung öffnet. Die künstlerische Produktion ist auch jährlich am Kunstmarkt in Olten zu sehen.

Die Malerei bewegt Roth schon seit eh und je, er versteht sie als Teil der Kommunikation mit seiner Umwelt. Hören wir ihm selbst zu, wie er über seine künstlerische Tätigkeit denkt:

«Fasziniert von der Schönheit der Natur, von Häusern, Gegenständen und vielem mehr, begann ich in meiner Kindheit, dies zeichnerisch darzustellen. Mein Anliegen ist es, den Moment des Erstaunens, der Freude einzufangen und bildhaft weiterzugeben. Der Betrachter soll in diese Welt des Bewunderns entführt werden und einen Moment lang die Zwänge unseres Daseins vergessen. Denn das gehört auch zum Leben: innehalten und staunen ob einer ersten Frühlingsblume, dem exotischen Sommervogel, dem farbenfrohen Herbstlaub oder einer frisch verschneiten Landschaft.

Aufgrund dieser Wertschätzung unserer Natur ist es mir ein grosses Anliegen, dass sie möglichst intakt weiteren Generationen Freude bereiten kann. Mit Wehmut stelle ich fest, dass einige Zeitgenossen in unserer Umwelt allzu grob herumstochern. Sie verletzen damit nicht nur die Pflanzen und Tiere, sondern auch uns, die die Ästhetik

«Ulrichen», 1982

Künstlerinnen und Künstler

und Empfindsamkeit als Teil des Menschen verstehen.

Meine Arbeiten bestehen zu einem grossen Teil aus Pastellbildern, experimentellen Collagen und Mischtechniken. Die Pastellkreide ermöglicht es mir, die feinen Stimmungen und Strukturen in der Natur wiederzugeben. Dabei sollen auch mein spezieller Blickwinkel, meine Sichtweise und das momentane Gefühl zum Ausdruck kommen. Als Zeichner bin ich bestrebt, so kreativ und eindrücklich als möglich das zu zeigen, was mich bewegt. Meine Bildaussagen erstrecken sich über alle Themen unserer Zeit, versteckt spiegle ich auch (selbst-)kritische Aspekte darin. Die Ignoranz vieler Mitmenschen treibt mich zu noch einprägsameren Ausdrucksweisen in meinen Bildern.»

12.7 Sigrid Graf-Erny

Seit kurzem finden Kunstliebhaber an der Hirschengasse ein besonderes Kleinod: Die Galerie und Kaffee-Bar «Hirschli 77» von Sigrid Graf-Erny. In drei mit Sorgfalt gestalteten Räumen präsentiert die Rothenflüher Künstlerin Bilder, Scherenschnitte und Skulpturen und bewirtet ihre Gäste selbst.

Sigrid Graf-Erny ist 1958 in Basel geboren und in Rothenfluh aufgewachsen. Schon während der Schulzeit galt ihre Leidenschaft dem Zeichnen und dem fantasievollen Gestalten von Objekten aus Lehm, Stein und Holz. Nach der Schule für Gestaltung in Basel und einer Ausbildung als Dekorationsgestalterin folgten Studienaufenthalte in England, Holland und Norwegen. Seit 1986 wohnt Sigrid Graf-Erny mit ihrer Familie wieder in Rothenfluh. In ihrem grossen hellen Atelier findet sie Zeit und Musse, ihrer Berufung nachzugehen.

Dorfplatz, Aquarell, 1996

Künstlerinnen und Künstler

Stationen ihres Schaffens

1986 Ausstellung in Basel:
Kolorierte offene und gefaltete Scherenschnitte in den Formaten 50 x 70 zeugen schon früh von ihrer Naturverbundenheit.

1994 Atelierausstellung in Rothenfluh:
Aquarelle zum Thema Himmel und Erde in den Formaten 30 x 40 und 40 x 50 vereinen Engelmotive und Blumendarstellungen. Mit der Betonung der Form vermittelt die Künstlerin die Kraft der Naturgeschöpfe in ihrem Streben nach Licht.

1997 Gruppenausstellung in Sissach:
Grossformatige Naturinspirationen (130 x 160) in Acryl auf Leinwand überzeugen durch ihre Räumlichkeit. Während die Bewegung und Farbigkeit des ausgereiften Weizens im Vordergrund Abbild des gegenwärtigen Erlebens ist, bleibt die Tiefe des Bildes unerforschbar und schicksalhaft.

1998 Ausstellung in Sent GR:
Hier präsentiert Sigrid Graf-Erny die Bilder einer Auftragsarbeit im Engadiner Dorf. Die Aquarelltechnik im Format 40 x 50 entspricht dem zarten, lieblichen und transparenten Charakter der gewählten Motive. Mit der Natur kommen nun auch architektonische Elemente ins Bild.

1999 Ausstellung im Kloster Dornach:
Als Folge der Arbeiten in Sent ergibt sich ein neuer Auftrag in Dornach. Die Kreuzgangausstellung zeigt neben grossformatigen Acryl-auf-Leinwand-Bildern auch verspielte Skulpturen. In den Bildkompositionen haben harmonische Bauten die Natur abgelöst. Vom detailbetonten Sent erfolgt der Schritt zur Darstellung des grösseren Ganzen.

Ausstellungen in der Galerie «Hirschli 77» in Rothenfluh:
In der eigenen Galerie erfüllt sich Sigrid Graf-Erny ihren Wunsch nach einer permanenten Ausstellung. Scherenschnitte, Skulpturen, Acrylbilder, Aquarelle und erste Werke in Öl repräsentieren das fruchtbare Schaffen der Künstlerin. Feine, zarte Aquarelldarstellungen von Rothenfluh lassen die Zerbrechlichkeit, die Gefährdung alter Bausubstanz spüren, während die Ölbilder zuversichtlich und stark «Hausgesichter» zeigen, deren Existenz im Ganzen der Dorfarchitektur einzigartig und auch gesichert scheint.

«Kornfeld», Acryl, 1996

Künstlerinnen und Künstler

12.8 Gereimtes und Ungereimtes

Wir alle machen uns Gedanken über «die Welt», über Erlebnisse und Ereignisse, über Andere und uns selbst. Auch wenn wir zusammenleben, im gleichen Dorf aufgewachsen sind und vieles miteinander teilen: Wir machen uns trotzdem unsere «eigenen» Gedanken.

Künstlerinnen und Künstler unterscheiden sich von anderen Leuten dadurch, dass sie ihren Gedanken und Gefühlen eine besondere Form zu geben vermögen. Es ist faszinierend, wie unterschiedlich der gestalterische Ausdruck der vorangegangenen fünf Zeitgenossinnen und Zeitgenossen ist. Das gleiche gilt für die nachfolgenden Texte, die in ihrem sprachlichen, sogar mundartlichen Ausdruck nicht unterschiedlicher sein könnten. Eben so, wie wir alle.

Die lute und die lise Tön

Es git verschideni Tön bim mitenander Rede,
und e Vorliebi drfür, das het bestimmt e Jede.
I möcht säge, die lise und die fine Tön,
die dünke mi ganz agnähm und ou schön.

Wenn öpper lis tuet rede, das merkt me gly,
de muess me ufmerksam und rueig sy.
Süscht chönnt s passiere, dass me nüt versteit,
und desse ungeachtet eifach witergeit.

Drby wär d Botschaft villicht wichtig gsy,
doch wenn se nit hesch ghört, so isch s halt scho vorby!
E rueigi Musig, e fini Melodie,
die ladet üs zum Gniesse und zum Träume y.

Grad das tuet eim doch mängisch guet,
wenn me abschalte und nochedänke tuet.
An söttigi Idylle chönnt me sich no gwöhne,
eifach chönne sy und sich lo verwöhne.

Doch s git ou Tön, wo üs us de Träum tüe risse,
als möchte si um s Schönschte üs gärn bschisse.
Das si de halt die grobe und die lute Tön,
die si nit agnähm und ou nit schön.

Wenn eine lut und dütlich rede tuet,
so versteit me ihn ganz sicher guet.
En Überzügig steckt drhinter und en Energie,
si lade üs sofort zu klare Schritte y.

Wie ischs mit luter Musig, wenn si ertönt,
hesch Di mit dr Zyt ächt ou dra gwöhnt?
Si frogt nit lang: «Bin i ächt willkomme?»
Vom Lärm bisch aber villicht ganz benomme.

E lute Ton, wär s rächt versteit,
dä zeigt üs klar, wo s düregeit.
E klari Linie, die muess me eifach ha,
will me ohni e Struktur gar nüt erreiche cha!

Si ghöre beid zum Läbe, die lute und die lise Tön,
und wenn si näbenander sy, de tönt s villicht nit schön.
Gäb s keini lute Tön, so würd me villicht nie erwache,
me würd sich ständig allzu vieli Illusione mache.

Fritz Häuselmann, geboren 1959, aufgewachsen in Diesbach bei Büren a. A. Seit 1988 wohnhaft in Rothenfluh. Er dichtet seit 1995 und publiziert die Gedichte bisweilen in der «Volksstimme», Sissach.

Spotherbscht (1945)

Wenn du ame Sunndig
nid weisch, was d wetsch due,
so gang go spaziere
in Herbschtwald, uf d Flue.

S isch alles so prächtig,
chönnsch luege nid gnue.
Dis Aug chunnt uf d Rächnig,
dis Härz findt si Rueh.

Wenn d Sunne no einisch
all Chraft zäme nimmt
und gar eso schön uf
die Farbepracht schiint,

vergiss dini Sorge,
wo d geschter hesch gha,
gang use und lueg dir
dis Baselbiet a.

Martha Heiniger-Wüthrich, geboren 1923, aufgewachsen in Thürnen. Seit 1956 wohnhaft in Rothenfluh.
Das Gedicht ist dem Heft «Gedichte und Erzählungen von Martha Heiniger-Wüthrich, Rothenfluh» entnommen (hg. von Gianni Mazzucchelli). Das Gedicht «Mis Rotheflue» wurde von Daniel Ott 1982 aus Anlass des Jubiläums 150 Jahre Kanton BL zum «Rotheflüher Lied» vertont. Ott, geboren 1960, ist Pianist und Komponist; Dozent für Experimentelle Musik an der Hochschule der Künste in Berlin; Initiant der «Neuen Musik Rümlingen».

RELIGIONSSTUNDE

Als die Menschen sich ihrer Verantwortung bewusst wurden, schufen sie Gott.

Er sollte die Verantwortung übernehmen. Er allein.

Denn die Menschen sagten zu ihm: Sei du der Urheber aller Dinge.

Gott aber, das sahen die Menschen bald einmal ein, war mit dieser Verantwortung hoffnungslos überfordert.

Er musste entlastet werden.

So schufen die Menschen den Teufel – und schoben ihm die Verantwortung für alles Böse zu.

Dem Teufel aber missfiel es, ständig die Rolle des Bösen zu spielen.

Er wollte, wenigstens ab und zu, auch mal etwas Gutes tun.

Und Gott, der nie böse und schlecht sein durfte, langweilte sich sehr.

So fingen die beiden an, ihre Rollen gelegentlich auszutauschen.

Und heute weiss kein Mensch mehr, woher das Gute und woher das Böse kommt.

gedicht für eine alte freundin

vom herbst
ins zeitlose
die leiden
geschafft

beinah

komm du
halt inne
nicht

halt mich

DIGIDIGI

Ohne Digital kommt man heute nicht mehr aus, Digital wird überall verlangt, auch in den sogenannt einfachen Berufen. Und selbst im Privatleben hast du mehr Erfolg mit Digital. Ich sag dir, meine Frau und ich, wir digitalisieren uns blendend.

Unsere Kleine hat allerdings Mühe mit dem Digital. Sie sagt immer nur: digidigi. digidigi. Ständig digidigi. Sonst nichts. Sonst rein gar nichts. Das macht mich verrückt. Weißt du? Ständig digidigi. Sie ist jetzt in der 2. Klasse.

Wahrscheinlich ist sie bildungsunfähig. An der Schule kanns nicht liegen. Die Lernprogramme sind voll durchdigitalisiert. Phantastisch. Den Kindern wird etwas geboten heute.

Vielleicht ist es psychisch. Vielleicht hat unsere Tochter eine Hemmung, einen Tic. Wir haben sie für eine Digital-Therapie angemeldet. Ja, jetzt wollen wir schauen.

Es MUSS psychisch sein, unser Kind ist sonst völlig gesund. Zeugung, Schwangerschaft, Geburt, Aufzucht, alles digital gesteuert, verstehst du, da kann nichts schief gehen, dieses Digidigi, ich weiss nicht, es könnte auch… Sabotage sein, oder ein Werkfehler, was meinst du?

Vielleicht sollten wir uns erst einmal bei IBM beschweren, bevor wir unser Kind zu dieser aufwändigen Therapie schicken. Wenn der Fehler bei IHNEN liegt, und der Fehler KANN eigentlich nur bei ihnen liegen, dann müssen die doch zahlen, oder?

Natürlich haben wir auch an Umtausch gedacht. Aber das kommt eigentlich für uns nicht in Frage. Vielleicht sind wir in diesem Punkt etwas konservativ digitalisiert. Irgendwie haben wir sie halt doch gern, unsere arme Digidigi.

Hans Curti, Jahrgang 1951, aufgewachsen in Ennetbaden AG, Ausbildung zum Journalisten in München. Bürogerätereiniger und Schriftsteller; lebt in Solothurn und Rothenfluh. Hans Curtis Gedichte und Kurzgeschichten sind 1994 unter dem Titel «ölgötz love melissengeist» im R + R Verlag, Roland Stiefel, Aarau, publiziert worden.

SOMMERGEDICHT

sorgfältig erdacht
geformt
verdichtet
hinweggeformt
hinzugetäuscht
gesetzt, gedruckt
verhökert, verdichtet

den Sommer

der sich immer
und immer wieder
freisetzt
früh nachmittags
Buchstabe für Buchstabe
abhebt
Warmluftblasen gleich
zum Himmel steigt
als Wolke quillt
aus welcher abends
die Gewitterregen
anscheinend leichtmütig
jenseits der Dichterhülse
ans Eingemachte
schlagen

Rothenflüher Persönlichkeiten 13

Nachfolgend wird das Leben verstorbener Personen beleuchtet, welche in ihrer Zeit das öffentliche Leben mitgeprägt haben, zumeist indem sie in wichtige Ämter berufen wurden. Die Auswahl erhebt keinen Anspruch auf Objektivität und Vollständigkeit.

13.1 Johann Jakob Lützelmann, Gemeindepräsident (1786–1859)

Aufgewachsen in ärmlichen Verhältnissen, verdiente Johann Jakob Lützelmann in jungen Jahren seinen Lebensunterhalt als Schafhirte. 1806 heiratete er Elisabeth geb. Erny. In dieser Zeit führte er einen Kramladen und wird als Eigentümer der Odletenmatt (Gebiet des heutigen Gasthofs Bad Rothenfluh) erwähnt. Zu Wohlstand kamen, wie er später erzählte, «meine Frau und ich durch Arbeit und Hunger». Er wurde als grosser Mann, «nur aus Haut, Sehnen und Knochen» beschrieben. Um 1835 erwarb er einen Teil des Landwirtschaftsbetriebs in der Säge westlich von Rothenfluh.

Lützelmann war 1819 bis 1827 Gemeindepräsident. Später gehörte er zu den Vorkämpfern der Kantonstrennung und war 1832 Mitglied des ersten Verfassungsrats sowie dessen vorberatender Kommission. Folgerichtig gehörte er auch von Anfang an dem Landrat an (bis 1838). Als es im August 1833 an der Eidgenössischen Tagsatzung in Zürich um die Totaltrennung von Basel-Stadt ging, war er Mitglied der zehnköpfigen Baselbieter Delegation.

1834 bis 1836 amtete er als Präsident des neu geschaffenen Bezirksgerichts Gelterkinden, nachdem er schon zuvor Präsident des Zivilgerichts Rothenfluh-Ormalingen gewesen war.

1840 zog sich Lützelmann aus dem politischen Leben zurück und liess sich in Aarau nieder. Diesem Rückzug lagen vermutlich schwere Kontroversen innerhalb der Gemeinde zugrunde. Dies hinderte Johann Jakob Lützelmann nicht daran, dem «Armenfonds» (Fürsorgekasse) seiner Heimatgemeinde testamentarisch die damals (wie heute) hohe Summe von Fr. 10 000.– zu vermachen. Lehrer Wilhelm Koch bat in seinem Nachruf gleichsam um Verständnis für die offenbar schwierige Persönlichkeit des Verstorbenen, indem er schrieb: «Die milden Gefühle der Vaterfreuden hätten wahrscheinlich manche Unebenheit seines Lebens nicht aufkommen lassen.»

Quellen und Literatur
Das Porträt fusst auf einer Zusammenstellung von Gianni Mazzucchelli und weiteren Recherchen.
Basellandschaftliche Zeitung vom 9. Juni 1859 (Nachruf von Wilhelm Koch)
Aarauer Anzeiger, Nr. 134, 1859 (Nachruf)
Blum Roger: Die politische Beteiligung des Volkes im jungen Kanton Baselland (1832–1875). Liestal 1977

13.2 Christian Rippmann, Arzt (1807–1883)

Christian Rippmann

Nichts deutete am 3. Dezember 1807, als Christian Rippmann in Bietigheim nördlich von Stuttgart als Sohn des dortigen «Sonnen»-Wirts Joseph Rippmann zur Welt kam, darauf hin, dass er dereinst in Rothenfluh als Arzt wirken und eine Baselbieter Arzt-Dynastie begründen sollte. Als er vier Jahre alt war, starb sein Vater. Trotz der familiären Armut gelang es ihm, in Tübingen und Stuttgart medizinische Studien aufzunehmen. 1828 immatrikulierte er sich an der Universität Basel, die ihm wegen seiner Bedürftigkeit die Studiengebühren erliess. Während des Studiums, das er 1832 als Dr. med. abschloss, versah er während dreier Jahre eine Praxisvertretung in Muttenz. Unversehens in die politischen Trennungswirren hineingezogen, entschied er sich für den neuen Kanton Basel-Landschaft und liess sich 1834, auf Betreiben des Gemeindepräsidenten Johann Jakob Lützelmann, als Arzt in Rothenfluh nieder. Im gleichen Jahr schenkte ihm die Gemeindeversammlung einstimmig das Gemeindebürgerrecht. Aus der Ehe mit Rosette Jäger, Tochter des Pfarrers Friedrich Jäger-Nicolet aus Brugg, gingen vier Söhne hervor:

- Theodor, 1841–1925, Dr. med. in Sissach
- Hermann, 1843–1867, Pfarrer
- Gotthold, 1845–1927, Dr. med. in Binningen
- Ernst Christian, 1855–1941, Dr. med. in Stein am Rhein

Das Arzthaus war die Hirschengasse 59 (heute Fam. Brandenberger). Patientinnen und Patienten, welche einer intensiveren ärztlichen Beobachtung bedurften, wurden im Arzthaus sogar in Pflege genommen. Als Nebenbeschäftigung wurden die Einnehmerei für die Sparkasse und die Ablage für den Basler Boten (später die Postablage, siehe Kapitel 8.4.4) geführt. Wenn man bedenkt, dass in Rothenfluh um 1850 fast 150 Webstühle in Betrieb waren, kann man sich die Geschäftigkeit im Arzthaus vorstellen.

Rippmann war gleichzeitig ein wissenschaftlich interessierter und tiefgläubiger Mensch. Dies führte zu Konflikten mit seinem jüngsten Sohn, der sich in Basel einer schlagenden Studentenverbindung und einem radikalen (freisinnigen) Kreis angeschlossen hatte.

Mit der gleichen Ernsthaftigkeit, welche seine Erziehung prägte, versah Vater Rippmann seine ausgedehnte Landpraxis, deren Gebiet bis ins Fricktal reichte. Mit einer

Arzneifläschchen mit Rezeptetikette von Dr. Rippmann, gefunden 1982 anlässlich einer Hausrenovation an der Ruebgasse 103.

Chaise und dem Pferd «Füchsli» eilte er zu Sprechstunden und Notfällen in die umliegenden Gemeinden, ja bis zum «Heimatlosenplätz» im Niemandsland zwischen Anwil, Kienberg und Wittnau, wohin die heimatlosen Familien sich vor den behördlichen Bettel- und Zigeunerjagden zurückziehen konnten. Bis zu seinem Tod als 76-Jähriger versah er die Praxis.

Enge Beziehungen pflegte er zu den jeweiligen Pfarrern, zu seinen Arztkollegen Johann Jakob Baader in Gelterkinden und Heinrich Schmassmann in Buckten, aber auch zu dem aus Liestal stammenden Carl Spitteler, Lehrer und Schriftsteller, und zu Joseph Viktor Widmann, Lehrer und Feuilletonredaktor in Bern, oder zu Schulinspektor Johannes Kettiger.

Der Gemeinde stellte sich Christian Rippmann von 1839 bis 1844 als Gemeindeschreiber zur Verfügung, wobei er zunächst, wie er es nannte, «Intriguen» aus der Mitte des Gemeinderats zu überwinden hatte. Dass er von 1844 bis 1848 sogar als Gemeindepräsident wirkte, zeigt den zunehmenden Respekt, den die Gemeinde dem Neubürger entgegenbrachte. In seine Amtszeit fiel die Hungersnot von 1846, welcher im Dorf mit der Abgabe von verbilligten Nahrungsmitteln und Saatgut sowie mit der Einrichtung einer Suppenküche begegnet wurde. Wenn sich jemand gar nicht ernähren konnte, wurde er abwechselnd («in der Kehre») von Haus zu Haus verköstigt. Aus heutiger Sicht eher als Kuriosum verdient Erwähnung, dass unter Rippmanns Führung 1847 in Rothenfluh ein Herbstmarkt nach Gelterkinder Muster eingeführt wurde: die Warenstände in der Hirschengasse, der Viehmarkt in der Rössligasse. Lange dürfte sich dieser Anlass nicht gehalten haben.

Neben diesen Ämtern wirkte Rippmann lange Zeit als Schulpfleger. Zudem gründete er zur schon bestehenden Blechmusik einen Sängerverein. Ein Politiker im eigentlichen Sinne war Christian Rippmann nicht; anders sein Sohn und Nachfolger als Arzt Gotthold, der von 1875 bis 1877 Landrat war.

Auf seinen Wunsch wurde Christian Rippmann 1883 neben seinen Freunden Pfarrer Joseph Rauczka und Lehrer Johann Jakob Imhof bestattet. Bis zur Kirchenrenovation 1967 standen die Grabsteine dieser Rothenflüher Persönlichkeiten noch wie Denkmäler unter den Tannen entlang der Kirchhofmauer südlich der Kirche. Da ihr Materialwert offenbar höher als ihre historische Bedeutung eingeschätzt wurde, wurden sie zertrümmert und als Füllmaterial für den neuen Kirchenboden verwendet.

Literatur
Diese Kurzbiografie von Christian Rippmann ist eine Zusammenfassung des Artikels von Fritz Rippmann: Das Doktorhaus in Rothenfluh. Christian Rippmann, Dr. med., 1807–1883, in: Baselbieter Heimatbuch Bd. 8, 1959, S. 7–25

13.3 Johann Georg Schwarz, Tierarzt (1811–1875)
Johann Georg Schwarz, Fürsprech (1834–1916)

Vater Schwarz wurde am 26. März 1811 als Sohn des Metzgers Hans Jakob Schwarz und der Eva Rieder, Witwe des Tierarzts Johannes Gass, geboren. Wie damals üblich, erlernte er seinen Beruf als Tierarzt zunächst als Geselle bei einem Tierarzt (Speiser in Frick), woran sich einige Semester Studium an der Tierarzneischule in Bern anschlossen. Schon früh interessierte er sich für Politik, nahm an den Trennungswirren von Basel 1832 aktiv teil und war von 1838 an Mitglied des Landrats, bis er zur Zeit der Volksbewegung des Christoph Rolle 1863 als Gegner der demokratischen Verfassungsrevision nicht wieder gewählt wurde. Als Gemeindeschreiber und Gemeindepräsident von 1839 bis 1841 und 1848 bis 1854 spielte er in Rothenfluh eine prägende Rolle.

Sechs Jahre, nachdem Vater Schwarz den Landrat verlassen hatte, wurde sein Sohn in diese Behörde gewählt. Johann Georg Schwarz wurde am 12. Februar 1834 als erstes von vier Kindern in Rothenfluh geboren. Nach seiner Ausbildung zum Fürsprech (Anwalt) bekleidete er zunächst die Stelle eines Staatsanwalts, bevor er 1875 zum Präsidenten des Obergerichts gewählt wurde. Vorher war er von 1869 bis 1872 und 1875 Landrat, wobei er wie sein Vater auf der konservativen Seite, im Patriotischen Verein, politisierte.

Quellen
Basellandschaftliche Zeitung vom 8.10.1875 (Nachruf auf den am 6.10.1875 verstorbenen Tierarzt Hans Georg Schwarz)
Nachforschungen im Staatsarchiv BL

13.4 Wilhelm Koch, Lehrer (1824–1891)

Wilhelm Koch hat sich als Verfasser der ersten Heimatkunde von Rothenfluh im Jahre 1863 bleibende Verdienste für unsere Gemeinde erworben. Lehrer und Pfarrer waren 1862 von der Erziehungsdirektion aufgerufen worden, für eine Schweizerische Schulausstellung in Bern im folgenden Jahr «eine geschichtliche und ortsbeschreibende Heimatkunde ihrer Gemeinde auszuarbeiten». Nach einem vorgegebenen Raster sollten die Gemeinden in 15 Kapiteln umfassend dargestellt werden. Die Schulausstellung kam zwar nicht zustande, aber 63 Baselbieter Gemeinden kamen zu einer Heimatkunde – und dies innerhalb eines Jahres!

Beim Verfassen der Heimatkunde war Koch bereits seit 15 Jahren Oberschul-Lehrer in Rothenfluh und sollte diese Stelle bis zu seinem Tod noch weitere 28 Jahre versehen. Bereits 1879 war ihm von der Gemeindeversammlung das Rothenflüher Bürgerrecht geschenkt worden.

Geboren am 2. Dezember 1824 in Ziefen als Sohn des Hans Jakob Koch und der Katharina geb. Hartmann, besuchte er die Bezirksschule in Liestal und erhielt seine Berufsausbildung ab 1841 im Lehrerseminar in Lenzburg. Dieses stand damals unter der Direktion von Augustin Keller, der sich gerade in dieser Zeit rund um die Aufhebung der Klöster als radikaler Politiker profilierte.

Nach einem Vikariat in Seltisberg und einer Lehrerstelle in Niederdorf von 1845 bis 1848 wechselte Wilhelm Koch nach Rothenfluh. Fünf Jahre später verheiratete er sich mit Verena Imhof, der Tochter des anderen langjährigen Lehrers, Johann Jakob Imhof. Der Ehe entsprossen sechs Kinder, von denen zwei im Kindesalter starben und nur das jüngste, Jakob Wilhelm, heiratete.

1865 und 1874 lehnte er Berufungen an die Schulen von Pratteln bzw. Liestal ab. Während vieler Jahre war Koch Mitglied der Bezirksschulpflege Böckten und der Verwaltungskommission der Lehrer-Witwen-, Waisen- und Alterskasse Baselland. Am 22. Februar 1891 starb er nach schwerem Leiden.

Quellen
Basellandschaftliche Zeitung vom 25.2.1891 (Nachruf)
Koch Wilhelm: Heimatkunde von Rothenfluh Hg. von Gianni Mazzucchelli und Matthias Manz. Sissach 1980
Salathé René: Dörfliche Identität im Spiegel der Baselbieter Heimatkunden des 19. und 20. Jahrhunderts, in: Baselbieter Heimatblätter 62. Jg., 1997, S. 13–31

13.5 Ernst Erny, Regierungsrat (1884–1956)

Ernst Erny, geboren am 15. Februar 1884 als Sohn des Landwirts, Posthalters und Gemeindepräsidenten Emil Erny und der Elisabeth geb. Rieder, entstammte dem Familienzweig der Seilerhanse. Die spätere langjährige Laufbahn im Dienste der Öffentlichkeit scheint durch familiäre Prägung vorgezeichnet gewesen zu sein. Der Grossvater, Johannes Erny, Schmied, erzählte dem Knaben von seiner Teilnahme an den Freischaren-Zügen und am Sonderbundskrieg in den 1840er Jahren. Und er erzählte ihm auch, dass ihm seinerseits sein Schwiegervater, der in Wintersingen aufgewachsene Rothenflüher Lehrer Johann Jakob Imhof, berichtet habe, wie er als Bube Zeuge gewesen sei, als das revolutionäre Landvolk 1798 das Landvogtei-Schloss Farnsburg angezündet habe.

Mit diesem Rucksack voller Geschichten besuchte Ernst Erny die Bezirksschule in Böckten und das Humanistische Gymnasium in Basel. Danach verfolgte er in München, Heidelberg und Basel das Studium der Jurisprudenz, das er 1908 mit dem Dr. iur. abschloss. Darauf wurde er Gerichtsschreiber und von 1916 bis 1931 Präsident des Obergerichts. Als solcher amtete er auch als Präsident des kantonalen Einigungsamts, das für die Regelung kollektiver Arbeitsstreitigkeiten zuständig war. Hier hatte sich der junge Jurist bei den heftigen Auseinandersetzungen im General- und Landesstreik 1918/19 zu bewähren. 1916, bereits in Liestal wohnhaft, verheiratete sich mit Hedwig Christen von Itingen. Aus ihrer Ehe gingen zwei Kinder hervor. Als sein Sohn Heinz 1931 Obergerichtsschreiber wurde, quittierte Ernst Erny das Amt des Präsidenten und stellte sich im gleichen Jahr für die FDP mit Erfolg als Regierungsratskandidat zur Wahl. Als Vorsteher der Justiz-, Polizei- und Kirchendirektion wirkte er in den folgenden 19 Jahren prägend. Als wichtige gesetzgeberische Marksteine seien genannt: das Einführungsgesetz zum Schweizerischen Strafgesetzbuch (1941), die Gesetze betr. die Rheinhafenanlagen bzw. das Kraftwerk Birsfelden, die Revision des Kirchengesetzes (1946/1950) sowie das Enteignungsgesetz (1950). Die Organisation des Polizeikorps wurde den Anforderungen der veränderten gesellschaftlichen Strukturen (wachsende Vororte) angepasst und mit einer modernen Fahndungsabteilung versehen. Während des Zweiten Weltkriegs war Erny im kantonalen Rahmen politisch für die polizeiliche Überwachung nazistischer Umtriebe und für die Aufnahme von Flüchtlingen zuständig. Der Regierungsrat delegierte ihn, obschon er als Justizdirektor nicht zuständig war, wegen seiner kulturellen Interessen als Mitglied in die Kommission für Natur-, Pflanzen- und Heimatschutz, in die Kommission betreffend die Erhaltung von Altertümern und in die Kunstkredit-Kommission. Zudem wirkte er in der Munzach-Gesellschaft und im Stiftungsrat der Stiftung Pro Augusta Raurica, im Vorstand der Gemeinnützigen Gesellschaft Baselland und der Liga gegen die Tuberkulose, die er mitbegründen half. Nicht zu vergessen, dass sich Ernst Erny als Justizdirektor durch seinen politischen und juristischen Einsatz – zusammen mit seinem Regierungskollegen Adolf Seiler und seinem Nachfolger als Regierungsrat, Nationalrat Ernst Börlin – in vorderster Linie für die Erhaltung der Selbständigkeit des Kantons Basel-Landschaft einsetzte, auch dies mit Erfolg, aber naturgemäss oft angefochten. Ausgleich zu seinem öffentlichen Engagement fand er im Männerchor Liestal, dem er bereits als 25-Jähriger beigetreten war. Die unermüdliche Schaffenskraft des ersten Rothenflüher Regierungsrats war mit seinem Rücktritt aus der Exekutive im Alter von 66 Jahren noch keineswegs erschöpft: Bis zu seinem Tod am 1. Januar 1956 war er als Präsident der kantonalen Überweisungsbehörde, einer richterlichen Instanz im Strafverfahren, tätig.

Quellen und Literatur
Basellandschaftliche Zeitung vom 3.1.1956 (Nachruf)
Meier Eugen: Regierungsrat Dr. Ernst Erny, 1884–1956, in: Baselbieter Heimatbuch Bd. 7, 1956, S. 7–18

13.6 Paul Manz, Pfarrer und Regierungsrat (1924–1995)

In der langen Reihe Baselbieter Regierungsräte haben viele ihre Direktion gut verwaltet, manche sichtbare Spuren hinterlassen, aber nur wenige das Geschehen in unserem Kanton wesentlich geprägt. Zu diesen gehört der profilierte Magistrat Paul Manz, 1967 bis 1982 nicht nur Mitglied der Exekutive, sondern auch deren führender Kopf.

Paul Manz wird am 19. August 1924 in seiner Bürgergemeinde Wila im Zürcher Oberland geboren und wächst in einer «politischen» Bauernfamilie auf. Er studiert an den Universitäten Zürich und Basel Theologie, wird 1950 ordiniert und im Jahr darauf als Seelsorger der Kirchgemeinde Rothenfluh gewählt. Der volksnahe Pfarrer, in seiner Aufgabe aktiv unterstützt von seiner Gattin Regula, geborene Keller, lebt sich rasch in das Dorf ein. Seine Predigten, in denen er «das Wort des Herrn zum Reden bringt» und dabei gerne Erfahrungen aus dem Leben und Aktuelles einfliessen lässt, sind gut besucht, oft auch von Auswärtigen. Erfolgreich widmet er sich der kirchlichen Jugendarbeit und macht aktiv im weiteren Gemeindeleben mit. Er wird bald auch als guter Schütze bekannt, und man sieht ihn als begeisterten Besucher von Schwingeranlässen. Mit Dorffesten erwirtschaftet Rothenfluh Geld für den Bau einer Turnhalle und später eines Sportplatzes. Der

Paul Manz an einer Holzgant, Anfang 1990er Jahre

Herr Pfarrer und dannzumal schon Regierungsrat kocht für die vielen Gäste Gulasch. Mit Überzeugung ist Paul Manz Soldat, während zwölf Jahren (1956–1968) als Feldprediger im Baselbieter Infanterie-Regiment 21. Auch hier kommt ihm seine ausgesprochene Gewandtheit als Redner und seine Gabe als Prediger und Seelsorger zugute. Mit Leidenschaft absolviert er Sommer- und Wintergebirgskurse.

Vom Gemeindeschreiber ...

Paul Manz ist ein ausgesprochen politischer Mensch. Er verfolgt aufmerksam das Geschehen in der Welt, in Land und Kanton und nimmt aktiv Anteil am Dorfleben. Und 1958 wird er wie schon sein Vater Gemeinde- und Katasterschreiber. Das bescheidene Honorar lässt er dem Renovationsfonds für die Kirche gutschreiben.

In diesem Amt lerne ich Paul Manz erstmals näher als einen Menschen und Politiker kennen, der in Zusammenhängen denken kann, den Dingen auf den Grund geht und vom Willen beseelt ist, das von ihm als richtig Erkannte auch zu verwirklichen. In einer Zeit, als sich noch allerorts die Vorschau der Behörden auf die Budgets zu beschränken pflegt, arbeitet er 1965 für Rothenfluh einen Zehnjahresplan aus, meines Wissens der erste längerfristige Finanzplan eines schweizerischen Gemeinwesens. Auf einem Blatt Hüslipapier hat er, nebst den laufenden Ausgaben, auch solche für Neues notiert, für Erforderliches und Wünschbares sowie die mutmasslichen Einnahmen. Diese genügen bei weitem nicht. Unterstützt vom Gemeinderat stimmt die Gemeindeversammlung einer spürbaren Steuererhöhung zu, die durch zusätzliche Sozialabzüge gemildert wird.

Bald wird Paul Manz auch ausserhalb der Gemeinde bekannt, so als Schulpflegepräsident seiner Gemeinde und Aktuar der Realschulpflege Gelterkinden sowie als Lehrer für Lebenskunde an der Landwirtschaftlichen Schule Ebenrain, Sissach, und in Bauernschulungskursen auch ausserhalb des Kantons, später als Synodale der Reformierten Landeskirche (1954–1956), Präsident der Kommission für das Erziehungsheim Leiern in Gelterkinden, Förderer des Reformierten Tagungszentrums Leuenberg ob Hölstein, Mitglied der Aufsichtskommission der Gymnasien, Religionslehrer am Gymnasium Liestal und als Referent. Erst zwei Jahre im Oberbaselbiet sesshaft, wird er 1953 auf der Liste der seinerzeitigen «Freien Politischen Vereinigung» (später auf jener der BGB/SVP) auf Anhieb in den Landrat gewählt.

Nach acht Jahren aktiver Mitarbeit tritt er zurück. Zu gross ist die Arbeitslast durch die drei Ämter, den Militärdienst und sein weiteres öffentliches Engagement geworden. Er amtet bis zu seiner Berufung in den Regierungsrat weiterhin als Gemeindeschreiber von Rothenfluh, dessen Ehrenbürger er 1967 wird.

Es ist bewundernswert, was das 600-Seelen-Dorf in dieser Zeit und in den nachfolgenden Jahren alles plant und verwirklicht, von der Ortsplanung bis zur Sicherstellung von Land in Gemeindebesitz, im Schul-, Wasser-, Kanalisations-, Forst- und Friedhofwesen bis zur Verwaltung. Dies verlangte vom Stimmbürger Aufgeschlossenheit, Besinnung auf die Ziele einer Gemeinschaft, Übernahme von persönlichen Opfern und hohes Gefühl der Verantwortung unter Zurückstellung eigener persönlicher Interessen. «Ich bin stolz auf die Gemeinde Rothenfluh», blickt Paul Manz 1967 zurück.

... zum Regierungsrat

Auf Mitte 1967 demissionieren gleich drei Regierungsräte. Es kommt zu einem spektakulären Wahlkampf, in dem sich sieben Männer um die fünf Sitze bewerben. Als Nachfolger von Max Kaufmann aus Hemmiken portiert die BGB/SVP Paul Manz. Die Kandidatur des politischen Kopfes aus dem Oberbaselbiet drängt sich zwar auf, ist aber mit einem erheblichen Risiko verbunden, denn Paul Manz ist Präsident der Volksbewegung Selbständiges Baselbiet und gehört dessen Fraktion im Verfassungsrat beider Basel an. Doch trotz der vehementen Opposition von Wiedervereinigungsfreunden schafft er den Sprung in die Regierung.

Mit dem neuen Team, in dem Paul Manz rasch eine Führungsrolle einnimmt, zieht nicht nur ein neuer Geist ins Regierungsgebäude ein, sondern auch der Wille, der Verstand und die Kraft, die mannigfachen Aufgaben des ausgesprochenen Wachstumskantons zu erfüllen. Dem geht auch hier, wie in Rothenfluh, ein intensiver Denkprozess voraus. Bereits nach einem Jahr resultiert daraus das Baselbieter «Leitbild 1968», auch dies ein in erster Linie Paul Manz zu verdankender schweizerischer «Primeur». Der Regierungsrat erachte «die Vornahme einer Besinnung auf den Standort und den Weg in die Zukunft für unerlässlich [...] Das Leitbild soll Weite und Begrenzung abstecken [...] über die täglichen Entscheidungen hinaus den Blick in eine weite Zukunft werfen [...] und dem Landrat und der Öffentlichkeit ein lebendiges Bild zukünftiger Aufgaben unterbreiten.» Von der Hand in den Mund leben oder alles den sogenannten Sachzwängen unterwerfen, konnte kein brauchbares Konzept abgeben. Das Leitbild führt zu einer Aufbruchstimmung, stärkt aber auch das Selbstbewusstsein des Kantons und seiner Behörden.

Paul Manz leitet 1967–1975 die Bau- und Landwirtschaftsdirektion, hierauf bis 1982 die Sanitätsdirektion und die Direktion des Innern. Von den besonders mit seinem Namen verknüpften Werken und Projekten seien der Bau von Schulhäusern für die Gymnasien Liestal, Muttenz, Münchenstein und Oberwil erwähnt, weiter der Bau des Kantonsspitals auf dem Bruderholz, die mit allerlei Widerständen der Natur (Erdrutsche!) verbundene Errichtung der Nationalstrasse und die auf erhebliche politische Opposition stossenden Projektierungen der Talentlastungsstrasse durch das Birstal und der Verbindungsstrasse Münchenstein–Bottmingen, ferner der Bau der Umfahrungsstrasse Liestal und der Ingenieurschule beider Basel, die Sanierung der Birs und der Bau einer zweiten Schleuse in Birsfelden sowie der Ausbau des öffentlichen Verkehrs: Fusion der Vorortbahnen zur Baselland Transport AG, Beschaffung von neuem Rollmaterial, Zusammenarbeit mit den Basler Verkehrsbetrieben. Die Manz'sche Handschrift tragen weiter das neue Spitalgesetz, die Aufgabenneuverteilung zwischen Kanton und Gemeinden und das revidierte Wahlgesetz mit Wahlregionen, die Sanierung der Psychiatrischen Klinik

Hasenbühl, Leitbilder für das Gesundheitswesen und die Drogenpolitik sowie das Konzept für eine neu ausgerichtete Psychiatrie.

Hindernisse und Widerstände, die sich in den Weg stellen, sind angetönt. Weitere kommen hinzu: Der jahrelangen hitzigen Hochkonjunktur folgt mit der Ölkrise Mitte der 1970er Jahre die erste Rezession. Die Schattenseiten des Wachstums werden mehr und mehr erkannt. Der Aufbruchstimmung folgt Unwille zu Reformen. Die Steuereinnahmen fliessen spärlicher. Zudem verdüstert der Streit um das Atomkraftwerk Kaiseraugst das politische Klima. Neue Linke und Grüne setzen andere Akzente.

Überzeugungskraft und Volksnähe

Auch mit diesen Umkehrungen der Dinge muss sich das Zugpferd der Baselbieter Politik auseinander setzen und Hindernisse überwinden. Paul Manz ist sich zweier besonders grundlegender Punkte helvetischer Politik bewusst: Man muss erstens das Volk von einer als richtig erachteten Sache überzeugen können – also als Regierungsmann persönlich in die Arena steigen –, und zweitens bedenken, dass in der Politik das Emotionale eine weit grössere Rolle spielt, als wir gemeinhin annehmen oder zugeben. Auch bei diesen neuen Konfrontationen kommen Paul Manz seine rasche Auffassungsgabe und Überlegenheit im Argumentieren sowie die Bereitschaft zugute, sich mit neuen Ideen auseinander zu setzen, weiter sein Rednertalent sowie seine Ausstrahlung, Volksnähe und Popularität, auch Bauernschläue und Chuzpe. Altes, das er für gut erachtet, verteidigt er, Neuem gegenüber ist er aufgeschlossen und lehnt Ideen der ökologischen und der 68er-Bewegung nicht a priori ab.

Sein drittes und zugleich letztes Amtsjahr an der Spitze der Regierung fällt mit dem 150-Jahr-Jubiläum des Kantons zusammen. Der Regierungspräsident und begnadete Redner ist in seinem Element. Auf diesem Höhepunkt des Wirkens und Ansehens erklärt Paul Manz im September 1981 überraschend seinen Rücktritt auf Mitte 1982, unter anderem mit der Begründung, «dass auf jeden Menschen jene Grenze zukommt, an der die Erwartungen und Hoffnungen grösser werden als die Kraft, sie zu erfüllen.» Er folgt der Berufung als Direktor einer grossen Krankenkasse.

Staatsmann mit Selbstbewusstsein

Paul Manz ist mehr als ein Regierungsrat, er ist ein Staatsmann. Als solcher trägt er nicht nur wesentlich zum Ausbau des Kantons bei, sondern auch zur Erhaltung seiner Selbständigkeit. Nachdem die Bewegung Selbständiges Baselbiet um 1958/1960 schwere Niederlagen hat erleiden müssen und vielfach mutlos geworden ist, übernimmt Paul Manz 1960 ihr Präsidium. Er trägt wieder Hoffnung und Schwung in den politischen Zusammenschluss, gründet von Dorf zu Dorf neue Sektionen und bringt an die jährlichen Volkstage, auch im Unterbaselbiet, Tausende auf die Beine. Er wendet sich gegen Überholtes, lanciert neue Ideen und setzt die Überzeugung durch, dass es mit dem Neinsagen allein nicht getan sein dürfe. Es gehe nicht gegen, sondern mit dem Stadtkanton, unsererseits aber weiterhin als souveräner Stand. Paul Manz tritt für die Partnerschaft mit den Nachbarkantonen ein, insbesondere mit Basel-Stadt, und motiviert Hunderte zu aktivem Mitmachen. So entsteht aus der einst resignierenden Truppe bald eine grosse und breit abgestützte, die Parteischranken überschreitende echte Volksbewegung, auf die Paul Manz auch sein Selbstbewusstsein überträgt. In der denkwürdigen Abstimmung vom Dezember 1969 führt der Kampf schliesslich zum Erfolg. Zuvor gehört Paul Manz dem Verfassungsrat beider Basel an (1960–1969), den er 1965 präsidiert.

Trotz anderer Auffassung sind viele Städter vom Oberbaselbieter Zürcher eingenommen und bewundern im Stillen, wie er sein Lager zu führen weiss. Wohl eine der grössten Genugtuungen ist es für den Anführer des Selbständigen Baselbiets, dass er als Baselbieter Regierungsrat im September 1971 vom Grossen Rat des Kantons Basel-Stadt eingeladen wird, vor dem hehren Gremium über Regionalplanung zu referieren.

Schaffer, Redner und Förderer

Paul Manz ist ein Schaffer und ein Nachtarbeiter. In diesen stillen Stunden arbeitet er seine Akten durch, entwirft Konzepte und bereitet seine Referate vor. Solche hält er nicht nur in politischen Gremien. Er ist auch anderswo als Redner gesucht, in Schulen und Seminaren, bauernkulturellen und kirchlichen Bildungskursen, bei Unternehmern und Gewerkschaftern, auch am Radio mit seinem «Wort zum neuen Tag» und am Fernsehen mit dem «Wort zum Sonntag». Des Weiteren wirkt er in Vorständen und Stiftungsräten zahlreicher sozialer und kultureller Institutionen mit. Er ist ein grosszügiger Mensch und an manchen Orten spontan auch ein fleissiger Spender, grosszügig auch in der Erziehung und Ausbildung seiner fünf Kinder. Buchhaltung ist ihm freilich ein Gräuel, und was ihm nicht gelegen kommt, legt er in eine grosse Schublade und lässt es dort solange als möglich ruhen.

Seinen beruflichen Wechsel 1982 begründet er unter anderem mit der Herausforderung, Fragen, die er als Sanitätsdirektor bearbeitet hat, nunmehr von der Seite der Kranken anzugehen. Dem schier unlösbaren Problem der Krankenversicherung widmet er sich in seinen letzten Lebensjahren mit grossem Einsatz. Er fördert früh und aktiv alternative Modelle wie die Health Maintenance Organization HMO. Auf der Suche nach kostengünstigen Pflegemöglichkeiten setzt er sich aus tiefer Überzeugung für die Spitex-Idee ein, verhilft zum Ausbau des Interkantonalen Spitex-Bildungszentrums ISB in Zürich und weibelt unermüdlich bei den Kantonsregierungen für die erforderlichen Mittel. Zudem setzt er sich für den Zusammenschluss der Hauspflegeorganisationen des Landes zum Spitex-Verband Schweiz ein. In Diskussionen am Fernsehen und in anderen Gremien wird er landesweit als Fachmann des Gesundheitswesens bekannt.

Dass er neben seinem riesigen Arbeitspensum noch Zeit findet, Bücher zu lesen – eine der Quellen seines Wissens – und zudem Musse für einen Jass, ist erstaunlich. Den helvetischen Nationalsport betreibt er leidenschaftlich und gewinnt gerne, auch hier dank seiner Fähigkeit, in Zusammenhängen denken, kombinieren und sich in seine Mitspieler einfühlen zu können. Es ist denn auch nicht verwunderlich, dass im Baselbiet eine bewährte Jassregel (mit drei Assen spielt man immer Obenabe) «dr Boudiräkter» genannt wird.

Paul Manz gehört 1980–1984 dem Baselbieter Verfassungsrat an, der die seit 1987 geltende neue Kantonsverfassung ausarbeitet. Dann hält er sich politisch weitgehend zurück – allerdings nicht in seinem Urteil, wenn er das Geschehen kommentiert –, arbeitet aber in verschiedenen anderen Gremien mit, so im Förderverein Universität Basel und bis zu seinem Tod als Präsident der Pro Senectute Baselland und der Stiftung Anlaufstelle für Asylsuchende.

Der Tod ist angesprochen. Nach einer schweren Operation im Frühjahr 1995 weiss er um den Stand der Dinge. Doch in seinem Optimismus, der ihn auszeichnet, in seiner Freude am Leben und erfüllt von Plänen für den weiteren Lebensabend hofft er vorerst, der schweren Krankheit länger widerstehen zu können. Doch wissend darum, dass der Tod bevorsteht, ist er zum Sterben bereit. Im Kreise seiner Familie, von ihr Abschied nehmend, stirbt er am 5. Oktober 1995 in seinem Heim in Rothenfluh – ein Tod in Würde nach einem erfüllten Leben, im Glauben an das, was er von der Kanzel verkündet hat.

Quellen und Literatur
Rücktrittsschreiben Paul Manz als Pfarrer der Kirchgemeinde Rothenfluh, 29.4.1967
Rücktrittsschreiben Paul Manz als Gemeindeschreiber von Rothenfluh, 7.6.1967
Leitbild Baselland, hg. vom Regierungsrat des Kantons Basel-Landschaft, September 1968
Protokoll des Regierungsrats vom 15.8.1967 betr. Leitbild
Manz Paul: Die Wiedervereinigungsfrage als Damoklesschwert über der Baselbieter Politik, in: Baselland bleibt selbständig, hg. von der Stiftung für Zeitgeschichte. Liestal 1985
Rücktrittsschreiben Paul Manz als Regierungsrat, 7.9.1981
Der Nachlass von Paul Manz befindet sich im Staatsarchiv des Kantons Basel-Landschaft in Liestal (Privatarchiv 211).

Freizeit 14

Für die meisten Bewohnerinnen und Bewohner von Rothenfluh stellt die Freizeit eine intensive Zeit dar. Haus und Hof, Vereinsleben sowie eine Vielzahl kreativer Beschäftigungen werden in der Freizeit gepflegt.

14.1 Vereinsleben

Viele Rothenflüherinnen und Rothenflüher sind Mitglied eines oder mehrerer Vereine. Diese spielen in der Freizeitgestaltung eine wichtige Rolle. Schwierigkeiten haben und hatten singende sowie musizierende Vereine. Der Gemischte Chor besteht seit 1987 nicht mehr und ist 1999 offiziell aufgelöst worden. Ein Musikverein ist trotz verschiedenen Bemühungen in neuerer Zeit nicht mehr zustande gekommen.

Die grossen regelmässig stattfindenden Anlässe werden in Rothenfluh von den Vereinen organisiert oder durch deren Mitwirkung erst ermöglicht. Dass man dafür einen Teil der Freizeit opfert, wird als selbstverständlich erachtet. In besonderem Masse gilt dies für die ehrenamtliche Tätigkeit der Vorstandsmitglieder eines Vereins.

Die heutige Mobilität ermöglicht es, die Freizeit auch ausserhalb des Dorfes zu verbringen.

Wenn Vereine an kantonalen oder eidgenössischen Anlässen teilnehmen, werden sie bei ihrer Heimkehr von einer Delegation mit Vertretern der daheim gebliebenen Vereine empfangen. In festlichem Umzug werden die Heimgekehrten durchs Dorf begleitet. Das Empfangskomitee sorgt auch für einen kleinen Imbiss.

14.1.1 Dorfvereine

Frauenverein

Gründung
Am 15. Februar 1863 versammelten sich 36 Personen, um einen «wohltätigen Frauenverein in Rothenfluh» zu gründen. Zweck des Vereins war die Wohltätigkeit. Sie bestand in der Unterstützung der Einwohnerinnen und Einwohner von Rothenfluh, besonders armer Kinder und arbeitsunfähiger Frauen, in der Förderung der hiesigen Mädchen-Arbeitsschule sowie in der Beschaffung des dafür benötigten Materials.

Freizeit

Vorstand des Frauenvereins 2001
Claudia Waldmeier Schneider (Vizepräsidentin, Stöcklitreff), Käthi Gass-Rieder (Kassiererin), Christine Rieder-Kunz (Präsidentin), Irene Erny-Pauw (Protokollführerin, Mittagstisch), Daniela Zurflüh-Gysin (Stöcklitreff), Elvira Dotto (Beisitzerin), Bettina Stahl-Rieder (Kurse), Gaby Bösiger-Mosimann (Mütterberatung)

Jedes Mitglied zahlte einen beliebigen Eintrittsbeitrag und jeden Monat fünfzehn Rappen in die Vereinskasse. Zugunsten der Vereinskasse wurden die von der Mädchen-Arbeitsschule angefertigten Arbeiten von Zeit zu Zeit verkauft und Lotterien veranstaltet.

An den Versammlungen wurde jeweils beschlossen, welche bedürftigen Personen man unterstützen wollte. Diese Unterstützung bestand aus Milch, Brot, Kleidungsstücken wie Strümpfen, Unterwäsche, Röcken, Schürzen und Hosen, Stoffen für die Anfertigung von Kleidern oder Taschentüchern. Angesichts des zunehmenden Wohlstands wurden diese Vergabungen ab 1947 reduziert und ab 1969 ganz eingestellt.

Vorstand

Seit der Gründung war der amtierende Pfarrer von Rothenfluh Präsident, Kassierer und Aktuar des Frauenvereins. Im Dezember 1871 wurde ein erster Vorstand (Comité) gewählt, der vor allem für den Ankauf der Stoffe und für die Unterstützungen zuständig war. Weiterhin fanden pro Jahr zwei Mitgliederversammlungen statt.

1949 schlug der damalige Präsident, Pfarrer Walter Sigrist, den Mitgliedern des Frauenvereins vor, das Präsidium freizugeben, damit es von einer Frau übernommen werden könne. Die Versammlung beschloss aber einstimmig, dass der Pfarrer von Amtes wegen Präsident bleibe. Hingegen wurde erstmals eine Kassiererin und eine Vizepräsidentin gewählt.

Erst 16 Jahre später konnte Pfarrer Paul Manz die Frauenvereinsmitglieder von der Notwendigkeit überzeugen, das Präsidium einer Frau zu übergeben! An der Generalversammlung 1965 wurde die erste Präsidentin, Rösli Erny-Schäfer, gewählt, die das Amt zehn Jahre innehatte. Ihre Nachfolgerin, Elisabeth Erny-Hofstetter, trat 1982 als Präsidentin zurück. Es konnte damals keine Nachfolgerin gefunden werden. Die verschiedenen Aufgaben wurden im Vorstand aufgeteilt und jedes Vorstandsmitglied war für ein Ressort zuständig. Erst 1997 wählte die Versammlung mit Marianne Röhm-Flückiger wieder eine Präsidentin. Sie gab das Amt zwei Jahre später an die jetzige Präsidentin Christine Rieder-Kunz weiter.

Vereinsreise

Einen ersten Ausflug beschlossen die Mitglieder an der Versammlung vom 18. August 1872: man besuchte die Saline Schweizerhalle, Kosten pro Person Fr. 2.–. Ein Spaziergang zum Bad Ramsach 1876 war der zweite Ausflug, 1909 reisten die Frauen nach Augusta Raurica. Bald wurden die Vereinsreisen zu einem wichtigen gesellschaftlichen Anlass. Um die Reisen zu finanzieren, gründete man eine separate Reisekasse, in die monatlich ein Betrag einbezahlt wurde. 1975 wurde die Reisekasse aufgelöst, die jährliche Vereinsreise blieb aber weiterhin bestehen und ist heute noch sehr beliebt.

Weihnachtsfeier für Schülerinnen und Schüler

Die 1884 erstmals organisierte Weihnachtsfeier für die Schülerschaft war während vieler Jahre eine wichtige Aufgabe des Frauenvereins. Anfänglich bekam jede Schülerin und jeder Schüler einen Lebkuchen, später Taschentücher, die Mädchen zudem Fadenkörbe, die Knaben Hosenträger und eine Tafel Schokolade. Ab 1929 besorgte eine Kommission die Auswahl der Geschenke für die Schulweihnacht.

Der Frauenverein unterstützte auch die Sonntagsschulweihnacht jedes Jahr mit einem Geldbetrag.

Mädchenarbeitsschule und Haushaltungskurse

Bis 1921 erwarb der Vorstand das Material für die Arbeitsschule, nach Änderung der Statuten konnten die Schülerinnen den Stoff direkt im Laden einkaufen. 1920 schaffte der Frauenverein für die Arbeitsschule eine Nähmaschine an, eine Tretmaschine mit Schwingkopf Marke Pfaff,

Frauenvereinsreise 1952
1. Reihe: Vreni Lutz, 2. Reihe: Marie Gass (Michel Hanse), 3. Reihe: Pauline Wenger-Weber, Seline Frech-Schneider, Pauline Gisin-Handschin (Michelis), 4. Reihe: Lina Erny (Schmieds Lina), Marie Erny-Rieder, 5. Reihe (mit Hut): Lisa Schaub-Gisin (Schmid Gottliebs), 6. Reihe: Amalie Gass (mit Hut), Anna Brandenberger-Sutter

die auch an den Kursen der Haushaltungsschule verwendet wurde.

Seit Anfang des 20. Jahrhunderts wurden auf Anregung von Pfarrer Christen im Winter jeweils ein Koch- und Haushaltungskurs durchgeführt. Eine Haushaltungskurskommission wurde 1908 gegründet. Der Frauenverein unterstützte die Kurse jeweils mit einem Beitrag aus der Vereinskasse.

Unterstützung in Krisenzeiten

Während des 1. Weltkrieges bekamen alle Soldaten aus unserem Dorf, die damals an der Grenze standen, warme Unterwäsche geschenkt. Nach den Kriegsjahren wurden im Dorf Dörrobst und Nudeln für ungarische Kinder und für Hungernde in Deutschland gesammelt und gespendet.

Der Ausbruch des 2. Weltkrieges 1939 hatte vielfache Hilfsaktionen zur Folge, an denen sich auch der Frauenverein beteiligte. Für die Flüchtlinge sammelte der Frauenverein Lebensmittelcoupons. An die Weihnachtsfeier 1944 der in unserem Dorf einquartier-

Freizeit

Frauenvereinsausflug 2001, Führung im Kräutergarten von Schloss Wildegg

ten Soldaten steuerten die Frauen Gebäck, Obst, Eier und eine Geldspende bei.

Kindergarten
Im Jahre 1930 gründete der Frauenverein einen Kindergarten (siehe Kapitel 10.5). Bald konnte die erste Kindergärtnerin eingestellt und die Kleinkinderschule, wie der Kindergarten damals hiess, eröffnet werden. Bis ins Jahr 1973 war der Frauenverein für den Kindergartenbetrieb verantwortlich. Bemerkenswert ist, mit wie viel Zeitaufwand und welchem Einsatz die Frauen Handarbeiten anfertigten und an Bazaren verkauften. Auch führte der Verein regelmässig Lotterien durch, organisierte Konzerte und gesellschaftliche Anlässe, um die oftmals grossen finanziellen Probleme zu bewältigen. Auch die Eltern trugen zur Finanzierung bei: jedes Kind brachte der Kindergärtnerin in den 1960er Jahren jeden Montag «es Füfzgi». Eine besondere Herausforderung war jeweils die Suche und Einstellung einer neuen Kindergärtnerin.
Aus finanziellen Gründen trat der Frauenverein 1973 den Kindergarten an die Gemeinde ab. Seither erfolgt die Besoldung der Kindergärtnerin durch die Gemeinde. Der Vorstand des Frauenvereins amtierte jedoch weiterhin als Kindergartenkommission und trug die Materialkosten. Im August 1990 übergab der Frauenverein die ganze Verantwortung für den Kindergarten der Schulpflege.
Weiterhin zahlte der Verein jährlich einen Beitrag auf ein spezielles Kindergartenkonto ein, und anlässlich der Einweihung des neuen Kindergartens im Oktober 1999 konnte der Frauenverein dem Kindergarten ein Geschenk überreichen.
Auf Initiative des Frauenvereins wurde 1980 unter Mithilfe von vielen Eltern ein Sandkasten gebaut, die Materialkosten übernahm der Frauenverein. Damit war der Grundstein für den Kindergartenspielplatz gelegt. Zum 50-jährigen Bestehen des Kindergartens veranstaltete der Frauenverein ein Fest, dessen Reinerlös für die Erweiterung des Spielplatzes verwendet wurde. Viele Fronarbeitsstunden, die finanzielle Unterstützung der Gemeinde und ein Beitrag der Pro Juventute ermöglichten eine rasche Ausführung des Vorhabens.

Kurse
Schon früh organisierte der Frauenverein Arbeitsabende, an denen die Frauen Handarbeiten anfertigten, die später zugunsten des Kindergartens oder der Vereinskasse verkauft wurden. Im Winter fand anfänglich meistens ein Kurs (z. B. Kleider Nähen, Flechten, Knüpfen, Kerbschnitzen) statt, später wurde das Kursangebot ausgebaut. Heute bietet der Verein über das ganze Jahr verteilt verschiedene Kurse an, die gut

besucht werden. Auch informative Veranstaltungen und Vorträge gehören heute zum vielfältigen Angebot.

Mütterberatung
1967 richtete der Frauenverein eine Mütterberatungsstelle ein. Diese Mütter- und Väterberatung, wie sie heute genannt wird, bietet Eltern einmal im Monat die Möglichkeit, das Wachstum und Gedeihen ihres Kindes von der Geburt bis zum Alter von einem Jahr durch eine ausgebildete Beraterin kontrollieren zu lassen. Auch berät sie die Eltern in Ernährungs- und Entwicklungsfragen. Seit 1981 schenkt der Frauenverein jeder Familie mit einem Neugeborenen die Pro Juventute-Elternbriefe und einen WWF-Latz. Diese Geschenke werden der Familie vom zuständigen Vorstandsmitglied persönlich überbracht.

Hauspflege
Ab 1973 ermöglichte der Frauenverein den Betagten, einmal pro Monat während einer Stunde die Hilfe einer Hauspflegerin zu beanspruchen. Diese Dienstleistung finanzierten der Frauenverein und der Hauspflegeverein gemeinsam. Vereinsmitglieder stellten sich für Taxidienste, Besorgungen und Putzarbeiten zur Verfügung. Mit der Einführung der Spitex hat diese Aufgabe 1997 ihre Bedeutung verloren. Der heute noch bestehende und vom Frauenverein betreute SOS-Fahrdienst, der angefordert werden kann, wenn die Fahrt mit den öffentlichen Verkehrsmitteln nicht möglich ist, wird jedoch rege benutzt.

Altersstubete – Stöcklitreff
Im Winter 1977 wurde erstmals zur Altersstubete eingeladen. An diesen, während des Winters monatlich einmal veranstalteten gemütlichen Nachmittagen für die Seniorinnen und Senioren wird bei Kaffee und von Vereinsmitgliedern gebackenen Kuchen gesungen, gestrickt, vorgelesen und geplaudert. Als Abschluss der Altersstubete-Saison wird jeweils eine kleine Ausfahrt mit einer Besichtigung oder einem Vortrag organisiert. Das obligate Zvieri wird aus der Vereinskasse spendiert. Mit der Namensänderung 1998 von Altersstubete in Stöcklitreff erlebte der Anlass einen richtigen Aufschwung. Neue Ideen für Vorträge und Darbietungen garantieren eine grosse Beteiligung.

Mittagstisch
Im Oktober 1990 fand der erste vom Frauenverein organisierte gemeinsame Mittagstisch statt. Dieser Anlass wird seither alle zwei Wochen in einem Dorfrestaurant durchgeführt und erfreut sich grosser Beliebtheit.

Flüchtlingstag
Seit 1991 organisieren der Frauenverein und die reformierte Kirchenpflege gemeinsam einen Suppentag und den Standverkauf zugunsten der Schweizerischen Flüchtlingshilfe. Dank vielen Arbeitsstunden zahlreicher Helferinnen, die Brote, Zöpfe, Gutzi, Konfitüre und Sirup spenden, kann nach diesen Anlässen jeweils ein beträchtlicher Reingewinn überwiesen werden.

Verschiedene weitere Aktivitäten
Mit den Spenden des Frauenvereins wurde 1927 auf dem Friedhof ein Brünnlein errichtet.
Die Organisation eines Kinderhortes jeweils im Dezember und die Führung einer Kleiderbörse gehörte in den 1970er Jahren zu den Aufgaben des Frauenvereins.
Seit einigen Jahren führt der Frauenverein jährlich eine Schuhsammlung für bedürftige Menschen in Rumänien durch.
Der Verein unterstützt mit einer Patenschaft seit Januar 1998 ein schwer behindertes Kind, das bei einer Schweizerfamilie in Rumänien lebt.
Ein jährlich festgesetzter Betrag wird für Notleidende im In- und Ausland verwendet.
In den Statuten von 1930 wird die Mitgliedschaft bei der Frauenzentrale Baselland festgehalten. Der traditionelle Mai-Verkauf der Aktion «Frauen helfen Frauen» zugunsten des Sozialfonds der Frauenzentrale führt der Frauenverein jedes Jahr sehr erfolgreich durch.

Christine Rieder-Kunz

Quellen
Protokolle des Frauenvereins Rothenfluh

Feldschützengesellschaft
Die Feldschützengesellschaft zählte 1998 ca. 100 Aktivmitglieder, einige Passivmitglieder und 12 Ehrenmitglieder. Sie ist der zweitälteste noch bestehende Verein in Rothenfluh, entstanden im Jahre 1870 zur Zeit des Deutsch-Französischen Krieges. Die damit verbundene Grenzbesetzung

Freizeit

Die Rothenflüher Feldschützen am Eidgenössischen Schützenfest 1949 in Chur
Stehend: Heinrich Gass, Ernst Wirz, Hans Spiess, Otto Graf (Präsident), Paul Schaub (Fähnrich), Max Wirz, Oskar Rieder-Fritzel, Hans Erny-Gass, Gottlieb Weitnauer, Jakob Nyfeler; kniend: Walter Eglin, Walter Rieder, Willy Pfaff, Ernst Spiess, Walter Wirz, Hans Schaffner

unter General Herzog löste eine eigentliche Gründungswelle von Schützenvereinen im Oberbaselbiet aus. Ins gleiche Jahr fällt auch der Bau des ersten Repetiergewehrs der Schweizer Armee (Vetterli-Gewehr) und die Gründung des Schweizerischen Feldschützenvereins.

Das Gründungsdokument in Form einer «Schiesstabelle» aus dem Jahr 1870 verzeichnet die Gründer des Vereins. Im April 1870 wurde an den Regierungsrat das Gesuch gestellt, dem Verein Gewehre zur Verfügung zu stellen.

Die verschiedenen Schiessplätze im Laufe der Jahrzehnte waren über den ganzen Bann verteilt: Wischberghölzli (1870), Holingen (1892), Tal (1893), Dübach (1899), Rütschen (1906–1985), Tal (1979–1989). Seit 1990 schiessen die Feldschützen von Rothenfluh in der Gemeinschaftsschiessanlage Im Dübach zusammen mit den Feldschützen von Anwil. Am Standeinweihungsschiessen beteiligten sich 1252 Schützinnen und Schützen. Im Jahre 1991 wurde die Pistolensektion Dübach gegründet.

Bei der Kirchenrenovation im Jahr 1967 stifteten die Feldschützen aus eigener Initiative den Betrag von über Fr. 20 000.–. Die Erträge aus einem Gabenschiessen im Jahre 1968 und aus dem Verkauf von Kirchenrenovations-Talern aus Gold und Silber ermöglichten die Neuanfertigungen von Kanzel, Altar und Taufbecken. Zudem stifteten die Feldschützen Fr. 11 000.– für die neue Orgel.

Die Schützen führen regelmässig traditionelle Anlässe durch: Das Eidgenössische Feldschiessen und das Farnsburg-Kreisschiessen werden alle fünf Jahre turnusgemäss in Rothenfluh durchgeführt. Das Endschiessen, als letzter Schiessanlass des Jahres, ist eine sehr feierliche Angelegenheit, welche auch von den Familienangehörigen der Schützen besucht wird. Auch der Winterausmarsch in eine der benachbarten Gemeinden findet alljährlich statt. An den zwei Winterausmärschen nach Blauen im Laufental (1985 und 1989) waren jedesmal über 45 Schützen beteiligt. In früheren Jahren haben die Schützen in den Restaurants

Fahne von 1937; Motiv: das Schützendenkmal in Aarau

Hirschen und Rössli Theaterspiele aufgeführt (bis ca. 1950).
Regionale, kantonale und eidgenössische Schiessanlässe werden rege besucht. Die neue Schiessanlage und die Schützenstube sind ein begehrtes Ziel für Winterausmärsche benachbarter Schützenvereine.

Die Präsidenten der Feldschützengesellschaft Rothenfluh

1870	Gisin Johannes
–	Protokolle fehlen
1898	Erny-Gass Arnold
1899	Gass Wilhelm
1900	Nyfeler Jakob
1901–1907	Gysin Emil
1908–1909	Rieder Albert
1910	Erni-Erni Walter
1911–1913	Rieder Walter
1914–1919	Gass Otto
1920–1921	Rieder-Gass Adolf
1922	Gisin Fritz
1923–1943	Schreiber Paul
1944	Graf Ernst
1945–1962	Graf-Erny Otto
1963–1968	Schaub-Börlin Paul
1969–1971	Gass Ernst
1972–1975	Schaub-Wohler Paul
1976–1979	Ammann Max
1980	Mazzucchelli Gianni
1981–1984	Schaub Walter
1985–1992	Gass Erich
1993–2000	Spiess Hans-Urs
Seit 2001	Rieder-Kunz Roland

Quellen
Vereinschronik, 1991, S. 41 (Gianni Mazzucchelli) und S. 24 (Paul Schaub)
Staatsarchiv Basel-Landschaft, NA, Militärakten W 1

Turnverein
Im kommunalen Vereinsleben kommt dem Turnverein ein hoher Stellenwert zu. Offiziell wurde der Turnverein Rothenfluh im Jahr 1912 gegründet. Die Spuren lassen sich aber ein halbes Jahrhundert weiter zurückverfolgen. Wie aus Gemeinderatsprotokollen hervorgeht, kaufte die Gemeinde im späteren 19. Jahrhundert wiederholt Turngeräte für den Schulunterricht. Schon kurz nach der Gründung benützte der Turnverein das damals neue Schützenhaus auf der Rütschen als Turnlokal, worüber der Pfarrer nicht sonderlich begeistert zu sein schien. Die Turnstunde fand nämlich am Sonntagmorgen statt, und es ging – in Sichtweite des Pfarrhauses – im Schützenhaus offenbar recht laut zu und her. Er wolle keinen Streit mit dem Turnverein und schon gar nicht mit dem Vorstand, liess der Pfarrherr verlauten. Damit die Turner die Predigt nicht verpassten, einigte man sich darauf, dass die Turnstunde eine halbe Stunde vor dem Einläuten endete und das Schützenhaus abgeschlos-

Die Damenriege Rothenfluh am Eidgenössischen Turnfest 1955 in Zürich

Freizeit

Der TV Rothenfluh bei der Körperschule am Eidgenössischen Turnfest 1972 in Aarau.

Jahr später in Rothenfluh ein Bezirksturnfest durchzuführen. Der Anlass war ein Misserfolg. Der Verein rutschte danach in eine Krise. Von 1939 bis 1945 leisteten viele Turner Aktivdienst. Ein geregelter Turnbetrieb entwickelte sich erst wieder nach dem Krieg unter dem Präsidium von Karl Senn. 1945 organisierte der Verein ein Bezirksschwingfest und eine zweitägige Turnfahrt nach Zermatt. 1948 fand in Rothenfluh ein Nationalturntag statt. Das Nationalturnen gehörte damals zur Paradedisziplin des Vereins. Namen wie Paul Tschudin-Schiess, Paul Erny (Hanselibrächts), Paul Urben-Spiess und der ehemalige Leichtathlet Paul Zimmerli-Schürch waren weit über den

sen wurde, «damit der Turnbetrieb nicht von einigen Unentwegten fortgesetzt werden konnte.»

Eine Sporteinrichtung im Freien befand sich auf der Rütschen. Sie war recht einfach ausgestattet und wurde bis etwa 1955 benützt. Geturnt wurde damals auch im oberen Schulhaus. Der «Neubau», wo heute die «Chesi» untergebracht ist, diente ebenfalls als Turnlokal. Nach dem Umbau des Schulhauses an der Eisengasse im Jahr 1954 stand für das Vereins- und Schulturnen der Gemeindesaal zur Verfügung. Ein Jahr später wurde die Matte beim Pfarrhaus in einen Sportplatz umgewandelt. Die oft unzulänglichen Platzverhältnisse gehörten erst 1972, nach dem Bau der Mehrzweckhalle, der Vergangenheit an. Gleichzeitig mit dem Bau der Zivilschutzanlage Chlaffacher im Jahr 1985 erstellte die Gemeinde eine zeitgemässe Aussensportanlage in unmittelbarer Nähe zur Mehrzweckhalle.

Wechselvolle Geschichte
Der Turnbetrieb vor fast 100 Jahren diente in erster Linie der körperlichen Ertüchtigung und als Vorbereitung auf den Militärdienst, getreu der Losung von Turnvater Jahn. Eine grosse Bedeutung hatten die Turnfahrten. Diese Fussmärsche waren obligatorisch und umfassten jährlich drei ganze und sechs halbe Tage. 1915 beispielsweise, mitten im Ersten Weltkrieg, marschierte die Turnerschaft an den Bergsee bei Bad Säckingen – und wieder zurück. 1918 schaffte der Verein die heute noch verwendete Fahne an. Die Teilnahme am Eidgenössischen Turnfest in Aarau 1932 war ein Höhepunkt im Vereinsleben und gab wohl den Ansporn, ein

Die Damenriege Rothenfluh am Eidgenössischen Turnfest 1972 in Aarau

Verein hinaus bekannt und im Sägemehlring gefürchtet. Überhaupt zieht sich der Name Paul wie ein roter Faden durch die Vereinsgeschichte. Pfarrer Paul Manz-Keller diente in den frühen 50er Jahren dem Verein als Aktuar, und Paul Buess-Ritter ist als Gründer der Jugendriegen (Pauliturnen) und langjähriger Trainer untrennbar mit dem Turnverein verbunden.

Turnen im Wandel der Geschichte
Als der Verein im Jahr 1962 sein 50. Jubiläum feierte, hatten die neuzeitlichen Strömungen die Turnbewegung erst zögernd erfasst. Erst nach und nach wichen die früher bis ins letzte Detail genau vorgeschriebenen Frei- und Marschübungen im einheitlich weissen Tenü zeitgemässeren Formen. Alles wurde bunter. Musik kam dazu. Die einst nach Geschlechtern getrennten Organisationen schlossen sich zum Gesamtverband zusammen. 1994 vollzog auch der Turnverein Rothenfluh diesen Schritt. Die Aktiven, die Turnerinnen, die Frauenriege und die Männerriege schufen den Gesamtverein, dem heute etwa 200 Mitglieder angehören.

Aktives Vereinsleben
Die heutigen Aktivitäten des Gesamtvereins beziehen sich keineswegs nur auf die wöchentliche Turnstunde. Am Sonntag nach Ostern führt der Verein jeweils den Eierläset und im Sommer ein Mountainbikerennen durch. Feste Veranstaltungen sind ferner Turnerabende, Theateraufführungen, Aktivitäten verschiedenster Art während der Ferien, das Skiweekend sowie

Gruppenvorführung zum Jubiläum «75 Jahre TV Rothenfluh», 1987

der Besuch der Kinder durch den Santichlaus und der Chlaushock. Sporadisch führte der Verein auch die Bundesfeier durch.

Präsidenten und Oberturner
Sportliche Erfolge sind ohne vorbehaltloses Engagement der Vereinspräsidenten kaum denkbar. Grosse Verdienste erwarb sich Ernst Spiess-Huber, der dem Verein fast zwanzig Jahre bis 1978 als Präsident vorstand. Ihm folgte der langjährige Oberturner Andreas Mumenthaler-Rieder, der bis 1983 die Geschicke des Vereins leitete. 1984 wurde der heutige Gemeindepräsident Kurt Schaub-Bauer als Vereinspräsident gewählt. In seine Amtszeit fiel das Bezirksturnfest in Rothenfluh und das 75-jährige Bestehen des Turnvereins im Jahr 1987. Von 1990 bis 2000, führte mit grosser Umsicht Felix Rieder-Strebel den Verein. Alle diese Vorsitzenden wurden mit der Ehrenmitgliedschaft des Vereins ausgezeichnet. Seit dem Jahr 2000 steht Daniel Bürgin an der Spitze des Vereins.

Unter der technischen Leitung der Oberturner entwickelte sich der Verein kontinuierlich zu einer Spitzensektion. Siege und gute Platzierungen an den Turnfesten, Meisterschaften und weitere sportliche Anlässe, aber auch hervorragende Leistungen

Freizeit

Die Erfolge von Bruno Gerber

Jahr	Meisterschaft international		Rang	Meisterschaft national		Rang
1989	EM	2-er Bob	1.	SM	2-er Bob	1.
	WM	2-er Bob	2.	SM	4-er Bob	1.
	WM	4-er Bob	1.			
1990	WM	2-er Bob	1.	SM	2-er Bob	1.
	WM	4-er Bob	1.	SM	4-er Bob	1.
1991	EM	2-er Bob	1.	SM	2-er Bob	1.
	EM	4-er Bob	1.	SM	4-er Bob	1.
	WM	4-er Bob	2.			
1992	OS	4-er Bob	5.	SM	4-er Bob	1.
1993				SM	4-er Bob	1.

EM = Europameisterschaft. WM = Weltmeisterschaft. SM = Schweizer Meisterschaft. OS = Olympische Winterspiele.

von Einzelturnern in verschiedenen Sportarten, machten den Turnverein zu einem der erfolgreichsten Vereine im Baselbiet. Bezeichnenderweise hatte der Verein seit 1963 bis heute nur gerade drei technische Leiter (Andreas Mumenthaler, Anton Küng und seit 1984 Ernst Nyfeler). Besondere Ehre für den Verein legten die Bobcracks Bruno Gerber und die Zwillinge Beat und Thomas Seitz ein, die an nationalen und internationalen Titelkämpfen absolute Spitzenränge erzielten.

Neben der Beteiligung an kantonalen und eidgenössischen Turnanlässen organisiert der Turnverein auch regionale Meisterschaften auf eigenem Boden.

Unter der Betreuung von Paul Buess-Handschin haben Mitglieder des Turnvereins internationale Bedeutung erreicht, wie das Beispiel von Bruno Gerber zeigt (siehe obige Tabelle).

In den 1930er Jahren gab es sogenannte «Wanderoberturner». Das waren technische Leiter, die ihr Wissen und ihre Erfahrung gleichzeitig mehreren Sektionen vermittelten. Adolf (Dölfi) Völlmin, später Polizeibeamter in Zürich, wirkte auch eine Zeit lang in Rothenfluh und blieb bis zu seinem Tode eng mit dem Verein verbunden.

Baselbieter Sportpreis für Paul Buess
Wie bereits angedeutet, gilt Paul Buess-Ritter zweifellos als *der* Förderer des Jugendsportes im Dorf. Mit der Verleihung des Baselbieter Sportpreises durch die Regierung im Jahr 1992 erfuhr der langjährige

Im Sommer 1992 wird die Juniorenmannschaft des TV Rothenfluh zum zweiten Mal Schweizermeister im Leichtathletik-Mannschaftsmehrkampf.
Beat Seitz, Lukas Erny, Michael Bürgin, Christoph Hürbin, Reto Graf, Simon Erny, Thomas Seitz

Übergabe des kantonalen Förderpreises 1992 im Schloss Ebenrain an Paul Buess (3. v. l.) im Beisein von Regierungsrat Peter Schmid (4. v. l.)

Leiter und Trainer der Jugendlichen eine besondere Ehrung. Die Übergabefeierlichkeiten fanden unter Beisein verschiedener kommunaler und kantonaler Prominenz am 5. Dezember 1992 im Schloss Ebenrain statt.

■ **In seiner Laudatio hält Thomas Beugger Folgendes fest:**

Es gibt im Sport ein ungeschriebenes Gesetz: Ein Verein ist immer so gut wie sein Leiter. Die Jugendriege des TV Rothenfluh, speziell die Juniorenmannschaft, hat einen ausserordentlich guten und engagierten Leiter. Das ist sicher der Hauptgrund, weshalb die Jugendabteilung aus Rothenfluh seit Jahren so viel Erfolg hat und diese Arbeit heute verdientermassen mit dem Förderpreis für Vereine ausgezeichnet wird.

Der sportliche Nachwuchs aus dieser kleinen Gemeinde ist seit Jahren sehr erfolgreich. Auch in diesem Jahr, wo der Sieg der Juniorenmannschaft am Schweizer Finale im Leichtathletikmannschaftsmehrkampf in Brugg zum Höhepunkt wurde. Speziell diese Mannschaft sorgte in den letzten Jahren für einiges Aufsehen, gewann sie doch bereits 1990 den Schweizer LMM-Final in der Kategorie Jugend und kam 1989 und 1991 jeweils auf den vierten Schlussrang. Der Rothenflüher Nachwuchs hat in den letzten 20 Jahren die Jugendturnfeste und die Jugendleichtathletikanlässe in der Region, zum Teil auch national dominiert. Die Rothenflüher haben insgesamt über 200 Meisterschaftsmedaillen erobert, sei dies an kantonalen, nationalen und – wenn man die Erfolge des Bobsportlers Bruno Gerber dazuzählt – sogar an internationalen Meisterschaften.

Während der ganzen Zeit war einer verantwortlich für all das: Paul Buess. Was er für die Jugend in Rothenfluh in den letzten 20 Jahren geleistet hat, verdient grosse Anerkennung.

Angefangen hat er im Jahre 1972. Nach der Einweihung der Turnhalle gründete Paul Buess im Dorf die erste Jugendriege und begann mit dem Aufbau einer Institution, die noch heute unter seiner Leitung steht. Pro Jahr besuchten seither in Rothenfluh durchschnittlich 40 Jugendliche seine Turnstunden und starteten auch an vielen Jugendwettkämpfen. Das Training ist jeweils in zwei Altersabteilungen unterteilt. Zusätzlich fördert der unermüdliche Paul Buess in Spezialtrainings die ambitionierten Leichtathleten und Läufer.

Dank diesem Spezialtraining haben sich Sportler wie Bruno Gerber oder OL-Läuferin Karin Goy das Rüstzeug für ihre späteren Karrieren geholt. Auch von der jetzigen Juniorenmannschaft könnten einige den Sprung an die Spitze schaffen, so aus der LMM-Mannschaft die Zwillinge Thomas und Beat Seitz, die neu ins Lager der Bobfahrer gewechselt haben, oder OL-Läuferin Daniela Deplazes, die kürzlich in die Juniorinnen-Nationalmannschaft berufen wurde.

Freizeit

Was ist denn für Paul Buess die Motivation gewesen, seit 20 Jahren durchschnittlich vier Abende pro Woche und unzählige Wochenenden für die Jugend im Dorf zu opfern? Die Beschäftigung mit dem Nachwuchs sei sehr dankbar. Man erlebe Freude und Anerkennung vor Ort. Es sei faszinierend, die Jungen für den Sport zu begeistern und mit ihnen Erfolge zu erleben. ■

Die Jugendriegen
Der Bau der Mehrzweckhalle schuf die Voraussetzungen für einen geregelten Turnbetrieb. Dies gilt insbesondere für den zahlenmässig grossen Nachwuchs. Die Initialzündung zu dieser Entwicklung gab Paul Buess-Ritter mit der offiziellen Gründung der ersten Jugendriege im Jahr 1972. Nach und nach entstanden weitere Riegen. Heute umfasst der Verein folgende Gruppierungen: Mutter/Vater und Kind-Turnen (Muki/Vaki), Kinderturnen (Kitu), Jugi Knaben gross und klein, Mädchenriege gross und klein, Läufergruppe und Leichtathletikgruppe. Im Verlaufe der Zeit haben die jungen Rothenflüher Turnerinnen und Turner («die Grünen») an Jugendturnanlässen und Läufen aller Art ungezählte Medaillen errungen. Viele Jugendliche wenden sich nach Beendigung der obligatorischen Schulpflicht anderen Aktivitäten zu. Nur wenige wechseln in die Aktivriege oder in die Turnerinnenriege. Dieser Trend birgt die Gefahr in sich, dass den betroffenen Riegen der Nachwuchs fehlen wird, wenn der Entwicklung nicht Einhalt geboten wird.

Die Turnerinnenriege
Im Jahre 1949 gründeten die damaligen aktiven jungen Frauen die Damenriege als eigenständigen Verein. Früher war es die Regel, dass eine Turnerin nach ihrer Verheiratung das Turnen aufgab, «weil es nicht schicklich war, als verheiratete Frau der Damenriege anzugehören.» Diese Zeiten sind vorbei. Durch eine Statutenänderung 1980 änderte die Bezeichnung in «Turnerinnenriege». An einer Vorstandssitzung fiel im Beisein der Turner das Wort «Emanzen», was einigen Wirbel auslöste. Die heutigen Turnerinnen, die zurzeit von Roswitha Sutter geleitet werden, haben praktisch das gleiche Wettkampfangebot wie ihre männlichen Kollegen und machen davon auch eifrig Gebrauch. Zuweilen treten sie in gemischten Formationen auf. Was für die Aktivriege gilt, gilt sinngemäss auch für die anderen Riegen des Vereins.

Die Frauenriege
Die Gründung der Frauenriege geht ins Jahr 1960 zurück. Anfänglich gehörte der selbständige Verein keiner Dachorganisation an. In den Statuten aus dem Jahr 1989 nennt sich der Verein «Frauenturnverein». Turntag ist der Mittwoch. Die Riege legt Wert auf gesundheitsbewusstes Turnen, nimmt aber seit einigen Jahren auch an den Turnfesten teil und führt jedes Jahr eine

Die Mädchenriege am Unterhaltungsabend «75 Jahre TV Rothenfluh», 1987

Die Turnerinnenriege Rothenfluh am Regio-Turnfest 1988 in Thürnen

zweitägige Reise durch. Anlässlich des vierzigsten Geburtstages der Riege verbrachten die Frauenturnerinnen ein paar Tage in Paris. Seit Jahren ist die Frauenriege, was den Turnstundenbesuch betrifft, zahlenmässig die stärkste Riege. Einige Anlässe, Ferienprogramm und Chlaushock, führt die Frauenriege gemeinsam mit der Männerriege durch.

Die Männerriege
Die Männerriege wurde 1974, nach dem Bau der Turnhalle, ins Leben gerufen, wobei Gianni Mazzucchelli die treibende Kraft war. Sie war stets eine Sektion des Turnvereins ohne eigenen Vorstand. Die meisten der Männerriegler gehörten zuvor der Aktivriege an. Der Bestand umfasst etwa 25 Mann, von denen weniger als die Hälfte regelmässig die Turnstunde besucht. Seit Jahren schmückt die Männerriege in der Walpurgisnacht die zehn Dorfbrunnen mit den Maibäumen. Zum festen Programm gehören auch die Teilnahme an den Turnfesten sowie der jährliche zweitägige Ausflug.

Das Altersturnen
Das Turnangebot in Rothenfluh wird durch das Altersturnen abgerundet. Die Seniorinnen und Senioren halten sich in der Turnstunde am Montagvormittag körperlich und geistig fit. Diese Riege steht unter dem Patronat von «Pro Senectute», wird aber auch von der Kirchenpflege unterstützt. Sie gehört dem Turnverein nicht an.

Otto Graf

Sparverein

1914 fasste die Idee Fuss, jeden Sonntag ein paar Batzen einzuziehen, um dieses Geld auf einer Bank zinsbringend anzulegen. Es handelte sich um eine Art organisiertes «freiwilliges Zwangssparen». Um die 20, später 50 Rappen einzuziehen, übernahmen die Mitglieder des Vereins abwechselnd die Rolle des Kassierers. Nach dem Zweiten Weltkrieg stiegen die Beträge langsam an, parallel zum wachsenden Wohlstand der Familien. Nach einer Sparperiode von fünf Jahren wurden die Ersparnisse samt Zinsen an einer Generalversammlung an die Mitglieder ausbezahlt.

Den Sparverein gibt es heute noch. Der monatliche Mindestbetrag liegt gegenwärtig bei zehn Franken. Das Geld wird aber nicht mehr eingezogen, sondern per Einzahlungsschein überwiesen. Auch die Ausschüttung erfolgt nicht mehr öffentlich, sondern per Check.

Gemeinnütziger Verein für Alterswohnungen

Dieser Verein wurde am 19. November 1993 gegründet mit dem Zweck, «betagten Personen eine ihren Bedürfnissen angepasste Wohnmöglichkeit zu verschaffen» (Art. 2 der Statuten). Die Idee, in Rothenfluh Alterswohnungen zur Verfügung zu stellen, ist allerdings schon älter. 1982 wurde auf Antrag von Rösli Erny-Schäfer mit dem Gewinn aus der Festveranstaltung «150 Jahre Baselland» ein Fonds für Alterswohnungen geäufnet. Damit war der Grundstein für das Gemeinschaftswerk gelegt. Eine Gruppe weitblickender Frauen und Männer trieben es in den folgenden Jahren weiter voran. Alljährlich in der Adventszeit wird in der Turnhalle eine Festwirtschaft mit Kaffeestube organisiert. Zum Ertrag aus diesem Anlass kommt ein Teilertrag aus dem gleichzeitig stattfindenden «Cherzezieh». Dieses Geld fliesst in den Fonds für Alterswohnungen, der am 31.12.2000 über ein Vermögen von Fr. 330 000.– verfügte. Fonds und Verein sind Folgen gesellschaftlicher Veränderungen, die auch vor Rothenfluh nicht Halt machen. Zu erwähnen ist die nach wie vor steigende Lebenserwartung der Bevölkerung, der wachsende

Freizeit

Anteil der Seniorinnen und Senioren an der Gesamtbevölkerung sowie die damit verbundenen Begleiterscheinungen wie Pflegebedürftigkeit, Vereinsamung, ungünstige Wohnsituation usw. – Das Projekt Alterswohnungen konnte bis jetzt trotz allen Anstrengungen und dem Entgegenkommen der Gemeinde noch nicht verwirklicht werden.

Cherzezieh-Gruppe

Kein Verein, aber trotzdem gut organisiert ist die Cherzezieh-Gruppe: Seit bald 15 Jahren veranstaltet sie jeweils in der ersten Dezemberwoche das Kerzenziehen. Ort des Geschehens ist der Postschopf der Familie Erny-Schmutz am Dübachweg.
Die einfach zu lernende Kunst des Kerzenziehens wird durch ein in den letzten Jahren modernisiertes System ermöglicht. Man kann Paraffin- und Bienenwachskerzen nach Lust und Laune gestalten. Ältere Gruppenmitglieder sorgen für die technisch korrekte Installation und Handhabung der Wachsschmelzvorrichtungen, jüngere Freiwillige bedienen die Kasse und helfen beim Aufstellen und Abbau der Einrichtungen. Der Erlös wird zwischen der eigenen Materialkasse, dem Verein für Alterswohnungen und einer Wohltätigkeitsorganisation aufgeteilt.

Feuerwehrverein

Zweitjüngster unter Rothenfluhs Vereinen ist der Feuerwehrverein. Er wurde am 12. Juni 1992 unter Mitwirkung des ehemaligen Feuerwehrkommandanten Hanspeter Weitnauer gegründet. Ziel und Zweck ist die Erhaltung der Kameradschaft unter den aktiven und ehemaligen Feuerwehrleuten. Der alljährliche Feuerwehrball und die zweitägige Reise (1997 nach Mailand) sind bereits Tradition geworden.

Inline-Hockey-Club «Red Rocks»

Der Verein «IHC Red Rocks Rothenfluh» wurde am 24. Juni 1998 gegründet. Zum Präsidenten wurde David Erny, zum Teamcaptain Matthias Erny gewählt. Inline-Hockey wurde jedoch in unserem Dorf schon einige Jahre vorher gespielt. Angefangen hat es damit, dass wir uns auf dem Tartanplatz bei der Turnhalle regelmässig zum Spielen trafen. Ab und zu trugen wir Freundschaftsspiele mit anderen Oberbaselbieter Mannschaften aus.
1998 traten wir der NWIL (Nordwest Inline Hockey Liga) bei. Dadurch wurden professionelle Trainings notwendig, welche von Jürg Auf der Mauer mit grosser Sachkompetenz geleitet wurden. Auf seine Initiative hin wurde noch im gleichen Jahr der Verein gegründet. Leider musste Jürg aus gesundheitlichen Gründen die Trainings zwei Jahre später an Beat Schaffner, einen routinierten Eishockeyspieler aus Anwil, abgeben. Dank der Initiative des Kirchenpflege-Präsidenten Toni Nyffeler beschäftigen wir uns gegenwärtig mit dem Bau eines Trainings- und Turnierplatzes beim Pfarrhaus. Die Baukommisson unter der Leitung von Heinz Anderegg hofft, diesen noch Ende 2001 einweihen zu können.

David Erny

14.1.2 Überkommunale Vereine

Samariterverein

Im Zweiten Weltkrieg war der Samariterverein Bestandteil der Ortswehren. Der Bundesratsbeschluss vom 9.4.1943 und 29.7.1943 regelte unter anderem die Subventionierung des Sanitätsmaterials der Gemeinden. Im gleichen Jahr bewilligte der Gemeinderat ein Gesuch von Vreni Senn-Mattes um finanzielle Unterstützung des hiesigen Samaritervereins: «An die Anschaffungskosten soll pro 1943 ein Beitrag von Fr. 100.– geleistet werden. Der zukünftige Jahresbeitrag soll den Bedürfnissen entsprechend ausgerichtet werden und im Minimum Fr. 30.– betragen.»
Aus der Rechnung des Schweizerischen Samariterbundes geht hervor, dass der Verein einen Jahresbeitrag von Fr. 11.90 bezahlt hat. Die Kassabücher weisen 21 Aktivmitglieder (12 aus Rothenfluh und 9 aus Anwil) aus. Sie bezahlten jeweils einen Jahresbeitrag von Fr. 3.–, die etwa 30 Passivmitglieder Fr. 2.–.
Nach Kriegsende wurden vom Bund die Sanitätsposten und die Bereitstellung von Sanitätsmaterial aufgehoben. Es war den Gemeinden freigestellt, das Material zu liquidieren oder zu behalten (Übergabe an Samaritervereine oder gemeinnützige Organisationen). Die damaligen Verhältnisse zeigen sich in der Bestimmung: «Fieberthermometer sind gegenwärtig rar und an Apotheken oder Drogerien zu verkaufen.» Der Samariterverein kaufte das Sanitätsmaterial von der Gemeinde für Fr. 125.90. Die

Freizeit

Ausflug des Samaritervereins auf den Belchen 1944
Hinten: Emmeli Rieder, Ruth Schaffner (Anwil), Bethli Erny; vorne: Hanna Gysin (Anwil), Gertrud Erny, Vreni Senn-Mattes, Ernst und Anna Brandenberger-Sutter

Liquidation wurde mit einer Vergabung von Fr. 62.95 zugunsten des Eidgenössischen Kriegs-Fürsorge-Amtes abgeschlossen.
Materialverwalterin war Emma Rieder (später Strub-Rieder, bekannt auch als Schlosser Emmeli). Sie wohnte an einem zentralen Ort im Unterhof, gegenüber dem ehemaligen Konsum (heute Gemeindekanzlei) und hütete die «Chischte» mit dem Sanitätsmaterial. Tragbahre, Verbandstoff und Gasschutzmasken gehörten zur Ausrüstung. Nach Kriegsende wurde sie im alten Schulhaus deponiert, kam später ins Pfarrhaus und wurde schliesslich dem Schweizerischen Roten Kreuz abgegeben. Vereinsarzt war Dr. Gerster aus Gelterkinden, welcher in Rothenfluh und Anwil Vorträge in der Alten Schule hielt. Im Saal des Restaurants Hirschen wurden Erste-Hilfe-Vorführungen für die Bevölkerung abgehalten.

Die Samariterinnen aus Anwil begaben sich zu Fuss nach Rothenfluh, um die Kurse und Übungen zu besuchen. Hanna Burri-Gysin, Anwil: «Es het öppis gheisse, zu deer Zyt, as mir als früsch Konfirmierti dä Samariterkurs z Roteflue hei dörfe bsueche!»

Mit den Jahren ging der Mitgliederbestand stetig zurück, von 17 Aktiven und 32 Passiven im Jahre 1946 auf 9 Aktiv- bzw. 24 Passivmitglieder drei Jahre später. 1951 wurde der Samariterverein Rothenfluh-Anwil aufgelöst.

Das Sparbüchlein des Vereins aber überlebte, sorgfältig verwahrt, den Lauf der Zeit. 1979 wies es einen Betrag von Fr. 423.– aus, welcher 1999 auf Fr. 739.25 angewachsen war. In diesem Jahr beschloss der Gemeinderat von Rothenfluh, das Sparbüchlein des ehemaligen Samaritervereins Rothenfluh-Anwil dem Samariterverein Anwil aus Anlass seines 25-jährigen Bestehens (1974–1999) zu schenken.

Quellen
Kassabücher und andere Vereinsdokumente, zur Verfügung gestellt von Vreni Senn-Mattes

Reitverein Schafmatt
Kurz nach dem Zweiten Weltkrieg schliessen sich einige Kavalleristen als Sektion Schafmatt dem Reiterclub beider Basel an. Als Angehörige der Armee haben sie den Auftrag, neben der täglichen Feldarbeit auch die Reitkondition ihrer Bundespferde auf möglichst hohem Niveau zu halten. Dazu werden im Sommer am Sonntagmorgen auf einer Waldwiese im Gebiet Buschberg Reitübungen durchgeführt. Jeden Donnerstagabend findet ein Nachtritt statt.

Der geschäftliche Teil der Sektion wird im Reiterclub beider Basel abgewickelt. Resultiert an einem Sektionsanlass (z. B. «Apfelhauet») ein Reingewinn, muss er abgeliefert werden, obwohl der ganze Arbeitseinsatz durch die Sektionsmitglieder erbracht wird. Wird für eine Anschaffung wie Springmaterial Geld benötigt, muss in Basel gebettelt werden. Das führt zu Unstimmigkeiten zwischen den Mitgliedern der Sektion Schafmatt und dem Vorstand des Reiterclubs.

Ende der 1950er Jahre besteht die Sektion aus ca. 20 Kavalleristen und ca. 4 Privatreitern. Die erste Reiterin wird 1970 aufge-

Freizeit

Quadrillenvorführung zum 20-jährigen Bestehen der Springkonkurrenz Rothenfluh, ausgeführt von Mitgliedern des Reitvereins Schafmatt, Riedmet, 1993

Ausscheidungsprüfung des Zentralschweizerischen Kavallerieverbandes im Vereinscup, Riedmet, 1998

nommen. In dieser Zeit entwickelt sich die Hobby- und Sportreiterei. Die Mitgliederzahlen steigen laufend und erreichen im Jahr 2000 120 Aktiv- und Passivmitglieder.

1972 führt die Sektion Schafmatt ihre erste Springkonkurrenz in Rothenfluh durch. Das Abliefern des Reingewinns nach Basel schmerzt derart, dass 1974 ein selbständiger Reitverein Schafmatt gegründet wird, der sich dem Zentralschweizerischen Kavallerieverband anschliesst und die Finanzen selbst verwaltet. Weiterhin werden Reitkurse, Vormittagsritte und Nachtritte durchgeführt. Auch die Springkonkurrenz im Sommer findet jährlich statt. Der Reinerlös soll der Finanzierung einer Reithalle dienen. Es handelt sich dabei um einen schon lange gehegten Wunsch. Im Gebiet Riedmet kann der Verein von einem Mitglied ein Stück Land übernehmen. Ein erstes Baugesuch wird 1974 eingereicht und 1975 definitiv abgelehnt mit dem Vermerk, im kantonalen Orts- und Regionalplan müsse zuerst eine Spezialzone ausgeschieden werden. 1980 wird ein weiterer Anlauf gewagt und eine Reithallenkommission gebildet. Der kommunale Zonenplan Landschaft (siehe Kapitel 5.5) wird in Angriff genommen, eine Spezialzone für Reitsport soll ausgeschieden werden. Es folgen langwierige, zähe Verhandlungen. Im März 1992 genehmigt die Gemeindeversammlung den Zonenplan mit einer Spezialzone. Auf der Parzelle 1300 Heuelschür wird die Reithalle 1993/94 unter tatkräftiger Mithilfe der Vereinsmitglieder gebaut und 1995 eingeweiht.

Im Winter und im Sommer finden Reitkurse statt. Die Reithalle ist für die Ausbildung von Kindern und Jugendlichen, aber auch von jungen Pferden eine grosse Hilfe. Zusätzlich hat das «Chlausenspringen» Anfang Dezember einen festen Platz im Terminkalender gefunden. Um das Tätigkeitsprogramm möglichst vielseitig zu gestalten, werden Patrouillenritte, Geschicklichkeitsreiten, Vorträge, Filmabende, aber auch weiterhin Nacht- und Vormittagsritte angeboten. *Claudia Schaub*

Spitex-Verein Oberes Ergolztal

Der Hauspflegeverein Ormalingen-Rothenfluh durfte seit seiner Gründung 1954 immer auf tatkräftige Unterstützung der Gemeinde zählen. Sie stellte – mit einer Ausnahme, nämlich während der Zeit, als Pfarrer Müller aus Ormalingen dieses Amt innehatte – jeweils den Präsidenten. Anfänglich erledigte in jeder der beiden Gemeinden je eine Hauspflegerin die anfallende Arbeit, die allmählich zunahm, so dass zusätzliches Personal gesucht werden musste.

Die Gemeinden bezahlten einen festen jährlichen Beitrag. Bei der Umstrukturierung 1997 verpflichteten sie sich zur Ausrichtung von Pro-Kopf-Beiträgen. Bis 1983 leistete die kantonale Sanitätsdirektion «Staatsbeiträge an die Kosten der Dienste der gesundheitlichen Vor- und Fürsorge». In den 90er Jahren übernahm das Bundesamt für Sozialversicherung die Subventionierung.

Angestellte und Vorstand des Spitexvereins mit Ehegatten «auf Gotthelfs Spuren», 1997

1987 kam eine Anfrage aus Anwil, ob eine Möglichkeit zum Beitritt bestehe. Zu Gesprächen mit Vertreterinnen des Frauenvereins lud man auch Hemmiken ein, das ebenfalls Interesse gezeigt hatte. Einer Erweiterung des bestehenden Vereins auf vier Gemeinden stand nichts im Weg. Nach einer entsprechenden Statutenänderung war sie bald perfekt. Heute zählt der Verein rund 400 Mitglieder.

Da das Personal zahlreicher und die Anforderungen grösser wurden, war der Verein bestrebt, mindestens einmal jährlich eine Weiterbildungsveranstaltung zu einem aktuellen Thema anzubieten. Einige Zeit beschäftigte uns das «Wohnen im Alter». Lehrreich und zugleich unvergesslich gestaltete sich 1994 die gemeinsame Seminarreise nach Holland mit dem Verein für Alterswohnungen Rothenfluh, die den Teilnehmenden erlaubte, sich ein Bild von verschiedenen Wohnmodellen zu machen. Auch Besichtigungen in der Schweiz dienten der Information.

1996 erhielt der Verein von den vier Gemeinden den Auftrag, den bestehenden Hauspflegeverein zu einem Spitex-Verein auszubauen. Mitte Mai wurde allen Gemeinderäten ein von einer sechsköpfigen Kommission ausgearbeitetes Konzept zur Vernehmlassung abgegeben und anschliessend den Gemeindeversammlungen zur Abstimmung unterbreitet. Nachdem dieses Konzept in allen Vertragsgemeinden gutgeheissen worden war, konnte der Vertrag mit der Krankenpflege Gelterkinden aufgelöst werden.

Die Umstrukturierung stellte eine Herausforderung ersten Ranges dar und brachte für den Präsidenten, den Vorstand und die einzelnen Kommissionen ein gerüttelt Mass an Arbeit. Schritt für Schritt rückte das Ziel näher, Verträge wurden ausgearbeitet, Statuten überarbeitet, Krankenpflegepersonal gesucht – und gefunden, so dass ein Neustart für 1997 festgesetzt werden konnte. Zwei Krankenschwestern erklärten sich bereit, gemeinsam die Teamleitung zu übernehmen.

Der Spitex-Verein Oberes Ergolztal kann sich seit seiner Gründung nicht über mangelnde Arbeit beklagen. Das Krankenpflegeteam musste seinen Weg ganz neu suchen und sich eine Arbeitsstrategie erarbeiten, da jede Mitarbeiterin nur stundenweise beschäftigt werden kann. Auch für die Hauspflegerinnen ergab sich eine neue Situation, und es zeigte sich, dass die Vermittlung, die bisher von je einem Vorstandsmitglied jeder Gemeinde erledigt wurde, zentralisiert werden musste. Seither obliegt sie der Teamleitung und ermöglicht so eine optimale Koordinierung der Kranken- und Hauspflege-Einsätze. Im Monat werden zwischen 30 und 40 vorwiegend ältere Gemeindeglieder gepflegt oder betreut. In die zunehmenden Grundpflege-Aufgaben können auch die Hauspflegerinnen einbezogen werden, da sie alle die erforderliche Ausbildung absolviert haben. Mit den Jahren hat sich ein erfreulicher Teamgeist entwickelt, der sorgfältig gepflegt wird. Dem trägt die 1997 eingeführte Reise für Vorstand, Personal und Ehegatten Rechnung, für die sich der Präsident immer wieder neue Überraschungen einfallen lässt, so dass die Unternehmung jedes Mal zu einem vollen Erfolg wird. In der Adventszeit bietet ein gemeinsames Nachtessen Gelegenheit, die Kontakte zu vertiefen.

Therese Eichenberger

Natur- und Vogelschutzverein Rothenfluh-Anwil NUVRA

Der Natur- und Vogelschutzverein Rothenfluh wurde in den 1950er Jahren gegründet. Er konzentrierte sich zunächst auf das Beobachten von Vögeln und das Anbringen von Nistkästen, Schwalbennestern usw. Nachdem die Aktivitäten im Laufe der Jahre erlahmt waren, wurde 1971 ein neuer Anlauf genommen. Im Zuge des grenzüberschreitenden Naturschutzes wurde der Verein auf Anwil ausgedehnt.

Die Aufgaben erweiterten sich im Laufe der Zeit vom reinen Vogelschutz zur Erhaltung einer Vielfalt von Lebensräumen. Letztere wurde als eines der wichtigsten Elemente des Naturschutzes erkannt. Mit Exkursionen und Vorträgen möchte der Verein in der Bevölkerung die Liebe zur Natur und die Verantwortung für sie immer wieder wecken. Im Unterschied zu andern Baselbieter Gemeinden weisen Rothenfluh und Anwil auf wenigen Quadratkilometern noch eine grosse Lebensvielfalt auf. Der Schutz gilt aber nicht nur dem Naturerbe, sondern auch der Lebens- und Wohnqualität der Bevölkerung. Eine reich strukturierte Kulturlandschaft bietet gegenüber den weit verbreiteten «Agrarwüsten» nicht nur bessere Chancen für Flora und Fauna, auch dem Menschen kommen naturnahe Lebensräume zugute. Diese bieten Erholung und Ausgleich und besonders den Kindern den so wichtigen Erlebnisraum.

1981 bot sich die Möglichkeit, von der Gemeinde ein vier Hektar grosses Gebiet im Holingen zu pachten. Durch die angepasste, traditionelle Bewirtschaftung finden dort viele vom Aussterben bedrohte Pflanzen und Tiere ein Auskommen. Die dort vorkommenden Halbtrockenrasen könnten bald nationale Bedeutung erlangen.

Neben diesem Naturschutzgebiet betreibt der Verein eine Vielzahl kleinerer Projekte wie Waldpflege, Ameisenschutz, Anbringen von Nistkästen, Strukturbereicherungen (Altholz-Inseln, Trockenmauerbau, Hecken pflanzen und pflegen, Steilhänge mähen, alte Bäume und Obstsorten erhalten usw.) sowie die beliebte Obstbaumaktion. Der NUVRA nimmt auch immer wieder auf die Gemeindepolitik Einfluss, indem er z. B. bei Projekten darauf dringt, dass Anliegen des Naturschutzes berücksichtigt werden.

In dieser Absicht erstellte der Verein 1982–1984 ein Inventar der schützenswerten Naturobjekte für die Landschaftsplanung in Anwil und Rothenfluh. Diese Planungen wurden dadurch wesentlich beeinflusst. Für die Gemeinden war es von Vorteil, dass die Inventare von fachlich gut ausgebildeten, mit den lokalen Gegebenheiten vertrauten Personen erstellt wurden. Die acht Jahre dauernden Arbeiten am Rothenflüher Zonenplan Landschaft war für den Verein eine grosse Herausforderung.

Eine Frucht dieser erfolgreichen Arbeit war 1986 die Verleihung des Naturschutzpreises des Bunds für Naturschutz (heute: Pro Natura) Baselland an den NUVRA. Damit wurde er für seinen vorbildlichen Einsatz zur Erhaltung einer vielfältigen Natur geehrt. Auch die Einwohner- und Bürgergemeinden von Rothenfluh und Anwil konnten von dieser Vorarbeit profitieren, erhielten sie doch 1998 den Binding-Preis für eine naturnahe Waldbewirtschaftung (siehe Kapitel 4.6.5). *Gaston Nyffeler*

14.1.3 Ehemalige Vereine

Gemischter Chor

Zu Beginn des 20. Jahrhunderts gab es in Rothenfluh einen 1869 gegründeten Männerchor und einen Töchterchor. Beide Vereine lösten sich in den 1930er Jahren auf. Ein Gemischter Chor ist bereits im 19. Jahrhundert bezeugt. Die Neugründung fand am 12. Februar 1942 statt. Der Chor stand während der Zeit seines Bestehens unter der Leitung folgender Dirigenten und Dirigentinnen:

1942–1970	Ernst Lutz
1971–1981	Erich Erny
1982–1984	Thildy Lüthi
1985–1989	Isabelle Bucher

Der Verein nahm in diesen Jahren regelmässig an den Bezirkssängertreffen, gelegentlich an einem Kantonalgesangsfest teil. Zur Tradition unseres Chors gehörte das

Töchterchor am Gesangsfest 1928 in Rothenfluh mit ihrem Dirigenten Emil Gysin

Männerchor Rothenfluh anlässlich eines Gesangsfestes, um 1940

Freizeit

Auftritt des Gemischten Chores Rothenfluh unter der Leitung von Thildy Lüthi-Zimmermann anlässlich des 150-jährigen Bestehens des Kantons Basel-Landschaft in der Turnhalle, 1982

Erstes Talschaftstreffen in Rothenfluh 1987: Der Gemischte Chor unter der Leitung von Isabelle Bucher beim Eröffnungslied «Gottwilche»

Ständchensingen an den runden Geburtstagen älterer Dorfbewohnerinnen und Dorfbewohner. 1987 führte der Verein das erste Talschaftstreffen durch. Alle sechs eingeladenen Vereine, zwei aus Gelterkinden, zwei aus Ormalingen und je einer aus Anwil und Oltingen nahmen daran teil. Mit dem Eröffnungslied «Gottwilche» hiessen wir die grosse Sängerschar sowie die zahlreichen Gäste willkommen. Es war für alle Teilnehmerinnen und Teilnehmer ein unvergesslicher Anlass. Der Verein, der zwischen 25 und 30 Mitglieder zählte, führte ein reges Vereinsleben; dazu gehörten u. a. gemeinsame Theaterbesuche im Stadttheater Basel. Leider ist es uns nicht gelungen, für Isabelle Bucher eine Nachfolgerin oder einen Nachfolger zu finden. Auch mangelte es unserem Chor an jüngeren Sängerinnen und Sängern. Am 10. Mai 1999 wurde der Verein formell aufgelöst. Was bleibt, ist die Erinnerung an eine gute gemeinsame Zeit.

Sangesfreudige Rothenflüherinnen und Rothenflüher machen in auswärtigen Chören, zum Beispiel im Oberbaselbieter Singkreis, im Kirchenchor Gelterkinden oder in Jodelchören mit.

Rösli Erny, Elsbeth Gerber

Blasmusik, Volksmusik
Wiederholte Anläufe, einen Musikverein auf die Beine zu stellen, scheiterten mangels Interesse. Der vorläufig letzte Versuch fand im Jahre 1987 statt.
In den 1930er Jahren brachten es die beiden Ländlerkapellen «Daheim» und «Adria» zu

Tanzkapelle «Daheim», um 1935
Vorne: Arnold Gisin-Völlmin, Walter Gisin-Gisin, Willy Erny
Hinten: Adolf Andrist-Gerber, Willy Völlmin (Ormalingen)

einem beachtlichen regionalen Bekanntheitsgrad.

Das Duo «Sagi-Buebe» (Werner und Paul Furrer) mit Saxophon und Handorgel waren in den 1960er Jahren eine vielbeschäftigte und sehr beliebte Musikgruppe.

Mit dem Zuzug des «Ergolz»-Wirts Edi Wyss erlebte auch die Volksmusik in den 1990er Jahren einen Aufschwung. Beim *Verein der Volksmusikfreunde Rothenfluh und Umgebung* darf Umgebung grosszügig ausgelegt werden, denn zu den von Wyss organisierten Stubeten kamen die eingefleischten Volksmusikliebhaber von weit her gereist. Mittlerweile hat Edi Wyss Rothenfluh verlassen, der Verein wurde aufgelöst.

14.2 Freizeit im Wandel

14.2.1 Vor dem Medienzeitalter

Vor Anbruch des Autozeitalters mit seinen Möglichkeiten der Mobilität spielten in der Freizeitgestaltung ausser den Vereinen die Wirtschaften im Dorf eine gewisse Rolle. Es waren dies der «Asphof», das «Bad», die «Ergolz», der «Hirschen», das «Rössli», der «Rebstock» und die «Säge». Ende des 19. Jahrhunderts bis 1950 wurden von verschiedenen Vereinen Theatervorstellungen in den Sälen der Restaurants Rössli und Hirschen veranstaltet. Im Jahre 1964 wurde der Rebstock zugunsten der neuen Post abgebrochen.

Dass die Beizen in früheren Jahren fast durchwegs ausländische Serviertöchter beschäftigten, sorgte bei der männlichen Dorfbevölkerung für zusätzliche Abwechslung. Es waren vor allem österreichische, deutsche und elsässische «Töchter», von denen die eine oder andere durch Heirat hier «hängen geblieben» ist. Das Jassen wird nach wie vor von Männern und Frauen verschiedenen Alters regelmässig in den Dorfwirtschaften gepflegt.

Vor allem bei den Jugendlichen sehr beliebt waren in früheren Jahrzehnten die Kinos in der Nähe. Das «Central» (Anfang

Freizeit

der 1970er Jahre geschlossen) und das «Palace» in Sissach sowie das «Marabu» (zur Zeit ein Kulturraum) in Gelterkinden wurden oft besucht. Beliebt waren insbesondere Cowboyfilme. Viel beachtet wurden, speziell während des Zweiten Weltkriegs, auch die Wochenschauen. Ein bis zweimal pro Jahr kam das Schul- und Volkskino ins Dorf; dann wurden im «Rössli»- und später im Gemeindesaal volkstümliche Filme gezeigt, z. B. «Gilberte de Courgenay» oder «s Margritli und d Soldate». Heute werden auch Kinos in Liestal und Basel besucht.

Spätestens seit Anfang der 1970er Jahre wird das Kino durch das Fernsehen stark konkurrenziert bzw. verdrängt, eine Erscheinung, die sich bekanntlich nicht auf unser Dorf beschränkt.

Das erste Radiogerät im Dorf bastelte Emil Gysin-Lehmann, Sohn des Lehrers Emil Gysin-Erny. Es war ein grosses Ereignis, sich den zum Empfang unerlässlichen Kopfhörer aufzusetzen, um dann Musik oder kaum vernehmbares Sprechen – unterbrochen durch Knistern und Rauschen – zu vernehmen. Trotz anfänglicher Unzulänglichkeiten erweckte diese technische Errungenschaft mehr Aufsehen als später die ersten Fernsehapparate.

Anfang der 1930er Jahre wurden die ersten richtigen Radiogeräte installiert: bei Familie Erny auf der Post und bei Karl Graf-Lösch. Nicht wenige Rothenflüher gingen hie und da von Neugier getrieben zu diesen Familien, um das neue Medium zu erleben.

Olga Graf-Erny (*1913) erinnert sich, dass das erste Fernsehgerät im Restaurant Hirschen um 1950 in Betrieb genommen wurde. Es gab einen grossen Zulauf. Sportanlässe und Tagesschau wurden mit Interesse verfolgt. Kurz darauf schaffte Familie Graf ebenfalls ein Fernsehgerät an. Ihre schulpflichtigen Kinder durften die Schulkameraden zur «Kinderstunde» oder zu Abenteuerfilmen einladen. Damals wurde an einer Besprechung unter jüngeren Müttern im Pfarrhaus das Fernsehen als schädlich für Kinder bezeichnet. Man war der Meinung, dass nicht alle Fernsehprogramme für Kinder geeignet seien. Ausserdem sei das «In-den-Kasten-Schauen» schädlich für die Augen und lähme die Fantasie. Den dritten Fernsehapparat im Dorf besass Christine Gysin (s Stini).

14.2.2 Bibliothek

Die 1858 gegründete Jugend- und Gemeindebibliothek bestand bis in die 1940er Jahre. Die Bücher wurden – von den damaligen Lehrern als nicht mehr zeitgemäss befunden – verbrannt oder als Altpapier entsorgt. Die Schulbibliothek, als Klassenbibliothek geführt, existiert heute noch.

14.2.3 Theater

Willkommene Abwechslung bringen Unterhaltungsabende und andere Anlässe der Vereine ins Dorfleben. Erfreulicherweise wurde die alte Tradition, ein Theaterstück aufzuführen, in jüngster Zeit wieder aufgenommen. Die 1990 ins Leben gerufene

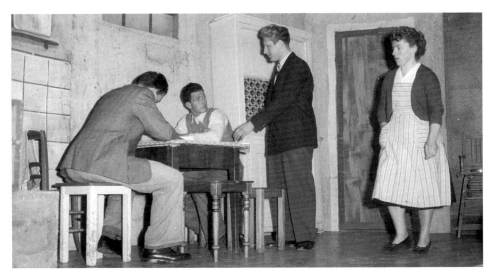

Theateraufführung im alten Gemeindesaal, 1960er Jahre

Freizeit

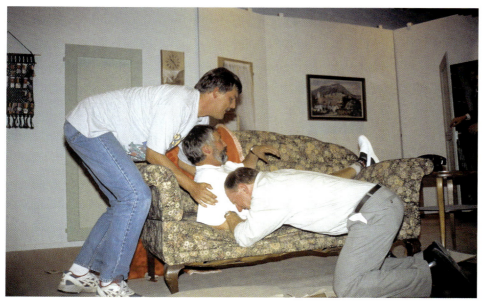

«Rente gut – alles gut», Mehrzweckhalle 1998, Regie: Ruedi Erny;
auf der Bühne: Hans Urs Spiess, André Mumenthaler, Albert Bürgi

Theatergruppe Rothenfluh, die sich vor allem aus Mitgliedern der turnenden Vereine rekrutiert, brachte als erstes Stück «Dr Tierbändiger» auf die Bühne. Im Zweijahresrhythmus wurden aufgeführt: «S letschti Teschtamänt», «Chlini Gauner, grossi Gauner», «Morge früe, wenn d Sunne lacht», «Rente gut, alles gut» und «Ausser Kontrolle, alles im Griff». Regie führte 1990–1996 Ruedi Erny-Grieder. Zu den Aktivitäten der Gruppe gehörten regelmässige Besuche befreundeter Theatergruppen in der Region. In den Jahren, in denen keine Aufführungen stattfanden, wurden Reisen ins Ausland unternommen, z. B. nach Wien, Prag, Barcelona. Seit 1998 führen Christian Gass-Rieder und Gaby Erny-Erni Regie. In den Jahren zwischen den Theateraufführungen wird ein Turnerabend geboten.

14.2.4 Tanz

Häufiger als heute ging man früher am Wochenende tanzen, oft auch auswärts. An Sonntagen ging man jeweils in Gruppen von bis zu zwei Dutzend junger Leute spazieren, berichten ältere Einwohnerinnen und Einwohner. Dabei habe man nach Herzenslust gesungen. Manchmal sei man zum Restaurant Säge marschiert, wo ein Musikautomat stand. Es waren nur eine Handvoll Stücke, die den ganzen Sonntag über zu hören waren, immer und immer wieder. Dazu wurde ausgiebig das Tanzbein geschwungen.

Heute wird bei (Dorf-)Festen in den umliegenden Gemeinden oder in Rothenfluh bei Theater- und Turnerabenden oder bei Springkonkurrenzen getanzt. Eine Gruppe von zwei bis vier Musikern legt sich ins Zeug, um Jung und Alt auf die Tanzbühne zu locken.

1994 organisierte die Kirchenpflege eine Disco-Party im Gemeindesaal. 1996, während des Dorffestes «800 Jahre Rothenfluh», wurde eine Techno-Party mit Laser-Show im Gemeindewerkhof Rank organisiert. Bei diesen Partys wurde ausschliesslich Techno-Musik ab CDs und Tonbandkassetten abgespielt.

In der Reithalle wurde schon einige Male von einem Ormalinger Einwohner eine «Cocktail Night» organisiert.

14.2.5 Hobbies

Viele Rothenflüherinnen und Rothenflüher pflegen ein oder mehrere Hobbies. Die 1985 vom Frauenverein organisierte Ausstellung «Rothenfluh zeigt sich» beeindruckte die vielen Besucher. Selbst die Einheimischen staunten über die Vielfalt der ausgestellten Erzeugnisse.

- *Verena Erny-Mumenthaler* verbindet Beruf und Hobby: Stickereien vielfältiger Art entstehen in ihrer Freizeit und in den

Freizeit

«Sterntaler», Stickerei von Verena Erny

Kursen an der Berufs- und Frauenfachschule Basel, wo sie seit 1986 als Sticklehrerin tätig ist. Zu ihren Vorlieben gehören die Leinenstickerei, die Appenzeller Hochstickerei und die freie Stickerei in den Märchenbildern. 1996 organisierte sie eine von Textilfachleuten vielbeachtete und gut besuchte Ausstellung bei sich zuhause am Dorfplatz 50. Ein Jahr später folgte die Retrospektive von Noémi Speiser, der Textilkünstlerin, die ihr Vorbild ist. Auch diese Ausstellung fand grosse Beachtung

- *Myrtha Heckendorn-Rieder* pflegt das Blumenmalen auf Stoff und Papier.
- *Martha Heiniger-Wüthrich* schreibt Gedichte und Erzählungen.
- *Monika Hönger-Schmeder* arbeitet mit Glas (Tiffany-Technik).
- *Gianni Mazzucchelli-Mumenthaler* ist Hobby-Archäologe und -Heimatkundler. In seiner Freizeit durchstreift er Wald und Flur auf der Suche nach Zeugnissen der ersten Rothenflüher. Die drei Steinwälle auf dem Fluhhorn deutet er als Überreste eines urgeschichtlichen Boden-Sonnenkalenders, da sie am Horizont die vier Sonnenaufgangspunkte im Jahreslauf anpeilen. Zusammen mit seinem Sohn Jan hat er bei den Grabungsarbeiten im Gebiet Nübel mehrere Tonscherben gefunden und der Kantonsarchäologie zukommen lassen. Ein Teil dieser Scherben lassen die Anwesenheit einer Siedlung um 1200 und einer vorchristlichen Siedlung vermuten (siehe Dorothee Rippmann: Bauern und Herren. Rothenfluh im Mittelalter. Ein Beitrag zur Geschichte der ländlichen Gesellschaft im Mittelalter, mit einem Beitrag von Jürg Tauber. Liestal 1996).
- *Manuel Oliveira* betreibt Malen als Hobby seit 1998. Er verwendet für seine Arbeiten Acryl-, Öl- und Pastellfarben. Neben gegenständlichen Motiven (Blumen, Tiere, Landschaften) malt er auch abstrakt.
- *Heidi Rieder-Superina* hat nach langem, beruflich bedingtem Unterbruch das Malen wieder aufgenommen. Sie verarbeitet in ihren Bildern innere und äussere Eindrücke und Erlebnisse.
- *Käthi Riek-Heckendorn* malt v. a. Hundeporträts mit Farbstift, Öl und in Aquarell.
- *Paul Schaub-Börlin* sammelt Waffen und Antiquitäten. Seine umfassende Sammlung an schweizerischen Ordonnanzwaffen, -uniformen und -utensilien ist im Estrich seines Wohnhauses zu bewundern. In der Pfarrschüre sind seine haus- und landwirtschaftlichen Geräte und Maschinen aufbewahrt. Während des Dorffests 1996 hat er damit eine gut besuchte Ausstellung gestaltet. Seine Sammlung bildet den Grundstock eines zukünftigen Dorfmuseums.

Paul Schaub mit Ankenfass, 1995

■ 400–500 Schildkröten

Das rote Doppeleinfamilienhaus am Südhang ist unübersehbar. Es handelt sich um ein Niedrigstenergiehaus, das für Heizung und Warmwasser pro Jahr lediglich drei Ster Holz benötigt. Dank der grossen Fensterfront kann hier die Sonneneinstrahlung optimal genutzt werden. Und genau diese Sonnenwärme benötigen die dahinter aufgestellten Terrarien der Schildkröten.

Hier wohnt seit sechs Jahren der in Buus aufgewachsene Hans Hersche mit seiner Familie. Seit rund 15 Jahren beschäftigt sich der heute 37-jährige Architekt intensiv mit Schildkröten. Deshalb war es für ihn selbstverständlich, dass beim Bau des eigenen Hauses an diese Tiere gedacht wurde.

Das Haus und die daran angebauten Wasserbecken sind gleichzeitig erstellt worden. In den Becken halten sich rund 200 Wasserschildkröten auf. In mehreren Aquarien leben weitere 100 Wasserschildkröten. Im Garten und in verschiedenen Terrarien sind über 100 Landschildkröten untergebracht. Sie gehören ungefähr 100 Arten an. Das älteste Tier ist rund 80 Jahre alt. Schildkröten können über 100 Jahre alt werden.

Einen ersten Kontakt mit Schildkröten hatte Hans Hersche als Kleinkind. Die griechischen Landschildkröten im Nachbarhaus beeindruckten ihn stark. Als er 20 Jahre alt war, schenkte ihm ein Kollege vier Schildkröten, für die dieser nach einem Wohnungswechsel keinen Platz mehr fand. Das Interesse für Schildkröten wuchs und begann zur Leidenschaft zu werden. Im «Zolli» Basel konnte Hans Hersche 1986

Hans Hersche mit Maurischer Landschildkröte, 2001

einige Zeit bei der Pflege von Schildkröten mithelfen. Von dort konnte er auch Jungtiere nachhause nehmen. 1987 folgten Volontariate als Hilfstierpfleger in den Zoos von Stuttgart und Frankfurt. Er wurde Mitglied der «Deutschen Gesellschaft für Herpetologie und Terrarienkunde DGHT». (Die Herpetologie befasst sich mit Amphibien und Reptilien.) Er trat der «Schildkröten Interessen Gemeinschaft Schweiz SIGS» bei und rief die Regionalgruppe «Schildkrötenfreunde Basilienses SFB» ins Leben.

1998 gründete Hans Hersche das «Fachmagazin Schildkröte». Die in einer Auflage von 5000 Exemplaren zweimonatlich erscheinende Fachzeitschrift redigiert und gestaltet Hans Hersche zusammen mit seiner Lebenspartnerin Monika Müller. Zu zwei Drittel wird sie in Deutschland abgesetzt, zu einem Drittel in der Schweiz und Österreich. Infos über art- und tiergerechte Haltung, Reiseberichte und das Vorstellen wenig bekannter Arten bilden den Hauptteil der Zeitschrift.

Der Schildkröten-Fachmann hat ein eigenes Schildkröten-Schutzhaus entwickelt, das guten Absatz findet. Er vertreibt auch Zubehör für Terrarien, hält im In- und Ausland Fachvorträge, organisiert Ausstellungen und Workshops und besucht weltweit Fachkonferenzen.

Auf die Frage, was ihn denn eigentlich an diesen Tiere so fasziniere, meint Hans Hersche: «Es ist in erster Linie die Urtümlichkeit. Nebst den Krokodilen und den Waranen (Echsen) sind die Schildkröten die einzigen Vertreter der Urzeit. Es sind Tiere mit sehr interessanten Verhaltensweisen. Doch: Zwei Drittel aller Arten sind heute vom Aussterben bedroht, nämlich durch Umweltveränderungen und durch den Menschen, der sie – am stärksten in China – unerbittlich jagt, sei es zur Verwendung als Nahrungsmittel oder zur Herstellung Traditioneller Chinesischer Medizin (TCM).»

Erich Erny ■

Freizeit

14.2.6 Ferien, Tourismus

Die Möglichkeiten, irgendwo auf der Welt Ferien zu machen, sind heutzutage fast unbeschränkt. Das war nicht immer so. Zum einen hatte man früher keine oder deutlich weniger Ferien, zum anderen gaben die Bauernbetriebe so viel zu tun, dass an Ferien im heutigen Sinne nicht zu denken war. Das Dorf verliess man selten, und wenn, dann höchstens für ein oder zwei Tage – beispielsweise im Rahmen einer Reise der Milchgenossenschaft. Nicht zuletzt fehlte es am nötigen Geld. Leute, die für einige Tage verreisten, wurden argwöhnisch betrachtet.

Nach dem Ersten Weltkrieg kamen die Ferienkolonien auf: 12- bis 16-jährige Schülerinnen und Schüler aus Basel, der Agglomeration Basel (Münchenstein und Birsfelden) sowie dem Elsass (Strassburg) kamen in den Sommerferien nach Rothenfluh. Unterkünfte wurden von den Gasthöfen Asp, Hirschen, Rössli und Bad angeboten. So geschah es, dass während einiger Wochen 120–150 Kinder mehr im Dorf waren. Die Feriengäste waren für die Rothenflüher Kinder und Jugendlichen eine willkommene Abwechslung. Wenn die hübschen Elsässerinnen morgens ins Dorf spazierten, um die Post abzuholen, wurden sie von den Burschen aus gebührender Distanz beobachtet. Gleichzeitig beneideten die Rothenflüher Kinder die Feriengäste, weil sie selber zur gleichen Zeit auf dem Feld arbeiten mussten.

Rothenfluh war als Ferienort einmal so vielversprechend, dass man in den 1930er Jahren davon sprach, die Gegend um den heutigen Buschberghof abzuholzen, um dort einen regionalen Flugplatz (vergleichbar mit Schupfart) anzulegen. Der Jagdpächter von Rothenfluh und Wittnau, Dr. Clavel aus Augst, sei, so wird berichtet, ebenfalls in den 1930er Jahren einmal mit seinem Sportflugzeug in Rothenfluh gelandet. Es gab zudem Pläne für ein Sanatorium im Holingen.

Feste und Bräuche

15

15.1 In der Familie

Der Inhalt dieses Kapitels ergab sich aus 31 Befragungen von älteren, zwischen 1903 und 1934 geborenen Menschen und von jüngeren, teilweise zugezogenen Familien. Es soll versucht werden, aus persönlich Erlebtem einen Trend, eine allgemeine Entwicklung aufzuzeigen.

15.1.1 Im Lebenslauf

Geburt

Jeder Mensch wird *geboren*. Bis zum Jahre 1961 geschah dies in der Regel zuhause. Spitalgeburten waren die Ausnahme. Die Dorfhebamme Lina Erny-Meier hat zur Zeit ihrer Ausbildung im Frauenspital Basel 1915 ihren Sohn zur Welt gebracht. Ihr Amt hat sie bis 1945 ausgeübt. Anschliessend war Frieda Schaub-Schäublin aus Ormalingen bis 1961 als Hebamme tätig. Danach haben zwischen 1961 und 1999, also während rund 40 Jahren, nur noch vier Kinder zuhause das Licht der Welt erblickt. Heute kann für eine Hausgeburt jede diplomierte Hebamme beigezogen werden. Die Bereitschaftskosten belaufen sich auf ca. Fr. 650.–. Sie werden zur Hälfte von der Gemeinde übernommen. Bei stationären Geburten bei der Hebamme bezahlt die Gemeinde zudem Fr. 50.– pro Tag während höchstens vier Tagen.

Wie wird die Geburt eines Kindes mitgeteilt? Zu Beginn des Jahrhunderts von Mund zu Mund. Um die Jahrhundertmitte werden dann hie und da gedruckte Geburtsanzeigen verschickt. Und seit einigen Jahren scheint sich im Dorf ein neuer Brauch zu verbreiten: Da steht ein Storch im Vorgarten, der den Namen des neugeborenen Kindes im Schnabel hält. Oder es hängt ein bunt bemaltes Tuch an der Hauswand und zeigt Namen und Geburtsdatum an. Oder es ziert ein bunter, mit den Namenszügen beschrifteter Ballon die Türe des Hauses,

23.11.2000: Mauro ist da!

in welchem ein Kind eingezogen ist. Phantasie und Kreativität führen so zu neuem Brauchtum. Es macht den Anschein, als ob die zugezogenen Familien da eher mitmachen als die Alteingesessenen, die solch neuen Sitten eher kritisch gegenüberstehen.

Die Wahl der *Namen* und der *Patinnen und Paten:* Lange Zeit erhielt der erstgeborene Sohn den Namen seines Vaters oder Grossvaters, die erste Tochter denjenigen ihrer Mutter. Es entsprach ebenfalls der Tradition, für die Knaben zwei Götti und eine Gotte, für die Mädchen einen Götti und zwei Gotten zu suchen. Meist wurden sie im Familienkreis ausgewählt.

Ungefähr zur Zeit des Zweiten Weltkriegs wurde diese Tradition aufgegeben. Die Namen wurden nach persönlichem Geschmack gewählt. Hiessen die Knaben früher Albert, Wilhelm, Johannes, Emil, Ernst, Heinrich, Otto – die Mädchen Marie, Lina, Berta, Klara, Rosa, Luise, Mina, so heissen sie heute Patrick, Pascal, Remo, Jan, Janic, Tim, Luca, Severin – die Mädchen Vanessa, Ramona, Natascha, Tanja, Jana, Karin, Leila, Livia, Jasmin.

■ Vornamen

In den 35 Schuljahren von 1965/66–1999/2000 besuchten in unserem Dorf im Ganzen 380 Kinder die 4. Primarklasse, nämlich 176 Mädchen und 204 Knaben.

Die 176 Mädchen trugen 106 verschiedene Vornamen, die 204 Knaben brachten es auf 93 verschiedene Vornamen.

Hitparade der Vornamen

Knaben		Mädchen	
Daniel	10 x	Sonja	8 x
Martin	9 x	Claudia	6 x
Andreas	8 x	Monika	5 x
Stefan	7 x	Nicole	5 x
Michael	7 x		

Vornamen wie Min, My Hong, Tai, Güllücan, Malik, Enida oder Quendrim weisen darauf hin, dass seit 1979 – zunächst dank privater Initiative und später unter Mithilfe der Fürsorgebehörde – Flüchtlingsfamilien aus Vietnam (Chinesen), der Türkei (Kurden) und Ex-Jugoslawien (Serbokroaten und Kosovoalbaner) in unserem Dorf lebten und leben.

Erich Erny ■

Taufe

Man brachte und bringt das Kind zur *Taufe*, «wils dr Bruuch isch». Es gibt bis heute nur vereinzelt ungetaufte Kinder. Die Mitglieder der Freikirchen taufen ihre Kinder in der Regel nicht, sondern segnen sie, was inhaltlich dem Taufakt gleichkommt. In der ersten Hälfte des 20. Jahrhunderts wurden die Kinder getauft, wenn sie wenige Wochen alt waren (früher sogar bereits nach wenigen Tagen). Dies hatte mit der Säug-

Taufgesellschaft um 1900

Feste und Bräuche

Taufe von Regula Ruckstuhl im Juni 1987 mit den Paten Monika Schweizer und Bruno Erny

lingssterblichkeit zu tun. Die Hebamme machte das Kindlein zur Taufe bereit. Sie stellte ihr kunstvoll gearbeitetes, mit Rüscheli verziertes Taufkissen samt weissem Schleier zur Verfügung. Auch die später üblichen langen Taufkleidli mit Schleife sind aus der Mode gekommen. Heute sind die Täuflinge meistens drei bis vier Monate alt und werden in der Regel in ihren gewohnten Kleidern zur Taufe getragen.

In der Heimatkunde von Rothenfluh aus dem Jahre 1863 schreibt Wilhelm Koch: «Namens- und Geburtstage werden nicht gefeiert, dagegen geht es bei Hochzeiten und Kindstaufen hoch zu und her.» Was das heisst, ist im Verhältnis zu sehen zum bescheidenen Alltag. Die meisten Leute hatten wenig Bargeld. Sie lebten daher einfach und sparsam. Trotzdem oder umso mehr war die Taufe ein Familienfest. Man kochte etwas Gutes, vielleicht einen Braten, und deckte den Tisch in der eigenen Stube. Eingeladen waren Gotten und Götti sowie die Grosseltern. Erst mit den besseren Verdienstmöglichkeiten in den 1960er Jahren kam das Taufessen in einem Restaurant auf.

Taufkissen. Es gehörte der Dorfhebamme Lina Erny-Meier. Für die Taufe lieh sie es den Tauffamilien aus.

Immer weniger Familien konnten auf die Hilfe einer im gleichen Haushalt lebenden Grossmutter zählen.

Das von der älteren Generation meist erwähnte Taufgeschenk war das sogenannte Taufschächteli, ein reichverziertes, flaches Kartonschächteli. Darin stand in geschwungener goldener Schrift «Zur Erinnerung an die Heilige Taufe» und die Namen der Paten. Diese haben ins eingefügte Täschli einen Batzen gesteckt, wenns hoch kam ein Goldvreneli. Nach dem Zweiten Weltkrieg ist das Taufschächteli durch die Taufrolle, ein gerolltes Erinnerungsblatt, ersetzt worden. Seither wird von den Paten kein allgemein gebräuchliches Taufgeschenk mehr erwartet. In jüngster Zeit werden wieder Goldvreneli, Goldchetteli, Bankbüchlein, evtl. ein Silberlöffeli – als wertbeständige Tauferinnerungen – gewählt.

Konfirmation

Die *Konfirmation* hat im 20. Jahrhundert grosse Veränderungen erfahren. Bis zum Geburtsjahrgang 1921 trugen die Konfirmanden zu schwarzer Kleidung, weissem Hemd und schwarzer Krawatte einen schwarzen Hut – die jungen Frauen zu schwarzem Kleid und schwarzen Strümpfen ein weisses Häubchen. Auf die schwarze Einheitlichkeit folgte die festliche, auch nach der Konfirmation tragbare Bekleidung. Nach 1972 wurden gar Jeans getragen. Heute hat sich die individuell modische Bekleidung durchgesetzt. Ein wichtiges Thema wird sie wohl weiterhin bleiben. Anfang der 1950er Jahre ist die Konfirman-

Konfirmation 1973
Silvia Urben, Susanne Erny, Sonja Gisin, Käthi Heckendorn, Dora Eglin, Walter Schaub, Heidi Frech, Käthi Gass, Brigitte Bracher, Walter Erny, Pfarrer Walter Vogt, Christoph Lutz, Hanspeter Herzog (Kienberg)

denprüfung abgeschafft worden. Ohne Druck konnte die Konfirmation zu einem unbelasteten Familienfest werden. Wickelte sich der Festtag früher im häuslichen Kreise ab, so ist es heute im Zeichen vermehrter Selbstbestimmung üblich, dass der Konfirmand, die Konfirmandin die Liste der Eingeladenen zusammenstellt, das Restaurant sowie das Menü aussucht. Nur selten kocht und isst eine Familie an der Konfirmation noch zuhause.

Entsprechend dem verbreiteten Wohlstand werden die Konfirmierten reich beschenkt. In der Regel hat ein heute Heranwachsender, was er dringend braucht. Deshalb werden oft die von Verwandten und Nachbarn geschenkten Geldbeträge gesammelt zur Anschaffung elektronischer Geräte, für eine Hi-Fi-Anlage und dergleichen.

Einige Konfirmanden-Jahrgänge haben als Geste der Dankbarkeit der Mutter gegenüber dieser an der Konfirmation in der Kirche eine Rose überreicht. Entsprechend der Zerrissenheit in dieser Lebensphase dürfte daraus kaum ein neuer Brauch entstehen.

Geburtstage

Die *Geburtstage* Erwachsener wurden traditionell nur in wenigen Familien gefeiert, mit Ausnahme der runden. Da ging man auswärts essen. Bis zu seiner Auflösung 1988 hat der Gemischte Chor allen 80-, 85- und 90-Jährigen ein Ständchen gebracht und einen Früchtekorb überreicht. Nachher wurden die Sängerinnen und Sänger zu Wein und Gebäck eingeladen, das war immer gemütlich.

Heute sind zugezogene Frauen daran, in Rothenfluh einen neuen Brauch zu pflegen: Sie überraschen Nachbarn, Freunde, Familienglieder mit einem unangemeldeten Geburtstagsbesuch und überreichen zur Feier des Tages eine schöne Karte, vielleicht Blumen, eine persönlich ausgesuchte Kleinigkeit. Haben sie selbst Geburtstag, so halten sie ihre Türe offen für spontane Besuche und offerieren eine Tasse Kaffee.

Der Geburtstagskuchen mit Kerzen, ein Blumenkränzli um den Teller des Geburtstagskindes sind in den heutigen Familien selbstverständlich. Die von den Kindern erwarteten Geburtstagseinladungen mit den dazugehörenden Geschenken drohen zu überborden. Vielen Müttern ist es nicht mehr wohl dabei.

Heirat

Sich zu *verloben* und dies mit einem Fest, womöglich an einem kirchlichen Feiertag, zu begehen, ist heute nicht mehr üblich. Man verspricht, man verlobt sich höchstens geheim.

Bei der *Heirat* hat sich im Grunde wenig verändert im Lauf der Jahre. Entsprechend den zunehmenden Geldmitteln hat sich die Zahl der eingeladenen Gäste vergrössert. Heute werden neben den Familiengliedern auch Freundinnen und Freunde zur Hochzeit eingeladen. Ungefähr drei Viertel der zivil getrauten Paare lassen sich trotz Entfremdung von der Kirche kirchlich trauen.

Hochzeit von Felix und Anita Rieder-Strebel, Juli 1995
Der Turnverein und die Treichlergruppe empfangen das neuvermählte Paar.

Hernach fährt man irgendwohin zu einem festlichen Essen, heute meist im Car, und am nächsten Tag starten die Neuvermählten zu einer kleineren oder grösseren Hochzeitsreise, wie dies, wenn möglich, schon früher gehalten worden ist.

Die Eheringe änderten ihre Form. Sie werden jedoch auch heute noch ausgetauscht. Das weisse lange Hochzeitskleid mit Schleier hat die veränderten Sitten des Sichkennenlernens und Zusammenlebens vor der Eheschliessung überlebt und wird heute noch getragen. Nach wie vor müssen die Neuverheirateten am Hochzeitstag mit scherzhaften Überraschungen von Vereinskameraden oder Freunden rechnen, genau wie diese einen sogenannten Polterabend vor der Hochzeit oder die Einladung zum Aperitif nach der Trauung erwarten. Gelegentlich kommt es vor, dass eine Hochzeit im Freien oder in einem Zelt gefeiert wird.

Alter und Tod

Auch *Alter und Tod* haben mit Brauchtum zu tun.

Früher hat der *alte Mensch* in Haus und Hof weitergearbeitet, bis er nicht mehr konnte. Er hat in der Regel im Familienverband gelebt, war auch finanziell von diesem abhängig. Deshalb fühlte er sich verpflichtet mitzuhelfen, wo er konnte. 1948 wurde die Alters- und Hinterbliebenen-Versicherung eingeführt. Sie war noch klein, Fr. 20.– bis Fr. 40.– pro Monat. Doch jeder hatte von nun an sein eigenes Geld in der Tasche, was eine gewisse Unabhängigkeit brachte. Die AHV hat dem Alter ein wenig Glanz verliehen. Es ist vorgekommen, dass die Rente anfänglich zurückgewiesen worden ist mit der Begründung, «das Gäld ghört mer nid, i ha jo nüt yzahlt.»

In den 1950er Jahren wurden vom Pfarramt die ersten Altersausfahrten in Privatautos organisiert. Später haben Car-Unternehmungen die Alten entdeckt. Nun können auch ältere Menschen die Welt ausserhalb ihres Dorfes kennen lernen. Die heute von der Kirchenpflege alle zwei Jahre durchgeführten Altersausfahrten in einem Reisecar sind zur Tradition geworden. Sie sollen unter den Gemeindegliedern die Gemeinschaft stärken.

Im Altersturnen – am 31. Januar 1972 unter dem Patronat der Kirchenpflege von der Pro Senectute Baselland gegründet – wird die Beweglichkeit der älteren Menschen gefördert und gepflegt. Die beiden ersten Leiterinnen waren Mitglieder der Kirchenpflege.

Der Frauenverein organisiert seit 1988 den Mittagstisch. Alle zwei Wochen können ältere Menschen miteinander ein gutes, preisgünstiges Mittagessen einnehmen. Ebenfalls vom Frauenverein werden die Altersnachmittage, Stöcklitreff genannt, veranstaltet, wo geistige Anregung durch Vorträge und geselliges Beisammensein angeboten wird.

Schliesslich *stirbt* jeder Mensch.

Während vieler Jahre sind die Verstorbenen vom Familien-Schreinereibetrieb Zimmerli, der die Särge anfertigte, auch eingesargt worden. Dieser Brauch verschwindet allmählich, weil immer mehr Menschen im Spital sterben und in einem Sarg zur Bestattung ins Dorf zurück oder ins Krematorium gebracht werden. Als empfindliche Störung beim Trauern wird es teilweise empfunden, wenn der zuhause Verstorbene aus hygienischen Gründen – oder aus undefinierbarer Furcht vor Toten? – vor der Bestattung in den Katafalkraum in Gelterkinden überführt wird. Viele Menschen möchten am alten Brauch der Aufbahrung zuhause festhalten, sofern es die räumlichen Verhältnisse gestatten. Eine eigentliche Totenwache hat man in Rothenfluh nie gekannt.

Es ist ein noch grösserer Verlust an altem Brauchtum zu erwähnen: das langsame Verschwinden des Leichenzuges. 1999 gibt es ihn noch in Rothenfluh. Viele Rothenflüherinnen und Rothenflüher möchten ihn als symbolische Handlung nicht missen. Das Wegtragen eines geliebten Menschen, einer lieben Nachbarin, eines vertrauten Nachbarn ist ein schrittweises Abschiednehmen, ein wesentlicher Akt im Trauerprozess, für dessen Erhaltung es sich einzusetzen lohnt.

Kondolenzbesuche sind in Rothenfluh nicht Brauch, also selten. Jedoch werden Todesfälle den Nachbarn mündlich mitgeteilt, bevor sie durch die Todesanzeige in der Zeitung bekannt werden. Diese Tradition besteht schon sehr lange.

Das Grab wird heute nicht mehr von Hand, sondern mit einem Kleintrax ausgehoben. Vom Gemeindeangestellten wird es mit Tannzweigen und Blumen ausgelegt, bevor der Sarg von den Trägern an zwei Seilen in die Erde gesenkt wird. Familiengräber hat es auf dem Friedhof Rothenfluh nie gegeben. Lehrer und Pfarrer wurden früher etwas abgesondert bestattet – ein Brauch, der glücklicherweise verschwunden ist. Im Gegenzug wird 1999 über die Gestaltung eines Gemeinschaftsgrabes nachgedacht.

15.1.2 Im Jahreslauf

Dreikönigstag

Der *Dreikönigskuchen*, selbstgebacken oder gekauft, ist am 6. Januar in vielen Familien anzutreffen. In einem Stück dieses süsslichen Hefegebäcks findet sich ein eingebackenes Figürchen. Wer es beim Essen im Munde vorfindet, ist einen Tag lang König. Er oder sie trägt die Krone aus vergoldetem Karton und darf in der Familie regieren. Mehr ist vom kirchlichen Dreikönigsfest, vorab in katholischen Gegenden gefeiert, bei uns nicht übrig geblieben.

Ostern

An *Ostern* hat man «solang me weiss» Eier gefärbt – früher nur mit Zibelehültsche und Chrütli, später mit künstlicher Farbe. Sie im Garten zu verstecken, war und ist der Brauch. Dass speziell an Nachostern Eier gefärbt, getütscht und gegessen werden, ist nicht mehr üblich. Süssigkeiten in Osterhasenform hat es bereits in der ersten Hälfte des 20. Jahrhunderts gegeben. Sie wurden früher den Kindern von Paten «us dr Stadt» geschickt. Dass die Schokolade-Osterhasen heute ins Gigantische angewachsen sind, ist ein Zeichen unserer Zeit. Im Übrigen sind keine speziellen Osterbräuche festzustellen. Ostern wird auch nicht als Familienfest empfunden, was dazu beitragen mag, dass das verlängerte Wochenende heute gern zum Reisen verwendet wird.

6. Dezember

Der *Santichlaus* am 6. Dezember sowie Ostern haben im Lauf der Jahre wenig Veränderung erfahren. Solange man sich

Der erste rote Santichlaus im Dorf, 6. Dezember 1960. Sabine Manz traut ihm nicht ganz.

erinnert, «isch dr Santichlaus cho». Früher war es jemand aus der Nachbarschaft oder ein Bekannter. Heute zirkulieren Mitglieder des Turnvereins als Santichläuse im Dorf. Mitgebracht wird eine Rute und ein Sack. Fanden sich früher «Öpfel, Nüss und Biireschnitz» und «villicht non es Läbchüechli» darin, so sind seit dem Zweiten Weltkrieg Mandarinen, Erdnüsse, Datteln und Feigen sowie manch andere Süssigkeit im Chlausensortiment zu finden. Grättimannen zu backen oder zu kaufen, ist eine alte Tradition.

Weihnachten
Weihnacht ist wohl das häuslichste, sicher ein bedeutendes Fest in der Familie. Bei der Frage nach den Gewohnheiten konnte in der älteren Generation eine erstaunliche Übereinstimmung festgestellt werden: In fast allen Familien hat die Mutter am Heiligen Abend den Weihnachtsbaum geschmückt, und zwar allein. Am Morgen des 25. Dezember entdeckten dann die Kinder ihre Geschenke unter dem Baum und durften sie auspacken. Am Abend des Weihnachtstages sass die Familie zusammen zum Singen beim leuchtenden Christbaum. Oft hatte man am Mittag Besuch «zumene bsundrige Ässe». Ein eigentlich traditionelles, jedes Jahr erwartetes Weihnachtsmenü ist nicht auszumachen. Auffällig war in früherer Zeit die Trennung von Päckli, Feiern und Essen. Heute scheint dieses sinnvolle Auseinanderhalten verloren gegangen zu sein. Alle drei wichtigen Komponenten des Weihnachtenfeierns werden gleichzeitig gepflegt und lassen dadurch leicht Weihnachtsstress aufkommen. Dieser könnte allerdings ebenso sehr mit der Vielfalt an Geschenken und der Perfektion im Bereich aufwändigen Kochens zu tun haben.

Vergleicht man die Weihnacht am Anfang des 20. Jahrhunderts mit derjenigen heutzutage, so können zwei Feststellungen gemacht werden: Der Weihnachtsbaum ist keine Überraschung mehr. Die Kinder helfen beim Schmücken mit oder schmücken ihn allein. Und eigentliche Weihnachtstraditionen finden sich kaum noch. Einmal feiert man so, einmal anders – einmal am Heiligen Abend, einmal am 25. Dezember, einmal gar nicht und fährt über die Weihnachtstage weg, zum Skifahren oder sogar ins Ausland. Für manche junge Familie ist Weihnachtenfeiern in der Herkunftsfamilie am schönsten. Die Weihnachtsfeier in der Kirche am 24. Dezember um 22 Uhr möchten viele Rothenflüherinnen und Rothenflüher nicht missen – eine Möglichkeit zur Besinnung. Man hofft, der noch junge Brauch, dass ein Ad-hoc-Chörli Lieder einübt und in einem Weihnachtsgottesdienst vorträgt, bleibe erhalten.

Seit 1920 existiert in Rothenfluh eine Chrischona-Gemeinde. Die Mitglieder dieser Freikirche stellen die Botschaft von der Menschwerdung des Heilands in den Mittelpunkt ihres Feierns. Sie singen und musizieren besonders viel an Weihnachten.

Abschliessend stellen wir fest, dass vorab in den jüngeren Familien der Adventszeit heute mehr Aufmerksamkeit geschenkt wird als dem Weihnachtsfest. Der geschmückte Adventskranz an der Haustüre oder mit vier Kerzen auf dem Tisch – beleuchtete Fenster – der Adventskalender für die Kleinen mit Türchen zum Öffnen oder Geschichten zum Erzählen – fantasievolle Überraschungen für jeden Tag zwischen dem 1. und 24. Dezember – das Gutzibacken mit seinem herrlichen Duft sind heute weit verbreitetes Brauchtum. Manche junge Mutter verwendet viel Zeit, um mit ihren Kindern eine Krippe mit selbstgeformten Figuren zu basteln.

Silvester
Den *Silvester*, in Rothenfluh «Altjohr-Obe» genannt, gestaltet man in der Regel so, dass Nachbarn zu einem gemütlichen Hock eingeladen werden. Dies scheint im Dorf schon früher üblich gewesen zu sein. Während die Kinder spielen, unterhalten sich die Erwachsenen, trinken ein Glas Wein zusammen und erwarten das Glockengeläut, welches das alte Jahr aus- und das neue Jahr einläutet. Man wünscht sich alles Gute zum neuen Jahr und geht zu Bett. Seit einigen Jahren ist vereinzelt Feuerwerks-Geknall zu hören. Am 1. und 2. Januar wird allen Leuten, denen man begegnet, «es guets Neus» gewünscht.

Der alte Brauch, «Neujohrbrot, Neujohrwegge, Neujohrzopf» zu backen und zu verschenken, ist praktisch ausgestorben, denn das damit zusammenhängende Besondere, Festliche ging verloren durch die weit verbreitete Gewohnheit, an jedem Sonntag Milchbrot oder Zopf aufzutischen.

15.2 Im Dorf

15.2.1 Brennholzgant

Immer an einem Samstagnachmittag im Januar besammeln sich die Brennholzinteressenten (heute gesellen sich auch ab und zu Frauen dazu) vor der Gemeindekanzlei und werden dann mit einem traktorgezogenen Brückenwagen zum Gantplatz im Wald gefahren. Forstarbeiter und Akkordanten haben in anstrengender Vorbereitung die Holzbeigen erstellt. Sie bestehen weitgehend aus Buchenholz (95 %). Ahorn-, Eschen- und Tannenholz spielen eine untergeordnete Rolle.

Nun werden die bereitliegenden, mit Nummern bezeichneten Holzbeigen besichtigt. Der Gantmeister gibt jeweils den Schätzungswert und die Qualität bekannt. Jetzt wird geboten, bis sie dem Meistbietenden zugesprochen werden. Am Feuer, das vom Förster entfacht wird, werden bei Wein, Wurst und Brot über Holzpreise und -qualität allerlei Müschterli berichtet. Besonders stimmungsvoll wird es, wenn Volkslieder erklingen…

Nicht selten, so wissen der ehemalige Waldchef und Gemeindepräsident Oskar Rieder und der ehemalige Förster Paul Gysin zu berichten, wurde über den Durst getrunken: «Wenn d Lüt ame gnueg Wy gha hei, isch me ums Füür gstande und het gsunge. Mängmol si der eint oder ander au hinderenander cho wägere Chlinikeit. Es isch hüffig Morge gsi, wo me ame hei cho isch. Me isch entwäder no in d Beiz gange oder zue eim hei in d Chuchi ghockt. Es isch immer echli es Feschtli gsi und mänge het am nechschte Tag e blöde Chopf gha.»

Bereits vor dem Zweiten Weltkrieg wurden jährlich drei bis vier Brennholzganten durchgeführt. Der Holzverbrauch im Dorf betrug damals bis zu 800 Ster im Jahr. Als in den 60er Jahren der Ölverbrauch anstieg, ging der Holzbedarf stark zurück (auf 250 Ster pro Jahr). Seither findet jährlich nur noch eine Holzgant statt.

Der Gemeinderat wählt heute für vier Jahre (früher drei Jahre) einen Gantmeister und einen Gantschreiber. Vor 1950 war Wilhelm Erny Gantmeister. Er wurde 1951 von seinem Sohn Otto Erny abgelöst, der das Amt bis 1993 ausübte. Seither hält Werner Erny den Gantstock in Händen.

Mehrere Ster Holz werden vom Gantmeister Otto Erny zum Kauf angeboten. Auf den Spruch: «Zum erschte, zum zwöite, zum dritte Mol!» folgt der Schlag mit dem Gantstock. Damit ist der Kauf bestätigt. 1980er Jahre

Schon während des Zweiten Weltkrieges war Paul Schreiber Gantschreiber. Abgelöst wurde er 1959 von Paul Manz, der bis 1967 den Holzverkauf protokollierte. Später, um 1968, übernahm Willi Gysin die Schreiberei, bis Otto Graf ihn 1970 ablöste.

15.2.2 Das Hutzgüri und seine Auferstehung

Geschichtliches

Mit dem Hutzgüri wurde 1992 in Rothenfluh eine alte Heischegestalt wieder belebt, die um 1600 herum entstanden und Ende des 19. Jahrhunderts eingeschlafen war. Die Auferstehung des Hutzgüris ging nicht ohne Nebengeräusche über die Bühne.

1546 hatte der Rat der seit 1529 reformierten Stadt Basel ein Fasnachtsverbot erlassen, das jedoch wenig fruchtete. 1599 wurde nochmals ausführlich gegen das heidnische Treiben Stellung genommen. Ein Ratsmandat untersagte das Fasnachtsfeuer, das Verkleiden und Vermummen, das Schwärzen am Aschermittwoch oder das Umherziehen mit Trommeln und Pfeifen. Im oberen Kantonsteil wurde der Erlass mit Empörung aufgenommen und man setzte sich vielerorts darüber hinweg: Fasnachtsfeuer und Strohräder wurden entzündet, mit Fackeln zogen die Leute in den Dörfern umher.

Dem Werk von Eduard Strübin über die neuere Entwicklung der Fasnacht in Baselland ist zu entnehmen: «In Rothenfluh sammelte man am Hirsmontag Hirse und übte Mummerei». «Gytzgyr» (Tadelwort für eine unordentlich gekleidete weibliche Person) habe man die Gestalt genannt. In Sissach führten Burschen sie herum, sammelten Gaben und verschmausten sie nachher, schreibt der Heimatforscher weiter. Sein Schluss: «Um 1600 war die Fasnacht im oberen Baselland gekennzeichnet durch das Abbrennen von Fasnachtsfeuern und durch das Umherführen einer bestimmten gleichbleibenden Maskengestalt, verbunden mit Heischen.

Noch um 1850 haben Heischezüge im Brauchtum des Jahreskreises eine wichtige Stelle eingenommen, doch das Heischen kam in Verruf, denn es artete in Bettelei aus. Der Gützgür und andere Heischegestalten wie Bär, Straumaa, Eierwybli, Weibelwyb verschwanden von der Bildfläche.»

Alter Brauch, neues Hutzgüri

Wegbereiter für die Wiedereinführung des heidnischen Oberbaselbieter Brauchs war eine Gruppe von Sissachern. 1969 hauchten sie der Gestalt erstmals wieder Leben ein und führten den Brauch 1985 nach längerer Pause fort. Seither werden regelmässig auserwählte Sissacher vom Hutzgüri heimgesucht.

1992, am 29. Hornig, ging das Hutzgüri nach vielen Jahren Pause auch in Rothenfluh wieder um. Begleitet wurde die drei Meter hohe, mit Schellen und Ästen geschmückte und gehörnte Gestalt vom Bott, dem Schärmuuser und zwei Eierwybli. Zwei Wochen zuvor hatte es der Rothenflüher Bevölkerung seine Auferstehung per Flugblatt angekündigt. Im nicht eben zimperlich abgefassten Schreiben (ähnlich einem Schnitzelbank) war in Versform niederge-

So kündet sich das Hutzgüri an.

Feste und Bräuche

Das Hutzgüri unterwegs mit seinen Begleitern, Ende 1990er Jahre

schrieben, wen es aus welchen Gründen heimsuchen würde. Ferner hiess es darin, dass gefälligst Speis und Trank bereitzustehen hätten, um die heischende Horde zu besänftigen.

Ganz im Gegensatz zu den Heimgesuchten in Sissach, die durch die Ankündigung des Besuchs (in der «Volksstimme») Jahr für Jahr geschmeichelt sind, reagierten zahlreiche Rothenflüher ob der spitzen – und vor allen Dingen anonymen – Schreibe empfindlich. Der angekündigte Besuch wurde als Strafe für begangene Taten verstanden, die geforderten Spenden als Sühne. Im Dorf beschuldigte man sich gegenseitig der Urheberschaft des Schreibens, worauf sich diese genötigt sah, ihren Auftritt anzupassen. In einem Brief an alle «Opfer» wurde klargestellt, dass es beim Besuch nicht darum gehe, jemanden schlecht zu machen. Vielmehr solle die Heimsuchung als Wertschätzung empfunden werden.

Seit dem dritten Auftritt der lauten Gesellen weiss man auch in Rothenfluh: Wer Besuch vom Hutzgüri erhält, der ist jemand im Dorf. Die Heischegestalten werden auf ihrem Umgang jeweils von einer Menschentraube – hauptsächlich von Kindern – begleitet und von den «Auserwählten» freudig empfangen und grosszügig beschenkt.

Mit einer Ausnahme: 1996 war das Hutzgüri mit einer als zu spitz empfundenen Feder ins alte Fahrwasser geraten und hatte den Unmut der Bevölkerung auf sich gezogen. «Darf man Leute so unverschämt blossstellen und erst noch anonym?», fragten sich 60 Rothenflüherinnen und Rothenflüher in einem Flugblatt. Sie würden gerne wieder mitlachen, «aber nicht über Witze, die Menschen fertigmachen», hiess es weiter. Das Hutzgüri entschuldigte sich und kündigt seither die Heimsuchung in persönlichen Schreiben an. Der Parcours wird in der «Volksstimme» gemeldet.

■ *…und emänd no s Dach abdecke…*
Wer den folgenden Heischespruch vom Rothenflüher Hutzgüri und seinen Kumpanen (leicht abgeänderte Form des Spruchs des Sissacher Hutzgüris) zu hören bekommt, soll sich ja nicht einfallen lassen, die Gestalten mit leeren Händen von dannen zu schicken…

Hutzgüri-geeri
Chees, Wy und Beeri
Gäbet ist Chees, Wy und Beeri
Gäbet is au Eier und Anke
So wei mir euch duusigmol danke
Gäbet is Mähl und Brot
Lueg, wie s Hutzgüri stoht!

Wenn dir aber nüt weit geh
So müesse mer s halt sälber neh
Mir deun ech d Chatze strecke
und emänd no s Dach abdecke
– Hutzgüri, schüttle di! ■

Literatur
Strübin Eduard: Die neuere Entwicklung der Fastnacht in Basel-Land, in: Schweizerisches Archiv für Volkskunde 46, 1949/50
ders.: Jahresbrauch im Zeitenlauf – Kulturbilder aus der Landschaft Basel, Liestal 1991

15.2.3 Fasnacht

Geschichtliches

Von der Fasnacht weiss man aus der Landschaft Basel erst, seit die christliche Obrigkeit die Untertanen nach der Zeit der Reformation in einem Traktat von 1599 mahnt, jedermann soll «alle Leichtvertigkeiten und ubrige fröuden spil» unterlassen und sich enthalten «des bezündens der Fasnacht feuwren, des verkleidens verbutzens der Mummereien, des Küchlin holens Darumb singens des umbziehens mit tromen und pfeiffen, […]»

Fasnachtsverbote wurden von Pfarrern immer wieder gefordert, jedoch selten eingehalten. Besonders die Fasnachtsfeuer loderten durch Jahrhunderte weiter.

1599 sind die Rothenflüher «mit Trummen und Pfeiffen auch buchsen auf den berg zogen», um das Feuer zu «bereithen».

In der Heimatkunde von 1863 ist zu lesen, dass um die Fasnachtszeit die armen Kinder von Haus zu Haus gingen und nach alter Sitte den Fasnachtsrappen heischten. Am Hirsmontag (Fasnachtsmontag) fanden nur selten Umzüge von Masken statt.

Bereits vor dem Zweiten Weltkrieg fand in den vier Wirtschaften (Hirschensaal, Rösslisaal, Rebstock, Ergolz) am Sonntagabend ein reges Maskentreiben mit Tanz statt. Trotz des Krieges und Fasnachtsverbotes hielt die Fasnachtseuphorie an. Da die Restaurantsäle vom Militär besetzt waren, festeten die Fasnächtler in den Gaststuben. Nach mündlichen Aussagen herrschte im Restaurant Rebstock immer am meisten Betrieb. Auf den Strassen waren von Montag bis Mittwoch verkleidete Kinder zu sehen.

Auch nach dem Krieg fand die Ausgelassenheit in diesem Rahmen statt. In Erinnerung bleiben vielen alten Fasnächtlern die Maskenbälle in der «Sagi», die musikalisch von den «Sagibuebe» umrahmt wurden. Ihre Dekorationen waren ebenso aufwändig wie stimmungsvoll.

Fasnachtsfeuer und Umzüge

Wie um 1600 haben die Rothenflüher auch vor dem Zweiten Weltkrieg jeweils ein Fasnachtsfeuer auf der Flue entfacht. Mehr als 100 Holzwellen wurden von Jugendlichen über das Fluewägli zum Wahrzeichen Rothenfluhs hinauf getragen.

Nach dem Krieg transportierte man die Wellen mit Pferd und Wagen auf die Flue. Das letzte Fasnachtsfeuer auf der Flue wurde um 1960 entfacht. 1976 bis 1978 brannte in der Schnäggenmatt ein Holzstoss, aufgeschichtet von Jugendlichen.

Schon vor dem Krieg war der Laternenumzug durch das Dorf von grosser Bedeutung. Erwachsene mit Fackeln und Kinder mit Laternen marschierten meistens zweimal um das Dorf. Der Gemischte Chor, der Männerchor und der Töchterchor sangen dazu Lieder: «I bi en Ämmitaler», «O, der Waldbach rauscht», «Luegid, vo Bärg und Tal». Der letzte Fackelumzug fand Anfang der 1970er Jahre statt.

Heute: Techno und Dominos

Seit dem Krieg hat die Fasnacht an Bedeutung verloren. Am Morgestreich wird Lärm gemacht und Gegenstände werden verstellt. Jugendliche ziehen durchs Dorf und machen sich lautstark mit Traktoren, Instrumenten und neuerdings mit Mofas und Techno-Musik bemerkbar.

Zwei ganz «Gfürchigi»! 1977

Feste und Bräuche

Kindergarten- und Schulfasnacht 2000

An den drei Fasnachtstagen verkleiden sich die Kinder und spazieren in Grüppchen durch das Dorf. Wenn man Glück hat, sieht man hie und da einen Domino. Diese «ausrastende, strafende Fasnachtsfigur» ist bereits Tradition. In manchen Häusern werden noch wunderschöne Kostüme aufbewahrt, sie werden jedoch kaum mehr getragen.

Schnitzelbänke

Da immer häufiger die Restaurants um die Fasnachtszeit geschlossen sind, ist es für die Schnitzelbänkler schwierig, ihre Verse dem Dorfpublikum vorzutragen. In jüngster Zeit weichen sie auf andere Gemeinden aus. Hier drei Verse aus drei verschiedenen Schnitzelbänken:

1987 «Oh du verbrennti Zäine!»:
Dr Soggä vo dr Sagi-Ränch
Het Bronze gholt, s weiss jede Mensch.
Härtischts Träning, dasch dr Lohn,
Nit Body-Building, nit Hormon.
Das isch halt, wenn me Opel fahrt,
do blibt eim s Schtosse nit erspart.

1992 «D Hirschegässler»:
Dr TV reist in d Bärge, er wills ruhiger neh,
damits denn jo keini Grüchtli cha geh.
Doch oh jemineh, was isch passiert?
Vier Fraueriegene hei dört au gaschtiert.

1993 «Beizerische Schwankgesellschaft»:
Wär z Rotheflue chli bsundrig isch,
chunnt ufe Hutzgüri-Fasnachtswisch.
Mit Värsli nimmts di grüüsli dra,
und zfrässe, zsuffe wills au no ha.
Gisch und frogsch: Wohär die Ehr?
Schwigts und schluckt nur drüümool leer.

Auch auswärtige Schnitzelbänkler (z. B. Wüehlmüüs Rickenbach) besuchen unser Dorf und singen auf der Strasse.

Maskenball und andere Fasnachtsveranstaltungen

1992 wurde, wie schon ein paar Jahre zuvor, im Gemeindesaal ein Maskenball durchgeführt. Rothenflüher Fasnächtler organisierten Schnitzelbankvorträge, eine Maskenprämierung, eine Wirtschaft und eine Ein-Mann-Band.
Da 1998 alle Restaurants während der Fasnacht geschlossen waren, betrieb ein Fasnachtsteam, welches sich aus Frauen von Rothenfluh zusammensetzte, den «Chluuri-Chäller» in der Alten Post. Er öffnete an den drei Fasnachtstagen seine Türen, und es wurden Spezialitäten angeboten: Mehlsuppe, Zibelechüechli, Cheeschüechli usw. Am Montagnachmittag fand dort auch die Kinderfasnacht statt.
Der Reinerlös dieser Anlässe kam der IG für krebskranke Kinder und dem Verein für Alterswohnungen zugute.

15.2.4 Das Bobfest – eine Rothenflüher Spezialität

Erfolge von Bruno Gerber ...

Das Bobfest ist untrennbar verbunden mit den Erfolgen des Rothenflüher Sportlers Bruno Gerber. Immer wenn der Bobfahrer mit einer Medaille von internationalen Titelkämpfen zurückkehrte, wurde ihm und seinen Teamkollegen ein rauschender Empfang bereitet. Nach einigen Jahren Pause wurde die Tradition fortgesetzt – mit Beat Seitz in der Hauptrolle.

Das erste einer ganzen Reihe von Bobfesten stieg im Februar 1987, nach Bruno Gerbers überraschendem Gewinn der Bronzemedaille an der Zweierbob-Europameisterschaft in Cervinia. Als Gerbers erster grosser Erfolg im Eiskanal im Schlitten Gustav Weders gefeiert wurde, stiess die Rothenflüher Bevölkerung noch in schlichtem Rahmen im festlich hergerichteten Gemeindesaal auf den Medaillengewinner und damaligen Oberturner des Turnvereins an. Bei seinen Dankesworten für den herzlichen Empfang bemerkte Gerber, er hoffe, dass die Empfangsfeier nach den Olympischen Spielen in Calgary 1988 in der Turnhalle stattfinden werde.
Der Spitzensportler sollte Recht behalten, beinahe jedenfalls, denn als es wieder einen Medaillengewinn Gerbers zu feiern gab, waren bereits zwei Jahre verstrichen (die Olympischen Spiele hatten ohne ihn stattgefunden). 1989 bereitete Rothenfluh den überraschenden Goldmedaillengewinnern der Weltmeisterschaft in Cortina – Bruno Gerber, Gustav Weder, Lorenz Schindelholz und Curdin Morell – einen begeisterten Empfang. Diesmal in der Turnhalle. Gerber entschuldigte sich denn auch prompt, dass es mit der zweiten Medaille etwas länger gedauert habe als angekündigt. Es wurde ausgiebig gesungen – der Gemischte Chor trug das Weltmeisterlied aus der Feder von Martha Heiniger vor – gefeiert und geredet. Der Gratulanten-Reigen schien kein Ende nehmen zu wollen. Neben den Gemeindepräsidenten der Wohngemeinden der Weltmeister, dem Präsidenten des Bobclubs Zürisee, Heinz Mörgeli, gab sich auch Regierungsrat Edi Belser die Ehre.
Ein Jahr darauf wurde wiederum ein Regierungsrat nach Rothenfluh entsandt, um vier Weltmeistern zu gratulieren. Diesmal durfte Sportminister Peter Schmid den erfolgverwöhnten Athleten in der brechend vollen Turnhalle die besten Wünsche der Regierung überbringen. Dabei bemerkte er, dass es wie im Bobsport auch in der Politik

Bremser und Hintermänner gebe, sie würden aber nicht solche Ehrungen erfahren… Die Rothenflüher Treichlergruppe, die das Weder-Bob-Team bereits an die WM in St. Moritz begleitet und sie dort lautstark unterstützt hatte, sorgte auch an der Feier für akustische Höhepunkte. Vor der offiziellen Feier haben sich Weder & Co. bei der Autogrammstunde für die Dorfjugend im Gemeindesaal die Finger wund geschrieben. Zur Turnhalle geleitet wurden die Weltmeister von Fackel- und Laternenträgern und Treichlern.

Im gleichen Rahmen und wiederum unter der Leitung des bewährten OK-Präsidenten Fredy Lanz ging das dritte grosse Bobfest in der Rothenflüher Turnhalle über die Bühne. Diesmal gab es zwei WM-Silbermedaillen und zwei EM-Goldmedaillen zu feiern. Ein Sketch und ein Lied auf die Bobfahrer, vorgetragen von den Primarschulkindern, umrahmten die Ansprachen der Gratulanten. Die Stuhlreihen waren weniger dicht besetzt als in den Jahren zuvor. Weil es «nur» WM-Silber zu feiern gab? Weil der Anlass nicht mehr etwas Aussergewöhnliches war? Die Fragen blieben unbeantwortet. Gold gab es für Bruno Gerber und seine Teamkollegen aus den Händen von Regierungsrat Hans Fünfschilling. Als Trost für die hauchdünne WM-Niederlage gegen Altmeister Hoppe (auf dessen Hausbahn in Altenberg) überreichte der Baselbieter Säckelmeister den Athleten Baselbieter Gold aus Augusta Raurica.

Das letzte Bobfest zu Ehren von Bruno Gerber fand im Olympia-Jahr 1992 statt – wieder im Gemeindesaal. Gerber war unmittelbar vor den Spielen aus Gustav Weders Team ausgeschlossen worden. Christian Meili hatte Gerber in seine Mannschaft aufgenommen und war mit ihm in Albertville auf Platz fünf gefahren. Wie bereits mit der Reise an die Olympischen Spiele (obwohl Gerber nicht mehr zu den ersten Medaillenanwärtern gehörte) demonstrierten die Rothenflüher Bobfans an diesem Fest ihre Solidarität mit Bruno Gerber.

… und Beat Seitz

Zwei weitere Bobfest-Kapitel wurden nach einigen Jahren Pause 1997 und 1998 geschrieben, als Beat Seitz aus Ormalingen, langjähriges Mitglied des Turnvereins Rothenfluh, für seine Erfolge im Bobsport geehrt wurde. 1997 war Seitz mit Reto Götschi, Guido Acklin und dem Riehener Daniel Giger in St. Moritz Weltmeister geworden. Wegen unzulässigen Materials wurde den Schweizern die Medaille aberkannt. Das Fest – für die vier moralischen Sieger – fand trotzdem statt, wiederum in der Turnhalle. Dank der Disqualifikation waren die Redner um träfe Bemerkungen nicht verlegen. Liestal delegierte Landratspräsident Erich Straumann.

Das bislang letzte Bobfest stieg 1998, als eine richtige Medaille von Beat Seitz, Olympia-Silber, gefeiert werden konnte. Marcel Rohner hatte den inzwischen in Tecknau wohnenden Ormalinger in Nagano aufs Treppchen pilotiert. Der Feier in der Turnhalle wohnten rund 200 Gäste bei, darunter die Behörden Tecknaus, Ormalingens, Rothenfluhs sowie Landratspräsidentin Heidi Tschopp. Nicht mit von der Partie waren Seitz' Mitfahrer in Nagano.

Quellen
Sammlung Bruno Gerber, Archiv «Volksstimme», Archiv «Basellandschaftliche Zeitung»

15.2.5 Eierläset

Für die Schweiz und für unsere Region beginnt die Geschichte des Eierlesens auf dem Petersplatz in Basel im Jahre 1556: zwei über 70-jährige Herren bestritten einen Eierwettkampf: der Erste musste auf dem Platz 50 Eier auflesen, während der Zweite zum Schützenhaus und zurück lief. Im 18. Jahrhundert gab es weitere Eierläufe der baslerischen Müllersknechte, so dass in der Schweiz das Eierlesen zuerst nicht als ländliches Vergnügen, sondern als Spiel städtischer Handwerksgesellen erscheint (so auch in Bern, Lausanne, Chur, Schaffhausen). Erst im 19. Jahrhundert hält dieser Brauch in der Basler Landschaft Einzug.

In Rothenfluh findet der Eierläset Jahr für Jahr am Weissen Sonntag statt, also eine Woche nach Ostern. Er ist Brauch, Spiel und Wettkampf in einem.

Paul Erny-Gerber (*1915) erinnert sich, dass um 1920 die Aktivturner einen Parcours absolvierten zwischen dem Dorfplatz und dem heutigen Restaurant Ergolz. Für Unterhaltung sorgte ein saublootereschwingender Clown. Anschliessend an den Eiertätsch in den Restaurants Rebstock, Rössli und Hir-

Feste und Bräuche

Eierläset ca. 1964

Eierläset 1992. Vorsichtig steigt das Mädchen mit dem Ei in der Hand durch den Reifen.

schen spielte eine Musik zum Tanz auf. «Es het immer s schönschte Fescht geh!»
Vom Eierläset 1934 berichtet er Folgendes: «Gestartet wurde in der Hirschengasse. Erny Paul (Ruebgasse) und Schwarz Adolf haben die Eier aufgelesen, während Spiess Hans und Schwarz Ernst nach Ormalingen und zurück liefen. Die anderen vier Turner fingen mit der Spreuwanne die Eier auf. Ein Eiersammler, ein Läufer und zwei Eierfänger bildeten eine Mannschaft. Die Zuschauer setzten auf eine Mannschft – tippten sie richtig, erhielten sie den Eiertätsch gratis.»
Um die Zuschauerschar zusätzlich unterhalten zu können, spazierte in den 1930er Jahren ein verkleideter Koch mit einer Pfanne gefüllt mit Spreu durch die Menge und sammelte Geldstücke. Ein Glücksrad lockte die Leute zum Spielen.

Viel hat sich am Eierläset bis heute nicht geändert, ausser dass seit 1971 auf dem Parcours Schwierigkeiten wie das Balancieren auf einer Langbank oder durch Reifen-Schlüpfen eingebaut werden.
1986 nahmen neben dem Turnverein, der Knaben- und Mädchenriege erstmals auch die Turnerinnen teil. Auf dem Programm stand ein Hindernislauf, ein läuferischer Teil und ein Gruppenwettkampf, bei dem in Zweier-Teams gestartet wurde.
In jüngster Zeit finden auch Gruppen- und Plauschwettkämpfe statt, an denen sich verschiedene Behörden und andere Gruppierungen (z. B. Gewerbetreibende usw.)

Feste und Bräuche

Eierläset 1996: friedlicher Wettstreit zwischen Gemeinderat und …

… Lehrerschaft

mit grossem Einsatz beteiligen: Korbballeinwurf, Pfeilwerfen, Nageln, Puzzle-Zusammensetzen, usw.

Durchgeführte Wettkämpfe:
1992: Schulpflege – Gemeinderat
1996: Lehrerschaft – Gemeinderat
1997: Kirchenpflege – Schulpflege
1998: Der Turnverein Rothenfluh führte den Eierläset zugunsten krebskranker Kinder der nationalen Aktion «Firejogger» durch. Die Kleinsten des Vereins starteten mit finanzieller und athletischer Unterstützung eines Sponsors (Götti oder Gotte). Der Sponsor zahlte einen bestimmten Betrag, fasste ein Ei und ging mit dem Schützling an den Start, um mit ihm zusammen den Parcours zu meistern.
1999: Gemeindeangestellte – Gewerbetreibende

Diese Form des Eierauflesens ist ein grosses Spektakel für das Publikum und für die Aktiven, die zum grossen Teil aus Kindern und Jugendlichen bestehen. Beschlossen wird dieser traditionelle Anlass mit dem Eiertätsch, zu dem auch die Zuschauer eingeladen werden.

15.2.6 Maibräuche

Maibaum
Das Aufstellen von Maibäumen als Schmuck der Dorfbrunnen (am Abend oder in der Nacht vor dem 1. Mai) ist ein Brauch, der in mehr als der Hälfte der

Maibaum am Pfarrhausbrunnen, 2000

Baselbieter Gemeinden dem Maianfang Farbe verleiht.

Der Maibaum wird oft mit dem Freiheitsbaum in Verbindung gebracht, denn er diente während des Sturzes des Ancien Régime als Freiheitssymbol. Zur Zeit der Basler Kantonstrennung erschienen die Freiheitsbäume im Baselbiet in grosser Zahl als Zeichen der Befreiung von der Herrschaft der Stadt.

Gemäss früheren Belegen gab es bereits im 16. Jahrhundert Maibäume im Baselbiet. Anfang des 20. Jahrhunderts verschwanden sie. Gründe dafür waren die neue Wasserversorgung mit Hausleitungen, die den Gang zum Dorfbrunnen überflüssig machten, und die Zeit des Ersten Weltkrieges. In Rothenfluh führte 1972 der Gemischte Chor den Maibaum als Brunnenschmuck wieder ein.

Am Abend oder in der Nacht vor dem 1. Mai wurden die Tännchen auf dem Schmitte-Hans-Platz mit farbigen Stoffbändern geschmückt und anschliessend an den Dorfbrunnen befestigt.

Seit 1992 schmückt die Männerriege die Dorfbrunnen mit Maibäumen. Sie werden beim Werkhof der Einwohnergemeinde vorbereitet.

Maifest

Alle zwei Jahre an Auffahrt (wenn kein Banntag stattfand) organisierte der Gemischte Chor (1973 bis 1989) in der Turnhalle das Maifest. Seit 1995 führt die Kirchenpflege diesen Brauch weiter.

Der Ablauf war immer etwa derselbe: Nach dem Mittagessen verwandelte sich der Turnhallenplatz in einen Vergnügungsort für Kinder, auf dem verschiedene Spiele angeboten wurden.

15.2.7. Der Banntag

Am Banntag schreiten Bürgerinnen und Bürger, Einwohnerinnen und Einwohner am Auffahrtstag ihre Gemeindegrenzen ab. Dieser Bannumgang, der im Baselbiet als Volksfest gilt, blickt auf eine lange Tradition zurück: Nach den ältesten Quellen von Basel und Umgebung aus dem 14./15. Jahrhundert hatten die Bannritte einen religiösen und rechtlichen Hintergrund.

Seit der Reformation (1529) im eidgenössischen Stande Basel entfiel bei den Bannumritten der religiöse Akt der Flursegnung. Umso grösseres Gewicht wurde auf die Kontrolle der Gemeindegrenzen und den anschliessenden Gemeindetrunk gelegt.

Mit der Vermessung der Bänne und der Anlegung von Plänen und Katastern verloren die Bannumgänge ihren Sinn. Deshalb wurden die Bannumgänge Mitte des 19. Jahrhunderts nur noch nachlässig vollzogen oder fielen ganz aus.

Auch die Rothenflüher gingen mehrere Jahre nicht auf den Bannumgang (Heimatkunde von 1863).

Erst zwischen den beiden Weltkriegen wurde sporadisch – der Geselligkeit wegen – ein Banntag durchgeführt. Besammlung war im Tal. Zwei Rotten folgten der Grenze Rütimatt – Müliholden – Isleten – Wischberg – Asp.

Die beiden anderen Rotten wanderten der Grenze Chapf – Berg – Asp entlang.

Beim Asphof gab es eine kleine Verpflegung.

Während des Zweiten Weltkrieges organisierte man keine Bannumgänge. Erst wieder am 25. Mai 1952 wurde ein bedeutungsvoller Banntag durchgeführt, Besammlung war auf dem Dorfplatz. Um dem Bannumgang wieder einen religiösen Akzent zu

Feste und Bräuche

Banntag 1954, Verpflegung bei der Waldhütte

Besammlung auf der Wacht 1982

Banntag 1978, unterwegs Vor Buech

verleihen, hielt der damals neu gewählte Pfarrer Paul Manz eine Feldpredigt auf dem Presimätteli. Sie wurde zur Tradition und auch von den nachfolgenden Dorfpfarrern Walter Vogt, Kurt Giertz und Dominique Guenin weitergeführt. Anschliessend nahm man den Aufstieg zur Flue (Znünihalt) unter die Füsse und marschierte weiter über Kei–Solkopf nach Mülistätt.
Als Mittagsverpflegung kochte Hans Gass (Restaurant Rebstock) Suppe mit Schüblig. Anschliessend sass man gemütlich bei Musik und Tanz beisammen.

Seit 1952 wird alle zwei Jahre am Auffahrtstag ein Banntag durchgeführt. Besammlungsort ist der Dorfplatz. Nach einer

Feste und Bräuche

kurzen Ansprache des Gemeindepräsidenten wird in einer Rotte losmarschiert. Bis in die 1970er Jahre führte die Route selten einer Grenze entlang. Plötzlich zeigte sich das Bedürfnis, vermehrt den Gemeindegrenzen zu folgen. Deshalb wechselt man bis heute zwischen zwei Routen ab:
Route 1: Dorfplatz – Anwiler Weiher – Chapf – Parkplatz Wittnauerhöhe – Waldhütte;
Route 2: Dorfplatz – Rütschen – Sagi – Wischberg – Asphof – Solkopf – Waldhütte
Bei Regen wird die Route abgekürzt. Geführt wird die Rotte jeweils von einem Fahnenträger. Seit dem Zweiten Weltkrieg machen sich die Banntagsschützen mit ihren fliedergeschmückten Hüten lautstark bemerkbar.

Die auf einer Wiese aufgestellte Kanzel mahnt die Festteilnehmer zur besinnlichen Ruhe. Bekannte Kirchenlieder wie z. B. «Grosser Gott, wir loben Dich» umrahmen den Feldgottesdienst. Erwartungsvoll schreitet man weiter und ist gespannt, wo die Mittagsbons übergeben werden. Wenn die Wandersleute das Hunger- und Durstgefühl plagt, strahlen ihre Augen beim Anblick der Waldhütte. Kinder rennen voraus und tauschen rasch ihren Bon gegen ein Mineralwasser und Wurst mit Brot ein. Bei der Waldhütte beginnt ein reger Festbetrieb. Während die Helfer für das Wohl der Gäste sorgen, verweilen die Kinder bei verschiedenen Aktivitäten: Sackhüpfen, Büchsen- und Pfeilwerfen. Besonders originell und attraktiv ist der mit Schmierseife behandelte

Für den Bon gibts einen Schüblig und ein Getränk. 1982

Kinderattraktion: Der Klettermast ist mit Seife eingeschmiert. Wer erreicht die verlockenden Preise? 1984

Kletterbaum mit vielen verlockenden Preisen in luftiger Höhe. Knaben und Mädchen versuchen mit allen Tricks, den Baum zu erklimmen, während sich die Erwachsenen darüber amüsieren. Am späteren Nachmittag sieht man plötzlich auch Erwachsene ihre Kletterkünste beweisen.
Mitte der 1960er Jahre kam ein Wettbewerb hinzu, bei dem es das Volumen einer Tanne zu schätzen galt. Der Kunstmaler Alfred Gass malte für drei Banntage auf den Schnitt einer Tanne das Rothenflüher Wappen. Wer die Kubikmeterzahl der Tanne am genausten schätzte, wurde deren stolzer Besitzer. Von 1964 bis 1982 stellte man einen Tanzboden auf. Eine Musikgruppe aus dem Dorf spielte zum Tanz auf und regte damit die Tanzlust aller Anwesenden an.
Je nach Wetter wird bis spät in die Nacht gesungen und gefeiert. Dann kann der Nachhauseweg mühsam werden …
Bis in die 1980er Jahre wurde die Verpflegung von der Bürgergemeinde gestiftet. Heute beteiligt sich auch die Einwohner-

Feste und Bräuche

gemeinde daran. Organisiert wird der Banntag vom Gemeinderat. Um die Verpflegung kümmern sich unter anderem die Wirtsleute von Rothenfluh, der Turnverein, der Verein für Alterswohnungen und in jüngster Zeit der Inline Hockeyclub «Red Rocks».

15.2.8 Jungbürgeraufnahme

«Liebe Mitbürgerin, lieber Mitbürger. In diesem Jahr erlangen Sie Ihre Volljährigkeit. Sie treten somit in volle bürgerliche Ehren, Rechte und Pflichten, die Ihnen nach Verfassung und Gesetz zustehen. Sie werden rechtlich voll handlungsfähig, damit aber auch für Ihr Tun und Lassen selbst verantwortlich.»

Mit diesen Worten wurden die Jungbürgerinnen und Jungbürger vom Gemeinderat im Sommer 1986 zur Jungbürgeraufnahme eingeladen.

Alle zwei Jahre findet im Mai/Juni die Jungbürgerfeier statt, zu der früher die 20/21-Jährigen und seit 1983 die 18/19-Jährigen eingeladen werden. Weil es oft schwache Jahrgänge sind, nimmt man zwei zusammen.

Mitte der 1950er Jahre regte die Regierung die Gemeinden an, zwecks Orientierung über die Gemeinde und Aufklärung der Rechte und Pflichten der jungen Leute, eine Jungbürgeraufnahme durchzuführen. In der Folge wurde die Jungbürgeraufnahme anlässlich der Bundesfeier am 1. August durchgeführt. Seit 1970 werden die jungen Leute an einem Freitagabend in die Waldhütte Eichligarten eingeladen.

Der erste Teil des Abends besteht aus einem Informationspaket:
Die Geimeinderäte stellen sich vor und berichten über ihre jeweiligen Departemente. Auch der Gemeindeverwalter erklärt seine Tätigkeit. Hingewiesen wird zudem auf die Rechte und Pflichten als Stimm- und Wahlberechtigte. Zur Erinnerung an die Jungbürgerfeier wird jedem ein Buch (Heimat-, Sagenbuch) von der Gemeinde überreicht: früher z. B «Schweizer, das sollst Du wissen» und heute «S Baselbiet». Abgerundet wird der Anlass mit einem Imbiss.

1990, 1992 und 1994 organisierte der Gemeinderat zusätzlich zum abendlichen Programm einen informativ-kulturellen Teil wie etwa Besichtigung der Deponie Elbisgraben, der Lamello in Bubendorf oder des Shredderwerks Thommen AG in Kaiseraugst. Da das Interesse schwach war, wurde dieser Teil fallen gelassen.

15.2.9 1. August

Vor den 1970er Jahren feierte die Bevölkerung den 1. August auf dem Schulhausplatz. Traditionsgemäss wurde vom Turnverein die Pyramide, von der Damenriege ein Reigen vorgeführt.

Ab Mitte der 1970er Jahre bis 1983 wurde die Nationalfeier auf der Flue abgehalten.

1984 und 1985 wurden die Bundesfeiern wieder im Dorf durchgeführt, 1984 auf dem Vorplatz und in der Scheune von Albert und Susi Bürgi (Hirschengasse), 1985 auf dem Schulhausplatz.

1986 entschied man sich erneut für eine Feier auf der Flue. Doch wurde sie von einem tragischen Unfall überschattet: Ein junger Rothenflüher stürzte in der Nacht über die Flue hinaus und verletzte sich tödlich.
Seit diesem Ereignis feiert Rothenfluh das 1. August-Fest regelmässig auf dem Schulhausplatz.

Für das leibliche Wohl sorgen abwechslungsweise die turnenden Vereine, der Schützenverein und die «Red-Rocks». Neuerdings spendiert der Gemeinderat den Festbesuchern einen Apéro.

Das obligate 1. August-Feuer wird jedes Jahr auf der Flue entfacht. Es wird unter Mithilfe der Forstarbeiter und von Freiwilligen vorbereitet.

Kaum tritt die Dämmerung ein, hört man die ersten Raketen heulen, und wenn es dunkel ist, sind die schönsten Farbbouquets zu bestaunen: Der jeweilige Organisator entfacht ein Feuerwerksspektakel.

Nebst einer kurzen Ansprache eines Mitgliedes des Gemeinderates oder eines anderen Festredners wurde die Feier auch schon von einem Chor musikalisch umrahmt: Ein achtköpfiger Chor sang erstmals 1984, und 1991 sangen Mitglieder des Schützenvereins, die sich den Namen «Männerchor 700-Johr» zugelegt hatten. Leider sind sie seither verstummt.

15.2.10 Dorffeste

Dorffeste 1971/1974

Da die Turnmöglichkeiten im Dorf wegen der starken Bevölkerungszunahme überaus bescheiden waren, beschloss man, eine Turnhalle zu bauen. Um das Projekt zu finanzieren, wurden in kurzer Folge – 13.–15. August 1971 und 16.–18. August 1974 – zwei Dorffeste zugunsten einer Mehrzweckhalle und eines Hartplatzes durchgeführt. Für Fr. 5.–, bzw. Fr. 6.– konnten die zahlreich erschienenen Gäste drei Tage lang an den Festivitäten teilnehmen.

Das Organisationskomitee, beide Male unter der Leitung des Gemeindepräsidenten Oskar Rieder-Eglin, durfte auf zwei gelungene Grossanlässe zurückblicken: Die Reingewinne betrugen Fr. 140 000, bzw. Fr. 160 000.

Die vielen Besucherinnen und Besucher konnten die aufwändig und liebevoll dekorierten Lokale wie Bündnerkeller, Bierschwemme, Raclettestube, Zum Buurehof, Kaffeestube, Locanda, Fluehüsli, Jo-Siffert-Bar bewundern und ihr Spezialitätenangebot auskosten. Natürlich sorgten auch die

Dorffest 1971. Hanna Zimmerli wacht über das reiche Angebot am Stand des Frauenvereins.

Dorffest 1971. Pfarrer Walter Vogt am Bücherstand. Seine Kunden: die Brüder Paul und Emil Gysin

Feste und Bräuche

Festumzug am Dorffest 1974

mit Blumen und Fahnen geschmückten Häuser für den passenden Rahmen.
Kinder hatten die Möglichkeit, bei verschiedenen Spielen und Attraktionen mitzumachen. Es gab 1971 Ponyreiten, Geisterhöhli, Ballonwettfliegen, 1974 Glücksfischen, Pistolenschiessen, Autorennen und vieles mehr.
Flohmärkte mit originellen Antiquitäten und Verkaufsstände mit herrlichem Buurebrot und sorgfältig hergestellten Handarbeiten lockten die Leute zum Kauf.

An beiden Dorffesten fand in einer eigens aufgestellten Festhütte am Freitag und Samstag ein Unterhaltungsabend statt, bei dem turnende Vereine aus Rothenfluh und Nachbargemeinden mitwirkten.

Einige Höhepunkte und Zahlen
1971
- Am Samstagabend parkierten beim Festgelände über 2000 Autos.
- Tüchtige Frauen buken über 300 Kuchen.
- In der Fischerstube wurden an die 600 Forellen gegessen. Rund die Hälfte davon wurde von den Gästen aus dem Forellenteich gefischt.
- Bereits am Freitagabend war in der Raclettestube das für die drei Tage budgetierte Kartoffelquantum aufgebraucht.
- Am Sonntagnachmittag fand ein Seifenkistenrennen statt.
- In das italienische Beizli Locanda zauberte der Kunstmaler Alfred Gass mit seiner stimmungsvollen Bemalung einen Hauch von Venedig.

1974
- Der damalige Baudirektor Paul Manz kochte in der letzten fahrbaren Feldküche des Kantons Suppe mit Spatz und Gulasch (Lokal: Eintopfbude).
- Am Sonntagnachmittag fand ein grosser Umzug mit 50 Pferden (Einzelreiter, Zigeunerwagen, Chaisen) statt.

Dorffest 1996
800 Jahre Rothenfluh – ein Grund zum Feiern!
Anlässlich dieses Jubiläums beschlossen die Rothenflüherinnen und Rothenflüher, ein Dorffest zugunsten des Kindergartenausbaus durchzuführen.
Die Hirschengasse wurde zum eigentlichen Festzentrum ausgebaut. Über ein Dutzend Beizli und Attraktionen reihten sich dicht an dicht. Die verschiedensten Gerüche verlockten zum Besuch der zahlreichen Beizli, von denen jedes eine Spezialität anzubieten hatte. Serviert wurden z. B. Trockenfleisch (Bündnerkeller), Pasta (Spaghetti-Beiz), Poulets (Chicken-Corner), Raclette (Raclette-Stube), Pizza und Hamburger (Bude-Träff), Fitnessteller (Gartenlaube) und weitere verführerische Spezialitäten (Höllenbar und Golden Lion-Pub).

Die Besucherschar kam auch auf dem alten Sportplatz in den Genuss verschiedenster Attraktionen: Kletterwand, Flohmarkt, Kellerkino unter der Pfarrscheune (gezeigt wurde ein Dorffilm aus den frühen 1980er Jahren), Ausstellung in der Pfarrscheune (mit altem Fuhrwerk und Handwerkszeug

Werbung am Dorfeingang

aus der Sammlung Paul Schaub-Börlin), Ski-Akrobatik des «Freestyle-Team Fricktal» (mit eigens ausgehobenem Wasserbecken), Open-Air-Konzert, Techno-Party, Vogelausstellung. In den Beizli sorgten diverse Bands für Unterhaltung.

Der eigentliche Festakt zum 800-Jahr-Jubiläum fand am Sonntagmorgen in der Turnhalle statt. Der Gemeinde- und O.K.-Präsident Fredy Otth begrüsste die vielen Gäste, darunter auch Regierungsrat Eduard Belser. Nach einem geschichtlichen Rückblick über das Dorf Rothenfluh ging Schulpflegepräsident Martin Erny auf die Geschichte des Kindergartens ein. Die Hälfte der Kindergärtnerinnen, die seit 1950 unterrichtet haben, waren dabei.

Aufgelockert wurde die Feier mit Klängen des Musikvereins Ormalingen und dem Märli «Wie d Rotheflüjer Hüehner s Grüesse glehrt hei», das von Marlies und Gianni Mazzucchelli verfasst und von den Kindergartenkindern aufgeführt wurde.

Um das Dorffest herum wurden Jubiläumstaler, T-Shirts, Capes und Pins mit Dorffest-Logo verkauft.

Der Aufwand hatte sich gelohnt: Bei stabilem Wetter war es «ein Bombenfest mit einer Bombenstimmung» (Zitat O.K.-Präsident). Der Reinerlös von Fr. 153 800.– war ein schöner Batzen für den Kindergartenausbau.

Einige Zahlen zum Fest:
- 450 Kuchen wurden insgesamt gegessen
- 445 kg Steaks wurden in der Turnerschür serviert

Dorffest 1996. Was gibts bei Max und Moritz?

- für ca. Fr. 1000.– ging Geschirr zu Bruch
- in die Kehrichtdeponie Elbisgraben wurden 2,54 t Abfall geliefert
- 3,2 t Wischgut wurden zusammengekehrt und entsorgt

15.2.11 Rothenfluh zeigt sich

«Im Zeitalter des Fernsehens und des Computers werden wir Menschen täglich mit Aufsehenerregendem überfüttert, welches uns gleichgültig lässt. Wir fänden es gut, wenn wir das Staunen wieder erleben dürften.» Mit diesen Worten richtete sich im Sommer 1984 eine Gruppe von sieben Rothenflüherinnen und Rothenflühern mit einem Rundschreiben an die Dorfbevölkerung und organisierte daraufhin eine Reihe von Veranstaltungen unter dem Motto: «Rothenfluh zeigt sich».

Mit einem grossartigen Angebot handwerklicher Arbeiten, Bastler- und Sammlerausstellungen, Demonstrationen und Vorführungen stellten sich am Wochenende vom 23. bis 25. November 1984 120 (!) Rothenflüherinnen und Rothenflüher der Bevölkerung vor.

Eröffnet wurde der originelle Anlass am Freitagabend im Gemeindesaal. Gianni Mazzucchelli referierte über die «Geschichte der Rothenflüher Gemeinschaft – von den Kelten bis heute». Der Gemischte Chor lud das Publikum zu einem musikalischen Ausflug durch die Jahrhunderte ein.

Am Freitagabend, am Samstag und Sonntag wurde die Ausstellung in der Turnhalle,

Rothenfluh zeigt sich 1984

Lisbeth Erny-Gerber beim Filigieren

Anneliese Nyfeler (r.) und Heidi Rieder sind stolz auf ihre Zwiebelzöpfe.

Hans und Stefan Küng beim Aufziehen eines Radreifens

Daniel Brönnimann am Webstuhl

der Zivilschutzanlage, im Gemeindesaal und im neuen Schulhaus eröffnet. Gezeigt wurden Wandbehänge, Gemälde, Fotos, Kerbschnitzarbeiten, Möbel, Puppen, Spielzeug, Bauernmalerei, Antiquitäten und vieles mehr! Die Besucherinnen und Besucher konnten nicht nur fertige Werke bestaunen, sondern viele Teilnehmerinnen und Teilnehmer stellten ihre Tätigkeit an Ort und Stelle vor: Korben, Wagnern, Schnitzen, Töpfern, Papierschöpfen, Häkeln usw.

Kinder konnten sich an diesen beiden Tagen bei einer Kasperlitheatervorführung oder auf dem Kinderspielplatz vergnügen.

Auf den Unterhaltungsabend am Samstag folgte am Sonntagmorgen der gemeinsame Gottesdienst zum Thema «Tischgemeinschaft». Am Nachmittag konnten sich die Anwesenden Dorffilme und eine Antiquitätensammlung zu Gemüte führen.

«Rothenfluh zeigt sich»: Alteingesessene und Zugezogene liessen sich von der Begeisterung des Organisationskomitees anstecken und trugen tatkräftig zum guten Gelingen dieses Kulturereignisses bei. Der Reinerlös dieser Veranstaltung floss in den Fonds für Alterswohnungen.

15.2.12 Waldbegehung

Jedes Jahr findet im Herbst die traditionelle Waldbegehung statt. Eingeladen werden der Gemeinderat, die Wald- und Gemeindearbeiter, Akkordanten, Nutzholzkäufer sowie Mitarbeiter des Kantonsforstamtes.

Am Morgen trifft man sich im Dorf und geht zu Fuss in den Wald. Im Rahmen der Begehung werden spezielle Waldabschnitte wie Naturschutzgebiete, Waldränder oder Holzschläge besichtigt. Ausserdem organisiert die Bürgergemeinde Demonstrationen wie z. B. Baumfällen oder Vorträge externer Referenten.

Am späteren Mittag begibt sich die Gruppe zum Essen und Diskutieren in die Waldhütte (seit 1962).

Vor dem 2. Weltkrieg luden Gemeinderat und Waldarbeiter die Holzkäufer ein, um ihnen ihre Anerkennung auszudrücken.

15.2.13 Kindergartenbazar

Im Protokoll der Frauenvereinssitzung vom 12. Februar 1930 wird erwähnt, dass der Frauenverein die Sorge für den Kindergarten übernimmt. Als Lehrerin wird an der Sitzung vom 5. November 1930 einstimmig Amalie Gass gewählt. Das Kindergartenlokal befand sich im Hause der Familie Graf-Lösch. Bereits vor 1930 hatte es einen Hütedienst gegeben, bei dem Konfirmandinnen die Kinder betreuten.

Zugunsten des Kindergartens wurde am 29./30. November 1930 der erste Kindergartenbazar im Hirschensaal durchgeführt. Verkauft wurden Brote und Handarbeiten.

Waldbegehung 27. Oktober 1995. Die Interessierten folgen aufmerksam den Ausführungen des Försters Markus Lüdin und des Waldchefs Christian Gass.

Am 3. Dezember 1932 organisierte der Frauenverein einen weiteren Bazar im Rösslisaal: Er kaufte für diesen Anlass 150 Strangen Wolle, die durch die Mitglieder verarbeitet werden sollten. Durch Bettelbriefe an Auswärtige erhoffte man weitere Bazargaben.

Laut Protokollen des Frauenvereins haben zusätzlich folgende Bazare stattgefunden:
12. Dezember 1948: Kindergartenbazar, Reingewinn Fr. 3000.–
30. April 1967: Bazar zugunsten der Kirchenrenovation mit Brotstand beim Dreschschopf und Kaffeestube im Gemeindesaal
26. Oktober 1969: Kindergartenbazar
1. November 1969: bunter Abend unter Mitwirkung weiterer Vereine, Reingewinn Fr. 16 000.–.
Es dürften weitere Bazare durchgeführt worden sein. Dazu liegen jedoch keine Protokolleinträge vor.

Mit dem Erlös der Bazare wurden neue Spielsachen angeschafft. Auch die Miete und der spärliche Kindergärtnerinnenlohn mussten davon bezahlt werden. Da dieses Geld oft nicht ausreichte, mussten die Kinder der Kindergärtnerin jede Woche 50 Rp. abgeben.

Erst seit 1973 wird der Kindergarten finanziell durch die politische Gemeinde getragen. Aufgrund der gesicherten Finanzierung durch die Gemeinde wurden Bazare zur Geldbeschaffung für den Kindergarten eingestellt.

15.2.14 Kerzenziehen

Ende der 1970er Jahre wurde in Rothenfluh erstmals ein Kerzenziehen organisiert – damals noch mit einfachen Mitteln, in einem Unterstand im Haus der Familie Granacher an der Oberhofgasse. Schon wenige Jahre nach dem ersten Anlass ist daraus eine feste Institution geworden. Zumindest ausrüstungsmässig wurde sie professioneller. Mit dem Schopf der Posthalterfamilie Erny konnte zudem ein Raum gefunden werden, der den Anforderungen des Anlasses gerecht wird. Wenn es im Rothenflüher Postschopf nach Bienenwachs duftet, dann kann Weihnachten nicht weit sein. Jeweils am zweiten Dezember-Wochenende findet im Schuppen am Dübach das bei Gross und Klein beliebte Kerzenziehen statt.

Es lebt vom Einsatz freiwilliger Helferinnen und Helfer, vom Goodwill der Postschopf-Besitzer und vom Arbeitseifer der Kundschaft. Weiter erwähnenswert ist die Improvisationsgabe der Organisatoren mit einem gewissen Hang zur Nostalgie. Während Stromverteilung und Schmelzgefässe über Jahre hinweg immer wirtschaftlicher und vor allen Dingen sicherer gemacht wurden, zeugt eine Lampe – eine Glühbirne an

Daniel Erny mit seiner Preiskerze

Feste und Bräuche

Sorgfältig werden die Kerzen in das flüssige Wachs getaucht.

Ein Zweitklässler erzählt vom Kerzenziehen.

einem überdeckten Holzgerüst – noch immer von den Anfängen der Veranstaltung. Der Reingewinn des Kerzenziehens geht an gemeinnützige Institutionen.

Anlässlich des Kerzenziehens 1994 hat Lars Mazzucchelli, selber lange Jahre Mitorganisator, die «Kurze Geschichte des Kerzenziehens in Rothenfluh» herausgegeben, die in lockerer und witziger Form den Anlass wiedergibt.

■ ***Geduld und eine ruhige Hand***
Für alle, die sich unter dem Handwerk Kerzenziehen nichts vorstellen können, hier die Aufklärung: Am Anfang ist der Docht.

Und ein Alu- oder Kupfertopf, der in einem Heisswasserbad steht. In diesem Behälter befindet sich das flüssige Wachs. Nun wird in den Docht eine Lasche geknotet, diese über den Zeigefinger gestülpt und der Docht in das Wachs eingetaucht, auf dass er dicker und dicker werde. Die Tugenden der grossen Kerzenzieher sind Geduld und eine ruhige Hand. Die ruhige Hand beugt ungeliebten Unregelmässigkeiten an der Kerze vor und zuviel Hast führt nicht selten zu Abstürzen – Kerzen, die vom Docht in den Wachstopf rutschen. Das weinende Kind mit dem blossen Docht am Finger ist den Organisatoren ein bekanntes Bild. ■

15.2.15 Kaffeestube

Als Ergänzung zum Kerzenziehen wurde die Kaffeestube erstmals im Jahre 1983 in Thebolds-Haus (Hirschengasse 92) durchgeführt. Rösli Erny-Schäfer suchte damals freiwillige Helferinnen und Helfer, die den Gästen Speis und Trank anboten.

Da diese Aktion sehr erfolgreich war, beschloss man, auch künftig eine gemütliche Kaffeestube einzurichten. Mehrmals wechselte das «Kaffistübli» die Lokalität: Die Besucherinnen und Besucher liessen sich über Jahre im Haus von Bethli Zimmerli, im Handarbeitszimmer und in der Turnhallenbar nieder.

Seit 1990 findet die Kaffeestube Mitte Dezember in der Turnhalle statt. Die eine Hälfte der Halle wird mit Tischen und Stühlen versehen, die andere Hälfte wird für die Kinder als Spielplatz freigehalten. Nebst kleineren Mahlzeiten werden Mittagsmenüs serviert.

Am Sonntagnachmittag platzt die Kaffeestube jeweils aus allen Nähten: Seit 1990 präsentieren Kinder und Erwachsene den Gästen Tänze, Lieder, Gedichte oder kleine Theater.

Der Reinerlös fliesst vollumfänglich in den Fonds für Alterswohnungen. Diesem Zweck hat die Kaffeestube ihre Entstehung zu verdanken.

15.2.16 Dorf-Adventskalender

Ende November 1992 erhielten sämtliche Haushalte ein Flugblatt. In einem Ortsplän-

Feste und Bräuche

chen auf der Rückseite des Flugblattes waren die 24 Kalender-Türchen – die Adressen der Gastgeberfamilien – eingetragen.

Und so geschah es, dass am 1. Dezember 1992, als es langsam dunkel wurde, bei Familie Erny-Schaffner am Dübachweg das erste Türchen aufging: Das wunderbar geschmückte grosse Wohnzimmerfenster erstrahlte in hellem Glanz. Die Leute sahen es – und kamen! Manche schauten nur kurz vorbei, andere blieben eine Stunde oder länger. Manchmal waren fünf oder sechs Leute anwesend, manchmal auch viel mehr. Während des ganzen Abends herrschte eine angeregte, fröhliche Stimmung, wozu natürlich die heimelige Stube und die von den Gastgebern offerierten Köstlichkeiten beitrugen. Man sprach über Gott und die Welt und alle waren zufrieden. Der erste Abend des Dorf-Adventskalenders – das stand bald einmal fest – war ein voller Erfolg.

Programmgemäss ging tags darauf bei Familie van Gogh in der Unteren Vogtsmatten das zweite Kalender-Türchen auf. Von nun an erfreute auch bei ihnen ein vorweihnächtlich geschmücktes und jeden Abend beleuchtetes Fenster Einkehrende und Vorübergehende. Und auch ihre offene Stube zog viele Leute an: Es ist nicht anzunehmen, dass dieses Haus häufig – weder vor noch nach diesem 2. Dezember 1992 – an einem

Weihnachtsfenster. Familie Erny-Gerber

Weihnachtsfenster. Familie Lanz

Weihnachtsfenster. Familie Erny-Schäfer

Feste und Bräuche

Im Haus, in dem ein neues Fenster erstrahlt…

…trifft sich die Dorfbevölkerung zu gemütlicher Runde.

einzigen Abend von so vielen Personen betreten worden ist! Wiederum ergaben sich zahlreiche Begegnungen und Gespräche, und als Höhepunkt des Abends zeigte Edo van Gogh der Gästeschar auf locker-virtuose Art, wie einfach das Klavierspielen eigentlich ist (oder zu sein scheint)…
Und dann kam der dritte Advent…
Und dann der vierte…

Mit jedem Abend leuchtete ein Fenster mehr, und an jedem Abend trafen sich irgendwo in einer Rothenflüher Stube viele Leute und hatten es gemütlich…

Der Dorf-Adventskalender hat offensichtlich grossen Anklang gefunden. Tatsächlich nahm ein beachtlicher Teil der Bevölkerung, darunter viele Angehörige der älteren Generation und etliche Zugezogene, die Chance wahr, im Dorf auf nicht alltägliche und unkomplizierte Weise Kontakte zu knüpfen. Die Aktion verlief für alle Beteiligten sehr erfreulich, insbesondere natürlich für die Initiantin, die Kommission «800 Jahre Rothenfluh – Begegnung im Dorf». Ihren Auftrag, neuartige Begegnungen für die Dorfbevölkerung zu ermöglichen, zu testen und zu fördern, hat sie am Beispiel des Kalenders zweifellos erfüllt.

1993 wurde der Kalender in reduzierter Form durchgeführt.

Seit der Kalender-Pause von 1994 findet der Dorf-Adventskalender in verschiedenen Varianten wieder jedes Jahr statt.

Was lange währt…

Im Jahre 1863 verfasste der Lehrer Wilhelm Koch auf Anregung der Erziehungsdirektion die erste Heimatkunde von Rothenfluh. Sie ist von Hand geschrieben und wird in einem grossen Folianten im Staatsarchiv in Liestal aufbewahrt. Sie wurde 1980 von Gianni Mazzucchelli und Matthias Manz in einer Broschüre veröffentlicht.

Die Arbeit an der zweiten Heimatkunde begann etwa 100 Jahre nach der ersten und über 35 Jahre vor der hier vorliegenden Publikation. Eine kantonale Kommission regte die Gemeinden 1964 an, von neuem eine systematische, auf die Gegenwart bezogene Darstellung über ihre Gemeinde zu verfassen. Der damalige Rothenflüher Pfarrer und Gemeindeschreiber Paul Manz machte sich – ermuntert durch den Gelterkinder Sekundarlehrer Eduard Strübin – umgehend an die Arbeit, entwarf ein Konzept und führte mit Unterstützung seiner Frau Regula Manz-Keller erste Befragungen durch. Mitte 1966 regte er in einem Schreiben an die Behörden der Bürger-, der Einwohner- und der Kirchgemeinde die Einrichtung eines Heimatkundefonds an, welcher gemeinsam zunächst mit Fr. 10 000.– und danach jährlich mit weiteren Fr. 1000.– dotiert werden sollte. Dem Beispiel der «Neuen Chronik Oberglatt» im Kanton Zürich folgend, hätte die Heimatkunde nach und nach durch die Publikation von thematischen Heften entstehen sollen (Kirche, Wald, Schule usw.). Der Fonds kam nicht zustande, und wegen des Berufswechsels von Paul Manz schlief die Sache ein.

Ein neuer Anlauf wurde 1989 gemacht. Aus Anlass des Jubiläums 800 Jahre Rothenfluh sollte die Heimatkunde 1996 herausgegeben werden. Unter dem Vorsitz von Gemeindepräsident Alfred Otth bildete sich eine breit abgestützte Heimatkunde-Kommission, in welcher in den ersten beiden Jahren mitarbeiteten: Robert Bösiger, Käthi Riek, Erich Erny-Hofstetter, Rösli und Otto Erny-Schäfer, Kurt Giertz, Emil Gysin-Lehmann, Bruno Heinzelmann, Paul und Matthias Manz, Gianni Mazzucchelli, Oskar Rieder, Paul Schaub-Börlin, Karl Senn. Fussend auf einem neuen Konzept von Paul Manz wurden Verantwortlichkeiten zugeteilt und Autorinnen und Autoren für die einzelnen Kapitel gesucht. Weil in der Heimatkunde das Schwergewicht auf die Gegenwart gelegt wird, wurde auf Anregung von Emil Gysin die separate Herausgabe einer «Geschichte von Rothenfluh» erwogen.

Bald gingen die ersten Texte für die neue Heimatkunde ein, mit anderen haperte es. Bei Kommission und Autorenschaft kam es zu Wechseln infolge Krankheit, Tod oder aus anderen Gründen. Der Termin für die Publikation im Jubiläumsjahr 1996 wurde verpasst und musste in der Folge mehrmals hinausgeschoben werden. Es ist dabei zu bedenken, dass die Beiträge von fast 50 Autorinnen und Autoren verfasst wurden. Viele weitere Personen gaben bereitwillig Auskunft oder stellten Illustrationen zur Verfügung, so dass sich schätzungsweise 20 % der Rothenflüher Bevölkerung in irgendeiner Weise für das vorliegende Werk einsetzten. Seit 1995 trieben Erich Erny-Hofstetter, Matthias Manz und Alfred Otth die Arbeiten voran. Letzterer wurde für die Schlussredaktion Anfang 2000 von Hansjakob Lüthi abgelöst. Adelheid Döbeli besorgte seither, zusammen mit Hansjakob Lüthi, die Korrektur und die Begleitung der Produktion. Seitens der Druckerei zeichneten Hugo Keller und Jeannette Rudolf-Cariola verantwortlich.

Die Heimatkunde Rothenfluh ist das Resultat von Enthusiasmus, Interesse und – wie dieser Bericht deutlich macht – mühevoller ehrenamtlicher Arbeit. Vor allem aber zeugt sie von der Verbundenheit aller Beteiligten mit ihrem Dorf. Ein Gemeinschaftswerk für die Gemeinschaft.

Was lange währt, wird endlich…? Wir überlassen das Urteil den Leserinnen und Lesern.

Das Schlussredaktions-Team
Erich Erny-Hofstetter
Hansjakob Lüthi
Matthias Manz

Bildnachweis

Name	Seite
Amt für Denkmalpflege BL, Liestal	134 r, 140 l
Baselbieter Heimatbuch, Bd. VIII	400 l
Basler Felix, Olten	101 alle ausser M u
Bau- und Umweltschutzdirektion, Liestal	53
Bieder-Gysin Gertrud, Gelterkinden	254, 281 u, 282 o
Bitterli Jürg, Liestal	296
Buess-Gass Marie, Rothenfluh	240 u, 247, 256 M, 259, 280
Buess-Ritter Paul, Rothenfluh	415, 416, 418, 419, 421
Bürgi-Erni Susi, Rothenfluh	462, 463
Creativ Foto AG, Eich	330 u
Denkmalverzeichnis des Kantons Baselland	318
Dudli Paul, Zürich	280 o
Dvorak-Carstens J. A., Ormalingen	427 o
Eglin Walter, Rothenfluh	136 o
Erny-Albertani Walter, Rothenfluh	339 l
Erny-Grieder Ruedi, Rothenfluh	425, 431
Erny-Hofstetter Elisabeth, Rothenfluh	221, 446
Erny-Hofstetter Erich, Rothenfluh	143 o, 193, 194 u, 205, 314, 324 u, 326 o l, 329, 330 o, 332, 367
Erny-Mumenthaler Werner, Rothenfluh	214 u, 215, 432 l
Erny-Rodmann Bruno, Basel	52, 54, 56, 57, 58, 59, 61, 62, 63, 64, 65, 66, 67, 69, 70, 71, 72, 73, 74, 75, 76, 77, 78, 79 l, 101 M u, 102, 103, 104, 175
Erny-Schäfer Otto, Rothenfluh	112, 227 r, 239 l, 286 o l, 328 o, 427,
Erziehungs- und Kulturdirektion BL, Liestal	27
Fahrni-Müller Monica, Rothenfluh	21

Name	Seite
Foto Albrecht, Gelterkinden	331, 343
Foto Reinhardt, Sissach	427 u
Fotostudio Dettwiler, Gelterkinden	417, 420, 428 u
Fuhrer-Erny Margrit, Rothenfluh	22
Furrer Paul, Rothenfluh	142
Gass-Rieder Käthi, Rothenfluh	91 u, 97, 185, 186 r, 229 r, 230 o l und u l, 232 o l und u r, 233 l, 234, 237, 238, 239 r, 240 o, 241, 244, 245, 249, 281 o, 364, 438, 450 o, 457 l, 459
Gemeindearchiv Rothenfluh	147, 202
Generallandesarchiv Karlsruhe	29 (Signatur B 54)
Gisin-Bürgin Walter, Pratteln	90 l, 173, 236 l, 255 u, 429
Goy Karin, Die Flurnamen von Rothenfluh	37, 152
Graf-Erny Olga, Rothenfluh	315 o
Graf-Moser Käthi, Rothenfluh	340
Graf-Moser Otto, Rothenfluh	100
Graf-Erny Sigrid, Rothenfluh	394, 395
Greilinger Michael, Ormalingen	222
Guth Thomas, Rothenfluh	389
Gysin-Gerber Paul, Rothenfluh	91 o, 449 l, 453, 456, 458 u l und r
Heinzelmann Bruno, Rothenfluh	361
Heinzelmann Fredy, Rothenfluh	206
Hersche Hans, Rothenfluh	433
Hindermann Christoph, Rothenfluh	127, 138 r, 140 M, 326 o r
Horisberger Christian, Böckten	444, 449 r, 460, 461
Jermann Ingenieure + Geometer, Sissach	135
Jetzer Stefanie, Sissach	336, 337

Anhang

Name	Seite
Kopp Hugo, Zürich	131 u
Küng-Gahlinger Hildegard, Rothenfluh	272 o l
Kunstdenkmäler des Kantons Basellandschaft, Bd.III	346
Leuenberger-Erni Rösli, Rothenfluh	258
Lieb Theophrast, Basel	355
Luftbild Schweiz, Regensdorf-Watt	132, 133
Lüdin Markus, Gelterkinden	99
Lüthi Hansjakob, Gelterkinden	23, 24 o, 30 o, 45 o, 46 l und M, 50, 123, 124, 125 o, 136 u, 137, 138 l, 139, 144, 145, 148, 199, 211 o, 214 o, 227 l, 229 l, 230 o r und u r, 233 r, 243 o, 246, 256 r o und u, 262, 263, 264, 267 l, 268 u, 269, 270, 271, 272 M, 274, 275 o, 276, 277, 278, 279, 283 u, 285, 289, 293, 309, 345, 351, 352 r, 428 o, 451, 452 u l
Manka-Widmer Hilda, Rothenfluh	284
Manz Paul, Rothenfluh	248, 253, 257, 282 u, 286 u, 347 u r, 411, 352 l, 368, 370, 430, 440
Manz-Keller Regula, Rothenfluh	339 r, 362, 404, 437 M, 452 o l
Mazzucchelli Gianni, Rothenfluh	45 u M und u r, 46 o r, 79 r, 80, 81, 82, 85, 192, 216, 255 o, 272 u l, 294, 295, 296 o, 297, 298, 301, 303, 348, 349, 381, 382, 400 r, 414 r, 423, 442
Messerli Jürg, Waldenburg	424 o
Metz G., Basel	136 o
Mohler Willy, Gelterkinden	48, 171 o
Mumenthaler-Illi Martha, Rothenfluh	Umschlagfoto, 18, 19 M, 125 u, 126, 143 u, 194 o, 198, 207, 209, 210, 243 u, 268 o, 319, 326 u, 327, 335, 356 o, 391, 392, 432 r, 457 M
Nyfeler-Degenkolb Willy, Rothenfluh	131, 134 l, 217 o, 338, 347, 353, 452 o r, 455, 458 o l und r
Nyfeler-Gass Hedy, Rothenfluh	317 u
Nyffeler Thomas, Rothenfluh	186 l, 218
Photo Eidenbenz	318
Photo Wicht-Schneider, Aarau	317 u
Pinsker Gerd, Riehen	299
Profico Lorenzo, Ormalingen	20
Rieder-Lehnherr Edith, Rothenfluh	328 u
Rieder-Eglin Oskar, Rothenfluh	89, 111, 171 u, 191, 217 u, 228, 275 u, 291, 315 u, 317 o l
Rieder-Flückiger Hermine, Rothenfluh	286 o r
Rieder-Hausch Jörg, Rothenfluh	272 r, 273
Rieder-Kunz Christine, Rothenfluh	412
Rieder-Kunz Roland, Rothenfluh	410
Rieder Oskar E., Etobicoke, Kanada	266, 288
Rieder Paul, Sissach	90 r
Rieder-Strebel Felix, Rothenfluh	439
Rippmann Dorothee, Bauern und Herren	30 u, 31
Röhm-Flückiger Marianne, Rothenfluh	341, 371
Roth Erhard-Harry, Rothenfluh	393
Ruckstuhl-Erny Susanne, Rothenfluh	437 l
Ruepp Peter, Anwil	265 u, 283 o
Sabienski Jürgen, Zürich	113, 114, 115, 116 r, 121 l
Schaffner Beat, Anwil	106, 107, 108, 109, 110
Schaub-Spycher Georges, Rothenfluh	312, 313, 436
Schaub-Wohler Claudia, Rothenfluh	424
Schaub-Börlin Paul, Rothenfluh	232 o r, 242 o, 265 o, 267 r, 414 l

Anhang

Name	Seite
Schreiber Dora, Arisdorf	383
Schularchiv Rothenfluh	316, 317 o r, 322
Senn-Mattes Vreni, Rothenfluh	320, 324 o
Sophie-und-Karl-Binding-Stiftung: Die Waldungen der Bürgergemeinden Rothenfluh und Anwil	92, 94, 98
Spiess Heidi, Rothenfluh	19 l
Spycher-Pfaff Annemarie, Rothenfluh	236 r, 242 r
Staatsarchiv BL, Liestal	24 u, 25, 34, 129, 290, 358
Staatsarchiv BS, Basel	130 (Bild Falk Fb 11,3); 141 (Bild Falk Fb 11,6)
Stalder-Zimmerli Elisabeth, Liestal	386, 387
Stalder Heinrich, Liestal	388
Thommen-Meier Anita, Sissach	333, 342
Trösch Hansjörg, Rothenfluh	450 u
Varadi-Pfister A., Basel	89
Vogt Hans, Basel	328, 340
Verlag Wilhelm Banik, Rothenfluh	131 o
Vermessungs- und Meliorationsamt BL, Liestal	28
Weber Markus, Rothenfluh	116 l, 119, 120, 121 r
Weitnauer Hanspeter, Rothenfluh	208, 211 u
Zurflüh-Gysin Daniela, Rothenfluh	435, 445, 461 M

Die Namenlisten der älteren Gruppenfotos wurden von folgenden Personen erstellt:

Erny-Albertani Walter, Rothenfluh	339
Gysin Emil, Liestal	89
Manz-Keller Regula, Rothenfluh	248 r, 411
Nyfeler-Gass Ernst, Rothenfluh	317 o r
Nyfeler-Gass Hedy	317 u
Nyfeler-Degenkolb Willy, Rothenfluh	338
Rieder-Eglin Oskar, Rothenfluh	315 u
Rieder-Rieder Emma, Rothenfluh	89
Schaub-Börlin Paul, Rothenfluh	414 l
Sutter-Widmer Heidi, Rothenfluh	322

Verzeichnis der Autorinnen und Autoren

Auer Felix
Geboren 1925, wohnhaft in Bottmingen, Dr. rer. pol. Freier Journalist 1947–1959, dann Sekretär der Evangelisch-reformierten Landeskirche des Kantons Basel-Landschaft, 1969–1991 Vizedirektor im Stab Volkswirtschaft eines Basler Chemieunternehmens. 1958–1969 im Planungsteam der Volksbewegung Selbständiges Baselbiet, 1971–1975 Landrat, 1971–1991 Nationalrat. 1976–1980 Präsident der FDP Baselland, 1993–1995 Präsident der Unabhängigen Beschwerdeinstanz für Radio und Fernsehen UBI.

Basler Felix
Geboren 1959 in Wangen bei Olten. Aufgewachsen in Wangen, später in Olten. Landschaftsgärtnerlehre in der Gartenbauschule Oeschberg. Seit der Kindheit grosses Interesse an Ornithologie und einheimischen Säugetieren. Regelmässige Beobachtungen der Tierwelt in der Region Rothenfluh.

Bracher-Oberer Maja
Geboren 1963, aufgewachsen in Thürnen und Diepflingen.
Heute wohnhaft in Rothenfluh, in der Erwachsenenbildung tätig.

Bürgi-Erni Susi
Geboren 1946 in Rothenfluh, aufgewachsen in Wettingen. Ausbildung zur Primarlehrerin und Heilpädagogin. Unterricht in der Stadt Zürich. Zwei Jahre in einem HEKS-Projekt im Südsudan. Seit 1982 in Rothenfluh wohnhaft. Primarschule und Kleinklasse in Frick. Gegenwärtig mit ihrem Mann Albert für ein Helvetas-Projekt in Moçambique.

Degen Peter
Geboren 1942, aufgewachsen in Binningen und Oberwil. Lehre als Bauzeichner. Studium in Geschichte und Germanistik an der Universität Basel. 1964–1990 wohnhaft in Basel, seither in Nusshof BL. 1971–1998 Lehrer am Holbeingymnasium Basel, seither freischaffend.

Eichenberger Therese
Geboren 1943, aufgewachsen in Gelterkinden, heute wohnhaft in Ormalingen, drei Töchter. 1959–1962 kaufmännische Lehre in den Pneu- und Gummiwerken Maloya, Gelterkinden, danach einjähriger England-Aufenthalt.
1964–1966 Sekretärin und Lektorin in einem Berner Verlag, nachher Lektorate in Heimarbeit. Seit 1972 Kassiererin verschiedener Institutionen, ab 1980 des Hauspflegevereins Ormalingen-Rothenfluh.
Gleichzeitig beruflicher Wiedereinstieg im Rechnungs- und Personalwesen.
Ab 1997 Teilzeitanstellung beim Spitex-Verein.

Erny-Rodmann Bruno
Geboren 1960, aufgewachsen in Rothenfluh. Gärtnerlehre und Studium der Hortikultur an der Hochschule Wädenswil. Diplomarbeit über wildwachsende Orchideen. Seit 1988 Leiter des Botanischen Gartens der Universität Basel. Seit 1974 aktive Mitarbeit im Natur-und Vogelschutzverein Rothenfluh-Anwil. Mitwirkung im Vorstand seit 1980. Erarbeitung der Inventare der schützenswerten Naturobjekte in Anwil (1983) und Rothenfluh (1985) für die kommunale Landschaftsplanung.

Erny David
Geboren 1981, aufgewachsen in Rothenfluh, KV-Lehre auf der Gemeindeverwaltung Gelterkinden.

Erny Erich
Geboren 1946. Aufgewachsen in Gelterkinden. Nach Abschluss des Lehrerseminars in Schiers 1967 Aufnahme der Lehrtätigkeit an der Primarschule Rothenfluh, 1987 halbjähriges Praktikum in Verwaltung und Wirtschaft, im Jahr 2000 halbjährige berufliche Weiterbildung (Semesterkurs). Seit 1970

wohnhaft in Rothenfluh, im gleichen Jahr Heirat mit Elisabeth geb. Hofstetter. Zwei erwachsene Söhne und eine erwachsene Tochter.

Erny-Schäfer Rösli
Geboren 1929, aufgewachsen in Liestal. Heiratete 1953 Otto Erny, den damaligen Gemeindepräsidenten von Rothenfluh. Mutter von vier erwachsenen Kindern. War in verschiedenen Vereinen aktiv, u.a. als Präsidentin des Frauenvereins und des Gemischten Chors. Initiantin des Gemeinnützigen Vereins für Alterswohnungen.

Erny-Rodmann Tina
Geboren 1960, aufgewachsen in Bottmingen und Pratteln. Studium der Biologie und Botanik in Basel. 1987 Diplom über ein vegetationsgeschichtliches Thema. 1996 Dissertation über Kultur- und Landschaftsgeschichte aus archäobotanischer Sicht. Mitarbeiterin des Botanischen Gartens der Universiät Basel.
Verheiratet mit Bruno Erny, Mutter einer Tochter.

Erny Werner
Geboren 1948, aufgewachsen und wohnhaft in Rothenfluh. Lehre als Mechaniker, seit 1968 tätig in der Firma Ruepp AG Ormalingen als Strassenbauer, Polier, Bauführer. 1973–1992 Gemeinderat Departement Weg und Steg, vier Jahre Waldchef. 2000 Wiederwahl in den Gemeinderat mit den gleichen Departementen. Verheiratet, zwei Kinder.

Frömcke Horst
Geboren 1936 in Berlin, Studium daselbst (Vermessungsingenieur). Seit 1957 in Gelterkinden. 1984 Übernahme des Ingenieurbüros Dettwiler. Verheiratet, drei Kinder.

Furter Martin
Geboren 1952 in Basel, Dr. phil. II, wohnhaft in Böckten seit 1980. Nach kaufmännischer Ausbildung Studium der Geographie sowie Botanik und Zoologie in Basel. Seit 1987 Inhaber des Büros für Raumplanung und Umweltschutzberatung in Böckten. Inventarisation der historischen Gemeindegrenzen im Kanton Basel-Landschaft. Autor des Buches «Die Bauernhäuser der Kantone Basel-Landschaft und Basel-Stadt». Mitglied der kantonalen Kommission für ökologischen Ausgleich in der Landwirtschaft. Präsident des Vereins «Edelchrüsler» zur Erhaltung alter Obstsorten in der Region Basel.

Gerber-Schneider Elsbeth
Geboren 1938, aufgewachsen in Rothenfluh. Heiratete 1963 Christian Gerber aus Oltingen, Mutter von drei Töchtern. War Mitglied des Gemischten Chors, des Frauenvereins und der Fürsorgebehörde.

Giertz Kurt
Geboren 1933 in Glogau, Schlesien (heute Glogow, Polen), dort aufgewachsen bis zum 12. Lebensjahr. 1945 Flucht aus der Heimat nach Eschwege, Hessen. Studium der Theologie an der Kirchlichen Hochschule in Bethel, Göttingen und Basel. Gemeindepfarrer 1960–1967 in Gelterkinden, 1967–1968 in Eschwege, 1968–1982 in Lausen und 1982–1995 in Rothenfluh. Verheiratet mit der Kindergärtnerin und Organistin Anna Barbara geb. Mohler, vier erwachsene Kinder. Seit der Pensionierung 1995 wohnhaft in Hölstein.

Goy Karin
Geboren 1962, aufgewachsen in Muttenz und Rothenfluh. Heute wohnhaft in Zollikon/ZH. Studium in Germanistik und Geographie an der Universität Basel mit Lizentiatsarbeit über die Flurnamen der Gemeinde Rothenfluh. Blockflötenlehrerin 1981–1995 in Gelterkinden und im Glarnerland (Aufgabe unfallbedingt). 1995–1999 wissenschaftliche Mitarbeiterin bei der Stiftung für Orts- und Flurnamenforschung Baselland, daneben Ausbildung zur Juristin an der Universität Zürich. Seit 2001 tätig als Juristin in einer grösseren Anwaltskanzlei in Küsnacht.

Graf Otto
Geboren 1945, aufgewachsen und wohnhaft in Rothenfluh, Geschäftsführer in der Graf Fruttasan AG, Gemeindeschreiber in Rothenfluh von 1970 bis 1989, freier Mitarbeiter der «Volksstimme»; verheiratet mit Käthi geb. Moser, drei erwachsene Söhne.

Guenin Dominique
Geboren 1966 in Zürich, aufgewachsen in Therwil und Arisdorf. Studium der Theolo-

gie in Basel. 1992–1995 auf der befristeten Pfarrstelle in Schlieren-West, 1995–2001 Pfarrer von Rothenfluh und Kienberg. Seit Frühjahr 2001 Pfarramt in Murten. Verheiratet seit 1995 mit Simone Zwahlen, Heilpädagogin, drei Buben.

Gysin Emil

1905–1995. Geboren und aufgewachsen in Rothenfluh als Sohn des Lehrers Emil Gysin. Ausbildung zum Ingenieur HTL in Burgdorf. An seiner ersten Stelle war er massgeblich beteiligt an der Erfindung der Schneeschleuder «Konrad Peter». Erster hauptamtlicher Automobilexperte des Kantons Basel-Landschaft.

Während der letzten zehn Jahre seiner beruflichen Tätigkeit unterrichtete er als Gewerbelehrer an der Berufsschule in Liestal.

Nach seiner Pensionierung erstellte er sämtliche Stammbäume der Rothenflüher Bürger mit Angaben der seinerzeitigen Lebensumstände. Anschliessend ging er der Geschichte folgender Themen nach: «Schule/Lehrer», «Kirche/Pfarrer», «Wasser/Mühlen», «Auswanderer nach Amerika», «Gewerbe», «Nebenhöfe». Seine letzte Arbeit «Häuser» konnte er nicht mehr fertig stellen.

Emil Gysin-Lehmann blieb sein ganzes Leben lang eng mit seinem Heimatort Rothenfluh verbunden.

Heinzelmann Bruno

Geboren 1961, aufgewachsen und wohnhaft in Rothenfluh. Bürger von Liestal und Rothenfluh. 1980–1989 Betriebsdisponent bei den SBB. Seit 1989 Gemeindeverwalter in Rothenfluh. Verheiratet mit Hanna geb. Grieder. Vater von zwei Kindern.

Hinden Dominique

Geboren 1970, aufgewachsen in Pfeffingen und Buus. Germanistik- und Französisch-Studium in Basel und Tours (F). Von 1998 bis 2000 Volontariat bei der «Volksstimme», Sissach, und journalistische Ausbildung am Medienausbildungszentrum in Kastanienbaum (MAZ). Seit Sommer 2000 Redaktorin bei der Basler Zeitung.

Hindermann Christoph

Geboren 1926, aufgewachsen in St. Gallen. Lehrerseminar in Schiers 1943–1947. Es folgten drei Lehrerstellen in Heimen. Danach Lehrer in Binningen 1956–1964 und in Rothenfluh 1964–1986. Seither pensioniert. Verheiratet mit der Lehrerin Annemarie Diebold seit 1959, drei Kinder. Bis 1983 Organist mit den Kollegen Ernst Lutz und Erich Erny. 1969–1984 Präsident der Kirchenpflege und bis 1989 des Hauspflegevereins.

Horisberger Christian

Geboren 1969, aufgewachsen in Rothenfluh. Handelsmittelschule in Liestal. Von 1991 bis 2000 Sportredaktor der Lokalzeitung «Volksstimme», Sissach. Seit 2000 angestellt bei Swiss Olympic in Bern als Redaktor der Verbandszeitschrift «swiss-sport». Verheiratet, wohnhaft in Böckten.

Lüthi Hansjakob

Geboren 1935 in Glarus. 1951–1956 Evangelisches Lehrerseminar Zürich, zwei Jahre am Erziehungsheim Friedeck in Buch SH, 14 Jahre an der Schweizer Schule in Lima, Peru. 1973–1988 Primarlehrer in Ormalingen, anschliessend bis zu seiner Pensionierung 1997 Reallehrer in Rothenfluh. Seit 1987 wohnhaft in Gelterkinden. Verheiratet mit Thildy Zimmermann, vier Kinder.

Manz Matthias

Geboren 1954, aufgewachsen in Rothenfluh und Thürnen. Studium der Geschichte in Basel und Genf. Staatsarchivar BL 1987–2000. Seither Politischer Fachsekretär der SP-Fraktion der Bundesversammlung in Bern. Verheiratet mit der Bibliothekarin Judith geb. Tanner, zwei Kinder. Wohnt zurzeit in Sissach.

Manz Paul

1924–1995. Geboren und aufgewachsen in einer Bauernfamilie in Wila ZH. Mittelschule in Winterthur, Studium der Theologie in Zürich und Basel. Verheiratet mit Regula Keller, fünf Kinder. 1950–1967 Pfarrer in Rothenfluh, ab 1958 auch Gemeindeschreiber, Landrat 1953–1960. 1967–1982 Regierungsrat des Kantons Basel-Landschaft, 1982–1990 Direktor der schweizerischen Krankenkasse «Krankenfürsorge Winterthur KFW».

Manz-Keller Regula

Geboren 1926, aufgewachsen in Rheinfelden. Studium in Germanistik und Geschichte in Basel, zur Sozialarbeiterin ausgebildet in Zürich, durch Heirat mit Paul Manz seit 1951 in Rothenfluh wohnhaft, bis 1967 als Pfarrfrau.

Mazzucchelli-Mumenthaler Giovanni (Gianni)

Geboren 1941 in Oggebbio am Lago Maggiore (Langensee). Schule und Berufsschule als Schrift- und Maschinensetzer in Mailand. 1960 bis 1968 Maschinensetzer für Tageszeitungen in Bellinzona, Lugano und Liestal.
1968 Umschulung in die digitale Elektronik. Tätigkeit als Elektroniker und Informatiker bis zur Frühpensionierung im Jahr 2001. 1965 Heirat mit Marie-Louise Mumenthaler von Trachselwald BE. Drei Söhne: Lars, Andreas und Jan. Seit 1973 Bürger von Rothenfluh und amtlicher Pilzkontrolleur (Eidg. dipl. Ortspilzexperte) für Rothenfluh und Umgebung.

Mohler Willy

Geboren 1911 in seiner Heimatgemeinde Thürnen. 1916 Umzug nach Gelterkinden. Studium der Geologie und der Paläontologie in Basel. 1938 Aufenthalt in Holland für die Erdölfirma Shell, anschliessend in Niederländisch Indien, heute Indonesien. Rückkehr in die Schweiz nach Kriegsende, dann nochmals 2½ Jahre in Indonesien. 1952–62 in Venezuela. Seit 1963 pensioniert, wohnhaft in Gelterkinden. Gemeinderat, Landrat. Vortragstätigkeit, geologische Gutachten.

Nyffeler Gaston

Geboren 1946 in Basel, aufgewachsen auf einem Bauernhof in Buus, Ausbildung zum Elektromonteur, verheiratet mit Margrit Weber aus Rothenfluh, zwei Kinder. Seit 1969 wohnhaft in Rothenfluh. 8½ Jahre im Gemeinderat, 19 Jahre Präsident des NUVRA, seit 1987 Präsident der Kirchenpflege.

Nyffeler Thomas

Geboren 1971, aufgewachsen und wohnhaft in Rothenfluh. Arbeitet seit 1993 bei der Berufsfeuerwehr in Basel. 1994 Eintritt in die Feuerwehr Rothenfluh. 1995 Werkstattchef der Elektroabteilung der Berufsfeuerwehr Basel. 1999 Besuch des Schweizerischen Instruktorenkurses des Schweizerischen Feuerwehr-Verbandes in Eschen (FL).
2000: Mitarbeit als Offizier bei der Zusammenlegung der drei Feuerwehren von Ormalingen, Hemmiken und Rothenfluh zur Feuerwehr Farnsburg. Heute Kdt Stv der Feuerwehr Farnsburg und Ortspikettchef.

Oliveira-Forster Regula

Geboren 1955, aufgewachsen in Bühler AR und Frenkendorf. Seit 1995 mit Ehemann Manuel und Sohn Rafael in Rothenfluh wohnhaft. 1976 Erwerb des Lehrerpatentes am Lehrerseminar Freiburg. 1976–1979 Lehrerin (Stellvertretungen) in Freiburg und Baselland. 1980 Arbeitsaufnahme bei der Fremdenpolizei BL, seit 1992 als stellvertretende Dienststellenleiterin tätig. Mitglied des Forums für Integrations- und Migrationsfragen BL. Per 1.4.1998 Wahl in die Fürsorgebehörde Rothenfluh, seit 1.7.1999 Präsidentin.

Otth Alfred Walther (Fredy)

Geboren 1939 in Bern, aufgewachsen in Zürich, 1968 ins Baselbiet gezogen, seit 1979 wohnhaft in Rothenfluh, Studium der Mathematik an der Universität Zürich und Erwerb des Diploms für das höhere Lehramt, 1970 Wechsel in die Informatik, seit 1999 in Pension. 1984–2000 Gemeinderatsmitglied, 1988–2000 Gemeindepräsident. Verheiratet mit Liselotte geb. Wyss, drei Kinder.

Rieder-Kunz Christine

Geboren 1965, aufgewachsen in Brittnau AG. Ausbildung zur Gärtnerin, später Handelsschule BL. Seit 1992 wohnhaft in Rothenfluh und verheiratet mit Roland Rieder. Mutter von vier Kindern, daneben Führung der Buchhaltung im familieneigenen Unternehmen Rieder + Co. AG in Rothenfluh. Seit 1999 Präsidentin des Frauenvereins Rothenfluh.

Rieder Paul

1900–1990. Geboren und aufgewachsen in Sissach. Studium an der ETH, Diplom als Forstingenieur 1924. Diverse Forstpraxen im Aargau und im Wallis. Staatsexamen und Wählbarkeitszeugnis 1926. Ab 1929 als Forstingenieur beim Kantonsforstamt des Kantons Basel-Landschaft tätig bis zur Pensionierung 1965. Verschiedene Veröffentlichungen: Wald und Wild im Kanton Baselland (Schweiz. Jagd-Zeitung 1951);

Der Wald und das verheissungsvolle Ziel aller Völker (Jurablätter 1963); Die Weisstanne im basellandschaftlichen Tafel- und Faltenjura (Schweiz. Zeitschrift für Forstwesen 1990). Förderung des Speierlings zur Neupflanzung in Wäldern durch eigene Forschung und Aufzucht von Jungpflanzen. Mitglied der Eidg. Nomenklaturkommission.

Rippmann Dorothee
Geboren 1951, Historikerin und Archäologin. Studium an der Universität Basel. Wissenschaftliche Mitarbeiterin in der Kantonsarchäologie Basel-Stadt, am Landesdenkmalamt Baden-Württemberg und an der Universität Basel. 1988–1999 Mitarbeiterin der Forschungsstelle Baselbieter Geschichte; Lehrbeauftragte an schweizerischen Universitäten. Mitautorin der neuen Kantonsgeschichte Basellands: «Nah dran, weit weg». Zahlreiche Veröffentlichungen zur Stadtarchäologie, zu Arbeit, Alltag und Gesellschaft im Mittelalter.

Roth Erhard-Harry
Geboren 1955, aufgewachsen in Aarburg. Lehre als Hochbauzeichner, Kursbesuche an der Kunstgewerbeschule Bern 1977–1983. Bilderausstellungen an verschiedenen Orten der Schweiz, u. a. in Rothenfluh.

Sabienski Jürgen
Geboren 1939 in Eichtal/Ortelsburg, Ostpreussen, aufgewachsen in Augsburg. Mittelschulabschluss und Lehre als Schriftsetzer. Weiterbildung zum Typographen an der Kunstgewerbeschule in Zürich. Bürger der Stadt Zürich. Verheiratet, Vater einer Tochter. Marketing-/Managementschulung und Mitglied des oberen Kaders bei Ringier Print. 20 Jahre Jagdpächter im Revier Rothenfluh.

Schaffner Werner
Geboren 1954, aufgewachsen in Rothenfluh. Ausbildung als Schreiner in Gelterkinden, bis heute in diesem Beruf tätig. Seit der Lehre grosses Interesse für Ornithologie. Prüfung als Feldornithologe und Exkursionsleiter des BNV (Basellandschaftlicher Natur- und Vogelschutzverband) abgelegt. Vorstandsmitglied des NUVRA (Natur- und Vogelschutzverein Rothenfluh Anwil), Einsatz für den Erhalt der ausserordentlichen Flora und Fauna von Rothenfluh. Als Beringer der Schweizerischen Vogelwarte Mitarbeit an diversen Projekten in der Umgebung.

Schaub Claudia
Geboren 1950, aufgewachsen in Therwil, Sekundarlehrerstudium in Biologie, Mathematik, Chemie und Physik. 1975–2001 Sekundarlehrerin in Oberwil und Gelterkinden mit Unterbruch (1986 Geburt der Tochter Sarah). Verheiratet mit Paul Schaub, Rothenfluh, seit 1977. Ausbildung zur Vereinstrainerin für Pferdesport 1983–1986. Erteilt Dressurreiten und Dressurunterricht.

Schaub Kurt
Geboren 1954, aufgewachsen und wohnhaft in Rothenfluh. Verkaufslehre und kaufmännische Lehre. Tätig im institutionellen Vermögensverwaltungsgeschäft bei einer Basler Privatbank. Gemeinderat/Gemeindepräsident in Rothenfluh seit Juli 2000. Verheiratet, zwei Töchter.

Schreiber Dora
Geboren 1925, aufgewachsen und wohnhaft in Arisdorf. Schulen in Arisdorf, Liestal und Basel (Sekretärinnendiplom). Aufenthalte in Montreux, London und Florenz. In verschiedenen Firmen in Basel und St. Moritz als Sekretärin tätig, zuletzt als Direktionssekretärin bei Ciba/Ciba-Geigy. Daneben während neun Jahren Sekretariatsarbeit für den Präsidenten der Kuratel der Universität Basel.

Senn Karl
1916–1998. Geboren und aufgewachsen in Buus als jüngstes von 11 Kindern. Nach dem Besuch der Bezirksschule in Böckten Eintritt ins Evangelische Lehrerseminar in Zürich. Nach dem Abschluss verschiedene Vikariate, unter anderem im Knabenerziehungsheim Schillingsrain in Liestal. Von 1938 bis 1963 Lehrer an der Oberstufe in Rothenfluh. 1963 erfolgte die Wahl an die neu gegründete Berufswahlklasse in Gelterkinden. 1979 Pensionierung.
Als begeisterter Botaniker setzte er sich für die Erhaltung der einheimischen Fauna und Flora ein. Dank seinem und anderer Leute Einsatz konnten in Rothenfluh einige Landstücke und Waldränder als schützenswerte Gebiete ausgeschieden werden. Heute wachsen dort wieder Pflanzen, die im Oberbaselbiet als ausgestorben galten.

Anhang

Stalder-Zimmerli Elisabeth
Geboren 1931, aufgewachsen in Rothenfluh. Zunächst Ausbildung zur Primarlehrerin, dann Zweitausbildung an der Kunstgewerbeschule Basel. Seit bald 40 Jahren als freie Künstlerin tätig. Wohnhaft in Liestal. Verheiratet mit Heiner Stalder, pensionierter Mittelschullehrer. Zwei erwachsene Söhne.

Stoll Robert Th.
Geboren 1919, aufgewachsen und wohnhaft in Basel, verheiratet, vier Kinder. Studium der Germanistik, Anglistik und Kunstgeschichte an der Universität Basel, Dr. phil. 1947–1948 Lecturer an der University Cambridge GB, 1949–1955 Konservator an der Kunsthalle Basel, 1968 Gastprofessur an der Northwestern University Evanston/Chicago. 1969–1986 Beauftragter für Museumsdidaktik der Basler Museen. Dozent und Vortragstätigkeit, Studienreisen, Kunstbuchpublikationen.

Weber-Kälin Markus
Geboren 1952, aufgewachsen in Basel. Seit 1980 wohnhaft in Rothenfluh. 1968–1971 Textillaborantenlehre in der chemischen Industrie Basel. Anschliessend HFP Abschluss für Laboranten und Weiterbildung zum Fachlehrer.
1974–1991 tätig als Fach- und Berufsschullehrer für Textillaboranten in Basel. Ab 1992 Technische Beratung/Verkauf von chemischen Produkten/Verfahren für die Textilindustrie Schweiz.
Seit 1976 Pächter der Jagdgesellschaft Rothenfluh.

Zurflüh-Gysin Daniela
Geboren 1970, aufgewachsen und wohnhaft in Rothenfluh, verheiratet. Besuch des Lehrerseminars in Liestal. Seit 1992 vollzeitliche und seit der Geburt des Sohnes teilzeitliche Primarlehrerin in Rothenfluh. Mitglied der Fürsorgebehörde und Vorstandsmitglied des Frauenvereins.